KB168561

계량 사회과학 입문

계량 사회과학 입문

R을 활용한 데이터 분석

이마이 코우스케 지음   윤원주 옮김

i!i
에이콘

에이콘출판의 기틀을 마련하신 故 정완재 선생님 (1935-2004)

크리스티나, 케이지, 미사키에게

지은이 소개

이마이 코우스케 Kosuke Imai

하버드 대학교의 정책학과 및 통계학과 교수다. 그 전에는 프런스턴 대학교의 정치학 교수이자 통계학 및 머신러닝 프로그램의 설립 디렉터로 재직했다.

이 책을 집필하려고 생각한 이유는 다음 세대의 학생과 젊은 연구자 모두에게 데이터 분석은 사회와 인간의 행동에 관한 중요하고 흥미로운 많은 질문에 답하는 데 매우 강력한 도구라는 것을 실감할 수 있게끔 돕고자 함이었다. 현대사회는 경제, 정치, 교육, 공중보건 등의 많은 사회문제에 직면하고 있다. 데이터 주도의 접근은 이러한 문제들을 해결하는 데 유용하며, 재능 있는 많은 개인이 이 분야에서 활약해야 한다. 이 책이 계량 사회과학이라는 빠르게 성장하는 분야에 젊은 학생들과 연구자들이 함께하는 데 일조하기를 기대한다.

이 책은 지난 몇 년간 프린스턴 대학교에서 가르친 2개의 학부 수업 교재를 기초로 쓰여졌다(POL245: 데이터 시각화; POL345: 계량 분석과 정치학). 이 수업들을 가르치면서, 나는 학생들이 가능한 한 일찍 실제 계량 사회과학 연구에서 얻은 흥미로운 아이디어를 접해야한다는 것을 깨달았다. 이러한 이유로 기존의 통계학 입문 교과서와는 달리 이 책은 실제로 출판된 논문에서 직접 가져온 예제를 사용해 처음부터 데이터 분석을 다룬다. 이 책은 확률 및 통계 이론들을 소개하기 전에 독자에게 광범위한 데이터 분석 경험을 제공한다. 독자들이 어려운 장들에 도달할 때쯤에는 계량 사회과학 연구를 수행하는 데 왜 그러한 자료들이 필요한지 이해할 수 있다.

이 책은 인과관계에 대한 논의로 시작한다. 이를 위해 인종차별과 투표 독려 메시지 캠페인의 예를 사용한 실험 및 관찰연구를 살펴본다. 그런 다음 사회과학 연구에서 데이터 분석의 두 가지 주요 목표인 측정과 예측을 다룬다. 또한 텍스트, 네트워크, 공간 데이터의 분석에 대한 장을 포함해 독자들에게 현대의 계량 사회과학 연구를 엿볼 수 있도록 한다. 확률 및 통계 이론들은 이러한 데이터 분석 장들 이후에 소개된다. 이 책의 수학적 수준은 최소한으로 유지되며 미적분과 선형대수도 사용되지 않는다. 하지만 이 책은 독자가 기저에 깔린 논리를 이해할 수 있도록 개념적으로 엄격한 방식으로 확률 및 통계 이론을 소개한다.

이 책은 많은 사람의 지원 없이는 존재할 수 없었다. 프린스턴의 동료들, 특히 학장님과 맥그로^{McGraw} 교육 및 학습 센터의 관대한 지원에 감사한다. 나는 학부 교육에서 강의 혁신을 위한 250주년 기금의 첫 수혜자 중 한 명이었다. 데이터 분석 입문 및 통계학 교수법에 대한 나의 야심 찬 비전을 신뢰해 주신 Liz Colagiuri, Khristina Gonzalez, Lisa Herschbach, Clayton Marsh, Diane McKay, Nic Voge에게 감사드린다.

이 분들은 내가 신입생 장학생 협회$^{FSI, Freshman Scholars Institute}$에서 강좌를 개설할 수 있도록 도왔고, 이 책의 많은 아이디어가 그곳에서 탄생했다. FSI는 1세대 대학생들을 위한 폭넓은 계획이었으며, 그 일원이 된 것을 자랑스럽게 생각한다. 또한 나의 교수법 계획에 관대한 지지를 보내 준 프린스턴 대학교 관리자 분들에게도 감사드린다. 여기에는 Jill Dolan, Chris Eisgruber, Dave Lee, Nolan McCarty, Debbie Prentice, Val Smith가 포함된다.

이 책에 포함된 자료들을 개발하는 데 도움을 준 공동 강사들에게 특히 감사드린다. James Lo, Jonathan Olmsted, Will Lowe는 FSI에서 가르친 POL245에 상당한 기여를 했다. 나의 강의 조교로 일한 대학원생 그룹이 있었기 때문에 운이 좋았다. 여기에는 Alex Acs, Jaquilyn Waddell Boie, Will Bullock, Munji Choi, Winston Chou, Elisha Cohen, Brandon de la Cuesta, Ted Enamorado, Matt Incantalupo, Tolya Levshin, Asya Magazinnik, Carlos Velasco Rivera, Alex Tarr, Bella Wang, Teppei Yamamoto가 포함된다. 그리고 이 중에 몇몇은 강의상을 수상했다. Evan Chow와 Hubert Jin은 swirl 연습 문제를 만드는 데 기여했다. Alessia Azermadhi, Naoki Egami, Tyler Pratt, Arisa Wada 등, 여러 학생들이 QSS 프로젝트의 다양한 단계에서 자료를 개발하는 데 도움을 줬다.

제작 단계에서 Jaquilyn Waddell Boie, Lauren Konken, Katie McCabe, Grace Rehaut, Ruby Shao, Tyler Simko의 자세한 설명과 제안을 통해서 이 책의 프리젠테이션을 크게 개선할 수 있었다. 그들의 공헌이 없었다면 이 책은 상당히 달랐을 것이다. 또한 이 책의 이전 버전을 사용했던 프린스턴 대학교와 많은 다른 기관의 수백 명의 학생에게도 감사를 표한다. 그들의 광범위한 피드백은 원고를 수정하는 데 도움이 됐다. 또한 이전 버전 원고에 대한 의견을 보내 준 Neal Beck, Andy Hall, Ryan Moore, Marc Ratkovic에게 감사드린다. 출판 과정을 안내해 준 프린스턴 대학교 출판사의 Eric Crahan과 Brigitte Pelner에게도 감사드린다.

몇몇 분들은 이 책이 작성되는 방식에 매우 큰 영향을 미쳤다. 나의 대학원 지도교수인 Gary King은 계량 사회과학 연구를 수행하는 방법부터 사회과학자들에게 통계를 가르치는 법에 이르기까지 모든 것을 알려 줬다. 하버드 대학교를 떠난 지 10년이 지났지만 Gary는 항상 조언과 지원을 해줬다. 3명의 프린스턴 대학교 동료, Christina Davis, Amaney Jamal, Evan Liebenman은 '새로운 트릭을 배우는 늙은 개들'이라는 팀을 구성해 3개의 대학원 계량방법론 수업을 차례로 수강했다. 나의 강의를 참을성 있게 듣는 그들의 의지는 새로운 동기를 부여해 줬다. 또한 그들은 선배 학자들조차 계속해서 배워야 하는 것을 젊은 연구자들에게 보여 준 훌륭한 본보기였다. 그 수업에서 그들과의 상호 작용을 통해서 어떻게 통계학 방법론을 가르쳐야 하는지 통찰력을 얻을 수 있었다.

나의 가족에게 깊은 감사를 표하고자 한다. 어머니 후미코^{Fumiko}, 아버지 타카시^{Takashi}, 형인 미네키^{Mineki}는 꿈이 무엇이든지 간에 항상 자신의 꿈을 추구하도록 지지와 격려를 해줬다. 지금은 지구 반대편에 살고 있지만, 이렇게 멋진 가족이 있다는 것을 매일 행운이라고 느낀다. 장인과 장모인 앨 데이비스$^{Al\ Davis}$와 캐롤 데이비스$^{Carole\ Davis}$는 영어를 말하거나 이해하지 못한 채 처음 미국에 왔던 1990년대 중반부터 꾸준히 지원해 줬다. 그들은 항상 내가 집에 온 것처럼 해줬으며 가족의 일부라고 느끼게 해줬다. 멋진 두 아이 케이지^{Keiji}와 미사키^{Misaki}는 기쁨과 행복의 원천이다. 일이 힘들더라도, 아이들의 아름다운 미소는 내 인생에서 가장 중요한 것이 무엇인지 상기시켜 준다. 마지막으로 나는 이 책을 20년 넘게 최고의 파트너이자 지속적인 영감의 원천이었던 아내 크리스티나^{Christina}에게 바친다. 크리스티나는 내게 이 책을 쓰라고 격려했으며, 언제나처럼 그녀의 조언을 따를 수 있어서 기쁘다. (절대 반사실^{counterfactuals}을 관찰할 수 없겠지만) 우리의 파트너십 덕분에 지금까지 살 수 있었으며 앞으로도 인생을 최대한 즐기면서 살겠다고 자신 있게 말할 수 있다.

2016년 11월
프린스턴, 뉴저지
이마이 코우스케

| 옮긴이 소개 |

윤원주(wyun@hufs.ac.kr)

한국외국어대학교 경영학부 교수로 재직하고 있다. 현재 한국외국어대학교 경영학부 및 경영대학원에서 조사방법론, 마케팅관리, 신제품혁신관리를 가르치고 있다. 텍사스 A&M 대학교^{Texas A&M University} 메이즈 경영대학원^{Mays Business School}에서 마케팅 박사 학위를 취득했고, 노스웨스턴 대학교^{Northwestern University}, 한양대학교에서 각각 석사 및 학사 학위를 취득했다. 한국외국어대학교 이전에는 미국 미시간 주의 오클랜드 대학교^{Oakland University} 경영대학원에서 교수 생활을 했다. 주 연구 관심사는 계량마케팅, 마케팅전략, 신제품개발 및 혁신, 웰빙 등이며 이와 관련된 연구를 「Journal of Marketing, Marketing Letters」 등 여러 국제학술지에 게재했다.

이 책보다 뛰어나고 상세한 통계학 및 프로그래밍 책들은 많다. 하지만 이 책의 장점은 통계학적 우수성이 아닌 교수법에 있다. 이 책은 통계학이나 데이터 과학을 전공으로 하지 않은 사람들이 실제로 통계를 사용하고자 할 때 가장 고통스러워하는 부분을 긁어 준다. 이는 통계적 추정이나 측정에 앞서 실제로 사용하게 될 데이터를 먼저 살펴보면서 연구 주제에 따라 어떤 방식으로 분석을 해야 하는지를 시작부터 끝까지 친절히 설명한다. 이것이 이 책을 한국어로 옮기기로 결심한 가장 큰 이유다. 필자가 이 책을 대학원 과정 중에 볼 수 있었으면 더할 나위 없이 좋았을 것이라 생각한다. 이 책은 통계 전공자가 아닌 사람이 대학원 과정 동안 수없이 부딪치며 고민했던 많은 방법론에 관한 의문을 쉽게 이해할 수 있게 설명한다.

이 책은 다음과 같은 사람들에게 가장 큰 도움이 될 것이다. 1. 통계학과 경제학 전공을 선택한 학부 신입생 2. 사회과학 전공(예: 경영, 정치, 외교, 무역, 사회, 행정학)을 선택해 계량 분석에 관심은 있지만, 어디서 시작해야 할지 모르는 학부생 3. 사회과학 전공의 대학원생(석사 및 박사) 4. 사회과학 연구를 하는 연구자 5. 사회과학 자료를 분석하는 실무자.

이 책은 다음과 같이 읽어 보자. 먼저, 각 장에서 중요한 개념의 설명을 숙지한 후 R 코드를 따라 해보자. 어느 정도 개념과 R 코드에 익숙해졌다면 실제로 구할 수 있는 2차 자료$^{secondary\ data}$와 공부한 방법론을 활용해 어떤 분석 및 연구를 할 수 있는지 대략적인 그림을 그려 본다. 지은이는 주로 정치학 혹은 경제학 관련 데이터를 사용했지만 이를 본인의 분야에서 주로 사용되는 관심 변수들로 교체하는 즉시 비슷한 분석을 할 수 있다. 또한 R은 무료로 사용할 수 있는 통계 프로그래밍 소프트웨어이기 때문에 추가 비용 없이 연습할 수 있다. 되도록 모든 장을 공부하는 것이 바람직하지만 시간이 부족한 경우에는 1장에서 4장까지라도 공부해 보자.

차례

이 책에서 사용된 모든 코드와 데이터셋은 http://qss.princeton.press/qss-an-introduction/[1] 에서 무료로 다운로드할 수 있다.

문의

한국어판에 관한 질문이 있다면 에이콘출판사 편집 팀(editor@acornpub.co.kr)이나 옮긴 이의 이메일로 문의하길 바란다.

오탈자

한국어판의 정오표는 에이콘출판사 도서정보 페이지 http://www.acornpub.co.kr/book/qss에서 찾아볼 수 있다.

---

1 학생용 자료의 링크는 다음과 같다. http://qss.princeton.press/student-resources-for-quantitative-social-science/ 강사 용 추가 자료는 별도의 강사 인증이 필요하다. - 옮긴이

01

—

시작하며

우리는 신을 믿는다. 다른 모든 것은 데이터 없이 신뢰할 수 없다.

—윌리엄 에드워즈 데밍 William Edwards Deming

계량 사회과학은 학문간 상호 교차하는 분야로서 경제학, 정치학, 공공정책, 심리학, 사회학을 비롯한 방대한 학문들을 포괄한다. 계량 사회과학 분야의 학자들은 사회와 인간 행동에 대한 문제를 이해하고 해결하고자 데이터를 분석한다. 예를 들면 연구자들은 노동시장에서의 인종차별을 연구하거나, 새로운 교과과정이 학생들의 학업성취도에 미치는 영향을 평가하거나, 선거 결과를 예측하거나, 사회관계망 이용을 분석한다. 유사한 데이터 분석 기반의 접근법은 인접 분야인 보건, 법률, 언론, 언어학, 문학에까지 쓰이고 있다. 사회과학자들은 현실세계의 광범위한 이슈를 연구하기 때문에 그 연구 결과는 사회 구성원 개개인, 정부정책, 상업적 관행에 직접적으로 영향을 미칠 수 있다.

지난 수십 년 동안 계량 사회과학은 다양한 분야에서 놀랄 만한 속도로 성장해 왔다. 자료 분석에서 얻은 경험적 근거를 제시하는 학술 논문의 숫자가 급증했다. 학계 바깥 영역에 해당하는 회사, 선거 캠페인, 뉴스매체와 정부기관을 포함하는 다수의 조직에서도 데이터 분석기법을 의사결정 과정에 활용하는 경우가 많아지고 있다. 이러한 계량 사회과학의 급속한 발전은 두 가지 변혁적 기술 변화에 의해 이뤄졌다. 첫째, 인터넷이 데이터 혁명을 크게 촉발시켰고, 이로 인해 사용할 수 있는 자료의 양과 종류가 급격히 많아졌다. 정보를 공유하면서 연구자나 기관이 수많은 데이터셋을 디지털 양식으로 전파하는 것이 가능해졌다. 둘째, 기기 장치와 소프트웨어의 컴퓨터 혁명으로 누구나 개인용 컴퓨터와

즐겨 쓰는 소프트웨어 프로그램으로 데이터 분석을 할 수 있게 됐다.

이러한 기술 변화가 직접적으로 영향을 주는 가운데 계량 사회과학자들이 쓸 수 있는 대용량 자료(빅데이터)가 급속하게 늘었다. 과거에는 연구 그룹들이 모은 소량의 자료(예: 전국구 선거 연구에서 나온 조사 자료, 전쟁 발생과 민주적 기관에 대해 수기로 입력한 데이터셋)와 정부기관이 출간한 자료(예: 인구조사 통계, 선거 결과, 경제지표)에 크게 의존했다. 이러한 데이터셋은 여전히 실증분석에서 중요한 역할을 하고 있다. 하지만 광범위하게 새로 생겨나는 자료가 계량 사회과학 연구의 지평을 획기적으로 넓혔다. 연구자들은 실험과 조사를 본인이 원하는 대로 고안하고 실행하고 있다. 투명성과 신뢰도를 높여야 한다는 압박하에 정부기관은 더 많은 자료를 온라인상에서 이용할 수 있도록 하고 있다. 예를 들어, 미국에서는 선거기부금과 로비활동의 상세한 자료를 누구나 개인 컴퓨터로 내려받을 수 있으며, 스웨덴 같은 북유럽 국가에서는 소득, 세금, 교육, 보건, 직장을 포함한 광범위한 기록물을 학술적 연구 목적으로 이용할 수 있다.

새로운 데이터셋은 다양한 영역에 걸쳐 등장했다. 소비자 거래 기록에 대한 상세 데이터는 전자구매기록을 통해 이용할 수 있다. 국제무역 자료는 수십 년 동안 많은 국가 간의 상품별 무역 집계로 이뤄져 있다. 군대도 자료 혁명에 공헌했다. 2000년대 아프가니스탄 전쟁 기간 동안 미군과 다국적군은 반란군이 공격을 실행하는 지리 정보, 시점, 공격 유형 등의 자료를 모았고, 이에 대한 항전 전략을 제시하고자 데이터를 분석했다. 이와 유사하게 정부기관과 비정부단체에서 민간인 전쟁 사상자의 자료를 수집했다. 선거 캠페인에서는 세심하게 고른 메시지로 특정 유형의 유권자를 겨냥함으로써 유권자 동원 전략을 만드는 데 자료분석기법을 활용한다.

이러한 데이터셋은 다양한 형태로 전달된다. 계량 사회과학자들은 법률안, 신문기사, 정치인 연설을 포함하는 자료와 같이 계수화된 문서를 분석하고 있다. 웹사이트, 블로그, 트윗, SMS 메시지, 페이스북을 통한 소셜 미디어 자료를 이용해 사회과학자들은 온라인 공간에서 사람들이 어떻게 서로 소통하는지를 분석할 수 있다. 지리정보체계^{GIS, Geographical Information System} 데이터셋은 널리 이용되고 있다. GIS를 통해 입법 선거구 재조정이나 공간 구역에 초점을 맞춘 민족 분규를 분석할 수 있으며, 위성사진 자료를 활용해서 개발도상국 농촌지역의 전력화 단계를 측정하기도 한다. 드물지만 사회과학 문제를 해결할 방법을 찾고자 이미지, 소리, 심지어 영상물로 양적 방법론을 이용해 분석한다.

정보 기술 혁명과 더불어 풍부하고 다양한 형태의 자료를 얻을 수 있다는 것은 학계뿐만 아니라 학계 바깥 영역까지, 기업 분석가에서 정책 입안자, 학생에서 강사진까지 누구나 데이터 기반의 새로운 발견을 할 수 있다는 것을 의미한다. 과거에는 오직 통계학자와 기타 특정 전문가들만 데이터를 분석했다. 지금은 모든 사람이 개인용 컴퓨터에서 자료를 다운로드해 본인이 즐겨 쓰는 소프트웨어로 분석한다. 이로 인해 정책 효과를 증명해야 하는 책임도 커졌다. 정책 실행 재원을 확보하고 명분을 재고시키려면 예를 들어 비정부단체와 정부기관은 이제 철저한 평가를 통해 정책과 시책의 효율성을 검증해야만 한다.

더 높은 수준의 투명성과 데이터 기반 발견으로의 전환은 사회과학 분야 학생들이 자료를 분석하고, 결과를 해석해 실증적 발견을 효과적으로 전달하는 방법을 배우게끔 요구하고 있다. 전통적으로 통계학 입문 강의는 학생들이 종이와 연필, 기껏해야 공학용 계산기를 써서 간단히 계산해 봄으로써 기초적인 통계 개념을 가르치는 것을 중점으로 뒀다. 기초적인 통계 개념은 여전히 중요하고 이 책에서도 담고 있지만, 이 전통적 접근법은 현대 사회의 요구를 충족시킬 수 없다. 보편적인 통계 개념과 방법론을 배우는 것만으로는 '통계적 문해력statistical literacy[1]'을 기르는 데 충분하지 않다. 대신 사회과학 분야의 모든 학생은 기초 데이터 분석 기술을 익혀서 자료로부터 얻게 되는 많은 기회를 활용하고 데이터 기반의 연구로 찾아낸 성과를 통해 사회에 이바지해야만 한다.

누구나 데이터를 분석할 수 있어야 한다는 믿음에서 이 책을 쓰게 됐다. 이 책은 계량 사회과학 연구에 필요한 데이터 분석의 세 가지 요소를 알려 준다. 연구 맥락, 프로그래밍 기법, 통계 방법론으로, 이 중 하나라도 빠지면 연구 결과가 부실해진다. 연구 맥락 없이는 데이터 연구에 필요한 가정의 신뢰성을 평가할 수 없으며, 실증적 발견이 암시하는 바를 이해할 수 없게 된다. 프로그래밍 기법 없이는 자료를 분석하고 연구 과제의 답을 찾을 수 없을 것이다. 통계학적 원리에 대해 가이드가 없다면 신호signal라고 알려진 체계적 양식과 노이즈noise라 일컫는 잘못된 추론을 이끌어 낼 수 있는 불규칙한 양식을 구별하기 힘들다(여기서 추론이란 관찰된 자료를 기초로 불특정 수량에 대한 결론을 이끌어 내는 것을 말한다). 이 책은 이 세 가지 요소를 결합시킴으로써 얻게 되는 데이터 분석의 힘을 실증적으로 설명해 준다.

---

1 통계를 이해하고 결론을 이끌어 내는 능력 – 옮긴이

1.1 이 책의 개요

이 책은 데이터 분석과 통계학을 처음 배우는 모든 사람을 위한 내용을 담고 있다. 산업 현장의 실무 종사자와 배움의 열의가 넘치는 고등학생뿐만 아니라 사회과학 및 다른 분야의 연구자, 대학생, 석사 및 박사 과정에 있는 연구원 모두가 대상 독자이다. 이 책은 약간의 기초 대수학 외에는 다른 선행 이수 과목을 요구하지 않는다. 특히 미적분이나 통계에 대한 지식이 없어도 된다. 있으면 유용하겠지만 프로그래밍 경험을 필요로 하지 않는다. 또한 이 책은 데이터 분석을 가르치지 않는, 전통적인 '종이와 연필'로 진행되는 통계학 입문 과정을 이수한 사람에게도 적합하다. 이 책을 통해 데이터 분석의 재미를 발견하게 될 것이다. 여기서는 계량 사회과학 과제를 해결하고자 R을 어떻게 쓸지에 중점을 두고 있지만, R 프로그래밍을 배우고 싶은 사람에게도 이 책이 유용할 수 있다.

앞서 언급한 것처럼 이 책만의 차별점은 이미 출판된 계량 사회과학 학술 연구에서 직접 발췌한 데이터셋 분석을 통해 프로그래밍 기법과 통계적 개념을 동시에 보여 준다는 점이다. 사회과학자들이 데이터 분석을 활용해 사회 문제와 인간 행동양식의 중요한 문제에 해답을 제시하는 것을 목표로 저술했다. 이와 동시에 이 책의 사용자들은 기초적인 통계 개념과 기초 프로그래밍 기술을 배우게 될 것이다. 가장 중요한 것은 40개에 달하는 데이터셋을 공부해 데이터 분석에 관한 경험을 쌓을 수 있게 된다는 점이다.

이 책은 다음과 같이 8개의 장으로 이뤄져 있다.

1장, 서론 이 책을 어떻게 하면 가장 잘 활용할 수 있는지 설명하며 수요가 높은 오픈소스 통계 프로그래밍 종합 환경인 R에 관해서도 간략하게 소개한다. R은 매킨토시, 윈도우, 리눅스를 사용하는 컴퓨터에서 자유롭게 다운로드하고 실행할 수 있다. 데이터 분석을 더 쉽게 만들어 주는 수많은 기능이 탑재돼 있는 또 다른 오픈소스 프로그램인 **RStudio**를 강력히 권장한다. 기존 사회과학 학술 연구에서 나온 데이터셋을 활용해 기초적인 R 기능을 익히고자 고안된 연습문제 2개를 실었다. 이 책에서 사용되는 모든 데이터셋은 http://press.princeton.edu/qss/에서 무료로 다운로드할 수 있다. 각 장의 복습 예제와 같이 유용한 자료도 같은 웹사이트에서 찾을 수 있다. 5장을 제외하고는 가장 기초적인 R의 명령문/구문^syntax에 중점을 두고 기술하고 있으며, 더 광범위한 영역의 다른 추가 패키지는 소개하지 않는다. 그러나 이 책을 모두 읽고 나면 추가 패키지를 활용할 수 있는

R 프로그래밍 기술을 터득할 것이다.

2장, 인과효과 인과효과$^{causal effect}$는 사회과학 조사 분야에서 중추적인 역할을 담당하는데 특정 정책이나 프로그램이 종속변수에 영향을 미치는지 여부를 알아내고자 할 때 쓰인다. 인과효과는 공부하기 어렵다고 악명이 나 있는데 이는 관찰할 수 없는 반사실적 결과를 추론해야 하기 때문이다. 예를 들어 노동시장에서 인종차별의 존재 여부를 알려면 채용의향서를 받지 못한 흑인이 만약 백인이었다면 채용의향서를 받을 수 있었는지를 알아야 한다. 채용 중인 회사에 흑인과 백인의 이름으로 보일 수 있는 가상의 구직자의 이력서를 보내고, 그 결과를 받는 것으로 잘 알려진 실험 연구에서 얻은 데이터를 분석할 것이다. 이 조사 연구를 응용해 2장에서는 처치^{treatment}의 무작위 할당이 어떤 방식으로 해당 처치의 평균적인 인과효과를 파악할 수 있게끔 하는지를 설명한다.

또한 관찰연구$^{observational study}$에서 연구자들이 처치 할당에 대한 통제가 없는 상황에서의 인과 추론을 배울 것이다. 고전 연구인 최저임금 인상이 고용에 미치는 영향을 통해 주로 알아볼 것이다. 많은 경제학자는 최저임금 인상이 고용을 감소시킬 수 있다고 주장한다. 왜냐하면 고용주들은 더 높은 임금을 지불해야 하기 때문에 더 적은 근로자를 고용하게 된다고 한다. 안타깝게도 최저임금 인상 결정은 무작위^{random}로 내려지는 것이 아니라 그 자체로 고용과 관련이 있는 경제성장 같은 여러 요인에 영향을 받게 된다. 이러한 요인들이 처치그룹에 있는 회사들에게도 영향을 미치기 때문에 처치를 받은 회사와 그렇지 않은 회사 간의 간단한 비교로는 편향된 추론으로 이어질 수 있다.

관찰연구에서는 선택편향$^{selection bias}$를 줄이고자 사용되는 몇 가지 전략을 소개한다. 관찰연구에서 처치효과를 부정확하게 추정할 위험이 있음에도 그러한 연구 결과들은 무작위대조시험$^{RCT, Randomized Controlled Trial}$에서 얻은 결과보다 일반화하기가 더 쉽다. 2장의 다른 예는 투표 독려 운동의 사회적 압력에 관한 현장실험$^{field experiment}$을 포함한다. 연습문제에서는 소규모 학급이 초기 교육에 미치는 인과효과를 조사한 무작위 실험 및 정치 지도자 암살과 그 영향을 조사한 자연 실험$^{natural experiment}$을 담고 있다. R 프로그래밍의 관점에서 논리적 구문과 부분 선택^{subsetting}을 다룬다.

3장, 측정 측정^{measurement}의 기본적인 개념을 소개한다. 정확한 측정은 데이터 주도 발견을 위해 중요하다. 왜냐하면 측정 편향은 잘못된 결론과 잘못된 결정으로 이어질 수 있기 때문이다. 표본조사$^{sample survey}$를 통해서 어떻게 여론을 측정하는지를 살펴본다. 연구자들이 아프가니스탄 전쟁 중 아프가니스탄 시민들이 다국적군과 탈레반 반군을 어느 정도 지지했는지를 측정한 연구 데이터를 분석한다. 표본조사에 있어서 무작위 추출의 중요성을 설명한다. 특히 모집단의 응답자들을 무작위로 추출하면 대표표본$^{\text{representative sample}}$을 얻을 수 있다. 그 결과로 하나의 작은 대표집단을 분석해 전체 모집단의 의견을 추론할 수 있다. 또한 표본조사의 잠재적 편향을 논의한다. 무응답은 표본의 대표성을 손상시킬 수 있다. 특히 탈레반 반군을 지지하는지와 같은 민감한 질문의 대답에 있어서 잘못된 보고는 추론에 심각한 위협을 제기한다.

후반부에서는 계량 사회과학에서 핵심적 역할을 하는 잠재성 혹은 관측 불가한 개념의 측정에 초점을 맞추고 있다. 그러한 개념의 대표적인 예로는 능력^{ability}과 이데올로기^{ideology}가 있다. 그리고 정치 이데올로기를 연구한다. 먼저 점호투표에서 입법자들의 이데올로기적 위상을 추론하는 데 자주 사용되는 모델을 설명하고, 미국 의회가 어떻게 양극화돼 갔는지 검토한다. 그런 다음 비슷한 관측값 그룹을 찾도록 해주는 기본적인 k-평균 클러스터링 알고리즘$^{\text{k-means clustering algorithm}}$을 소개한다. 이 알고리즘은 데이터에 적용하면 최근 몇 년 동안 의회 내 이데올로기적 분열이 주로 정당 정책에 의해 특징화됐다는 것을 알 수 있다. 대조적으로 초기의 각 정당 내부에서 몇 개의 분열을 발견한다. 또한 분위수^{quantiles}, 표준편차$^{\text{standard deviation}}$, 지니계수$^{\text{Gini coefficient}}$와 같은 다양한 데이터 분산의 측정값들을 소개한다. R 프로그래밍 관점에서 일변량^{univariate}과 이변량^{bivariate} 데이터를 시각화하는 다양한 방법을 소개한다. 연습문제에서는 3장의 방법론을 살펴보면서 학업윤리의 쟁점을 제기한 논란의 동성간 결혼 실험의 재분석을 포함한다.

4장, 예측 특정 사건들의 발생을 예측^{prediction}하는 것은 정책 및 의사결정 과정에서 중요한 요소다. 예를 들어, 경제 성과의 예측은 국가 재정 계획에 중요하며, 국내 불안의 조기 경보는 외교 정책 입안자가 적극적으로 대응하게 한다. 주로 예비선거 여론조사에 따른 미국 대통령 선거 예측을 통해 설명한다. 여러 여론조사를 결합해 간단한 방법으로 매우 정확한 예측을 할 수 있음을 보여 준다. 또한 피험자가 모르는 정치 후보자들의 얼굴 사진을 보여 주고, 그들의 능력을 평가하라고 요청하는 심리학 실험의 데이터를 분석한다. 실험결과 빠르게 살펴본 인상만으로도 선거 결과를 예측할 수 있다는 놀라운 결과를 얻었다. 이 예를 통해 다른 변수를 기반으로 한 변수의 값을 예측하는 데 유용한 선형회귀모형$^{\text{linear regression model}}$을 소개한다. 선형회귀와의 상관관계를 설명하고 '회귀'라는 용어의 근

원인 '평균으로의 회귀'$^{regression\ towards\ the\ mean}$'에 대한 현상을 살펴본다.

또한 단순한 예측보다는 인과효과를 추정하는 데 회귀모형을 사용할 수 있는지도 논의한다. 인과 추론은 처치변수를 예측변수로 사용해 관측된 것보다 반사실적 결과의 예측을 요구한다는 점에서 표준적인 예측과는 다르다. 무작위로 선택된 마을의 의회에서 여성을 위한 의석을 따로 지정한 인도의 무작위 자연 실험 데이터를 분석한다. 이 무작위 추출을 활용해 여성 정치인이 특히 여성 유권자가 관심을 갖는 정책 결과에 영향을 주는지를 조사해 본다. 그리고 관찰연구에서 인과 추론을 위한 회귀단절모형$^{regression\ discontinuity\ design}$을 소개한다. 영국 정치인의 축적된 부 중에서 얼마 정도가 그들이 의원직에 있었기 때문에 쌓을 수 있었는지를 조사한다. 이 연구문제에 답하고자 가까스로 선거에서 승리한 의원과 아깝게 패배한 후보자들을 비교한다. 강력하지만 매우 어려운 R 프로그래밍 개념인 루프^{loop}와 조건(구)문$^{conditional\ statement}$을 소개한다. 연습문제에는 도박시장이 선거 결과 예측을 정확하게 할 수 있는지의 분석을 포함한다.

5장, 발견 다양한 종류의 데이터에서 패턴을 발견^{discovery}하는 것을 살펴본다. '빅데이터'를 분석할 때 데이터의 일관된 패턴을 식별하기 위한 자동화된 방법들과 시각화 도구들이 필요하다. 첫째, 텍스트를 데이터로 분석한다. 여기에서 주요한 적용은 미국 헌법의 기초를 형성한 「연방주의자 논문들$^{The\ Federalist\ Papers}$」의 저자 예측이다. 일부 논문의 저자는 알고 있지만 다른 논문들의 저자는 알려져 있지 않다. 알려진 저자의 논문에서 특정 단어의 빈도를 분석함으로써 알렉산더 해밀턴$^{Alexander\ Hamilton}$ 또는 제임스 매디슨$^{James\ Madison}$이 익명으로 논문을 저술했는지 여부를 예측할 수 있음을 보여 준다. 둘째, 단위(유닛) 간의 관계 설명에 중점을 두고 네트워크 데이터$^{network\ data}$를 어떻게 분석할지의 방법을 보여 준다. 르네상스 시대 피렌체의 인척 네트워크에서 메디치^{Medici} 가문의 핵심적 역할을 정량화한다. 최근 사례로, 미국 상원의원들이 트위터로 생성한 소셜 미디어 데이터를 통해 다양한 중심성 척도들이 소개되고 적용된다.

마지막으로 지리-공간 데이터를 소개한다. 먼저 1854년에 런던에서 발병한 콜레라의 원인을 조사하고자 존 스노$^{John\ Snow}$가 했던 고전적인 공간 데이터 분석을 다룰 것이다. 그리고 나서 미국의 선거 데이터를 예로써 지도를 작성해서 공간 데이터를 시각화하는 방법을 보여 준다. 시공간$^{spatial-temporal}$ 데이터의 경우 시간 경과에 따른 공간 패턴의 변화를 시각적으로 특성화하는 일련의 지도들을 애니메이션으로 작성한다. 그리고 몇몇 특수 R 패키지들을 사용해 다양한 데이터를 시각화 기술을 적용한다.

6장, 확률 데이터 분석에서 불확실성에 대한 대통일 수학 모델인 확률^{probability}로 초점을 옮긴다. 지금까지는 파라미터를 추정하고 예측하는 방법을 살펴봤지만, 7장에서 소개하는 실증적 결과에서 불확실성의 수준을 논의하지 않는다. 확률은 통계적 추론의 기초가 되기 때문에 중요하며, 그 목적은 추론의 불확실성을 정량화하는 것이다. 확률을 해석하는 두 가지 주요한 관점인 빈도주의자^{frequentist}와 베이지안^{Bayesian}을 논의하는 것에서부터 시작한다. 그런 다음 확률과 조건부 확률에 대한 수학적 정의를 제공하고, 확률에 대한 몇 가지 기본 규칙들을 소개한다. 이러한 규칙 중 하나는 베이즈 규칙$^{Bayes' rule}$이라 불리고 있다. 베이즈 규칙을 사용하는 방법과 설문지 데이터가 없을 때 이름(성) 및 거주지 위치를 사용해 개개인의 인종을 정확하게 예측하는 방법을 보여 준다.

또한 6장에서는 확률변수와 확률분포의 중요한 개념을 소개한다. 지금까지의 방법들을 사용해 4장에서 만든 선거전 여론조사를 이용해 선거 예측의 불확실성의 척도를 추가한다. 또 다른 연습문제로 도박시장 데이터를 기초로 선거결과 예측의 불확실성을 추가한다. 대수의 법칙과 중심극한정리라는 두 가지 중요한 이론을 소개하면서 끝맺는다. 이 두 이론은 광범위하게 적용할 수 있으며, 표본크기가 증가함에 따라 반복적인 추출을 통해서 추정값이 어떻게 작동하는지를 특성화하는 데 도움이 된다. 마지막 연습문제 세트는 제2차 세계대전의 독일 암호 기계인 에니그마^{Enigma}와 러시아의 선거 사기 간파라는 두 가지 문제를 지적한다.

7장, 불확실성 추정값과 예측들의 불확실성^{uncertainty}을 어떻게 정량화하는지를 논의한다. 이전 장들에서는 데이터에서 패턴을 발견하는 다양한 데이터 분석 방법들을 소개했다. 6장에서 제시된 토대 위에 7장에서는 데이터 패턴들에 대해 얼마나 확신해야 하는지 철저히 설명한다. 표준오차, 신뢰구간, 가설검정 등의 계산을 통해서 시그널^{signal}을 노이즈^{noise}와 구분하는 방법을 보여 준다. 다시 말하면 통계적 추론과 관련이 있다. 이전 장들의 예제를 사용해 전에 계산된 추정값의 불확실성을 측정하는 데 초점을 맞춘다. 선거 전 여론조사, 초기 교육에서 소규모 학급이 학업성취도에 미치는 영향에 관한 실험, 최저임금 상승이 고용에 미치는 영향을 평가하는 관찰연구가 포함된다. 또한 통계적 가설검정을 논의할 때 다중검정과 출판편향의 위험성을 알아본다. 마지막으로 선형회귀모형으로부터 도출된 추정값에 대한 불확실성의 정도를 정량화하는 방법을 논의한다. 이를 위해 인도의 여성 정치인의 무작위 자연 실험과 영국 정치인의 의원직을 통해 축적한 자산의 양을 추산하기 위한 회귀단절모형을 재검토한다.

8장, 그다음으로 이 책을 다 읽을 때쯤 할 수 있는 다음 단계를 간략하게 설명하고 끝맺는다. 계량 사회과학 연구에서 데이터 분석의 역할은 무엇인지도 논의한다.

1.2 이 책의 활용

다음의 원리에 따라 이 책을 어떻게 활용할지를 설명한다.

데이터 분석은 읽는 것만으로는 익히기 힘들다. 직접 분석해보면 자기 것으로 만들 수 있다.

이 책은 단순히 읽는 용도로만 보는 책이 아니다. 데이터 분석 경험을 쌓는 데 중점을 두고 각자가 책에서 나오는 코드를 시험해 보고, 갖고 놀아도 보고, 각 장의 끝에 나오는 다양한 연습문제를 해결해 보는 것이 가장 좋다. 이 책에서 사용된 모든 코드와 데이터셋은 http://press.princeton.edu/qss/에서 무료로 다운로드할 수 있다.

이 책의 내용은 순차적으로 볼 수 있도록 구성했다. 이후의 장에서는 독자가 이미 이전 부분에서 다룬 대부분의 자료에 익숙하다고 가정하고 있어서 되도록이면 장을 건너뛰지 않고 보는 것을 추천한다. 예외적으로 5장 '발견'의 내용은 이후 장과 연결되지 않는다. 그럼에도 5장에는 책에서 가장 흥미로운 데이터 분석 예제가 포함돼 있으므로 이를 살펴보는 것을 권장한다.

이 책은 다양한 방식으로 수업에 사용될 수 있다. 전통적인 통계학 개론 수업에서는 데이터 분석 연습을 제공하는 보충 자료로 활용할 수 있다. 이 책은 강사가 강의하는 데는 적은 시간을 할애하고, 교실에서 학생들과 대화하고 양방향으로 데이터 분석 연습을 할 수 있는 데이터 분석 수업에 가장 적합하다. 이런 방식으로 수업한다면 책의 관련 부분을 수업하기 전에 배정하고, 수업에서는 강사가 새로운 방법론과 프로그래밍 개념을 검토한 후에 그 개념을 책의 연습 문제나 다른 비슷한 곳에 적용하면 된다. 이 과정에서 강사는 수업 전체가 해결책에 도달할 때까지 어쩌면 소크라테스식 강의법처럼 학생들과 연습문제를 대화식으로 논의할 수 있다. 그러한 토론 수업이 끝나면 소수의 학생들과 강사가 다른 연습문제를 해결하면서 컴퓨터 실습 세션을 진행하는 것이 이상적이다.

이러한 강의 형식은 '특정적 · 일반적 · 특정적$^{particular\ general\ particular}$' 원칙과 일치한다.[2] 이 원칙은 강사가 먼저 새로운 개념을 설명할 때 특정 사례를 소개해야 하며, 그런 다음 일반적인 처치법을 제공하고, 마지막으로 다른 특정 사례에 적용하는 것이라고 한다. 독해 과제는 학생들에게 특정적이고 구체적인 예와 새로운 개념의 일반적 논의를 소개한다. 그런 후에 나올 토론에서 강사가 이 개념의 또 다른 일반적인 처치를 제공해 학생들과 함께 그것들을 다른 사례에 적용한다. 이는 적극적인 학습을 통해 학생들을 참여시키고, 사회과학 연구에서 데이터 분석을 수행하는 능력을 키울 수 있는 효과적인 강의 전략이다. 마지막으로 강사는 학생들이 자료들을 충분히 익혔는지를 판단하고자 다른 문제들에 적용해 보라고 할 수 있다. 이런 강의 방식을 빠르게 적용할 수 있도록 강사 전용 추가 연습문제와 그 솔루션이 있는 전용 저장소가 있다. 강사라면 http://press.princeton.edu/qss/에서 요청해 해당 저장소에 접근할 수 있다.

다뤄야 할 교재의 관점에서 15주간의 학기 과정 중 수업 개요의 예제가 아래에 제시돼 있다. 매주 약 두 시간의 강의와 한 시간의 컴퓨터 실습이 있다고 가정한다. 데이터 분석법을 배우는 소수의 학생들과 실전 컴퓨터 실습 세션을 갖는 것이 필수적이다.

장 제목	장 번호	주 차
서론	1	1
인과효과	2	2-3
측정	3	4-5
예측	4	6-7
발견	5	8-9
확률	6	10-12
불확실성	7	13-15

단기 코스의 경우 강의 자료를 줄이는 두 가지 방법이 있다. 한 가지 옵션은 데이터 사이언스 측면에 초점을 맞추고 통계적 추론을 생략하는 방법이다. 위의 개요에서 특히 6장 '확률' 및 7장 '불확실성'을 뺄 수 있다. 또 다른 방법으로 텍스트, 네트워크, 공간 데이터

---

2 Frederick Mosteller (1980) "Classroom and platform performance." *American Statistician*, vol. 34, no. 1 (February), pp. 11–17.

분석을 다루는 5장 '발견'을 건너뛰고 확률과 불확실성에 대한 장을 넣을 수 있다.

표 1.1 swirl 리뷰 연습문제

장	swirl 레슨	절
1: 서론	INTRO1 INTRO2	1.3 1.3
2: 인과효과	CAUSALITY1 CAUSALITY2	2.1-2.4 2.5-2.6
3: 측정	MEASUREMENT1 MEASUREMENT2	3.1-3.4 3.5-3.7
4: 예측	PREDICTION1 PREDICTION2 PREDICTION3	4.1 4.2 4.3
5: 발견	DISCOVERY1 DISCOVERY2 DISCOVERY3	5.1 5.2 5.3
6: 확률	PROBABILITY1 PROBABILITY2	6.1-6.3 6.4-6.5
7: 불확실성	UNCERTAINTY1 UNCERTAINTY2 UNCERTAINTY3	7.1 7.2 7.3

Note: 이 표는 책의 장들과 절들에 대응하는 swirl 리뷰 연습문제들을 보여 준다.

마지막으로 각 장에서 소개된 기본 방법론 및 프로그래밍 개념을 숙지하려면 사용자가 먼저 장을 읽고 포함된 모든 코드를 연습하며, 각 장이 끝날 때마다 관련 연습문제를 풀기 전에 온라인 리뷰 문제들을 시도해 보는 것이 좋다. 이 리뷰 문제들은 http://press.princeton.edu/qss/의 링크에서 **swirl** 레슨으로 제공되며, **R** 내에서 답변을 구할 수 있다. 강사에게는 매 수업 전에 이러한 **swirl** 연습문제를 할당해서 학생들이 더 복잡한 데이터 분석 연습으로 넘어가기 전에 기본 사항을 배우도록 하는 것을 강력히 권장한다. 온라인 리뷰 문제를 시작하려면 사용자는 반드시 **swirl** 패키지를 먼저 설치해야 하며(1.3.7절 참고), 그다음으로 **R**에서 아래 세 줄의 명령문을 사용한다. 참고로 이 설치는 한 번만 수행하면 된다.

```
install.packages("swirl") # 패키지 설치

library(swirl) # 패키지 로드

install_course_github("kosukeimai", "qss-swirl") # 강의 설치
```

표 1.1에는 해당 장과 절과 함께 사용할 수 있는 **swirl** 리뷰 문제 세트를 보여준다. 리뷰 문제들을 위해 **swirl** 레슨을 시작하려면 다음과 같은 구문을 사용한다.

```
library(swirl)
swirl()
```

swirl에 관한 더 자세한 정보는 http://swirlstats.com/에서 볼 수 있다.

1.3 R 소개

이 책을 활용하기 위한 전제조건인 **R**을 간단히 소개한다. **R**은 누구나 무료로 다운로드할 수 있고, 소스 코드를 살펴보고, 실제로 직접 기여도 할 수 있는 오픈소스 통계 프로그래밍 환경이다. **R**은 강력하고 유연하며 다양한 데이터셋을 처리하며 매력적인 그래픽을 만들 수 있다. 이런 이유로 학계와 산업계에서 널리 사용된다. 「뉴욕타임스」는 **R**을 다음과 같이 설명한다.

> 기업 및 학계 내의 데이터 분석가들이 점점 더 많이 사용하는 인기 있는 프로그래밍 언어. 그들의 공통 언어lingua franca가 되고 있다. …… 광고 가격을 설정하며, 새 약품을 더 빨리 찾아내며, 재무 모델을 세밀하게 조정하는 데 사용된다. 구글Google, 화이자Pfizer, 머크Merck, 뱅크오브아메리카Bank of America, 인터콘티넨탈 호텔그룹InterContinental Hotels Group, 쉘Shell과 같은 다양한 회사에서 사용한다. …… 구글의 수석 이코노미스트인 할 베리언Hal Varian은 "**R**의 가장 아름다운 점은 무언가를 하기 위한 모든 것을 당신이 다 수정할 수 있다는 데 있다." "그리고 **R**에는 당신이 바로 사용할 수 있는 많은 패키지들이 있으며, 이는 당신이 거의 거인의 어깨에 서 있는 것과 같다"고 말했다.[3]

---

3 Vance, Ashlee. 2009. "Data Analysts Captivated by R's Power," *New York Times*, January 6.

R은 https://cran.r-project.org/(The Comprehensive R Archive Network or CRAN)를 방문해 운영체제와 일치하는 링크를 선택한 다음 지침에 따라 설치할 수 있다.

R이 데이터 분석을 위한 강력한 도구임에도 실질적 관점에서 가장 큰 비용은 R을 프로그래밍 언어로 배워야만 한다는 것이다. 다시 말해, 컴퓨터 프로그래밍의 다양한 명령문들과 기본적 규칙들을 터득하지 않으면 안 된다는 의미다. 컴퓨터 프로그래밍을 배우는 것은 마치 외국어에 능숙해지는 것과 비슷하다. 많은 연습과 인내가 필요하며, 좌절이 따를 수 있는 학습과정이다. 이 책은 다양한 데이터 분석 연습을 통해 통계 프로그래밍의 기초를 가르쳐 줄 것이며, 이를 통해 독자적으로 데이터 분석을 수행할 수 있게 될 것이다. 이 책의 핵심 원리는 실제로 데이터를 분석함으로써 데이터 분석을 배울 수 있다는 것이다.

사전 프로그래밍 경험이 있거나 혹은 Emacs와 같은 다른 텍스트 편집기를 선호하지 않는 한 이 책에서는 RStudio를 사용하는 것을 추천한다. RStudio는 R을 쉽게 사용할 수 있도록 하는 오픈소스 및 무료 프로그램이다. 하나의 창^{window}에서 RStudio는 프로그램을 작성하는 텍스트 편집기, 그래픽을 표시하는 그래프 뷰어, 프로그램이 실행되는 R 콘솔, 도움말 섹션, 기타 많은 기능을 사용자에게 제공한다. 처음에는 복잡해 보일 수 있지만 RStudio는 R 사용법을 훨씬 쉽게 배울 수 있게 한다. RStudio는 http://www.rstudio.com/을 방문해 다운로드하고 설치 지침을 확인할 수 있다. 그림 1.1은 RStudio의 스크린샷이다.

이제 다음과 같은 세 가지 주제를 다룬다. (1) R을 계산기로 사용하기 (2) R에서 다양한 객체를 만들고 조작하기 (3) R에 데이터셋을 로드하기

1.3.1 산술 연산

표준 산술 연산자를 사용해 R을 계산기로 사용할 것이다. 그림 1.1에서 RStudio의 왼쪽 창은 R 명령문을 직접 입력할 수 있는 R 콘솔을 보여 준다. 예를 들어, 이 R 콘솔에서 5 + 3을 입력한 다음 키보드에서 Enter를 누른다.

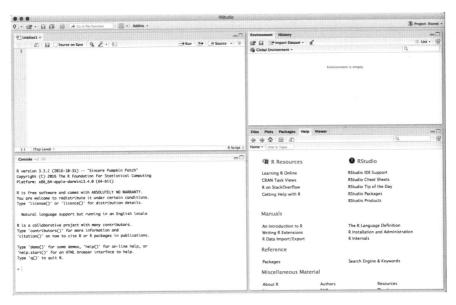

그림 1.1 RStudio 스크린샷(버전 1.0.44). 왼쪽 상단 창에는 코드가 포함된 스크립트가 표시된다. 왼쪽 하단 창에는 R 명령문을 직접 입력할 수 있는 R 콘솔이 표시된다. 오른쪽 상단 창에는 R 객체들과 전에 실행된 R 명령문들이 나열된다. 마지막으로 오른쪽 하단 창에는 그림, 데이터셋, 파일, 작업 디렉터리의 하위 디렉터리, R 패키지, 도움말 페이지를 볼 수 있게 한다.

```
5 + 3
## [1] 8
```

R은 스페이스(공백)를 무시하므로 5+3은 동일한 결과를 돌려줄 것이다. 그러나 연산자 + 앞뒤에 스페이스를 추가해서 읽기 쉽게 만들었다. 이 예제에서 알 수 있듯이 이 책은 R 콘솔에 R 명령문이 입력됐을 때 출력을 표시한다. 이 출력들은 R 콘솔에는 나타나지 않지만 생성된 R 명령문과 구분하고자 ##로 시작한다. 마지막으로 이 예에서 [1]은 길이가 1인 벡터^{vector}의 첫 번째 요소의 출력을 나타낸다(1.3.3절에서 벡터를 다룰 것이다). 무엇보다 중요한 것은 독자들이 실제로 이 예제들을 시도해 보는 것이다. 프로그래밍은 실제로 해 보는 것을 통해서만 배울 수 있다는 점을 기억하자. 이제 다른 예제들을 시도해 보자.

```
5 - 3
## [1] 2
```

```
5 / 3
## [1] 1.666667
5 ^ 3
## [1] 125
5 * (10 - 3)
## [1] 35
sqrt(4)
## [1] 2
```

마지막 표현식은 입력(또는 다중 입력)을 취해 출력을 생성하는 이른바 함수의 예다. 여기서 sprt() 함수는 음수가 아닌 숫자를 취하고 그 제곱근으로 돌려준다. 1.3.4절에서 논의했듯이 R에는 수많은 다른 기능이 있으며, 사용자들이 자체 함수를 만들 수도 있다.

1.3.2 객체

R은 자기가 선택한 이름으로 정보를 객체^{object}에 저장할 수 있다. 객체를 만든 후에는 그 이름으로 참조하기만 하면 된다. 즉 객체를 어떤 정보나 데이터에 대한 '바로가기'로 사용한다. 이러한 이유로 직관적이며 정보를 포함한 이름을 사용하는 것이 중요하다. 객체의 이름은 반드시 일정한 제한을 따라야 한다. 예를 들면, 숫자로 시작할 수 없지만 번호는 포함할 수 있다. 또한 객체의 이름은 공백을 포함해서는 안 된다. R에서 특별한 의미가 있는 %와 $ 같은 특수문자의 사용을 피해야 한다. **RStudio**의 오른쪽 상단 창인 Environment(그림 1.1 참고)에 생성된 객체가 표시된다. 할당 연산자^{assignment operator} <-를 사용해서 객체에 특정 값을 할당한다.

예를 들어, 위의 계산 결과를 result라는 객체로 저장할 수 있다. 그런 다음 객체 이름을 통해 값에 접근(액세스)할 수 있다. 디폴트로 R은 객체 이름을 입력하고 **Enter** 키를 누르면 개체 값을 콘솔에 인쇄한다. 또는 print() 함수를 사용해 명시적으로 인쇄할 수도 있다.

```
result <- 5 + 3
result
## [1] 8
```

```
print(result)
## [1] 8
```

동일한 객체 이름에 다른 값을 할당하면 객체의 값이 변경된다. 그러므로 나중에 사용할 계획인 기존의 정보는 덮어쓰지 않도록 주의해야 한다.

```
result <- 5 - 3
result
## [1] 2
```

또 다른 주의해야 할 점으로 객체의 이름들이 대소문자를 구분한다는 것이다. 예를 들어, Hello는 hello 또는 HELLO와 같지 않다. 그 결과 위에서 정의된 result가 아니라 Result로 입력을 하면 R 콘솔에 오류 메시지가 발생한다.

```
Result
## Error in eval(expr, envir, enclos): object `Result' not found
```

프로그래밍 오류나 버그를 만나는 것 또한 학습 과정의 일부다. 문제는 어떻게 고칠지 알아내는 것이다. 여기서 오류 메시지는 Result라는 객체가 존재하지 않는다고 알려 준다. 오른쪽 상단의 창에 있는 Environment 탭에서 기존 객체의 목록들을 확인할 수 있으며, 올바른 객체가 result라는 것을 알 수 있다(그림 1.1 참고). ls() 함수를 사용해도 같은 리스트를 얻을 수 있다.

지금까지는 숫자만 객체에 할당해 봤다. 그러나 R은 다양한 종류의 다른 값들도 객체로 표현할 수 있다. 예를 들어, 따옴표를 사용해서 문자열을 저장할 수 있다.

```
kosuke <- "instructor"
Kosuke
## [1] "instructor"
```

문자열에서는 공백이 허용된다.

```
kosuke <- "instructor and author"
```

```
kosuke
## [1] "instructor and author"
```

R에서는 따옴표를 사용하면 숫자도 문자로 취급될 수 있다.

```
Result <- "5"
Result
## [1] "5"
```

하지만 덧셈, 뺄셈과 같은 산술 연산자들은 문자열로 사용될 수 없다. 예를 들면, 나누기나 제곱근을 문자열에 시도하면 오류가 발생한다.

```
Result / 3
## Error in Result/3: non-numeric argument to binary operator
sqrt(Result)
## Error in sqrt(Result): non-numeric argument to mathematical function
```

R은 각 객체를 클래스에 할당함으로써 다른 유형의 객체를 인식한다. 객체들을 클래스로 분리하면서 R은 객체들의 클래스에 따라 적절한 연산을 수행할 수 있다. 예를 들어, 숫자는 수치 객체로 저장되는 반면에 문자열은 문자 객체로 인식된다. RStudio에서는 Environment 창을 통해서 객체의 클래스와 이름을 보여 준다. class() 함수(또 다른 클래스이기도 한)는 객체가 속한 클래스가 어떤 것인지 알려 준다.

```
result
## [1] 2
class(result)
## [1] "numeric"
Result
## [1] "5"
class(Result)
## [1] "character"
```

```
class(sqrt)
## [1] "function"
```

이 외에도 R에는 많은 클래스가 있으며, 그중 일부는 이 책 전반을 통해 소개될 것이다.
사실 자신만의 객체 클래스들을 생성하는 것 또한 가능하다.

표 1.2 세계 인구 추정값

연도	세계 인구(천 명)
1950	2,525,779
1960	3,026,003
1970	3,691,173
1980	4,449,049
1990	5,320,817
2000	6,127,700
2010	6,916,183

출처: United Nations, Department of Economic and Social Affairs, Population Division (2013). *World Population Prospects: The 2012 Revision, DVD Edition.*

1.3.3 벡터

다음은 R에 데이터를 입력하는 가장 간단한(하지만 가장 비효율적인) 방법을 제시한다. 표 1.2는 지난 수십 년 동안의 세계 인구 추정값(천 단위)을 포함한다. 이 데이터를 수치 벡터 객체로 R에 입력할 수 있다. 벡터^{vector} 또는 일차원 배열은 특정 순서로 저장된 정보의 모음을 말한다. 복수의 값을 갖는 데이터 벡터를 작성하려면 '연결^{concatenate}'을 의미하는 c() 함수를 사용해서 벡터의 각 요소를 콤마로 구분한다. 예를 들어, 단일 벡터의 요소로 세계 인구 추정값을 입력할 수 있다.

```
world.pop <- c(2525779, 3026003, 3691173, 4449049, 5320817, 6127700, 6916183)
world.pop
## [1] 2525779 3026003 3691173 4449049 5320817 6127700 6916183
```

또한 c() 함수를 사용해 여러 벡터들을 결합할 수 있다.

```
pop.first <- c(2525779, 3026003, 3691173)
pop.second <- c(4449049, 5320817, 6127700, 6916183)
pop.all <- c(pop.first, pop.second)
pop.all
## [1] 2525779 3026003 3691173 4449049 5320817 6127700 6916183
```

벡터의 특정 요소에 접근하려면 대괄호 [ ]를 사용한다. 이것이 인덱싱^{indexing}이다. 여러 요소는 대괄호 안에 있는 인덱스 벡터를 통해 추출할 수 있다. 또한 대괄호 안의 대시(-)는 대응하는 요소를 벡터에서 제거한다. 이 연산들이 오리지널 벡터를 변경하지 않는 점을 유의해야 한다.

```
world.pop[2]
## [1] 3026003

world.pop[c(2, 4)]
## [1] 3026003 4449049

world.pop[c(4, 2)]
## [1] 4449049 3026003

world.pop[-3]
## [1] 2525779 3026003 4449049 5320817 6127700 6916183
```

이 벡터의 각 요소는 숫자 값이므로 산술 연산을 적용할 수 있다. 연산 작업은 벡터의 각 요소에 반복된다. 벡터의 각 요소를 1000으로 나눠 수천 대신 수백만의 인구를 추정해 보자.

```
pop.million <- world.pop / 1000
pop.million
## [1] 2525.779 3026.003 3691.173 4449.049 5320.817 6127.700
## [7] 6916.183
```

또한 각 인구 추계를 1950년 인구 추정의 비율로 표현할 수 있다. 1950년 추정값이 벡터

world.pop의 첫 번째 요소라는 점을 기억해야 한다.

```
pop.rate <- world.pop / world.pop[1]
pop.rate
## [1] 1.000000 1.198047 1.461400 1.761456 2.106604 2.426063
## [7] 2.738238
```

또한 산술 연산은 여러 벡터를 사용해 수행할 수 있다. 예를 들면, 10년간 인구 증가를 초기 인구 값으로 나눈 것으로 정의되는 각 10년간의 인구 증가율을 계산할 수 있다. 예를 들어, 한 해의 인구가 10만 명이었고, 다음 해에 12만 명으로 증가했다고 가정하자. 이 경우 "인구가 20% 증가했다"고 말한다. 각 10년간의 증가율을 계산하고자 먼저 2개의 벡터를 만든다. 하나는 처음 10년이 없는 것이며, 다른 하나는 마지막 10년을 제외한 것이다. 그런 다음 첫 번째 벡터에서 두 번째 벡터를 뺀다. 결과 벡터의 각 요소는 인구수 증가와 같다. 예를 들어, 첫 번째 요소는 1960년 인구 추정값과 1950년 추정값의 차이다.

```
pop.increase <- world.pop[-1] - world.pop[-7]
percent.increase <- (pop.increase / world.pop[-7]) * 100
percent.increase
## [1] 19.80474 21.98180 20.53212 19.59448 15.16464 12.86752
```

마지막으로 일반적인 할당 연산자(<-)를 사용해 특정 인덱스와 관련된 값을 대체할 수도 있다. 아래에서 percent.increase 벡터의 처음 두 요소를 반올림된 값으로 대체한다.

```
percent.increase[c(1, 2)] <- c(20, 22)
percent.increase
## [1] 20.00000 22.00000 20.53212 19.59448 15.16464 12.86752
```

1.3.4 함수

함수^{function}는 R에서 중요한 객체이고 광범위한 작업을 수행한다. 많은 경우 함수는 복수의 입력 객체를 취하고 출력 객체를 반환한다. 이미 sqrt(), print(), class(), c()와 같은 몇 가지 함수를 봤다. R에서 함수는 일반적으로 funcname(input)으로 실행된다. 여기서 funcname은 함수 이름이고, input은 입력 객체다. 프로그래밍(및 수학)에서 이러한 입력을 인수/인자^{arguments}라고 부른다. 예를 들어, sqrt(4) 구문에서 sqrt는 함수 이름이고, 4는 인수 혹은 입력 객체다.

데이터를 요약하는 데 유용한 기본 함수는 다음과 같다. 벡터의 길이를 나타내거나 벡터의 요소 수와 동등한 length(), 최소값 min(), 최대값 max(), 데이터 범위 range(), 평균 mean(), 데이터 합계 sum()이 있다. 지금은 하나의 객체만이 함수에 입력되므로 인자 이름을 사용하지는 않을 것이다.

```
length(world.pop)
## [1] 7

min(world.pop)
## [1] 2525779

max(world.pop)
## [1] 6916183

range(world.pop)
## [1] 2525779 6916183

mean(world.pop)
## [1] 4579529

sum(world.pop) / length(world.pop)
## [1] 4579529
```

마지막 표현은 모든 요소의 합계를 벡터의 요소 수로 나누는 방법으로 평균을 계산하는 또 다른 방법이다.

인자가 여러 개인 경우 구문은 funcname(input1, input2)와 비슷하다. 입력 순서가 중요하다. funcname(input1, input2)은 funcname(input2, input1)과 다르다. 인자를 나열하는 순서에서 비롯되는 혼란과 문제들을 피하고자 각 입력에 해당하는 인자의 이름을 지정하는 것이 좋다. 이는 다음과 같다. funcname(arg1 = input1, arg2 = input2).

예를 들어, seq() 함수는 증가 혹은 감소 순서로 구성된 벡터를 생성할 수 있다. 첫 번째 인자인 from은 시작할 숫자를 지정한다. 두 번째 인자인 to는 순서를 종료시킬 숫자를 지정한다. 마지막 인자 by는 증가 또는 감소할 간격을 나타낸다. 이 함수를 사용해 표 1.2에서 year 변수의 객체를 만들 수 있다.

```
year <- seq(from = 1950, to = 2010, by = 10)
year
## [1] 1950 1960 1970 1980 1990 2000 2010##
```

입력 객체의 이름을 지정했기 때문에 출력을 변경하지 않고도 인자의 순서를 바꿀 수 있다는 점에 주목한다.

```
seq(to = 2010, by = 10, from = 1950)
## [1] 1950 1960 1970 1980 1990 2000 2010
```

이 예에서는 관련이 없지만 sep() 함수를 사용해 감소하는 순서를 만들어 낼 수 있다. 또한 콜론 연산자(:)를 사용해 명시된 첫 번째 숫자부터 시작해 1씩 증가 또는 감소하는 간단한 순서를 만들 수 있다.

```
seq(from = 2010, to = 1950, by = -10)
## [1] 2010 2000 1990 1980 1970 1960 1950

2008:2012
## [1] 2008 2009 2010 2011 2012

2012:2008
## [1] 2012 2011 2010 2009 2008
```

names() 함수는 벡터 요소에 이름을 액세스하거나 할당할 수 있다. 요소 이름은 데이터 자체의 한 부분은 아니지만 R 객체의 유용한 속성이다. 아래에서 world.pop 객체는 아직 names 속성이 없기 때문에 names(world.pop)는 null 값으로 반환된다. 그러나 연도를 객체 라벨^{label}로 지정하면 world.pop 각 요소의 정보가 포함된 라벨과 함께 출력된다.

```
names(world.pop)
```

```
## NULL

names(world.pop) <- year
names(world.pop)

## [1] "1950" "1960" "1970" "1980" "1990" "2000" "2010"

world.pop

##     1950     1960     1970     1980     1990     2000     2010
## 2525779 3026003 3691173 4449049 5320817 6127700 6916183
```

많은 경우 우리는 자신만의 함수를 만들고 이를 반복해서 사용하기를 원한다. 이를 통해 동일한(혹은 거의 동일한) 코드 세트들의 중복을 피할 수 있어서 코드를 보다 더 효율적이고 쉽게 해석할 수 있다. function() 함수는 새로운 함수를 생성할 수 있다. 구문은 다음과 같은 형식을 따른다.

```
myfunction <- function(input1, input2, ..., inputN) {

    DEFINE "output" USING INPUTS

    return(output)
}
```

이 예제 코드에서 myfunction은 함수 이름, input1, input2, …, inputN은 입력 인자들이며, 중괄호 {}의 명령을 정의하는 실제 함수다. 마지막으로 return() 함수는 함수 결과값을 반환시킨다. 간단한 예부터 시작해 숫자 벡터 요약을 계산하는 함수를 만든다.

```
my.summary <- function(x){ # 이 함수는 인자를 하나 취한다.
  s.out <- sum(x)
  l.out <- length(x)
  m.out <- s.out / l.out
  out <- c(s.out, l.out, m.out) # 출력 결과를 정의
  names(out) <- c("sum", "length", "mean") # 라벨을 추가
  return(out) # 출력을 호출해서 함수를 종료한다.
}
z <- 1:10
my.summary(z)

##    sum length   mean
##   55.0   10.0    5.5
```

```
my.summary(world.pop)
## sum length mean
## 32056704 7 4579529
```

위의 예에서 객체들은(예: x, s.out, l.out, m.out, out) 함수가 생성되는 환경에서 독립적인 함수로 정의될 수 있다. 이는 함수 내외부의 객체에 동일한 이름을 사용하는 것을 걱정할 필요가 없음을 뜻한다.

1.3.5 데이터 파일

지금까지는 R에 직접 손으로 입력된 데이터를 사용했다. 그러나 우리는 대부분 외부 파일에서 데이터를 불러들인다. 이 책에서는 다음 두 가지 데이터 파일 형식을 사용한다.

- CSV 또는 쉼표로 구분된 값 형식의 파일들은 표로 된 데이터를 나타낸다. 이는 마이크로소프트 엑셀^{Excel} 또는 구글 스프레드시트^{Spreadsheet}에서 생성된 스프레드시트 데이터 값과 개념적으로 유사하다. 각각의 관측값은 줄 바꿈으로 구분되며, 각 관측값 내의 필드는 쉼표, 탭, 다른 문자 또는 문자열로 구분된다.
- RData 파일들은 데이터셋을 포함한 R 객체의 모음을 나타낸다. 이는 다른 종류의 여러 R 객체를 포함시킬 수 있다. R 코드와 데이터 파일들의 중간 결과를 저장하는 데 유용하다.

데이터 파일들과 상호 작용하기 전에 파일들이 작업 디렉터리$^{working\ directory}$에 있는지 반드시 확인해야 한다. 이 작업 디렉터리에 R은 기본적으로 데이터를 불러들이고 저장한다. 작업 디렉터리를 변경하는 몇 가지 방법이 있다. RStudio에서 기본 작업 디렉터리는 오른쪽 하단 창의 Files 탭 밑에 표시된다(그림 1.1 참고). 그러나 기본 디렉터리는 우리가 종종 사용하려는 디렉터리가 아니다. 작업 디렉터리를 변경하고자 작업하려는 폴더를 선택한 후 More > Set As Working Directory를 클릭한다. 그런 다음 오른쪽 하단 창에 파일과 폴더가 표시되는 것을 볼 수 있게 된다.

선택한 폴더의 전체 경로를 문자열로 지정함으로써 setwd() 함수를 사용해 작업 디렉터리를 변경할 수도 있다. 현재 작업 디렉터리를 표시하고자 getwd() 함수를 이용하면 입력을 제공하지 않고도 사용할 수 있다. 예를 들어, 다음 구문들은 작업 디렉터리를 qss/ INTRO로 설정하고 결과를 확인한다(여기서는 출력을 억제했음).

```
setwd("qss/INTRO")
getwd()
```

표 1.2의 UN 인구통계 데이터가 UNpop.csv CSV 파일로 저장됐다고 가정하자. 이는 아래와 같다.

```
year, world.pop
1950, 2525779
1960, 3026003
1970, 3691173
1980, 4449049
1990, 5320817
2000, 6127700
2010, 6916183
```

RStudio에서 오른쪽 상단 창의 드롭 다운 메뉴로 가서(그림 1.1 참고) Import Dataset > From Text File ....를 클릭해 CSV 파일들을 읽거나 불러들일 수 있다. 또는 read.csv() 함수를 사용할 수 있다. 다음 구문은 자료를 데이터프레임 객체로 불러들인다(자세한 내용은 아래 참고).

```
UNpop <- read.csv("UNpop.csv")
class(UNpop)
## [1] "data.frame"
```

반면 동일한 데이터셋이 UNpop.RData라는 RData 파일에 객체로 저장되면 load() 함수를 사용해 UNpop.RData에 저장된 모든 R 객체를 R 세션에 불러들일 수 있다. 파일에 저장된 R 객체들에는 이미 객체 이름이 있으므로 RData 파일을 읽을 때는 load() 함수와 함께 할당 연산자를 사용할 필요가 없다.

```
load("UNpop.RData")
```

R은 전체 위치가 명시된 경우에는 컴퓨터의 모든 파일에 접근할 수 있다. 예를 들

어, 데이터 파일 UNpop.csv이 디렉터리 Documents/qss/INTRO/에 저장된 경우 read.csv ("Documents/qss/INTRO/UNpop.csv")와 같은 구문을 사용할 수 있다. 그러나 위와 같이 작업 디렉터리를 설정하면 번거롭고 지루한 입력을 피할 수 있다.

데이터프레임 객체는 벡터의 모음이지만 한편으로는 스프레드시트처럼 생각할 수 있다. 또한 데이터를 육안으로 검사하는 데 종종 유용하게 사용된다. 오른쪽 상단 창의 Environment 탭에서 객체 이름을 두 번 클릭해 **RStudio**에서 스프레드시트와 같은 데이터프레임 객체 표현을 볼 수 있다(그림 1.1 참고). 그러면 데이터가 보이는 새로운 탭이 열리게 된다. 그렇지 않으면 검사할 데이터프레임의 이름으로 사용되며 기본 인자로 쓰는 View() 함수를 사용할 수 있다. 이 객체에 유용한 함수에는 변수 이름의 벡터를 반환하는 names(), 행 수를 반환하는 nrow(), 열 수를 반환하는 ncol(), ncol(), nrow()의 출력을 벡터로 결합하는 dim(), 요약을 생성하는 summary() 등이 있다.

```
names(UNpop)
## [1] "year"      "world.pop"

nrow(UNpop)
## [1] 7

ncol(UNpop)
## [1] 2

dim(UNpop)
## [1] 7 2

summary(UNpop)

##      year        world.pop
## Min.   :1950   Min.   :2525779
## 1st Qu.:1965   1st Qu.:3358588
## Median :1980   Median :4449049
## Mean   :1980   Mean   :4579529
## 3rd Qu.:1995   3rd Qu.:5724258
## Max.   :2010   Max.   :6916183
```

summary() 함수는 데이터프레임 객체의 각 변수에 대해 최소값, 첫 번째 사분위수(또는 25

번째 백분위수), 중간값(또는 50번째 백분위수), 세 번째 사분위수(또는 75번째 백분위수), 최대값
등을 생성한다(자세한 내용은 2.6절 참고).

$ 연산자는 개별 변수를 데이터프레임 객체에 접근하는 한 가지 방법이다. 이는 지정된
변수를 포함한 벡터로 반환된다.

```
UNpop$world.pop
## [1] 2525779 3026003 3691173 4449049 5320817 6127700 6916183
```

개별 변수를 검색하는 또 다른 방법은 벡터로 수행한 것처럼 대괄호 [] 안에 인덱싱을 사
용하는 것이다. 데이터프레임 객체는 2차원 배열이기 때문에 행과 열에 각각 하나씩 총
2개의 인덱스가 필요하다. [rows, columns]처럼 대괄호에 쉼표를 사용하면 사용자가 행/
열 번호 또는 행/열 이름으로 특정 행과 열을 호출할 수 있다. 행/열 번호를 사용하면 위
에서 언급한 시퀀싱(배열 및 순서) 기능이 유용하다(예: : 와 c()). 만약 행(열) 인덱스를 지
정하지 않으면 구문은 모든 행(열)을 반환한다. 다음은 인덱싱 구문을 보여 주는 몇 가지
예다.

```
UNpop[, "world.pop"] # "world.pop"이라는 열 추출
## [1] 2525779 3026003 3691173 4449049 5320817 6127700 6916183

UNpop[c(1, 2, 3),] # 최초의 3행(그리고 모든 열)을 추출

##   year world.pop
## 1 1950   2525779
## 2 1960   3026003
## 3 1970   3691173

UNpop[1:3, "year"] # "year"이라는 열의 최초 3행 추출
## [1] 1950 1960 1970
```

데이터프레임 객체의 변수에서 특정 관측값을 추출할 때는 그 변수가 벡터이기 때문에
하나의 인덱스만 제공한다.

```
## "world.pop" 변수에서 홀수의 요소를 추출
UNpop$world.pop[seq(from = 1, to = nrow(UNpop), by = 2)]
## [1] 2525779 3691173 5320817 6916183
```

R에서 결측값은 NA로 표시된다. 결측값이 있는 객체에 적용하면 함수들이 작업을 수행하기 전에 해당 값을 자동으로 제거하거나 제거하지 않을 수 있다. 3.2절에서 결측값 처리에 관한 자세한 사항을 논의한다. 여기서 mean()과 같이 많은 함수의 경우 na.rm = TRUE 인자는 연산이 발생하기 전에 결측값을 제거한다. 아래 예에서 벡터의 여덟 번째 요소는 누락됐으며, R이 누락된 자료를 제거하도록 지시하기 전까지는 평균을 계산할 수 없다.

```
world.pop <- c(UNpop$world.pop, NA)
world.pop
## [1] 2525779 3026003 3691173 4449049 5320817 6127700 6916183
## [8]       NA

mean(world.pop)
## [1] NA

mean(world.pop, na.rm = TRUE)
## [1] 4579529
```

1.3.6 객체 저장

R 세션에서 생성한 객체는 현재 작업 환경인 작업 공간^workspace에 임시 저장된다. 앞에서 언급했듯이 ls() 함수는 작업 공간에 현재 저장된 모든 객체의 이름을 표시한다. Rstudio에서 작업 공간에 있는 모든 객체는 오른쪽 상단 Environment 탭에 나타난다. 그러나 이 객체들은 현재 세션을 종료하면 소실된다. 이를 피하려면 각 세션이 끝날 때 작업 공간을 Rdata 파일로 저장해야 한다.

R을 종료할 때 작업 공간을 저장할 것인지 묻는 메시지가 나타난다. 필요한 것만 분명히 저장하는 습관을 갖도록 '아니오'라고 답해야 한다. 만약에 '예'라고 대답하면 R은 분명한 파일 이름 없이 전체 작업 공간을 작업 디렉터리 안에 .RData로 저장하고, 다음에 R을 다시 시작할 때 자동으로 불러들인다. 이는 권장하지 않는 방법이다. 왜냐하면 .RData 파일은 많은 운영체제 사용자에게 보이지 않으며, R은 ls() 함수를 분명하게 실행해야만 어떤 객체가 로드됐는지 알려 준다.

RStudio에서 오른쪽 상단 Environment 창의 Save 아이콘을 클릭하면 작업 공간을 저장할 수 있다(그림 1.1 참고). 또는 탐색바에서 Session > Save Workspace As...를 클릭한 다음 파일을 저장할 위치를 정할 수 있다. 또한 파일 확장자 .RData를 사용해야 한다. 다음에 **RStudio**를 시작할 때 동일한 작업 공간을 열려면 오른쪽 상단 Environment 창의 Open File 아이콘을 클릭하고, Session > Load Workspace...를 선택하거나 이전처럼 load() 함수를 사용하면 된다.

또한 save.image() 함수를 사용해서 작업 공간을 저장할 수 있다. 파일 확장자 .RData는 파일 이름 끝에 항상 사용돼야 한다. 전체 경로가 명시되지 않으면 객체는 작업 디렉터리에 저장된다. 예를 들어, 다음 구문은 이 디렉터리가 이미 존재하는 경우 작업 공간을 qss/INTRO 디렉터리에 Chapter1.RData로 저장한다.

```
save.image("qss/INTRO/Chapter1.RData")
```

때로는 전체 작업 공간이 아닌 특정 객체(예: 데이터프레임 객체)만 저장하고자 할 때가 있다. 이는 save(xxx, file = "yyy.RData")와 같이 save() 함수를 사용해서 수행할 수 있다. 여기서 xxx는 객체 이름이고 yyy.RData는 파일 이름이다. 다중 객체로 나열할 수 있으며, 이들은 다시 단일 RData 파일로 저장된다. 다음은 qss/INTRO 디렉터리의 존재를 가정하는 구문의 예들이다.

```
save(UNpop, file = "Chapter1.RData")
save(world.pop, year, file = "qss/INTRO/Chapter1.RData")
```

다른 경우에는 데이터프레임 객체를 RData 파일이 아닌 CSV 파일로 저장하고자 할 수 있다. 이때는 다음 예제와 같이 객체 이름과 파일 이름을 지정해 write.csv() 함수를 사용할 수 있다.

```
write.csv(UNpop, file = "UNpop.csv")
```

마지막으로 RData 파일에 저장된 객체에 접근하려면 이전처럼 간단하게 load() 함수를 사용하면 된다.

```
load("Chapter1.RData")
```

1.3.7 R 패키지

R의 강점은 R 패키지^{package}와 같은 다양한 기능들에 기여하는 R 사용자 커뮤니티가 존재한다는 것이다. 이 패키지들은 CRAN^{Comprehensive R Archive Network}(http://cran.r-project.org)를 통해 사용할 수 있다. 이 책 전체에서 다양한 패키지들을 사용할 것이다. 설명을 위해서 Stata나 SPSS와 같은 다른 통계 소프트웨어 패키지에서 생성된 자료를 불러들인다고 가정하자. **foreign** 패키지는 다른 통계 소프트웨어의 파일을 처리할 때 유용하다.

이 패키지를 사용하려면 library() 함수를 사용해 작업 공간에 패키지를 반드시 불러들여야 한다. 경우에 따라서는 불러들이기 전에 패키지를 설치해야 한다. **RStudio**에서 설치할 패키지를 선택한 후 오른쪽 하단 창에서 Package > Install을 클릭하면 현재 설치된 모든 패키지가 나열된다(그림 1.1 참고). 또는 install.packages() 함수를 사용해 R 콘솔에서 설치할 수 있다(출력은 아래에 표시하지 않음). 패키지 설치는 한 번만 수행하면 되지만 나중에 새로운 출시 버전으로 패키지를 업데이트할 수 있다(Update를 클릭하거나 install.packages() 함수를 사용해 재설치함).

```
install.packages("foreign") # 패키지 설치
library("foreign") # 패키지 로드
```

일단 패키지가 로드되면 적절한 기능들을 사용해 데이터 파일을 불러들일 수 있다. 예를 들어, read.dta()와 read.spss() 함수들은 각각 Stata 및 SPSS 파일을 읽을 수 있다(다음 구문은 작업 디렉터리에 UNpop.dta 및 UNpop.sav 파일이 있다고 가정함).

```
read.dta("UNpop.dta")
read.spss("UNpop.sav")
```

이전과 마찬가지로 데이터프레임 개체를 다른 통계 소프트웨어 패키지에 직접 로드할 수 있는 데이터 파일로 저장할 수 있다. 예를 들어, write.dta() 함수는 데이터프레임 객체를 Stata 데이터 파일로 저장한다.

```
write.dta(UNpop, file = "UNpop.dta")
```

1.3.8 프로그래밍 및 학습 팁

R 언어로 프로그래밍하는 방법을 배우기 위한 몇 가지 실용적인 팁을 제공하면서 R의 간략한 소개를 마친다. 첫째, R 콘솔에 직접 프로그램을 입력하는 대신 **RStudio**와 함께 제공되는 것과 같은 텍스트 편집기를 사용해 프로그래밍해야 한다. 만약 간단한 명령을 수행하는 작업을 보거나 계산을 신속하게 하고자 할 경우에는 R 콘솔에 직접 입력하자. 그러나 좀 더 복잡한 프로그래밍의 경우 항상 텍스트 편집기를 사용해서 .R 파일 확장자로 하는 텍스트 파일에 저장하는 것이 더 좋다. 이런 식으로 프로그램의 기록을 유지하고 또 필요할 때마다 다시 실행할 수 있다.

RStudio에서 풀다운 메뉴 File > New File > R Script를 사용하거나 또는 New File 아이콘(흰색 플러스 부호가 포함되고 녹색원이 있는 흰색 사각형)을 클릭하고 R Script를 선택한다. 두 가지 접근 방식 중 하나는 왼쪽 상단 창에서 텍스트 편집을 위해 빈 문서를 열어서 코딩을 시작할 수 있다(그림 1.2 참고). **RStudio** 텍스트 편집기에서 코드를 실행하려면 간단히 코드를 강조하거나 Run 아이콘을 누르면 된다. 또는 윈도우에서 Ctrl+Enter가 단축키로 사용된다. 상응하는 Mac의 단축기는 Command+Enter다. 마지막으로 Source 아이콘을 클릭하거나 코드 파일 이름을(작업 디렉터리에 없는 경우 전체 경로 포함) 입력으로 source()

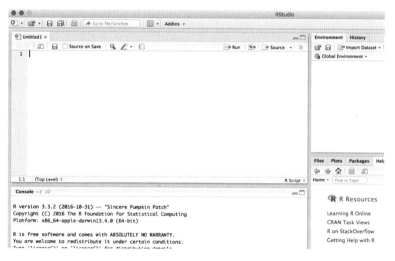

그림 1.2 RStudio 텍스트 편집기 스크린샷. RStudio에서 R 스크립트 파일을 열면 텍스트 편집기가 여러 창 중 하나로 나타난다. 그 후 코드를 편집기에 쓸 수 있다.

함수를 사용해 백그라운드에서 전체 코드를 실행시킬 수도 있다(콘솔에 코드가 표시되지 않음).

```
source("UNpop.R")
```

둘째, 본인과 다른 사람들이 쉽게 이해할 수 있도록 R 코드에 주석을 달 수 있다. 특히 코드가 복잡해질수록 주석을 다는 것이 매우 중요하다. 이를 위해서 주석 문자 #을 사용하는데, 이 문자 뒤에 쓰인 R 코드는 무시하도록 명령한다. 코멘트가 전체 행을 차지하는 경우는 이중 주석 문자 ##을 사용하고, R 명령 후 행 내에서 주석이 작성된 경우는 단일 주석 문자 #을 사용하는 것이 일반적이다. 예를 한번 살펴보자.

```
##
## 파일: UNpop.R
## 저자: 이마이 코우스케
## 이하의 코드는 UN의 인구 데이터를 로드해서 Stata 데이터로 저장한다.
##

library(foreign)
UNpop <- read.csv("UNpop.csv")
UNpop$world.pop <- UNpop$world.pop / 1000  # 백만 명 단위 인구
write.dta(UNpop, file = "UNpop.dta")
```

셋째, 더 명확히 하려면 특정 코딩 규칙을 따르는 것이 중요하다. 예를 들어, 파일, 변수, 함수에 정보를 함축한 이름들을 사용해야 한다. 체계적인 간격과 들여쓰기 또한 필수적이다. 위의 예에서 <-, =, =, -< 같은 모든 이진 연산자 주위에 공백을 두고 항상 쉼표 뒤에 공백을 추가했다. 코딩 스타일의 포괄적인 내용을 다루는 것은 이 책의 범위를 벗어나는 것이지만, 따로 구글에서 https://google.github.io/styleguide/Rguide.xml에 게시한 유용한 R 스타일 가이드를 따라 해보는 것을 권장한다. 또한 R 코드의 잠재적 오류 및 잘못된 명령문을 확인해 볼 수 있다. 컴퓨터 과학에서는 이러한 과정을 **린팅**[linting]이라고 한다. **lintr** 패키지의 lintr() 함수를 사용하면 R 코드에 린트 도구를 쓸 수 있다. 다음 명령문은 위에 있는 UNpop.R 파일에 린트 도구를 적용한 것이다. 여기서 8번째 행의 할당 연산자 <-는 설명을 위해서 등호 =로 대체한다.

```
library(lintr)
```

```
lint("UNpop.R")
## UNpop.R:8:7: style: Use <-, not =, for assignment.
## UNpop = read.csv("UNpop.csv")
##       ^
```

마지막으로 **rmarkdown** 패키지를 통한 R Markdown은 R을 사용해 문서를 빠르게 작성하는 데 유용하다. R Markdown을 사용하면 R 코드 및 출력 결과를 간단한 명령문으로 평문 형식의 문서에 포함시킬 수 있다. 결과 문서는 HTML, PDF 또는 마이크로소프트 워드^{Word} 형식으로도 생성시킬 수 있다. R Markdown은 R 코드와 출력을 포함하므로 문서에 제시된 데이터 분석 결과를 재현할 수도 있다. R Markdown은 **RStudio**에도 통합돼 있으며, 한 번의 클릭으로 문서를 작성할 수 있다(빠른 시작을 위해 http://rmarkdown.rstudio. com/ 참고).

1.4 요약

1장은 오늘날 데이터가 넘치는 사회에서 계량 사회과학 연구가 수행할 수 있는 중요한 역할에 대해 먼저 논의했다. 데이터가 주도하는 발견을 통해 사회에 이바지하려면 데이터를 분석하고 결과를 해석한 후, 그 결과를 외부와 소통하는 일련의 방법을 반드시 배워야 한다. 이러한 여정을 시작하고자 데이터 분석을 위한 강력한 프로그래밍 언어인 R을 간략하게 소개했다. 이제 지금까지 배운 내용을 완전히 익힐 수 있는 연습문제를 시작해보자. http://press.princeton.edu/qss/에서 **swirl** 리뷰 문제들로 시작한다. 만약 연습문제 문항들을 대답할 수 없으면 관련된 절로 돌아가 다시 살펴보길 바란다.

1.5 연습문제

1.5.1 자가 보고된 투표율의 편향

설문조사는 유권자 투표율 같은 정치적 행태를 측정할 때 자주 사용되지만, 일부 연구자들은 자가 보고된 자료의 정확성을 우려한다. 특히 선거 후 조사에서 선거에 실제 투표하지 않은 응답자가 당위적으로는 투표해야 한다고 생각해 투표하지 않고도 투표했

표 1.3 미국 선거 투표율 자료

변수	설명
year	선거 연도
ANES	전미선거연구(ANES) 추정 투표율
VEP	투표 대상 인구(천 단위)
VAP	투표 연령 인구(천 단위)
total	총 고위직 투표(천 단위)
felons	총 부적격 중죄인(천 단위)
noncitizens	총 비시민권자(천 단위)
overseas	총 재외 유권자(천 단위)
osvoters	재외 유권자에 의한 총 투표수(천 단위)

다고 거짓말을 하는 사회적 바람직성 편향$^{\text{social desirability bias}}$의 가능성을 우려한다. 전미선거연구$^{\text{ANES, American National Election Studies}}$에 그러한 편향이 존재하는가? ANES는 1948년 이래 치러진 모든 선거에 대해 실시된 전국적 설문조사다. ANES는 전국 대표 성인표본을 대상으로 대면 인터뷰를 한다. 표 1.3은 turnout.csv 데이터 파일의 변수 이름과 설명을 보여준다.

1. R에 데이터를 로드하고 데이터의 차원을 확인하라. 또한 데이터 요약을 구하라. 관측치는 몇 개가 있는가? 이 데이터셋에서 다루는 연도의 기간은 얼마인가?

2. 투표 연령 인구^{VAP}를 기준으로 유권자 투표율을 계산하라. 이 데이터셋의 경우 VAP 변수에 총 재외 유권자 수를 포함하지 않으므로 반드시 추가해야 한다. 그런 다음 투표 대상 인구^{VEP}를 사용해 투표율을 계산하라. 어떤 차이가 있는가?

3. VAP와 ANES 추정 투표율 간의 차이를 계산하라. 평균의 차이가 얼마나 큰가? 차이의 범위는 얼마인가? 동일한 비교를 VEP와 ANES 추정 투표율에도 수행하라. 결과를 간략히 언급하라.

4. VEP와 ANES 투표율을 각각 대통령 선거와 중간 선거로 따로 비교하라. 데이터셋은 2006년 자료를 제외한다는 점에 유의한다. ANES 추정값 편향은 선거 유형에 따라 다른가?

5. 데이터를 두 기간으로 분류할 수 있도록 데이터를 선거 기간별로 반으로 나눈다. 각

각의 기간 내에서 매년 VEP 투표율과 ANES 투표율 간의 차이를 개별적으로 계산하라. ANES의 편향이 시간에 따라 증가했는가?

6. ANES는 수감자들과 재외 유권자들은 대면 인터뷰를 하지 않는다. 2008년 VAP 투표율에 대한 조정을 계산하라. 조정 VAP를 구하려면 먼저 VAP에서 총 부적격 중 죄인과 총 비시민권자의 수를 빼야 한다. 그런 다음 조정 VAP 투표율을 계산해 2008년 총 투표수에서 해외 투표수를 뺀다. 조정 VAP 투표율과 비조정 VAP, VEP, ANES 투표율을 비교하라. 결과를 간략히 논하라.

1.5.2 세계 인구의 동태적 이해

인구의 동태적 이해는 사회과학의 많은 영역에서 중요하다. 1950년에서 1955년까지, 그리고 2005년에서 2010년까지 두 기간에 걸쳐 세계 인구의 기본적인 인구통계학적 출생자수와 사망자수를 계산할 것이다. Kenya.csv, Sweden.csv, World.csv. 같은 CSV 데이터 파일들을 분석할 것이다. 파일에는 각각 케냐, 스웨덴, 세계의 인구 데이터가 포함돼 있다. 표 1.4는 각 데이터셋의 변수명과 설명을 나타낸다. 데이터는 5년 동안 수집됐다. 여기서 인년$^{\text{person-year}}$은 해당 기간 동안 각 개인의 시간 기여도를 측정한 것이다. 예를 들어, 5년 내내 사는 사람은 5인년 동안 기여하는 반면, 상반기까지만 사는 사람은 2.5인년 동안 기여한 것이다. 이 연습문제를 시작하기 전에 각 데이터셋을 직접 검사하는 것이 좋다. R에서 이것은 검사할 데이터프레임의 이름을 인자로 하는 View() 함수를 사용해 수

표 1.4 출생률과 사망률 추정 자료

변수	설명
country	약식 나라 이름
period	자료가 수집된 기간
age	연령 그룹
births	출생자수(천 단위), 예: 각 연령대 여성에게서 태어난 어린이수
deaths	사망자수(천 단위)
py.mem	남자 인년(person-year)(천 단위)
py.women	여자 인년(person-year)(천 단위)

출처: United Nations, Department of Economic and Social Affairs, Population Division (2013). *World Population Prospects: The 2012 Revision*, DVD Edition.

행할 수 있다. 또는 **RStudio**의 Environment 탭에서 데이터프레임을 두 번 클릭하면 스프레드시트 같은 형식의 데이터로 볼 수 있다.

1. 해당 기간의 **조출생률**$^{\text{CBR, Crude Birth Rate}}$을 계산하는 것으로 시작한다. CBR은 다음과 같이 정의된다.

$$\text{조출생률(CBR)} = \frac{\text{출생자수}}{\text{인년수}}$$

케냐, 스웨덴, 세계의 조출생률을 각 기간마다 계산하라. $ 연산자를 통해 남자 인년과 여자 인년을 합산해 기존의 각 데이터프레임 내에 새로운 변수로 저장할 총 인년을 계산한다. 그런 다음, 결과들을 적절한 라벨을 사용해 각각의 지역에 대해 길이가 2인 벡터(2주기 동안의 CBR)로 저장하라. 효율적인 프로그래밍을 위해 당신만의 고유한 함수를 만들어도 된다. 결과 CBR들에서 관찰된 패턴을 간략히 설명하라.

2. CBR은 이해하기 쉬운 개념이나 모든 연령대의 남녀 모두 분모에 포함시킨다. 다음으로는 **합계출산율**$^{\text{TFR, Total Fertility Rate}}$을 계산한다. CBR과는 달리 TFR은 여성 인구의 연령 구성을 조정한다. 이를 위해 먼저 **연령별출산율**$^{\text{ASFR, Age-Specific Fertility Rate}}$을 계산한다. 이는 15세에서 49세 사이의 $[15, 50)$ 가임기 여성의 출생률을 뜻한다. 연령별출산율의 연령대 $[x, x + \delta)$은 다음과 같이 정의된다. 여기서 x는 시작 연령이며 δ는 연령대의 폭(연 단위)이다.

$$\text{연령별출산율}[x, x + \delta) = \frac{\text{여성 출생자수 연령대}[x, x + \delta)}{\text{여성 인년수 연령대}[x, x + \delta)}$$

대괄호 [와]는 한계를 포함하지만, 소괄호 (와)는 한계를 제외시킨다. 예를 들어, $[20, 25)$는 20세 이상 25세 미만의 연령대를 나타낸다. 일반적인 인구통계 자료에서 연령대 δ는 5년으로 설정돼 있다. 스웨덴과 케냐의 ASFR과 두 기간 각각의 전체 세계 ASFR을 계산하라. 각 지역마다 ASFR를 결과별로 저장하라. ASFR들의 패턴은 스웨덴과 케냐 여성의 생식에 대해 무엇을 말하나?

3. **연령별출산율**^{ASFR}을 사용하면 **합계출산율**^{TFR}을 가임 여성이 평생 동안 출산할 것으로 예상되는 평균 자녀수로 정의할 수 있다.

$$\text{합계출산율(TFR)} = \text{ASFR}_{[15, 20)} \times 5 + \text{ASFR}_{[20, 25)} \times 5 + \cdots + \text{ASFR}_{[45, 50)} \times 5$$

연령대는 5년이기 때문에 각 연령별출산율에 5를 곱한다. 스웨덴과 케냐의 TFR 과 두 기간 각각의 전 세계 TFR을 계산하라. 이전 질문처럼 여성의 가임기 연령은 15세에서 49세 [15, 50)라고 가정하라. 각 국가 또는 전 세계 2개의 TFR을 길이가 2인 벡터로 저장하라. 일반적으로 세계 여성의 수는 1950년에서 2000년까지 어떻게 바뀌었나? 전 세계 총 출생자수는 어떠한가?

4. 다음으로 또 다른 중요한 인구통계적 과정인 죽음을 살펴본다. CBR과 유사한 개념인 조사망률$^{\text{CDR, Crude Death Rate}}$을 각 기간 및 지역별로 따로 계산하라. 각 국가 및 세계의 CDR 결과를 길이 2인 벡터로 저장하라. CDR은 다음과 같이 정의된다.

$$\text{조사망률(CDR)} = \frac{\text{사망자수}}{\text{인년수}}$$

CDR 결과들에서 관찰된 패턴을 간략히 설명하라.

5. 이전 문제에서 한 가지 당황스러운 결과는 2005-2010년 동안 케냐의 CDR이 스웨덴의 CDR과 거의 같은 수준이라는 것이다. 스웨덴 같은 선진국의 사람들은 케냐 같은 개발도상국의 사람들보다 사망률이 낮을 것으로 예상한다. 비록 간단하고 이해하기 쉽지만, CDR은 인구의 연령 구성을 고려하지 않는다. 따라서 연령별사망률$^{\text{ASDR, Age-Specific Death Rate}}$을 계산한다. ASDR의 연령대 $[x, x + \delta)$는 다음과 같이 정의된다.

$$\text{연령별사망률}[x, x + \delta) = \frac{\text{사망자수 연령대}[x, x + \delta)}{\text{인년수 연령대}[x, x + \delta)}$$

2005-2010년의 기간 동안 케냐와 스웨덴에 대한 각 연령 집단의 ASDR을 별도로 계산하라. 관찰한 패턴을 간단히 설명하라.

6. 케냐와 스웨덴의 CDR 차이를 이해하는 한 가지 방법은 스웨덴의 인구 분포를 사용해 케냐의 반사실적 CDR을 계산하는 것이다(반대 또한 같음). 이는 다음과 같은 대체 CDR 공식을 적용하면 된다.

$$\text{조사망률(CDR)} = \text{ASDR}_{[0, 5)} \times P_{[0, 5)} + \text{ASDR}_{[5, 10)} \times P_{[5, 10)} + \cdots$$

여기서 $P_{[x, x+\delta)}$는 연령대 $[x, x+\delta)$의 모집단 비율이다. 이것을 모든 연령대에 걸친 총 인년에 대한 해당 연령대의 인년의 비율로 계산한다. 이 반사실적 분석을 하려면 2005-2010년의 기간 동안 케냐의 $\text{ASDR}_{[x, x+\delta)}$ 그리고 스웨덴의 $P_{[x, x+\delta)}$를 사용한다. 즉 스웨덴의 연령별 인구 비율을 계산한 다음에 이를 사용해 케냐의 반사실적 CDR을 계산하면 된다. 이 반사실적 CDR은 케냐의 원래 CDR와 어떻게 비교되는가? 결과를 간단히 해석하라.

02

인과효과

얕은 사람은 운을 믿고, 상황을 믿는다.
강한 사람은 원인과 결과를 믿는다.

—랄프 왈도 에머슨^{Ralph Waldo Emerson}, 『The Conduct of Life^{삶의 수행}』

2장에서는 계량 사회과학에서 가장 중심적인 개념 중 하나인 인과효과를 얘기하고자 한다. 많은 사회과학 연구는 다양한 정책과 사회적 요인과의 인과효과에 관심이 많다. 소규모 학급이 학생들의 표준화 시험의 점수를 올리는가? 일반의료보험이 빈민층의 건강과 재정을 향상시키는가? 무엇이 투표자의 선거 참여를 유도하고, 입후보자 선택을 결정하는가? 이러한 인과적 의문에 답하고자 연구자는 반드시 반사실적^{counterfactual} 결과를 추측해야 하며, 그 반사실적 결과를 실제로 일어나는 것(실제 결과)과 비교해야 한다. 이 책에서는 신중한 연구 설계와 데이터 분석이 어떻게 학문적, 정책적 논쟁을 형성하는 인과적 의문들에 기여하는지 보여 준다. 우선 노동시장에서의 인종차별 연구로 시작한다. 그리고 인과 추론에 유용한 다양한 연구 설계들을 소개한다. 이를 다시 사회적 압력과 투표율, 최저임금 향상이 취업률에 미치는 영향과 같은 다양한 관련 연구에 적용하고자 한다. 또한 R에서 데이터 부분 선택을 하는 다양한 방법과 간단한 기술통계를 추산하는 방법을 배운다.

2.1 노동시장에서 인종차별

노동시장에서 인종차별은 존재하는가? 또는 실업률에서 인종 간 차이는 인종 간 교육 격차와 같은 다른 요인들에 기인하는가? 이 질문에 대답하고자 2명의 사회과학자가 다음

표 2.1 이력서 실험 데이터

변수	설명
firstname	가상 지원자의 이름
sex	지원자의 성별(여자 또는 남자)
race	지원자의 인종(흑인 또는 백인)
call	전화 회신 여부(1 = 예, 2 = 아니오)

과 같은 실험을 수행했다.[1] 신문광고에 회신해 연구자들은 가상 구직자들의 이력서를 잠 재 기업들에게 보냈다. 연구자들은 이력서의 다른 정보들은 바꾸지 않은 채 오직 취업 준 비생들의 이름만 바꿨다.

몇몇의 후보자들은 Lakisha Washington 또는 Jamal Jones과 같은 전형적인 아프리카 계 미국인처럼 들리는 이름을 사용한 반면에 다른 이력서에는 Emily Walsh 또는 Greg Baker과 같은 전형적인 백인 이름들을 사용했다. 그러고 나서는 전형적인 흑인 이름들이 전형적인 백인 이름들에 비해서 전화 회신을 적게 받았는지를 조사해서 두 그룹 간의 응 답률 차이가 있는지 비교했다. 지원자들의 이력서가 보내진 직군들은 영업, 경영지원, 사 무 또는 고객서비스 같은 곳들이다.

이제 데이터를 통해 더 자세한 실험결과를 살펴보자. 먼저 CSV 데이터 파일인 resume. csv를 read.csv() 함수를 사용해 resume라는 R의 데이터프레임 객체로 불러들일 것이다. 표 2.1은 이력서 데이터에 나오는 변수명과 변수의 서술을 보여 준다.

```
resume <- read.csv("resume.csv")
```

read.csv()를 사용하는 대신에 데이터셋을 **RStudio**의 풀다운 메뉴 Tools > Import Dataset > From Text File...에서 불러들일 수 있다.

이 데이터프레임 객체 resume는 실험 데이터^experimental data의 한 예다. 실험 데이터는 실험 연 구 설계로부터 수집됐다. 실험 연구 설계의 경우, 처치변수나 연구자가 관심 있는 인과

---

1 2.1절은 다음의 논문에 바탕을 둔다. Marianne Bertrand and Sendhil Mullainathan (2004) "Are Emily and Greg more employable than Lakisha and Jamal? A field experiment on labor market discrimination." *American Economic Review*, vol. 94, no.4, pp. 991–1013.

변수를 조작해서 해당 처치변수나 인과변수가 결과변수^{outcome variable}에 미치는 인과효과를 조사한다. 이력서 예제의 가상 구직자의 인종이 처치 변수가 되며, 인종은 이력서의 이름으로 유추한다. 지원한 회사로부터 전화 회신(콜백)을 받는지 여부가 결과변수가 된다. 연구자는 이름에 따라 회신율이 달라지는지 여부에 관심이 있다.

> **실험연구**^{experimental research}는 처치^{treatment}가 인과적으로 결과에 어떻게 영향을 미치는지를 처치변수의 다양한 값을 서로 다른 관측값에 할당하고 결과변수 해당값을 측정해 연구한다.

```
dim(resume)
## [1] 4870    4
```

dim() 함수를 이용하면 resume 데이터는 4870개의 관측값과 4개의 변수로 돼 있음을 알수 있다. 각각의 관측값은 가상 구직자를 나타낸다. 결과변수는 가상 구직자가 지원한 회사로부터 콜백을 받는지 여부이다. 처치변수는 각 가상 구직자의 인종 및 성별이지만, 보다 정확하게 연구자들은 잠재 고용주가 직접적으로 인종 및 성별과 같은 속성들을 바꾸지 않고 어떻게 지원자의 인종 및 성별을 인식하는지 조작한다.

불러들인 데이터셋은 RStudio 창에 스프레드시트 형식으로 표시된다. 또는 head() 함수를 사용해 데이터셋의 초기 관측값 몇 개를 볼 수 있다.

```
head(resume)
##   firstname    sex  race call
## 1   Allison female white    0
## 2   Kristen female white    0
## 3   Lakisha female black    0
## 4   Latonya female black    0
## 5    Carrie female white    0
## 6       Jay   male white    0
```

예를 들면, 두 번째 관측값에는 백인 여성이면서 콜백을 받지 못한 Kristen의 이력서가 있다. 또한 summary() 함수를 사용해서 데이터프레임을 요약할 수 있다.

```
summary(resume)

##    firstname        sex          race
## Tamika : 256   female:3746   black:2435
## Anne   : 242   male  :1124   white:2435
## Allison: 232
## Latonya: 230
## Emily  : 227
## Latoya : 226
## (Other):3457
##       call
## Min.   :0.00000
## 1st Qu.:0.00000
## Median :0.00000
## Mean   :0.08049
## 3rd Qu.:0.00000
## Max.   :1.00000
##
```

요약을 살펴보면 각각의 이름, 성별, 인종에 대한 이력서의 수와 콜백을 받은 전체 이력서 비율을 알 수 있다. 예를 들면, 지원자의 이름이 'Latonya'인 230개의 이력서가 있다. 또한 요약은 데이터셋이 동일한 수의 흑인 및 백인 이름들을 포함하고 있음을 보여 주지만 여성의 이력서수가 남성보다 더 많다.

이제 아프리카계 미국인의 이름을 가진 이력서가 콜백을 받을 가능성이 적은지 여부에 답할 수 있다. 이를 위해 먼저 가상 구직자의 인종과 콜백 여부 간의 관계를 요약한 분할표(교차표라고도 함)를 만든다. 이원 분할표는 해당 행(race 변수) 및 열(call 변수)로 정의된 각 범주에 속하는 관측수를 포함한다. $ 연산자를 사용해 데이터프레임의 변수에 접근할 수 있다(1.3.5절 참고). 예를 들어 resume$race 구문은 resume 데이터프레임에서 race 변수를 추출한다.

```
race.call.tab <- table(race = resume$race,  call = resume$call)
race.call.tab

##         call
## race        0    1
##   black  2278  157
##   white  2200  235
```

예를 들면, 이 표는 전형적인 흑인 이름이 있는 2434(= 2278 + 157)개의 이력서 중에서 157개만 콜백을 받았다는 것을 보여 준다. table() 함수 출력에 addmargins() 함수를 적용하면 각 행과 열의 합계를 더해 줘서 편리하다.

```
addmargins(race.call.tab)
##        call
## race      0    1  Sum
##  black 2278  157 2435
##  white 2200  235 2435
##    Sum 4478  392 4870
```

이 표를 사용해 전체 샘플에 대한 회신 비율 또는 회신을 받은 사람의 비율을 계산한 다음 흑인과 백인 구직자를 별도로 계산할 수 있다.

```
## 전체 회신 비율: 전체 회신 나누기 표본크기
sum(race.call.tab[, 2]) / nrow(resume)
## [1] 0.08049281
```

```
## 인종별 회신 비율
race.call.tab[1, 2] / sum(race.call.tab[1, ]) # 흑인
## [1] 0.06447639
```

```
race.call.tab[2, 2] / sum(race.call.tab[2, ]) # 백인
## [1] 0.09650924
```

열 번호를 지정하지 않은 구문 race.call.tab[1,]은 이 행렬의 첫 번째 행에 있는 모든 요소를 추출한다. 대괄호 안의 쉼표 앞의 숫자는 행을 나타내며, 쉼표 뒤의 숫자는 열을 나타낸다(1.3.5절 참고). 간단히 R에 구문을 입력하면 볼 수 있다.

```
race.call.tab[1, ] # 첫 번째 행
##    0    1
## 2278  157
```

```
race.call.tab[, 2] # 두 번째 열
## black white
##   157   235
```

이 분석으로 아프리카계 미국인처럼 들리는 이름을 가진 사람의 이력서에 대한 전화 회신율은 0.032 또는 3.2%이며, 백인처럼 들리는 이름들보다 회신율이 낮다는 것을 관찰할 수 있다. 이것이 의도적인 차별의 결과인지는 알 수 없지만, 흑인 구직자들의 낮은 전화 회신율은 노동시장에 인종차별이 존재한다는 것을 시사한다. 특히 분석에 따르면 흑인처럼 들리는 이름의 이력서는 동일한 백인처럼 들리는 이력서보다 전화 회신을 받을 확률이 훨씬 적다.

전화 회신율을 계산하는 더 쉬운 방법은 call이 잠재 고용주가 전화 회신을 하면 1을 취하고, 그렇지 않으면 0을 취하는 이항변수 또는 더미변수라는 사실을 이용하는 것이다. 일반적으로 이항변수의 표본평균은 1의 표본비율과 같다. 즉 전화 회신율은 1의 수를 전체 관측수로 나누는 방법 대신에 mean() 함수를 사용해 표본평균(sample mean 또는 sample average)으로 편리하게 계산할 수 있다.

```
mean(resume$call)
## [1] 0.08049281
```

각 인종별 전화 회신율은 어떤가? 이것을 mean() 함수를 사용해 계산하려면 먼저 각 인종 데이터를 부분 선택해야 하고, 그리고 나서는 부분 선택된 데이터 내에서 call 변수의 평균을 계산해야 한다. 2.2절에서는 R에서 데이터의 부분 선택 방법을 보여 준다.

2.2 R에서 데이터 부분 선택

2.2절에서는 데이터셋을 부분 선택하는 다양한 방법을 배울 것이다. 먼저 데이터셋의 어떤 관측값 및 변수들을 추출할지 지정하는 논리값logical value과 연산자operator를 소개한다. 또한 R에서 범주형categorical 변수를 나타내는 인자factor 변수를 알아본다.

2.2.1 논리값과 연산자

부분 선택을 이해하기 위해서는 먼저 R에는 2개의 논리값인 TRUE 및 FALSE의 특수 표현이 있다. 두 논리값은 객체 클래스 논리(1.3.2절 참고)에 속한다.

```
class(TRUE)
## [1] "logical"
```

이러한 논리값은 as.integer() 함수를 사용해(TRUE는 1로 재코딩되고, FALSE는 0이 된다) 정수 클래스에서 이항변수$^{binary\ variable}$로 변환할 수 있다.

```
as.integer(TRUE)
## [1] 1
as.integer(FALSE)
## [1] 0
```

대부분의 경우 R은 논리값을 이항변수로 강제 변환하므로 수치 연산$^{numerical\ operation}$을 수행하는 것이 간단하다. 예를 들어, 벡터에서 TRUE의 비율을 계산하기 위해서는 mean() 함수를 사용하면 간단하게 논리 벡터의 표본평균을 계산할 수 있다. 마찬가지로 sum() 함수를 사용해 논리값인 TRUE의 총 개수를 구할 수 있도록 벡터의 요소들을 더해 준다.

```
x <- c(TRUE, FALSE, TRUE) # 논리값의 벡터
mean(x) # TRUE의 비율
## [1] 0.6666667

sum(x) # TRUE의 수
## [1] 2
```

논리값은 각각 논리곱(AND) 및 논리합(OR)으로 대응되는 &와 |처럼 논리 연산자로 생성된다. AND(&)의 값은 오직 두 객체가 모두 TRUE일 때만 TRUE다.

```
FALSE & TRUE
## [1] FALSE

TRUE & TRUE
## [1] TRUE
```

표 2.2 논리곱 AND와 논리합 OR

명령문 *a*	명령문 *b*	*a* AND *b*	*a* OR *b*
TRUE	TRUE	TRUE	TRUE
TRUE	FALSE	FALSE	TRUE
FALSE	TRUE	FALSE	TRUE
FALSE	FALSE	FALSE	FALSE

이 표는 명령문 *a*와 *b*가 각각 TRUE 또는 FALSE일 때 *a* AND *b* 또는 *a* OR *b*의 값을 보여 준다.

OR(|)은 비슷하게 사용된다. 하지만 AND와는 다르게 OR은 적어도 하나의 객체가 TRUE 일 때 참이다.

```
TRUE | FALSE
## [1] TRUE

FALSE | FALSE
## [1] FALSE
```

이 관계를 표 2.2에 요약했다. 예를 들면, 하나의 명령문이 FALSE이고 다른 명령문이 TRUE 라면 두 명령문의 논리곱은 거짓이지만 논리합은 참이 된다(표에서 두 번째 및 세 번째 행).

이와 같은 원리를 염두에 두고 구문을 TRUE로 변환하려면 모든 요소가 TRUE일 때만 2개 이상을 연결해 비교할 수 있다.

```
TRUE & FALSE & TRUE
## [1] FALSE
```

더 나아가서 AND 및 OR은 동시에 사용될 수 있지만, 혼란을 막고자 괄호가 사용돼야 한다.

```
(TRUE | FALSE) & FALSE # 괄호 안은 TRUE가 된다.
## [1] FALSE

TRUE | (FALSE & FALSE) # 괄호 안은 FALSE가 된다.
## [1] TRUE
```

논리 연산 AND 및 OR을 전체 벡터에서 동시에 수행할 수 있다. 다음 구문 예에서 TF1 논리 벡터의 각 요소는 TF2 논리 벡터의 해당 요소와 각각 비교된다.

```
TF1 <- c(TRUE, FALSE, FALSE)
TF2 <- c(TRUE, FALSE, TRUE)
TF1 | TF2
## [1]  TRUE FALSE  TRUE

TF1 & TF2
## [1]  TRUE FALSE FALSE
```

2.2.2 관계 연산자

관계 연산자^{relational operator}는 두 값 간의 관계를 다음과 같이 평가한다. '큼'(>), '크거나 같음'(>=), '작음'(<), '작거나 같음'(<=), '같음'(==, =와는 다름), '같지 않음'(!=). 이 연산자들은 논리값으로 변환된다.

```
4 > 3
## [1] TRUE

"Hello" == "hello"   # R은 대소문자를 구분한다.
## [1] FALSE

"Hello" != "hello"
## [1] TRUE
```

논리 연산자처럼 관계 연산자는 벡터에 동시에 적용될 수 있다. 벡터에 적용되면 연산자는 벡터의 각 요소를 평가한다.

```
x <- c(3, 2, 1, -2, -1)
x >= 2
## [1]  TRUE  TRUE FALSE FALSE FALSE

x != 1
## [1]  TRUE  TRUE FALSE  TRUE  TRUE
```

관계 연산자가 논리값을 생성하기 때문에 결과를 AND(&) 및 OR(|)로 결합할 수 있다. 여러 평가의 경우에는 해석하기 쉽도록 각 평가를 괄호에 넣는 것이 좋다.

```
## 논리값을 가지는 2개의 벡터의 논리곱
(x > 0) & (x <= 2)

## [1] FALSE  TRUE  TRUE FALSE FALSE

##  논리값을 가지는 2개의 벡터의 논리합
(x > 2) | (x <= -1)

## [1]  TRUE FALSE FALSE  TRUE  TRUE
```

앞에서 봤듯이 논리값 TRUE와 FALSE는 정수로 강제될 수 있다(1과 0은 각각 TRUE와 FALSE를 대표한다). 그러므로 벡터의 요소가 TRUE일 수와 비율을 쉽게 계산할 수 있다.

```
x.int <- (x > 0) & (x <= 2) # 논리 벡터
x.int

## [1] FALSE  TRUE  TRUE FALSE FALSE

mean(x.int) # TRUE의 비율

## [1] 0.4

sum(x.int)  # TRUE의 수

## [1] 2
```

2.2.3 부분 선택

1.3.3절과 1.3.5절에서 인덱싱을 사용해서 어떻게 벡터와 데이터프레임을 부분 선택 subsetting하는지 배웠다. 여기서는 위에서 소개한 논리값을 사용해 부분 선택하는 법을 보여 준다. 2.1절 끝에서 이항 call 변수에 mean() 함수를 적용해 전체 샘플에 대한 전화 회신율을 계산하는 방법을 봤다. 흑인처럼 들리는 이름을 가진 이력서의 전화 회신율을 계산하고자 다음과 같은 구문을 사용한다.

```
## 흑인처럼 들리는 이름의 회신율
mean(resume$call[resume$race == "black"])
```

```
## [1] 0.06447639
```

이 명령문은 race 변수의 값이 black인 관측값에 대해 resume 데이터프레임에서 call 변수를 부분 선택한 것이다. 즉 대괄호 안의 동일한 길이의 벡터에 각 요소의 논리값을 배치하고 대괄호 [ ]를 사용해 벡터 값을 인덱싱할 수 있다. 인덱싱 값이 TRUE인 요소가 추출된다. 그런 다음 명령문은 mean() 함수를 사용해서 부분 선택된 벡터의 표본평균을 계산한다. mean() 함수는 call 변수의 값이 1인 부분 선택된 관측값의 비율과 같다. 이해를 돕고자 부분 선택을 위해 대괄호 안에 사용된 논리 벡터를 출력하는 것이 좋다. 만약 race 변수의 관측치가 black(white)인 경우 대응하는 논리 벡터의 요소가 TRUE(FALSE)인 것을 알 수 있다.

```
## 인종의 최초 5개 관측값
resume$race[1:5]

## [1] white white black black white
## Levels: black white

## 최초 5개 관측값의 비교
(resume$race == "black")[1:5]

## [1] FALSE FALSE  TRUE  TRUE FALSE
```

위 출력의 Levels는 범주 또는 범주형 변수값을 나타낸다. 2.2.5절에서 더 자세히 설명한다. 또한 흑인처럼 들리는 이름에 대한 전화 회신율 계산은 두 단계로 나눠 수행할 수 있다. 먼저 데이터프레임 객체를 부분 선택해 흑인처럼 들리는 이름의 이력서만 포함하고 나서 전화 회신율을 계산한다.

```
dim(resume) # 원 데이터프레임의 차원(행과 열의 수)

## [1] 4870    4

## 흑인만 부분 선택
resumeB <- resume[resume$race == "black", ]
dim(resumeB) # 이 데이터프레임은 원 데이터프레임보다 행 수가 적다.

## [1] 2435    4

mean(resumeB$call) # 흑인의 회신율

## [1] 0.06447639
```

여기서 데이터프레임 resumeB는 흑인처럼 들리는 이름의 이력서 정보만 포함한다. 원래 데이터프레임의 행들을 인덱싱하기 위해서는 대괄호 [,]를 사용한다는 것에 주의해야 한다. 인덱싱 벡터의 경우와 달리 쉼표를 사용해 행과 열 인덱스를 구분한다. 이 쉼표는 중요하며 포함하는 것을 잊어버리면 나중에 오류로 이어지게 된다.

대괄호로 인덱싱하는 대신에 subset() 함수를 사용해 일부의 원본 관측값과 일부의 원본 변수들을 포함하는 데이터프레임을 구성할 수 있다. 이 함수의 두 가지 기본 인자는 원본 데이터프레임 객체가 아닌 부분 선택 및 선택 인자다. 부분 선택 인자는 새로운 데이터프레임을 위해 각 개별 행을 유지해야 하는지의 여부를 나타내는 논리 벡터를 취한다. select 인자는 보존할 변수의 이름을 지정하는 문자 벡터를 사용한다. 예를 들어, 다음 명령문은 흑인처럼 들리는 여성 이름이 포함된 이력서의 call과 firstname을 추출한다.

```
## "call"과 "firstname" 변수를 남긴다.
## 또한 흑인처럼 들리는 여성 관측값도 남긴다.
resumeBf <- subset(resume, select = c("call", "firstname"),
                subset = (race == "black" & sex == "female"))

head(resumeBf)

##    call firstname
## 3     0   Lakisha
## 4     0   Latonya
## 8     0     Kenya
## 9     0   Latonya
## 11    0     Aisha
## 13    0     Aisha
```

subset() 함수를 사용할 때 부분 선택 인자 라벨을 제거할 수 있다. 예를 들어, subset (resume, subset = (race == "black" & sex == "female"))은 subset(resume, race == "black" & sex == "female")으로 단축된다. race 및 sex 변수가 속하는 데이터프레임 이름(예: subset(resume, (resume$race == "black" & resume$sex == "female"))을 지정할 수 있지만 사실은 불필요한 작업이다. 기본적으로 이 인자에 포함된 변수 이름은 첫 번째 인자에 지정된 데이터프레임에서 가져온 것으로 가정한다(여기서는 resume). 그래서 다음과 같은 더 간단한 명령문을 사용할 수 있다. subset(resume, (race == "black" & sex == "female") 각 논리 구문이 한 쌍의 괄호 안에 포함되도록 괄호에 주의를 기울이는 것이 중요하다.

subset() 함수 대신에 [,]를 사용해 동일한 부분 선택 결과를 얻을 수 있다. 대괄호의 첫 번째 요소는 유지할 행(논리 벡터 사용)을 지정하고, 두 번째 요소는 보관할 열(문자 또는 정수 벡터 사용)을 지정한다.

```
## 같은 결과를 가지는 대체 구문
resumeBf <- resume[resume$race == "black" & resume$sex == "female",
                   c("call", "firstname")]
```

이제 여성과 남성 구직자들 사이의 전화 회신율로 인종 간 격차를 개별적으로 계산할 수 있다. 유지할 변수를 지정하는 select 인자를 포함하지 않음에 주의한다. 결과적으로 모든 변수는 유지할 것이다.

```
## 흑인 남성
resumeBm <- subset(resume, subset = (race == "black") & (sex == "male"))
## 백인 여성
resumeWf <- subset(resume, subset = (race == "white") & (sex == "female"))
## 백인 남성
resumeWm <- subset(resume, subset = (race == "white") & (sex == "male"))
## 인종 격차
mean(resumeWf$call) - mean(resumeBf$call) # 여성 간의 인종격차

## [1] 0.03264689

mean(resumeWm$call) - mean(resumeBm$call) # 남성 남의 인종격차

## [1] 0.03040786
```

위 결과를 보면 인종 간 격차는 존재하지만 성별에 따른 차이는 없는 것으로 보인다. 여성과 남성 구직자 모두 전화 회신율은 흑인보다 백인이 대략 3% 포인트 높다.

2.2.4 간단한 조건문

많은 경우 구문이 참인지 거짓인지에 따라 다른 처치를 해야 한다. 이러한 '처치'들은 필요한 만큼 복잡하거나 또는 간단할 수 있다. 예를 들어, 데이터셋의 다른 변수값을 기반으로 새 변수를 만들 수 있다. 4장에서 조건문을 더 자세히 배우겠지만 여기에서는 ifelse() 함수와 간단한 조건문simple conditional statement을 설명하고자 한다.

함수 ifelse(X, Y, Z)는 3개의 요소를 포함한다. X의 TRUE인 요소들은 Y의 해당 요소에 대

응된다. 반대로 X의 FALSE인 요소들은 Z의 해당 요소에 대응된다. 예를 들어 resume 데이터프레임에 BlackFemale라는 새 이항변수를 만들려는 경우 지원자의 이름이 흑인처럼 들릴 때와 여성인 경우 1, 그렇지 않은 경우 0이라고 가정한다. 다음 명령문은 이 목표를 달성할 수 있다.

```
resume$BlackFemale <- ifelse(resume$race == "black" &
                              resume$sex == "female", 1, 0)
```

그런 다음 3원 분할표^three-way contingency를 사용해 table() 함수로 얻은 결과를 확인한다. 예상대로 BlackFemale 변수가 아프리카계 미국 여성의 이력서일 때 1과 같아진다.

```
table(race = resume$race, sex = resume$sex,
      BlackFemale = resume$BlackFemale)

## , , BlackFemale = 0
##
##        sex
## race    female male
##   black      0  549
##   white   1860  575
##
## , , BlackFemale = 1
##
##        sex
## race    female male
##   black   1886    0
##   white      0    0
```

위의 출력 결과에서 BlackFemale = 0과 BlackFemale = 1이라는 헤더는 3원 분할표의 최초 두 변수를 나타내고, 세 번째 변수 BlackFemale이 각각 0일 때(첫 번째 표)와 1일 때(두 번째 표)로 표시한다.

2.2.5 요인변수

다음으로 R에서 요인변수^factor variable를 만드는 법을 살펴본다. 요인변수는 한정된 수의 고유값 또는 고유 레벨을 사용하는 범주형 변수^categorical variable의 다른 이름이다. 여기서는 BlackFemale, BlackMale, WhiteFemale, WhiteMale의 네 가지 값 중 하나를 취하는 범주변수를 만들고자 한다. 이를 위해 결측값 NA로 채워진 새로운 변수 type을 만든다. 그런 다음 구직자의 특성을 이용해 각 유형을 지정한다.

```
resume$type <- NA
resume$type[resume$race == "black" & resume$sex == "female"] <- "BlackFemale"
resume$type[resume$race == "black" & resume$sex == "male"] <- "BlackMale"
resume$type[resume$race == "white" & resume$sex == "female"] <- "WhiteFemale"
resume$type[resume$race == "white" & resume$sex == "male"] <- "WhiteMale"
```

이 새로운 변수는 문자 벡터임을 알 수 있다. 여기서 이 벡터를 요인변수로 바꾸고자 as.factor() 함수를 사용한다. 반면에 요인변수는 문자변수와 비슷해 보이지만, 실제로는 각 변수에 문자 라벨이 있는 레벨level이라는 숫자값을 가진다. 기본적으로 레벨은 문자 라벨의 알파벳순으로 정렬한다. 요인변수의 레벨은 levels() 함수를 사용해 얻을 수 있다. 또한 table() 함수를 적용해 각 레벨에 해당하는 관측수를 얻을 수 있다.

```
## 객체 클래스 확인
class(resume$type)

## [1] "character"

## 새로운 문자변수를 요인변수로 변환
resume$type <- as.factor(resume$type)
## 요인변수의 모든 레벨을 리스트
levels(resume$type)

## [1] "BlackFemale" "BlackMale" "WhiteFemale" "WhiteMale"

## 각 레벨의 관측수를 구함
table(resume$type)

##
## BlackFemale    BlackMale WhiteFemale    WhiteMale
##        1886          549        1860          575
```

요인 객체의 주요 이점은 R에 많은 유용한 기능이 있다는 것이다. 한 예로 요인변수의 각 레벨 내에서 함수를 반복적으로 적용하는 tapply() 함수가 있다. 방금 생성한 네 가지 범주 각각의 전화 회신율을 계산한다고 가정하자. tapply() 함수를 사용하면 하나씩 따로 계산하는 대신에 한 줄로 계산할 수 있다. 구체적으로 tapply(X, INDEX, FUN)와 같이 사용되며 벡터 INDEX의 고유값으로 정의된 각 그룹의 인자 FUN으로 지정된 함수를 객체 X

에 적용한다. 여기서는 resume 데이터 파일을 사용해 type 변수의 각 카테고리에 mean() 함수를 call 변수에 개별적으로 적용한다.

```
tapply(resume$call, resume$type, mean)

## BlackFemale   BlackMale WhiteFemale   WhiteMale
##  0.06627784  0.05828780  0.09892473  0.08869565
```

인자의 이름이 명시돼 있지 않는 한, 함수에서 인자의 순서는 중요하다. 결과를 보면 흑인 남성의 전화 회신율이 가장 낮았고, 흑인 여성, 백인 남성, 백인 여성이 뒤를 이었다. 더 나아가 각 이름의 전화 회신율을 계산할 수도 있다. 프레젠테이션을 쉽게 하고자 sort() 함수를 사용해 결과를 오름차순으로 정렬할 수 있다.

```
## 이름을 요인변수로 변환
resume$firstname <- as.factor(resume$firstname)
## 각 이름별 회신율을 계산
callback.name <- tapply(resume$call, resume$firstname, mean)
## 결과를 오름차순으로 정렬
sort(callback.name)

##      Aisha     Rasheed      Keisha    Tremayne      Kareem
## 0.02222222  0.02985075  0.03825137  0.04347826  0.04687500
##     Darnell      Tyrone       Hakim      Tamika     Lakisha
## 0.04761905  0.05333333  0.05454545  0.05468750  0.05500000
##     Tanisha        Todd       Jamal        Neil       Brett
## 0.05797101  0.05882353  0.06557377  0.06578947  0.06779661
##    Geoffrey     Brendan        Greg       Emily        Anne
## 0.06779661  0.07692308  0.07843137  0.07929515  0.08264463
##        Jill      Latoya       Kenya     Matthew     Latonya
## 0.08374384  0.08407080  0.08673469  0.08955224  0.09130435
##       Leroy     Allison       Ebony    Jermaine      Laurie
## 0.09375000  0.09482759  0.09615385  0.09615385  0.09743590
##       Sarah    Meredith      Carrie     Kristen         Jay
## 0.09844560  0.10160428  0.13095238  0.13145540  0.13432836
##        Brad
## 0.15873016
```

위의 집계 결과에서 예상했듯이 전형적인 흑인 남성과 여성 이름들은 전화 회신율이 낮은 것을 발견할 수 있다.

2.3 인과효과와 반사실

이력서^{resume} 실험에서 구직자들의 이름의 인과효과를 잠재 고용주로부터 콜백 여부를 통해 정량화하려 했다. 그렇다면 인과효과는 정확히 무엇을 뜻하는가? 그리고 인과효과를 어떻게 생각해야 하는가? 2.3절에서는 계량 사회과학 연구에서 인과 추론을 위해 일반적으로 사용되는 틀을 논의한다.

인과효과를 이해하는 핵심은 반사실^{counterfact}을 생각해 보는 것이다. 인과 추론이란 '사실'(예: 실제로 있었던 일)과 '반사실'(예: 주요 조건이 다를 때 일어난 것)을 비교한 것이다. resume 실험 데이터의 첫 번째 관측값은 잠재 고용주가 전형적인 백인 여성인 Allison의 이력서를 받았지만 콜백을 하지 않기로 결정한 것을 알 수 있다(call 변수의 관측값은 0이다).

```
resume[1, ]

##   firstname    sex  race call BlackFemale       type
## 1   Allison female white    0           0 WhiteFemale
```

여기서 핵심적인 인과효과 질문은 지원자의 이름이 Lakisha와 같은 전형적인 아프리카계 미국인 이름인 경우 동일한 고용주가 콜백을 했는지 여부다. 불행히도 이 반사실을 절대 관찰할 수는 없다. 왜냐하면 이 실험을 수행한 연구자들은 Lakisha를 이름으로 사용하는 동일한 이력서를 같은 고용주에게 발송하지 않았기 때문이다(아마도 이름이 다른 2개의 동일한 이력서를 보내는 것이 잠재 고용주들 사이에서 의심을 살 수 있기 때문이다).

또 다른 사례로 최저임금을 올리면 실업률이 증가하는지의 여부에 관심 있는 연구를 생각해 보자. 어떤 사람들은 임금 인상이 빈곤층에게 도움이 되지 않을 수 있다고 주장한다. 왜냐하면 고용주들은 더 높은 임금을 지불해야 한다면 고용인을 적게 채용할 것이기 때문이다(아니면 비숙련공 대신에 숙련공을 고용한다). 국가의 한 주^{state}에서 최저임금 인상을 결정하고 이 주에서 실제로 실업률이 증가했다고 가정해 보자. 하지만 이것이 반드시 최저임금 인상으로 인해 실업률이 증가한다는 것을 의미하지는 않는다. 최저임금 인상의 인과효과를 이해하기 위해서는 이 주에서 최저임금을 인상하지 않았을 때의 실업률을 관찰해야만 한다. 하지만 분명하게도 이 반사실적 실업률을 직접 조사할 수는 없을 것이다. 또 다른 예는 직업훈련 프로그램이 사람들의 취업 전망을 높일 수 있는지의 문제다. 실제로 직업훈련을 받은 사람이 나중에 직장을 구했더라도, 취직이 반드시 직업훈련 프로그램 때문에 가능했던 것은 아니기 때문이다. 취직한 사람은 그러한 훈련 프로그램 없이도 고용될 수 있다.

이 예는 인과 추론의 근본적인 문제를 보여 주며 이는 반사실적 결과를 연구자가 관측할 수 없기 때문에 발생한다. 비록 변수가 의료 처치와 아무런 상관이 없더라도 관심 있는 핵심 인과변수를 처치변수로 정의한다. 처치변수$^{treatment\ variable}$ T가 결과변수 Y의 변화를 일으키는지 여부를 알기 위해서는 두 가지 잠재적 결과 값을 확인해야 한다. 예를 들어 각각 $Y(1)$ 및 $Y(0)$로 표현된 처치의 존재와 부재로 실현된 Y의 잠재적 가치들이 있다. 이력서 실험에서 T는 가상 지원자의 인종($T = 1$은 흑인처럼 들리는 이름, $T = 0$는 백인처럼 들리는 이름)을 대표하고, Y는 잠재 고용주로부터 전화 회신을 받았는지를 뜻한다. 그러면 $Y(1)$과 $Y(0)$는 잠재 고용주가 전형적인 흑인 백인 이름을 가진 이력서를 받았을 때 실제로 전화를 했는지 여부를 나타낸다.

이러한 모든 변수는 각각의 관측값마다 정의되며 대응하는 첨자로 표시된다. 예를 들어 $Y(i)$는 i번째 관측값에 대한 처치조건하의 잠재적 결과를 나타내며, T_i는 동일한 관측값의 처치변수다. 표 2.3은 이력서 실험의 맥락에서 잠재적 결과의 틀을 보여 준다. 각 행은

표 2.3 인과 추론의 잠재적 결과 틀

이력서 i	흑인처럼 들리는 이름 T_i	전화 회신		나이	교육
		$Y_i(1)$	$Y_i(0)$		
1	1	1	?	20	대학교
2	0	?	0	55	고등학교
3	0	?	1	40	대학원
⋮	⋮	⋮	⋮	⋮	⋮
n	1	0	?	62	대학교

Note: 이 표는 이력서 실험의 예를 사용해 인과 추론의 잠재적 틀을 설명한다. 각각의 가상 구직자 이력서 i마다 흑인처럼 들리는 이름은 $T_i = 1$, 백인처럼 들리는 이름은 $T_i = 0$가 사용됐다. 이력서에는 연력 및 교육과 같은 다른 특성이 포함돼 있으며, 이는 어떠한 조작에도 영향을 받지 않았다. 흑인처럼 들리는 이름 $Y_i(1)$을 가진 이력서의 경우 그 이력서를 받은 잠재 고용주에게 전화 회신이 있었는지는 관측할 수 있지만, 백인처럼 들리는 이름 $Y_i(0)$의 이력서가 사용됐을 때의 전화 회신 여부는 알 수 없다. 이는 각각의 이력서마다 두 가지 잠재적 결과 중 오직 하나만 관찰되며 다른 하나는 누락되기 때문이다('?'로 표시).

두 가지의 잠재적 결과 중 하나만 관측되는 관측값을 나타낸다(누락된 잠재적 결과는 '?'로 표시된다). 처치 상태인 T_i는 관측된 잠재적 결과를 결정한다. 나이 및 교육과 같은 변수들은 조작된 처치의 영향을 받지 않는다.

이제 각각의 관측값에 대해 Y_i에 대한 T_i의 인과효과를 두 가지 잠재적 결과인 $Y_i(1)$ – $Y_i(0)$ 간의 차이로 정의할 수 있다. 만약 잠재 고용주의 콜백 여부가 지원자의 이름에 달려 있는 경우는 지원자의 인종과 인과효과가 있다. 앞서 언급했듯이 인과 추론의 근본적 문제는 인과 추론이 두 가지의 결과를 비교해야 하지만, 두 가지 중 한 가지의 경우만 관측 가능하기 때문이다. 즉 인과효과 추정의 중요한 의미는, 관찰되지 않은 반사실적 결과들을 추론 가능한 신뢰할 수 있는 방법을 찾아야 한다는 것이다. 이는 약간의 가정을 요구한다. 그러므로 인과 추론의 신뢰성은 이러한 가정 식별의 타당성에 달려 있다.

각각의 관측값 i에 대해 이원 처치 T_i의 인과효과는 두 가지 잠재적 결과인 $Y_i(1)$ – $Y_i(0)$ 간 차이로 정의할 수 있다. 여기서 $Y_i(1)$은 처치조건 $(T_i = 1)$하에서 실현될 경우와 $Y_i(0)$는 통제 조건 $(T_i = 0)$하에서 실현될 결과를 말한다.

인과 추론의 근본적 문제는 연구자가 두 가지의 잠재적 결과들 중에서 하나만 관측할 수 있고, 이는 관측된 잠재 결과가 처치의 상태에 달려 있기 때문이다. 공식적으로 관측된 결과 Y_i는 $Y_i(T_i)$와 같다.

이와 같이 간단한 인과효과의 틀을 통해 무엇이 적절한 인과효과 질문인지 아닌지를 명확히 한다. 예를 들면, 사람들의 인종이 고용 전망의 원인이 되는지 생각해 보라. 이 질문에 직접 답하기 위해서는 지원자가 또 다른 인종 그룹에 속했을 경우의 반사실적 고용상태를 고려해 봐야 한다. 하지만 사람들의 인종이 조작될 수 없기 때문에 다루기 어려운 명제다. 성별 및 인종과 같은 특성들은 **불변의 특성**[immutable characteristics]으로 불리며, 많은 학자는 이러한 특성들에 인과효과와 관련된 질문들은 답할 수 없다고 믿는다. 사실 여기는 "조작 없이 인과 없다"라는 만트라[mantra]가 있다. 관심 처치변수가 쉽게 조작될 수 없다면 인과효과를 생각하는 것이 어려울 수도 있다.

하지만 이력서 실험은 인종 차별을 중요한 사회과학적 질문으로 다루는 재치 있는 방법을 제공한다. 인종의 인과효과를 직접적으로 추정한다는 것은 어려운 작업이다. 대신에 이 연구의 연구자들은 동일한 이력서의 이름을 바꿈으로써 잠재 고용인의 구직자 인종에 관한 인식^{perception}을 조작했다. 이 연구설계 전략은 인종 자체를 조작하는 어려움을 우회해 인과 추론의 틀 속에서 사람들로 하여금 인종 차별을 연구할 수 있게 한다. 많은 사회과학자들은 다양한 환경에서 인종, 성별, 종교 등의 요인으로 인한 차별을 연구하고자 유사한 연구설계 전략을 사용한다.

2.4 무작위 대조시험

인과효과의 일반적인 정의를 내렸기 때문에 이제 인과효과를 추정하는 방법을 알아보자. 먼저 연구자가 처치의 접수를 무작위로 할당하는 무작위 대조시험$^{RCT, Randomized Controlled Trial}$이라 불리는 무작위 실험을 살펴본다. RCT는 종종 연구자들이 처치변수의 효과를 분리하고 불확실성을 정량화할 수 있다는 점에서 과학 분야에서는 인과관계 확립의 황금 기준으로 간주되곤 한다. 2.4절에서는 랜덤화를 통해 평균적인 인과효과의 식별을 어떻게 하는지 설명한다. 불확실성을 정량화하는 방법은 7장에서 설명한다.

2.4.1 무작위의 역할

앞에서도 설명했듯이 인과 추론의 근본적인 문제는 인과효과를 추정하기 위해서는 반사실의 결과를 추론해야 한다는 것이다. 이 문제 때문에 각 개인에 대한 처치효과의 타당한 추정값을 얻을 수 없다. 그러나 처치의 할당을 무작위화하는 것으로 평균 처치효과$^{ATE, Average Treatment Effect}$를 추정할 수 있다. 평균 처치효과는 그룹 전체에 걸친 개인의 처치효과의 평균을 구하는 것을 말한다.

표본평균 처치효과$^{SATE, Sample Average Treatment Effect}$를 추정하고 싶다고 가정해 보자. 이는 표본 내의 개인 레벨 처치효과의 평균이라고 정의된다.

표본평균 처치효과[SATE]는 표본 내의 개인 레벨 인과효과의 평균이라고 정의된다(예: $Y_i(1) - Y_i(0)$).

$$\text{SATE} = \frac{1}{n} \sum_{i=1}^{n} \{Y_i(1) - Y_i(0)\} \tag{2.1}$$

n은 표본크기이고 $\sum_{i=1}^{n}$는 첫 관측값 $i = 1$부터 마지막 관측값인 $i = n$의 합산 연산자를 나타낸다.

SATE는 직접 관찰하는 것이 불가능하다. 처치를 받은 **처치그룹**[treatment group]의 경우에는 처치하의 평균 결과를 관측할 수 있지만, 처치가 없는 경우 평균 결과가 무엇인지 알 수 없다. **통제그룹**[control group]의 경우에도 같은 문제가 존재한다. 왜냐하면 이 그룹은 처치를 받지 못하기 때문이다. 그 결과 처치조건하에서 발생할 평균 결과를 관측하지 못하게 된다.

처치그룹의 평균 반사실 결과를 추정하고자 통제그룹의 관측된 평균 결과를 사용할 수 있다. 마찬가지로 처치그룹의 관측된 평균 결과를 통제그룹의 평균 반사실 결과의 추정값으로 사용할 수 있다. 즉 처치그룹과 통제그룹 간의 평균 결과 차이 혹은 평균의 차분 **추정량**[difference-in-means estimator]을 계산해 SATE를 추정할 수 있음을 시사한다. 중요한 점은 이 차이를 평균 인과효과의 유효한 추정값으로 해석할 수 있느냐 하는 것이다. 이력서 실험에서 처치그룹은 흑인처럼 들리는 이름을 사용한 이력서를 받은 잠재 고용주들로 구성된다. 반대로 통제그룹은 전형적인 백인 이름을 사용한 이력서를 받은 잠재 고용주들로 구성된다. 이 두 그룹 간의 콜백 비율의 차이가 구직자 인종의 평균 인과효과를 나타내는가?

처치 할당의 무작위화는 이 관계를 인과효과로 해석할 수 있게 하는 데 필수적인 역할을 한다. 각 실험자를 처치 또는 통제 그룹에 무작위로 할당함으로써 이 두 그룹이 모든 측면에서 유사하다는 것을 보장할 수 있다. 실제로 다른 개인들로 구성돼 있다고 하더라도 처치그룹과 통제그룹은 관측되거나 관측되지 않은 모든 전처리 특성이 평균적으로 일치한다. 두 그룹 간의 유일하고 체계적인 차이는 바로 처치를 받는 것이므로 결과변수의 차이를 처치의 추정 평균 인과효과로 해석할 수 있다. 이러한 방식으로 처치 할당의 무작위화는 처치의 인과효과를 결과에 영향을 줄 수 있는 다른 잠재 요인들과 분리한다. 2.5절에서 볼 수 있듯이 무작위 할당 없이는 처치그룹과 통제그룹이 관측되지 않는 모든 특성을 비교 가능하다는 것을 보장할 수 없다.

> **무작위 대조시험**[RCT]에서 각 구성 단위는 처치 또는 통제그룹에 무작위로 할당된다. 처치 할당의 무작위화는 처치그룹과 통제그룹 간의 평균 결과 차이가 오직 처치에서만 기인한다는 것을 보장한다. 왜냐하면 두 그룹은 모든 전처리 특성이 평균적으로 동일하기 때문이다.

RCT는 성공적으로 시행되면 인과효과의 유효한 추청치를 산출할 수 있다. 이러한 이유로 RCT는 내적 타당성[internal validity]에 상당한 이점이 있다고 할 수 있으며, 이는 연구에서 인과 가정이 만족됐는지의 여부를 나타낸다. 하지만 RCT도 약점은 있다. 특히 강력한 내적 타당성은 종종 외적 타당성[external validity]과의 타협에서 오는 것이다. 외적 타당성은 특정 연구를 넘어 결론을 어느 정도 일반화할 수 있는지의 정도로 정의된다. 외적 타당성이 부족한 한 가지 공통된 이유는 연구 표본이 관심 모집단을 대표하지 않을 수 있기 때문이다. 윤리적이고 실행상의 이유로 RCT는 종종 연구 피험자가 돼 줄 편의 표본[convenient sample]을 사용해 수행된다. 이는 표본선택의 편향[sample selection bias]의 예이며, 실험 표본은 대상 모집단을 대표하지 않는다. 외적 타당성의 또 다른 잠재적 문제는 현실 세계의 상황과는 매우 다른 환경(예: 실험실)에서 RCT가 자주 수행된다는 점이다. 게다가 RCT는 완전히 비현실적인 개입을 사용하는 경우도 있다. 그러나 이력서 실험에서 봤듯이 연구자들은 현장에서 RCT를 수행해 개입을 최대한 현실적으로 하는 것으로 이러한 문제를 극복하려고 한다.

> 무작위 대조시험[RCT]의 최대 장점은 **내적 타당성**(연구에서 인과적 가정이 충족되는 정도)이 개선된다는 것이다. 그러나 RCT의 약점은 외적 타당성(특정 연구를 넘어 결론을 어느 정도 일반화할 수 있는지의 정도)이 부족할 수 있다는 것이다.

선거명부에 등록된 유권자 여러분

만약 당신의 이웃이 당신의 투표 여부를 안다면 어떻게 하겠습니까?

왜 많은 사람들이 투표를 하지 않을까요? 이 문제를 여러 해 논의하고 있지만 이 현상은 더 심해지고 있습니다. 올해부터는 다른 방식을 따르고 있습니다.

누가 투표했고, 누가 투표하지 않았는지 여부를 공표하고자 이 메일 보냅니다.

이하의 표는 당신 이웃들의 이름으로 누가 과거에 투표하였는지를 나타냅니다. 8월 8일의 선거 후에 정보를 갱신한 표를 보낼 예정입니다. 당신과 당신의 이웃은 전원 누가 투표했고, 하지 않았는지를 알 수 있게 됩니다.

시민의 의무를 다하십시오. – 투표하십시오!

메이플 길		04년 8월	04년 11월	06년 8월
9995번지	JOSEPH JAMES SMITH	투표함	투표함	_____
995번지	JENNIFER KAY SMITH		투표함	_____
9997번지	RICHARD B JACKSON		투표함	_____
9999번지	KATHY MARIE JACKSON		투표함	_____

그림 2.1 이름 공표 투표 독려 메시지. Gerber, Green, and Larimer(2008)

2.4.2 사회적 압박과 투표율

또 다른 RCT의 예로 이웃들의 압박과 유권자 투표율[2]에 관한 연구를 살펴보고자 한다. 3명의 사회과학자는 RCT를 실시해 지역 내 사회적 압력이 투표 참여를 증가시키는지 조사했다. 특히 연구자들은 미시간 주 예비 선거기간 중에 다른 종류의 투표 독려 메시지 GOTV, Get-Out-The-Vote 를 받도록 등록된 유권자를 무작위로 할당하고, 아래와 같은 메시지가 담긴 엽서를 보내 투표율이 증가했는지를 조사했다. 연구자들은 개인 유권자들의 투표율이 미국에서 공공 정보라는 사실을 이용했다.

GOTV 메시지 중에 특히 주목할 것은 바로 유권자들에게 선거 후 투표 여부의 정보를 이웃들에게 제공하겠다고 말하면서 사회적 압력을 유발하도록 디자인됐다. 연구자들은 이름 공표 GOTV 전략이 투표 참여율을 높일 것이라고 가정한다. 실제 이름 공표 메시지의 예가 그림 2.1에 나와 있다. 우편을 받지 않는 통제그룹 외에 다른 GOTV 메시지들

---

2 2.4.2절은 다음의 논문에 바탕을 둔다. Alan S. Gerber, Donald P. Green, and Christopher W. Larimer (2008) "Social pressure and voter turnout: Evidence from a large-scale field experiment." *American Political Science Review*, vol. 102, no. 1, pp. 33–48.

도 연구에 포함돼 있다. 예를 들어, 표준 '시민의무' 메시지는 이름 공표 메시지의 첫 두 문장으로 시작됐지만, 개개인의 선거 참여 여부를 이웃이 인지하는지의 정보는 포함하지 않았다. 대신 메시지는 다음과 같다.

민주주의의 핵심은 시민들이 정부에 적극적으로 참여한다는 것입니다. 우리는 정부에 목소리를 낼 수 있습니다. 8월 8일, 시민으로서 권리와 책임을 기억하십시오. 투표를 잊지 마세요. 시민의 의무를 다하십시오. – 투표하십시오!

이 RCT의 또 다른 중요한 특징은 바로 연구자들이 이름 공표의 효과를 관측되는 효과와 분리하려고 시도했다는 것이다. 많은 RCT에서 연구 대상자(피험자)들이 연구자들에 의해서 관찰된다는 것을 인지한다면 다르게 행동할 수 있다는 우려가 있다. 이 현상을 바로 호손 효과Hawthorne Effect라고 한다. 호손 효과는 연구가 이뤄진 공장의 이름을 따서 지어졌으며, 연구자들은 연구의 일부로 공장이 모니터링된다는 사실의 인지 여부가 노동생산성 증가로 이어진다는 것을 관찰했다. 이 문제를 해결하기 위해서 연구에서는 "당신은 연구되고 있습니다"라는 또 다른 GOTV 메시지가 포함됐다. 이름 공표 메시지의 동일한 첫 두 문장이 뒤따른다. 나머지 메시지는 다음과 같다.

올해, 우리는 사람들이 왜 투표하는지 또는 투표하지 않는지를 알아내려고 노력하고 있습니다. 8월 8일의 예비 선거에서 유권자 투표율을 조사할 예정입니다. 분석은 공개 기록을 기반으로 하기 때문에 당신은 다시 연락받거나 방해받지 않을 것입니다. 투표 여부에 관해 조사된 내용은 기밀이 유지되며, 다른 사람에게 공개되지 않습니다. 여러분의 시민의 의무를 다하십시오. – 투표하십시오!

> 호손 효과Hawthorne Effect는 피험자가 연구자에게 관찰된다는 것을 인지한다면 평상시와 다르게 행동하는 현상을 말한다.

따라서 이 실험에서는 사회적 압력 메시지, 시민 의무 메시지 또는 호손 효과 메시지 중 하나를 받는 세 가지 처치그룹이 있다. 실험에는 또한 메시지를 받지 않는 유권자로 구성된 통제그룹이 있다. 연구자들은 각 유권자를 네 그룹 중 하나에 무작위로 배정하고, 유권자 투표율이 각 그룹에 따라 다른지를 조사했다.

이제 실험의 설계를 이해했으므로 데이터를 분석한다. CSV형식의 데이터 파일 이름은 social.csv이며, read.csv() 함수를 사용해 불러들일 수 있다. 표 2.4는 사회 압력 실험 데이터에서 변수의 이름과 설명을 표시한다.

```
social <- read.csv("social.csv") # 데이터 로드
summary(social) # 데이터 요약하기

##     sex           yearofbirth     primary2004
## female:152702   Min.   :1900    Min.   :0.0000
## male  :153164   1st Qu.:1947    1st Qu.:0.0000
##                 Median :1956    Median :0.0000
##                 Mean   :1956    Mean   :0.4014
##                 3rd Qu.:1965    3rd Qu.:1.0000
##                 Max.   :1986    Max.   :1.0000
##     messages        primary2006        hhsize
## Civic Duty: 38218  Min.   :0.0000   Min.   :1.000
## Control   :191243  1st Qu.:0.0000   1st Qu.:2.000
## Hawthorne : 38204  Median :0.0000   Median :2.000
## Neighbors : 38201  Mean   :0.3122   Mean   :2.184
##                    3rd Qu.:1.0000   3rd Qu.:2.000
##                    Max.   :1.0000   Max.   :8.000
```

표 2.4 사회적 압박 실험 데이터

변수	설명
hhsize	유권자 세대수 크기
messages	투표 독려 메시지(Civic Duty, Control, Neighbors, Hawthorne)
sex	유권자 성별(female or male)
yearofbirth	유권자 생년월일
primary2004	2004년의 예비선거에서 투표했는가(1=투표, 0=기권)
primary2006	2006년의 예비선거에서 투표했는가(1=투표, 0=기권)

2.2.5절에서 봤듯이 tapply() 함수를 사용해 각 처치그룹의 투표율을 계산할 수 있다. 통제그룹에서 기준 투표율을 빼면 각 메시지의 평균 인과효과를 구할 수 있다. 관심 결과변수는 2006년 예비 선거의 투표율이며, 이항변수인 primary2006의 1은 투표이고, 0은 기권이다.

```
## 각 그룹의 투표율
tapply(social$primary2006, social$messages, mean)

## Civic Duty    Control  Hawthorne  Neighbors
##  0.3145377  0.2966383  0.3223746  0.3779482

## 통제그룹의 투표율
mean(social$primary2006[social$messages == "Control"])

## [1] 0.2966383

## 각 그룹 투표율에서 통제그룹의 투표율을 제함
tapply(social$primary2006, social$messages, mean) -
    mean(social$primary2006[social$messages == "Control"])

## Civic Duty    Control  Hawthorne  Neighbors
## 0.01789934 0.00000000 0.02573631 0.08130991
```

이름 공표 GOTV 메시지가 투표율을 크게 증가시킨다는 것을 발견했다. 통제그룹 투표율과 비교할 때 이름 공표 메시지는 투표율이 8.1% 포인트 증가하는 반면, 시민 의무 메시지는 1.8% 포인트로 효과가 훨씬 적었다. 호손 효과가 시민 의무 메시지보다 다소 크지만, 이름 공표 메시지의 효과보다는 훨씬 작다는 것은 흥미롭다.

마지막으로 처치 할당의 무작위화가 성공한다면 연령(yearofbirth(출생연도)로 표시), 이전 예비 선거 투표율(primary2004), 가구 크기(hhsize)와 같은 전처리pretreatment 변수 그룹 간 큰 차이가 관찰돼서는 안 된다. 동일한 구문을 사용해 이를 검사한다.

```
social$age <- 2006 - social$yearofbirth # 연령 변수 만들기
tapply(social$age, social$messages, mean)

## Civic Duty    Control  Hawthorne  Neighbors
##   49.65904   49.81355   49.70480   49.85294

tapply(social$primary2004, social$messages, mean)

## Civic Duty    Control  Hawthorne  Neighbors
##  0.3994453  0.4003388  0.4032300  0.4066647

tapply(social$hhsize, social$messages, mean)

## Civic Duty    Control  Hawthorne  Neighbors
##   2.189126   2.183667   2.180138   2.187770
```

전처리 변수들의 그룹 간 차이를 무시할 수 있다는 것을 알았으며, 처치 할당의 무작위화가 4개 그룹이 평균적으로 서로 동일하다는 것을 확인한다.

2.5 관찰연구

비록 RCT가 내적으로 타당한 인과효과의 추정값을 제공하지만 윤리적, 실행상의 이유로 사회과학자들은 현실 세계에서 처치 할당을 무작위화하기 어려운 경우가 많다. 다음으로 연구자들이 개입을 하지 않는 관찰연구^{observational study}를 살펴보고자 한다. 대신에 관찰연구에서는 연구자들은 단순히 자연 발생 사건들을 관찰하고 데이터를 수집, 분석한다. 이러한 연구에서는 선택편향의 가능성으로 인해 내적 타당성이 손상될 수도 있지만, 외적 타당성은 다른 RCT들보다 강력하다. 관찰연구의 결과들은 보통 더 일반화될 수 있다고 얘기한다. 왜냐하면 연구자들은 실제 환경에서 관련 집단 사이에 시행된 처치들을 조사할 수 있기 때문이다.

2.5.1 최저임금과 실업률

관찰연구의 논의는 위에서 언급한 최저임금 논쟁에 근거한다. 사회과학 연구자 2명이 패스트푸드 산업에서 최저임금 인상이 고용에 미치는 영향을 조사했다.[3] 1992년 미국 뉴저지^{NJ}주에서는 최저임금을 시간당 $4.25에서 $5.05로 인상했다. 최저임금 인상으로 경제 이론이 예측한 대로 고용이 줄었는가? 위에서 논의한 바와 같이 이 질문에 답하려면 최저임금 인상이 없을 때의 뉴저지 고용률의 추론이 필요하다. 하지만 이 반사실 결과는 관찰할 수 없으므로 관측된 데이터를 사용해 결과를 추정해야 한다.

한 가지 가능한 전략은 최저임금이 인상되지 않은 다른 주를 살펴보는 것이다. 예를 들어, 이 연구에서는 뉴저지의 경제가 펜실베이니아 주의 경제와 비슷하다는 이유로 이웃 주인 펜실베이니아를 선택했다. 이 때문에 두 주의 패스트푸드 식당은 비교 가능하다. 그러므로 횡단면 비교 연구 설계^{cross-section comparison design}에 따라 뉴저지의 패스트푸드 식당은 처

---

3 2.5.1절은 다음의 논문에 바탕을 둔다. David Card and Alan Krueger (1994) "Minimum wages and employment: A case study of the fast-food industry in New Jersey and Pennsylvania." *American Economic Review*, vol. 84, no. 4, pp. 772–793.

치를 받는 처치그룹(즉 최저임금 인상)으로 작용하는 반면 펜실베이니아의 패스트푸드 식당들은 처치를 받지 않은 통제그룹을 나타낸다. 전처리와 결과값을 수집하고자 연구자들은 최저임금 인상 전후의 패스트푸드 식당을 조사했다. 특히 각 식당의 정규직 직원 수, 시간제 직원 수 및 시간당 임금에 대한 정보를 수집했다.

표 2.5 최저임금 연구 데이터

변수	설명
chain	패스트푸드 체인 이름
location	점포 소재지(centralNJ, northNJ, PA, shoreNJ, southNJ)
wageBefore	최저임금 인상 전 임금
wageAfter	최저임금 인상 후 임금
fullBefore	최저임금 인상 전 정규직 직원의 수
fullAfter	최저임금 인상 후 정규직 직원의 수
partBefore	최저임금 인상 전 시간제 직원의 수
partAfter	최저임금 인상 후 시간제 직원의 수

CSV 파일 minwage.csv에 데이터셋이 포함돼 있다. 일반적으로 read.csv() 함수는 데이터셋을 불러들이고, dim() 함수는 관측값 수와 변수 수를 제공하며, summary() 함수는 각 변수의 요약을 제공한다. 표 2.5는 최저임금 연구 데이터에서 변수의 이름과 설명을 표시한다.

```
minwage <- read.csv("minwage.csv") # 데이터 불러들이기
dim(minwage) # 데이터의 차원

## [1] 358    8

summary(minwage) # 데이터 요약

##       chain        location      wageBefore
## burgerking:149  centralNJ: 45  Min.   :4.250
## kfc       : 75  northNJ  :146  1st Qu.:4.250
## roys      : 88  PA       : 67  Median :4.500
## wendys    : 46  shoreNJ  : 33  Mean   :4.618
##                 southNJ  : 67  3rd Qu.:4.987
##                                Max.   :5.750
##    wageAfter       fullBefore        fullAfter
```

```
##   Min.   :4.250   Min.   : 0.000   Min.   : 0.000
##   1st Qu.:5.050   1st Qu.: 2.125   1st Qu.: 2.000
##   Median :5.050   Median : 6.000   Median : 6.000
##   Mean   :4.994   Mean   : 8.475   Mean   : 8.362
##   3rd Qu.:5.050   3rd Qu.:12.000   3rd Qu.:12.000
##   Max.   :6.250   Max.   :60.000   Max.   :40.000
##    partBefore        partAfter
##   Min.   : 0.00    Min.   : 0.00
##   1st Qu.:11.00    1st Qu.:11.00
##   Median :16.25    Median :17.00
##   Mean   :18.75    Mean   :18.69
##   3rd Qu.:25.00    3rd Qu.:25.00
##   Max.   :60.00    Max.   :60.00
```

식당이 법을 준수하는지 확인하기 위해서 법이 제정된 후 뉴저지에서 최저임금이 실제로 인상됐는지 여부를 먼저 확인한다. 먼저 위치를 기준으로 데이터를 부분 선택한 다음 각 주에서 뉴저지의 새로운 최저임금보다 적은 시간당 임금(즉 $5.05)의 식당 비율을 계산한다. 이 분석은 뉴저지에서 법이 시행되기 전후의 임금을 나타내는 wageBefore 및 wageAfter 변수를 사용해 수행할 수 있다. subset() 함수로 이 분석을 수행한다.

```
## 2개의 주별로 데이터를 부분 선택하기
minwageNJ <- subset(minwage, subset = (location != "PA"))
minwagePA <- subset(minwage, subset = (location == "PA"))
## 임금이 5.05달러보다 작은 패스트푸드 식당의 비율
mean(minwageNJ$wageBefore < 5.05) # 법 시행 이전의 NJ
```

```
## [1] 0.9106529
```

```
mean(minwageNJ$wageAfter < 5.05) # 법 시행 이후의 NJ
```

```
## [1] 0.003436426
```

```
mean(minwagePA$wageBefore < 5.05) # 법 시행 이전의 PA
```

```
## [1] 0.9402985
```

```
mean(minwagePA$wageAfter < 5.05) # 법 시행 이후의 PA
```

```
## [1] 0.9552239
```

뉴저지 식당의 91% 이상이 최저임금이 인상되기 전에는 $5.05 미만을 지불했지만, 최저임금 인상 이후에는 $5.05 미만을 지불한 식당의 비율이 1% 미만으로 급격히 감소한 것으로 나타났다. 대조적으로 펜실베이니아에서는 이 비율이 본질적으로 변하지 않았다. 즉, 뉴저지 법이 펜실베이니아 식당들의 임금에 최소한의 영향을 미쳤음을 시사한다. 분석 결과 뉴저지 식당들은 새로운 최저임금 $5.05 이상으로 임금을 올림으로써 법을 따랐지만, 펜실베이니아 식당들은 비슷한 변화를 할 필요가 없었다.

펜실베이니아 식당들을 통제그룹으로 사용해 뉴저지 식당들의 고용에 대한 최저임금 인상의 평균 인과효과를 추정한다. 경제 이론에 따르면 최저임금 인상은 고용주들이 정규직 근로자를 시간제 근로자로 대체해 임금 인상 비용을 회수할 것으로 예측할 것이다. 이 이론을 테스트하고자 정규직 직원의 비율을 주요한 결과변수로 조사한다. 그러기 위해 뉴저지에서 법률이 시행된 후 뉴저지와 펜실베이니아 식당들 사이에서 이 변수의 표본 평균을 간단히 비교한다. 평균차분^{difference-in-means} 추정량을 계산해 보자.

```
## NJ와 PA의 정규직 직원의 비율을 나타내는 변수를 생성
minwageNJ$fullPropAfter <- minwageNJ$fullAfter /
      (minwageNJ$fullAfter + minwageNJ$partAfter)
minwagePA$fullPropAfter <- minwagePA$fullAfter /
    (minwagePA$fullAfter + minwagePA$partAfter)
## 차분을 계산하라.
mean(minwageNJ$fullPropAfter) - mean(minwagePA$fullPropAfter)

## [1] 0.04811886
```

분석 결과, 최저임금 인상이 고용에 부정적인 영향을 미치지 않았음을 시사한다. 뉴저지 패스트푸드 식당의 정규직 고용 비율이 약간 증가한 것으로 보인다.

2.5.2 중첩편향

관찰연구의 중요한 가정은 처치그룹과 통제그룹은 처치 이외에 결과와 관련된 모든 것을 비교할 수 있어야 한다는 것이다. 예를 들어, 뉴저지에서는 저숙련 노동자를 위한 경쟁 산업이 있고 펜실베이니아에는 경쟁 산업이 존재하지 않는다면, 뉴저지와 펜실베이니아 식당의 정규직 고용률 차이가 뉴저지의 최저임금 인상으로 기인한 것이라고 할 수 없다. 이 경우 두 주에 있는 식당들은 비교할 수 없으며, 펜실베이니아 식당들은 뉴저지 식당들의 유효한 통제그룹으로 사용할 수 없다. 실제로 뉴저지 식당들은 저숙련 노동자를 유인하고자 최저임금 인상이 없는 경우에도 상대적으로 높은 정규직 고용률을 보였을 수 있다. 더 일반적으로 뉴저지 최저임금 법률이 시행되기 전에 두 주에서 패스트푸드 식당들 간에 존재하는 다른 차이점이 결과와 관련이 있을 경우 추론을 편향시킬 수 있다.

처치변수 및 결과변수 모두와 관련된 전처리 변수^{pretreatment variable}들을 교란요인^{confounder}이라고 한다. 이들은 처치를 집행하기 이전에 실현된 변수들이기 때문에 처치에 의해 인과적으로 영향을 받지 않는다. 그러나 교란요인들은 누가 처치를 받을지 결정하고 결과에 영향을 줄 수도 있다. 그러한 변수들의 존재는 처치와 결과 사이의 인과효과를 교란한다고 말하며, 관측된 데이터에서 인과 추론을 도출하는 것이 불가능하다. 인간 자신이 처치를 받을지 자가 선택하는 경우가 많은 사회과학 연구에서 이러한 종류의 중첩편향^{confounding bias}은 심각하게 염려되는 부분이다. 이전에 언급한 뉴저지에는 경쟁 산업이 존재하지만, 펜실베이니아에는 없을 가능성이 바로 교란의 예다.

> 처치변수 및 결과변수 모두와 관련된 전처리 변수를 교란요인이라고 하며, 이는
> 처치효과 추정에서 **중첩편향**의 원인이다.

처치그룹으로 들어가는 것을 자가 선택하면서 생기는 중첩편향을 선택편향^{selection bias}이라고 한다. 선택편향은 관찰연구에서 종종 발생한다. 왜냐하면 연구자가 처치를 받는 사람을 통제할 수 없기 때문이다. 최저임금 연구에서, 뉴저지 정치인들은 특정 시점에 최저임금을 인상하기로 결정했지만 펜실베이니아의 정치인들은 그렇지 않았다. 어떤 사람들은 최저임금이 펜실베이니아가 아닌 뉴저지에서 인상된 이유가 특히 경제 및 고용과 관련돼 있다고 의심할 수 있다. 이 경우에 뉴저지 최저임금 인상 이후의 뉴저지와 펜실베이니아 횡단비교는 선택편향을 유발할 수 있다. 처치할당에 대한 적절한 통제력이 부족하다는 것은 처치그룹에 들어가는 것을 자신이 선택하는 사람은 관찰되거나 관찰되지 않은 특성들이 그렇지 않은 사람들과 크게 다를 수 있음을 의미한다. 이는 처치그룹과 통제그룹 간의 결과 차이가 처치조건의 차이 때문인지 아니면 교란요인의 차이로 인한 것인지 판단하기 어렵게 한다. 중첩편향의 존재는 "상관관계가 반드시 인과효과를 의미하는 것은 아니다"라는 대중적 만트라^{mantra}가 존재하는 이유다.

관찰연구에서 중첩편향의 가능성은 결코 배제할 수 없다. 하지만 연구자들은 통계적 절

차들을 사용해 교란요인들을 조정하는 것과 같은 통계적 제어statistical control를 통해 이를 해결하려고 시도한다. 2.5.2절에서는 몇 가지 기본 전략을 설명한다. 간단한 방법 중 하나는 하위분류화subclassification라고 불리는 통계적 방법이다. 이 아이디어는 처치 이전의 예측변수 중 공통된 값으로 정의된 관찰의 부분집합, 즉 하위분류 중에서 처치그룹과 통제그룹을 비교하는 것으로 두 그룹을 가능한 한 유사하게 만드는 것이다. 예를 들어, 펜실베이니아 표본은 뉴저지 표본보다 버거킹의 비율이 더 높다. 두 주의 이러한 차이는 버거킹이 다른 패스트푸드 체인과 다른 고용 정책을 갖고 있는 경우에는 최저임금 인상과 고용 사이의 관계를 교란시킬 수 있다. 이러한 가능성에 대처하기 위해 버거킹 점포들만을 비교할 수 있다. 이러한 분석으로 통계적 제어를 통해서 다양한 패스트푸드 체인으로 인한 중첩편향을 제거할 수 있다.

분석을 시작하고자 먼저 두 샘플 각각에 대해 패스트푸드 체인의 비율을 확인한다. 이를 위해 prop.table() 함수를 사용한다. 이 함수는 기본 입력으로 table() 함수의 출력, 즉 빈도표count table를 가져와서 비율로 변환한다.

```
prop.table(table(minwageNJ$chain))

##
## burgerking        kfc       roys     wendys
##  0.4054983  0.2233677  0.2508591  0.1202749

prop.table(table(minwagePA$chain))

##
## burgerking        kfc       roys     wendys
##  0.4626866  0.1492537  0.2238806  0.1641791
```

결과는 펜실베이니아가 뉴저지보다 버거킹 점포의 비율이 더 높다는 것을 보여 준다. 최저임금 인상 후 뉴저지와 펜실베이니아 버거킹 점포의 정규직 직원 고용률을 비교한다. 여기에 표시되지는 않았지만, 다른 패스트푸드 체인점도 유사한 분석을 할 수 있다.

```
## 버거킹만을 부분 선택함
minwageNJ.bk <- subset(minwageNJ, subset = (chain == "burgerking"))
minwagePA.bk <- subset(minwagePA, subset = (chain == "burgerking"))
## 정규직 직원 고용률 비교
mean(minwageNJ.bk$fullPropAfter) - mean(minwagePA.bk$fullPropAfter)

## [1] 0.03643934
```

이 발견은 앞서 제시한 전체 결과와 매우 유사하며, 패스트푸드 체인이 교란요인이 아닐 수 있음을 시사한다.

점포의 위치는 또 다른 잠재 교란요인이다. 특히 펜실베이니아에 더 가까운 뉴저지 버거킹 점포는 펜실베이니아의 다른 식당과 비교했을 때보다 더 신뢰할 만한 비교를 할 수 있다. 왜냐하면 지역 경제가 비슷한 특성들을 공유할 수 있기 때문이다. 중첩편향을 해결하고자 식당 위치를 기준으로 데이터를 하위분류할 수 있다. 특히 뉴저지 해안과 뉴저지 중앙 지역의 점포들을 제외하고 펜실베이니아 근처에 있는 뉴저지 북부와 남부에 위치한 버거킹 점포들에 중점을 두고 분석을 반복한다. 이 분석은 통계적 제어를 통해서 패스트푸드 체인의 종류와 위치 두 가지를 조정한 것이다.

```
minwageNJ.bk.subset <-
    subset(minwageNJ.bk, subset = ((location != "shoreNJ") &
                                   (location != "centralNJ")))
mean(minwageNJ.bk.subset$fullPropAfter) - mean(minwagePA.bk$fullPropAfter)
## [1] 0.03149853
```

결과는 원본 데이터의 작은 부분 선택[subset] 내에서도 최저임금 인상의 영향이 전체 추정값과 유사하게 유지됨을 보여 준다. 이 결과는 최저임금 인상이 정규직 직원 고용에 미치는 영향이 미비하다는 주장에 대한 확신을 더욱 강하게 한다.

> 중첩편향은 **통계적 제어**를 통해 줄일 수 있다. 예를 들어, 동일한 값의 교란요인을 갖는 처치 및 통제 단위를 비교하는 **하위분류화**를 사용할 수 있다.

2.5.3 전후비교법 및 이중차분법 설계

관찰연구에서 시간에 걸쳐 수집된 데이터는 귀중한 정보원이다. 동일한 단위에서 장기간에 걸쳐 반복해서 측정된 데이터는 종단데이터[longitudinal data] 또는 패널데이터[panel data]라고 한다. 종단데이터는 횡단데이터보다 더 신뢰성 높은 (처치그룹과 통제그룹) 비교를 할 수 있는 경우가 많다. 왜냐하면 종단데이터는 시간에 따른 변화의 추가 정보가 포함돼 있기 때문이다. 최저임금 연구에서 연구자들은 뉴저지에서 최저임금이 인상되기 이전부터 동일한 패스트푸드 점포에서의 고용 및 임금 관련 정보들을 수집했다. 이 같은 전처리 정보가 있으면 관찰연구에서 인과효과를 추정하기 위한 연구 설계상의 몇 가지 선택지가 생긴다.

첫 번째 가능성은 전처리와 후처리 측정값을 비교하는 것인데, 이를 전후비교법[before and after design]이라고 한다. 뉴저지 최저임금 인상 후 뉴저지의 패스트푸드 식당을 펜실베이니아의 식당과 비교하는 대신, 이 디자인은 최저임금 인상 전과 후에 뉴저지의 동일한 패스트푸드 식당을 비교한다. 이 설계의 추정값은 다음과 같이 계산한다.

```
## NJ에서 법 시행 전의 정규직 직원의 비율
minwageNJ$fullPropBefore <- minwageNJ$fullBefore /
    (minwageNJ$fullBefore + minwageNJ$partBefore)
## 최저임금 인상 이전과 이후의 평균 차이
NJdiff <- mean(minwageNJ$fullPropAfter) - mean(minwageNJ$fullPropBefore)
NJdiff

## [1] 0.02387474
```

전후비교법은 이전에 얻은 것과 유사한 추정값을 제공한다. 이 설계의 장점은 비교가 뉴저지 내에서 이뤄지기 때문에 각 주의 특정한 교란요인이 일정하게 유지된다는 점이다. 그러나 전후비교법의 단점은 시간의존형 교란요인들이 결과 추론을 편향시킬 수 있다는 점이다. 예를 들어, 지역경제에 우상향 시간추세[time trend]가 있고 임금 및 고용이 개선된다고 가정하자. 만약 이 추세가 최저임금 인상으로 인한 것이 아니라면 두 기간 사이의 결과 차이의 원인이 최저임금 인상에 있다는 잘못된 결론을 낼 가능성이 있다. 전후비교법을 이용할 때는 그러한 시간추세가 없는 것이 결정적으로 중요하다.

> **전후비교법**은 동일한 단위에 대해 전처리 기간에서 후처리 기간으로 결과변수가 어떻게 변했는지 조사한다. 이 설계는 각 단위에 따라 다르지만 시간이 지나도 변하지 않는 교란요인을 조정할 수 있다. 그러나 이 설계는 시간의존형 교란요인들로 인한 편향 가능성을 대처하지 못한다.

이중차분법[DiD, Difference-In-Difference]은 시간추세로 발생하는 중첩편향 문제를 해결하고자 전후

비교법을 확장한 것이다. DiD 설계의 주요 가정은 처치가 행해지지 않았을 때 결과변수는 평행 추세$^{parallel\ trend}$를 따른다는 것이다. 그림 2.2는 최저임금 연구 데이터를 사용해 이러한 가정을 시각화한다. 그림은 관심 결과인 최저임금 인상 전과 후의 처치그룹(뉴저지의 패스트푸드 식당, 검은색 원)과 통제그룹(펜실베이니아의 패스트푸드 식당, 흰색 원)의 평균 정규직 직원의 비율을 보여 준다. 이 설정에서 처치그룹의 시간추세가 통제그룹의 관찰된 추세와 평행하다고 가정해 처치그룹에 대한 반사실 결과를 추정할 수 있다. 이 추정값은 파란색 삼각형으로 표시된다.

여기에서 관심 있는 반사실 결과는 뉴저지가 최저임금을 인상하지 않았을 때 관찰 가능할 수도 있었던 평균 정규직 직원 비율이다. 뉴저지에서 최저임금 인상이 없었다면 뉴저지가 펜실베이니아와 동일한 경제적 추세를 경험했을 것이라고 가정하면서 이러한 반사실 결과를 추정한다. 그림에서 파란색 파선$^{dashed\ line}$은 이 반사실 결과의 추정값을 얻고자 그려지며 통제그룹(검은색 실선으로 표시)의 관찰된 시간추세와 평행을 이룬다.

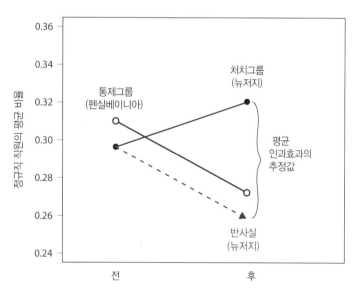

그림 2.2 최저임금 연구에서 이중차분법. 관측된 결과, 즉 정규직 직원의 평균 비율은 처치그룹(뉴저지의 패스트푸드 식당: 검은색 원)과 통제그룹(펜실베이니아의 식당: 흰색 원) 모두의 최저임금 인상 전후로 표시된다. 이중차분법 설계하에서, 처치그룹의 반사실적 결과(파란 삼각형)는 처치그룹의 시간추세가 관찰된 통제그룹의 추세와 평행하다고 전제하고 추정한다(parallel trend assumption). 뉴저지 패스트푸드 식당의 추정 평균 인과효과는 중괄호(})로 표시된다.

DiD 설계에서 뉴저지 식당의 표본평균 인과효과 추정값은 최저임금 인상 후의 관측 결과와 평행 시간추세 가정에서 도출된 반사실 결과의 차이다. DiD 설계하에서 관심이 있는 양quantity of interest은 처치그룹의 **표본평균 처치효과**SATT, Sample Average Treatment effect for the Treated라고 한다. SATT는 현재 예에서 뉴저지 식당으로 구성된 처치그룹에만 적용되므로 식 (2.1)에 정의된 SATE와 다르다.[4] 그림에서 이 추정값은 중괄호(})로 표시된다. 이 추정값을 계산하기 위해서는 먼저 뉴저지에서 최저임금 인상 전과 후의 필라델피아 식당들의 결과 차이를 계산한다. 그런 다음 그 차를 전후비교법에서 얻은 추정값(뉴저지의 최저임금 인상 전후의 차와 같음)에서 뺀다. 따라서 평균 인과효과 추정값은 처치그룹과 대조그룹 간의 전후 차이의 차이인 것이다.

이러한 방식으로 DiD 설계는 처치그룹과 대조그룹 모두에 대해 얻은 전처리 및 후처리 측정값을 사용한다. 대조적으로 종단 비교는 두 그룹에서 후처리 측정값만을 필요로 하며, 전후비교법은 처치그룹만의 전처리 및 후처리 측정값을 이용한다.

> **이중차분법**DiD은 처치그룹의 표본평균 처치효과SATT이며 아래의 추정값을 사용한다.
>
> $$\text{DiD 추정값} = \underbrace{\left(\overline{Y}^{\,\text{사후}}_{\text{처치}} - \overline{Y}^{\,\text{사전}}_{\text{처치}} \right)}_{\text{처치그룹의 차분}} - \underbrace{\left(\overline{Y}^{\,\text{사후}}_{\text{통제}} - \overline{Y}^{\,\text{사전}}_{\text{통제}} \right)}_{\text{통제그룹의 차분}}$$
>
> 여기서의 가정은 처치그룹의 반사실 결과가 통제그룹의 시간추세와 평행한 시간추세를 갖는다는 것이다.

최저임금 연구의 경우 다음과 같이 DiD 추정값을 계산할 수 있다.

```
## PA의 사전 정규직 직원의 비율
minwagePA$fullPropBefore <- minwagePA$fullBefore /
```

---

4 처치그룹의 표본평균 처치효과(SATT)는 처치 단위 중 개별 단위 수준의 인과효과의 표본평균이고, SATT $= \frac{1}{n_1} \sum_{i=1}^{n} T_i \{Y_i(1) - Y_i(0)\}$, 여기서 T_i는 이항의 처치 지표변수이고, $n_1 = \sum_{i=1}^{n} T_i$는 처치그룹의 크기다.

```
      (minwagePA$fullBefore + minwagePA$partBefore)
## PA의 전후 평균의 차이
PAdiff <- mean(minwagePA$fullPropAfter) - mean(minwagePA$fullPropBefore)
## 이중차분법(DiD)
NJdiff - PAdiff

## [1] 0.06155831
```

이 결과는 최저임금 인상이 고용에 부정적인 영향을 미친다는 일부 경제학자들의 예측과 일치하지 않는다. 반대로 DiD 분석에 따르면 최저임금 인상으로 인해 뉴저지 패스트푸드 식당의 정규직 직원 비율이 약간 상승한 것으로 나타났다. DiD 추정값은 펜실베이니아의 네거티브 추세를 반영한 전후비교법의 추정값보다 크다.

DiD 설계가 잘 되지 않는 경우는 언제인가? 처치그룹에 대한 반사실 결과의 시간추세가 통제그룹의 관찰된 시간추세와 평행하지 않는 경우 DiD 설계는 잘못된 인과효과 추정값을 산출한다. 처치그룹의 반사실 시간추세는 관찰되지 않았기 때문에 이 가정을 실제로 확인할 수는 없다. 그러나 어떤 경우에는 이 가정의 신뢰성을 높일 수 있다. 예를 들어, 연구자들이 초기에 식당에서 고용 정보를 수집했다면 최저임금이 인상되지 않았을 때 뉴저지 식당의 정규직 직원 비율이 펜실베이니아 식당의 직원과 평행하게 바뀌었는지를 조사할 수도 있었다.

2.6 단일 변수의 기술통계량

지금까지는 결과의 평균을 관심 통계량으로 조사해 왔지만, 다른 결과의 통계량을 살펴볼 수도 있다. 2장의 마지막 주제로, **기술통계**$^{descriptive\ statistic}$를 사용해 단일 변수의 분포를 수치적으로 요약하는 방법을 논의해 보자. 지금까지 범위(최소값과 최대값), 중간값, 평균 등 몇 가지 기술통계의 예를 이미 살펴봤다. 2.6절에서는 단일 변수의 분포를 설명하고자 일반적으로 사용되는 일변량 통계를 설명한다.

2.6.1 분위수

먼저 **분위수**^{quantiles}를 소개해 보자. 분위수는 변수의 크기에 따라서 관측값을 그룹으로 나누는 것이다. 분위수의 한 예는 데이터를 2개의 그룹으로 나누는 **중간값**^{median}이다. 중간값은 데이터를 큰 것과 작은 것 두 가지 그룹으로 나눈다. 즉 총 관측값 수가 홀수인 경우 변수의 중간값은 중간값과 같지만, 총 관측값 수가 짝수인 경우 중간값은 2개의 중간값의 평균이다. 왜냐하면 이 경우 단일 중간값이 없기 때문이다. 예를 들어, {1, 3, 4, 10}의 중간값은 3.5이며 중간값 3과 4의 평균이다. 왜냐하면 이 예에서는 짝수의 관측수가 있기 때문이다. 한편 이 벡터의 평균은 4.5다.

평균과 중간값 모두 분포의 중심을 측정하지만, 평균은 아웃라이어(outliers 특이 관측치)에 더 민감하다. 예를 들어, 극단적인 값의 관측값은 평균을 크게 변하게 할 수 있지만, 중간값에는 큰 영향을 미치지 않는다. {1, 3, 4, 10, 82}의 중간값은 4이지만, 평균은 이제 20으로 증가한다. 최저임금 데이터에서 임금의 평균값과 임금의 중간값은 비슷하다. 예를 들어, 최저임금 인상 전 임금의 중간값은 $4.50으로 평균 $4.62에 가깝다.

변수 x의 **중간값**^{median}은 다음과 같이 정의된다.

$$\text{중간값} = \begin{cases} x_{((n+1)/2)} & \text{만약 } n \text{이 홀수이면,} \\ \frac{1}{2}\left(x_{(n/2)} + x_{(n/2+1)}\right) & \text{만약 } n \text{이 짝수이면,} \end{cases} \tag{2.2}$$

여기서 $x(i)$는 변수 x의 i번째 작은 관측값을 나타내고, n은 표본의 크기다. 중간값은 평균^{mean}에 비해 아웃라이어(특이 관측값)에 덜 민감하며, 분포의 중심을 더 강건하게^{robust} 측정할 수 있다.

이전 조사 결과의 강건함^{robustness}을 조사하고자 최저임금 인상이 정규직 직원의 비율에 어떤 영향을 미치는지를 평균보다는 중간값을 사용해서 살펴본다. median() 함수를 사용해 변수의 중간값을 계산할 수 있다.

```
## NJ와 PA의 횡단면 비교
median(minwageNJ$fullPropAfter) - median(minwagePA$fullPropAfter)

## [1] 0.07291667

## 전후 비교
```

```
NJdiff.med <- median(minwageNJ$fullPropAfter) -
    median(minwageNJ$fullPropBefore)
NJdiff.med
```

```
## [1] 0.025
```

```
## 이중차분의 중간값
PAdiff.med <- median(minwagePA$fullPropAfter) -
    median(minwagePA$fullPropBefore)
NJdiff.med - PAdiff.med
```

```
## [1] 0.03701923
```

이중차분법의 추정값이 이전보다 작지만, 기본적으로 이전의 분석과 거의 일치한다. 여기에서도 최저임금 인상과 정규직 직원의 고용이 감소한다는 가설의 근거는 거의 없다. 오히려 정규직 직원의 고용이 약간 증가했을 가능성이 있다.

분포에 대한 더 완벽한 설명을 얻기 위해서 데이터를 4개의 그룹으로 나누는 사분위수 quartiles를 사용할 수 있다. 25%의 관측값이 그 값 안에 들어오는 것이 제1사분위수(first quartile, lower quartile, 25번째 백분위수)이고, 제3사분위수(third quartile, upper quartile, 75번째 백분위수)는 75%의 관측값이 그 값 안에 들어온다. 제2사분위수는 중간값과 같다. 사분위수는 최소값, 평균값, 최대값과 함께 summary() 함수 출력의 일부다. 또한 상위 사분위수와 하위 사분위수의 차이(즉 75번째 백분위수와 25번째 백분위수)를 **사분위범위**IQR, Interquartile Range라고 부른다. 즉 IQR은 데이터의 50%를 포함하는 범위를 나타내며 분포의 퍼짐을 측정할 수 있다. 사분위범위 통계값은 IQR() 함수로 계산할 수 있다.

```
## summary에서는 최소값, 최대값, 평균값, 사분위수가 표시된다.
summary(minwageNJ$wageBefore)
```

```
##    Min. 1st Qu.  Median    Mean 3rd Qu.    Max.
##    4.25    4.25    4.50    4.61    4.87    5.75
```

```
summary(minwageNJ$wageAfter)
```

```
##    Min. 1st Qu.  Median    Mean 3rd Qu.    Max.
##   5.000   5.050   5.050   5.081   5.050   5.750
```

```
## 사분위범위
IQR(minwageNJ$wageBefore)
```

```
## [1] 0.62
```

```
IQR(minwageNJ$wageAfter)
## [1] 0
```

이 분석에 따르면 최저임금 인상 전의 임금 분포는 $4.25에서 $5.75로, 뉴저지 패스트푸드 식당의 75%가 시간당 $4.87 이하의 임금을 받는다. 그러나 최저임금이 $5.05로 인상된 후 많은 식당은 임금을 새로운 최저임금 수준으로 올렸지만 최저임금 이상으로 올리지는 않았다. 결과적으로 하위 사분위수와 상위 사분위수는 $5.05로 사분위범위[IQR]는 $0.62에서 $0로 감소했다.

마지막으로 사분위수[quartiles]는 분위수[quantiles]라고 하는 일반통계의 한 종류다. 분위수는 관측치를 특정 수의 동일한 크기의 그룹으로 나눈 것을 말한다. 분위수의 다른 예에는 삼분위수(tercile, 데이터를 3등분한 값), 오분위수(quintile, 5등분), 십분위수(decile, 10등분), 백분위수(percentile, 100등분)가 포함된다. quantile() 함수의 인수 probs을 지정하면 모든 분위수를 생성할 수 있다. 이 인수는 데이터를 어느 정도 분할할지 나타내며, 확률의 수열을 취한다. 예를 들어, 임금변수의 십분위수[decile]는 0, 0.1, ..., 0.9, 1이라는 수열을 작성하는 것으로 seq() 함수를 사용해 구할 수 있다.

```
## 십분위수(10개 그룹)
quantile(minwageNJ$wageBefore, probs = seq(from = 0, to = 1, by = 0.1))

##    0%  10%  20%  30%  40%  50%  60%  70%  80%  90% 100%
## 4.25 4.25 4.25 4.25 4.50 4.50 4.65 4.75 5.00 5.00 5.75

quantile(minwageNJ$wageAfter, probs = seq(from = 0, to = 1, by = 0.1))

##    0%  10%  20%  30%  40%  50%  60%  70%  80%  90% 100%
## 5.00 5.05 5.05 5.05 5.05 5.05 5.05 5.05 5.05 5.15 5.75
```

뉴저지 패스트푸드 식당 90% 이상이 법이 제정된 후 임금을 $5.05 이상으로 설정했다. 반면에 최저임금 인상 이전에는 임금이 $5.05 이상인 식당이 거의 없었다. 따라서 법률은 임금을 새로운 최저임금으로 인상하는 데 극적인 영향을 미쳤지만, 최저임금보다 높지는 않았다. 실제로 최저임금이 인상된 후에도 최고임금은 변하지 않고 $5.75 그대로였다.

> **분위수**는 관측값을 특정 수의 동일한 크기의 그룹으로 나눈 값을 말한다. 분위수에
> 는 사분위수(관측값을 4등분한 값)와 백분위수(100등분) 등이 있다.
>
> - 25번째 백분위수^{percentile} = 하위 사분위수
> - 50번째 백분위수^{percentile} = 중간값
> - 75번째 백분위수^{percentile} = 상위 사분위수
>
> 상위 사분위수와 하위 사분위수의 차이를 **사분위범위**라 부르며 분포의 퍼짐을 측정
> 한다.

2.6.2 표준편차

분포의 퍼짐을 설명하고자 범위와 분위수(IQR 포함)를 사용했다. 일반적으로 사용되는 다른 측정값은 **표준편차**$^{standard\ deviation}$다. 표준편차를 설명하기 전에 먼저 **평균제곱근**$^{RMS,\ Root\ Mean\ Square}$이라는 통계를 설명한다. RMS는 변수의 크기를 설명하며 다음과 같이 정의된다.

$$\text{RMS} = \sqrt{\text{투입값 제곱의 평균}}$$

$$= \sqrt{\frac{\text{투입값1}^2 + \text{투입값2}^2 + \cdots}{\text{투입값의 수}}}$$

$$= \sqrt{\frac{1}{n}\sum_{i=1}^{n}x_i^2} \tag{2.3}$$

식 (2.3)은 공식적인 수학적 정의를 제공한다. 이름 그대로의 수식으로 각 항목(투입값)을 제곱하고 평균을 계산한 다음 제곱근을 취한다. 평균이 분포의 중심을 설명하는 한편 RMS는 각 데이터 항목의 절대값 평균 크기를 나타내며 항목의 부호를 무시한다(예: -2의 절대값 크기 또는 절대값은 2이고 |-2|로 표시됨). 예를 들어, {-2, -1, 0, 1, 2}의 평균은 0이지만 RMS는 $\sqrt{2}$다. 최저임금 데이터에서 최저임금 인상 전후의 정규직 직원 비율 변화의 RMS를 계산할 수 있는데 이는 평균과는 상당히 다르다.

```
sqrt(mean((minwageNJ$fullPropAfter - minwageNJ$fullPropBefore)^2))
## [1] 0.3014669
mean(minwageNJ$fullPropAfter - minwageNJ$fullPropBefore)
## [1] 0.02387474
```

따라서 최저임금이 인상된 후 정규직 직원 비율 변화의 절대값은 평균적으로 약 0.3이다. 평균의 차이는 0에 가깝지만 0.3이라는 수치는 비교적 큰 변화를 나타낸다.

RMS를 사용해 각 데이터 항목의 평균값에서 편차의 평균을 표본 표준편차로 정의한다. 따라서 표준편차는 데이터 포인트가 평균에서 어느 정도 평균적으로 떨어져 있는지를 계량화한 것으로 분포의 퍼짐을 측정한다. 구체적으로 표준편차는 평균과의 편차에 대한 RMS로 정의된다.

$$\text{표준편차} = \text{평균에서 편차의 RMS}$$

$$= \sqrt{\frac{(\text{투입값1} - \text{평균})^2 + (\text{투입값2} - \text{평균})^2 + \cdots}{\text{투입값의 수}}}$$

$$= \sqrt{\frac{1}{n}\sum_{i=1}^{n}(x_i - \bar{x})^2} \tag{2.4}$$

식 (2.4)의 분모에서 n 대신에 $n - 1$을 사용하는 경우가 있다. 그 이유는 7장에서 설명하겠지만 충분한 크기의 데이터가 있다면 아주 약간의 차이만 발생하기 때문이다. 평균에서 2 또는 3 표준편차 이상 떨어진 데이터 포인트는 거의 없다. 그러므로 표준편차를 알면 연구자들이 대략적인 데이터 범위를 이해하는 데 도움이 된다. 마지막으로 표준편차의 제곱을 분산^{variance}이라고 하며 평균과의 편차 제곱의 평균을 나타낸다. 이후의 장에서 분산을 더 자세히 살펴볼 것이다. 분산은 표준편차보다 해석하기 어렵지만 6장에서 볼 수 있듯이 유용한 분석적 특징이 있다.

> **표본 표준편차**는 평균값에서부터 편차의 평균을 측정하며 다음과 같이 정의된다.
>
> $$\text{표본 표준편차} = \sqrt{\frac{1}{n} \sum_{i=1}^{n} (x_i - \bar{x})^2} \quad \text{또는} \quad \sqrt{\frac{1}{n-1} \sum_{i=1}^{n} (x_i - \bar{x})^2}$$
>
> $\bar{x}$는 표본평균을 말한다. $\bar{x} = \frac{1}{n} \sum_{i=1}^{n} x_i$ 그리고 n은 표본의 크기다. 평균에서 2 또는 3 표준편차 이상 떨어진 데이터 포인트는 거의 없다. 표준편차의 제곱을 분산이라고 한다.

R에서는 sd() 함수를 사용해 표준편차를 쉽게 계산할 수 있다(이 함수는 분모에 $n - 1$을 사용한다). var() 함수는 표본분산을 반환한다. 최저임금 데이터의 예가 아래에 있다.

```
## 표준편차
sd(minwageNJ$fullPropBefore)

## [1] 0.2304592

sd(minwageNJ$fullPropAfter)

## [1] 0.2510016

## 분산
var(minwageNJ$fullPropBefore)

## [1] 0.05311145

var(minwageNJ$fullPropAfter)

## [1] 0.0630018
```

결과는 평균적으로 뉴저지 패스트푸드 식당의 정규직 직원 비율이 평균에서 약 0.2 떨어져 있음을 나타낸다. 이 변수의 경우 최저임금이 인상된 후에 표준편차가 크게 변하지 않았음을 알 수 있다.

2.7 요약

2장에서는 노동시장에서 인종차별에 관한 실험연구의 분석으로 시작했다. 인과 추론의 근본적인 문제는 연구자가 두 가지 잠재적 결과 중 하나만 현실에서 관찰할 수 있다는 것이지만, 인과효과 추론에는 반사실과 실제 결과와의 비교가 필요하다. 또한 관측된 데이터에서 반사실 결과를 추론하고자 다양한 연구 설계 전략을 소개했다. 각 연구 설계의 기본이 되는 가정들과 장단점을 이해하는 것이 중요하다.

무작위 대조시험^{RCT}에서는 처치그룹과 통제그룹을 간단히 비교하는 것으로 처치의 인과효과를 추정할 수 있다. 처치할당을 무작위화하면 처치그룹과 통제그룹이 평균적으로 처치 여부를 제외한 모든 관측 및 관측되지 않은 특성이 서로 동일하다는 것을 보장할 수 있다. 결과적으로 처치그룹과 통제그룹 간의 평균의 차이는 처치에서 기인한다는 것을 알 수 있다. RCT는 내적 타당성이 있는 인과효과의 추정값을 산출하는 경향이 있지만, 종종 외적 타당성이 부족해 현실세계의 모집단을 대상으로 실증적 결론을 일반화하는 것은 어렵다.

관찰연구에서는 연구자가 직접적으로 개입하지 않는다. 관찰대상이 처치그룹에 들어갈지의 여부를 능동적으로 선택하는 경우가 있어서 처치그룹과 통제그룹의 차이가 처치 수령 이외의 다른 요인에 의해 기인할 수 있다. 따라서 관측연구는 종종 외적 타당성이 우수하지만, 보통 이 장점은 내적 타당성과의 타협으로 얻을 수 있다. 처치할당이 무작위화되지 않은 경우, 중첩편향의 가능성에 대해 통계적 제어를 사용해서 처리해야 한다. 처치변수와 결과변수에 동시에 관련 있는 교란요인이 존재하는 경우, 두 그룹을 단순 비교하면 잘못된 추정으로 이어질 소지가 있다. 이러한 편향을 줄이려는 연구 설계 전략으로 세(하위)분류화, 전후비교법, 이중차분법 등을 소개했다.

마지막으로 R을 사용해 다양한 방식으로 데이터를 부분 선택하는 방법을 배웠다. 부분 선택은 논리값, 관계연산자, 조건문 등을 사용해 수행할 수 있다. 또한 데이터셋의 각 변수를 요약하는 데 유용한 여러 가지 기술통계를 소개했다. 여기에는 평균, 중간값, 분위수, 표준편차가 포함된다. R은 연구자들로 하여금 데이터셋에서 소개한 함수와 더불어 다양한 기술통계량을 계산할 수 있는 함수를 제공한다.

2.8 연습문제

2.8.1 초기 교육에서 소규모 학급의 효용

학생-교사 성취도 비율[STAR, Student-Teacher Achievement Ratio] 프로젝트는 초기 교육에서 학급 규모가 학업 성적 및 인격 발달에 미치는 영향을 조사하고자 4년간에 걸쳐 조사된 종단연구다.[5] 종단연구는 장기간에 걸쳐 같은 피험자를 추적하는 것이다. 이 연구는 1985년부터 1989년까지 지속됐으며, 11,601명의 학생들이 참여했다. 이 4년간 학생들은 소규모 학급, 일반 규모 학급 또는 보조교원이 붙은 일반 규모 학급으로 무작위 할당됐다. 이 실험을 위해서 총 1,200만 달러가 투입됐다. 이 프로그램은 최초의 유치원 아동이 초등학교 3학년이 끝난 1989년에 종료됐지만, 참가자가 고등학교를 졸업하기까지 다양한 측정값 (예: 중학교 2학년(미국 학제로는 8학년생) 학업성적, 고교 전과목 학업성적 평균점[GPA] 등)이 계속 수집됐다.

이 데이터의 아주 일부만 분석해 소규모 학급이 학업 성적을 향상시켰는지의 여부를 조사해 보자. 데이터 파일 이름은 STAR.csv이며 CSV 형식이다. 이 데이터셋의 변수 이름 및 설명은 표 2.6에 있다. 예를 들어, 일부 학생들은 STAR 프로젝트가 실시되는 학교에서 3학년이 되기 이전에 전학을 가거나, 1학년까지 STAR 학교에 입학하지 않고 나중에 전학을 온다거나 하는 등 이 데이터셋은 많은 결측값이 있다는 것에 주의하자.

표 2.6 STAR 프로젝트 데이터

변수	설명
race	학생의 인종(백인=1, 흑인=2, 아시아계=3, 히스패닉=4, 아메리카 원주민=5, 기타=6)
classtype	유치원 학급 종류(소규모=1, 일반=2, 보조받는 일반=3)
g4math	4학년 때의 수학 성적
g4reading	4학년 때의 읽기 성적
yearssmall	소규모 학급 연수
hsgrad	고교 졸업(졸업=1, 중퇴=0)

---

5 이 연습문제의 일부는 다음의 논문에 바탕을 둔다. Frederick Mosteller (1995) "The Tennessee study of class size in the early school grades." *The Future of Children*, vol. 5, no. 2, pp. 113–127.

1. 데이터프레임에 kinder라는 새 요인변수를 생성하자. 이 변수는 정수값을 해당 정보 라벨(예: 1을 작은 것으로 변경)로 변경해 classtype을 다시 코딩해야 한다. 마찬가지로 아시아 및 아메리카 원주민 범주를 기타 범주와 결합해 인종 변수를 네 가지 수준(백인, 흑인, 히스패닉, 기타)의 요인변수로 다시 코딩한다. 인종 변수는 새 변수를 작성하지 않고, 데이터프레임에서 원래 변수를 덮어쓴다. 결측값을 제거하고자 na.rm = TRUE를 함수에 추가할 수 있다(1.3.5절 참고).

2. 유치원에서 소규모 학급에 배정된 학생들의 4학년 읽기 및 수학 시험 성적은 일반 학급에 배정된 학생들과 어떻게 비교되는가? 소규모 학급의 학생들이 더 잘 수행하는지? 결측값을 제거하면서 평균값을 이용해서 비교를 수행하라. 결과의 실질적인 해석을 간단하게 제공하라. 추정 효과의 크기를 이해하고자 시험점수의 표준편차와 비교하라.

3. 소규모 학급에 배정된 학생들과 일반 학급에 배정된 학생들 사이의 평균 읽기 및 수학 시험 점수를 비교하는 대신, 두 그룹이 가질 수 있는 점수의 범위를 설명해 보라. 66번째 백분위수로 정의된 가장 높은 점수와 소규모 학급의 가장 낮은 점수(33번째 백분위수)를 일반 학급의 해당 점수와 비교하라. 이것은 분위수 처치효과[quantile treatment effects]의 예다. 이 분석은 이전 질문의 평균을 기반으로 한 분석에 무엇을 추가한 것인가?

4. 일부 학생들은 STAR 프로그램이 운영되는 전체 4년 동안 소규모 학급에 있었다. 다른 학생들은 1년 동안 소규모 학급에 배정됐고, 나머지는 일반 학급 또는 보조받는 일반 학급에 있었다. 데이터셋에 각 유형의 학생이 몇 명인가? kinder 및 yearssmall 두 변수를 사용해 분할표[contingency table]를 작성해 보라. 수년간 소규모 학급에 참여 여부가 시험 점수에 큰 차이가 나게끔 했는지? 소규모 학급에서 여러 해를 보낸 학생들의 읽기 및 수학 시험점수의 평균과 중간값을 비교하라.

5. STAR 프로그램이 다른 인종그룹 간의 성취격차를 줄였는지 확인하라. 일반 학급(보조 없음)의 수업에 배정된 학생들의 백인 및 소수 학생(흑인 및 히스패닉) 간의 평균 읽기 및 수학 시험 점수를 비교하는 것으로 시작하라. 동일한 비교를 소규모 학급에 배정된 학생을 이용해서 수행하라. 분석 결과에 대한 간단하고 실질적인 해석을 제공하라.

6. 유치원 학급 규모의 장기적인 영향을 고려하라. 다른 학급 유형에 배정된 학생들의 고등학교 졸업률을 비교해 보자. 또한 소규모 학급에서 보낸 시간에 따라 졸업률이 다른지 조사하라. 마지막으로 이전 질문처럼 STAR 프로그램이 백인과 소수인종 학생들의 졸업률 사이의 인종 간 격차를 줄였는지 조사하라. 결과를 간단히 토론하라.

2.8.2 게이 결혼에 대한 인식 변화

이 연습문제에서는 동성 결혼의 지지를 위해 가구들을 조사한 두 실험 데이터를 분석한다.[6] 원래의 연구는 데이터 조작 혐의로 나중에 학술지에서 철회됐음을 유의하라. 후속 연습문제에서 이 부분을 다시 살펴볼 것이다(3.9.1절 참고). 그러나 이 연습문제에서는 조작 혐의를 일단 무시하고 원래 데이터를 분석하고자 한다.

호별 방문자들은 평균 20분 정도 대화를 하기 위한 대본을 받았다. 이 연구의 특징은 게이(gay, 동성애자) 및 스트레이트(straight, 이성애자) 방문원들이 무작위로 각 가정에 배정됐고, 방문원들은 대화 과정에서 스트레이트 또는 게이인지 여부를 밝혔다는 것이다. 이 실험은 '접촉가설contact hypothesis'을 검증하는 것이 목표다. 접촉가설이란 외부집단(이 경우 게이)에 대한 적개심은 그 집단과 서로 상호작용할 때 줄어든다는 가설이다. 데이터는 CSV 형식의 gay.csv다. 표 2.7은 이 데이터셋에 있는 변수의 이름과 설명을 나타낸다. 이 데이터셋의 각각의 관측값은 동성간 결혼에 관한 5점 척도의 조사항목에 응답하는 것이다. 그리고 이 데이터셋에는 두 가지의 다른 연구 데이터가 포함돼 있고, 일곱 가지 다른 기간(즉 7차) 동안의 행해졌다. 어떤 연구에서도 첫 번째 조사에서는 방문원들의 호별 방문(treatment, 처치) 이전에 일어난 인터뷰로 구성돼 있다.

표 2.7 게이 결혼 데이터

변수	설명
study	데이터의 정보(1=스터디1, 2=스터디2)
treatment	가능한 처치 할당 옵션(5개)
wave	설문지 차수(총 7차)
ssm	동성결혼(5점 척도, 높을수록 지지를 의미)

---

6 이 연습문제는 다음의 논문에 바탕을 둔다. Michael J. LaCour and Donald P. Green (2015) "When contact changes minds: An experiment on transmission of support of gay equality." *Science*, vol. 346, no. 6215, pp. 1366–1369.

1. 처치를 행하기 이전에 실시된 기준^{baseline} 인터뷰를 사용해 무작위화가 적절하게 이뤄졌는지 검사하라. 연구 1에 포함돼 있는 세 가지 그룹(게이 방문원에 의한 동성 결혼 대본, 스트레이트 방문원에 의한 동성 결혼 대본, 호별 방문 없음)을 대상으로 분석한다. 결과를 간단하게 설명하라.

2. 2차 조사는 호별 방문 2개월 후에 행해졌다. 연구 1을 사용해 동성간 결혼 지지의 게이 및 스트레이트 호별 방문자의 평균 처치효과를 각각 추정하라. 결과를 간단하게 해석하라.

3. 이 연구에는 접촉을 포함하지만 동성 결혼 대본을 사용하지 않는 다른 처치가 포함돼 있다. 구체적으로, 재활용을 장려하는 대본을 사용했다. 이 처치의 목적은 무엇인가? 연구 1과 2를 사용해 '게이 방문원에 의한 동성 결혼 대본'과 '게이 방문원에 의한 재활용 대본'의 처치 결과를 비교하라. 같은 방법을 스트레이트 방문원을 사용해서도 행해서 '스트레이트 방문원에 의한 동성 결혼 대본'과 '스트레이트 방문원에 의한 재활용 대본'의 처치 결과를 비교하라. 이 비교 결과들이 알려 주는 것이 무엇인가? 결과에 대한 실질적인 해석을 해보라.

4. 연구 1에서 호별 방문 후 저자들은 처치 후 2개월 간격으로 6번에 걸쳐(2~7차) 재인터뷰가 이뤄졌다. 7차 조사의 마지막 인터뷰는 처치 후 1년 뒤에 행해졌다. 호별 방문의 효과가 지속되고 있나? 그렇다면 어떤 조건에서? 이 물음에 답하고자 여러 가지 조사 시점에서 (통제그룹을 비교 대상으로 해) 동성 결혼 대본을 이용한 게이와 스트레이트 방문원의 평균처치효과를 구해 보라.

5. 연구 1에서 구한 주요한 결과를 재현하고자 연구 2가 행해졌다. 이 연구에서는 게이 방문원만이 동성 결혼 대본으로 호별 방문을 진행했다. 연구 2에서 '게이 방문에 의한 동성 결혼 대본' 그룹과 '호별 방문 없음' 그룹을 사용해 무작위화가 적절하게 행해졌는지 조사해 보자. 이 분석에서 기준^{baseline}인 제1차의 지지 득점을 사용하라.

6. 연구 2의 경우 제2차 데이터를 사용해 게이 방문원에 의한 처치효과를 추정하라. 결과는 연구 1과 일치하는가?

7. 연구 2를 사용해 각 후속 조사에서 게이 방문원의 평균효과를 추정하고 시간에 따른 변화를 관찰하라. 연구 2에는 제5차와 제5차의 조사가 행해지지 않았지만 제7차는 연구 1과 동일하게 처치의 1년 후에 행해졌다는 점에 주의하라. 연구 1과 연구 2

에서 전체 결론을 도출하라.

2.8.3 자연 실험으로써 지도자 암살 성공

국제관계학 연구의 오랜 논쟁 중 하나는 개인 정치 지도자들이 변화를 가져올 수 있는지의 문제다. 어떤 이들은 다른 이념과 성격을 가진 지도자들이 한 국가의 방향성에 큰 영향을 줄 수 있다고 강조한다. 다른 이들은 정치 지도자들이 역사적, 제도적 힘으로 심각하게 제약을 받는다고 주장한다. 히틀러, 마오쩌둥, 루스벨트, 처칠과 같은 사람들이 큰 차이를 만들었는지? 이러한 주장을 실증적으로 검증하기 어려운 이유는 지도자의 교체가 무작위로 정해지는 것이 아니며, 조정해야 하는 많은 교란요인이 존재한다는 것에서 기인한다.

이 연습문제에서는 암살 시도의 성공 또는 실패가 본질적으로 임의적인 것으로 가정하는 자연 실험$^{natural\ experiment}$을 살펴본다.[7] CSV 형식의 데이터셋에 있는 leaders.csv의 각 관측에는 암살시도 정보가 포함돼 있다. 표 2.8은 이 지도자 암살 데이터셋의 변수 이름과

표 2.8 지도자 암살 데이터

변수	설명
country	국가
year	연도
leadername	대상 지도자 이름
age	대상 지도자 나이
politybefore	암살 시도 이전 3년간 평균 폴리티 지표
polityafter	암살 시도 이후 3년간 평균 폴리티 지표
civilwarbefore	암살 시도 이전 3년간 해당 국가 내전 여부(1=yes, 0=no)
civilwarafter	암살 시도 이후 3년간 해당 국가 내전 여부(1=yes, 0=no)
interwarbefore	암살 시도 이전 3년간 해당 국가 국가 간 전쟁 여부(1=yes, 0=no)
interwarafter	암살 시도 이후 3년간 해당 국가 국가 간 전쟁 여부(1=yes, 0=no)
result	암살 시도의 결과

---

7 이 연습문제는 다음의 논문에 바탕을 둔다. Benjamin F. Jones and Benjamin A. Olken (2009) "Hit or miss? The effect of assassinations on institutions and war." *American Economic Journal: Macroeconomics*, vol. 1, no. 2, pp. 55-87.

설명을 나타낸다. 폴리티^{polity}라는 변수는 폴리티 프로젝트^{Polity Project}가 공표하는 이른바 폴리티 지표^{polity score}를 나타낸다. 폴리티 프로젝트는 1800년부터 세계 각국의 정치체제 유형을 체계적으로 문서화하고 정량화한다. 폴리티 지표는 −10(세습군주국)에서 10(정착한 민주주의)에 이르는 21점 척도다. result 변수는 각 암살 시도의 결과를 나타내는 10카테고리의 요인변수다.

1. 이 데이터에는 몇 번의 암살 시도가 기록돼 있나? 지도자 암살 시도를 한 번 이상 경험한 국가는 몇 개국인가? (입력 벡터에서 고유한 값들을 반환하는 unique() 함수가 여기서 유용하다.) 이들 국가에서 연간 평균 암살 시도 횟수는 얼마인가?

2. 지도자가 사망한 경우에는 1을, 지도자가 살아남은 경우에는 0을 취하는 success라고 하는 이항변수를 만든다. 이 새 변수를 원래 데이터프레임의 일부로 저장하라. 지도자 암살의 전체 성공률은 얼마인가? 암살 성공 여부가 무작위로 정해지는 것에 대한 가정은 타당한가?

3. 성공한 암살 시도와 실패한 암살 시도에서, 암살 시도 이전 3년간 폴리티 지표의 평균 차이가 있는지 조사하라. 또한 성공한 암살 시도와 실패한 암살 시도 간에 대상 지도자들의 연령 차이가 있는지 확인하라. 위에서 언급한 가정의 타당성을 고려해 결과를 간단히 해석하라.

4. 이전 문제에서와 동일한 분석을 반복하지만, 이번에는 국가 내전과 국가 간 전쟁 경험을 사용한다. 데이터프레임에 warbefore라는 새 이항변수를 생성하라.

5. 지도자 암살 성공은 민주화의 원인이 되는가? 아니면 전쟁을 야기하는가? 자신의 가정을 명확히 한 후 데이터를 분석하고, 결과를 간략하게 해석하라.

03
___

측정

셀 수 있는 모든 것이 중요하지는 않으며, 중요한 모든 것을 셀 수 있는 것도 아니다.

—윌리엄 브루스 카메론[William Bruce Cameron], 『Informal Sociology[비공식 사회학]』

측정은 사회과학에서 중추적인 역할을 한다. 3장에서는 먼저 데이터 수집에서 가장 보편적인 접근법인 조사방법론을 살펴본다. 예를 들면, 2장에서 살펴본 최저임금 연구는 각 패스트푸드 식당의 고용과 관련한 정보를 측정하는 조사를 활용한다. 설문조사는 무작위로 선택된 상대적으로 적은 수의 샘플 개체에서 큰 표적 모집단을 추론하는 데 효과적인 도구이다. 이와 더불어 사회과학 연구에 필수적인 사상과 같은 잠재적인 개념을 어떻게 사용하는지도 논의하기로 한다. 개념은 기본적으로 관찰이 불가능하며 반드시 이론적 모델을 통해 측정돼야 한다. 그렇기 때문에 측정 이슈는 인간행동 연구의 이론적 분석과 실증분석의 교차점에 놓여 있다. 마지막으로 흥미로운 패턴을 찾아냄으로써 연구자들로 하여금 탐색적 데이터 분석이 가능하게끔 하는 기초적인 클러스터링(군집화) 방법을 소개하겠다. 데이터를 그래프나 차트로 그리는 다양한 방법과 R에서 이와 연관된 기술통계를 산출하는 법을 알아본다.

3.1 전쟁기간 중 민간인 희생자 측정

9.11 공격 이후 미국과 그 동맹국들은 탈레반 정부의 보호 아래 작전을 수행하던 알카에다를 소탕한다는 목표로 아프가니스탄을 침공했다. 2003년 북대서양조약기구[NATO] 국제안

보지원군^{ISAF}이라는 이름으로 창설된 국제연합군을 충돌 지역에 파병하면서 분쟁에 개입했다. 이 탈레반 반란군과 전쟁을 수행하고자 ISAF는 민간인을 성공적으로 지원하기 위한 경제적 지원, 서비스 조달, 보호를 통해 '감성과 이성'이라는 캠페인을 펼쳤다. 이 캠페인의 성공 여부를 평가하기 위해서는 전쟁 기간 동안 민간인의 경험과 감성을 측정하고 이해하는 것이 중요하다. 그러나 설문 조사자와 응답자에게 잠재적 위협을 가하는 혹독한 치안 조건 때문에 전쟁 기간의 민간인 경험과 여론을 측정하는 것은 어려운 과제다. 이는 응답자가 사회적으로 부적절한 응답을 제공하지 않고자 설문조사 질문에 부정확하게 답변할 수 있음을 의미한다.

한 사회과학 연구자 그룹이 반란의 중심지인 남부 아프가니스탄에서 여론 설문조사^{survey}를 실시했다.[1] 설문조사는 2011년 1월과 2월 사이에 2,754명의 응답자를 대상으로 실시됐다. 연구자들은 설문조사 참여율이 89%라고 했다. 즉 원래는 남성 3,097명에게 접촉을 했고, 그중 343명이 설문조사를 거부했다. 현지 문화에서는 설문조사자가 여성 시민과 대화하는 것을 금지했기 때문에 응답자는 모두 남성이었다.

표 3.1 아프가니스탄 설문조사 데이터

변수	설명
province	응답자 거주 지역
district	응답자 거주 구역
village.id	응답자 거주 마을의 ID
age	응답자 연령
educ.years	응답자 교육 연수
employed	응답자 고용 여부
income	응답자 월 소득(5분위)
violent.exp.ISAF	응답자의 ISAF에 의한 유혈사태 경험 여부
violent.exp.taliban	응답자의 탈레반에 의한 유혈사태 경험 여부
list.group	실험 리스트에 무작위 할당된 그룹(control, ISAF, taliban)
list.response	실험 질문 리스트 응답(0-4)

---

1 3.1절은 다음의 두 논문에 바탕을 둔다. Jason Lyall, Graeme Blair, and Kosuke Imai (2013) "Explaining support for combatants during wartime: A survey experiment in Afghanistan." *American Political Science Review*, vol. 107, no. 4 (November), pp. 679-705와 Graeme Blair, Kosuke Imai, and Jason Lyall (2014) "Comparing and combining list and endorsement experiments: Evidence from Afghanistan." *American Journal of Political Science*, vol. 58, no. 4 (October), pp. 1043-1063.

먼저 연령, 교육 연수^years, 고용, 아프가니(현지 통화)의 월 소득 측면에서 응답자의 특성을 요약한다. CSV 파일 afghan.csv에는 설문조사 데이터가 포함돼 있으며, read.csv() 함수를 사용해서 로드할 수 있다. 변수의 이름과 설명은 표 3.1에 나와 있다. summary() 함수를 사용해 여러 변수들의 수치 요약을 제공한다.

```
## 데이터 불러들이기
afghan <- read.csv("afghan.csv")
## 관심변수의 요약
summary(afghan$age)

##    Min. 1st Qu.  Median    Mean 3rd Qu.    Max.
##   15.00   22.00   30.00   32.39   40.00   80.00

summary(afghan$educ.years)

##    Min. 1st Qu.  Median    Mean 3rd Qu.    Max.
##   0.000   0.000   1.000   4.002   8.000  18.000

summary(afghan$employed)

##    Min. 1st Qu.  Median    Mean 3rd Qu.    Max.
##  0.0000  0.0000  1.0000  0.5828  1.0000  1.0000

summary(afghan$income)

##    10,001-20,000     2,001-10,000   20,001-30,000
##              616             1420              93
## less than 2,000      over 30,000            NA's
##              457               14             154
```

응답자의 평균 연령은 32세이고, 그들 중 상당수가 교육을 거의 받지 못했으며, 응답자의 약 60%가 직업이 있는 것으로 관측됐다. 대부분의 응답자는 월 소득이 1만 아프가니 미만이며 이는 약 200달러다.

민간인은 전쟁 중 피해자가 되는 경우가 많지만, 민간인에 대한 공격이 어느 정도 발생하는지 체계적으로 측정하기는 어렵다. 자기보고를 기반으로 하는 설문조사 측정은 민간인 희생자수를 정량화하는 한 가지 방법이다. 이 설문조사에서 조사자들은 다음과 같이 질문했다. "지난 1년 동안 귀하 또는 귀하의 가족 중 누군가가 외국 부대 또는 탈레반의 활동에 의해 피해를 입은 적이 있습니까?" '피해'라는 말은 육체적인 위해뿐만 아니라 재산 피해를 나타낸다고 응답자에게 설명한다. 응답자가 ISAF와 탈레반에 의해 피해를 입었는지의 여부를 나타내는 violent.exp.ISAF와 violent.exp.taliban이라는 2개의 변수를 분석한다.

```
prop.table(table(ISAF = afghan$violent.exp.ISAF,
                 Taliban = afghan$violent.exp.taliban))

##      Taliban
## ISAF          0         1
##     0 0.4953445 0.1318436
##     1 0.1769088 0.1959032
```

2장에서 설명한 table() 및 prop.table() 함수를 사용하면 작년 한 해 동안 응답자의 37%(= 17.7% + 19.6%)와 33%(= 13.2% + 19.6%)가 ISAF(2행)와 탈레반(2열)의 피해를 입었다는 것을 알 수 있다. 약 20%의 응답자가 양 진영으로 인해 물리적 또는 재산상 피해를 입었다. 이 분석 결과는 아프가니스탄 민간인이 ISAF와 탈레반 모두에 의해 비슷한 정도로 피해를 입었음을 시사한다(또는 적어도 그들이 피해를 입었다고 인식).

3.2 R에서 결측값 다루기

많은 설문조사에서 응답자들이 일부 질문에 대한 대답을 거부할 수도 있고, 단순히 답을 모르기 때문에 대답을 하지 않을 수도 있다. 이러한 결측값은 다른 유형의 데이터에서도 일반적이다. 예를 들어, 많은 개발도상국들은 국내총생산^{GDP} 또는 실업률과 같은 공식적인 통계가 부족하다. R에서 결측값은 NA로 코딩된다. 예를 들어, 아프가니스탄 설문조사의 분석에서 응답자 154명의 소득 정보가 누락된 것을 확인할 수 있다. NA는 누락된 데이터를 위해 예약된 특수값이기 때문에 is.na() 함수를 사용해 결측값의 수를 계산할 수 있다. 이 함수는 인자가 NA이면 TRUE의 논리값을 반환하고 그렇지 않으면 FALSE를 반환한다.

```
## 첫 10명의 응답자 소득 데이터 출력
head(afghan$income, n = 10)

## [1] 2,001-10,000  2,001-10,000  2,001-10,000 2,001-10,000
## [5] 2,001-10,000  <NA>          10,001-20,000 2,001-10,000
## [9] 2,001-10,000  <NA>
## 5 Levels: 10,001-20,000 2,001-10,000 ... over 30,000
```

```
## 응답자 소득의 결측 여부 표시
head(is.na(afghan$income), n = 10)
```

```
## [1] FALSE FALSE FALSE FALSE FALSE TRUE  FALSE FALSE FALSE
## [10]  TRUE
```

여섯 번째와 열 번째 응답자는 월 소득을 보고하지 않았으므로 NA로 코딩됐다. is.na
(afghan$income) 구문은 각각 해당 응답자가 소득 질문에 답변했는지를 나타내는 논리값
벡터를 반환한다. 따라서 이 여섯 번째 및 열 번째 요소들은 구문의 출력에서 TRUE다. 주
어진 함수에서 이제 월 소득에 대한 결측 데이터의 총 수와 비율을 계산하는 것은 간단
하다.

```
sum(is.na(afghan$income)) # 결측값의 수
```

```
## [1] 154
```

```
mean(is.na(afghan$income)) # 결측비율
```

```
## [1] 0.05591866
```

일부 R 함수들은 결측값을 다른 데이터와 다르게 취급한다. 예를 들어, mean() 함수는
변수에 누락된 값이 하나 이상 있으면 NA를 반환한다. 다행히 mean() 함수는 추가 인자
na.rm을 사용하며, 함수가 적용되기 전에 결측값이 제거되도록 TRUE로 설정할 수 있다.
max(), min(), median()을 포함한 많은 다른 함수도 이 인자를 사용한다.

```
x <- c(1, 2, 3, NA)
mean(x)
```

```
## [1] NA
```

```
mean(x, na.rm = TRUE)
```

```
## [1] 2
```

데이터에서 table() 함수를 적용하면 위의 결측값을 무시한다. 이는 마치 결측값이 있는
관측값이 데이터셋의 일부가 아닌 것과 같다. 이러한 함수들로 하여금 결측 데이터를 명
시적으로 설명하도록 할 수 있다. 이는 결측값을 포함하는 데이터가 제외되지 않도록 추
가 인자 exclude를 NULL로 설정해 수행할 수 있다.

```
prop.table(table(ISAF = afghan$violent.exp.ISAF,
                 Taliban = afghan$violent.exp.taliban, exclude = NULL))

##        Taliban
## ISAF             0           1        <NA>
##    0    0.482933914 0.128540305 0.007988381
##    1    0.172476398 0.190994916 0.007988381
##    <NA> 0.002541757 0.002904866 0.003631082
```

거의 모든 응답자가 피해자 질문에 대답한 것으로 나타났다. 실제로 피해자 질문의 무응답 비율은 2% 미만이다. 탈레반 및 ISAF 희생자 질문의 무응답 비율은 위에서 생성된 표의 각각 마지막 열과 마지막 행의 항목들을 추가해 얻을 수 있다. 살펴보면 아프간 민간인들은 폭력의 경험을 묻는 질문에는 기꺼이 대답하는 것으로 보인다.

마지막으로 na.omit() 함수는 데이터프레임에서 누락된 값이 하나 이상 있는 모든 관측값을 제거하는 간단한 방법을 제공한다. 그런 다음 함수는 이러한 관측값 없이 다른 데이터프레임을 반환한다. 하지만 이 작업은 완전제거법^{listwise deletion}을 초래해 변수 중 적어도 하나의 결측값이 있는 경우 전체 관측값을 제거한다는 점에 유의해야 한다. 예를 들어, 만약 응답자가 소득을 제외한 다른 모든 질문에 대답하는 경우 완전제거법은 응답자의 답변을 포함한 모든 정보를 데이터에서 제거해 버린다. 아프가니스탄 설문조사 데이터에서 아직 논의하지 않은 다른 변수에도 누락된 데이터가 있다. 결과적으로 na.omit() 함수를 afghan 데이터프레임에 적용하면 income 변수에만 동일한 함수를 적용하는 것보다 훨씬 적은 관측값이 있는 부분 선택 데이터가 반환된다.

```
afghan.sub <- na.omit(afghan) # 완전제거법
nrow(afghan.sub)

## [1] 2554

length(na.omit(afghan$income))

## [1] 2600
```

완전제거법 절차는 2,554개의 관측 데이터셋을 산출한 반면에 소득 질문에 답한 응답자는 총 2,600명이다. 이러한 차이는 소득 질문에는 답변했지만, 설문조사의 다른 질문에 대한 답변을 거부한 응답자 수를 나타낸다.

3.3 일변량 분포 시각화

지금까지 평균, 중간값, 분위수와 같은 기술통계를 사용해 데이터셋의 각 변수 분포를 요약했다. 그러나 분포 그 자체를 시각화하는 것이 도움이 되는 경우가 많다. 3.3절에서는 R에서 단일 변수의 분포를 시각화하는 몇 가지 방법을 소개한다. **RStudio**에서 그림을 만들 때 가끔 "figure margins too large(그림 여백이 너무 큽니다)"라는 오류 메시지가 표시될 수 있다. 이 문제는 플롯 창의 크기를 늘려 해결할 수 있다.

3.3.1 막대그래프

여러 범주가 있는(2.2.5절 참고) 요인변수의 분포를 요약하기 위해서는 위에서 생성한 총수 또는 비율이 있는 간단한 표만으로도 충분하다. 이를 위해 table() 및 prop.table() 함수를 사용한다. 하지만 막대그래프[bar plot]를 사용해 분포를 시각화할 수 있다. R에서 barplot() 함수는 벡터의 높이를 가져와 별도의 그래픽 창에 막대그래프를 표시한다. 이 예에서 벡터의 높이는 각 응답 범주의 응답자 비율을 나타낸다.

```
## 그래프 그리는 ISAF 피해 비율의 벡터
ISAF.ptable <- prop.table(table(ISAF = afghan$violent.exp.ISAF,
                                exclude = NULL))
ISAF.ptable

## ISAF
##           0           1        <NA>
## 0.619462600 0.371459695 0.009077705

## y축의 범위를 지정해서 막대그래프를 작성
barplot(ISAF.ptable,
        names.arg = c("피해 없음", "피해 있음", "무응답"),
        main = "ISAF에 의한 민간인 희생",
        xlab = "응답 분류",
        ylab = "응답 비율", ylim = c(0, 0.7))
## 탈레반에 의한 민간인 희생에 대해서도 똑같이 한다.
Taliban.ptable <- prop.table(table(Taliban = afghan$violent.exp.taliban,
                        exclude = NULL))

barplot(Taliban.ptable,
        names.arg = c("No harm", "Harm", "Nonresponse"),
        main = "탈레반에 의한 민간인 희생",
```

```
    xlab = "Response category",
    ylab = "Proportion of the respondents", ylim = c(0, 0.7))
```

아래 내용을 포함해 이 책의 플롯은 R에서 해당 코드를 실행해 생성된 플롯과 다를 수 있다.

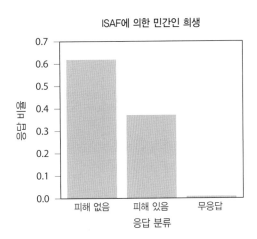

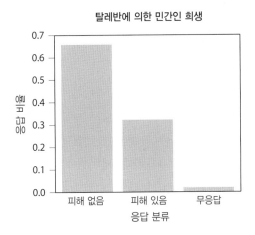

ISAF와 탈레반에 의한 민간인 희생자의 분포가 매우 유사하다는 것을 바로 알 수 있다. 또한 두 변수의 무응답 비율이 똑같이 낮다. names.arg는 barplot() 함수에 고유한 선택적 인자이며 각 막대의 라벨을 지정하는 문자 벡터를 사용한다. 위의 구문은 또한 다른 플롯 함수들에 공통적인 여러 인자의 사용을 보여 준다. 여기서 그것을 설명한다.

- main: 플롯의 주요 제목에 대한 문자열(예: 큰 따옴표로 묶인 일련의 문자)
- ylab, xlab: 세로축(예: y축) 및 가로축(예: x축) 각각 라벨로 지정하기 위한 문자열(지정하지 않은 경우 R은 이러한 인자를 기본 라벨로 자동 설정함)
- ylim, xlim: y축과 x축 간격을 각각 지정하는 길이 2의 숫자형 벡터(지정하지 않은 경우 R은 이러한 인자를 자동 설정함)

3.3.2 히스토그램

히스토그램^{histogram}은 요인변수가 아닌 수치형(숫자형) 변수의 분포를 시각화하는 일반적인 방법이다. 아프가니스탄 설문조사 데이터에서 age 변수의 히스토그램을 그린다고 가정한다. 이를 위해 먼저 관심 변수에 따라 빈(구간)이나 주기를 생성해 변수를 이산화한다. 예를 들어, age 변수의 각 빈^{bin}의 크기로 5년을 사용하면 [15, 20), [20, 25), [25, 30) 등의 간격이 생성된다. 1장(1.5.2절 참고)의 연습에서 수학 대괄호 [와]는 한계를 포함하고, 괄호 (와)는 한계를 제외한다. 예를 들어, [20, 25)는 20세 이상 25세 미만의 연령 범위를 나타낸다. 그런 다음 각 빈에 속하는 관측값의 수를 계산한다. 마지막으로 각 빈의 밀도^{density}를 계산한다. 이는 빈의 높이이며, 다음과 같이 정의된다.

$$밀도 = \frac{구간 \ 내 \ 관측값 \ 비율}{구간의 \ 너비}$$

종종 각 밀도의 정확한 값이 아니라 히스토그램 내에서 서로 다른 빈의 밀도의 관계로 표시되는 변수의 분포에 관심이 있다. 따라서 히스토그램을 분포의 직사각형 근사치로 생각할 수 있다.

R에서 히스토그램을 생성하기 위해서는 hist() 함수를 사용하고 인자 freq를 FALSE로 설정한다. 이 인자의 기본값은 TRUE이며, 빈도를 표시한다(예: 총수, 각 빈의 높이로 밀도를 사용하는 대신 빈도). 반면에 두 분포를 비교하는 데에는 빈도보다 밀도를 사용하는 것이 유용하다. 왜냐하면 관측값 수가 다른 경우에도 밀도 척도가 분포 간 비교를 할 수 있기 때문이다. 아래는 아프가니스탄 설문조사 데이터에서 age 변수의 히스토그램을 생성한다.

```
hist(afghan$age, freq = FALSE, ylim = c(0, 0.04), xlab = "Age",
     main = "Distribution of respondent's age")
```

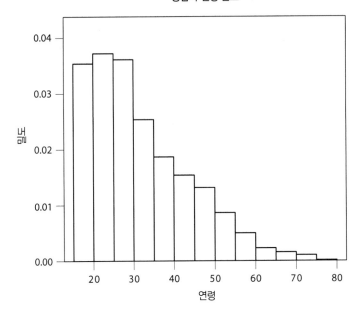

응답자 연령 분포

히스토그램에서 각 빈의 면적이 해당 빈에 속하는 관측값의 비율과 같다는 것이 중요하다. 그러므로 일반적으로 수직축의 단위인 밀도 척도를 수평 단위당 백분율로 해석한다. 연령 예에서 밀도는 연간 백분율로 측정된다. 이는 밀도가 비율이 아니므로 각 빈의 높이가 1을 초과할 수 있음을 의미한다. 반면에 각 빈의 면적은 포함된 관측값의 백분율을 나타내므로 모든 빈의 면적은 1이 된다. 이러한 방식으로 히스토그램은 관심 변수의 여러 값에 관측값이 어떻게 분포되는지 시각화한다. 설문조사 응답자의 연령 분포는 왼쪽으로 치우쳐 있으며, 이는 더 많은 수의 젊은 남성이 인터뷰했음을 의미한다.

> **히스토그램**은 데이터를 빈으로 나눈다. 여기서 각 빈의 면적은 빈에 속하는 관측값의 비율을 나타낸다. 각 빈의 높이는 밀도를 나타내며, 이는 각 빈 내의 관측값 비율을 빈의 너비로 나눈 것과 같다. 히스토그램은 변수의 분포를 근사한다.

다음 히스토그램에는 교육 연수 변수인 educ.years가 있다. 연령 변수에서처럼 R이 자동으로 빈의 너비를 선택하도록 하는 대신에 이제는 [−0.5, 0.5), [0.5, 1.5), [1.5, 2.5), ...를 사용해 빈이 생성되는 방식을 정확하게 지정해 관찰된 값에 해당하는 각 정수값(예: 0, 1, 2, …) 중심에 각 빈을 지정한다. 그런 다음 각 빈의 높이는 해당 교육 연수를 받은 관측치의 비율을 나타낸다. breaks 인자로 히스토그램 빈 사이의 중단점 벡터를 지정해 이를 구현한다. 이 경우 인자를 지정하지 않은 상태로 두면 얻을 수 있는 기본 사양은 [0, 1), [1, 2), [2, 3), …이다. 이는 0.5, 1.5, 2.5, …의 중심에 위치해 관찰된 값과 일치하지 않는다. breaks 인자는 히스토그램을 조작하기 위해 다른 형식의 입력을 취할 수 있다. 예를 들어, 히스토그램의 빈 수를 지정하는 단일 정수도 허용한다.

```
## 교육 연수의 히스토그램(빈을 선택하기 위해서 breaks를 사용한다)
hist(afghan$educ.years, freq = FALSE,
     breaks = seq(from = -0.5, to = 18.5, by = 1),
     xlab = "교육 연수",
     main = "응답자 교육 수준 분포")
## (x, y) = (3, 0.5)에 라벨을 추가한다.
text(x = 3, y = 0.5, "median")
## 중간값을 나타내는 수직선을 추가한다.
abline(v = median(afghan$educ.years))
```

교육 연수 변수의 히스토그램은 응답자 교육 수준이 매우 낮다는 것을 분명하게 보여 준다. 실제로 그들 중 절반이 아예 학교를 다닌 적이 없다. 또한 각각 abline() 및 text() 함수를 사용해 중간값을 나타내는 수직선과 텍스트 라벨을 추가한다. 이 두 함수들은 기존 플롯에 레이어를 추가하기 때문에 예에서 hist() 함수를 사용한 뒤에 사용한다. text(x,y,z) 함수는 좌표 벡터 (x,y)로 지정된 점을 중심으로 문자 텍스트 z를 추가한다. abline() 함수는 다음 세 가지 방법으로 기존 플롯에 직선을 추가할 수 있다.

- abline(h=x): 높이 x에 수평선을 배치
- abline(v=x): 점 x에 수직선을 배치
- abline(a=y, b=s): 절편 y와 기울기 s가 있는 선을 배치

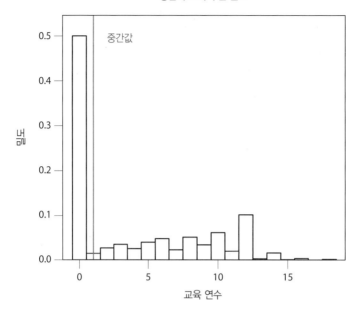

응답자 교육 수준 분포

플롯을 그리는 좀 더 일반적인 함수는 lines()다. 이 함수는 x와 y라는 2개의 인자를 사용한다. 이 두 인자는 각각 동일한 수의 x좌표와 y좌표를 가진 벡터여야 한다. 그런 다음 함수는 인자 x의 첫 번째 좌표와 인자 y의 첫 번째 좌표로 표시된 점(포인트), 각 인자의 두 번째 좌표로 표시된 점, 각 인자의 세 번째 좌표로 표시된 점을 연결하는 선 등을 그린다. 예를 들어, 이 함수를 사용하는 대신에 위와 같이 중간값 선을 그릴 수 있다.

```
## 중간값을 나타내는 수직선을 추가한다.
lines(x = rep(median(afghan$educ.years), 2), y = c(0,0.5))
```

이 예에서는 x의 값이 afghan$educ.years의 중간값이 되는 곳에 수직선을 만들고자 한다. 0 및 0.5를 y값으로 사용해 선이 각각 히스토그램의 하한과 상한으로 확장되도록 한다. 그런 다음 각 y좌표에 대응하고자 afghan$educ.years의 중간값과 동일한 x좌표가 필요하다. 이 작업을 쉽게 수행하기 위해서는 rep() 함수를 사용할 수 있으며, 이는 첫 번째 인자는 반복하려는 값을 가져오고, 두 번째 인자는 결과 벡터의 길이인 반복 횟수를 가져온다. 위의 rep() 함수는 해당 벡터의 각 요소로 afghan$educ.years의 중간값을 사용해 길이가 2인 벡터를 만든다. 따라서 교육 연수의 중간값이 1이기 때문에 점 $(x, y) = (1, 0)$에서 점 $(x, y) = (1, 0.5)$로 선이 간다.

또한 points() 함수를 사용해 기존 플롯에 점을 추가할 수 있다. 특히 point(x, y)에서 두 벡터(x 및 y)는 플롯을 만들 점의 좌표를 지정한다. 마지막으로 R에는 다양한 색상, 선 유형 및 기타 미적인 선택을 고를 수 있는 다양한 기능이 있다. 일반적으로 사용되는 몇 가지 인자가 아래에 나와 있지만, 각 함수의 자세한 내용은 매뉴얼 페이지에서 얻을 수 있다.

- col은 "blue" 및 "red"와 같이 사용할 색상을 지정한다. 이 인자는 text(), abline(), lines(), points()를 포함한 많은 함수에서 사용할 수 있다. R에 내장된 모든 색상 이름을 보려면 colors()를 입력한다(자세한 내용은 5.3.3절 참고).
- lty는 문자 또는 숫자 값을 사용해 그릴 선의 유형을 지정한다. 실선의 경우 "solid" 또는 1(기본값), 파선의 경우 "dashed" 또는 2, 점선의 경우 "dotted" 또는 3, 점선 및 파선의 경우 "dotdash", "longdash" 또는 5(긴 파선). 이 인자는 abline() 및 lines()을 포함해 선들을 생성하는 많은 함수에서 사용할 수 있다.
- lwd는 lwd=1이 기본값인 선의 두께를 지정한다. 이 인자는 abline() 및 lines()을 포함해 선들을 생성하는 많은 함수에서 사용할 수 있다.

3.3.3 박스 플롯

박스 플롯은 숫자 변수의 분포를 시각화하는 또 다른 방법이다. 여러 변수들을 나란히 배치해서 분포를 비교할 때 특히 유용하다. 박스 플롯은 중간값, 사분위수, 사분위수 범위[IQR]를 모두 단일 객체로 시각화한다. R에서 박스 플롯을 만들려면 관심 변수를 input(입력값)으로 제공해 boxplot() 함수를 사용한다. 여기서 다시 한번 age 변수를 예로 사용한다.

```
## 파란색으로 표시된 중괄호와 텍스트를 플로팅하는 명령어는 생략
boxplot(afghan$age, main = "Distribution of age", ylab = "Age",
        ylim = c(10, 80))
```

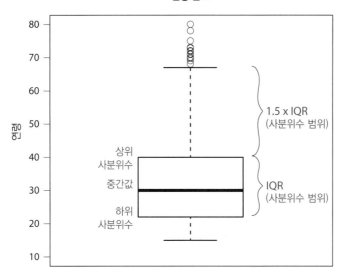

위의 그림과 같이 박스는 하위 사분위수(25번째 백분위수)에서 상위 사분위수(75번째 백분위수)에 이르는 데이터의 50%가 포함돼 있으며, 실선 수평선은 중간값(50번째 백분위수)을 나타낸다. 그런 다음 각 끝이 '수염^{whisker}'이라고 불리는 짧은 수평선으로 표시된 수직점선이 박스 아래와 위로 확장된다. 이 두 점선은 각각 하위 사분위수 아래, 상위 사분위수 위 1.5 IQR 내에 포함된 데이터를 나타낸다. 또한 상위 및 하위 사분위수에서 1.5 IQR을 벗어나는 관측값은 둥근 원으로 표시된다. 이 플롯에서 박스 상단에서 수평선까지 확장되는 점선의 구간은 1.5 IQR을 나타낸다. 최소(최대)값이 하위 사분위수 아래(상위 사분위수) 1.5 IQR 내에 포함된 경우 점선은 최소(최대)값에서 끝난다. 수평선 아래 둥근 원이 없다는 것은 변수의 최소값이 실제로 하위 분위수 1.5 IQR 내에 있음을 의미한다.

단일 변수의 분포를 시각화할 경우 히스토그램이 박스 플롯보다 더 많은 정보를 제공한다. 왜냐하면 히스토그램은 분포의 전체 모양을 보여 주기 때문이다. 박스 플롯을 사용하는 주요 장점은 다음 예에서 볼 수 있듯이 히스토그램보다 더 간결한 방식으로 여러 개의 분포를 비교할 수 있다는 점이다. boxplot() 함수를 사용해 그룹이 요인변수에 의해 정의되는 다른 관측 그룹의 박스 플롯을 만들 수 있다. 이는 y ~ x 형태를 취하는 R의 공식을 사용해 수행된다. 현 상황에서 boxplot(y ~ x, data = d)은 변수 x로 정의된 다른 그룹의 변수 y에 대한 박스 플롯을 생성하며, 여기서 변수 x와 y는 데이터프레임 d에서 가져온다. 아래 그림과 같이 주별 교육 연수 분포의 플롯을 만든다.

```
boxplot(educ.years ~ province, data = afghan,
        main = "주별 교육 수준", ylab = "교육 연수")
```

헬만드^{Helmand} 주와 우루즈간^{Uruzgan} 주의 교육 수준이 다른 3개 주의 교육 수준보다 훨씬 낮다는 것을 발견했다. 또한 이 두 지방의 민간인들은 다른 지방에 사는 시민들보다 양쪽에서 피해를 입었다고 보고했다. 이를 각 주의 해당 질문에 대한 긍정 답변 비율을 계산해 아래에 표시한다.

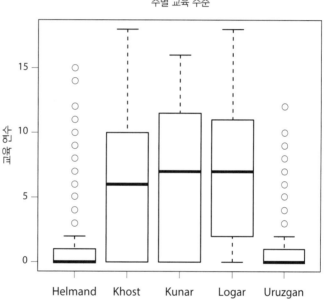

```
tapply(afghan$violent.exp.taliban, afghan$province, mean, na.rm = TRUE)

##   Helmand      Khost      Kunar      Logar    Uruzgan
## 0.50422195 0.23322684 0.30303030 0.08024691 0.45454545

tapply(afghan$violent.exp.ISAF, afghan$province, mean, na.rm = TRUE)

##   Helmand      Khost      Kunar      Logar    Uruzgan
## 0.5410226 0.2424242 0.3989899 0.1440329 0.4960422
```

구문 na.rm = TRUE는 tapply() 함수 내의 mean() 함수로 전달되므로 각 지방의 평균을 계산할 때 누락된 관측값이 삭제된다(3.2절 참고).

> **박스 플롯**은 중간, 하위, 상위 사분위수와 하위 및 상위 사분위수에서 1.5 사분범위 밖에 있는 점을 표시해 변수의 분포를 시각화한다. 여러 변수의 분포를 간결하게 비교할 수 있다.

3.3.4 그래프 인쇄 및 저장하기

R에서 만든 그래프를 인쇄하고 저장하는 몇 가지 방법이 있다. 가장 쉬운 방법은 **RStudio**에서 메뉴를 사용하는 것이다. **RStudio**에서 R 플로팅 기능을 사용해 그래프를 만들 때마다 새 탭이 오른쪽 하단 창에 열린다. 플롯 이미지를 저장하려면 Export를 클릭한 다음 Save Plot as Image 또는 Save Plot as PDF를 클릭한다.

pdf() 함수를 사용해 플로팅 명령 전에 PDF 장치를 열고 나중에 dev.off() 함수를 사용해 장치를 닫는 방식으로 그래프를 저장하거나 인쇄할 수도 있다. 예를 들어, 다음 구문은 방금 생성한 박스 플롯을 작업 디렉터리에 PDF 파일 educ.pdf로 저장한다. pdf() 함수는 그래픽 범위를 인치^{inch} 단위로 지정할 수 있다.

```
pdf(file = "educ.pdf", height = 5, width = 5)
boxplot(educ.years ~ province, data = afghan,
        main = "주별 교육 수준", ylab = "교육 연수")
dev.off()
```

많은 경우 하나의 그림 파일에 여러 플롯을 나란히 인쇄해 비교하려고 한다. 그러기 위해서 플롯을 만들기 전에 par() 함수를 par(mfrow = c(X, Y))로 사용한다. 이렇게 하면 '서브플롯^{subplot}'의 X × Y 그리드가 생성된다(mfrow는 여러 행의 그림들을 나타냄). 여러 플롯이 그리드를 행 단위로 채울 것이다. 그리드를 열 단위로 채우고자 par(mfcol = c(X, Y)) 구문을 대신 사용할 수도 있다. par() 함수는 사용자가 R에서 그래픽을 제어할 수 있도록 하는 다른 많은 인자도 사용한다. 예를 들어, *cex* 인자는 기본값으로 *cex* = 1을 사용해 문자 또는 기호의 크기를 변경한다. 표시된 그래픽에서 글꼴을 확대하고자 cex 인자를 1보다 큰 값으로 설정할 수 있다(예: par(cex = 1.2)). cex.main(주 플롯 제목), cex.lab(축 제목 라벨), cex.axis(축 값 라벨)를 사용해 플롯의 다른 부분에 대한 크기를 개별적으로 지정할 수도 있다. 다음의 코드 더미를 모두 한 번에 실행하면 3장 앞부분에서 만든 2개의 히스토그램이 만들어지고, 단일 PDF 파일에 나란히 저장된다.

```
pdf(file = "hist.pdf", height = 4, width = 8)
## 1행의 2개의 플롯, 폰트 크기는 0.8
par(mfrow = c(1, 2), cex = 0.8)
## 간략화를 위해서 이전 예의 문장과 행을 생략
hist(afghan$age, freq = FALSE,
     xlab = "연령", ylim = c(0, 0.04),
     main = "응답자 연령의 분포")
hist(afghan$educ.years, freq = FALSE,
     breaks = seq(from = -0.5, to = 18.5, by = 1),
     xlab = "교육 연수", xlim = c(0, 20),
     main = "응답자 교육 분포")
dev.off()
```

3.4 설문조사 샘플링

설문조사 샘플링^{survey sampling}은 계량 사회과학 연구에서 주요 데이터를 수집하는 방법 중 하나다. 행정 기록과 같은 다른 출처에서(2차 자료) 정보를 사용할 수 없을 때 여론과 행동을 연구하는 데 자주 사용된다. 표본 설문조사는 연구자들이 대상 집단의 특징을 이해하고자 표본이라는 모집단의 하위 집합을 선택하는 프로세스다. 모집단 구성원 모두를 세는 것이 목표인 인구총조사^{census}와는 구별돼야 한다.

설문조사 샘플링을 돋보이게 만드는 것으로는 소수의 인터뷰만으로도 상당히 큰 모집단을 배울 수 있다는 것이다. 아프가니스탄 데이터에서 2,754명의 응답자 표본을 사용해 약 1,500만 명의 민간인들의 경험과 태도를 추론했다. 일반적으로 미국에서는 약 1,000명의 표본으로 2억 명 이상의 성인 시민의 여론을 추론한다. 3장에서는, 불가능해 보이는 작업을 가능하게 하는 이유를 설명하고, 설문조사 데이터를 수집하고 분석할 때 중요한 방법론적 문제를 논의한다.

3.4.1 무작위화의 역할

2장에서 논의된 무작위 대조시험[RCT]에서와 같이 무작위화는 설문조사 샘플링에서 중요한 역할을 한다. 여기선 대상 모집단의 모든 단위가 0이 아닌 알려진 확률이 선택되는 **확률 샘플링**[probability sampling]이라는 표본추출 절차 클래스에 중점을 둔다. 간편 무작위 **샘플링**[SRS, Simple Random Sampling]이라는 가장 기본적인 확률 샘플링 절차를 고려해야 한다. SRS는 대상 모집단에서 인터뷰하기로 미리 결정된 응답자들을 선택하고, 각 잠재적 응답자는 각각 선택될 동일한 기회가 주어진다. 샘플링은 교체 없이[without replacement] 수행되므로 인터뷰 대상으로 개인이 선택되면 잠재적 응답자 전체 리스트를 나타내는 **샘플링 프레임**[sampling frame]에서 제외된다. 따라서 교체하지 않고 샘플링(비복원추출)을 하면 개인당 최대 한 번의 인터뷰가 할당된다.

SRS는 전체 모집단을 대표하는[representative] 응답자의 샘플을 생성한다. '대표한다'라는 것은 절차를 여러 번 반복하면 각 결과 표본의 특징이 모집단의 특징과 정확히 같지는 않지만 평균적으로 (모든 표본에서) 동일하다는 것을 의미한다. 예를 들어, 임의적으로 모집단보다 약간 나이가 많은 개인 표본을 얻을 수도 있지만, 반복 표본의 연령 분포는 모집단의 연령 분포와 매우 유사해진다. 또한 RCT에서와 마찬가지로 확률 샘플링은 관측 여부와 관계없이 표본의 특성이 모집단의 해당 특성과 평균적으로 동일함을 보장한다. 이러한 이유로 확률 샘플링 절차를 통해 얻은 대표 표본의 특성을 사용해 모집단 특성을 추론할 수 있다(자세한 내용은 7장 참고).

확률 샘플링이 발명되기 전에 연구자들은 종종 **할당량/쿼터 샘플링**[quota sampling]이라는 절차를 사용했다. 이 대안적인 샘플링 전략에 따라 인터뷰할 특정 응답자의 일정 할당량을 지정해 결과 샘플 특성이 모집단의 특성과 유사하도록 한다. 예를 들어, 인구의 20%가 대학 학위를 갖고 있는 경우 연구자들은 인터뷰 대상으로 선정될 대학 졸업생의 최대 수를 표본크기의 20%로 설정한다. 대학 학위를 가진 사람들이 할당량에 도달하면 인터뷰를 중단한다. 할당량은 여러 변수를 사용해 정의할 수 있다. 주로 연령, 성별, 교육, 인종과 같은 기본적인 인구통계학적 요인들을 사용해 할당량이 지정된 범주를 구성한다. 예를 들어, 대학 학위를 소지하고 30세에서 40세 사이의 흑인 여성(표본크기의 최대 5%)을 인터뷰할 수 있다.

쿼터 샘플링의 문제는 2장에서 논의한 관찰연구의 문제와 유사하다. 표본이 쿼터를 정의하는 데 사용되는 일부 관측된 특성들의 관점에서 모집단을 대표한다고 해도 관측되지 않은 특성은 그와 상당히 다를 수 있다. 개인이 관찰연구에서 처치를 받고자 자기선택self-select할 수 있는 것처럼 연구자들은 인터뷰하지 않은 사람들과 체계적으로 다른 특성들을 가진 개인을 우연히 인터뷰할 수도 있다. 확률 샘플링은 결과 샘플이 대상 모집단을 대표 여부를 확인해 잠재적인 표본 선택편향sample selection bias을 제거한다.

> **간편 무작위 샘플링**SRS은 모집단에서 단위를 무작위로 선택해서 샘플의 선택편향을 피하는 가장 기본적인 확률 표본의 한 형식이다. SRS에서 미리 결정된 수의 단위는 교체없이 대상 모집단에서 무작위로 정해지고, 여기서 각 단위는 선택될 확률이 동일하다. 결과 샘플은 관측 및 관측되지 않는 특성면에서 모집단을 대표한다.

쿼터 샘플링은 신문 역사상 가장 잘 알려진 오류 중 하나를 일으킨 것으로 여겨진다. 1948년 미국 대통령 선거에서 갤럽Gallup과 로퍼Roper를 포함한 대부분의 주요 사전선거 여론조사에서는 쿼터 샘플링을 사용해 당시 뉴욕 주지사였던 토마스 듀이Thomas Dewey가 현직이었던 해리 트루먼Harry Truman을 결정적으로 패배시킬 것으로 선거 당일 예측했다. 선거 당일 밤, 미국 유명 일간지 「시카고 트리뷴Chicago Tribune」은 동부 지역의 많은 주들이 투표 결과를 보고하기도 전에 "듀이가 트루먼을 이겼다"라는 잘못된 헤드라인을 이튿날 조간으로 내보냈다. 그러나 선거 결과는 정반대였다. 트루먼은 전국 투표에서 5% 포인트 차이로 승리했다. 그림 3.1은 잘못 보도된 헤드라인의 「시카고 트리뷴」을 행복하게 들고 있는 트루먼의 사진을 보여 준다.

SRS를 적용하기 위해서는 표본을 추출할 모집단의 모든 개인 리스트가 필요하다. 앞서 언급했듯이 이러한 리스트를 샘플링 프레임sampling frame이라고 한다. 실제로 대상 모집단이 주어지면 모집단의 모든 구성원을 열거하는 샘플링 프레임을 얻는 것이 절대로 간단하지 않다. 전화번호, 거주지 주소, 이메일 주소 리스트는 불완전하며, 다른 특성을 가진 인구의 특정 하위집합이 누락되기도 한다. 무작위 번호 다이얼링RDD, Random Digit Dialing은 전화 설문조사에서 널리 사용되는 기술이다. 그러나 일부 사람들은 전화번호가 아예 없거나 여러 개의 전화번호를 갖고 있을 수 있기 때문에 샘플링 절차는 표본 선택편향이 있을 수 있다.

대부분의 직접 설문조사는 물류적 어려움 때문에 복잡한 샘플링 절차를 거친다. 다양한 설문조사 샘플링 전략의 심도 있는 탐구는 이 책의 범위를 벗어나기 때문에 아프가니스탄 설문조사가 어떻게 수행됐는지 간략하게 논의하면서 실제 설문조사 샘플링이 어떻게 수행되는지 설명하고자 한다. 아프가니스탄 설문조사를 위해서 연구원들은 다단계 클러스터(군집) 샘플링^{multistage cluster sampling} 절차를 사용했다. 아프가니스탄과 같은 국가에서는 대부분의 시민을 포함하는 샘플링 프레임을 얻기 힘들다. 그러나 행정구역 및 마을과 같은 행정 단위의 포괄적인 리스트는 쉽게 구할 수 있다. 또한 먼 지역들에 인터뷰 담당자들을 보내는 데 필요한 비용이 상당하기 때문에 적절한 수의 하위 지역 내의 응답자를 샘플링해야 하는 경우가 많다.

그림 3.1 1948년 미국 대선에서 승리한 해리 트루먼이 「시카고 트리뷴」의 잘못 보도된 헤드라인을 들고 있다. (출처: 작자 미상, 해리 트루먼 도서관 제공)

표 3.2 아프가니스탄 마을 자료

변수	설명
village.surveyed	마을의 표본 포함 여부
altitude	마을의 고도
population	마을의 인구

다단계 클러스터 샘플링 방법은 먼저 큰 단위를 샘플링한 다음에 각각의 선택된 큰 단위에서 무작위로 작은 단위를 샘플링하는 여러 단계로 진행된다. 아프가니스탄 조사에서 연구자들은 관심 있는 5개 지방에서 행정구역을 샘플링한 다음 선택한 구역 내의 마을을 샘플링했다. 각 표본 마을에서 인터뷰 담당자들은 마을 내 위치에 따라 거의 무작위로 가구를 선택하고, 마지막으로 Kish grid(미리 할당된 난수표로 인터뷰할 사람을 정하는 방법) 방법을 사용해 표본추출한 16세 이상 남성 응답자를 대상으로 설문조사를 실시했다. 모집단에서 각 개인을 선택할 확률은 대략적으로만 알려져 있지만, 이론상으로 이 방법은 대상 모집단을 대표하는 표본을 제공한다.

아프가니스탄 데이터에서 무작위로 추출된 마을의 대표성을 살펴보자. 데이터 파일 **afghan-village.csv**에는 각 마을의 고도와 인구가 포함돼 있다(변수 이름과 설명은 표 3.2 참고). 모집단 변수의 경우 극단적으로 크거나 작은 값이 적을 때 분포가 치우쳐 보이지 않도록 로그 변환$^{logarithmic\ transformation}$을 수행하는 것이 일반적이다. 양수 x의 로그는 지수의 밑 b로 정의된다(예: $y = \log_b x \iff x = b^y$). 예를 들어, 밑이 10이면 1000의 로그는 3 = $\log_{10}$ 1000이다. 마찬가지로 0.01의 로그는 $-2 = \log_{10}$ 0.01이다. 자연로그$^{natural\ logarithm}$는 지수의 밑으로 중요한 수학적 상수 e = 2.7182...를 사용한다. 이는 n이 무한대로 가까워질 때 $(1 + 1/n)^n$의 한계로 정의되며, 때때로 오일러의 수$^{Euler's\ number}$라고도 불린다. 따라서 $y = \log_e x \iff x = e^y$이다. 그림 3.2의 왼쪽 그림은 자연로그 함수를 그래픽으로 보여 준다. 이 그림은 또한 아프가니스탄 데이터에서 로그 변환하지 않은 인구 분포가 상당히 왜곡돼 있음을 보여 준다. 왜냐하면 이는 많은 수의 작은 마을과 적은 수의 큰 마을이 존재하기 때문이다.

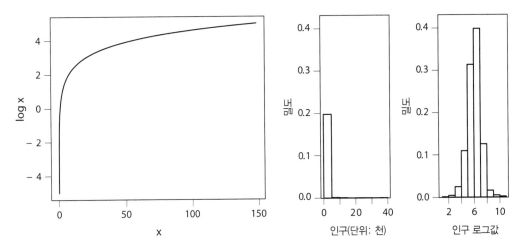

그림 3.2 자연로그. 왼쪽 그래프는 x가 양수이고 오일러의 수가 $e = 2.7182\cdots$인 경우의 자연로그 $\log_e x$를 나타낸다. 나머지 그래프들은 아프가니스탄 마을의 인구수(천 단위)와 자연로그 값을 나타낸다. 로그 변환하지 않은 경우 편향된 인구 분포를 보인다.

> **자연로그 변환**은 변수의 비대칭성을 보정하고자 주로 사용되는데 변수의 비대칭성에 대한 예시로는 소득이나 인구와 같은 변수가 극단적으로 작거나 큰 양수 값의 관측값을 지니는 경우를 말한다. 자연로그는 e를 밑으로 한 로그이며, 이는 수학적으로 항상 2.7182의 값을 갖고 $y = \log_e x$로 나타낼 수 있다. 이는 y를 지수로 취하는 함수인 $x = e^y$의 역함수다.

박스 플롯을 사용해 샘플링된 마을과 샘플링되지 않은 마을에서 변수들의 분포를 비교해 보자. village.surveyed 변수는 데이터의 각 마을이 무작위 표본으로 추출됐고 설문 조사됐는지 여부를 나타낸다. 1은 '예'를 나타내고 0은 '아니오'를 나타낸다. 위에서 설명한 것처럼 log() 함수를 사용해 모집단 변수의 자연로그 변환을 수행한다. R은 기본으로 e를 지수의 밑으로 사용하지만, 이 함수에서 base 인자를 사용해 다른 지수의 밑을 지정할 수 있다. R의 지수 함수는 exp()로 표현된다. boxplot() 함수에서 names 인자를 사용해 각 그룹에 대한 라벨의 문자형 벡터를 지정할 수 있다.

```
## village 데이터 불러들이기
afghan.village <- read.csv("afghan-village.csv")
```

```
## 고도의 박스 플롯
boxplot(altitude ~ village.surveyed, data = afghan.village,
        ylab = "Altitude (meters)", names = c("Nonsampled", "Sampled"))
## 인구수 로그값의 박스 플롯
boxplot(log(population) ~ village.surveyed, data = afghan.village,
        ylab = "log population", names = c("Nonsampled", "Sampled"))
```

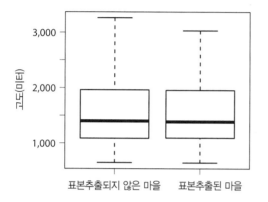
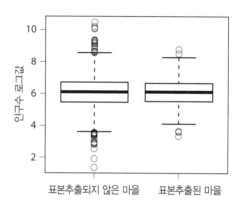

일부 이상치가 존재하지만 대체로 두 변수의 분포는 표본추출된 마을과 그렇지 않은 마을이 거의 유사하다는 결과를 보여 준다. 따라서 최소한 이러한 변수에 대해 표본은 모집단을 대표하는 것으로 보인다.

3.4.2 무응답과 다른 편향 발생 요인

확률 샘플링은 매력적인 이론적 특성을 갖고 있지만 실제로 설문조사를 수행할 때 많은 장애물이 존재한다. 앞서 언급했듯이 대상 모집단의 모든 구성원을 열거하는 샘플링 프레임은 얻기 힘들다. 많은 경우에 몇 가지 중요한 특성들의 관점에서 대상 모집단과 체계적으로 다를 수 있는 리스트에서 표본을 추출할 수도 있다. 모집단을 대표하는 샘플링 프레임을 사용할 수 있더라도 무작위로 선택된 개인을 인터뷰하는 것은 간단하지 않다. 선택된 단위(개인)에 도달하지 못하는 것을 단위 무응답[unit nonresponse]이라고 한다. 예를 들어, 많은 사람이 전화 설문조사 참여를 거부한다. 아프가니스탄 설문조사에서 저자는 3,097명의 잠재적 응답자 중에서 2,754명이 설문조사에 참여하는 데 동의해 거부율이 11%라고 보고했다. 만약 연구자가 설문조사에 참여하지 않은 사람들이 설문조사에 참여한 사람들과 체계적으로 다르다면 단위 무응답으로 인한 편향이 생긴다.

단위 무응답 외에도 대부분의 설문조사에서는 응답자가 특정 설문조사 질문에 답변을 거부할 때 항목 무응답[item nonresponse] 문제가 발생한다. 예를 들어, 3.2절의 아프가니스탄 설문조사에서 소득 변수의 무응답 비율이 약 5%임을 확인했다. 대답을 거부하는 사람이 대답하는 사람과 체계적으로 다르면 관찰된 반응만을 기반으로 한 추론 결과가 편향될 수 있다. 예를 들어, 아프가니스탄 데이터에서 탈레반과 ISAF에 의한 민간인 희생에 대한 질문의 항목 무응답 비율은 지방마다 다른 것으로 보인다.

```
tapply(is.na(afghan$violent.exp.taliban), afghan$province, mean)
##    Helmand      Khost      Kunar      Logar    Uruzgan
## 0.030409357 0.006349206 0.000000000 0.000000000 0.062015504

tapply(is.na(afghan$violent.exp.ISAF), afghan$province, mean)
##    Helmand      Khost      Kunar      Logar    Uruzgan
## 0.016374269 0.004761905 0.000000000 0.000000000 0.020671835
```

가장 위험한 지역으로 알려진 헬만드[Helmand]와 우루즈간[Uruzgan]의 항목 무응답 비율이 가장 높다는 것을 알 수 있다(3.3.3절 참고). 이러한 차이는 탈레반에 의한 민간인 희생에 대한 질문에서 특히 크다. 여기에 제시된 증거는 이 설문조사의 항목 무응답 비율이 상대적으로 낮지만 특정 요인들이 체계적으로 영향을 미치는 것으로 보인다는 점을 시사한다. 이러한 것들을 다루는 것은 이 책의 범위를 벗어나지만, 단위 무응답 및 항목 무응답으로 인한 편향을 줄이는 많은 통계적 방법이 존재한다.

> 설문조사에서 무응답에는 두 가지 종류가 있다. **단위 무응답**은 잠재적 응답자가 설문에 참여하는 것을 거부함을 의미한다. **항목 무응답**은 설문에 참여하는 것에 동의한 응답자가 특정 질문에 답하는 것을 거부하는 경우 발생한다. 질문에 응답한 응답자가 그렇지 않은 응답자와 체계적인 차이가 있을 경우 두 종류의 무응답 모두 편향된 추론을 야기할 수 있다.

항목 무응답 및 단위 무응답 외에도 다른 잠재적 편향의 원인으로 보고오류^{misreporting}가 있다. 응답자는 면접관이 자신의 진정한 답변을 찾아내기를 원하지 않기 때문에 단순히 거짓말을 할 수도 있다. 특히 사회적 바람직함 편향^{social desirability bias}은 응답자가 진실한 답변이 무엇이든 간에 사회적으로 바람직한 답변을 선택하는 문제를 말한다. 예를 들어, 선진 민주주의 국가의 유권자들은 기권이 사회적으로 바람직하지 않기 때문에 실제로 선거에 참여하지 않았더라도 참여했다고 보고하는 경향이 있다는 것은 잘 알려져 있다. 마찬가지로 사회적 바람직함 편향은 부패, 불법행위, 인종 편견, 성행위와 같은 민감한 행동과 의견을 정확히 측정하기 어렵게 한다. 이러한 이유로 일부 학자들은 사회과학 연구를 위한 측정치로 자기보고^{self-report}를 사용하는 것에 회의적이다.

아프가니스탄 연구의 주요 목표는 아프가니스탄 시민들이 외부 세력을 지원하는 정도를 측정하는 것이었다. 지역 반란군을 물리치고 아프가니스탄과 이라크 전쟁에서 승리하고자 많은 서방 정책 입안자는 민간인들의 '마음과 정신을 얻는 것'이 필수적이라고 믿었다. 하지만 안타깝게도 인터뷰가 종종 공개적으로 진행되기 때문에 아프간 시골 마을의 주민들이 외세와 저항 세력을 지지하는지 직접 물어 보는 것은 인터뷰 조사관과 응답자 모두를 위험에 빠뜨릴 수 있다. 기관생명윤리위원회^{IRB, Institutional Review Board}는 연구 프로젝트들의 윤리적 문제와 잠재적 위험을 평가하는 기관이며, 내전 상황에서 민감한 직접적 질문을 승인하지 않을 수 있다. 설사 가능하더라도 직접적인 질문은 무응답 및 보고오류로 이어질 수 있다.

이 문제를 해결하고자 원 연구의 저자들은 항목카운트법^{item count technique} 또는 리스트 실험^{list experiment}이라는 설문조사 방법론을 시행했다. 이 아이디어는 응답자에게 특정 수준의 익명성을 제공하고자 집계^{aggregation}라는 것을 사용한다. 이 방법은 먼저 샘플을 무작위로 2개의 비교 가능한 그룹으로 나눈다. '통제' 그룹에서는 다음과 같은 질문이 이어진다.

여러 그룹과 개인의 이름이 적힌 리스트를 읽어 보겠습니다. 모든 리스트를 읽은 후 귀하가 폭넓게 지지하는 그룹과 개인들의 수를 말씀해 주시길 바랍니다. 이는 여러분이 일반적으로 그 그룹이나 개인의 목표와 정책에 동의한다는 것을 의미합니다. 그러나 귀하가 일반적으로 동의하는 사항을 말하지 말고, 당신이 대체로 얼마나 많은 그룹이나 개인들을 지지하는지 말해 주십시오.

카르자이^{Karzai} 정부; 국가 연대 프로그램; 지역 농부

'처치' 그룹은 민감한 항목이 추가된 것을 제외하고는 똑같은 질문을 받는다.

카르자이 정부; 국가 연대 프로그램; 지역 농부; 외세

여기서 ISAF를 가리키는 마지막 항목인 외세[Foreign Forces]가 바로 민감한 항목이다. 항목 카운트법에서는 응답자가 각 항목에 개별적으로 답변할 필요가 없다. 대신 총항목의 수를 제공한다. 민감한 항목을 제외하고는 두 조건들이 유사하기 때문에 응답자 리포트의 평균 항목 수 차이는 ISAF를 지원하는 사람들의 비율에 대한 추정값이 될 것이다. list.group 변수는 각 응답자가 무작위 할당된 그룹을 나타내며, 두 관련 그룹들의 경우 변수는 ISAF 및 control과 같다. 결과변수는 list.response이며, 개별 응답자가 보고한 항목 수를 나타낸다.

```
mean(afghan$list.response[afghan$list.group == "ISAF"])-
    mean(afghan$list.response[afghan$list.group == "control"])

## [1] 0.04901961
```

항목 카운트법은 아프가니스탄 국민의 약 5%가 ISAF를 지지하는 것으로 추정하며, 이는 ISAF가 아프간인들 사이에서 인기가 없음을 의미한다.

하지만 항목 카운트법의 약점은 '처치' 그룹에서 이 경우 '0' 또는 '4'로 답하면 자신의 정직한 답을 드러낸다는 점이다. 이러한 잠재적 문제를 각각 바닥효과[floor effects]와 천장효과[ceiling effects]라고 한다. 아프간 데이터에서 ISAF 대신에 탈레반이 민감한 항목으로 리스트에 추가될 때 이 문제의 명확한 증거를 확인할 수 있다.

```
table(response = afghan$list.response, group = afghan$list.group)

##           group
## response control ISAF taliban
##        0     188  174       0
##        1     265  278     433
##        2     265  260     287
##        3     200  182     198
##        4       0   24       0
```

놀랍게도 탈레반 그룹의 응답자 그 누구도 '0' 또는 '4'라고 대답하지 않았다. 아마도 탈레반을 지지하거나 비판하는 것으로 식별되기를 원하지 않았기 때문일 것이다.

이처럼 민감한 질문에 대해 진실한 답변을 측정하는 것은 어려운 작업이다. 항목 카운트법 이외에도 사회과학자들은 잠재적 편향을 극복하고자 다양한 설문조사 방법론을 사용했다. 또 다른 인기 있는 방법론은 연구자들이 무작위화를 사용해서 응답자에게 익명성을 부여하는 **랜덤응답법**^{random response technique}이다. 예를 들어, 응답자들은 결과를 공개하지 않고 비공개로 6면 주사위를 굴려야 한다. 그런 다음 주사위를 굴린 결과가 '1'이면 '예', '6'이면 '아니오', 결과가 '2'에서 '5' 사이이면 정직하게 대답하라는 요청을 한다. 따라서 항목 리스트법과 달리 개별 응답의 비밀이 완벽하게 보호된다. 각 결과의 확률을 알기 때문에 연구자들은 개별 답변의 진실성을 확실하게 아는 방법이 없더라도 '예' 답변으로 응답한 사람들 중에서 정직한 답변의 총비율을 추정할 수가 있다.

3.5 정치적 양극화 측정하기

사회과학자들은 종종 인간의 행동, 태도와 같은 관측할 수 없는 특성을 요약하고 이해하고자 **측정 모형**^{measurement model}을 고안한다. 대표적인 예로 의원, 판사와 같은 정치 행위자의 이념(이데올로기)을 그들의 행동에서 정량적으로 특성화하는 방법이 있다. 물론 개인이 어느 정도 진보적이거나 보수적인지 직접 관측하지 않는다. 이념은 순전히 인위적인 개념일 수 있지만, 그럼에도 불구하고 다양한 개인들의 정치적 성향을 설명하는 매우 유용한 방법이기도 하다. 지난 수십년 동안 사회과학자들은 **점호 투표**^{roll call vote}에서 정치인의 이데올로기를 추론하려고 시도했다. 예를 들어, 매년 미국 하원의원들은 수백 개의 법안에 투표한다. 공개적으로 접근 가능한 이 투표 기록을 사용해 연구자들은 각 의원들의 정치적 이데올로기를 특성화하고자 했다. 또한 시간이 지남에 따라 미국 의회의 전반적인 이념적 성향이 어떻게 변했는지도 알아보고자 했다.[2]

---

2 3.5절은 다음의 책에 바탕을 둔다. Nolan McCarty, Keith T. Poole, and Howard Rosenthal (2006) *Polarized America: The Dance of Ideology and Unequal Riches*. MIT Press.

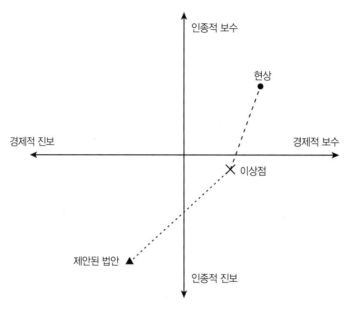

그림 3.3 입법 이데올로기의 공간 투표 모형 예시

공간 투표[spatial voting]라고 하는 단순한 측정 모형은 의원들의 이념과 투표를 관련시킬 수 있다. 그림 3.3은 이 모형을 보여 준다. 2개의 차원에 의해서 의원들의 이데올로기, 즉 '이상점[ideal point]'을 특징짓는다. 2개의 차원으로는 전후 의회 정치의 주요한 이데올로기적 특성으로 확인된 경제적 또는 인종적 진보/보수다. 연구자들은 많은 의원의 점호 투표가 경제적 진보/보수 차원으로 설명될 수 있는 반면에 인종적 진보/보수 차원은 덜 두드러진다는 것을 발견했다. 이 모형에서 이상점이 십자 표시된 의원들은 그들의 이상점이 제안된 법안(실선 삼각형)보다는 현상 유지(실선 원)에 가까울 때마다 법안에 반대할 가능성이 높았다. 논쟁의 여지가 있는 법안의 의회 투표 결과는 의원들의 이데올로기에 대해 많은 것을 보여 준다. 반면 만장일치로 법안 통과되거나 그렇지 못한 법안은 의원의 이념적 성향에 대한 정보를 제공하지 않는다.

유사한 모델이 교육 시험 문헌에도 사용됐다. 학자들은 SAT 및 GRE[Graduate Record Examination]와 같은 표준화된 시험들을 위해 항목응답이론/문항반응이론[IRT, Item Response theory]이라는 통계 방법 클래스를 개발했다. 이 맥락에서 의원들과 상정 법안들은 수험생과 시험 문제들로 대체된다. 이상점 대신에 학생들의 능력을 측정하는 것이 목표다. 또한 이 모델은 각 질문의 난이도를 추정한다. 이를 통해 연구자들은 너무 어렵지도 쉽지도 않은 좋은 시험 문제를 선택해서 유능한 학생들만 풀 수 있는 시험 문제를 고를 수 있다. 이 예는 사회과학 연구에서 잠재(즉 관측되지 않은) 측정의 중요성을 보여 준다.

3.6 이변량 관계 요약하기

3.6절에서는 두 변수 간의 관계를 요약하는 몇 가지 방법을 소개한다. DW-NOMINATE 점수라고 알려진 의원들의 이상점 추정값을 분석한다. 여기서 부정적인(긍정적인) 점수가 점차 진보적(보수적)이다. CSV 파일 congress.csv에는 80대(1947-1948)에서 112대(2011-2012) 의회까지 모든 하원 의원의 이상점 추정값이 포함돼 있다. 표 3.3은 데이터셋에 있는 변수의 이름과 설명을 보여 준다.

표 3.3 (미하원)의원의 이상점 데이터

변수	설명
name	(미하원)의원의 이름
state	의원의 소속 주
district	의원의 구역 번호
party	의원의 소속 정당
congress	의회 회기 번호
dwnom1	DW-NOMINATE 점수(제1차원)
dwnom2	DW-NOMINATE 점수(제2차원)

3.6.1 산점도

plot() 함수를 사용해 관계를 시각화하고자 하나의 변수에 다른 변수를 플로팅하는 산점도$^{\text{scatter plot}}$를 만든다. 이 함수의 구문은 plot(x, y)이며, 여기서 x와 y는 각각 수평 및 수직 좌표의 벡터다. 여기서는 경제적 진보/보수를 나타내는 DW-NOMINATE의 제1차원 스코어(dwnom1 변수)를 가로축에 플로팅한다. 인종적 진보/보수를 나타내는 제2차원(dwnom2 변수)을 세로축에 플로팅한다. 먼저 80대와 112대 의회의 산점도를 만든다. 관련 데이터를 부분 선택하는 것으로 시작한다.

```
congress <- read.csv("congress.csv")
## 정당(party)에 따라 데이터를 부분 선택한다.
rep <- subset(congress, subset = (party == "Republican"))
dem <- congress[congress$party == "Democrat", ] # 부분 선택의 또 다른 방법
## 80대 및 112대 의회
rep80 <- subset(rep, subset = (congress == 80))
dem80 <- subset(dem, subset = (congress == 80))
rep112 <- subset(rep, subset = (congress == 112))
dem112 <- subset(dem, subset = (congress == 112))
```

동일한 축의 라벨 및 한계를 이용해 여러 개의 산점도를 만들 것이다. 반복을 피하고자 나중에 다시 사용할 수 있도록 객체로 저장한다.

```
## 반복을 피하기 위해서 축의 라벨 및 한계를 준비
xlab <- "경제적 진보/보수"
ylab <- "인종적 진보/보수"
lim <- c(-1.5, 1.5)
```

마지막으로 이 축 정보를 사용해 80대 및 112대 의회의 이상점 산점도를 만든다. plot() 및 points() 함수의 pch 인자를 사용해 두 당사자에 대해 서로 다른 플로팅 기호를 지정할 수 있다. 현재 예에서 pch = 16는 공화당원의 경우 단색 삼각형을, pch = 17는 민주당원의 경우 단색 원으로 그린다. 더 많은 옵션들을 R 콘솔에 example(points)를 입력하면 볼 수 있다.

```
## 80대 의회의 산점도
plot(dem80$dwnom1, dem80$dwnom2, pch = 16, col = "blue",
     xlim = lim, ylim = lim, xlab = xlab, ylab = ylab,
     main = "80대 의회") # 민주당
points(rep80$dwnom1, rep80$dwnom2, pch = 17, col = "red") # 공화당
text(-0.75, 1, "민주당")
text(1, -1, "공화당")
## 112대 의회의 산점도
plot(dem112$dwnom1, dem112$dwnom2, pch = 16, col = "blue",
     xlim = lim, ylim = lim, xlab = xlab, ylab = ylab,
     main = "112대 의회")
points(rep112$dwnom1, rep112$dwnom2, pch = 17, col = "red")
```

다음 플롯은 공화당원을 위해 회색 삼각형을 사용한다. 풀컬러 버전은 501쪽을 참고하기

바란다.

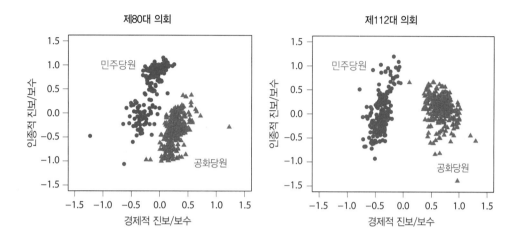

그림은 112대 의회(80대 의회와 반대)에서 민주당과 공화당의 이데올로기적 차이를 설명하는데 인종적 자유주의/보수주의라는 차원이 더 이상 중요하지 않음을 보여 준다. 대신에 경제적 차원은 당파적 차이를 지배적으로 설명하는 것으로 보이며, 인종적 차원에서 민주당원과 공화당원 간의 차이는 훨씬 덜 뚜렷하다.

다음으로 DW-NOMINATE 1차원 점수를 기준으로 민주당과 공화당 및 각 의회에 대해 개별적으로 중간에 있는 의원을 계산한다. 이러한 정당 중간 이상점은 경제적 진보/보수 차원에서 각 정당의 중심을 나타낸다. tapply() 함수를 사용해 쉽게 할 수 있다.

```
## 각 의회의 정당별 중간값
dem.median <- tapply(dem$dwnom1, dem$congress, median)
rep.median <- tapply(rep$dwnom1, rep$congress, median)
```

마지막으로 plot() 함수를 사용해 각 정당의 중간값이 각 의회에 표시되는 시계열 플롯을 생성시킨다. 시간이 지남에 따라 중간값을 연결하는 선을 그리고자 type 인자를 "l"로 설정했다. 이 플롯으로 정당 중간값이 시간에 따라 어떻게 변했는지 시각화할 수 있다. 의회를 가로축으로 하며 이 정보는 dem.median 벡터의 name으로 사용할 수 있다.

```
## 민주당
plot(names(dem.median), dem.median, col = "blue", type = "l",
```

```
        xlim = c(80, 115), ylim = c(-1, 1), xlab = "Congress",
        ylab = "DW-NOMINATE score (first dimension)")
## 공화당을 추가
lines(names(rep.median), rep.median, col = "red")
text(110, -0.6, "Democratic\n Party")
text(110, 0.85, "Republican\n Party")
```

아래 플롯은 공화당원을 위해 빨간색 선 대신에 회색 선을 사용한다. 풀컬러 버전은 501
쪽을 참고하기 바란다.

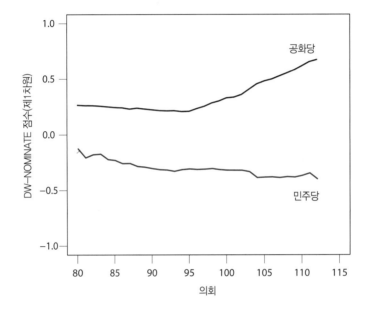

text() 함수에 사용된 \n 구문은 새 줄로 바꾸라는 것을 말한다. 플롯은 두 정당의 이념
적 중심이 시간이 지남에 따라 갈라진다는 것을 분명히 보여 준다. 민주당은 더욱 자유롭
고, 공화당은 최근 몇 년간 보수적인 방향으로 이동했다. 많은 학자들은 이 현상을 정치적
양극화political polarization라고 한다.

> **산점도**는 같은 단위에서 한 변수와 그에 대응하는 다른 변수의 값을 표시하면서 동
> 일한 단위의 두 변수를 시각적으로 비교한다.

3.6.2 상관관계

정치적 양극화의 원인은 무엇인가? 이는 대답하기 매우 어려운 질문이며, 많은 학문적 논쟁의 주제이기도 하다. 그러나 증가하는 소득의 불평등이 당파 격차 확대의 원인일 수 있다는 지적이다. 그래픽으로 가장 잘 이해되는 지니계수^{Gini Index}를 사용해 소득 불평등을 측정하고자 한다. 그림 3.4는 그 아이디어를 잘 보여 준다. 가로축은 최저 소득에서 최고 소득순으로 정렬된 사람들의 누적 점유율을 나타낸다. 반면에 세로축은 개인의 소득이 주어진 소득 백분위수보다 같거나 작은 소득의 누적 점유율을 플로팅한다. 로렌츠 곡선^{Lorenz curve}은 이 두 통계를 연결한다. 모든 사람이 정확히 같은 소득을 얻는다면 인구의 $x\%$가 x의 값에 상관없이 국민 소득에서 정확히 $x\%$를 보유할 것이기 때문에 로렌츠 곡선은 45도 선과 같다. 이를 균등분포선이라고 하자. 그러나 저소득층의 소득이 고소득층보다 훨씬 적다면 로렌츠 곡선은 처음에는 더 평평해지고 마지막에는 급격히 증가할 것이다.

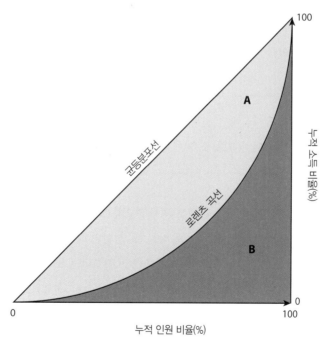

그림 3.4 지니계수와 로렌츠 곡선

표 3.4 미국 지니계수 데이터

변수	설명
year	연도
gini	미국 지니계수

이제 지니계수를 균등분포선과 로렌츠 곡선 사이의 영역을 균등분포선 아래 영역으로 나눈 값으로 정의할 수 있다. 그림 3.4에서는 다음과 같다.

$$\text{지니계수} = \frac{\text{균등분포선과 로렌츠 곡선 사이의 영역}}{\text{균등분포선 아래의 영역}}$$

$$= \frac{\text{그림 3.4의 영역 A}}{\text{그림 3.4의 영역 A + 영역 B}}$$

이 공식은 면적 A가 클수록(작을수록) 지니계수가 높을수록(낮을수록) 불평등이 더 많음(덜 함)을 의미한다. 완전히 평등한 사회에서 지니계수는 0이다. 반대로 한 사람이 모든 부를 소유한 사회는 지니계수가 1이다.

> **지니계수**는 특정 사회에서 소득의 평등과 불평등 정도를 측정한다. 지니계수는 0(모든 사람이 동일한 부를 소유)에서 1(한 사람이 모든 부를 소유)까지다.

정치적 양극화와 소득 불평등의 관계를 조사하고자 2개의 시계열 플롯을 나란히 만든다. 첫 번째 그림은 당파적 차이, 즉 시간에 따른 두 정당의 중간값 차이를 보여 준다. 두 번째 시계열도는 동일한 기간 동안의 지니계수를 표시한다. CSV 데이터 파일 USGini.csv 에는 1947년부터 2013년까지의 지니계수가 포함돼 있다(표 3.4 참고). 미국에서 정치적 양극화와 소득불평등이 꾸준히 증가하고 있음을 알 수 있다.

```
## 지니계수 데이터
gini <- read.csv("USGini.csv")
## 당파적 차이의 시계열 플롯
plot(seq(from = 1947.5, to = 2011.5, by = 2),
```

```
        rep.median - dem.median, xlab = "Year",
        ylab = "공화당 중간값 -\n 민주당 중간값",
        main = "정치적 양극화")
## 지니계수의 시계열 플롯
plot(gini$year, gini$gini, ylim = c(0.35, 0.45), xlab = "연도",
        ylab = "지니계수", main = "소득 불평등")
```

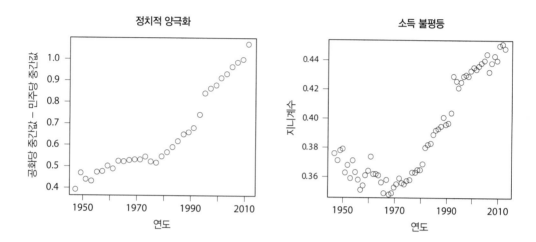

그러나 2장에서처럼 상관성이 반드시 인과효과를 의미하는 것은 아니다. 그러므로 이러한 상승 추세를 반드시 양극화를 유발하는 소득 불평등의 증거로 해석해서는 안 된다는 것을 배웠다. 예를 들어, 기대 수명 또한 이 기간 지속적으로 증가했지만, 이는 기대수명이 더 길어져서 정치적 양극화를 유발했거나 그 반대의 경우를 의미하지는 않는다.

상관관계(correlation, 상관계수$^{correlation\ coefficient}$라고도 함)는 이변량 관계를 요약하는 데 가장 자주 사용되는 통계 중 하나다. 측정값은 평균적으로 두 변수가 각각의 평균을 기준으로 어떻게 함께 이동하는지를 나타낸다. 상관관계를 정의하기 전에 관측값이 평균보다 높거나 낮은 표준편차의 수를 나타내는 z 점수$^{z\text{-score}}$를 도입해야 한다. 특히 변수 x의 i번째 관측치의 z 점수는 다음과 같이 정의된다.

$$x_i\text{의 } z \text{ 점수} = \frac{x_i - x\text{의 평균}}{x\text{의 표준편차}} \tag{3.1}$$

예를 들어, 특정 관측값의 z 점수가 1.5와 같으면 관측값이 평균보다 1.5 표준편차만큼 위에 있다. z 점수는 변수를 표준화하기 때문에 측정 단위는 더 이상 중요하지 않다. 더 자세히 말하면 a와 b가 상수(a는 0이 아님)인 $ax_i + b$의 z 점수는 x_i의 z 점수와 같다. 간단한 대수학으로 다음의 속성을 보여 준다.

$$(ax_i + b)\text{의 } z \text{ 점수} = \frac{(ax_i + b) - (ax + b)\text{의 평균}}{(ax + b)\text{의 표준편차}}$$

$$= \frac{a \times (x_i - x\text{의 평균})}{a \times x\text{의 표준편차}}$$

$$= x_i\text{의 } z \text{ 점수}$$

여기서 첫 번째 등식은 식 (3.1)의 z 점수 정의를 따르며 두 번째 등식은 평균 및 표준편차의 정의를 기반으로 한다(식 (2.4) 참고). 상수 b는 평균이 b 자체와 같기 때문에 위 식에서 삭제할 수 있다.

변수 x의 i번째 관측값의 z 점수는 관측값이 평균보다 높거나 낮은 표준편차의 수를 측정한다. 다음과 같이 정의된다.

$$x_i\text{의 } z \text{ 점수} = \frac{x_i - \bar{x}}{S_x}$$

여기서 $\bar{x}$와 S_x는 각각 x의 평균과 표준편차다. z 점수(평균에서의 편차 측정값)는 변수의 측정 단위의 크기나 기준점의 변형에 민감하지 않다.

이제 두 변수의 z 점수의 평균 곱으로 동일한 n개의 관측값 집합에 대해 측정된 두 변수 x와 y간의 상관관계를 정의할 수 있다.

$$\text{상관관계}(x, y) = \frac{1}{n} \sum_{i=1}^{n} (x_i\text{의 } z \text{ 점수} \times y_i\text{의 } z \text{ 점수}) \tag{3.2}$$

표준편차의 경우와 같이(2.6.2절 참고) 상관관계의 분모는 종종 n이 아니라 $n - 1$이다. 그러나 이 차이는 표본크기가 충분히 크면 결론에 영향을 주지 않는다. 합산 내에서 각 z 점수는 표준편차 측면에서 해당 관측값의 평균과 편차를 측정한다. 한 변수가 평균보다 높을 때 다른 변수도 자체 평균보다 클 가능성이 높다고 가정한다. 그러면 표준화된 단위의 부호가 서로 일치하는 경향이 있으므로 상관관계가 양(+)일 가능성이 높다. 반면 한 변수가 평균보다 높을 때 다른 변수가 자체 평균보다 작을 가능성이 있다고 가정한다. 그러면 상관관계가 음(−)일 가능성이 높다. 현재의 예에서 양의 상관관계는 소득불평등이 여러 해의 평균보다 높은 해에 정치적 양극화도 여러 해의 평균보다 높을 가능성이 있음을 의미한다.

z 점수는 변수를 측정하는 데 사용되는 단위에 민감하지 않다. z 점수를 기반으로 하기 때문에 측정에 다른 단위를 사용하더라도 상관관계도 동일하게 유지된다. 예를 들어, 소득을 달러 대신 수천 달러로 측정하더라도 상관관계는 변하지 않는다. 실제로 다른 통화를 사용할 수도 있다. 예를 들어, 소득을 측정하는 데 사용하는 척도에 따라 소득과 교육의 관계가 바뀌지 않아야 하기 때문에 실제로 편리하다고 볼 수 있다. 표준화의 또 다른 결과로 상관관계는 −1과 1 사이의 값만 다룬다. 이를 통해 서로 다른 변수 쌍 간의 연관성의 강함과 약함을 비교할 수 있다.

상관관계(상관계수)는 두 변수가 서로 연관돼 있는 정도를 측정한다. 다음과 같이 정의된다.

$$x와 y의 \text{ 상관관계} = \frac{1}{n}\sum_{i=1}^{n}\left(\frac{x_i - \bar{x}}{S_x} \times \frac{y_i - \bar{y}}{S_y}\right)$$

$$또는 \quad \frac{1}{n-1}\sum_{i=1}^{n}\left(\frac{x_i - \bar{x}}{S_x} \times \frac{y_i - \bar{y}}{S_y}\right)$$

여기서 $\bar{x}$와 $\bar{y}$는 각각의 평균이며 S_x와 S_y는 각각 x와 y의 표준편차다. 상관관계의 범위는 −1에서 1까지이고 변수의 측정 단위 크기나 기준점의 변형에 민감하지 않다.

R에서는 cor() 함수를 사용해 상관관계를 계산할 수 있다. 예를 들어, 지니계수와 정치적 양극화 간의 상관관계를 계산하자. 이를 위해 미국 의회의 1회기는 2년간이기 때문에 각 회기의 2년째 지니계수를 취한다.

```
cor(gini$gini[seq(from = 2, to = nrow(gini), by = 2)],
    rep.median - dem.median)
```

```
## [1] 0.9418128
```

상관관계가 양(+)이고 상당히 높은 것으로 나타났으며, 이는 정치적 양극화와 소득 불평등이 비슷한 방향으로 움직이는 것을 나타낸다. 이미 강조했듯이 이 상관관계만으로는 인과효과를 의미하지 않는다. 이 기간에 많은 변수가 상승 추세를 보이며, 이들 사이의 높은 양(+)의 상관관계가 있다.

3.6.3 Q-Q 플롯

마지막으로 어떤 경우에는 단순히 평균이나 중간값이 아닌 두 변수의 전체 분포를 비교하는 데 관심이 있다. 이러한 비교를 수행하는 한 가지 방법은 단순히 2개의 히스토그램을 나란히 표시하는 것이다. 예를 들어, 우리는 112대 의회에서 인종적 진보/보수 차원에서 이상적인 점수 분포를 비교한다. 여러 플롯을 비교할 때 쉽게 하려면 모든 플롯에 대해 수평 및 수직축에 대해 동일한 스케일을 사용하는 것이 중요하다.

```
hist(dem112$dwnom2, freq = FALSE, main = "민주당원",
     xlim = c(-1.5, 1.5), ylim = c(0, 1.75),
     xlab = "인종적 진보/보수 차원")
hist(rep112$dwnom2, freq = FALSE, main = "공화당원",
     xlim = c(-1.5, 1.5), ylim = c(0, 1.75),
     xlab = "인종적 진보/보수 차원")
```

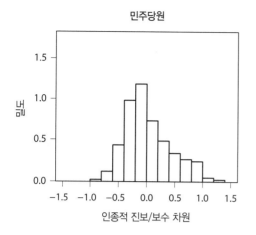

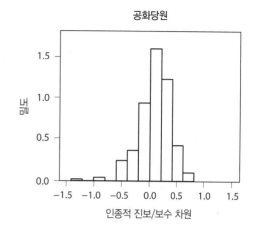

두 분포가 유사하다는 것을 관찰할 수 있다. 하지만 민주당의 분포는 공화당의 분포보다 위쪽 꼬리가 더 긴 것으로 보인다(즉 분포가 오른쪽으로 확장 치우침). 또한 공화당의 이데올로기적 입장은 민주당의 입장보다 중심에 더 집중돼 있는 것으로 보인다.

두 분포를 비교하는 좀 더 직접적인 방법은 Q-Q 플롯^{Quantile-Quantile plot}이다. Q-Q 플롯은 2.6.1절에 정의된 분위수를 기반으로 한다. 각 점이 동일한 분위수를 나타내는 분위수의 산점도다. 예를 들어, 한 샘플의 중간값, 상위 사분위수, 하위 사분위수는 다른 샘플의 해당 분위수에 대해 그려진다. 두 분포가 동일한 경우 모든 분위수는 동일한 값을 갖는다. 이 경우 Q-Q 플롯은 45도 선이 된다. 45도 선위의 점은 수직축에 그려진 변수가 수평축의 변수보다 해당 분위수에서 더 큰 값을 가짐을 나타낸다. 반대로 45도 아래의 점은 반대 관계를 의미한다. 예를 들어, 모든 점이 45도 선 위에 있으면 수직축의 변수가 수평축의 변수보다 모든 분위수에서 더 큰 값을 취함을 의미한다.

Q-Q 플롯의 또 다른 유용한 기능은 두 분포의 상대적 분산을 확인할 수 있다는 것이다. Q-Q 플롯의 점이 45도 선보다 평평한 선을 형성하면 가로축에 표시된 분포가 세로축보다 더 분산돼 있음을 나타낸다. 반대로 선의 기울기가 45도보다 더 가파르면 수직선에 표시된 분포가 더 퍼져 있다. qqplot() 함수는 x와 y 인자를 지정해 이 플롯을 생성한다.

```
qqplot(dem112$dwnom2, rep112$dwnom2, xlab = "민주당",
       ylab = "공화당원", xlim = c(-1.5, 1.5), ylim = c(-1.5, 1.5),
       main = "인종적 자유/진보 차원")
abline(0, 1) # 45도 회색 선
```

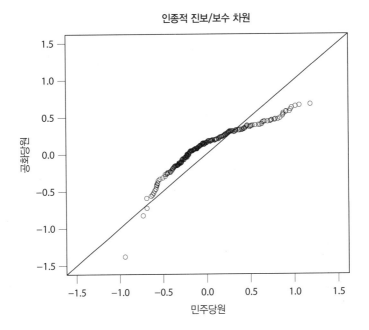

인종적 진보/보수 차원

(세로축: 공화당원, 가로축: 민주당원)

이 Q-Q 플롯에서 가로축과 세로축은 각각 민주당원과 공화당원의 인종과 관련된 차원을 나타낸다. 하위 분위수를 나타낸 점이 45도 선 위에 나타나는 것은 진보적 공화당원이 진보적 민주당원보다 더 보수적임을 보여 준다. 이는 이러한 분위수가 민주당원들에 해당하는 분위수보다 공화당원들이 더 큰 값(즉 더 보수적)을 갖기 때문이다. 반대로 상위 분위수를 나타내는 점은 45도 선 아래에 있다. 가장 높은 분위수, 즉 보수적인 분위수에서 민주당원은 공화당원보다 더 높고 보수적으로 점수를 매긴다. 따라서 보수적인 민주당원은 보수적인 공화당원보다 더 보수적임을 보여 준다. 보수적인 공화당원이 상위 분위수의 모든 점이 45도 선 위에 있다면 보수적인 민주당원보다 더 보수적일 것이다. 마지막으로 점들을 연결하는 선은 45도 선보다 평평해 공화당원보다 민주당원에게 이데올로기적 입장이 더 분산돼 있음을 나타낸다.

> **분위수–분위수 플롯** 또는 Q-Q 플롯은 분위수의 산점도를 말한다. 한 변수의 각 분위수 값을 다른 변수의 해당 분위수 값에 내해 내응하게 그림에 표시된다. 만약 두 변수의 분포가 동일하다면 Q-Q 플롯의 모든 점이 45도 선에 높인다. 점의 기울기가 45도 선보다 더 가파른 선을 형성하면 세로축에 표시된 분포가 가로축의 분포보다 더 분산된 것을 말한다. 만약 기울기가 45도 미만이면 수직축의 분포가 덜 분산된다.

3.7 군집화

이전 분석에서 산점도는 112대 의회에 민주당과 공화당이라는 이데올로기적으로 구별되는 두 그룹이 있음을 시각적으로 분명히 보여 줬다. 그러나 각 정당 내에 이데올로기적으로 유사한 입법자들의 군집집단들이 있는가? 유사하게 관측되는 그룹을 발견할 수 있는 잘 정의된 절차는 있는가? k 평균$^{k-means}$이라고 하는 가장 기본적인 군집화 알고리즘^{clustering} ^{algorithms} 중 하나를 살펴보자. k 평균 알고리즘을 설명하기 전에 두 가지 새로운 중요한 R 객체인 행렬과 리스트를 간략하게 소개한다. 이 객체들은 R에서 k 평균 알고리즘을 구현할 때 사용된다.

3.7.1 R에서 행렬

행렬과 데이터프레임 객체는 모두 직사각형 배열이고 유사점이 많지만, 중요한 차이점들이 있다. 가장 중요한 것은 데이터프레임이 다양한 유형의 변수(예: 숫자, 인자, 문자)를 취할 수 있는 반면, 행렬은 원칙적으로 숫자 값만 사용할 수 있다(특정 상황에서 논리 및 기타 특수값도 수용할 수는 있음). $ 연산자를 사용해 데이터프레임 객체에서 변수를 추출할 수 있지만, 일반적으로 행렬의 항목은 대괄호 [,]를 사용해 추출해야 한다. 첫 번째 및 두 번째 요소는 쉼표로 구분되고 이는 각각 해당 행과 열을 나타낸다. 이 책에서 살펴보지는 않지만, 행렬은 선형대수 연산에 유용하며 데이터프레임보다 일반적으로 계산하는 데 훨씬 효율적이다.

행렬 객체를 만들려면 matrix() 함수를 사용할 수 있다. 이를 위해 nrow(행 수)와 ncol(열 수) 인자로 행렬의 크기를 지정하고, 행 (byrow = TRUE) 또는 열 (byrow = FALSE)를 사용해 행렬이 입력 데이터로 채워져야 하는지를 표시한다. 또한 rownames() 및 colnames() 함수를 사용하면 행과 열에 라벨을 추가할 수 있다.

```
## 3x4 행렬을 행별로 채운다; 첫 번째 인자는 실제 투입값을 취한다.
x <- matrix(1:12, nrow = 3, ncol = 4, byrow = TRUE)
rownames(x) <- c("a", "b", "c")
colnames(x) <- c("d", "e", "f", "g")
dim(x) # 차원

## [1] 3 4

x

##   d e f  g
## a 1 2 3  4
## b 5 6 7  8
## c 9 10 11 12
```

as.matrix() 함수를 사용해 데이터프레임 객체를 행렬로 강제 변환하면 변수 유형과 같은 데이터프레임 객체의 일부 기능이 손실된다. 다음 예에서 데이터프레임이 문자 및 숫자와 같은 다른 데이터 유형을 취할 수 있지만, 행렬은 이를 수용할 수 없다는 사실을 보여 준다. 대신에 as.matrix() 함수는 다른 유형의 변수를 단일 유형으로 변환하며, 이 경우는 character(문자)다.

```
## 데이터프레임은 다른 데이터 유형을 취할 수 있다.
y <- data.frame(y1 = as.factor(c("a", "b", "c")), y2 = c(0.1, 0.2, 0.3))
class(y$y1)

## [1] "factor"

class(y$y2)

## [1] "numeric"

## as.matrix() 함수는 어느 변수도 문자로 변환한다.
z <- as.matrix(y)
z

##      y1  y2
## [1,] "a" "0.1"
```

```
## [2,] "b" "0.2"
## [3,] "c" "0.3"
```

마지막으로 유용한 행렬의 연산에는 각각 열 합계와 평균을 계산하는 colSums() 및 colMeans()가 있다. rowSums() 및 rowMeans() 함수를 사용해 동일한 작업을 행에 적용할 수 있다.

```
## 열의 합계
colSums(x)

## d  e  f  g
## 15 18 21 24
```

```
## 행의 평균
rowMeans(x)

##  a   b    c
## 2.5 6.5 10.5
```

보다 일반적으로 apply() 함수를 사용해 행렬의 여백(행 또는 열)에 임의의 함수를 적용할 수 있다. 이 함수는 세 가지 주요한 인자를 취한다. 맨 처음 X 인자는 행렬이고, 두 번째 MARGIN 인자는 함수를 적용할 차원을 지정하며(1은 행을 2는 열을 나타냄), 세 번째 FUN 인자는 함수를 이름 짓는다. 여기서는 세 가지 예를 제공한다. 처음 두 예제는 위에 표시된 colSums() 및 colMeans()과 동일하다. 마지막 예는 각 행의 표준편차를 계산한다.

```
## 열의 합계
apply(x, 2, sum)

## d  e  f  g
## 15 18 21 24
```

```
## 행의 평균
apply(x, 1, mean)

##  a   b    c
## 2.5 6.5 10.5
```

```
## 각 행의 표준편차
apply(x, 1, sd)

##        a        b        c
## 1.290994 1.290994 1.290994
```

3.7.2 R에서 리스트

이제 R의 또 다른 중요한 객체 클래스인 리스트[list]를 살펴보자. 리스트 객체는 다양한 유형의 객체를 요소로 저장할 수 있기 때문에 유용하다. 예를 들어, 리스트는 길이가 다른 숫자 및 문자형 벡터를 사용할 수 있다. 반대로 데이터프레임은 이러한 벡터의 길이가 같다고 가정한다. 실제로 리스트에는 크기가 다른 여러 데이터프레임이 요소로 포함될 수도 있다. 따라서 리스트는 매우 일반적인 개체 클래스다.

리스트의 각 요소는 이름과 함께 제공되며, $ 연산자를 사용해 추출할 수 있다(데이터프레임의 변수처럼). 추출할 요소를 나타내는 정수 또는 요소 이름과 함께 이중대괄호, [[ ]]를 사용해 요소를 추출할 수도 있다. 다음은 리스트의 간단한 예시다. 길이가 10인 정수 벡터(y1), 길이가 3인 문자형 벡터(y2), 2개의 변수와 3개의 관측값이 있는 데이터프레임(y3). 리스트를 만들려면 list() 함수를 사용하고 이름을 인자로 사용해 요소로 지정한다.

```
## 리스트를 생성
x <- list(y1 = 1:10, y2 = c("hi", "hello", "hey"),
          y3 = data.frame(z1 = 1:3, z2 = c("good", "bad", "ugly")))
## 리스트에서 요소들을 추출하는 세 가지 방법
x$y1 # 첫 번째 요소

## [1]   1  2  3  4  5  6  7  8  9 10

x[[2]] # 두 번째 요소

## [1] "hi"    "hello" "hey"

x[["y3"]] # 세 번째 요소

##   z1   z2
## 1  1 good
## 2  2 bad
## 3  3 ugly
```

소개한 기능 중 일부는 리스트 객체에 적용할 수 있다. 여기에는 names()(요소의 이름 추출) 및 length()(요소 수 확보) 함수가 포함된다.

```
names(x) # 모든 요소의 이름

## [1] "y1" "y2" "y3"
```

```
length(x) # 요소 수
## [1] 3
```

3.7.3 k 평균 알고리즘

이제 행렬과 리스트에 익숙해졌으므로 k 평균 알고리즘을 적용하는 데 사용할 수 있다. k 평균 알고리즘은 결과에서 눈에 띄는 차이가 더 이상 생성되지 않을 때까지 일련의 작업이 반복적으로 수행되는 반복 알고리즘^iterative algorithm^이다. 알고리즘의 목표는 데이터를 k개의 유사한 그룹으로 분할하는 것이다. 여기서 각 그룹은 그룹 내 평균과 동일한 중심^centroid^과 관련된다. 먼저 각 관측값을 가장 가까운 군집에 할당한 다음 새로운 군집(클러스터) 할당을 기반으로 각 클러스터의 중심을 계산한다. 이 두 단계는 클러스터 할당이 더 이상 변경되지 않을 때까지 반복된다. 알고리즘은 다음과 같이 정의된다.

> **k 평균 군집화 알고리즘**은 사전에 지정된 군집의 수 k를 생성하며, 다음에 제시된 단계로 구성된다.
>
> 1단계: k개 군집의 초기 중심을 선택한다.
> 2단계: 중심이 주어지면 중심이 해당 관측값에 가장 가까운(유클리드 거리의 측면에서) 군집에 각 관측값을 할당한다.
> 3단계: 좌표가 해당 변수의 군집 내 평균과 같은 각 군집의 새 중심을 선택한다.
> 4단계: 군집 할당이 더 이상 변경되지 않을 때까지 2단계와 3단계를 반복한다.

연구자들은 군집 수 k와 각 군집의 초기 중심을 선택해야 한다. R에서는 특별히 지정하지 않으면 중심의 초기 위치가 임의로 선택된다.

일반적으로 k 평균 알고리즘을 적용하기 전에 입력값을 표준화^standardize^하는 것이 좋다. 이렇게 하면 군집화 결과가 각 변수의 측정 방법에 의존하지 않도록 모든 변수가 동일한 척도로 표시된다. 이것은 앞에서 소개한 z 점수를 계산해 수행된다(식 (3.1) 참고). 변수에서 평균을 빼고(중심화라고 함) 표준편차로 나눠(스케일링이라고 함) 변수의 z 점수를 계산한다는 것을 상기하라. R에서는 단일 변수의 벡터 또는 여러 변수의 행렬을 취하는 scale() 함수를 사용해 변수 또는 변수의 집합을 표준화할 수 있다.

당파성 연구로 돌아가서 80대 및 112대 의회의 DW-NOMINATE 점수에 k 평균 클러스터링 알고리즘을 별도로 적용한다. $k = 2$ 및 $k = 4$를 선택해 각각 2개와 4개의 클러스터를 생성한다. kmeans() 함수는 R에서 k 평균 알고리즘을 구현한다. 함수에는 다양한 인자가 있지만 첫 번째 인자 x는 k 평균 알고리즘을 적용하는 관측값 행렬을 취한다. 지금 적용하는 경우에는 이 매트릭스에는 (DW-NOMINATE 점수의 첫 번째 및 두 번째 차원) 2개의 열이 있으며, 행 수는 각 회기의 의원 수와 같다. 이 매트릭스를 만들기 위해서는 cbind() (또는 '열 바인딩') 함수를 사용해 두 변수를 열로 결합한다. 참고로 rbind()(또는 '행 바인딩') 함수를 사용하면 두 벡터 또는 행렬을 행별로 바인딩할 수 있다. DW-NOMINATE 점수는 이미 실질적으로 의미 있는 척도이기 때문에 입력변수의 표준화를 행하지 않는다.

```
dwnom80 <- cbind(congress$dwnom1[congress$congress == 80],
                 congress$dwnom2[congress$congress == 80])
dwnom112 <- cbind(congress$dwnom1[congress$congress == 112],
                  congress$dwnom2[congress$congress == 112])
```

kmeans() 함수의 주요 인자에는 centers(클러스터 수), iter.max(최대 반복 횟수) 및 nstart(무작위로 선택한 초기 중심수)가 포함된다. 알고리즘이 다른 시작값으로 여러 번 실행되도록 nstart 인자를 지정하는 것이 좋다(kmeans() 함수가 최상의 결과를 보고). k 평균 알고리즘을 2개의 클러스터와 5개의 임의로 선택된 시작값으로 근사近似, fitting를 시작한다.

```
## 2 클러스터의 k 평균값
k80two.out <- kmeans(dwnom80, centers = 2, nstart = 5)
k112two.out <- kmeans(dwnom112, centers = 2, nstart = 5)
```

출력 객체 k80two.out 및 k112two.out은 k 평균 알고리즘 적용 결과와 관련된 다양한 요소를 포함하는 리스트다. 여기에는 iter(클러스터 할당이 더 이상 변경되지 않을 때 달성되는 수렴까지의 반복수를 나타내는 정수), cluster(결과 클러스터 구성원의 벡터) 및 centers(클러스터 중심의 행렬)가 포함된다.

```
## 리스트의 요소
names(k80two.out)
```

```
## [1] "cluster"     "centers"     "totss"
## [4] "withinss"    "tot.withinss" "betweenss"
## [7] "size"        "iter"        "ifault"
```

3.7.2절에서 설명했듯이 각 리스트의 요소는 데이터프레임 객체의 변수에 엑세스하는 것처럼 $를 사용해 접근할 수 있다. 두 경우 모두 알고리즘은 단 한 번의 반복으로 수렴됐으며, 출력 리스트 객체의 반복 요소를 검사해 확인할 수 있다. 기본 최대 반복 횟수는 10이다. 수렴이 이뤄지지 않으면 iter.max 인자를 10보다 큰 숫자로 지정해야 한다.

이제 2-클러스터 모형을 사용해 결과 클러스터의 최종 중심점을 조사하자. 각 출력 행은 첫 번째 및 두 번째 열에 각각 중심의 수평 및 수직 좌표가 있는 클러스터를 보여 준다.

```
## 최종 중심점
k80two.out$centers
```

```
##          [,1]       [,2]
## 1  0.14681029 -0.3389293
## 2 -0.04843704  0.7827259
```

```
k112two.out$centers
```

```
##          [,1]       [,2]
## 1 -0.3912687 0.03260696
## 2  0.6776736 0.09061157
```

다음으로 정당 및 클러스터 라벨 변수의 교차표를 만들어 각 클러스터에 속한 민주당 및 공화당 의원의 수를 계산한다.

```
## 각 클러스터를 포함하는 정당별 관측수
table(party = congress$party[congress$congress == 80],
      cluster = k80two.out$cluster)
```

```
##            cluster
## party         1   2
##   Democrat   62 132
##   Other       2   0
##   Republican 247   3
```

```
table(party = congress$party[congress$congress == 112],
      cluster = k112two.out$cluster)
```

```
##             cluster
## party        1   2
##   Democrat  200   0
##   Other       0   0
##   Republican  1 242
```

112대 의회의 경우 2개의 클러스터가 있는 *k* 평균 알고리즘은 민주당원만 포함하는 클러스터 1개와 공화당원만으로 구성된 다른 클러스터를 생성한다. 이 경우 클러스터의 수를 2개로 선택했지만 알고리즘은 이 두 클러스터가 당파성에 완벽하게 동조한다는 것으로 판명됐다. 반대로 80대 의회의 경우 클러스터 중 하나에는 공화당원뿐만 아니라 민주당원도 상당수 포함된다. 이것은 정치적 양극화가 시간이 지남에 따라 악화됐다는 사실과 일치한다.

다음으로 4개의 클러스터로 *k* 평균 알고리즘을 적용하고 결과를 시각화한다. 4-클러스터 모형을 80대 및 112대 의회에 근사하는 것으로 시작한다.

```
## 4 클러스터의 k 평균값
k80four.out <- kmeans(dwnom80, centers = 4, nstart = 5)
k112four.out <- kmeans(dwnom112, centers = 4, nstart = 5)
```

결과를 시각화하고자 plot() 함수를 사용해 산점도를 만든다. 다음 구문은 다른 클러스터에 속하는 관측값에 다른 색상을 할당한다. 각 클러스터의 중심은 별표로 표시된다.

```
## 이전에 정의된 라벨과 한계를 이용해 결과값을 플로팅
plot(dwnom80, col = k80four.out$cluster + 1, xlab = xlab, ylab = ylab,
    xlim = lim, ylim = lim, main = "80th Congress")
## 중심점 플로팅하기
points(k80four.out$centers, pch = 8, cex = 2)
## 112대 의회
plot(dwnom112, col = k112four.out$cluster + 1, xlab = xlab, ylab = ylab,
    xlim = lim, ylim = lim, main = "112th Congress")
points(k112four.out$centers, pch = 8, cex = 2)
```

다음 플롯의 풀컬러 버전 플롯은 502쪽을 참고하기 바란다.

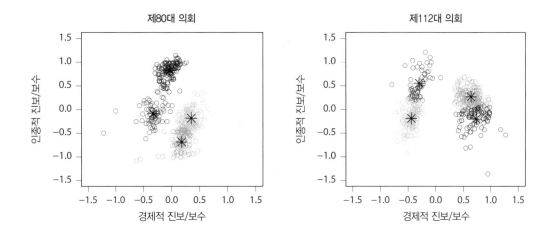

points() 함수에 주어진 cex 인자는 각 클러스터의 중심이 명확하게 보이도록 글꼴 크기를 제어한다. 또한 pch 인자는 플로팅을 위한 특정 기호를 지정한다. 마지막으로 col 인자에 대해 실제 색상 이름이 아닌 정수값으로 구성된 벡터를 지정해 각 정수값이 해당 클러스터에 사용되도록 한다. 클러스터 중 하나에 속하는 관측값에 클러스터 중심의 색상인 검은색을 사용하지 않도록 클러스터 라벨에 1을 추가한다. palette() 함수는 색상 이름과 정수값 간의 정확한 대응을 표시한다(R에서 색상 사용의 자세한 내용은 5.3.3.절 참고).

```
palette()

## [1] "black"   "red"     "green3" "blue"   "cyan"
## [6] "magenta" "yellow" "gray"
```

결과는 4-클러스터 모형이 민주당원을 2개의 클러스터로, 공화당원을 2개의 클러스터로 나누는 것을 보여 준다. 각 정당 내에서 두 클러스터 사이의 분열이 가장 분명하다. 양당 모두, 정당 내 분열은 인종적인 차원을 따른다. 반대로 경제적인 차원은 두 정당 간의 차이를 지배한다.

k 평균 알고리즘과 같은 클러스터링 알고리즘은 비지도 학습^{unsupervised learning} 방법의 예를 나타낸다. 지도 학습^{supervised learning}과 달리 결과변수가 없다. 대신 비지도 학습의 목표는 데이터에서 숨겨진 구조를 발견하는 것이다. 비지도 학습의 어려움은 성공과 실패를 구분 짓는 명확한 척도가 없다는 것이다. 결과 데이터가 없으면 이러한 클러스터링 알고리즘이 '올바른' 결과를 생성하는지 알기가 어렵다. 이러한 이유로 클러스터링 알고리즘으로 생

성된 결과가 합리적임을 확인하고자 종종 사람의 판단이 필요하다.

3.8 요약

3장에서는 측정 문제에 중점을 뒀다. 먼저 **설문조사 샘플링**(추출)을 논의했다. 이는 모집단의 모든 단위를 열거하지 않고도 무작위로 추출된 소수의 단위에서 잠재적으로 큰 모집단의 특성을 추론하는, 효율적인 주요 방법이다. 2장에서 처치할당의 무작위화를 배웠는데 이는 처치그룹과 통제그룹이 모든 측면에서 평균적으로 동일하지만 처치를 받는 것을 보장한다. 설문조사 샘플링에서는 단위의 무작위 샘플링을 사용해 샘플이 대상 모집단을 대표하도록 했다. 이를 통해 연구자들은 무작위 샘플링에서 얻은 샘플에서 모집단 특성을 추론할 수 있다.

무작위 샘플링이 효과적인 기법이긴 하지만, 실제로는 몇 가지 문제가 있다. 첫째, 무작위 샘플링에는 추출할 잠재적 단위의 전체 리스트가 필요하지만 이러한 샘플링 프레임을 얻기는 매우 어렵다. 둘째, 비용 및 물류적 제약으로 인해서 연구자들은 복잡한 무작위 샘플링 기법을 사용해야 한다. 셋째, 설문조사는 일반적으로 **단위 무응답 및 항목 무응답**으로 이어지며, 비임의적(비확률적)으로 발생하면 추론의 타당성을 위협한다. 최근 몇 년 동안 전화 설문조사의 무응답 비율이 급격히 증가했다. 그 결과 많은 설문조사가 확률 샘플링을 기반으로 하지 않지만, 퀄트릭스^{Qualtrics}와 같은 플랫폼으로 저렴한 인터넷 설문조사를 사용하기 시작했다. 설문조사 무응답 문제 이외에도 설문조사의 민감한 질문은 응답자가 자신의 답변을 위조하고 사회적으로 수용 가능한 답변만 제공할 수 있는 **사회적 바람직함 편향**을 초래하는 경우가 많다.

또한 사회과학자들은 종종 이데올로기와 능력 같은 잠재 개념을 측정하는 방법을 묻는 질문에 직면한다. 미국 의회에서 정치적 양극화에 대한 항목반응이론의 적용을 논의했다. 이 아이디어는 의원들의 점호 투표^{roll call vote}에서 의원들의 이념적 입장을 추론하는 것이다. 표준화된 시험에서 학생들의 능력을 측정하는 데도 동일한 방법이 적용됐다. 추정된 이상점을 예로 사용해 데이터에서 유사한 특성을 가진 잠재적 관측 그룹을 발견하고자 k 평균 알고리즘이라는 기본적인 **군집화 알고리즘**을 적용하는 방법도 배웠다.

이러한 개념과 방법 이외에도 3장에서는 데이터의 다양한 수치적 및 시각적 요약을 소개했다. **막대그래프**는 요인변수의 분포를 요약하지만, **박스플롯**과 **히스토그램**은 연속변수의 분포를 나타내는 데 유용한 도구다. **상관계수**는 두 변수 간의 연관성을 수치적으로 특성화하는 반면, **산점도**는 한 변수를 다른 변수에 대응해서 시각화시킨다. 마지막으로 **Q–Q 플롯**은 산점도와는 달리 두 변수가 동일한 단위로 측정되지 않은 경우에도 분포를 비교할 수 있다.

3.9 연습문제

3.9.1 동성혼에 대한 인식 변화: 재논의

이 연습문제에서는 2.8.2절에서 분석한 동성혼 연구를 재논의할 것이다. 다음의 질문들에 답하기 전에 해당 연습문제를 해결하는 것이 중요하다. 2015년 5월 이 연구의 결과를 내는 데 사용된 데이터셋에 몇 가지 부정이 있었다는 사실을 3명의 연구자가 보고했다.[3] 연구자들은 협동캠페인 분석 프로젝트^{CCAP, Cooperative Campaign Analysis Project} 설문조사 데이터(실험에서 수집됐다고 주장되는 원본 데이터가 아님)가 동성혼 연구에 보고된 결과를 생성하는 데 사용됐다고 제안했다. 이 연구부정에 관한 발표에 의해서 최종적으로 원 논문은 게재 철회되는 사태로 이어졌다. 이 연습문제에서 동성혼 데이터셋에서 관찰된 부정을 재현하고자 몇 가지 측정 전략을 사용한다.

이를 위해 2개의 CSV 데이터 파일을 사용할 것이다. 첫 번째는 원 데이터셋을 재구성한 것으로 각각의 관측값은 고유한 응답자에 대응하는 **gayreshaped.csv**다(표 3.5 참고). 두 번째는 동성혼 연구에서 결과를 내기 위해 사용된 것으로 주장되는 2012년의 CCAP 데이터셋 **ccap2012.csv**다. 감정온도계는 응답자가 동성혼 커플의 호감도를 0에서 100까지의 척도로 측정했다.

---

3 이 연습문제는 다음의 미발표 보고서에 바탕을 둔다. "Irregularities in LaCour (2014)" by David Broockman, Joshua Kalla, and Peter Aronow.

표 3.5 동성혼 재가공 데이터

변수	설명
study	연구 자료 출처(1=study 1, 2= study 2)
treatment	5개의 처치할당 옵션
therm1	wave1에서 동성 커플의 감정온도(0-100)
therm2	wave2에서 동성 커플의 감정온도(0-100)
therm3	wave3에서 동성 커플의 감정온도(0-100)
therm4	wave4에서 동성 커플의 감정온도(0-100)

Note: 원본데이터는 표 2.7에 있음.

표 3.6 2012 협동캠페인 분석 프로젝트(CCAP) 설문조사 데이터

변수	설명
caseid	고유응답자 ID
gaytherm	동성 커플의 감정온도(0-100)

1. 동성혼 연구에서 연구자들은 설득 효과가 시간이 지남에 따라 얼마나 지속되는지 평가하고자 7번의 설문조사를 실시했다. 연구자들이 발견한 한 가지 비정상적인 점은 통제그룹(조사가 발생하지 않은 곳)의 설문조사에 대한 응답이 시간이 지남에 따라 비정상적으로 높은 상관관계가 있다는 점이다. 연구 1의 통제그룹에 대한 1차 및 2차 웨이브^{wave}에서 응답자의 감정온도 척도들 간의 상관관계는 무엇인가? 결측값을 처리하고자 cor() 함수의 use 인자를 "complete.obs"로 설정하고 결측값이 없는 관측값만 사용해 상관관계를 계산해야 한다. 결과에 대한 간략하고 실질적인 해석을 제공하라.

2. 연구 2를 사용해 이전의 질문을 반복하고, 통제그룹 내의 모든 웨이브와 비교한다. cor() 함수는 여러 변수가 있는 단일 데이터프레임을 사용할 수 있다. 이 경우 결측값을 처리하고자 use 인자를 "pairwise.complete.obs"로 설정할 수 있다. 즉 cor() 함수는 다른 웨이브의 결측값이 있다고 하더라도 특정 웨이브 쌍을 결측값 없는 모든 관측값을 사용한다는 것을 의미한다. 결과를 간단히 해석하라.

3. 대부분의 설문조사는 응답이 나머지 데이터와 상당히 다른 최소한의 몇몇 이상치

또는 개인들을 찾을 수 있다. 또한 일부 응답자들은 시간이 지남에 따라 응답을 변경할 수 있다. 웨이브1과 연구 2의 후속 웨이브와의 관계를 시각화하는 산점도를 만들어 보라. 통제그룹만을 사용해도 된다. 결과를 해석하라.

4. 완전히 다른 응답자의 표본이어야 함에도 동성혼 연구와 2012년의 CCAP 데이터 셋은 비정상적으로 닮아 있다는 점을 3명의 연구자가 발견했다. ccap2012.csv 및 gayreshaped.csv에 포함된 데이터를 사용해 두 표본을 비교한다. 2012년 CCAP 감정온도, 연구 1에서 웨이브1의 감정온도, 연구 2에서의 웨이브1의 감정온도의 히스토그램을 만든다. CCAP 데이터에는 많은 수의 결측값이 있다. 동성혼 연구에서 결측값이 어떻게 기록됐는지 고려하라. 히스토그램 간의 비교를 쉽게 하고자 hist() 함수에서 breaks 인자를 사용해 히스토그램 간의 빈 크기를 동일하게 유지한다. 결과에 대해 간략히 설명하라.

5. 2개의 표본의 분포를 더 직접적으로 비교하는 방법으로 Q–Q 플롯이 있다. 이전 문제에서와 같은 비교를 행하고자 시각화 방법을 사용한다. 그림들을 간략하게 해석하라.

3.9.2 중국과 멕시코에서 정치효능감

2002년 세계보건기구^{WHO}는 중국의 2개 지방과 멕시코의 3개 지방을 대상으로 설문조사를 실시했다.[4] 이 연습문제에서 분석하는 관심의 한 가지는 정치효능감에 관한 것이다. 설문조사에서는 아래의 자기평가 질문을 했다.

당신이 관심 있는 문제를 정부가 해결하도록 하는 것에 대해 당신은 어느 정도의 발언권이 있는가?

(5) 무제한으로 있음, (4) 꽤 있음, (3) 어느 정도 있음, (2) 별로 없음, (1) 전혀 없음

자기평가 이후 세 가지의 소품문$^{vignette, 짧은 인물 묘사}$ 형식의 질문이 제기됐다.

[Alison]은 깨끗한 식수가 부족하다. 그녀와 그녀의 이웃들은 다음 선거에서 이 문제의 처리를 약속하는 야당 후보를 지지한다. 이 지역에서 많은 사람이 비슷하게

---

4 이 연습문제는 다음의 논문에 바탕을 둔다. Gary King, Christopher J.L. Murray, Joshua A. Salomon, and Ajay Tandon (2004) "Enhancing the validity and cross-cultural comparability of measurement in survey research." *American Political Science Review*, vol. 98, no. 1 (February), pp. 191–207.

느끼고 있으며, 야당 후보가 현직 후보를 패배시킬 것으로 보인다.

[Jane]은 정부가 산업발전 계획을 추진해서 깨끗한 식수가 부족하다. 다음의 선거 캠페인을 야당은 이 문제를 해결하겠다고 약속했지만, 정부가 반드시 이길 것이기 때문에 그녀는 야당 후보에게 투표해도 효과가 없을 것이라고 느낀다.

[Moses]는 깨끗한 식수가 부족하다. 그는 이를 바꾸고 싶어하지만, 투표를 할 수도 없고 정부의 그 누구도 이 문제에 관심을 갖고 있지 않다고 느낀다.

응답자는 이전의 질문과 동일한 방식으로 각각의 소품문을 평가한다.

['이름']은 정부가 [자신의] 관심사를 해결하도록 하는 데 얼마나 많은 의견을 갖고 있는가?

(5) 무제한으로 있음, (4) 꽤 있음, (3) 어느 정도 있음, (2) 별로 없음, (1) 전혀 없음

['이름']은 각각 Alison, Jane 또는 Moses로 대체된다.

표 3.7에서 vignettes.csv를 분석하는 데이터셋에는 이름과 설명이 포함돼 있다. 다음 분석에서는 이러한 설문조사 응답을 수치값으로 취급할 수 있다고 가정한다. 예를 들어, '무제한으로 있음' = 5와 '별로 없음' = 2가 있다. 예를 들어, '무제한으로 있음'과 '꽤 있음'의 차이는 '별로 없음'과 '전혀 없음'의 차이와 같지 않은 경우 이 접근 방식은 적합하지 않다. 그러나 이 가정을 완화하는 것은 3장의 범위를 벗어난다.

표 3.7 소품문 설문조사 데이터

변수	설명
self	자기평가 응답
alison	Alison 소품문에 대한 응답
jane	Jane 소품문에 대한 응답
moses	Moses 소품문에 대한 응답
china	중국의 경우 1, 멕시코의 경우 0
age	응답자 연령

1. 자기평가 질문을 분석하는 것으로 시작한다. 막대그래프를 사용해 중국과 멕시코의 응답 분포를 개별적으로 플로팅한다. 세로축은 응답자의 비율이다. 또한 각 국가의

평균적 반응을 계산한다. 이 분석에 따르면 어느 나라가 정치효능감이 더 높은 것으로 보이나? 멕시코 국민은 80년 이상 멕시코를 통치해 온 집권기관인 제도혁명당^{PRI,} ^{Institution Revolutionary Party}을 2000년 선거에서 정권을 내려놓게 한 반면, 중국 국민은 현재까지 공정한 선거에 투표를 할 수 없다는 사실과 분석 결과는 어떻게 일치하는가?

2. 멕시코 응답자와 중국 응답자의 정치적 효능 수준의 차이가 연령 분포의 차이 때문일 가능성을 조사한다. 멕시코 및 중국 응답자들에 대해 별도로 연령 변수의 히스토그램을 생성한다. 국가별 응답자의 평균 연령을 나타내는 세로선을 추가한다. 또한 Q-Q 플롯을 사용해 두 연령의 분포를 비교한다. 당신이 관찰한 두 나라의 연령 분포에 어떤 차이가 있는가? 각각의 플롯을 해석해 이 질문에 답하라.

3. 자기평가 질문의 한 가지 문제점은 설문조사 응답자가 질문을 다르게 해석할 수 있다는 것이다. 예를 들어, 동일한 답변을 선택한 두 응답자는 매우 다른 정치적 상황에 직면했을 수 있기 때문에 '꽤 있음'을 다르게 해석할 수 있다. 이 문제를 해결하고자 소품문 질문의 동일한 응답자 답변과 비교해 자기평가 질문에 대한 응답자 답변의 순위를 매긴다. 그런 다음 각각 중국과 멕시코의 별도 응답자 비율을 계산하고 (자기평가 질문에 따라), 정부의 결정에서 Moses(마지막 소품문)보다 발언권을 덜 갖는다고 평가한다. 이 분석의 결과는 이전 분석의 결과와 어떻게 다른가? 결과를 간략히 해석하라.

4. 이 세 가지 소품문을 예상 순서대로(예: Alison ≥ Jane ≥ Moses) 순위를 매긴 설문조사 응답자에 중점을 둔다. 응답자가 이러한 소품문과 비교해 자신의 순위를 지정하는 방법을 나타내는 변수를 만든다. 이 변수는 응답자가 자신의 순위가 Moses보다 낮으면 1, Moses와 같거나 Moses와 Jane 사이에 순위가 위치해 있으면 2, Jane과 같거나 Jane과 Alison 사이에 순위가 위치해 있으면 3, Alison과 같거나 또는 그것보다 높은 순위에 위치해 있으면 4로 둔다. 질문 1에서 수행한 대로 이 새 변수의 막대그래프를 만든다. 세로축은 각 응답 범주에 대한 응답자들의 비율을 나타내야 한다. 또한 중국과 멕시코에 대해 별도로 이 새 변수의 평균값을 계산하라. 이 결과를 질문 1에서 얻은 결과와 비교해 결과를 간략하게 해석하라.

5. 위의 문제가 젊은 응답자와 나이 많은 응답자 중 어느 그룹에서 대체로 심각한가? 40세 이상과 40세 미만에 대해 별도로 질문 4에 대해 답해 보자. 응답자의 두 연령

그룹에서 이전 질문의 결론이 다른가? 질문 2에서 알게 된 결과와 관련 지어서 논의하라.

3.9.3 UN 총회 투표

미국 하원의원들과 마찬가지로 유엔[UN] 회원국은 무역, 핵 군축, 인권과 같은 많은 문제에 대해 정치적으로 분열돼 있다. 냉전 기간, UN 총회의 국가들은 두 파벌로 나뉘는 경향이 있었다. 자본주의 국가인 미국이 주도하는 한 파벌과 공산주의 국가인 소련이 이끄는 파벌이 바로 그 두 파벌이다. 이 연습문제에서 유엔 결의안의 표결에서 포착된 국가들의 이데올로기적 입장이 공산주의 붕괴 이후 어떻게 변했는지 분석할 것이다.[5] 표 3.8은 **unvoting.csv** CSV 파일에 포함된 데이터셋의 변수 이름과 설명을 보여 준다.

아래의 분석에서는 각국의 선호를 두 가지 방법으로 측정한다. 첫째, 냉전 강대국인 미국과 소련이 던진 동일한 문제에 대한 투표와 일치하는 각 국가별 투표 비율을 사용할 수 있다. 예를 들어, 한 국가가 1992년에 10개의 결의안에 투표하고 그 투표들 중에 6개가 미국의 투표와 일치한다면 그 국가의 1992년의 PctAgreeUS 변수는 60이 된다. 둘째, 3.5절에서 설명한 이상점은 정치적 자유, 민주화, 금융 자유화 등의 문제에 관해서 국제관계 학자들이 국가의 진보주의[liberalism]라고 부르는 것을 포착한다. 두 척도는 높은 상관관계가 있으며 이상점이 높을수록(보다 진보적인) 미국의 투표와 일치하는 비율이 높다.

표 3.8 UN 이상점 데이터

변수	설명
CountryName	국가명
CountryAbb	국가명 축약
idealpoint	이상점 추정값
Year	이상점 추정연도
PctAgreeUS	같은 문제에 대해 미국의 투표와 일치하는 투표 비율
PctAgreeRUSSIA	같은 문제에 대해 러시아/소련의 투표와 일치하는 투표 비율

---

5 이 연습문제는 다음의 논문에 바탕을 둔다. Michael A. Bailey, Anton Strezhnev, and Erik Voeten (2015) "Estimating dynamic state preferences from United Nations voting data." *Journal of Conflict Resolution*, doi = 10.1177/0022002715595700.

1. 먼저 각국의 이상점 분포가 공산주의 종언 이후 어느 정도 변화해 왔는지 살펴본다. 베를린 장벽이 붕괴되기 전 약 10년 전과 10년 후에 걸친 1980년과 2000년에서 각각의 이상점의 분포를 그래프로 그려 보자. 각 그래프에 중간값을 수직선으로 추가한다. 두 분포는 어떻게 다른가? 양극화 정도에 주의를 기울이고 결과에 대해 간략하고 실질적으로 해석하라. 식별한 패턴을 정량화하고자 quantile() 함수를 사용하라.

2. 다음으로 미국처럼 투표를 행한 나라의 총 수가 어떤 추이를 보였는지 살펴보자. 전 가맹국에서 미국의 투표와 일치하는 비율의 평균값이 시간이 지남에 따라 어떻게 변화해 왔는지를 플로팅한다. 또한 비교를 위해서 러시아와 일치하는 비율의 평균값을 표시하는 실선도 추가해 보자. 이 분석에서는 tapply() 함수가 도움이 된다. 미국의 고립은 러시아와 비교해서 시간이 지남에 따라 강해지고 있는지 또는 약해지고 있는 것처럼 보이는가? 지속적으로 친미적인 국가를 식별한다. 가장 친러시아 국가는 어디인가? 결과를 간략하고 실질적으로 해석하라.

3. 국가 선호의 척도로서 미국 또는 러시아와의 일치하는 투표 비율을 사용할 때의 문제로는, 양국의 이데올로기적 입장과 결과적으로 투표 패턴이 시간이 지남에 따라 변했을 수 있다는 것이다. 이 경우 어느 쪽(미국, 러시아 또는 그 외의 국가들)의 이데올로기적 입장이 바뀌었는지를 아는 것은 어렵다. 이 점을 조사해 보고자 양국의 이상점이 어느 정도로 변화해 왔는지를 플로팅하라. 모든 국가의 연간 평균 이상점을 추가하라. 이 분석 결과로 이전 분석의 해석을 수정하거나 수정하지 않을 수 있는가?

4. 소비에트(구소련) 연방이었던 국가가 소련에 속하지 않은 국가와 비교해 이데올로기와 UN 총회 투표 측면에서 어떻게 다른지 살펴보자. 구소련 연방국으로는 에스토니아^{Estonia}, 라트비아^{Latvia}, 리투아니아^{Lithuania}, 벨라루스^{Belarus}, 몰도바^{Moldova}, 우크라이나^{Ukraine}, 아르메니아^{Armenia}, 아제르바이잔^{Azerbaijan}, 조지아(Georgia, 구 그루지야), 카자흐스탄^{Kazakhstan}, 키르기스스탄^{Kyrgyzstan}, 타지키스탄^{Tajikistan}, 투르크메니스탄^{Turkmenistan}, 우즈베키스탄^{Uzbekistan}, 러시아^{Russia}가 있다. 여기서 %in%이라는 연산자는 도움이 된다. 이 연산자는 벡터 x에 해당하는 요소가 벡터 y에 포함된 값과 같으면 TRUE이고, 그렇지 않으면 FALSE인 논리 벡터를 반환한다. 입수할 수 있는 최신 유엔 데이터에서 2012년의 데이터를 사용해 구소련 연방국들의 이상점을 미국과 일치하는 투표 비율에 대해 플로팅해 보자. 같은 플롯 내에서 구소련 연방국과 그 외 국가들과 비교해 보자.

관찰한 것을 간략하게 설명하라.

5. 이전에서 봤듯이 2012년의 시점에서 구소련 연방 일부 국가들은 비진보적 이데올로기를 유지하고 있는 반면에 다른 국가들은 훨씬 더 진보적이게 됐다. 구소련/구소련 이후 국가 및 기타 국가들의 이상점 중간값이, 데이터가 존재하는 기간에서 어떻게 변했는지 살펴보자. 연도별 이상점 중간값을 플로팅한다. 베를린 장벽이 무너진 해인 1989년을 그래프에 표시해야 한다. 관찰한 내용을 간략하게 코멘트하라.

6. 공산주의의 종식에 따라 구소련 연방의 일부 국가들은 훨씬 더 이념적으로 다양해졌다. 세계적인 관점에서 보더라도 이러한 상황이 일어났는가? 다시 말해 국가들은 여전히 두 이념적 파벌로 분열돼 있는가? k 평균 군집 알고리즘을 이상점과 미국에 동조하는 투표 비율에 적용해 이 문제를 평가해 보자. 2개의 중심점으로 알고리즘을 시작하고, 1989년과 2012년의 결과를 개별적으로 시각화하라. 결과를 간략하게 코멘트하라.

CHAPTER

04

예측

예언은 금이 되는 비즈니스이지만, 위험으로 가득하다.
—마크 트웨인^{Mark Twain}, 『마크 트웨인의 19세기 세계일주^{Follow the Equator}』

4장에서는 예측^{prediction}을 설명한다. 예측은 계량 사회과학 연구에서 데이터 분석의 중요한 목표다. 첫 번째 예로 여론조사를 사용해 선거결과를 예측한다. 또한 가장 기본적인 통계 모형 중 하나인 선형회귀모형을 사용해 관심 있는 결과를 예측하는 방식을 보여 주고자 한다. 많은 사회과학 연구자들이 인과 추론을 학문적 탐구의 궁극적인 목표로 삼고 있지만, 예측은 종종 인간 행동의 기초가 되는 복잡한 인과효과를 이해하기 위한 첫 번째 단계다. 유효한 인과 추론은 반사실에 대한 정확한 예측이 필요하다. 4장의 뒷부분에서 예측과 인과 추론 간의 연결을 논의한다.

4.1 선거 결과 예측하기

2008년 미국 대통령 선거는 역사적이었다. 미국 역사상 처음으로 아프리카계 미국인 후보인 버락 오바마^{Barack Obama}가 선출됐다. 많은 전문가들이 선거 결과를 정확하게 예측했기 때문에 이번 선거는 통계 커뮤니티에서도 중요했다.

미국의 고유한 선거인단^{electoral college} 시스템은 선거 결과를 예측하는 것을 어렵게 한다. 후보자는 선거인단의 과반수를 얻어 선거에 선출된다. 538명의 선거인 각각은 단일 선거인 투표를 한다. 2016년을 기준으로 535개 표가 50개 주에 할당돼 하원 435명과 상원 100

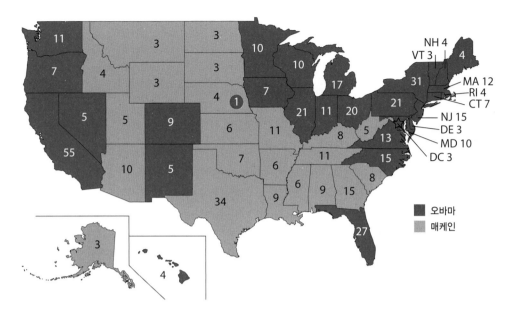

그림 4.1 2008년 미국 대통령 선거에서 선거인단 지도. 위 그림에서 매케인이 승리한 주는 회색을 사용했다. 풀컬러 버전은 502쪽을 참고하기 바란다.

명으로 구성된다. 나머지 3표는 컬럼비아 특별구^{DC, District of Columbia}에 제공된다.[1] 대부분의 경우 선거인들은 자신이 대표하는 주에서 다수의 표를 얻은 후보에게 투표해 이 주에서 '승자독식^{winner-take-all}' 시스템으로 이어진다. 실제로 일부 주에서는 투표자가 최다득표 후보에게 투표하지 않은 경우에 형사처벌을 하기도 한다. 선거에서 승리하고자 대통령 후보는 최소 270개 이상의 선거인단 표를 받아야 한다.

그림 4.1은 2008년 미국 대선의 선거인단 투표 지도를 보여 준다. 풀컬러 버전은 502쪽을 참고하기 바란다. 오바마는 365표(파란색 주)를 획득한 반면 공화당의 후보인 존 매케인^{John McCain}은 173표(회색 주)를 받았다.[2] 선거인단 시스템은 미국 대통령 선거의 결과를 성공적으로 예측하기 위해서는 각 주의 승자를 정확하게 예측해야 함을 의미한다. 실제로 조지 부시^{George W. Bush}는 플로리다 주에서 25표를 얻어 2000년 선거에서 승리했으며, 논란이

---

1 제23차 수정헌법 - 옮긴이

2 흥미롭게도 네브래스카 주는 5개의 선거인단 중 2표를 주 전체의 우승자에게 할당하고, 각 의회 지구의 승자에게 1표를 제공한다(메인 주도 동일한 시스템을 따른다). 결과적으로 매케인은 네브래스카에서 다수의 인기 표를 얻었지만 오바마는 두 번째 의회 지구에서 과반수를 득표했기 때문에 1표를 받았다.

있는 재검표 끝에 앨 고어[Al Gore]는 537표 차로 패배했다. 그 결과 고어는 전국적으로 부시보다 50만 표 이상의 지지를 받았음에도 선거인단 5표 차로 선거에서 패배했다. 최근에는 힐러리 클린턴[Hillary Clinton]이 도널드 트럼프[Donald Trump]보다 전국적으로 더 많은 표를 받았음에도 트럼프가 2016년 선거에서 승리했다. 아래에서는 각 주에서 실시한 여론조사를 사용해 선거 결과를 예측하는 방법을 보여 준다. 이것이 어떻게 수행되는지 자세히 설명하기 전에 두 가지 새로운 프로그래밍 개념인 루프[loop]와 조건문을 소개한다.

4.1.1 R에서 루프

많은 상황에서 각 작업에서 약간의 변경만 발생하는 동일한 작업을 여러 번 반복하려고 한다. 예를 들어, 미국 대선 결과를 예측하기 위해서는 각 주의 선거 결과를 예측해야 한다. 이는 곧 유사한 세트의 계산을 여러 번 수행해야 한다는 것을 의미한다. 우리는 거의 동일한 코드 더미를 반복해서 작성하는 것을 피하고 싶어한다. 루프[loop]는 유사한 코드 더미를 간결한 방식으로 반복적으로 실행할 수 있는 프로그래밍 구조다. for (i in x)라는 R 구문은 루프를 생성한다. 여기서 i(또는 선택한 다른 객체 이름)는 루프의 반복을 제어하는 루프 카운터[loop counter]이고, X는 루프 카운터가 연속적으로 수행할 값의 벡터다. 다음의 유사 코드[pseudo-code]를 고려하라.

```
for (i in X) {
    expression1
    expression2
    ...
    expressionN
}
```

여기서 expression1에서 expressionN까지의 표현식 모음은 벡터 X의 각 값 i에 대해 반복된다. 각 반복 동안 i는 X의 첫 번째 요소에서 시작해 마지막 요소로 끝나는 벡터 X에 해당 값을 가져온다. 다음은 벡터의 각 숫자에 2를 곱하는 간단한 예다. 모든 반복 계산의 결과를 저장하고자 요소가 전부 NA인 빈 '컨테이너' 벡터를 만드는 것이 유용한 경우가 많다. 이를 위해 rep() 함수를 사용한다. R의 다른 코드 더미와 마찬가지로 코멘트를 루프에 쓸 수 있다. 중괄호 {와 }는 루프 본문의 시작과 끝을 나타내는 데 사용된다. **RStudio** 텍스트 편집기에서 루프(또는 관련 함수들)를 시작하면 간격이 자동으로 들여쓰기되고 괄호가 for 함수와 수직으로 정렬된다. 이렇게 하면 코드를 더 쉽게 해석하고 디버깅할 수 있다(예: 코드에서 오류를 식별하고 제거).

```
values <- c(2, 4, 6)
n <- length(values) # "values"에 포함된 요소 수
results <- rep(NA, n) # 결과를 저장할 빈 공간
## 루프 카운터 "i"는 순번으로 1, 2, ..., n의 값을 취한다.
for (i in 1:n) {
    ## 곱셉의 결과를 "results" 벡터의 i번째 요소로써 보존
    results[i] <- values[i] * 2
    cat(values[i], "times 2 is equal to", results[i], "\n")
}
## 2 times 2 is equal to 4
## 4 times 2 is equal to 8
## 6 times 2 is equal to 12

results

##[1] 4 8 12
```

위의 루프를 반복할 때마다 루프 카운터 i는 1부터 시작하며 1씩 증가해서 n으로 끝나는 정수 값을 사용한다. print()와 같은 cat() 함수는 화면에 개체를 인쇄한다. cat() 함수는 쉼표로 구분된 입력으로 여러 객체(문자 또는 기타)를 문자열로 결합한다. cat() 또는 print() 함수가 없으면 루프는 results[i] 값을 화면에 출력하지 않는다. 마지막으로 \n은 새 줄 추가를 나타낸다. 물론 위의 예에서 각 values 벡터의 각 요소에 2를 곱하는 values * 2를 간단히 실행할 수 있기 때문에 루프가 꼭 필요한 것은 아니다. 실제로 루프는 이론상으로는 더 쉬울 수 있지만, 계산집약적이기 때문에 가능하면 피해야 한다.

한 가지 중요한 프로세스는 루프를 포함하는 코드를 디버깅하는 것이다. 여러 전략을 통해 왜 루프가 제대로 실행되지 않는지 그 이유를 알 수 있다. 루프는 단순히 동일한 명령 더미를 여러 번 실행하기 때문에 루프 카운터의 특정 값이 주어지면 루프 내부로 들어가는 명령이 오류 없이 실행될 수 있는지를 확인할 수 있다. 위의 예에서 루프를 생성하기 전에 다음 명령을 시도할 수 있다.

```
## i = 1일 때 코드가 실행되는지 체크
i <- 1
x <- values[i] * 2
```

```
cat(values[i], "times 2 is equal to", x, "\n")
## 2 times 2 is equal to 4
```

그런 다음 예상대로 작동하는지를 확인하고자 첫 번째 줄을 i <- 2 또는 루프 카운터 i에 적용할 다른 값으로 변경할 수 있다. 또 다른 유용한 팁은 print() 또는 cat() 함수를 사용해 루프 카운터의 현재 값을 출력하는 것이다. 이렇게 하면 오류가 있을 때 루프가 얼마나 성공했는지를 항상 알 수 있다. 예를 들어, 한 번의 반복도 실행할 수 없다면 루프 본문의 코드에 문제가 있을 가능성이 있다. 또는 루프가 여러 번 반복된 다음 실패하는 경우에는 실패한 반복의 특정 항목이 문제의 원인일 수 있다. 다음 예제는 코딩 오류를 식별하는 데 도움이 되도록 반복 숫자를 인쇄한다. data.frame() 함수를 사용해 3개의 변수(그중 하나는 문자 변수)로 인공 데이터셋을 만든 다음 루프를 사용해 각 변수의 중간값을 계산한다.

```
## 간단한 가공 데이터프레임
data <- data.frame("a" = 1:2, "b" = c("hi", "hey"), "c" = 3:4)
## 두 번째 반복에서 오류가 발생하는 것을 알 수 있다.
results <- rep(NA, 3)
for (i in 1:3) {
    cat("iteration", i, "\n")
    results[i] <- median(data[, i])
}
## iteration 1
## iteration 2

## Error in median.default(data[, i]): need numeric data

results

##[1] 1 NA NA
```

루프는 첫 번째 반복에서 성공적으로 실행됐지만 두 번째 반복에서는 실패했다. 이는 interation 3 메시지가 인쇄되기 전에 오류 메시지가 인쇄됐다는 사실에서 알 수 있다. 실패 이유는 바로 median() 함수가 숫자 데이터만 취하기 때문이다. 결과적으로 이 함수는 두 번째 반복에서 오류를 생성해, 두 번째 및 세 번째 변수의 중간값을 계산하지 않고 루프를 중지시킨다. 이는 results 벡터의 두 번째 및 세 번째 요소에서 NA로 표시된다.

4.1.2 R에서 일반적인 조건문

2.2.4절에서 간단한 조건문을 소개했었다. ifelse() 함수를 사용해 결과 벡터의 요소가 논리 클래스의 입력 객체에 의존하는 값 벡터를 생성했었다. 일반 구문은 ifelse(X, Y, Z)다. 입력의 요소 X가 TRUE로 평가되면 Y값이 반환된다. 만약 X가 FALSE로 평가되면 다른 값 Z가 반환된다. 이 함수는 변수를 기록할 때 유용하다. 이제 논리 표현식에 따라 임의의 R 코드 더미를 구현할 수 있는(또는 구현하지 않거나) 좀 더 강력한 형태의 조건문을 고려할 것이다. 이는 if(){}와 if(){}else{}의 형식을 취한다. 첫 번째 기본 구문은 다음과 같다.

```
if (X) {
    expression1
    expression2
    ...
    expressionN
}
```

X의 값이 TRUE이면 expression1에서 expressionN까지의 코드 더미가 실행된다. X의 값이 FALSE이면 해당 코드 더미를 완전히 건너뛴다. 다음의 예가 이를 보여 준다.

```
## 실행될 연산을 정의
operation <- "add"
if (operation == "add") {
    cat("I will perform addition 4 + 4\n")
    4 + 4
}
## I will perform addition 4 + 4
## [1] 8

if (operation == "multiply") {
    cat("I will perform multiplication 4 * 4\n")
    4 * 4
}
```

위 코드에서 곱셈에 대한 코드의 두 번째 부분은 operation 객체가 "multiply"가 아닌 "add"로 설정됐기 때문에 실행되지 않았다. 따라서 표현식 operation == "multiply"는 논리값 FALSE를 반환해 대괄호에 포함된 코드 더미가 수행되지 않음을 나타낸다. 그러나 operation이 "multiply"로 설정된 경우 4 + 4가 아닌 4 * 4로 평가된다.

if()\{\}else\{\} 구문은 if() 함수가 FALSE인 경우 평가할 R 표현식들을 통합해 더 유연하게 한다. if() 함수의 인자가 TRUE일 때 평가할 표현식만 지정하는 if()\{\}else\{\} 구문과 대조된다. 다음 코드는 X가 TRUE이면 expression1a부터 expressionNa까지 코드 더미를 실행하고, X가 FALSE이면 expression1b부터 expressionNb까지 코드 더미를 실행한다.

```
if (X) {
    expression1a
    ...
    expressionNa
} else {
    expression1b
    ...
    expressionNb
}
```

앞의 예제를 기반으로 다음 코드는 if()\{\}else\{\} 구문이 작동하는 방식을 보여 주며 객체 값에 따라 다른 작업을 구현한다. 특히 operation 객체가 "add"로 설정돼 있으면 더하기가 수행되고 그렇지 않으면 곱하기가 수행된다.

```
## "operation"이 재정의된 것에 주의
operation <- "multiply"
if (operation == "add") {
    cat("I will perform addition 4 + 4")
    4 + 4
} else {
    cat("I will perform multiplication 4 * 4")
    4 * 4
}
## I will perform multiplication 4 * 4
## [1] 16
```

다음과 같은 방식으로 elseif()\{\} 구문을 사용해 훨씬 더 복잡한 조건문을 구성할 수 있다.

```
if (X) {
    expression1a
    ...
    expressionNa
```

```
} else if (Y) {
    expression1b
    ...
    expressionNb
} else {
    expression1c
    ...
    expressionNc
}
```

위 구문은 조건 X가 충족되면 expression1a에서 expressionNa까지 코드 더미를 실행한다. 하지만 조건 X가 충족되지 않고 다른 조건 Y가 충족되면 expression1b에서 expressionNb까지 코드 더미가 실행된다. 마지막으로 X와 Y가 모두 충족되지 않으면 expression1c에서 expressionNc까지 코드 더미가 실행된다. else if()는 여러 번 반복될 수 있다. 표현식의 순서 또한 중요하다. 예를 들어, X가 아닌 Y 조건이 먼저 평가되면 코드가 다른 결과를 생성할 수 있다. else if(){}를 사용해 위의 예를 다음과 같이 수정할 수 있다.

```
## "operation"이 재정의된 것에 주의
operation <- "subtract"
if (operation == "add") {
    cat("I will perform addition 4 + 4\n")
    4 + 4
} else if (operation == "multiply") {
    cat("I will perform multiplication 4 * 4\n")
    4 * 4
} else {
    cat(""", operation, "" is invalid. Use either "add" or "multiply."\n",
        sep = "")
}
## "subtract" is invalid. Use either "add" or "multiply."
```

sep 인자는 각 개체를 분리하는 방법을 지정한다. 위의 예에서 sep = ""는 이러한 개체를 구분하는 문자가 없다는 것을 의미한다. 구분 기호는 일반적으로 쉼표와 공백 (sep = " , ") 또는 세미콜론과 공백 (sep = "; ")과 같은 모든 문자열 일 수 있다. 기본값은 sep = " " 이며 개체 사이에 공백을 삽입한다.

마지막으로 조건문을 루프 내에서 효과적으로 사용할 수 있다. 예를 들어, 정수가 짝수인 지 홀수인지에 따라 다른 산술연산을 수행한다고 가정하자. 다음 코드는 먼저 입력 정수 값이 짝수인지를 확인한다. 만약 짝수이면 R은 그 정수값을 추가한다. 홀수이면 R은 곱한 다. R에서 %% 연산자는 나눗셈의 나머지를 계산한다. 예를 들어, 5 %% 2는 5를 2로 나누 고 나머지인 1을 반환한다. 입력 정수값을 2로 나누고 1이 아닌 0이 나머지로 반환되면 짝수 라고 결론 내린다.

```
values <- 1:5
n <-length(values)
results <- rep(NA, n)
for (i in 1:n) {
    ## x와 r은 반복할 때마다 덮어쓴다.
    x <- values[i]
    r <- x %% 2  # 짝수 혹은 홀수 여부를 체크하고자 2로 나눈 나머지
    if (r == 0) { # 나머지는 0
        cat(x, "is even and I will perform addition",
            x, "+", x, "\n")
        results[i] <- x + x
    } else { # 나머지는 0이 아님
        cat(x, "is odd and I will perform multiplication",
            x, "*", x, "\n")
        results[i] <- x * x
    }
}

## 1 is odd and I will perform multiplication 1 * 1
## 2 is even and I will perform addition 2 + 2
## 3 is odd and I will perform multiplication 3 * 3
## 4 is even and I will perform addition 4 + 4
## 5 is odd and I will perform multiplication 5 * 5

results

##[1] 1 4 9 8 25
```

마지막으로 조건문을 루프 내에서 효과적으로 사용할 수 있다. RStudio에서 자동으로 수 행되는 코드 들여쓰기가 중요하므로 조건문은 루프 내에서 중첩[nested]돼 있음을 분명히 알 수 있다. 루프와 조건문이 포함된 컴퓨터 코드를 작성하기 위해서는 적절한 들여쓰기를 사용해야 한다.

4.1.3 여론조사 결과 예측

루프와 조건문을 사용하는 방법을 알고 있으므로 2008년 미국 대선 결과를 예측하는 작업을 수행해 보자. 예측은 선거 이전에 실시된 여러 여론조사를 기반으로 한다. CSV 데이터 파일 pres08.csv에는 주별 선거 결과가 포함돼 있다.[3] 또한 CSV 파일 polls08.csv가 있으며, 여기에는 대선에 이르기까지의 각 주의 많은 여론조사들이 포함돼 있다. 이 데이터셋에 있는 변수의 이름과 설명은 각각 표 4.1과 표 4.2에 나와 있다. 먼저 두 데이터프레임에 margin이라는 변수를 만드는 것으로 시작한다. 이 변수는 매케인에 대한 오바마의 투표 마진을 백분율 포인트로 나타낸 것이다.

표 4.1 2008년 미국 대통령 선거 자료

변수	설명
state	약식 주 이름
State.name	주 이름
Obama	오바마의 득표율(백분율)
McCain	매케인의 득표율(백분율)
EV	주별 선거인단 수

표 4.2 2008년 미국 대통령 선거 여론조사 자료

변수	설명
state	여론조사가 시행된 약식 주 이름
Obama	오바마의 예상 지지율(백분율)
McCain	매케인의 예상 지지율(백분율)
Pollster	여론조사 시행 업체 이름
middle	여론조사 기간의 중간 날짜

---

3 여론조사 자료는 다음의 사이트에서 수집했다. http://electoral-vote.com

```
## 주별 선거 결과 불러들이기
pres08 <- read.csv("pres08.csv")
## 여론조사 데이터 불러들이기
polls08 <- read.csv("polls08.csv")
## 오바마의 승률 계산
polls08$margin <- polls08$Obama - polls08$McCain
pres08$margin <- pres08$Obama - pres08$McCain
```

각 주의 최신 여론조사 결과만을 사용해서 오바마 승률(매케인의 득표율과의 차)의 투표 예
측을 생성한다. 즉 각 주에서 실제 선거와 가장 가까운 날에 실시된 모든 여론조사의 평
균 예측을 계산한다. 이 날은 주마다 다를 수 있으며, 같은 날(더 정확히는 동일한 중간 날짜)
에 다수의 여론조사가 행해졌을 수 있음을 유의하자. 이를 위해 먼저 50개 주와 컬럼비아
특별구^{DC}의 투표 예측을 포함하는 poll.pred라는 길이 51의 빈 벡터를 초기화하거나 생
성한다. 루프에서는 각 반복에 한 주의 여론조사만 포함되도록 데이터를 부분 선택한다.

그런 다음 선거일에서 가장 가까운 날 각 주에서 실시된 설문조사 결과를 추출하기 위해
서 부분 선택 데이터를 추가한다. 마지막 단계에서는 as.Date() 함수를 사용해서 middate
변수를 Date 클래스로 변환해야 한다. Date 클래스는 두 특정 날짜 사이의 일 수를 쉽게
계산할 수 있으므로 유용하다. as.Date() 함수에 대한 입력은 year-month-date 또는 year/
month/date 형식의 문자열이다.

```
x <- as.Date("2008-11-04")
y <- as.Date("2008/9/1")
x - y # 2008/9/1과 2008/11/4 사이의 일 수

## Time difference of 64 days
```

이 작업을 사용해 선거일 수를 나타내는 DaysToElection이라는 변수를 생성한다. 이것을
중간 날짜와 선거일(11월 4일) 사이의 일 수 차이로 계산한다. 마지막으로 설문조사 예측
의 평균을 계산해 poll.pred의 해당하는 요소로 저장한다. 아래 코드 더미에서 고유한 주
이름을 추출하고자 unique() 함수를 사용한다.

```
## 날짜 객체로 변환
polls08$middate <- as.Date(polls08$middate)
## 선거일까지의 일 수를 계산
```

```
polls08$DaysToElection <- as.Date("2008-11-04") - polls08$middate
poll.pred <- rep(NA, 51) # 값을 기록하는 벡터를 초기화
## 루프로 반복을 행하고자 중복을 피해서 주의 이름을 추출
st.names <- unique(polls08$state)
## 나중의 해석을 쉽게 하고자 주 이름에 라벨을 추가
names(poll.pred) <- as.character(st.names)
## 50개 주와 DC로 루프함
for (i in 1:51){
    ## i번째 주를 부분 선택함
    state.data <- subset(polls08, subset = (state == st.names[i]))
    ## 주 내의 최신 여론조사를 추가로 부분 선택함
    latest <- subset(state.data, DaysToElection == min(DaysToElection))
    ## 최신 여론조사의 평균을 계산하고 보존
    poll.pred[i] <- mean(latest$margin)
}
```

루프를 설정하고자 unique() 함수를 사용해 고유한 주 이름을 추출한다. 루프 내에서 먼저 i번째 주에 대한 부분 선택 데이터를 만들고 state.data로 저장한다. 예를 들어, i가 1이면 앨라배마^{Alabama}이므로 st.names[i]는 AL을 생성한다. 그런 다음 선거일에 DaysToElection 변수의 최소값으로 표시되는 선거일에 가장 가까운 날에 수행된 여론조사만을 추출해 부분 선택 데이터를 추가한다. 마지막으로 결과 데이터 latest는 최신 설문조사에서 예측 마진의 평균을 계산하는 데 사용된다.

각 주의 실제 선거 결과 차이값을 구함으로써 투표 예측의 정확성을 조사한다. 실제 결과와 예측 결과의 차이를 예측오차^{prediction error}라 한다. 실제 승률과 예측 마진을 비교해 예측오차를 계산한다. 그러고 나서 전체 주에서 여론조사 예측오차의 평균을 계산한다. 이는 편향^{bias}이라고 부르는 평균 예측오차를 나타낸다.

```
## 최신 여론조사의 오차
errors <- pres08$margin - poll.pred
names(errors) <- st.names # 주 이름 추가
mean(errors) # 평균 예측오차

## [1] 1.062092
```

결과는 모든 주에서 평균적으로 여론조사 예측이 편향되지 않음(불편향: unbiased)을 보여준다. 보다 정확하게 말하면 여러 주에 걸친 여론조사 예측오차의 평균은 1.1%로 상당히 작은 편향의 크기를 나타낸다. 여론조사 예측은 실제 선거 결과를 상회하는 주도 있으며

그렇지 못하는 주도 있지만, 이러한 오차는 평균적으로 상쇄되는 것으로 보인다. 여러 주의 여론조사 예측은 대체로 편향되지 않지만, 각각의 주에 대한 예측은 정확하지 않을 수있다. 일부 주에서는 여론조사 예측이 실제 승률보다 훨씬 높을 수 있으며, 이러한 긍정의 오류는 다른 주들의 큰 부정의 오류에 의해 상쇄될 수 있다. 이러한 가능성을 조사하기 위해 예측오차의 평균제곱근^{RMS, Root Mean Square}(2.6.2절에 소개된 식 (2.3) 참고) 또는 예측오차의 평균 크기를 나타내는 평균제곱근오차^{RMSE, Root-Mean-Squared Error}를 계산한다.

```
sqrt(mean(errors^2))
## [1] 5.90894
```

결과는 각 여론조사 예측오차의 평균 크기가 약 6% 포인트임을 나타낸다.

> **예측오차**는 다음과 같이 정의된다.
>
> 예측오차 = 실제 결과 − 예측 결과
>
> 평균 예측오차를 **편향**이라고 하며, 편향이 0일 때 예측이 불편향하다고 한다. 마지막으로 예측오차의 평균제곱근을 **평균제곱근오차**라고 하며, 이는 예측오차의 평균 크기를 나타낸다.

예측오차에 대한 좀 더 완전한 그림을 얻으려면 hist() 함수를 사용해 히스토그램을 생성한다(3.3.2절 참고).

```
## 히스토그램
hist(errors, freq = FALSE, ylim = c(0, 0.08),
     main = "여론조사 예측오차",
     xlab = "오바마의 예측마진오차(백분율 포인트)")
## 평균 추가
abline(v = mean(errors), lty = "dashed", col = "blue")
text(x = -7, y = 0.08, "average error", col = "blue")
```

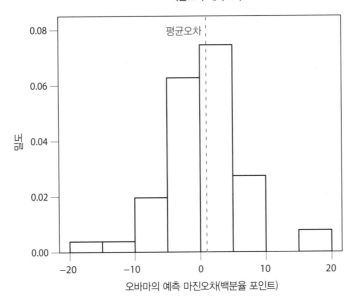

히스토그램은 여론조사 예측오차가 주마다 크게 다르다는 것을 보여 준다. 그러나 대부분의 오차들은 상대적으로 작으며 큰 오차들은 발생 가능성이 낮아서, 0 주변에 종 모양의 **분포**^bell-shaped distribution를 생성한다.

두 글자로 된 주 이름 변수 **state**를 사용해서 실제 선거결과(세로축)에 각 주의 여론조사 예측값(가로축)을 대응시켜 여론조사 예측 정확도를 추가로 조사한다. 45도 선 아래(위)에 있는 주들은 여론조사 예측이 오바마(매케인)에게 매우 유리하다는 것을 나타낸다. 텍스트를 플로팅하기 위해 먼저 plot() 함수의 type 인자를 "n"으로 설정해 '빈' 플롯을 만든 다음 text() 함수를 사용해 주 라벨을 추가한다. 처음 두 인자로, text() 함수는 문자열이 플롯될 위치의 x 및 y 좌표를 정한다. 이 함수의 세 번째 인자인 labels는 플로팅할 텍스트 라벨로 구성된 문자형 벡터다. 현재 예에서, x 좌표와 y 좌표는 여론조사 예측과 오바마의 실제 마진(차이)을 나타낸다.

```
## type = "n"이라고 지정하면 "empty" 플롯을 생성한다.
plot(poll.pred, pres08$margin, type = "n", main = "", xlab = "여론조사 결과",
     xlim = c(-40, 90), ylim = c(-40, 90), ylab = "실제 선거 결과")
## 주의 약칭을 추가
text(x = poll.pred, y = pres08$margin, labels = pres08$state, col = "blue")
```

```
## 라인(선)
abline(a = 0, b = 1, lty = "dashed") # 45도 선
abline(v = 0)   # 0을 통과하는 수직선
abline(h = 0)   # 0을 통과하는 수평선
```

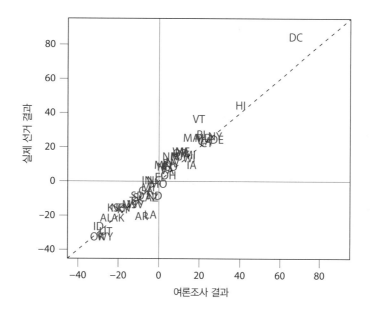

컬럼비아 특별구[DC] 및 버몬트[VT]와 같은 일부 주에서는 여론조사 예측이 매우 정확하지 않지만, 미국 대선이 기본적으로 승자독식 시스템을 기반으로 한다는 점을 고려할 때 이는 중요하지 않을 수 있다. 반면에 여론조사 예측이 실제 선거 결과에 가까운 경우에도 투표에서 주의 승자로 잘못된 후보를 예측하는 경우가 있을 수 있다. 여론조사 예측에서 잘못된 승자를 선택한 두 가지 유형의 예측오차가 있다. 위의 그림에서 왼쪽 상단 사분면에 표시된 주에 대해 오바마는 패배할 것으로 예상됐지만(여론조사 결과가 부정적이므로) 실제로 해당 주에서 승리했다(실제 선거 결과는 긍정적). 반대로 오른쪽 하단 사분면에 있는 주에서는 오바마가 승리할 것으로 예상됐지만 실제로 해당 주들을 잃었다. 플롯은 투표 예측이 대부분의 주에서 승자를 정확하게 선택했음을 보여 준다. 그러나 여론조사에서 잘못 예측한 3개 주에서는 승률 차이가 약 1% 포인트에 가까운 치열한 경쟁을 벌였다. sign() 함수를 사용해 각 주의 poll.pred 및 pres08$margin의 부호를 결정할 수 있다. 이

함수는 양이면 1(오바마 승리), 음수이면 -1(매케인 승리)(0이면 동점)을 반환한다.

표 4.3 오차행렬/혼동행렬

	실제 결과	
	양성	음성
예측 결과		
양성	진양성(TP, True Positive)	위양성(FP, False Positive)
음성	위음성(FN, False Negative)	진음성(TN, True Negative)

Note: 진양성과 진음성이라는 두 가지 유형의 올바른 분류가 있다. 비슷하게 위양성과 위음성이라는 두 가지 유형의 오분류가 있다.

```
## 어느 주의 여론조사가 틀렸는가?
pres08$state[sign(poll.pred) != sign(pres08$margin)]

## [1] IN MO NC
## 51 Levels: AK AL AR AZ CA CO CT DC DE FL GA HI IA ID ... WY

## 이 주들의 실제 승률은 무엇이었나?
pres08$margin[sign(poll.pred) != sign(pres08$margin)]

##[1] 1 -1 1
```

결과 범주 또는 클래스를 예측하는 문제를 분류^{classification}라 한다. 현재 상황에서 각 주에 대해 오바마의 승리 여부를 예측하고자 한다. 분류 문제에서 예측은 정확하거나 또는 부정확하며, 잘못된 예측을 오분류^{misclassification}라 한다. 분석에 따르면 오분류율은 3/51으로 약 6%다.

이진분류 문제에는 두 가지 유형의 오분류가 있다. 오바마가 실제로 선거에서 패배한 주에서 승리할 것으로 예측할 수 있다. 반대로 오바마가 주를 잃을 것으로 예상했지만 실제 선거에서 이길 수 있다. 오바마의 (패배가 아니라) 승리를 '긍정적(양)' 결과로 본다면 전자의 오분류 유형은 위양성$^{false positive}$, 후자는 위음성$^{false negative}$이라고 한다. 현재 예에서 미주리(MO)는 위양성이고, 인디애나(IN) 및 노스캐롤라이나(NC)는 위음성이다. 표 4.3은 두 가지 유형의 오분류와 올바른 분류가 표시된 오차행렬/혼동행렬$^{confusion matrix}$을 보여 준다.

> **분류**는 범주 결과를 예측하는 문제를 말한다. 분류가 정확하거나 잘못됐을 수 있다.
> 이진 분류 문제에는 두 가지 유형의 **오분류**가 있다. 위양성[False positive]와 위음성[false
> negative]은 각각 긍정과 부정을 잘못 예측한 것을 나타낸다.

마지막으로 여론조사 예측을 기반으로 오바마 선거인단 투표수를 계산하고 실제 결과인
364표와 비교할 수 있다. 270표가 승리 기준이기 때문에 결과는 여론조사에서 오바마가
당선인으로 제대로 예측했음을 보여 준다. 예측된 총 선거인단 투표수는 실제 선거 결과
보다 15표 적었다.[4]

```
## 실제 결과: 오바마의 총 선거인단 득표수
sum(pres08$EV[pres08$margin > 0])
```

```
## [1] 364
```

```
## 여론조사 예측
sum(pres08$EV[poll.pred > 0])
```

```
## [1] 349
```

일반 유권자에 의한 투표가 선거 결과를 결정하는 것은 아니지만, 전국 여론조사의 정확
성과 선거운동(캠페인) 과정에서 여론이 어떻게 변했는지 살펴볼 수 있다. 이를 위해 CSV
파일 pollsUS08.csv에 포함된 전국 여론조사를 분석해 보자. 이 데이터셋에 있는 변수 이
름과 설명은 표 4.2의 마지막 4개 변수의 이름과 동일하다. 선거 캠페인의 마지막 90일
동안 선거일 일주일 전에 실시한 모든 설문조사를 사용해 각 후보의 평균 지지율을 계산
하고, 선거일이 가까워짐에 따라 어떻게 변하는지 조사한다. 이 작업은 루프를 사용해서
수행할 수 있다. 여기서 주어진 날짜에 이전 7일 동안 및 해당일에 수행된 모든 설문조사
를 사용한다. 그런 후 이러한 여론조사 기반 예측들과 실제 선거 득표율(오바마 52.9%, 매케
인 45.7%)과 비교한다. 위의 주 여론조사 코드를 템플릿으로 사용해 다음 코드 더미를 구
성한다.

---

4 앞서 언급했듯이 오바마는 주 전체 투표에서 패배했지만, 네브래스카에서 한 표를 받았다.

```
## 데이터 불러들이기
pollsUS08 <- read.csv("pollsUS08.csv")
## 이전처럼 선거까지의 일수 계산
pollsUS08$middate <- as.Date(pollsUS08$middate)
pollsUS08$DaysToElection <- as.Date("2008-11-04") - pollsUS08$middate
## 예측값을 채우기 위한 빈 벡터
Obama.pred <- McCain.pred <- rep(NA, 90)
for (i in 1:90) {
    ## 7일 이내에 행해진 모든 여론조사를 취함
    week.data <- subset(pollsUS08, subset = ((DaysToElection <= (90 - i + 7))
                                & (DaysToElection > (90 - i))))
    ## 평균을 이용해 각 후보의 지지율 계산
    Obama.pred[i] <- mean(week.data$Obama)
    McCain.pred[i] <- mean(week.data$McCain)
}
```

위 코드에서는 바로가기 구문을 사용해서 동일한 값을 여러 객체에 할당한다. 특히 2개의 객체 x와 y에 동일한 값 z를 할당하고자 2개의 개별 표현식 x <- z 및 y <- z 대신에 단일 표현식인 x <- y <- z를 사용한다. 또한 생성된 데이터가 선거일과 지난 7일 이내에 행해진 여론조사만을 포함하도록 루프 내에서 pollsUS08의 부분 선택을 정의한다. 예를 들어, 루프가 시작되면 (예: i는 1과 같음) DaysToElection 변수가 96보다 작거나 같고 (= 90 − 1 + 7), 89보다 큰(= 90 − 1) 여론조사의 부분 선택 데이터를 만든다. 최종 반복에서 (예: i가 90과 같음) 데이터의 부분 선택을 정의하는 이 변수는 7보다 작거나 같고(= 90 − 90 + 7), 0보다 큰 값(= 90 − 90)을 사용한다.

이제 시계열 플롯time-series plot을 사용해 결과를 표시한다. 가장 왼쪽 값이 선거일 90일 이전이고, 가장 오른쪽 값이 선거일이 되도록 가로축을 정의한다. xlim 인자를 c(0, 90) 대신 c(90, 0)로 지정해 수행할 수 있다. 아래의 그림에서 매케인이 승리한 주는 빨간색 원 대신에 회색 원을 사용한다. 풀컬러 버전은 503쪽을 참고하기 바란다.

```
## 선거일 90일 전부터 전날까지를 플로팅
plot(90:1, Obama.pred, type = "b", xlim = c(90, 0), ylim = c(40, 60),
     col = "blue", xlab = "Days to the election",
     ylab = "Support for candidate (percentage points)")
## type = "b"로 하면 점과 선을 다 포함하는 플롯을 생성
lines(90:1, McCain.pred, type = "b", col = "red")
## 실제 선거 결과: pch = 19는 실선 원을 지정
```

```
points(0, 52.93, pch = 19, col = "blue")
points(0, 45.65, pch = 19, col = "red")
## 선거일을 나타내는 선
abline(v = 0)
## 후보자 라벨링
text(80, 48, "Obama", col = "blue")
text(80, 41, "McCain", col = "red")
```

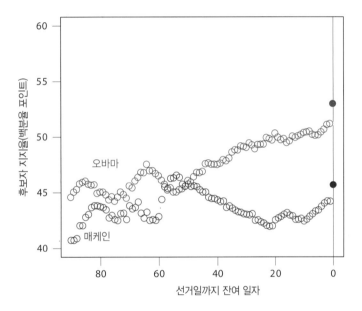

누가 더 능력 있어 보이는가?

그림 4.2 실험에 사용됐던 후보자의 사진 예시.
(출처: A. Todorov et al. (2005) *Science*, vol. 308, no. 10 (June), pp. 1623–1626.)

결과 수치는 오차율 측면에서 사전선거 설문조사가 상당히 정확하다는 것을 보여 준다. 실제로 선거일 마진(2개의 실선 원의 차이)은 선거 1주일 전에 실시한 여론조사를 기반으로 한 예상 마진과 거의 일치한다. 캠페인 과정에서 여론이 상당히 바뀌는 것도 흥미롭다. 선거 2개월 전 오바마 지지율은 매케인 지지율과 거의 비슷하다. 그러나 선거일이 다가 오면서 오바마의 매케인에 대한 마진은 점진적으로 증가했다. 선거일에는 그 차이가 7% 포인트를 넘어섰다. 지지 여부가 미정이거나 제3의 정당후보를 지지한 다른 유권자의 비율이 감소했다는 점도 주목할 만하다.

4.2 선형회귀

앞에서는 여론조사 데이터를 사용해 선거 결과를 예측했다. 이를 위해 단순 여론조사 예측의 평균을 사용했다. 다른 예측 방법은 통계 모델을 기반으로 한다. 4.2절에서는 선형회귀linear regression라는 가장 기본적인 통계 모형 중 하나를 소개한다.

4.2.1 얼굴 생김새와 선거 결과

몇몇 심리학자들은 얼굴 생김새가 우연보다 선거 결과를 더 잘 예측한다는 것을 보여 주는 흥미로운 실험결과를 보고했다.[5] 실험에서 연구자들은 학생들에게 미국 연방의회 선거에서 두 후보자의 흑백 얼굴 사진(당선자 및 차점자)을 간략하게 보여 줬다. 그림 4.2는 2004년 위스콘신 주 상원 선거에 입후보한 후보자들의 사진 예다. 민주당의 러스 파인골드Russ Feingold(왼쪽)가 실제 당선자, 공화당의 팀 미첼스Tim Michels(오른쪽)가 차점자다. 피험자에게 사진을 보여 주는 것은 1초 미만이었고, 피험자들은 두 후보자의 인식된 능력을 평가하도록 요구받았다.

연구자들은 다음과 같은 능력 평가 점수를 사용해 선거 결과를 예측했다. 주요 가설은 1초 이내의 얼굴 생김새 평가가 선거 결과를 예측할 수 있는지 여부다. CSV 데이터셋 face.csv에는 실험 데이터가 포함된다. 표 4.4는 이 데이터셋에 있는 변수의 이름과 설명을 나타낸다. 후보자의 소속정당, 정책, 현직 및 신인인지 알지 못하는 피험자로부터 얻

---

5 4.2.1절은 다음의 논문에 바탕을 둔다. Alexander Todorov, Anesu N. Mandisodza, Amir Goren, and Crystal C. Hall (2005) "Inferences of competence from faces predict election outcomes." *Science*, vol. 308, no. 10 (June), pp. 1623–1626.

표 4.4 얼굴 생김새 실험 자료

변수	설명
congress	의회 회기
year	선거 연도
state	선거 시행 주
winner	당선 후보자 이름
Loser	차점 후보자 이름
w.party	당선 후보자 소속 정당
l.party	차점 후보자 소속 정당
d.votes	민주당 후보 득표수
r.votes	공화당 후보 득표수
d.comp	민주당 후보의 능력 평가 점수
r.comp	공화당 후보의 능력 평가 점수

은 데이터만 포함한다. 피험자들은 단순히 얼굴 표정만으로 어떤 후보가 더 유능해 보이는지를 순식간에 판단했다.

선거 결과에 대한 능력 측정의 산점도$^{scatter\ plot}$를 생성해 얼굴 생김새 실험 데이터를 분석한다. 이를 위해 민주당 후보와 공화당 후보의 양당 간 득표율 차이로 민주당 후보의 승률을 만든다. 양(+)의 승률은 민주당 후보의 득표가 많다는 것을 의미한다. 양당 간 득표율은 각 후보의 득표수를 민주당과 공화당의 양당 간의 득표를 제외한 것이다(모든 투표에서 제외된 것이 아님).

```
## 데이터 로드
face <- read.csv("face.csv")
## 민주당과 공화당의 2대 정당의 득표율
face$d.share <- face$d.votes / (face$d.votes + face$r.votes)
face$r.share <- face$r.votes / (face$d.votes + face$r.votes)
face$diff.share <- face$d.share - face$r.share
```

다음으로 plot() 함수를 사용해 산점도를 생성한다. 기호를 좀 더 유익하게 하고자 데이터셋 변수들을 기반으로 기호를 변경할 수 있다. plot() 함수의 인자인 pch는 플로팅할 포인트 유형을 지정할 수 있다(3.6절 참고). col 인자를 지정할 때 빨간색 점은 공화당 후보의 승리를, 파란색 점은 민주당 후보의 승리가 표시되게끔 ifelse() 함수를 이용한다. 그림에서 민주당 후보의 능력치가 증가함에 따라 민주당 후보자의 득표율 마진이 약간 상승하는 추세를 보여 준다.

```
plot(face$d.comp, face$diff.share, pch = 16,
    col = ifelse(face$w.party == "R", "red", "blue"),
    xlim = c(0, 1), ylim = c(-1, 1),
    xlab = "민주당원의 능력 점수",
    ylab = "민주당 득표율 마진",
    main = "얼굴 생김새 능력과 득표율")
```

아래의 플롯에서 공화당 당선자들은 빨간색 원 대신에 회색 원을 사용한다. 풀컬러 버전은 503쪽을 참고하기 바란다.

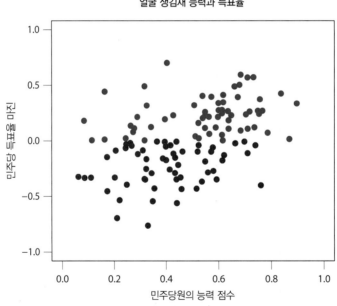

4.2.2 상관관계와 산점도

3.6.2절에서 상관관계는 한 변수가 다른 변수와 연관되는 정도를 나타냄을 배웠다. 양의 (음의) 상관관계 값은 다른 변수가 자체 평균보다 높을 때 한 변수의 자체 평균도 높을(낮

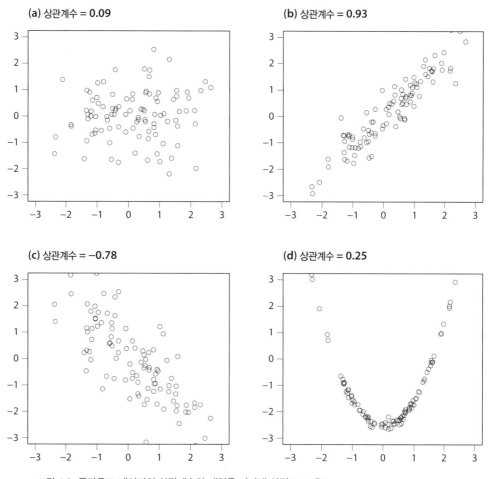

(a) 상관계수 = 0.09

(b) 상관계수 = 0.93

(c) 상관계수 = −0.78

(d) 상관계수 = 0.25

그림 4.3 클라우드 데이터의 상관계수와 패턴을 나타낸 산점도 그래프

을) 가능성을 의미한다. 위 산점도에서 위쪽으로 기울어진 데이터 클라우드는 인식된 역량과 득표율과의 차이는 양의 상관관계^{correlation}가 있음을 보여 준다. 상관계수를 계산하고자 cor() 함수를 사용한다.

```
cor(face$d.comp, face$diff.share)
## [1] 0.4327743
```

약 0.4의 상관관계는 후보자의 인식상 능력과 선거 당일 실제 승률 사이에 다소 긍정적인 관계가 있음을 보여 준다. 즉 대립후보자보다 능력이 있어 보이는 후보자는(후보자를 인지할 수 있는 정보가 없는 유권자에 의해 속단된다) 더 많은 표를 얻을 가능성이 높다.

상관계수와 데이터 클라우드 모양 간의 관계를 더 잘 이해하고자 그림 4.3은 다양한 상관관계를 가진 4개의 인공 데이터셋을 보여 준다. 양의(음의) 상관관계는 데이터 클라우드의 상향(하향) 트렌드에 해당하고 상관계수의 크기가 클수록 선형관계^{linear relationship}가 더 강함을 나타낸다. 실제로 상관관계는 두 변수 간의 선형관계를 나타낸다. 완전한 양(음)의 상관(예: 상관계수 1(-1))은 두 변수가 단일 라인에 있는 데이터 포인트와 완벽한 선형관계임을 의미한다.

따라서 상관관계의 부족이 반드시 관계의 부족을 의미하는 것은 아니라는 점에 유의해야 한다. 패널(d)에서는 두 변수 간의 상관관계는 낮지만 명확한 비선형관계가 있다. 이 경우는 이차함수다.

> **상관계수**^{correlation coefficient}는 두 변수 간의 선형관계를 정량화한 것이다. 산점도 플롯에서 클라우드 데이터의 상향 트렌드는 양(+)의 상관관계를 나타내는 반면 하향 트렌드는 음(-)의 상관관계를 나타낸다. 상관관계는 비선형관계를 표현하기에는 적합하지 않은 경우가 많다.

4.2.3 최소제곱

위에 표시된 대로 상관관계는 두 변수 간의 선형관계를 설명한다. 그러나 이러한 관계는 다음의 선형모형^{linear model}을 사용해 가장 잘 특성화할 수 있다.

$$Y = \underbrace{\alpha}_{절편} + \underbrace{\beta}_{기울기} X + \underbrace{\epsilon}_{오차항} \tag{4.1}$$

모형에서 Y는 결과변수 또는 반응변수이고, X는 예측변수 또는 독립(설명)변수다. 현재 예에서, 인식된 능력 측정치를 예측변수로 사용하고 양 정당 간 득표율의 차이를 결과변수로 사용한다. 모든 선은 절편 α와 기울기 파라미터 β로 정의될 수 있다는 점을 상기하

라. 절편 α는 X가 0일 때 Y의 평균값을 나타낸다. 기울기 β로 X가 한 단위 증가할 때 Y의 평균 증가를 측정한다. 절편과 기울기 파라미터를 합해서 계수^{coefficients}라고 한다. 오차항^{error}(또는 disturbance) ϵ는 하나의 관측값이 완벽한 선형관계에서 벗어날 수 있도록 한다.

데이터 생성 과정$^{data\text{-}generation\ process}$에 잘 근사한다는 가정하에 이와 같은 모형을 사용한다. 그러나 저명한 통계학자인 조지 박스$^{George\ Box}$가 "모든 모형은 잘못됐지만 몇몇은 유용하다"라고 말한 것을 반드시 인식해야 한다. 식 (4.1)에 명시된 선형모델에 따라 데이터가 생성되지 않더라도 모형은 관심 결과를 예측하는 유용한 도구가 될 수 있다.

식 (4.1)에서 α와 β의 값은 연구자들에게 알려지지 않았으므로 데이터에서 추정해야 한다. 통계에서 파라미터의 추정값은 '$\wedge$(근사값: hat이라고 읽는다)'로 표시된다. 여기서 $\hat{\alpha}$와 $\hat{\beta}$는 각각 α와 β의 추정값(근사값)을 나타낸다. 계수 α와 β의 추정값을 얻으면 이른바 회귀선$^{regression\ line}$이 생긴다. 이 선을 사용해 예측변수의 결과변수 값을 예측할 수 있다. 특히 예측변수 $X = x$의 특정 값이 주어지면 회귀 함수를 사용해 $\hat{Y}$로 표시되는 결과변수의 예측값$^{predicted\ value}$ 또는 적합값$^{fitted\ value}$을 계산한다.

$$\hat{Y} = \hat{\alpha} + \hat{\beta}x \tag{4.2}$$

대부분은 예측된 값이 관측된 값과 같지 않을 것이다. 관측값과 그것의 예측값의 차이를 잔차^{residual} 또는 예측오차$^{prediction\ error}$라고 한다. 엄밀하게 잔차는 다음과 같이 표기한다.

$$\hat{\epsilon} = Y - \hat{Y} \tag{4.3}$$

잔차는 $\hat{\epsilon}$으로 표시된다. 식 (4.1)의 오차항 ϵ는 관측되지 않으므로 잔차는 이 오차항의 추정값을 표시한다.

선형회귀모형은 다음과 같이 정의된다.

$$Y = \alpha + \beta X + \epsilon$$

Y는 결과(반응)변수, X는 예측 또는 독립(설명)변수다. ϵ는 오차항(방해 오차), (α, β)는 계수들이다. β는 기울기의 파라미터로서 예측변수의 1단위 증가와 관련된 평균 결과의 증가를 나타낸다. 일단 계수$(\hat{\alpha}, \hat{\beta})$의 추정값이 데이터에서 얻어지면 예측변수 $X = x$의 주어진 값을 $Y = \hat{\alpha} + \hat{\beta}x$을 활용해 결과를 예측할 수 있다. 관측된 결과와 적합값 또는 예측값 $\hat{Y}$ 간의 차이를 잔차라고 하며 $\hat{\epsilon} = Y - \hat{Y}$라고 표시할 수 있다.

R에 선형회귀모형을 적합하기 위해 lm() 함수를 사용한다. 이 함수는 Y ~ X 형식을 공식으로 하는 인자로써 결과변수가 Y이고 예측변수가 X이며, 데이터 인자로 지정된 데이터 프레임에서 가져온다. 절편은 회귀모형에 자동으로 추가된다.

이제 얼굴 생김새 실험 데이터에 대한 회귀선을 얻는다. 양당 투표 점유율의 민주당 마진을 반응변수로 사용하고, 민주당 후보의 인식된 능력을 예측변수로 사용한다.

```
fit <- lm(diff.share ~ d.comp, data = face) # 모델을 적합한다.
fit

##
## Call:
## lm(formula = diff.share ~ d.comp, data = face)
##
## Coefficients:
## (Intercept)          d.comp
##      -0.3122          0.6604
```

추정된 절편이 −0.3122이고 추정된 기울기는 0.6604임을 출력에서 확인할 수 있다. 즉 공화당 후보보다 민주당 후보가 더 유능하다고 생각하는 실험 대상이 없는 경우 양 정당의 득표율에 따른 민주당 마진의 예측값은 약 −31.2% 포인트다. 만약 얼굴 생김새 능력이 10% 포인트 증가하면 결과변수는 평균 6.6% (= 0.6604 × 10) 포인트 증가할 것으로 예측된다.

data 인자 없이 동일한 모형을 추정하는 다른 방법이 있다. 이를 위해서는 다음과 같이 결과변수 및 예측변수에 대한 개체의 전체 이름을 지정해야 한다.

```
lm(face$diff.share ~ face$d.comp)
```

일반적으로는 구문을 불필요하게 복잡하게 하고 혼동을 유발할 수 있기 때문에 권장하지 않는다. 그러나 회귀분석에 사용하려는 변수가 작업공간^{workspace}에서 별도의 객체로 존재할 때 유용할 수 있다.

게다가 추정 계수 $(\hat{\alpha}, \hat{\beta})$과 예측값 또는 적합값인 $\hat{Y}$을 직접 얻고자 coef() 및 fitting() 함수를 사용할 수 있다.

```
coef(fit)    # 계수의 추정값을 얻음

## (Intercept)        d.comp
##  -0.3122259     0.6603815

head(fitted(fit))   # 적합값 혹은 예측값을 얻음

##            1             2             3             4             5
##  0.06060411 -0.08643340   0.09217061   0.04539236 0.13698690
##            6
##   -0.10057206
```

lm() 함수에서 출력된 객체를 입력값으로 하는 abline() 함수를 사용하면 간단하게 산점도에 회귀선을 추가하는 것이 가능하다. 이 그림은 또한 추정된 절편 $\hat{\alpha}$와 관측 결과 Y, 예측값 또는 적합값인 $\hat{Y}$ 및 관측값의 잔차 $\hat{\epsilon}$을 보여 준다.

```
plot(face$d.comp, face$diff.share, xlim = c(0, 1.05), ylim = c(-1,1),
     xlab = "민주당원의 능력 점수",
     ylab = "민주당의 득표율 차이",
     main = "외모 능력 점수와 득표율")
abline(fit) # 회귀선 추가
abline(v = 0, lty = "dashed")
```

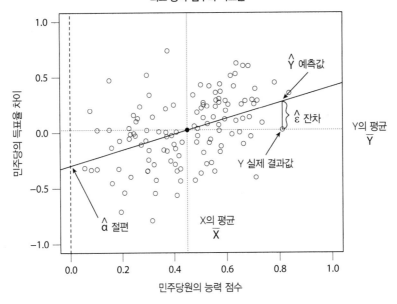

외모 능력 점수와 득표율

이 회귀선은 예측오차의 크기를 최소화하기 때문에 '최량적합선$^{\text{line of best fit}}$'이라고 한다. 선의 절편과 기울기 파라미터를 추정하고자 일반적으로 사용되는 방법은 최소제곱법/최소자승법$^{\text{least square}}$이다. 이 방법은 $\hat{\alpha}$와 $\hat{\beta}$을 함께 선택해 다음과 같이 정의되는 잔차제곱합$^{\text{SSR, Sum of Squared Residual}}$을 최소화하는 것이다.

$$\text{SSR} = \sum_{i=1}^{n} \hat{\epsilon}_i^2 = \sum_{i=1}^{n} (Y_i - \widehat{Y}_i)^2 = \sum_{i=1}^{n} (Y_i - \hat{\alpha} - \hat{\beta} X_i)^2 \tag{4.4}$$

식에서 Y_i, X_i, $\hat{\epsilon}_i$는 각각 i번째 관측값의 결과변수, 예측변수, 잔차를 나타내고 n은 표본의 크기다. 두 번째와 세 번째 등식은 각각 식 (4.3) 및 식 (4.2)에서 주어진 잔차의 정의를 따른다. **SSR** 값은 해석하기 힘든 면이 있다. 하지만 2.6.2절에서 소개한 평균제곱근$^{\text{RMS, Root Mean Square}}$ 개념을 적용할 수 있다. 특히 평균제곱근오차$^{\text{RMSE, Root-Mean-Squared Error}}$를 다음과 같이 계산할 수 있다.

$$\text{RMSE} = \sqrt{\frac{1}{n}\text{SSR}} = \sqrt{\frac{1}{n} \sum_{i=1}^{n} \hat{\epsilon}_i^2} \tag{4.5}$$

따라서 RMSE는 회귀분석에 대한 예측오차의 평균 크기를 나타내며, 이것이 최소제곱법을 최소화하는 것이다.

R에서 RMSE는 먼저 resid() 함수에서 잔차를 가져와서 쉽게 계산할 수 있다.

```
epsilon.hat <- resid(fit)   # 잔차
sqrt(mean(epsilon.hat^2))   # RMSE
## [1] 0.2642361
```

결과는 인식상의 능력 점수가 선거 결과를 예측하지만, 예측이 그다지 정확하지 않아 평균 26% 포인트의 예측오차를 산출한다는 것을 의미한다.

절편 및 기울기의 최소제곱 추정값은 다음과 같다.

$$\hat{\alpha} = \overline{Y} - \hat{\beta}\overline{X}, \tag{4.6}$$

$$\hat{\beta} = \frac{\sum_{i=1}^{n}(Y_i - \overline{Y})(X_i - \overline{X})}{\sum_{i=1}^{n}(X_i - \overline{X})^2} \tag{4.7}$$

Y와 X의 표본평균은 각각 $\overline{Y} = \frac{1}{n}\sum_{i=1}^{n} Y_i$, $\overline{X} = \frac{1}{n}\sum_{i=1}^{n} X_i$이다. 결과는 회귀선이 항상 데이터의 중심인 $(\overline{X}, \overline{Y})$를 통과함을 의미한다. 이는 $x = \overline{X}$를 식 (4.2)에 대입하고, 식 (4.6)에서 $\hat{\alpha}$의 표현식을 사용하면 $Y = \overline{Y}$가 산출되기 때문이다.

$$\widehat{Y} = \underbrace{(\overline{Y} - \hat{\beta}\overline{X})}_{\hat{\alpha}} + \hat{\beta}\overline{X} = \overline{Y}$$

p. 194의 그림에서 이것이 실제 사실임을 관찰할 수 있다. 회귀선은 각각 X와 Y의 평균을 나타내는 수직 및 수평 점선의 교차점을 통과한다.

또한 최소제곱법을 사용해 계수를 추정하면 적합 회귀선을 기반으로 한 예측값은 평균적으로 정확하다. 더 엄밀히 말하면 이하의 계산에서 알 수 있듯이 잔차 $\hat{\epsilon}$의 평균은 0이다.

$$\hat{\epsilon}\text{의 평균} = \frac{1}{n}\sum_{i=1}^{n}(Y_i - \hat{\alpha} - \hat{\beta}X_i) = \overline{Y} - \hat{\alpha} - \hat{\beta}\overline{X} = 0$$

이 식에서 최초의 등호는 잔차의 정의에 기인하고, 다음 등호는 괄호 안의 각 항에 대한 합계를 적용해 얻어지며, 최후의 등호는 식 (4.6)에서 따른다. 이것은 대수등식이며 모든 데이터셋에 적용할 수 있다는 점을 강조한다. 즉 선형회귀모형은 항상 샘플의 모든 데이터 포인트에서 평균 예측오차가 0이다. 하지만 이것이 반드시 선형회귀모형이 실제 데이터 생성 과정을 정확하게 대표한다는 의미는 아니다.

> 선형회귀모형의 계수를 추정하는 일반적인 방법은 잔차제곱합을 최소화하는 **최소제곱법**이다.
>
> $$\text{SSR} = \sum_{i=1}^{n} \hat{\epsilon}_i^2 = \sum_{i=1}^{n} (Y_i - \hat{\alpha} - \hat{\beta} X_i)^2$$
>
> 잔차들의 평균은 항상 0이며, 회귀선은 항상 $(\overline{X}, \overline{Y})$의 중심을 통과한다. 여기서 $\overline{X}$, $\overline{Y}$는 각각 X와 Y의 표본평균이다.

또한 회귀 추정 기울기와 3.6.2절에서 소개한 상관계수 간의 관계를 이해하는 것도 중요하다.

$$\hat{\beta} = \frac{1}{n} \sum_{i=1}^{n} \frac{(Y_i - \overline{Y})(X_i - \overline{X})}{\sqrt{\frac{1}{n}\sum_{i=1}^{n}(Y_i - \overline{Y})^2}\sqrt{\frac{1}{n}\sum_{i=1}^{n}(X_i - \overline{X})^2}} \times \frac{\sqrt{\frac{1}{n}\sum_{i=1}^{n}(Y_i - \overline{Y})^2}}{\sqrt{\frac{1}{n}\sum_{i=1}^{n}(X_i - \overline{X})^2}}$$

$$= X\text{와 } Y\text{의 상관관계} \times \frac{Y\text{의 표준편차}}{X\text{의 표준편차}} \tag{4.8}$$

첫 번째 등식은 식 (4.7)의 우변을 Y의 표준편차, $\sqrt{\frac{1}{n}\sum_{i=1}^{n}(Y_i - \overline{Y})^2}$로 나누고 곱하기 때문에 성립하는 반면, 두 번째 등식은 상관관계 및 표준편차의 정의에 따른다(식 (3.2) 및 식 (2.4) 각각 참고).

식 (4.8)에서 추정된 기울기 파라미터의 표현식은 두 가지 중요한 의미를 갖는다. 첫째, 표준편차는 음의 값을 취하지 않기 때문에 양(음)의 상관관계는 양(음)의 기울기에 해당한다. 둘째, X에서 1 표준편차 증가할 때마다 Y에서 ρ 표준편차 평균 증가와 연관된다.

여기서 ρ는 X와 Y 간의 상관관계다. 예를 들어, 상관관계가 0.5인 경우 X의 표준편차가 1 증가하면 Y의 표준편차는 0.5 증가한다. 현재 예에서 인식상의 능력 점수와 양 정당 득표율 차이 간의 상관관계는 0.43인 반면, X와 Y의 표준편차는 각각 0.19 및 0.29이다. 따라서 인식상의 능력 점수 0.19의 증가는 약 13% 포인트($\approx 0.43 \times 0.29$)의 양 정당 득표율 차이의 평균 증가와 연관이 있다.

> 선형회귀모형에서 추정된 **기울기 계수**^{slope coefficient}는 예측변수의 1 표준편차 증가와 관련된 결과변수의 ρ 표준편차 단위 증가와 같다. 여기서 ρ는 두 변수 간의 상관관계다.

4.2.4 평균으로의 회귀

영국학자 프랜시스 골턴^{Francis Galton} 경은 1886년 '키의 유전적 특성의 평범으로의 회귀'라는 제목의 논문에서 최초로 여겨지는 회귀분석을 수행했다. 그는 성인 자녀의 키와 부모의 평균 키 사이의 관계를 조사해 인간의 유전적 키를 연구했다. 골턴은 이를 '부모의 평균 키'라고 불렀다. 골턴은 **평균으로의 회귀**^{regression towards the mean}라는 현상의 예를 처음으로 제시했다. 그는 평균으로의 회귀를 "부모의 키의 평균치가 전체 평균보다 작을 때(클 때), 그들의 자녀들은 부모보다도 키가 큰(작은) 경향이 있다"라고 요약했다.

그림 4.4는 논문 원본에서 발췌한 것이다. 이 그림에서 값은 관측값의 수를 나타내고, 타원은 데이터 클라우드를 나타낸다. '수직 접선 포인트의 위치'는 결과변수가 성인 자녀의 키(가로축)이고, 예측변수가 부모 평균 키(세로축)인 회귀선을 나타낸다. 결과변수는 수평축에서 측정되고 예측변수는 수직축에 있으며, 이는 결과변수를 수직축으로 하는 현재의 관행과는 정반대라는 점에 주의하라. 또한 골턴은 부모의 평균 키를 그들 자식의 키로 회귀하는 분석을 수행했다. 이 회귀선은 '수평 접선 포인트의 위치'로 표시된다. 이 회귀선의 기울기 각도는(골턴은 2/3으로 계산함) 부모의 평균 키에서 자녀로의 회귀비율을 나타낸다.

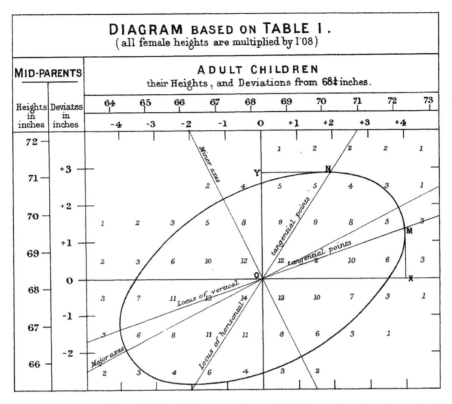

그림 4.4 골턴의 평범함으로의 회귀. (출처: Francis Galton (1886) "Regression towards mediocrity in hereditary stature." *Journal of the Anthropological Institute of Great Britain and Ireland*, vol. 15, pp. 246–263.)

회귀효과를 수치적으로 입증하기 위해서는 부모의 평균 키가 약 71인치[6]인 관측값을 고려하라. 그림 4.4에서 볼 수 있듯이 상단에서 두 번째 행에 24개의 관측값이 있다. 이들 관측값 중에서 적어도 부모 평균 키보다 큰 아이는 오직 8명 또는 33%에 불과했다. 반대로 부모 평균 키가 약 67인치이며 평균 키보다 작은 관측값들을 살펴보자(아래에서 두 번째 행에 있음). 57개 관측값 중에서 40개(70%)의 관측값이 자녀의 키가 적어도 부모의 평균 키를 상회했다. 골턴은 이 패턴을 '평범으로의 회귀'라고 불렀다. 그러나 이 회귀선의 양의 기울기로 알 수 있듯이 부모의 키가 큰 자녀의 경우도 평균적으로 키가 큰 경향이 있다. 6장에서 볼 수 있듯이 이 실증적 현상은 우연으로만 설명될 수 있음을 강조한다. 따

---

6 1인치 = 2.54cm, 71인치 = 180.34cm – 옮긴이

라서 평균으로의 회귀는 인류의 키가 어느 정도 일정한 키로 수렴되고, 모든 사람이 동일한 키를 가지리라는 것을 의미하지 않는다.

평균으로의 회귀는 다른 맥락에서도 관찰된다. 아래는 이 현상의 또 다른 예를 보여 준다. 오바마가 2008년에 대승했던 주에서 2008년보다 2012년에 더 적은 표를 얻는 경향이 있음을 보여 준다. 다른 예로, 중간고사에서 성적이 좋은 학생들이 기말고사에서 성적이 좋지 않은 경우가 있다. 중요한 점은 이러한 성적 저하가 오바마나 학생들의 노력 부족이 아닌 우연으로 인해 발생했을 수 있다는 점이다.

> **평균으로의 회귀**는 분포의 평균에서 멀리 떨어진 예측변수 값을 가지는 관측값이 해당 평균에 더 가까운 결과변수 값을 가지는 경향을 나타내는 실증적 현상이다. 이러한 경향은 우연으로만 설명할 수 있다.

4.2.5 R에서 데이터셋 결합하기

지금부터 미국 대통령 선거 데이터가 평균으로 회귀하는 현상을 보이는지 살펴볼 것이다. 이를 위해 2008년 선거에서 오바마의 득표율을 사용해서 2012년 재선에서 그의 득표율을 예측한다. 2012년 선거 결과 데이터셋인 pres12.csv를 2008년 선거 데이터셋으로 결합^merge한다. 2012년 선거 결과 데이터셋의 변수 이름과 설명은 표 4.5에 나와 있다.

R에서는 merge() 함수를 사용해서 두 데이터셋을 결합할 수 있다. 이 함수는 x, y, by의 세 가지 주요 인자를 취합한다. 여기서 x 및 y 인자는 두 데이터프레임을 나타내고, by 인자

표 4.5 2012년 미국 대통령 선거 데이터

변수	설명
state	주 약칭
Obama	오바마의 득표율(백분율)
Romney	롬니의 득표율(백분율)
EV	주별 선거인단 수

는 결합에 사용되는 변수 이름을 나타낸다. 먼저 결합할 두 데이터셋을 살펴보자.

```
pres12 <- read.csv("pres12.csv")  # 2012 데이터 로드
## 두 데이터셋 빠르게 검토
head(pres08)

##   state.name state Obama McCain EV margin
## 1    Alabama    AL    39     60  9    -21
## 2     Alaska    AK    38     59  3    -21
## 3    Arizona    AZ    45     54 10     -9
## 4   Arkansas    AR    39     59  6    -20
## 5 California    CA    61     37 55     24
## 6   Colorado    CO    54     45  9      9

head(pres12)

## state Obama Romney EV
##1    AL    38     61  9
##2    AK    41     55  3
##3    AZ    45     54 11
##4    AR    37     61  6
##5    CA    60     37 55
##6    CO    51     46  9
```

두 데이터셋 모두에 포함된 주 이름 변수 state를 사용해 두 데이터프레임을 결합한다.

```
## 두 데이터프레임 결합
pres <- merge(pres08, pres12, by = "state")
## 결합된 데이터프레임 요약
summary(pres)

##      state          state.name      Obama.x
## AK      : 1   Alabama   : 1   Min.   :33.00
## AL      : 1   Alaska    : 1   1st Qu.:43.00
## AR      : 1   Arizona   : 1   Median :51.00
## AZ      : 1   Arkansas  : 1   Mean   :51.37
## CA      : 1   California: 1   3rd Qu.:57.50
## CO      : 1   Colorado  : 1   Max.   :92.00
## (Other):45   (Other)   :45
##     McCain           EV.x          margin
## Min.   : 7.00   Min.   : 3.00   Min.   :-32.000
## 1st Qu.:40.00   1st Qu.: 4.50   1st Qu.:-13.000
## Median :47.00   Median : 8.00   Median :  4.000
## Mean   :47.06   Mean   :10.55   Mean   :  4.314
## 3rd Qu.:56.00   3rd Qu.:11.50   3rd Qu.: 17.500
```

```
##  Max.   :66.00   Max.   :55.00   Max.   : 85.000
##
##    Obama.y            Romney          EV.y
##  Min.   :25.00   Min.   : 7.00   Min.   : 3.00
##  1st Qu.:40.50   1st Qu.:41.00   1st Qu.: 4.50
##  Median :51.00   Median :48.00   Median : 8.00
##  Mean   :49.06   Mean   :49.04   Mean   :10.55
##  3rd Qu.:56.00   3rd Qu.:58.00   3rd Qu.:11.50
##  Max.   :91.00   Max.   :73.00   Max.   :55.00
##
```

데이터프레임에 이름이 동일한 변수(예: Obama 및 EV)가 있는 경우 결합된 데이터프레임
은 각 이름에 .x 및 .y를 추가해 각 변수를 원래 데이터프레임에 부여한다. 결합에 사
용될 변수는 반드시 두 데이터프레임에 존재해야 한다. 이 변수는 위의 코드 더미에서
와 같이 두 데이터프레임에서 동일한 이름을 가질 수 있지만, 변수 이름이 다른 경우에
는 by.x 및 by.y 인자를 사용해 각각의 데이터프레임에서 사용된 정확한 변수 이름을 지
정할 수 있다. 기본적으로, 결합된 데이터프레임은 by.x 인자로 지정된 데이터프레임의
x의 변수 이름을 유지한다. 여기에 예제 코드 더미가 있다.

```r
## 예시를 위한 변수명 변경
names(pres12)[1] <- "state.abb"
## 다른 이름의 변수를 이용해서 데이터셋 결합
pres <- merge(pres08, pres12, by.x = "state", by.y = "state.abb")
summary(pres)
```

```
##     state          state.name     Obama.x
##  AK     : 1   Alabama   : 1   Min.   :33.00
##  AL     : 1   Alaska    : 1   1st Qu.:43.00
##  AR     : 1   Arizona   : 1   Median :51.00
##  AZ     : 1   Arkansas  : 1   Mean   :51.37
##  CA     : 1   California: 1   3rd Qu.:57.50
##  CO     : 1   Colorado  : 1   Max.   :92.00
##  (Other):45   (Other)   :45
##     McCain          EV.x           margin
##  Min.   : 7.00   Min.   : 3.00   Min.   :-32.000
##  1st Qu.:40.00   1st Qu.: 4.50   1st Qu.:-13.000
##  Median :47.00   Median : 8.00   Median : 4.000
##  Mean   :47.06   Mean   :10.55   Mean   : 4.314
##  3rd Qu.:56.00   3rd Qu.:11.50   3rd Qu.: 17.500
##  Max.   :66.00   Max.   :55.00   Max.   : 85.000
```

```
##
##      Obama.y         Romney          EV.y
## Min.   :25.00   Min.   : 7.00   Min.   : 3.00
## 1st Qu.:40.50   1st Qu.:41.00   1st Qu.: 4.50
## Median :51.00   Median :48.00   Median : 8.00
## Mean   :49.06   Mean   :49.04   Mean   :10.55
## 3rd Qu.:56.00   3rd Qu.:58.00   3rd Qu.:11.50
## Max.   :91.00   Max.   :73.00   Max.   :55.00
##
```

두 데이터프레임을 결합하는 또 다른 방법은 cbind() 함수다. 이 함수는 여러 데이터프레임의 열 바인딩을 가능하게 한다(참고로 rbind() 함수는 여러 데이터프레임을 다른 프레임 아래에 쌓아서 행 바인딩을 수행한다). 그러나 종종 문제가 되는 경우 cbind() 함수는 해당하는 관측치가 데이터프레임의 동일한 행에 나타나도록 데이터프레임을 적절하게 정렬돼 있다고 가정한다. 현재 예에서는 전미 각 주가 반드시 두 데이터프레임의 동일한 행에 있어야 한다. 반면에 merge() 함수는 결합에 사용되는 변수에 따라 데이터프레임을 적절하게 정렬한다. cbind() 함수의 또 다른 단점은 동일한 정보를 포함하는 동일한 변수의 경우에도 양쪽 데이터프레임의 모든 열을 보존해 버린다는 점이다.

아래의 코드 더미는 이 두 가지 문제를 잘 보여 준다. 결합된 데이터프레임은 두 데이터프레임에 존재하는 모든 변수를 유지한다. 더 중요하게 결합된 데이터프레임에는 컬럼비아 특별구(DC)와 델라웨어(DE)에 대한 잘못된 정보가 있다는 점이다. 이는 결합된 데이터프레임에 기존 두 데이터프레임에서의 순서가 다르기 때문이다. 반대로 merge() 함수는 두 번째 데이터프레임 pres12를 첫 번째 데이터프레임 pres08과 일치하도록 적절하게 정렬시킨다.

```
## 두 데이터프레임을 cbind로 결합
pres1 <- cbind(pres08, pres12)
## 이하로부터 모든 변수가 보존된 것을 알 수 있다.
summary(pres1)
##      state.name       state        Obama
## Alabama    : 1   AK     : 1   Min.   :33.00
## Alaska     : 1   AL     : 1   1st Qu.:43.00
## Arizona    : 1   AR     : 1   Median :51.00
## Arkansas   : 1   AZ     : 1   Mean   :51.37
## California : 1   CA     : 1   3rd Qu.:57.50
```

```
##  Colorado  : 1   CO     : 1   Max.   :92.00
##  (Other)   :45   (Other):45
##     McCain            EV           margin
##  Min.   : 7.00   Min.   : 3.00   Min.   :-32.000
##  1st Qu.:40.00   1st Qu.: 4.50   1st Qu.:-13.000
##  Median :47.00   Median : 8.00   Median : 4.000
##  Mean   :47.06   Mean   :10.55   Mean   : 4.314
##  3rd Qu.:56.00   3rd Qu.:11.50   3rd Qu.: 17.500
##  Max.   :66.00   Max.   :55.00   Max.   : 85.000
##
##    state.abb      Obama           Romney
##  AK     : 1   Min.   :25.00   Min.   : 7.00
##  AL     : 1   1st Qu.:40.50   1st Qu.:41.00
##  AR     : 1   Median :51.00   Median :48.00
##  AZ     : 1   Mean   :49.06   Mean   :49.04
##  CA     : 1   3rd Qu.:56.00   3rd Qu.:58.00
##  CO     : 1   Max.   :91.00   Max.   :73.00
##  (Other):45
##        EV
##  Min.   : 3.00
##  1st Qu.: 4.50
##  Median : 8.00
##  Mean   :10.55
##  3rd Qu.:11.50
##  Max.   :55.00
##
## 이전과 다른 이 방식에서는 DC와 DE는 결과가 바뀌었다.
pres1[8:9, ]

##   state.name state Obama McCain EV margin state.abb Obama
## 8       D.C.    DC    92      7  3     85        DE    59
## 9   Delaware    DE    62     37  3     25        DC    91
##   Romney EV
## 8     40  3
## 9      7  3

## merge() 함수는 이 문제가 없음
pres[8:9, ]

##   state state.name Obama.x McCain EV.x margin Obama.y
## 8    DC       D.C.      92      7    3     85      91
## 9    DE   Delaware      62     37    3     25      59
##   Romney EV.y
## 8      7    3
## 9     40    3
```

결합된 데이터프레임을 이용해 미국 대통령 선거 데이터에 평균으로의 회귀 현상이 존재하는지 여부를 살펴본다. 최근 미국 정치의 양극화가 증가하는 추세를 고려해서(3.5절 참고), 오바마의 해당 연도의 평균 성과와 비교해 각 주에서 선거 성과를 측정할 수 있도록 z 점수를 계산해 선거 전반에 걸친 득표율을 표준화시킨다(3.6.2절 참고). 즉 각 선거에서 오바마 득표율에서 평균을 뺀 다음 표준편차로 나눈다. 이는 scale() 함수를 사용해 쉽게 수행할 수 있다. 이 변환을 수행하는 이유는 기술적으로 평균으로의 회귀가 일어나는 현상은 결과변수와 설명변수가 같이 표준화될 때 성립되기 때문이다.

```
pres$Obama2008.z <- scale(pres$Obama.x)
pres$Obama2012.z <- scale(pres$Obama.y)
```

오바마의 2012년 표준화된 득표율을 2008년 표준화된 득표율에 회귀시킨다. 예상대로 둘 사이에는 강한 선형관계를 관찰할 수 있다. 오바마는 2008년 대승을 거뒀던 주에서 2012년에 더 많은 표를 받는 경향이 있었다. 결과변수와 예측변수를 모두 표준화하면 추정된 절편은 0이 된다. 이는 추정 절편이 $\hat{\alpha} = \overline{Y} - \hat{\beta}\overline{X}$와 같이 주어지고(식 (4.6) 참고), 표준화 후에 두 변수의 표본평균인 $\overline{Y}$ 및 $\overline{X}$는 0이기 때문이다. 아래와 같이 R은 절편이 실질적으로 0이라고 추정한다. 또한 수식에 −1을 포함해 절편 없이 모형을 적합^{fitting}시킬 수도 있다.

```
## 절편은 0에 가깝게 추정됨
fit1 <- lm(Obama2012.z ~ Obama2008.z, data = pres)
fit1

##
## Call:
## lm(formula = Obama2012.z ~ Obama2008.z, data = pres)
##
## Coefficients:
## (Intercept)  Obama2008.z
##  -3.521e-17    9.834e-01

## 절편 없는 회귀모형; 추정 기울기는 동일함
fit1 <- lm(Obama2012.z ~ -1 + Obama2008.z, data = pres)
fit1

##
## Call:
## lm(formula = Obama2012.z ~ -1 + Obama2008.z, data = pres)
```

```
##
## Coefficients:
## Obama2008.z
##      0.9834
```

여기서 강력한 선형관계를 관찰하는 데이터 포인트와 적합 회귀선을 그려 본다.

```
plot(pres$Obama2008.z, pres$Obama2012.z, xlim = c(-4, 4), ylim = c(-4, 4),
     xlab = "2008년 오바마의 표준된 득표율",
     ylab = "2012년 오바마의 표준화된 득표율")
abline(fit1) # 회귀선 그리기
```

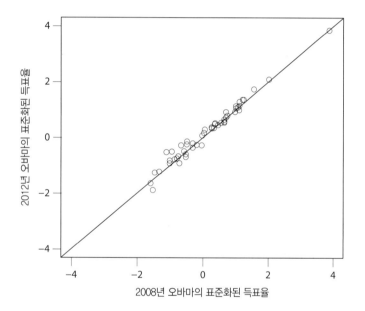

이제 오바마가 2008년 보다 2012년의 표준화된 득표율에서 더 많은 표를 받은 주들의 비율을 계산한다. 먼저 오바마의 2008년 표준화된 득표율의 하위 사분위수를 사용하고, 그 다음에 상위 사분위수를 사용한다. 만약 평균으로의 회귀 현상이 존재한다면 이 비율은 상위 사분위수에 있는 주들보다 하위 사분위수에 있는 주들이 더 클 것이다.

```
## 하위 사분위수
mean((pres$Obama2012.z >
        pres$Obama2008.z)[pres$Obama2008.z
```

```
                              <= quantile(pres$Obama2008.z, 0.25)])
## [1] 0.5714286
## 상위 사분위수
mean((pres$Obama2012.z >
        pres$Obama2008.z)[pres$Obama2008.z
                          >= quantile(pres$Obama2008.z, 0.75)])
## [1] 0.4615385
```

위의 코드에서 quantile() 함수를 사용해 상위 및 하위 사분위수를 계산한다. 그다음 2012년 오바마의 득표율이 2008년 득표율보다 큼을 (작거나 같음) 나타내는 논리 벡터 TRUE(FALSE)의 부분 선택을 또 다른 논리 벡터에 정의한다. 대괄호 안에 있는 이 두 번째 논리 벡터는 오바마의 2008년 득표율이 하위 사분위수인지 상위 사분위수인지를 나타낸다. 결과는 평균에의 회귀 현상을 명확하게 보여 준다. 하위 사분위수를 포함하는 주의 57%에서 오바마는 2012년에 2008년보다 높은 득표율을 얻었다. 반면에 오바마가 2008년에 우세했던 상위 사분위수 주는 겨우 46% 정도만 2012년에 지난번 대선을 상회하는 득표율을 얻었다.

4.2.6 모형 적합도

모형 적합도$^{\text{model fit}}$는 모형이 데이터에 어느 정도 잘 맞는지를 측정한다(예: 모형이 관측값을 얼마나 정확하게 예측하는지). 모형으로 설명되는 결과변수의 총 변동 비율을 나타내는 결정계수$^{\text{coefficient of determination}}$ 또는 R^2를 보고 모형 적합도를 평가할 수 있다. R^2를 정의하기 위해서 먼저 **총제곱합**$^{\text{TSS, total sum of squares}}$을 도입한다.

$$\text{TSS} = \sum_{i=1}^{n}(Y_i - \overline{Y})^2$$

TSS는 평균에서의 제곱 거리를 기반으로 한 결과변수의 총 변동을 나타낸다. 이제 R^2를 예측변수 X가 설명하는 TSS의 비율로 정의할 수 있다.

$$R^2 = \frac{\text{TSS} - \text{SSR}}{\text{TSS}} = 1 - \frac{\text{SSR}}{\text{TSS}}$$

잔차제곱합^{SSR}은 식 (4.4)에 정의돼 있으며, X에 설명되지 않는 Y 잔차의 변동을 나타낸다. R^2 값의 범위는 0(결과와 예측변수 간의 상관관계가 0인 경우)에서 1(상관관계가 1인 경우)까지이며, 선형모형이 현재 데이터에 얼마나 적합한지를 나타낸다.

> **결정계수는 모형 적합도**의 척도이며, 예측값이 설명하는 결과변수의 변동 비율을 나타낸다. 1에서 총제곱합^{TSS}에 대한 잔차제곱합^{SSR}의 비율을 뺀 값으로 정의된다.

예를 들어, 플로리다 주에서 2000년 미국 선거 결과를 카운티^{county} 수준의 동일한 주에서 1996년 미국 선거 결과를 이용해 예측하는 문제를 고려하라. 플로리다에는 68개의 카운티가 있으며 CSV 파일 florida.csv에는 두 선거에서 각 후보들의 득표율이 포함돼 있다. 표 4.6은 이 데이터 파일에 있는 변수 이름과 설명을 보여 준다. 진보 후보자인 1996년의 로스 페로$^{Ross\ Perot}$와 2000년의 팻 뷰캐넌$^{Pat\ Buchanan}$에 초점을 맞춘다. 이전의 투표 결과를 사용해 다음 투표의 결과를 예측한다.

표 4.6 플로리다 카운티들의 1996년과 2000년 미국 대통령 선거 자료

변수	설명
county	카운티 이름
Clinton96	1996년 클린턴의 득표수
Dole96	1996년 돌의 득표수
Perot96	1996년 페로의 득표수
Bush00	2000년 부시의 득표수
Gore00	2000년 고어의 득표수
Buchanan00	2000년 뷰캐넌의 득표수

그런 다음 먼저 **TSS**를 계산한 다음 **SSR**을 계산해 이 회귀모형의 R^2 값을 계산한다. resid() 함수는 회귀분석의 출력에서 잔차들의 벡터를 추출한다.

```
florida <- read.csv("florida.csv")
## 뷰캐넌의 2000년의 득표수를 1995년 페로의 득표수에 회귀한다.
```

```
fit2 <- lm(Buchanan00 ~ Perot96, data = florida)
fit2

##
## Call:
## lm(formula = Buchanan00 ~ Perot96, data = florida)
##
## Coefficients:
## (Intercept)      Perot96
##     1.34575      0.03592
## TSS와 SSR 계산
TSS2 <- sum((florida$Buchanan00 - mean(florida$Buchanan00))^2)
SSR2 <- sum(resid(fit2)^2)
## 결정 계수
(TSS2 - SSR2) / TSS2

## [1] 0.5130333
```

결과를 살펴보면 2000년 뷰캐넌의 득표수 변동의 약 51%가 1996년 페로의 득표수로 설명될 수 있음을 보여 준다.

이 계산을 함수로 전환해 다양한 회귀 모형의 결정 계수를 쉽게 계산할 수 있다(1.3.4절 참고). 이 함수는 다양한 요소들을 포함하는 리스트 객체인 lm() 함수의 출력값을 입력값으로 한다(3.7.2절 참고). 결과변수 값은 fitting() 함수를 사용해 얻을 수 있는 적합값과 각 관측값의 잔차를 더해서 회귀분석 출력 객체에서 다시 계산할 수 있다.

```
R2 <- function(fit) {
    resid <- resid(fit) # 잔차
    y <- fitted(fit) + resid # 결과변수
    TSS <- sum((y - mean(y))^2)
    SSR <- sum(resid^2)
    R2 <- (TSS - SSR) / TSS
    return(R2)
}
R2(fit2)

## [1] 0.5130333
```

이 함수를 사용하는 대신에 lm() 함수의 출력에 summary() 함수를 적용해 R^2 값을 얻을 수 있다(7.3절 참고).

```
## 내장 R 함수
fit2summary <- summary(fit2)
fit2summary$r.squared
## [1] 0.5130333
```

이전 선거 결과를 사용해 같은 정당 후보자의 득표를 예측했기 때문에 결정계수는 상대적으로 낮게 나타난다. 앞서 주 레벨에서 오바마의 득표율이 2008년과 2012년 선거 사이에 강한 상관관계가 있음을 확인했다. 회귀분석의 R^2 값을 주 레벨의 회귀분석 결과를 나타내는 출력 객체인 fit1을 사용해서 계산할 수 있다. 플로리다 회귀분석의 결정계수는 주 레벨 회귀분석의 결정계수보다 훨씬 낮은 것으로 입증됐다.

```
R2(fit1)
## [1] 0.9671579
```

이처럼 비정상적으로 낮은 적합값을 감안할 때 플로리다 회귀분석의 잔차를 더 면밀히 검사하는 것이 유용하다. 이를 위해 적합값에 대응하는 잔차가 표시된 잔차플롯residual plot을 만든다.

```
plot(fitted(fit2), resid(fit2), xlim = c(0, 1500), ylim = c(-750, 2500),
     xlab = "적합값", ylab = "잔차")
abline(h = 0)
```

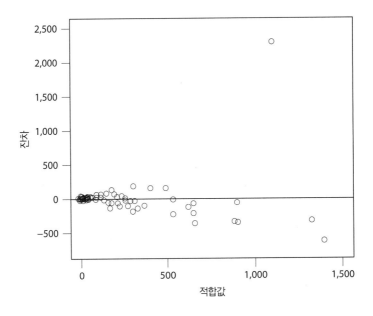

2000년 선거에서 뷰캐넌이 예상보다 훨씬 많은 2,000표를 얻은 극히 큰 잔차 또는 이상점/특이 관측치[outlier]을 관찰할 수 있다. 다음 코드 줄은 이 관측값이 팜비치[Palm Beach] 카운티를 나타냄을 보여 준다. 이는 잔차가 잔차의 최대값과 같은 카운티 이름을 추출했기 때문이라고 볼 수 있다.

```
florida$county[resid(fit2) == max(resid(fit2))]

## [1] PalmBeach
## 67 Levels: Alachua Baker Bay Bradford Brevard ... Washington
```

팜비치 카운티에서는 선거에서 나비 투표용지[butterfly ballot]를 사용한 것으로 밝혀졌다. 이 투표용지의 사진은 그림 4.5에 나와 있다. 유권자는 투표하려는 후보자에 해당하는 구멍을 뚫어야 한다. 그러나 그림에서 볼 수 있듯이 투표용지는 상당히 혼란스럽다. 이 카운티의 많은 앨 고어[Al Gore] 지지자들이 세 번째 구멍 대신에 상단에서 두 번째 구멍을 내서 뷰캐넌을 잘못 투표한 것으로 보인다. 4장의 시작 부분에서도 언급했듯이 2000년 선거에서 조지 부시[George Bush]는 고어가 전국에서 부시보다 50만 표 이상 더 많은 표를 얻었음에도 플로리다에서 537표라는 종이 한 장 차이의 승리 덕에 당선될 수 있었다. 잔차플롯에서 명백히 알 수 있듯이 팜비치 카운티에서 의문 투성이의 개표 결과 때문에 고어가 낙선했다고 널리 알려져 있다.

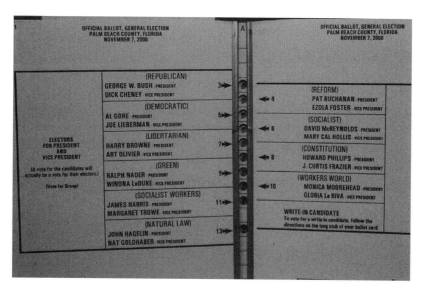

그림 4.5 팜비치 카운티의 나비 투표용지

이번에는 같은 모형을 팜비치 카운티를 빼고 추정해 보자. 나중에 이 처리가 잔차플롯과 회귀선을 팜비치가 없는 선과 비교해 모형 적합도가 향상하는지 확인할 것이다. 팜비치 없이 결정계수를 계산하는 것으로 시작해 보자.

```
## 팜비치 카운티를 제외한 데이터
florida.pb <- subset(florida, subset = (county != "PalmBeach"))
fit3 <- lm(Buchanan00 ~ Perot96, data = florida.pb)
fit3

##
## Call:
## lm(formula = Buchanan00 ~ Perot96, data = florida.pb)
##
## Coefficients:
## (Intercept)        Perot96
##    45.84193        0.02435

## R 제곱 혹은 결정계수
R2(fit3)

## [1] 0.8511675
```

팜비치를 뺀 결정계수는 0.51에서 0.85로 크게 증가하는 것을 볼 수 있다. 모형 적합도의 향상은 회귀선이 있는 산점도와 잔차플롯을 통해서도 쉽게 확인할 수 있다. 팜비치를 제거하면 회귀선이 상당히 이동하는 것으로 보아 회귀선은 팜비치의 영향을 받는 것을 확인할 수 있다. 새로운 회귀선은 팜비치를 빼고 남은 관측값들을 더 잘 피팅한다.

```
## 잔차플롯
plot(fitted(fit3), resid(fit3), xlim = c(0, 1500), ylim = c(-750, 2500),
     xlab = "적합값", ylab = "잔차",
     main = "팜비치를 제외한 잔차플롯")
abline(h = 0) # 0을 통과하는 수평선
plot(florida$Perot96, florida$Buchanan00, xlab = "Perot's votes in 1996",
     ylab = "2000년 뷰캐넌의 득표수")
abline(fit2, lty = "dashed") # 팜비치 카운티를 포함한 선형회귀
abline(fit3) # 팜비치 카운티를 제외한 선형회귀
text(30000, 3250, "팜비치")
text(30000, 1500, "팜비치 포함 회귀선")
text(30000, 400, "팜비치 제외 회귀선")
```

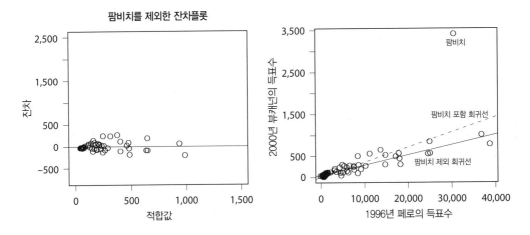

마지막으로 4.2.6절에서 다룬 모형 적합도는 표본외예측out-of-sample predictions이 아닌 표본내예측in-sample predictions을 기반으로 한다는 점을 강조할 필요가 있다. 결정계수와 같은 모형 적합 통계값은 자신의 모델이 현재 샘플에 얼마나 잘 맞는지 설명한다. 과대적합overfitting이라는 특정 샘플에 너무 가깝게 조정된 경우, 모형은 다른 샘플에서 덜 정확한 예측을 할 수 있다. 다른 데이터에 적용할 수 있는 일반 모형을 찾는 경우, 모형을 특정 샘플에 과대적합 하지 않도록 주의해야 한다. 4.3.2절에서는 과대적합의 가능성을 줄이고자 R^2 값을 조정하는 방법을 설명한다.

4.3 회귀분석과 인과효과

회귀분석은 사회과학 연구에서 예측하기 위한 주요 도구다. 회귀분석을 사용해서 인과 추론을 도출하기 위해서는 어떻게 해야 하나? 2장에서 논의했듯이 인과 추론은 반사실적 결과를 예측해야 한다. 예를 들어, 처치를 받은 단위의 경우, 처치 없이 결과가 발생할 반응변수의 값을 예측하려고 한다. 특정 가정하에서 회귀모형을 사용해 반사실적 결과를 예측할 수 있다. 그러나 회귀분석으로 정량화할 수 있는 연관/상관성이 반드시 인과효과를 의미하지는 않기 때문에 주의해야 한다.

표 4.7 여성 정책입안자 데이터

변수	설명
GP	그람 판차야트(GP, Gram Panchayat) 식별자
village	각 마을의 식별자
reserved	GP에 여성의장 할당 여부(이진변수)
female	GP에 여성의장 존재 여부(이진변수)
irrigation	할당 정책 시행 이후 관개설비의 신설 및 개보수 건수
water	할당 정책 시행 이후 식수설비의 신설 및 개보수 건수

4.3.1 무작위 실험

지금부터 실행할 예는 정부의 여성 정치인이 정책 결과에 미치는 인과적 영향을 조사하는 연구다.[7] 여성은 남성과 다른 정책을 추진하는가? 이 질문에 답하는 데 일부 여성 정치인을 선출하는 지역구와 남성 정치인만 선출하는 지역구 간의 정책 결과를 단순 비교하는 것만으로는 충분하지 않다. 예를 들어, 진보 지역구가 여성 정치인을 선출할 가능성이 높다면 정책적 차이가 이데올로기(이념) 때문인지 또는 정치인의 성별 때문인지 명확하지 않다.

이 잠재적인 교란 문제를 극복하고자 연구의 저자들은 1990년대 중반 이후 인도 마을 의

---

7 4.3.1절은 다음의 논문에 바탕을 둔다. Raghabendra Chattopadhyay and Esther Duflo (2004) "Women as policy makers: Evidence from a randomized policy experiment in India." *Econometrica*, vol. 72, no. 5, pp. 1409–1443.

원의 3분의 1을 여성 정치인을 위해 임의로 할당했던 무작위 정책 실험을 이용했다. CSV 데이터셋 women.csv에는 서벵골^{West Bengal}에서 가져온 부분 선택 데이터가 포함돼 있다. 이 정책은 그람 판차야트^{GP, Gram Panchayat}라는 정부 수준에서 구현됐다. 각각의 GP는 다수의 마을을 포함한다. 이 연구에서 상세한 데이터 수집을 위해 각 GP 내에서 2개의 마을을 무작위로 선택했다. 표 4.7은 이 데이터셋에 있는 변수의 이름과 설명을 보여 준다. 각 관측치는 마을을 나타내며 각 GP와 관련된 2개의 마을이 있다.

우선 할당 정책이 올바르게 시행됐는지 확인하고자 할당된 의장에 여성 정치인이 선출된 비율과 할당이 아니면서 의장으로 선출된 비율을 계산해 보자. 각 GP에는 동일한 수의 마을이 있으므로 GP 단위에서 새 데이터셋을 만들지 않고도 마을 전체의 평균을 간단하게 계산할 수 있다. 할당된 의장의 비율은 1과 같아야 한다.

```
women <- read.csv("women.csv")
## 할당된 GP vs 할당되지 않은 GP에서 여성 의장의 비율
mean(women$female[women$reserved == 1])

## [1] 1

mean(women$female[women$reserved == 0])

## [1] 0.07476636
```

결과를 살펴보면 할당 정책은 지켜진 것으로 보인다. 여성 정치인에게 의장 자리를 할당해야만 하는 모든 GP는 실제로 적어도 1명의 여성 정치인을 선출했다. 반면에 할당 정책이 적용되지 않은 GP의 93%는 여성 의장이 없었다. 2장에서 배운 내용에 따라 여성 정치인에의 할당 건이 있는 GP의 마을과 그렇지 않은 GP의 마을에서 정책 결과의 평균을 비교할 수 있다. 여기서 여성 정치인은 여성 유권자들이 원하는 정책을 지지할 가능성이 높다고 가정한다. 연구자들에 의하면 많은 수의 여성이 식수의 질에 불만을 갖고 있고, 남성은 관개 설비에 더 많은 불만이 있는 것을 발견했다. 여기서 할당 정책이 시행된 이후의 정책이 관개 설비와 식수 설비의 신설과 개보수 건에 미친 평균 인과효과를 추정해 보자. 여기서는 2.4절에서와 같이 평균의 차분추정량^{difference-in-means estimator}을 사용한다.

```
## 식수 설비
mean(women$water[women$reserved == 1]) -
    mean(women$water[women$reserved == 0])
```

```
## [1] 9.252423
## 관개 설비
mean(women$irrigation[women$reserved == 1]) -
    mean(women$irrigation[women$reserved == 0])
## [1] -0.3693319
```

할당 정책이 GP의 식수 시설 수를 평균적으로 약 9개(신설 또는 개보수) 증가시켰지만, 정책은 관개 시스템에는 거의 영향을 미치지 않았다. 이 결과는 여성 정치인이 여성 유권자의 이익을 대변하는 경향이 있다는 앞서 언급한 가설과 일치한다.

회귀분석을 사용해 무작위 실험의 데이터를 분석하기 위해서는 어떻게 해야 하나? 결과변수를 처치변수에 회귀시키면 두 그룹 간의 평균 결과 차이와 동일한 기울기 계수가 생성된다. 또한 추정된 절편은 통제그룹의 결과변수의 평균과 일치한다. 보다 일반적으로 X가 이진변수일 때(값이 0 또는 1) 식 (4.1)에서 정의된 선형모형은 다음 식의 추정된 계수를 산출한다.

$$\hat{\alpha} = \underbrace{\frac{1}{n_0}\sum_{i=1}^{n}(1 - X_i)Y_i}_{\text{통제그룹 평균 결과}}$$

$$\hat{\beta} = \underbrace{\frac{1}{n_1}\sum_{i=1}^{n}X_i Y_i}_{\text{처치그룹 결과변수의 평균}} - \underbrace{\frac{1}{n_0}\sum_{i=1}^{n}(1 - X_i)Y_i}_{\text{통제그룹 결과변수의 평균}}$$

이 식에서 $n_1 = \sum_{i=1}^{n} X_i$는 처치그룹의 크기이고, $n_0 = n - n_1$는 통제그룹의 크기다. 따라서 $\hat{\beta}$는 추정된 평균처치효과로 해석될 수 있다.

실험 데이터를 사용해 회귀계수와 결과변수의 평균이 수치적으로 동일한지 확인한다. 즉 추정된 기울기 계수가 대응하는 평균차분추정량과 같다는 것을 알 수 있다.

```
lm(water ~ reserved, data = women)
##
## Call:
## lm(formula = water ~ reserved, data = women)
```

```
##
## Coefficients:
## (Intercept)       reserved
##      14.738          9.252

lm(irrigation ~ reserved, data = women)

##
## Call:
## lm(formula = irrigation ~ reserved, data = women)
##
## Coefficients:
## (Intercept)       reserved
##       3.3879        -0.3693
```

2장에서 다룬 잠재적 결과와 회귀모형은 이하와 같이 관련시킬 수 있다.

$$Y(X) = \alpha + \beta X + \epsilon$$

회귀모형은 예측변수 값에 대응하는 평균적인 결과를 예측하는 것이기 때문에 X가 이진변수의 경우 추정된 평균처치효과는 추정된 기울기 계수와 같다. $\hat{\beta}$은 X가 1단위 증가할 때 Y의 추정된 변화를 나타낸다. 즉 $\widehat{Y(1)} - \widehat{Y(0)} = (\hat{\alpha} + \hat{\beta}) - \hat{\alpha} = \hat{\beta}$과 같다. 한편으로 통제그룹의 추정된 평균적인 결과변수의 값은 절편과 같다. 즉 $\widehat{Y(0)} = \hat{\alpha}$과 같다. 따라서 선형회귀모형은 이처럼 설정된 실험 데이터를 분석하기 위한 대안이지만 수치적으로 동일한 수단을 제공한다.

단일 이진변수의 처치를 사용한 실험 데이터의 경우, 선형회귀모형의 추정된 기울기 계수는 평균처치효과[ATE, Average Treatment Effect]의 추정값으로 해석할 수 있으며 평균의 **차분추정량**과 수치적으로 동일하다. 반면에 추정된 절편은 통제 조건에서 추정된 결과변수의 평균과 동일하다. 처치 할당의 무작위화는 선형회귀모형에서 식별된 관계의 **인과적 해석**[causal interpretation]이 가능해진다.

4.3.2 다중회귀모형

지금까지 선형회귀모형에서는 예측변수 하나만 포함시켰다. 그러나 회귀모형에서는 둘 이상의 예측변수가 있을 수 있다. 일반적으로 예측변수가 여러 개인 선형회귀모형은 다음과 같이 정의된다.

$$Y = \alpha + \beta_1 X_1 + \beta_2 X_2 + \cdots + \beta_p X_p + \epsilon$$

이 모형에서 α는 절편, β_j는 예측변수 X_j의 계수, ϵ는 오차항, p는 예측변수의 수이며 1보다 클 수 있다. 각 계수 β_j의 해석은 다른 모든 예측변수가 일정하게 유지될 때 이른바 다른 조건이 일정한 경우*ceteris paribus* 해당 계수에 대응하는 예측변수 X_j의 1단위 증가와 관련된 결과변수의 변화량이다. 따라서 연구자들은 여러 예측변수를 사용한 선형회귀분석으로 각 예측변수의 영향을 평가할 수 있다.

4.2.3절에서 설명한 최소제곱법을 사용해 모형의 파라미터를 추정할 수 있다. 즉 잔차제곱합(SSR)이 최소화되도록 $(\hat{\alpha}, \hat{\beta}_1, ..., \hat{\beta}_p)$ 값을 선택한다. **SSR**은 다음과 같이 정의된다.

$$\text{SSR} = \sum_{i=1}^{n} \hat{\epsilon}_i^2 = \sum_{i=1}^{n}(Y_i - \hat{\alpha} - \hat{\beta}_1 X_{i1} - \hat{\beta}_2 X_{i2} - \cdots - \hat{\beta}_p X_{ip})^2$$

식에서 $\hat{\epsilon}_i$은 잔차이며, X_{ij}는 i번째 관측값의 j번째 예측변수 값이다. 잔차는 관측된 반응변수 Y와 예측값 또는 적합값 $\hat{Y} = \hat{\alpha} + \hat{\beta}_1 X_1 + \hat{\beta}_2 X_2 + \cdots + \hat{\beta} X_p$ 간의 차이로 정의된다는 점을 상기하라.

선형회귀 모형을 기반으로 한 예측의 타당성은 선형성의 가정이 적절한가에 달려 있다. 최소제곱법은 항상 **SSR**을 최소화한다는 의미에서 데이터에 '가장 적합한' 선을 제공한다. 그러나 이것이 반드시 선형모델이 적절하다는 것을 의미하지는 않는다. 선형성에 관한 가정의 검정과 확장에 관한 추가적인 설명은 이 책의 범위를 넘어서는 것이지만 모든 모형과 방법들도 가정이 필요하며 선형회귀분석도 그 예외가 아니다.

2.4.2절에서 다중회귀분석 모형의 예로 소개한 사회적 압력과 투표율의 무작위 실험을 살펴보자. 이 연구에서는 등록된 유권자는 무작위로 4개 그룹 중 하나에 배정됐다. 그룹 할당이 투표율을 예측하는 데 사용되는 선형회귀모형을 맞출 수 있다. 이전과 같이 선형

회귀모형에 적합시키는 것은 lm() 함수를 사용해서 수행된다. + 연산자를 사용해 둘 이
상의 예측변수를 추가할 수 있다(예: lm(y ~ x1 + x2 + x3)). 이 예에서 messages 변수는 요
인이기 때문에 lm() 함수는 자동적으로 일련의 지시변수^{indicator}, 즉 더미변수를 생성한다.
유권자가 해당 그룹에 할당되면 각각 1과 같다. 이러한 지시변수들은 계산에는 사용되지
만 데이터프레임에는 저장되지 않는다. 이 모형은 비교의 기준이 되는 레벨의 변수를 제
외한 모든 지시변수가 포함된다. 기준이 되는 레벨의 요인변수는 levels() 함수를 사용
할 때 최초로 표시되는 변수이며 레벨은 알파벳순으로 표시된다. 요인변수의 다른 값들
은 이 기준이 되는 레벨의 값과 관련해 정의된다.

```
social <- read.csv("social.csv")
levels(social$messages) # 기준이 되는 레벨은 "Civic Duty"

## [1] "Civic Duty" "Control"    "Hawthorne"    "Neighbors"
```

이제 이 요인변수를 사용해 아래와 같이 선형회귀모형에 적합시킨다.

```
fit <- lm(primary2008 ~ messages, data = social)
fit

##
## Call:
## lm(formula = primary2008 ~ messages, data = social)
##
## Coefficients:
##      (Intercept)    messagesControl    messagesHawthorne
##         0.314538          -0.017899             0.007837
## messagesNeighbors
##         0.063411
```

또 다른 방법으로, 각 그룹을 표시하는 지시변수를 생성한 다음 이를 사용해 회귀모형을
지정할 수 있다. 결과는 위에서 얻은 것과 같다.

```
## 지시변수 생성
social$Control <- ifelse(social$messages == "Control", 1, 0)
social$Hawthorne <- ifelse(social$messages == "Hawthorne", 1, 0)
social$Neighbors <- ifelse(social$messages == "Neighbors", 1, 0)
## 위와 동일한 회귀모형을 지시변수를 이용해 적합
lm(primary2008 ~ Control + Hawthorne + Neighbors, data = social)
```

수학적으로 여기서 사용한 선형회귀모형은 다음과 같다.

$$Y = \alpha + \beta_1\,\text{Control} + \beta_2\,\text{Hawthorne} + \beta_3\,\text{Neighbors} + \epsilon$$

이 모형에서 각 예측변수는 해당 그룹의 지표변수이다. messages 변수의 기준 레벨이 "Civic Duty"이기 때문에 lm() 함수는 해당 지표변수를 제외한다. 적합 모형을 사용해, 평균의 결과를 예측할 수 있다. 이 경우는 투표를 한 유권자들의 평균 비율이다. 예를 들어, Control 조건에서 평균의 결과는 $\hat{\alpha} + \hat{\beta}_1 = 0.315 + (-0.018) = 0.297$ 또는 29.7%로 예측된다. 마찬가지로 Neighbors 그룹의 경우 예측 평균의 결과는 $\hat{\alpha} + \hat{\beta}_3 = 0.315 + 0.063 = 0.378$이다.

예측평균의 결과는 predict() 함수를 사용해 얻을 수 있다. 이 함수는 fitted() 함수와 마찬가지로 lm() 함수에서 출력값을 입력값으로 취해서 예측값을 계산한다. 하지만 모형에 적합시키고자 사용되는 표본의 예측값을 계산하는 fitted() 함수와는 달리 predict() 함수는 새 데이터프레임을 newdata 인자로 취하고, 이 데이터프레임의 각 관측값을 예측할 수 있다. 새 데이터프레임의 변수는 서로 다른 값을 가질 수 있지만, 적합된 선형모형의 예측변수와 일치해야 한다. 이 예에서는 data.frame() 함수를 이용해서 새로운 데이터프레임을 생성한다. 얻은 데이터프레임에는 모형의 예측변수로서 같은 messages 변수를 포함하지만, 각각 원래의 messages 변수의 고유한 값들 중 하나가 있는 4개의 관측값만 포함된다. unique() 함수를 사용해 이러한 고유한 값을 추출하고 처음 발생하는 순서대로 반환한다.

```
## 고유값 "messages"로 된 데이터프레임 생성
unique.messages <- data.frame(messages = unique(social$messages))
unique.messages

##      messages
## 1 Civic Duty
## 2  Hawthorne
## 3    Control
## 4  Neighbors

## 새로운 데이터프레임으로부터 각 관측값별 예측을 행함
predict(fit, newdata = unique.messages)

##         1         2         3         4
## 0.3145377 0.3223746 0.2966383 0.3779482
```

단일 이진변수인 예측변수가 있는 선형회귀모형의 예에서처럼(4.3.1절 참고) 각 처치조건에 대한 예측평균의 결과는 해당 부분 선택 데이터의 표본평균과 같다.

```
## 표본 평균
tapply(social$primary2008, social$messages, mean)

## Civic Duty    Control  Hawthorne  Neighbors
##  0.3145377  0.2966383  0.3223746  0.3779482
```

선형회귀분석의 결과를 더 쉽게 해석하고자 절편을 제거하고 4개의 지표변수 모두를 사용한다(공통 절편을 포함하고자 기준 레벨의 지표변수를 제거하는 대신에). 이 대체 모형은 각 그룹에서 결과의 평균을 대응하는 지표변수의 계수로 직접 얻을 수 있다. 선형회귀모형에서 절편을 제외할 때는 공식에 −1을 사용하면 된다. 다음 코드 더미는 이를 설명한다.

```
## 절편을 제외한 선형회귀
fit.noint <- lm(primary2008 ~ -1 + messages, data = social)
fit.noint

##
## Call:
## lm(formula = primary2008 ~ -1 + messages, data = social)
##
## Coefficients:
## messagesCivic Duty      messagesControl  messagesHawthorne
##             0.3145               0.2966             0.3224
##   messagesNeighbors
##             0.3779
```

위의 각 계수는 주어진 그룹의 평균 결과를 나타낸다. 결과적으로 각 처치그룹[Civic Duty, Hawthorne, Neighbors]의 통제그룹과 비교한 평균처치효과[ATE]는 각 처치그룹의 계수에서 절편이 없는 모형의 기준그룹인 통제그룹의 계수를 뺀 값으로 계산할 수 있다. 모형이 절편을 포함하는지 포함하지 않는지에 상관없이, 두 그룹 간의 추정된 인과효과의 차이는 대응하는 계수 간의 차이와 동일하다. 따라서 (Civic Duty 그룹과 비교한) Neighbors 그룹의 평균 인과효과는 절편을 포함하지 않는 모델인 0.378 − 0.297이고, 원래 모델에서 0.063 − (−0.018)이며, 어떤 경우에서도 0.081 또는 8.1% 포인트다. 이전의 경우와 마찬가지로 평균 인과효과에 대한 동일한 추정값은 다음의 두 가지 방법으로 얻을 수 있다. 하나는 요인 처치변수를 사용한 선형회귀분석을 통해서이고 다른 하나는 평균차분추정량을 통해

서다.

```
## "Neighbors" 조건의 추정 평균효과
coef(fit)["messagesNeighbors"] - coef(fit)["messagesControl"]

## messagesNeighbors
##        0.08130991

## 평균차분
mean(social$primary2008[social$messages == "Neighbors"]) -
    mean(social$primary2008[social$messages == "Control"])

## [1] 0.08130991
```

마지막으로 4.2.6절에서와 같이 결정계수 또는 R^2를 계산할 수 있다. 하지만 복수의 예측변수가 있는 경우, 예측변수의 수를 고려하는 이른바 자유도$^{degrees\ of\ freedom}$ 보정을 행한 수정 결정계수(adjusted R^2)를 계산하는 경우가 많다. 자유도는 대략 '자유롭게 바뀌는' 관측수라고 할 수 있으며, 통상 총관측수를 추정할 파라미터의 수를 뺀 값으로 표시된다. 현재 설정에서 n은 관측수이며 $p + 1$는 추정할 계수의 수, 즉 p개의 예측변수와 1개의 절편이기 때문에 자유도는 $n - p - 1 = n - (p + 1)$과 같다.

(수정하지 않은) R^2는 추가의 예측변수(SSR을 항상 감소하게 하는)를 포함함에 따라 항상 증가하기 때문에 더 많은 예측변수가 모형에 포함됨에 따라 자유도 보정으로 수정된 R^2는 하방으로 조정된다. 수정된 R^2의 식은 다음과 같다.

$$수정된\ R^2 = 1 - \frac{SSR/(n - p - 1)}{TSS/(n - 1)}$$

SSR은 추정할 계수 수($p + 1$)를 관측수 n에서 뺀 값으로 나눈다. TSS는 결과변수의 평균, 즉 $\overline{Y}$라 하나의 파라미터만 추정하므로 $(n - 1)$로 나눈다. 4.2.6절에서와 같이 수정된 R^2를 계산하는 함수를 만든다.

```
## 수정된 결정계수
adjR2 <- function(fit) {
    resid <- resid(fit) # 잔차
    y <- fitted(fit) + resid # 결과변수
    n <- length(y)
    TSS.adj <- sum((y - mean(y))^2) / (n - 1)
```

```
    SSR.adj <- sum(resid^2) / (n - length(coef(fit)))
    R2.adj <- 1 - SSR.adj / TSS.adj
    return(R2.adj)
}
adjR2(fit)
```

```
## [1] 0.003272788
```

```
R2(fit) # 수정되지 않은 결정계수 계산
```

```
## [1] 0.003282564
```

이 경우 관측수가 계수의 수에 비해 크기 때문에 수정되지 않은 R^2과 수정된 R^2의 차이는 적다. 다른 방법으로는 lm() 함수의 출력에 summary() 함수를 적용해 수정된 R^2과 수정되지 않은 R^2 모두를 얻을 수 있다(7.3절 참고).

```
fitsummary <- summary(fit)
fitsummary$adj.r.squared
```

```
## [1] 0.003272788
```

다중선형회귀모형은 다음과 같이 정의된다.

$$Y = \alpha + \beta_1 X_1 + \beta_2 X_2 + \cdots + \beta_p X_p + \epsilon$$

계수 β_j는, 다른 변수를 일정하게 유지하면서 X_j가 1단위 증가한 경우의 결과변수의 평균적인 증가분을 나타낸다. 계수는 잔차제곱합을 최소화해 추정된다. **자유도** 수정은 결정계수를 계산할 때 종종 쓰인다.

4.3.3 이질적 처치효과

무작위 실험을 적용할 때 복수의 예측변수를 사용한 선형회귀분석은 이질적 처치효과 heterogenous treatment effects를 검정할 때 도움이 될 수 있다. 예를 들어, 평균처치효과가 긍정적인 경우에도 동일한 처치가 일부 개인에게는 부정적인 영향을 미칠 수 있다. 처치효과의 방향과 크기에 영향을 주는 (표본의) 특징을 특정하는 것은 누가 처치를 받아야 하는 사람인지를 결정하는 데 굉장히 중요하다. 여기서 다뤄지는 응용 예에서는 사회적 압력의 처치는 투표를 거의 하지 않는 사람에게 조금밖에 영향이 없을 것이라 가정할 수 있다. 반면에 그들은 사회적 압력 처치에 가장 큰 영향을 받을 수도 있다. 이질적 처치효과 분석을 설명하고자 2004년 예비선거에서 투표한 사람들과 그렇지 않은 사람들 사이의 Neighbors 메시지의 평균 인과효과의 추정값 차이를 조사한다. 이를 위해 부분 선택한 데이터를 정의하고, 평균처치효과를 각각의 부분 선택 내에서 추정한다. 마지막으로 이 둘의 추정된 평균처치효과를 비교한다.

```
## 2004년 예비선거에서 투표한 사람들의 평균처치효과(ATE)
social.voter <- subset(social, primary2004 == 1)
ate.voter <-
    mean(social.voter$primary2008[social.voter$messages == "Neighbors"]) -
        mean(social.voter$primary2008[social.voter$messages == "Control"])
ate.voter

## [1] 0.09652525

## 투표하지 않은 사람들의 평균효과
social.nonvoter <- subset(social, primary2004 == 0)
ate.nonvoter <-
    mean(social.nonvoter$primary2008[social.nonvoter$messages == "Neighbors"]) -
        mean(social.nonvoter$primary2008[social.nonvoter$messages == "Control"])
ate.nonvoter

## [1] 0.06929617

## 차이
ate.voter - ate.nonvoter

## [1] 0.02722908
```

2004년 예비선거에서 투표한 사람들의 예측된 평균효과는 9.7% 포인트로, 선거에서 투표하지 않은 사람들보다 약 2.7% 포인트 더 높다. 이는 Neighbors 메시지가 2004년 예비선거에서 투표하지 않은 사람들보다 투표한 사람들에게 더 많은 영향을 미친다는 것을 의미한다.

처치변수 Neighbors와 관심공변량 primary2004라는 설명변수와의 상호작용효과[interaction effect]를 이용하는 것으로도 동일한 분석을 수행할 수 있다. 이 예에서 모형은 다음과 같이 표시할 수 있다.

$$Y = \alpha + \beta_1 \text{ primary2004} + \beta_2 \text{ Neighbors} + \beta_3 (\text{primary2004} \times \text{Neighbors}) + \epsilon$$

$$(4.9)$$

최후의 예측변수는 2개의 지표변수의 곱인 'primary2004 × Neighbors'이며, 2004년의 예비선거에서 투표를 행한 유권자(primary2004=1)가 Neighbors 처치를 받은(Neighbors=1) 경우에만 1로 한다.

따라서 모형에 따르면 2004년 예비선거에서 투표한 유권자(primary2004=1) 중에서 Neighbors 메시지의 평균 효과는 $\beta_2 + \beta_3$인 반면, 2004년 선거에서 투표하지 않은 유권자(primary2004=0)에의 효과는 β_2와 같다. 그러므로 상호작용항$^{\text{interaction term}}$의 계수인 β_3는 전자의 그룹이 후자의 그룹과 비교해 추가적으로 받은 평균처치효과를 나타낸다.

보다 일반적으로 상호작용항이 있는 선형회귀모형의 예는 다음과 같다.

$$Y = \alpha + \beta_1 X_1 + \beta_2 X_2 + \beta_3 X_1 X_2 + \epsilon$$

여기서 상호작용항 계수인 β_3는 X_3의 효과가 X_2에 어느 정도 의존하는가를 나타낸다(또는 그 반대). 이를 확인하고자 $X_2 = x_2$로 설정한 다음 $X_1 = x_1$일 때 예측값을 계산한다. 이는 $\hat{\alpha} + \hat{\beta}_1 X_1 + \hat{\beta}_2 X_2 + \hat{\beta}_2 x_1 x_2$으로 주어진다. 이제 이것을 X_1이 1단위 증가할 때 예측된 값과 비교한다(예: $X_1 = x_1 + 1$). 이 시나리오에서 예측값은 $\hat{\alpha} + \hat{\beta}_1 (x_1 + 1) + \hat{\beta}_2 x_2 + \hat{\beta}_3 (x_1 + 1) x_2$이다. 그런 다음 이 값에서 이전 예측값을 빼면 X_1이 1단위 증가와 관련된 평균 결과의 변화량이 X_2에 어느 정도 의존하는지에 대한 다음의 표현식을 얻을 수 있다.

$$\hat{\beta}_1 + \hat{\beta}_3 x_2$$

이는 또 다른 선형 방정식이다. 절편 β_1는 $X_2 = 0$일 때 X_1의 1단위 증가와 관련된 평균적인 결과의 증가분을 표시한다. 그런 다음 X_2가 1단위 증가할 때마다 기울기 $\hat{\beta}_3$분만큼 X_1을 더 증가시키는 효과가 있다.

> **상호작용항**이 있는 선형회귀모형의 예는 다음과 같다.
>
> $$Y = \alpha + \beta_1 X_1 + \beta_2 X_2 + \beta_3 X_1 X_2 + \epsilon$$
>
> 모델은 X_1의 효과가 X_2에 선형적으로 의존한다고 가정한다. 즉 X_2를 1단위 증가시키면 X_1의 1단위 증가와 관련된 평균적인 결과의 변화량이 β_3만큼 증가한다.

R에서 상호작용항은 콜론(:)으로 나타낼 수 있다. x1:x2 구문을 사용해 두 변수 x1과 x2 사이의 상호작용항을 생성한다. Neighbors 및 Control 그룹에 초점을 맞춰 상호작용항 사용법을 설명한다.

```
## Neighbors와 통제그룹을 부분 선택
social.neighbor <- subset(social, (messages == "Control") |
                                   (messages == "Neighbors"))
## 주효과와 상호작용효과를 생성하는 표준방법
fit.int <- lm(primary2008 ~ primary2004 + messages + primary2004:messages,
              data = social.neighbor)
fit.int

##
## Call:
## lm(formula = primary2008 ~ primary2004 + messages + primary2004:messages,
##     data = social.neighbor)
##
## Coefficients:
##                 (Intercept)
##                     0.23711
##                 primary2004
##                     0.14870
##             messagesNeighbors
##                     0.06930
## primary2004:messagesNeighbors
##                     0.02723
```

Control 그룹은 기준이 되는 조건이므로 기울기 계수는 Neighbors 조건과 이 조건 및 primary2004 조건과의 상호작용에 대해서만 추정된다.

그 대신에 별표 *는 2개의 주효과[main effect]항과 하나의 상호작용항을 생성한다. 즉 구문

x1*x2는 각각 x1, x2, 및 x1:x2를 생성한다. 대부분은 모형에 상호작용항을 포함할 때에는 그것에 대응하는 변수의 주효과항도 포함시켜야 한다. 위와 같은 회귀모형은 다음의 구문을 사용해 피팅할 수 있다.

```
lm(primary2008 ~ primary2004 * messages, data = social.neighbor)
```

추정된 각 계수를 해석하고자 다시 평균적인 결과의 예측값을 고찰해 보자. 2004년 예비선거에서 투표한 사람들 중 Neighbors 처치를 받은 사람의 평균적인 효과의 추정값은 처치그룹과 통제그룹의 평균적인 결과의 예측값 차로 표시할 수 있다. 모형 파라미터 측면에서 이 차이는 $(\hat{\alpha} + \hat{\beta}_1 + \hat{\beta}_2 + \hat{\beta}_3) - (\hat{\alpha} + \hat{\beta}_1) = \hat{\beta}_2 + \hat{\beta}_3$과 같다. 여기서 $\hat{\beta}_2$와 $\hat{\beta}_3$는 통제그룹 Neighbors가 0이기 때문에 식의 두번째 부분에서 제외됐다. 반대로 투표하지 않은 사람들의 평균처치효과의 추정값은 $(\hat{\beta}_1 + \hat{\beta}_2) - \hat{\alpha} = \hat{\beta}_2$이다. 따라서 2004년 예비선거에서 투표한 사람과 하지 않은 사람의 평균처치효과의 추정값의 차는 상호작용효과항의 계수의 추정값, 즉 $(\hat{\beta}_2 + \hat{\beta}_3) - \hat{\beta}_2 = \hat{\beta}_3$과 같다. 이는 상호작용효과항의 계수 β_3가 공변량 함수로서 평균처치효과의 변화를 표시하는 것을 의미한다.

지금까지는 요인 또는 범주형 변수에 중점을 뒀지만, 연속변수를 예측변수로 사용할 수 있다. 연속변수를 사용하기 위해서는 예측변수가 1단위 증가하면 기준이 되는 값에 관계없이 결과에서 동일한 크기가 증가한다는 더 강력한 선형성 가정[linearity assumption]이 필요하다. 현재 예에서 2008년에 투표한 유권자의 연령을 예측변수로 한 경우를 생각해 보자. 먼저 선거연도에서 출생연도 변수를 빼서 연령 변수를 계산한다.

```
social.neighbor$age <- 2008 - social.neighbor$yearofbirth
summary(social.neighbor$age)
##    Min. 1st Qu.  Median    Mean 3rd Qu.    Max.
##   22.00   43.00   52.00   51.82   61.00  108.00
```

이 부분 선택한 데이터에서 유권자 연령은 22세에서 108세까지 다양하다. 이제 Neighbors 처치의 평균 인과효과가 연령에 따라 어떻게 변하는지 살펴보자. 이를 위해 식 (4.9)에 주어진 선형회귀모형에서 primary2004 변수 대신에 age 변수를 사용한다.

$$Y = \alpha + \beta_1 \, \text{age} + \beta_2 \, \text{Neighbors} + \beta_3 \, (\text{age} \times \text{Neighbors}) + \epsilon$$

이전과 동일한 계산방법을 사용해 평균처치효과[ATE]가 연령에 따라 어떻게 변하는지 알 수 있다. x세인 유권자 그룹을 고려하라. 유권자에 대한 Neighbors 메시지의 ATE 추정 값은 $(\hat{\alpha} + \hat{\beta}_1 x + \hat{\beta}_2 + \hat{\beta}_3 x) - (\hat{\alpha} + \hat{\beta}_1 x) = \hat{\beta}_2 + \hat{\beta}_3 x$다. 반대로 $(x + 1)$세인 유권자 중에 서 추정 평균효과는 $\{\hat{\alpha} + \hat{\beta}_1 (x + 1) + \hat{\beta}_2 + \hat{\beta}_3 (x + 1)\} - \{\hat{\alpha} + \hat{\beta}_1 (x + 1)\} = \hat{\beta}_2 + \hat{\beta}_3 (x + 1)$ 이다. 그러므로 상호작용효과항 $\hat{\beta}_3 = \{\hat{\beta}_2 + \hat{\beta}_3 (x + 1)\} - \hat{\beta}_2 + \hat{\beta}_3 x$의 추정계수는 연령이 1년 차이가 나는 두 유권자 그룹 간 평균처치효과 차의 추정값을 나타낸다.

R에서 이 추정값 차를 계산하기 위해서는 먼저 age와 Neighbors 변수 간의 상호작용 항을 사용해 선형회귀모형을 피팅한다. 주효과항와 상호작용효과항을 생성하는 age * messages 구문을 사용한다.

```
fit.age <- lm(primary2008 ~ age * messages, data = social.neighbor)
fit.age

##
## Call:
## lm(formula = primary2008 ~ age * messages, data = social.neighbor)
##
## Coefficients:
##         (Intercept)                     age
##           0.0894768               0.0039982
##   messagesNeighbors   age:messagesNeighbors
##           0.0485728               0.0006283
```

결과는 연령이 1년 차이 나는 두 유권자 그룹의 평균처치효과 추정값 차가 0.06% 포인트 임을 시사한다. 이 회귀분석모형을 바탕으로 다양한 연령대의 평균처치효과의 추정값을 계산할 수 있다. 자세한 설명을 위해서 25, 45, 65, 85세를 선택한다. 연령을 개별 관측치 로 포함하는 데이터프레임을 newdata 인자의 입력값으로 해 predict() 함수를 사용해서 계산한다.

```
## Neighbors 그룹에서 age = 25, 45, 65, 85
age.neighbor <- data.frame(age = seq(from = 25, to = 85, by = 20),
                           messages = "Neighbors")
## Control 그룹에서 age = 25, 45, 65, 85
age.control <- data.frame(age = seq(from = 25, to = 85, by = 20),
                          messages = "Control")
## age = 25, 45, 65, 85의 평균처치효과
```

```
ate.age <- predict(fit.age, newdata = age.neighbor) -
    predict(fit.age, newdata = age.control)
ate.age
```
```
##          1          2          3          4
## 0.06428051 0.07684667 0.08941283 0.10197899
```

연구자들은 투표율을 모델링할 때 선형성의 가정이 부적절하다는 것을 발견했다. 사람들은 일반적으로 나이가 들수록 투표할 가능성이 높아지지만, 이 투표 가능성은 60 ~ 70대부터 감소하기 시작한다. 이 현상을 해결하는 일반적인 전략은 연령의 제곱을 추가적인 예측변수로 포함해 투표율을 연령의 2차 함수^{quadratic function}로 모델링하는 것이다. 상호작용 항을 포함하는 다음 모델을 고려하라.

$$Y = \alpha + \beta_1 \, \text{age} + \beta_2 \, \text{age}^2 + \beta_3 \, \text{Neighbors} + \beta_4 \, (\text{age} \times \text{Neighbors}) \\ + \beta_5 \, (\text{age}^2 \times \text{Neighbors}) + \epsilon \tag{4.10}$$

R에서 I() 함수를 사용하는 식에 제곱 또는 자연로그와 같은 수리적 함수들을 포함할 수 있다. 예를 들어, 수식에 x변수의 제곱을 포함하기 위해 I(x^2) 구문을 사용할 수 있다. I() 함수는 I(sqrt(x)) 및 I(log(x))와 같은 다른 산술연산을 가능케 한다. 이제 식 (4.10)에 표시된 모델을 피팅시켜 보자.

```
fit.age2 <- lm(primary2008 ~ age + I(age^2) + messages + age:messages +
               I(age^2):messages, data = social.neighbor)
fit.age2
```
```
##
## Call:
## lm(formula = primary2008 ~ age + I(age^2) + messages + age:messages +
##     I(age^2):messages, data = social.neighbor)
##
## Coefficients:
##            (Intercept)                      age
##             -9.700e-02                1.172e-02
##               I(age^2)         messagesNeighbors
##             -7.389e-05               -5.275e-02
##   age:messagesNeighbors  I(age^2):messagesNeighbors
##              4.804e-03               -3.961e-05
```

228

이처럼 복합한 모형에서 더 이상 계수를 간단하게 해석하는 것은 힘들다. 이러한 상황에서 가장 좋은 것은 predict() 함수를 사용하는 것이다. 즉, 다양한 시나리오에서 평균적인 결과를 예측한 다음 관심 있는 값을 계산하는 것이다. 여기서는 Neighbors와 Control 조건하에서 25 ~ 85세 사이의 다양한 연령대 유권자의 평균 투표율을 예측한다. 그런 다음 두 조건하에서 결과의 차로 평균처치효과를 계산하고 이를 연령함수로 표시해 보자. 다음 구문은 이 작업을 수행한다.

```
## Neighbors 처치하에서 추정 투표율
yT.hat <- predict(fit.age2,
                  newdata = data.frame(age = 25:85, messages = "Neighbors"))
## Control 조건하에서 추정 투표율
yC.hat <- predict(fit.age2,
                  newdata = data.frame(age = 25:85, messages = "Control"))
```

쉬운 해석을 위해 결과를 플로팅한다. 첫 번째 그림은 Neighbors 및 Control 그룹에 대해 개별적으로 연령함수로 투표율 예측값을 표시한다. 두 번째 그림은 연령함수로 평균처치효과의 추정값을 보여 준다.

```
## 각각의 조건하에서 추청 투표율 플로팅하기
plot(x = 25:85, y = yT.hat, type = "l", xlim = c(20, 90), ylim = c(0, 0.5),
     xlab = "Age", ylab = "투표율 예측값")
lines(x = 25:85, y = yC.hat, lty = "dashed")
text(40, 0.45, "Neighbors 조건")
text(45, 0.15, "Control 조건")
## 평균처치효과를 연령의 함수로 플로팅
plot(x = 25:85, y = yT.hat - yC.hat, type = "l", xlim = c(20, 90),
     ylim = c(0, 0.1), xlab = "연령",
     ylab = "평균처치효과(ATE) 추정값")
```

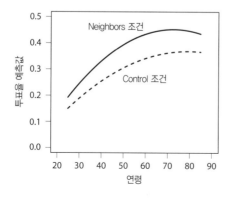
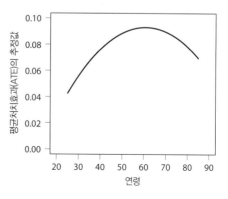

이 모형에 따르면 평균처치효과의 추정값은 60세 전후로 최고조에 이르렀으며, 효과의 크기는 젊거나 고령의 유권자들이 훨씬 작은 것을 알 수 있다.

4.3.4 회귀단절모형

2장에서의 논의는 교란변수가 없다면 처치변수와 결과변수 사이의 연관성을 인과효과로 해석할 수 있음을 의미한다. 이는 4.3.1 ~ 4.3.3절에서 분석한 실험연구의 경우다. 하지만 관찰연구에서는 처치할당이 무작위화되지 않는다. 그 결과 처치변수가 아닌 교란요인들이 처치그룹과 통제그룹 간의 결과 차이를 설명할 수 있다. 2.5절에서는 이러한 잠재적인 선택편향 문제를 해결하고자 몇 가지 연구 설계 전략을 논의했다. 여기에서는 회귀단절모형RDD, Regression Discontinuity Design이라는 관찰연구를 위한 또 다른 연구 설계를 소개한다.

표 4.8 영국 국회의원의 개인 자산 데이터

변수	설명
surname	후보자 성
firstname	후보자 이름
party	후보자 소속 정당(labour 또는 tory)
ln.gross	사망 시점 총자산의 로그
ln.net	사망 시점 순자산의 로그
yob	후보자 출생 연도
yod	후보자 사망 연도
margin.pre	이전 선거에서 후보자 소속 정당의 승리 마진
region	선거구
margin	승리 마진(득표율)

RDD를 적용하기 위해 의원직 당선이 개인의 자산을 얼마나 늘릴 수 있는지 살펴보자. 연구자들은 영국 국회의원MP, Members of Parliament을 분석해 이 질문을 조사했다.[8] 원 연구의 저자들은 1950년에서 1970년 사이 총선에 출마한 경쟁 후보자 수백 명의 사망 당시 개인

---

8 이 예제는 다음의 논문에 바탕을 둔다. Andrew C. Eggers and Jens Hainmueller (2009) "MPs for sale? Returns to office in postwar British politics." *American Political Science Review*, vol. 103, no. 4, pp. 513–533.

자산정보를 수집했다. 데이터는 CSV 파일 `MPs.csv`에 포함돼 있다. 이 데이터셋에 있는 변수의 이름과 설명은 표 4.8에 나와 있다.

MP와 비MP를 자산의 측면에서 단순하게 비교하는 것은 MP가 된 사람들과 MP가 되지 못한 사람들의 관측 가능한 또는 비관측 특성들이 다르기 때문에 올바른 인과 추론을 산출하지 못한다. 그 대신 RDD의 핵심적인 열쇠가 되는 방식은 가까스로 당선한 후보와 아깝게 탈락한 후보를 비교하는 것이다. 이러한 비교를 하는 배경으로 만약 국회의원이 되는 것이 실제로 경제적 이익을 창출하는 것이라고 가정하자. 그러면 어떤 후보자의 승리 마진이 음수에서 양수로 바뀔 때 개인의 자산은 양의 방향으로 불연속적으로 크게 증가하는 것을 기대할 수 있다. 불연속적인 점에서 다른 일이 일어나지 않는다고 가정한다면 선거에서 간신히 승리한 후보와 아깝게 탈락한 후보를 비교해 이 임계값에서 MP가 되는 평균 인과효과를 식별할 수 있다. 회귀분석은 이 불연속 지점에서 평균 개인 자산을 예측하는 데 사용된다.

회귀선이 있는 간단한 산점도는 RDD를 이해하는 가장 좋은 방법이다. 이를 위해 결과변수(사망 시점 순자산 로그)를 승리 마진에 대해 플로팅한다. 이 변수는 많은 자산을 축적한 소수의 정치인에 의해 상당히 왜곡돼 있기 때문에 자산을 자연로그 변환한다(3.4.1절 토론 참고). 그런 다음 선형회귀모형을 양의 승리 마진(즉 당선된 후보)을 가진 관측값에 개별적으로 피팅하고, 다른 회귀모형을 마이너스 승리 마진(탈락한 후보)에 피팅한다. 불연속점, 즉 승리 마진이 0인 점의 두 회귀분석의 예측값 차이가 MP 역할을 하는 개인의 자산에 대한 평균 인과효과를 나타낸다.

정당(노동당^{Labour} 및 보수당^{Tory})을 기준으로 데이터를 부분 선택한 다음 각 데이터셋에 대해 2개의 회귀분석을 피팅한다.

```
## 데이터 로드한 후 두 정당으로 부분 선택
MPs <- read.csv("MPs.csv")
MPs.labour <- subset(MPs, subset = (party == "labour"))
MPs.tory <- subset(MPs, subset = (party == "tory"))
## 노동당 2개의 회귀분석(부정과 긍정 마진)
labour.fit1 <- lm(ln.net ~ margin,
                  data = MPs.labour[MPs.labour$margin < 0, ])
labour.fit2 <- lm(ln.net ~ margin,
                  data = MPs.labour[MPs.labour$margin > 0, ])
## 보수당 2개의 회귀분석(부정과 긍정 마진)
```

```
tory.fit1 <- lm(ln.net ~ margin, data = MPs.tory[MPs.tory$margin < 0, ])
tory.fit2 <- lm(ln.net ~ margin, data = MPs.tory[MPs.tory$margin > 0, ])
```

예측변수의 특정 값을 사용해 결과를 예측하기 위해서는 새 데이터프레임인 newdata를 인자로 지정해 predict() 함수를 사용할 수 있다. 각 정당의 관심 인과효과를 추정하고자 Labour 및 Tory당 후보들에 대해 별도의 분석을 수행한다.

```
## 노동당: 예측 범위
y1l.range <- c(min(MPs.labour$margin), 0) # min to 0
y2l.range <- c(0, max(MPs.labour$margin)) # 0 to max
## 예측
y1.labour <- predict(labour.fit1, newdata = data.frame(margin = y1l.range))
y2.labour <- predict(labour.fit2, newdata = data.frame(margin = y2l.range))
## 보수당: 예측 범위
y1t.range <- c(min(MPs.tory$margin), 0) # 최소값에서 0
y2t.range <- c(0, max(MPs.tory$margin)) # 0에서 최대값
## 결과 예측
y1.tory <- predict(tory.fit1, newdata = data.frame(margin = y1t.range))
y2.tory <- predict(tory.fit2, newdata = data.frame(margin = y2t.range))
```

여기서 순자산 로그와 선거 마진의 산점도에 각 정당의 예측값을 그릴 수 있다.

```
## 노동당의 산점도와 회귀선
plot(MPs.labour$margin, MPs.labour$ln.net, main = "노동당",
     xlim = c(-0.5, 0.5), ylim = c(6, 18), xlab = "승리 마진",
     ylab = "사망 시점 순자산 로그")
abline(v = 0, lty = "dashed")
## 회귀선 추가
lines(y1l.range, y1.labour, col = "blue")
lines(y2l.range, y2.labour, col = "blue")
## 보수당의 산점도와 회귀선
plot(MPs.tory$margin, MPs.tory$ln.net, main = "Tory", xlim = c(-0.5, 0.5),
     ylim = c(6, 18), xlab = "승리 마진",
     ylab = "사망 시점 순자산 로그")
abline(v = 0, lty = "dashed")
## 회귀선을 추가
lines(y1t.range, y1.tory, col = "blue")
lines(y2t.range, y2.tory, col = "blue")
```

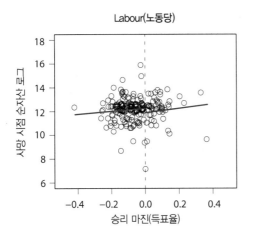

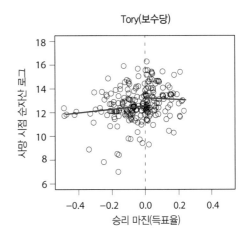

결과를 살펴보면 보수당 의원은 공직에서 재정적 혜택을 받은 반면 노동당 의원은 그렇지 않다. 보수당 후보자의 효과는 얼마나 큰가? 순자산이 지수 스케일로 측정되기 때문에 제로(0) 마진에서 예측값 차를 수치적으로 계산하고, 원래 스케일인 파운드로 되돌릴 수 있다. 3.4.1절에서 자연로그의 역함수^{inverse function}는 지수함수로써 R에서 exp() 함수로 표시된다는 것을 상기하라.

```
## 보수당 소속의 의원 순자산 평균
tory.MP <- exp(y2.tory[1])
tory.MP

##          1
## 533813.5

## 보수당 소속의 비의원 순자산 평균
tory.nonMP <- exp(y1.tory[2])
tory.nonMP

##          2
## 278762.5

## 인과효과(단위: 영국 파운드)
tory.MP - tory.nonMP

##          1
## 255050.9
```

보수당 후보자가 MP가 되면서 얻게 되는 개인 자산의 추정 효과는 약 250,000파운드를 상회한다. 보수당 비MP 후보자의 순자산 평균이 270,00파운드를 조금 상회하기 때문에 추정된 효과는 상당히 크다. 의원으로 근무하는 것은 사망 시까지 순자산을 배 가까이 불릴 수 있는 것이다.

RDD의 내적타당성$^{internal\ validity}$은 어떻게 검증할 수 있을까? 한 가지 방법으로 플라시보/위약 테스트$^{placebo\ test}$가 있다. 플라시보 테스트는 효과가 이론적으로 0으로 알려진 경우를 찾은 다음 추정된 효과가 실제로 0에 가깝다는 것을 보여 준다. 이 이름은 의학 분야 연구에서 위약이 건강 결과에 전혀 영향을 주지 않는다는 사실에서 유래한다(플라시보가 종종 심리적 메커니즘을 통해 영향을 미친다는 것을 암시하는 증거도 있다). 현재 예에서 이전 선거에서 같은 정당의 승리 마진에 미치는 평균처치효과^{ATE}를 추정한다. 미래에 MP가 된다는 것은 과거의 선거 결과에 영향을 전혀 주지 않기 때문에 RDD가 유효한 경우 이 효과는 0이어야 한다. 만약 추정된 효과가 0에서 멀어진다면 이는 곧 회귀불연속 가정의 위반 가능성을 제기한다. 예를 들어, 여당은 가까운 선거에서 승리하고자 불법 선거에 가담할 수 있다.

```
## 보수당 2개의 회귀분석(부정과 긍정 마진)
tory.fit3 <- lm(margin.pre ~ margin, data = MPs.tory[MPs.tory$margin < 0, ])
tory.fit4 <- lm(margin.pre ~ margin, data = MPs.tory[MPs.tory$margin > 0, ])
## 두 절편의 차이는 추정효과
coef(tory.fit4)[1] - coef(tory.fit3)[1]

## (Intercept)
## -0.01725578
```

이전 선거에서 승리 마진에 준 효과의 추정값은 약 2% 포인트 미만이다. 이 작은 효과 크기는 RDD를 이 연구에 적용할 수 있다는 것을 실증적으로 뒷받침한다. 7장에서 이 결론에 도달할 만큼 작은 것이 얼마나 작은지의 질문에 좀 더 확실하게 대답할 것이다.

RDD는 관찰연구의 핵심적인 문제점, 즉 잠재적 교란요인에 의한 편향을 극복할 수 있지만, 내적타당성의 강점은 외적타당성$^{external\ validity}$의 희생을 동반한다. 특히 이 설계에서 얻은 추정된 인과효과는 불연속 지점 근처의 관측값에만 적용된다. 이 예에서 관측값들은 간신히 당선되거나 탈락한 후보자들을 나타낸다. 의원이 공직으로 재정적 이익을 얻는 정도는 선거에서 큰 마진으로 승리한 사람들과 상당히 다를 수 있다. 따라서 RDD는 다른 접근 방식보다 약한 가정을 필요로 하지만, 추정된 결과는 더 큰 표본에 일반화하기는 힘들 수 있다(외적타당성이 약함).

> **회귀단절모형**[RDD]은 잠재적인 교란요인이 있는 관찰 연구에서 인과 추론을 위한 연구설계 전략이다. RDD는 불연속 지점에서 결과값의 변화가 처치변수의 변화에만 영향을 받는다고 가정한다. RDD는 높은 내적타당성을 갖는 한편, 불연속 지점에서 떨어진 관측값에 대해 결과를 일반화하기 힘든 경우가 있기 때문에 외적타당성이 부족할 수 있다.

4.4 요약

선거 예측 논의로 4장을 시작했다. 예비선거 여론조사를 사용해 미국 대통령 선거라는 맥락에서 완벽하지는 않지만 비교적 정확한 선거 결과 **예측**을 얻을 수 있음을 보여 줬다. **예측오차**를 소개했고, **편향**과 **평균제곱근오차** 같은 통계량을 사용해 예측의 정확도를 측정할 수 있는지 설명했다. 또한 범주형 결과의 예측이라는 **분류**의 문제도 논의했다. 두 가지 유형, 즉 위양성 및 위음성의 **오분류**가 가능하다. 예를 들어, 투표를 행한 유권자를 비투표자로 분류하는 것은 위음성인 한편, 투표를 하지 않은 유권자를 투표했다고 분류하는 것은 위양성이다. 둘 사이에는 분명한 절충점이 존재한다. 위양성을 최소화하고자 하면 위음성이 증가하는 경향이 있고, 그 반대의 경우도 마찬가지다.

그런 다음 관심 결과변수를 다른 변수를 사용해 예측할 때 일반적으로 사용되는 방법으로 **선형회귀모형**을 소개했다. 선형회귀모형을 사용하면 설명변수(또는 예측변수)의 값에 기반해 결과변수를 예측할 수 있다. 선형회귀모형에 기반한 예측은 통상적으로 예측오차 제곱의 합을 최소화하는 **최소제곱법**을 이용해 행해진다. 선형회귀와 **상관관계** 간의 정확한 관계와 **평균으로의 회귀**라는 현상을 논의했다. 마지막으로 결정계수와 편차의 검증을 통해서 모형을 평가하는 방법 몇 가지를 제시했다. 표본이 갖는 고유의 특징을 모형에 적합하는 것이 아닌, 데이터 생성 과정의 규칙적인 특징을 식별하고자 모형을 현재 데이터에 과적합하지 않도록 하는 것이 중요하다.

회귀분석으로 발견된 연관성이 반드시 **인과효과**를 의미하지는 않는다. 관측 결과를 예측하는 회귀분석의 능력이 반드시 반사실적 결과를 예측하는 능력을 수반하는 것은 아니다. 그러나 유효한 인과 추론은 후자가 필요하다. 4장의 끝에서는 실험 및 관찰 데이터 분석에서 회귀분석 사용을 논의했다. **상호작용항**을 포함한 선형회귀모형을 사용해 이질적 처치효과를 추정하는 방법을 논의했다. 또한 **회귀단절모형**도 논의했다. 이 설계를 사용하면 처치할당 메커니즘에 의한 불연속성을 활용하는 것으로 연구자들이 관찰연구에서 인과효과를 엄밀히 식별할 수 있게 한다. 그러나 회귀단절모형의 주요한 결점은 **외적타당성**의 부족(의 가능성)이다. 구체적으로는 이 설계에 기반한 실증적인 결론은 불연속 임계값에서 떨어진 관측값에는 적용하기 힘들다는 점이다.

표 4.9 2008년과 2012년의 인트레이드(Intrade) 예측시장 데이터

변수	설명
day	거래일
statename	각 주의 전체 이름(2008년 DC 포함)
state	각 주의 약칭(2008년 DC 포함)
PriceD	민주당 지명후보의 시장 종가(예측된 득표율)
PriceR	공화당 지명후보의 시장 종가(예측된 득표율)
VolumeD	민주당 지명후보의 시장 총거래량
VolumeR	공화당 지명후보의 시장 총거래량

4.5 연습문제

4.5.1 도박시장에 기반한 예측

4장의 앞부분에서 설문조사를 활용한 선거결과 예측을 연구했다. 여기서는 도박시장을 기반으로 한 선거결과 예측을 연구하고자 한다. 특히 인트레이드^{Intrade}라는 온라인 도박회사의 2008년 및 2012년 미국 대통령 선거 데이터를 분석한다. 인트레이드에서 사람들은 "플로리다 선거에서 오바마가 승리한다" 같은 계약을 거래한다. 각 계약의 시장 가격은 판매량에 따라 변동한다. 인트레이드와 같은 도박시장이 선거나 다른 이벤트의 결과를 정확하게 예측할 수 있는 이유는 무엇일까? 일부는 시장이 효율적으로 사용 가능한 정보들을 반영할 수 있다고 주장한다. 이 연습문제에서는 각 주에서 민주당 및 공화당 후보

자의 승리에 대한 계약들의 시장가격을 분석해 **효율적 시장가설**^{efficient market hypothesis}을 테스트한다.

2008년 및 2012년 데이터 파일은 각각 intrade08.csv 및 intrade12.csv와 같은 CSV 형식으로 제공된다. 표 4.9에는 이러한 데이터셋의 이름과 설명이 나와 있다. 데이터셋의 각 행은 특정 주에서 민주당 또는 공화당 후보의 승리에 대응하는 계약의 일일 거래 정보를 나타낸다. 또한 선거 결과 데이터를 사용한다. 이러한 데이터 파일은 pres08.csv(표 4.1) 및 pres12.csv(표 4.5)다.

1. 먼저 2008년 선거 결과를 예측하고자 선거 전날의 시장가격을 이용하는 것으로 시작한다. 이를 수행하기 위해 각 주의 후보자에 대한 도박시장의 정보를 선거 전날만 포함하도록 데이터를 부분 선택한다. 2008년 선거일은 11월 4일이었다. 특정 주에서 두 후보의 계약 종가를 비교하고, 높은 가격의 후보를 해당 주의 예상 승자로 분류한다. 어떤 주가 잘못 분류됐는가? 이 결과는 4장의 앞부분에서 제시된 여론조사에 의한 분류와 비교해서 어떻게 다른가? 동일한 분석을 2012년 11월 6일의 선거에도 반복한다. 2008년의 분석과 비교해서 2012년의 도박시장은 얼마나 잘 예측했는가? 2012년에 경쟁이 덜한 일부 주에서는 공화당과 민주당에 대한 도박시장의 거래가 없었기 때문에 선거 전날 데이터에 결측값이 있다. 인트레이드 예측이 이러한 주에 대해 정확하다고 가정한다.

2. 도박시장에 기반한 예측은 시간이 지남에 따라 어떻게 바뀌는가? 선거 전날이 아닌 2008년 캠페인의 마지막 90일에 대해 위와 동일한 분류 절차를 실행한다. 이 90일 기간 동안 민주당 후보자에 대한 선거인단 득표수의 예측값을 플로팅한다. 결과 플롯에는 실제 선거의 결과도 표시돼야 한다. 2008년 선거에서 오바마는 365명의 선거인단을 획득했다. 플롯을 간략하게 설명하라.

3. 이전 연습문제를 반복하되 이번에는 해당 주 내의 각 후보에 대해 일일 가격 대신에 7일의 **이동평균**^{moving-average} 가격을 사용한다. 4.1.3절에서와 마찬가지로 루프를 사용해 수행할 수 있다. 주어진 날의 직전 7일(당일 포함) 간의 거래 종가의 평균을 계산한다. 이 질문에 답하기 위해서는 먼저 각 주의 7일 평균을 계산해야만 한다. 다음으로 오바마가 이길 것으로 예측되는 주의 선거인단 득표수를 합산한다. tapply() 함수를 사용하면 주어진 날짜에 각 주의 예상 승자를 효율적으로 계산할 수 있다.

4. 데이터 파일 polls08.csv를 사용해 2008년 전미 여론조사 예측에 대한 유사한 플롯을 생성한다(표 4.2 참고). 여론조사는 각 주에서 매일 수행되지 않는다는 점에 유의한다. 따라서 주어진 주의 선거운동 기간의 직전 90일 동안의 각 날에 대해 그중에서 가장 최근에 행해진 여론조사에서 평균 승리 마진을 계산한다. 만약 같은 날 여러 투표가 발생한 경우 이들의 평균을 낸다. 각 주에서 가장 최근의 예측을 바탕으로 오바마의 예상 선거인단 득표수를 합산한다. 이 질문에 답하는 한 가지 전략은 2개의 루프를 프로그래밍하는 것이다. 즉 (각 주에 대해) 51회 반복하는 내측 루프와 (각 날에 대해) 90회 반복하는 외측 루프를 프로그래밍하는 것이다.

5. 인트레이드 시장에서 가격 마진과 실제 승리 마진 사이의 관계는 무엇인가? 2008년 선거 전날의 시장 데이터만 사용해 오바마의 각 주에서 실제 승리 마진을 오바마의 인트레이드 시장에서 가격 마진에 회귀한다. 마찬가지로 별도의 분석으로 오바마의 실제 승리 마진을 오바마의 각 주의 최신 여론조사에 기반한 예측된 승리 마진에 회귀한다. 이 회귀분석의 결과들을 해석한다.

6. 2008년 설문조사 및 인트레이드 예측이 2012년 각 주의 선거 결과를 정확하게 예측하는가? 이전 문제에서 사용된 회귀모형을 사용해 2012년 선거에서 오바마의 실제 승리 마진을 두 가지 방식으로 예측한다. 첫째, 각 주의 2012년 선거 전날 인트레이드 가격 마진을 예측변수로 사용한다. 2012년 인트레이드 데이터에는 모든 주의 시장가격이 포함돼 있지 않다는 것을 상기하라. 데이터가 없는 주는 무시해도 좋다. 둘째, polls12.csv에 있는 각 주의 최신 여론조사에 기반한 2012년 투표 마진 예측값을 예측변수로 사용한다. 표 4.10에는 2012년 미국 대선 여론조사 데이터에 포함된 변수의 이름과 설명을 보여 준다.

표 4.10 2012년 미국 대통령 선거 여론조사 데이터

변수	설명
state	여론조사가 시행된 주의 약식 이름
Obama	오바마의 예상 지지율(백분율)
Romney	롬니의 예상 지지율(백분율)
Pollster	여론조사 시행업체 이름
middate	여론조사 기간의 중간일

4.5.2 멕시코 선거와 조건부 현금이전 프로그램

이 연습문제에서는 멕시코의 조건부 현금이전[CCT, Conditional Cash Transfer] 프로그램인 프로그레사[Progresa]의 선거 영향을 추정하는 연구의 데이터를 분석한다.[9] 원 연구는 2000년 멕시코 대선 전 21개월(전기 Progresa) 또는 6개월(후기 Progresa) 프로그램을 받도록 적격 마을이 무작위로 배정된 CCT 프로그램의 무작위 평가에 의존했다. 원 연구의 저자는 CCT 프로그램이 유권자를 동원해 투표율을 높이고 여당인 PRI[Partido Revolucionario Institucional]를 지지할 것이라고 가정했다. 분석은 평가에 참여하는 마을을 최대 1개 포함하는 구역 샘플을 기반으로 한다.

분석할 데이터는 CSV 파일 progresa.csv로 제공된다. 표 4.11은 데이터셋에 포함된 변수의 이름과 설명을 보여 준다. 데이터의 각 관측값은 특정 선거구를 나타내며, 각 선거구에 대해 파일에는 처치 상태, 관심 결과값, 사회경제적 지표, 기타 선거구 특성 등의 정보가 포함된다.

1. '처치된'(전기 Progresa) 선거구와 '통제된'(후기 Progresa) 구역에서 관찰된 선거구의 선거 결과의 평균을 비교하는 것으로, 투표율과 여당(PRI)의 지지에 대한 CCT 프로그램의 영향을 추정한다. 다음으로 결과변수를 처치변수에 회귀해 이러한 효과를 추정한다. 이러한 접근 방식하에서 추정값을 해석하고 비교한다. 여기서는 원래 분석에 따라 투표율과 득표율을 적격한 유권자 인구 비율(각각 t2000 및 pri2000)로 사용한다. 결과가 가설을 뒷받침하는가? 간단히 해석하라.

2. 원래의 분석에서 저자는 처치변수뿐만 아니라 전처리 공변량 세트를 예측변수로 포함하는 선형회귀모형을 적합한다. 여기에서 선거구의 평균 빈곤 수준(avgpoverty), 1994년 선거구의 총인구(pobtot1994), 이전 선거에서 투표했던 총 유권자수(votos1994), 이전 선거에서 세 주요 경쟁 정당 각각에 대한 총투표수(PRI의 경우 pri1994, PAN[Partido Acción Nacional]의 경우 pan1994, PRD(Partido de la Revolución Democrática)의 경우 prd1994) 포함하는 각 결과에 대해 유사한 모델을 적합한다. 원래의 분

9 이 연습문제는 다음의 두 논문에 바탕을 둔다. Ana de la O (2013) "Do conditional cash transfers affect voting behavior? Evidence from a randomized experiment in Mexico," *American Journal of Political Science*, vol. 57, no. 1, pp. 1–14. 및 Kosuke Imai, Gary King, and Carlos Velasco (2015) "Do nonpartisan programmatic policies have partisan electoral effects? Evidence from two large scale randomized experiments," Working paper.

표 4.11 조건부 현금이전 프로그램(Progresa) 데이터

변수	설명
treatment	전기 Progresa 프로그램 혜택을 받은 세대가 있는 마을의 선거구 포함 여부
pri2000s	2000년 선거에서 18세 이상 선거구 인구 비율로서 PRI 득표수
pri2000v	2000년 선거에서 공식 PRI 득표율
t2000	2000년 선거에서 18세 이상 선거구 인구 비율로서 투표수
t2000r	2000년 선거에서 공식 투표수
pri1994	1994년 선거에서 PRI 총득표수
pan1994	1994년 선거에서 PAN 총득표수
prd1994	1994년 선거에서 PRD 총득표수
pri1994s	1994년 선거에서 18세 이상 선거구 인구 비율로서 PRI 총득표수
pan1994s	1994년 선거에서 18세 이상 선거구 인구 비율로서 PAN 총득표수
prd1994s	1994년 선거에서 18세 이상 선거구 인구 비율로서 PRD 총득표수
pri1994v	1994년 선거에서 공식 PRI 득표율
pan1994v	1994년 선거에서 공식 PAN 득표율
prd1994v	1994년 선거에서 공식 PRD 득표율
t1994	1994년 선거에서 18세 이상 선거구 인구 비율로서 투표수
t1994r	1994년 선거에서 공식 투표수
votos1994	1994년 대통령 선거에서 총득표수
avgpoverty	마을의 빈곤 지수의 선거구 평균
pobtot1994	선거구 내 총인구
villages	선거구 내 마을 수

석과 동일하게 유권자 연령 인구의 비율을 기반으로 하는 결과변수를 사용한다. 이 모델에 따르면 프로그램의 대상이 되는 것이 투표율 및 여당 지지에 미치는 영향의 평균효과 추정값은 어느 정도인가? 이 결과는 이전 문제에서 얻은 결과와 다른가?

3. 다음으로 더 자연스러운 대체 모형의 설정을 고려한다. 이전 문제에서와 같이 원 결과변수를 사용한다. 그러나 여기서의 모형은 과거 선거 결과변수로서 실측수를 사용하는 대신에 유권자 연령 인구의 비율로서 측정한 결과변수(t1994, pri1994s, pan1994s, prd1994s)가 포함돼야 한다. 또한 예측변수로 포함할 때 선거구 인구 변수

에 자연로그변환을 적용한다. 원래의 모형과 마찬가지로 모형에는 추가 예측변수로 평균빈곤지수가 포함된다. 이러한 새 모형의 설정에 기반한 결과가 이전 문제에서 얻은 결과와 다른가? 만약 결과가 다르면 어떤 모형이 데이터에 더 잘 적합하는가?

4. 이전 분석에서 사용된 일부 전처리 예측변수의 밸런스를 살펴보자. 박스플롯을 사용해서 처치그룹과 통제그룹 사이에서 (원래 척도의) 선거구 인구, 평균빈곤지수, (유권자 연령 인구의 비율로서) 과거의 투표율, (유권자 연령 인구 비율로서) 과거의 PRI 지지율을 비교한다. 관찰된 패턴을 설명하라.

5. 다음으로 원래 분석에서 사용된 (유권자 연령 인구 비율로서) 투표율이 아니라 (유권자 등록된 유권자 비율로서) 공식 투표율인 t2000r을 결과변수로 사용한다. 마찬가지로 (유권자 연령 인구 비율로서) PRI의 지지율이 아닌 (전체 투표에서 차지하는 비율로서) 공식 PRI 득표율인 pri2000v을 결과변수로 사용한다. 평균빈곤지수, 로그변환된 선거구 인구, 과거의 공식 선거 결과변수(과거의 투표율로서 t1994r, 그리고 PRI, PAN, PRD의 득표율로서 pri1994v, pan1994v, prd1994v)를 설명변수로서 포함하는 선형회귀모형을 사용해 CCT 프로그램의 평균처치효과를 추정한다. 결과를 간략하게 해석하라.

6. 지금까지 CCT 프로그램의 평균처치효과를 추정하는 데 집중했다. 그러나 이러한 효과는 선거구마다 다를 수 있다. 중요한 검토 사항의 하나로 빈곤을 들 수 있다. 빈곤율이 높은 선거구에 거주하는 사람들은 현금 이전을 더 잘 받아들이기 때문에 CCT 프로그램을 받을 때 더 투표장에 가거나 여당을 지지할 가능성이 더 높다고 가정할 수 있다. 정책의 평균처치효과가 선거구의 빈곤 수준에 따라 어떻게 다른지 조사해 이러한 가능성을 평가한다. 이를 위해서 다음의 예측변수들을 사용해 선형회귀에 적합한다. 예측변수에는 처치변수, 로그변환된 선거구 인구, 평균빈곤지수와 그 제곱, 처치변수와 빈곤지수의 제곱 간의 상호작용항이 있다. 고유한 관찰값의 평균 효과를 추정하고, 이를 평균 빈곤 수준의 함수로 플로팅한다. 결과 플롯을 설명하라.

표 4.12 브라질 정부 이전 데이터

변수	설명
pop82	1982년 인구
poverty80	1980년 주 빈곤율
poverty91	1991년 주 빈곤율
educ80	1980년 주 평균교육연수
educ91	1991년 주 평균교육연수
literate91	1991년 주 문맹률
state	주 이름
region	지역 이름
id	지방자치 ID
year	측정 연도

4.5.3 브라질에서 정부 간 이전지출과 빈곤감소

이 연습문제에서는 정부의 지출 증가가 교육 정도(평균교육연수), 문맹률, 빈곤율에 미치는 영향을 추정한다.[10] 일부 학자들은 정부 지출이 높은 부패와 불평등한 환경에서 거의 성과를 내지 못한다고 주장한다. 다른 학자들은 그러한 환경에서는 설명 책임의 압력과 공공재에 대한 큰 수요가 엘리트의 대응을 유도할 것이라고 제안한다. 이 논쟁을 살펴보기 위해 1991년까지 브라질 각 지방자치 단체로의 정부 간 이전지출의 산출식이 부분적으로 지방자치 단체 인구에 의해서 결정됐다는 사실을 이용한다. 즉 인구가 공식 기준치 이하인 지방자치 단체는 추가 수입을 얻지 못했지만, 기준치 이상인 주에서는 추가 수입을 얻을 수 있었다. 데이터셋 transfer.csv에는 표 4.12에 표시된 변수가 포함된다.

1. 회귀단절모형을 이 예에 적용한다. 회귀단절모형에 필요한 가정을 설명하고 이를 구체적인 문맥에 따라 해석하자. 이 가정이 성립하지 않은 시나리오는 무엇인가? 이 특정 응용 예에서 회귀단절모형이 갖는 장점과 단점은 무엇인가?

---

10 이 문제는 다음의 논문에 바탕을 둔다. Stephan Litschig and Kevin M. Morrison (2013) "The impact of intergovernmental transfers on education outcomes and poverty reduction." *American Economic Journal: Applied Economics*, vol. 5, no. 4, pp. 206-240.

2. 먼저 각각의 지방자치 단체가 정부 간 이전지출을 받았는지 여부를 결정하는 기준치에 어느 정도 가까운지를 결정하는 변수를 생성하라. 이전 액은 3개의 개별 인구 컷오프(기준치)에서 발생했다(예: 10,188명, 13,584명, 16,980명). 이러한 기준치를 사용해 가장 가까운closest 모집단 기준치와의 차이를 특성화하는 단일 변수를 생성한다. 원분석에 따라 이 차이를 해당 기준치로 나누고 100을 곱해 이 측정값을 표준화한다. 이렇게 하면 대응하는 기준치 값을 기준으로 각 주의 인구와 기준치 간의 차이에 대한 정규화된 백분율 점수가 산출된다.

3. 데이터를 부분 선택해 양측의 자금 지원 기준점에서 3포인트 이내의 지방자치 단체만 포함하도록 한다. 회귀분석을 사용해 관심의 세 가지 결과변수인 교육 정도, 문맹률, 빈곤율 각각에 대한 정부 간 이전지출의 평균 인과효과를 추정한다. 결과를 간략하고 실질적으로 해석하라.

4. 데이터의 점, 회귀적합선, 인구임계값을 플로팅하는 것으로 이전 문제에서 행한 분석을 시각화하라. 그림을 간략하게 설명하라.

5. 선형회귀모형을 적합하는 대신에 임계값 아래 및 위의 관측그룹 간의 결과변수의 차분을 계산한다. 문제 3에서 얻은 결과와 추정값은 어떻게 다른가? 여기서 언급된 가정은 문제 3에서 수행된 분석에 필요한 가정과 동일한가? 어느 추정값이 더 적절한가? 이를 논의하라.

6. 문제 3에서와 동일한 분석을 반복하되 분석 창 폭을 임계값 아래 및 위의 1 ~ 5% 포인트로 변경한다. 모든 백분율의 추정값을 구한다. 결과를 간략히 설명하라.

7. 문제 3에서와 동일한 분석을 하되 이번에는 인구수 기반 정부 간 이전지출이 시작되기 전인 1980년에 취해진 빈곤율 및 교육 정도 척도들을 사용한다. 이 결과는 문제 3에서 제시된 분석의 타당성에 대해 무엇을 시사하는가?

CHAPTER

05

—

발견

사진의 진가가 발휘되는 것은 생각지도 못한 것을 알아차리도록 해줄 때다.

— 존 튜키^{John W. Tukey}, 『Exploratory Data Analysis^{탐색적 데이터 분석}』

지난 수십 년 동안 계량 사회과학 연구에서 분석된 데이터의 다양함과 양은 급격히 늘어났다. 5장에서는 앞서 분석하지 않은 세 가지 유형의 데이터인 텍스트, 네트워크, 공간 데이터를 소개한다. 탐색적 데이터 분석^{exploratory data analysis}을 수행해 이러한 데이터의 기본 패턴과 구조를 귀납적으로 학습한다. 3장에서 정치적 양극화 정도에 적용된 분석의 예를 살펴봤다. 5장에서는 첫 번째로 텍스트 데이터를 분석해 토픽을 발견하고 단어 사용 빈도에 따라 문서의 저자를 예측하고자 한다. 예로 사용하는 것은 저자를 둘러싼 논쟁이 있는 「연방주의자^{The Federalist Papers}」다. 두 번째로는 유닛(단위) 간의 관계를 기록한 네트워크 데이터를 분석한다. 예를 들어, 르네상스 시대 피렌체의 인척 네트워크와 트위터의 소셜미디어 데이터를 살펴본다. 마지막으로 공간 데이터를 시각화하고, 시간과 공간에 따른 패턴 변화를 조사한다. 19세기 콜레라의 대발생과 21세기 월마트 소매점 확산을 예로 다룬다.

5.1 텍스트 데이터

인터넷의 광범위한 사용으로 이메일, 웹사이트, 소셜미디어를 통해 초마다 축적되는 천문학적인 양의 디지털화된 텍스트 데이터가 생성됐다. 블로그 사이트와 소셜미디어 게시물들을 분석하면 인간의 행동 및 주장에 대한 새로운 인사이트를 얻을 수 있다. 동시에 출판된 기사, 서적, 정부 문서들을 디지털화하고자 대규모의 노력이 진행되고 있으며, 새로운 데이터를 분석해 이전에 연구된 문제들을 다시 살펴볼 수 있는 흥미로운 기회를 제공한다.

5.1.1 「연방주의자」 저자를 둘러싼 논쟁

최근 몇 년 동안 텍스트 분석을 이용한 연구들이 늘어나고 있지만 여기서는 통계학 문헌에서 최초의 텍스트 분석 사례 중 하나를 살펴보자. 「연방주의자The Federalist」, 더 일반적으

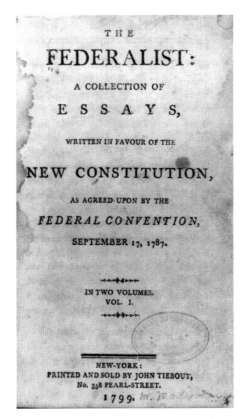

그림 5.1 「연방주의자」 제1권 표지(출처: 미국 의회도서관)

로는 「연방주의자 논문들The Federalist Papers」이라고 불리는 텍스트를 분석한다.[1] 표지가 그림 5.1에 표시된 「연방주의자」는 1787년부터 1788년까지 알렉산더 해밀턴Alexander Hamilton, 존 제이John Jay, 제임스 매디슨James Madison이 작성한 85편의 논문으로 구성돼 있으며, 뉴욕 사람들이 새로이 작성된 미합중국 헌법을 비준하도록 장려하고자 작성됐다. 해밀턴과 매디슨 모두 헌법 초안에 관여했기 때문에 연구자들은 「연방주의자」를 헌법 작성자의 의도를 반영한 1차 자료로 간주한다.

「연방주의자」는 원래 뉴욕 주의 다양한 신문들에 'Publius'라는 필명으로 게재된 것이다. 이런 연유로 각 논문의 저자가 누구인가는 학술적 연구의 대상이 됐다. 미국 의회도서관에 의하면[2] 해밀턴은 51편의 논문을 집필했고, 매디슨은 15편의 논문을 집필한 것으로 전문가 사이에서 생각돼 왔다.[3] 또한 해밀턴과 매디슨의 공저인 논문은 3편인 반면, 존 제이는 5편의 논문을 썼다.[4] 나머지 11편의 논문은 해밀턴 또는 매디슨이 썼지만 학자들은 누가 어떤 것을 썼는지 논쟁을 벌였다.[5] 아래에서는 「연방주의자」의 텍스트를 분석해 저자를 예측한다.

85편의 논문 원문은 미국 의회도서관 웹사이트에서 수집(스크랩)됐으며 fpXX.txt로 저장됐다. 여기서 XX는 01에서 85까지의 논문 번호를 나타낸다. 스크래핑scraping은 컴퓨터 프로그램을 사용해 웹사이트에서 데이터를 자동으로 수집하는 방법을 말한다. 각각의 데이터 파일에는 해당 논문의 텍스트 데이터가 포함돼 있다. 표 5.1을 살펴보면 「연방주의자」 제1편의 처음과 마지막 문장을 표시한다.

데이터를 분석하기 이전에 먼저 전처리를 해야 한다. tm 패키지는 R에서 유용한 몇 가지 자연어 처리natural language processing 기능을 제공한다. 하나의 기능으로 단어 사이의 불필요한 공백을 제거한다. 다른 기능으로는 어간화/스태밍stemming이라고 불리는 것으로 다른 형태의 공통 어간을 갖는 단어가 같은 어간임을 알 수 있게끔 접두사와 접미사를 제거해 어

---

1 5.1.1절은 다음의 논문에 바탕을 둔다. F. Mosteller and D.L. Wallace (1963) "Inference in an authorship problem." *Journal of the American Statistical Association*, vol. 58, no. 302, pp. 275–309.

2 다음의 웹사이트 참고. https://www.congress.gov/resources/display/content/The+Federalist+Papers#TheFederalistPapers-1

3 해밀턴이 쓴 논문이라고 알려진 것은 1, 6–9, 11–13, 15–17, 21–36, 59–61, 65–85번이다. 한편 매디슨이 쓴 것은 10, 14, 37–48, 58번이다.

4 해밀튼과 매디슨이 공저한 것이라고 알려진 논문은 18–20번이다. 존 제이가 쓴 것이라고 알려진 논문은 2–5와 64번이다.

5 저자가 불명확해 논쟁 중인 논문은 49–57, 62, 63번이다.

표 5.1 논문 「연방주의자」 데이터

AFTER an unequivocal experience of the inefficiency of the subsisting federal government, you are called upon to deliberate on a new Constitution for the United States of America.

$$\vdots$$

This shall accordingly constitute the subject of my next address.

Note: 해당 데이터는 「연방주의자」의 각각 85개 논문의 미가공 텍스트 데이터로 이뤄져 있다. 「연방주의자」 제1권의 첫 번째와 마지막 문장을 예시로 제시했다.

간을 남긴다. 예를 들어, 'government'의 어간은 'govern'이다. **tm** 패키지의 어간화 기능은 **SnowballC**라고 불리는 다른 패키지를 필요로 한다. install.packages() 함수를 사용하거나 **RStudio** 왼쪽 하단의 Packages 탭에 있는 Install 아이콘을 클릭해 이 패키지들을 반드시 설치하도록 하자(더 자세한 조작법은 1.3.7절 참고). 패키지 설치는 한 번만 수행하면 된다. 그러나 패키지를 사용하기 위해서는 library() 함수를 사용해 새 **R** 세션마다 불러들여야 한다. 쉼표로 구분하면 여러 패키지들을 동시에 로드할 수 있다.

```
## 필요한 2개의 패키지 불러들이기
library(tm, SnowballC)
```

Corpus() 함수를 사용해 텍스트의 집합인 코퍼스^{corpus}를 R에 불러들이는 것으로 시작하자. DirSource() 함수는 디렉터리 및 코퍼스 파일명의 패턴을 지정한다. directory 인자는 파일의 위치를 나타내며, 이 경우는 코드를 실행하기 전에 반드시 만들어야 하는 폴더인 federalist라는 작업 디렉터리의 하위 디렉터리를 나타낸다. pattern 인자는 모든 데이터 파일의 이름에 포함된 패턴을 식별한다. 이 경우는 fp(fp01.txt, fp10.txt, 등)이다.

```
## 미가공 코퍼스 불러들이기
corpus.raw <- Corpus(DirSource(directory = "federalist", pattern = "fp"))
corpus.raw

## <<VCorpus>>
## Metadata:  corpus specific: 0, document level (indexed): 0
## Content:  documents: 85
```

표 5.2 미가공 텍스트 데이터의 전처리를 위해 자주 사용되는 함수

함수	설명
tolower()	소문자로 변환
stripWhitespace()	스페이스 공백 제거
removePunctuation()	구두점 제거
removeNumbers()	숫자 제거
removeWords()	특정 단어 제거
stemDocument()	지정된 언어의 문서 내 단어를 어간화하는 것

그러면 이제 코퍼스의 전처리를 시작하자. 여기서는 코퍼스의 다양한 자연어 처리를 행할 수 있는 tm_map() 함수를 사용한다. 이 함수의 첫 번째 인수는 코퍼스의 이름이고, 두 번째 인수는 텍스트 변환용 함수다. 표 5.2는 이러한 기능들을 요약한다. 먼저 tolower() 함수를 사용해 모든 문자를 소문자로 바꿔 준다. tolower() 함수는 **tm** 패키지가 아닌 **R 기본** 패키지의 함수이므로 content_transformer()라 불리는 래퍼^{wrapper} 함수를 경유해서 사용해야만 한다(버전 0.6-1 현재).[6] 다음으로 stripWhitespace() 함수를 사용해 불필요한 스페이스 공백을 제거하고, removePunctuation() 함수를 사용해 구두점을 제거하며, removeNumbers() 함수를 사용해 숫자를 제거한다.

```
## 소문자로 바꿈
corpus.prep <- tm_map(corpus.raw, content_transformer(tolower))
## 스페이스 공백 제거
corpus.prep <- tm_map(corpus.prep, stripWhitespace)
## 구두점 제거
corpus.prep <- tm_map(corpus.prep, removePunctuation)
## 숫자 제거
corpus.prep <- tm_map(corpus.prep, removeNumbers)
```

다음으로 a, the와 같이 일반적으로 사용되는 단어들을 제거하고자 stopwords() 함수를 사용해 입력 언어에 대응하는 불용어^{stop words} 목록을 가져온다. 영어용 리스트의 최초 부분은 다음과 같다.

---

6 오래된 버전의 **tm 패키지**는 content_transformer() 함수를 필요로 하지 않는다.

```
head(stopwords("english"))
## [1] "i"        "me"       "my"       "myself"   "we"       "our"
```

그런 다음 removeWords() 함수를 통해 이 리스트를 사용한다. 마지막으로 각 단어를 어간 화^{stemming}한다.

```
## 불용어 제거
corpus <- tm_map(corpus.prep, removeWords, stopwords("english"))
## 최후에 남은 어간을 어간화
corpus <- tm_map(corpus, stemDocument)
```

추출할 요소를 나타내는 정수와 함께 이중대괄호 [[및]]를 사용해 특정 논문을 추출할 수 있다(이중대괄호 사용의 자세한 내용은 3.7.2절을 참고). 또한 content() 함수는 선택한 문서의 실제 텍스트를 인쇄한다.

```
## 게재 공간을 위해 출력을 일부분만 할애
content(corpus[[10]]) # 논문 제10편
##    [1] "among   numer advantag promis    wellconstruct union none"
##    [2] " deserv     accur develop    tendenc   break "
##    [3] " control   violenc  faction  friend   popular govern never"
...
```

이 전처리된 문서를 여기에 표시되는 원본 텍스트의 해당 섹션과 비교한다.

```
AMONG the numerous advantages promised by a well-constructed
   Union, none
    deserves to be more accurately developed than its tendency
   to break and
    control the violence of faction. The friend of popular
   governments never
```

위의 텍스트에서 관찰할 수 있듯이 모든 전처리가 이전 코드에서 지정한 대로 수행됐다. 즉 모든 문자를 소문자로 변환하고 하이픈, 쉼표와 같은 구두점을 제거했으며, 불용어와 스페이스 공백을 제거했으며, 단어를 어간 단어로 줄이도록 어간화했다(예: numerous를 numer로, promised를 promis로).

5.1.2 문서-용어 행렬

텍스트 데이터를 탐색하는 한 가지 빠른 방법은 각 단어 또는 용어의 발생 횟수를 세는 것이다. 특정 단어가 주어진 문서에서 나타나는 횟수를 용어빈도[tf, term frequency]라고 부른다. 용어빈도(tf)의 통계량은 문서-용어 행렬[document-term matrix]에 요약되며, 행은 문서를, 열은 고유한 각 용어를 표현하는 직사각형의 배열이다. 이 행렬의 요소는 i번째 문서(행)에서 j번째 용어(열)의 개수를 표현한다. 또한 이 행렬의 행과 열을 바꿔서, 행은 용어이며 열은 문서를 나타내는 용어-문서 행렬[term-document matrix]로 변환하는 것도 가능하다. 문서-용어 행렬은 R의 DocumentTermMatrix() 함수로 만들 수 있다(마찬가지로 TermDocumentMaxtrix() 함수는 용어-문서 행렬을 만든다).

```
dtm <- DocumentTermMatrix(corpus)
dtm

## <<DocumentTermMatrix (documents: 85, terms: 4849)>>
## Non-/sparse entries: 44917/367248
## Sparsity            : 89%
## Maximal term length: 18
## Weighting           : term frequency (tf)
```

DocumentTermMatrix() 함수의 출력은 특수한 행렬이기 때문에 R은 문서-용어 행렬 자체가 아닌 그 요약을 출력한다. 이 요약에는 문서의 수나 용어의 수가 포함돼 있다. 또한 문서-용어 행렬 내의 빈도가 높은 용어 또는 빈도가 0이 아닌 항목, 빈도가 낮은 항목의 수도 포함돼 있다. Sparsity는 문서-용어 행렬에 빈도가 0인 항목의 비율을 나타낸다. 이 예의 경우처럼 문서-용어 행렬은 일반적으로 희소[sparse]하다. 즉 대부분의 용어가 적은 수의 문서에만 등장하기 때문에 대부분의 항목은 0이다. 「연방주의자」는 문서-용어 매트릭스 요소의 89%가 0이다. 마지막으로 요약 출력은 이 행렬의 항목에 가중치가 부여되는 최대 용어 길이와 수량을 제공한다. 현재 예에서 각 항목은 tf 통계량을 나타낸다.

이 매트릭스의 실제 항목을 자세히 살펴보고자 코퍼스 또는 용어-문서 행렬의 자세한 정보를 표시하는 inspect() 함수를 사용한다. 대괄호 [,]를 사용해 데이터프레임 객체를 부분 선택하는 것과 같이 이러한 행렬 객체를 부분 선택할 수 있다. 예를 들어, 다음 구문은 문서-용어 행렬의 처음 5개 행과 처음 8개 열을 검사한다.

```
inspect(dtm[1:5, 1:8])

## <<DocumentTermMatrix (documents: 5, terms: 8)>>
## Non-/sparse entries: 4/36
## Sparsity           : 90%
## Maximal term length: 7
## Weighting          : term frequency (tf)
##
##           Terms
## Docs       abandon abat abb abet abhorr abil abject abl
##   fp01.txt       0    0   0    0      0    0      0   1
##   fp02.txt       0    0   0    0      0    1      0   0
##   fp03.txt       0    0   0    0      0    0      0   2
##   fp04.txt       0    0   0    0      0    0      0   1
##   fp05.txt       0    0   0    0      0    0      0   0
```

다른 방법으로는 as.matrix() 함수를 사용해 이 객체를 통상의 matrix 객체로 변환시켜 직접 출력하는 것도 가능하다.

```
dtm.mat <- as.matrix(dtm)
```

5.1.3 토픽의 발견

위에서 만든 문서-용어 행렬을 시각화하고 분석하는 것으로 시작한다. 단어 출현 빈도 분석은 일반적으로 사용되는 단어 주머니[bag-of-words]의 가정에 결정적으로 의존하며, 이 가정은 단어의 문법과 어순을 무시하는 것을 의미한다. 이는 분석이 텍스트의 미묘한 의미를 감지하지 못함을 의미한다. 그러나 용어빈도(tf)의 분포를 통해서 문서에서 논의된 토픽[topic]을 추론할 수 있어야 한다. 이 분포를 시각화하는 일반적인 방법은 빈번하게 사용되는 단어가 더 큰 폰트로 표시하는 워드 클라우드[word cloud]다. **wordcloud** 패키지의 wordcloud() 함수는 문서-용어 행렬이 시각적으로 검사하기에는 너무 많은 열[column]이 포함돼 있기 때문에 유용한 시각화 도구 역할을 할 수 있는 워드 클라우드를 생성한다.

3.7절에서 다룬 클러스터링처럼 토픽의 발견은 토픽 할당의 실제 정보에 접근할 수 없기 때문에 비지도학습[unsupervised learning]의 예다. 즉 사전에 어떤 토픽이 코퍼스에 존재하는지 각각의 문서를 특징지을 수 없다. 주어진 문서 내에서, 그리고 문서 전반에 걸친 용어빈도

의 분포를 분석해 토픽을 발견하고자 한다. 대조적으로 지도학습^{supervised learning}에서 연구자들은 관찰된 결과변수가 있는 표본을 사용해 결과와 예측변수 간의 관계를 학습한다. 예를 들어, 코딩을 담당하는 사람에게 일부 문서를 읽고 토픽을 할당하도록 할 수 있다. 그런 다음 이 정보를 사용해 읽지 않은 다른 문서의 토픽을 예측할 수 있다. 결과변수의 정보가 부족하면 비지도학습의 문제는 지도학습보다 더 어려워진다.

토픽들을 추론하고자 워드 클라우드로 12번과 24번의 「연방주의자」 논문을 시각화하는 것으로 시작한다. 두 논문은 모두 알렉산더 해밀턴이 저술한 것으로 알려져 있다. 이 분석에서 인스톨해야 하는 **wordcloud** 패키지에서 wordcloud() 함수에서 두 가지 주요한 인자를 지정한다. 첫 번째 인자는 단어의 벡터이고, 두 번째 인자는 해당 단어의 빈도수다. 그림이 혼잡해지는 것을 피하고자 max.words를 20으로 설정해 플롯할 최대 단어 수를 제한한다.

```
library(wordcloud)

wordcloud(colnames(dtm.mat), dtm.mat[12, ], max.words = 20)   # 제12편
wordcloud(colnames(dtm.mat), dtm.mat[24, ], max.words = 20)   # 제24편
```

두 워드 클라우드를 비교하면 왼쪽 12번 논문의 그림에 revenu(revenue의 어간)와 commerc (commerce), trade, tax, land 같은 경제 관련 단어가 포함돼 있음을 알 수 있다. 이와 반

대로 오른쪽 24번 논문의 그림에는 power, peac(peace), garrison, armi(army) 같은 안보에 관한 단어가 포함돼 있다. stemDocument() 함수가 문서를 어간화하는 것을 상기하라. 이제 stemCompletion() 함수를 사용해 어간화된 단어의 원래 버전으로 복구할 수 있다. 함수의 첫 번째 인자는 어간 단어이고, 두 번째 인자는 후보가 된 원래 버전의 단어 리스트다. 이하의 예에서는 후보가 된 원래 버전의 단어 리스트는 어간화되지 않은 코퍼스 corpus.prep에서 나온다.

```
stemCompletion(c("revenu", "commerc", "peac", "army"), corpus.prep)
##      revenu    commerc        peac       army
## "revenue" "commerce"   "peace"     "army"
```

이렇게 발견된 토픽들은 실제 논문의 내용과 확실히 일치한다. 12번 논문은 '세입에 관한 연합국가의 유용성'이라는 제목이고 (건국 당시) 13개 식민지(주)가 하나의 국가가 되는 것의 경제적 이점을 논의한다. 대조적으로 24번 논문의 제목은 '공동 방위에 필요한 권력에 대한 추고(追考)'이며, 국군의 창설뿐만 아니라 입법권과 연방군과의 관계를 논의한다.

위의 분석에서 각 문서 내의 용어빈도의 분포를 시각화했다. 그러나 문서 내에서 특정 용어의 출현 빈도가 높다는 것은 해당 용어가 코퍼스의 문서에서 자주 나타나는 경우에는 거의 의미가 없다. 이 문제를 해결하고자 전 문서에서 자주 발생하는 용어의 중요성을 낮춰야 한다는 것이다. 이는 용어빈도-역문서빈도^{word frequency-inverse document frequency} 또는 간단히 tf-idf라는 단축형으로 표현되는 통계량을 계산하면 된다. tf-idf 통계량은 주어진 문서에서 각 용어의 중요성을 측정하는 또 다른 방법이다. 주어진 문서 d 및 용어 w에 대해 tf-idf(w, d)를 다음과 같이 정의한다.

$$\text{tf-idf}(w, d) = \text{tf}(w, d) \times \text{idf}(w) \tag{5.1}$$

위의 식에서 tf(w, d)는 용어빈도 또는 문서 d에서 용어 w의 발생수를 나타낸다. 어떤 경우에는 tf(w, d)가 양수 값을 취할 때 로그 스케일로 변환한다. 용어 w가 문서 d에서 절대 발생하지 않을 때 tf(w, d)는 0과 같다.

식 (5.1)의 다른 요인인 idf(w)는 일반적으로 다음과 같이 정의되는 역문서빈도다.

254

$$idf(w) = \log\left(\frac{N}{df(w)}\right)$$

위 식에서 N은 총문서 수이고, $df(w)$는 문서빈도 또는 용어 w를 포함하는 문서 수다. $df(w)$로 나누면 용어 w가 전 문서에서 빈번히 사용될 때 $idf(w)$가 더 작은 값을 갖는 것을 의미한다. 그 결과 문서 전체의 공통 용어는 tf-idf에서 가중치를 덜 받는다.

weightTfIdf() 함수를 사용해 tf-idf 측정값을 계산할 수 있다. 이 함수는 DocumentTerm Matrix() 함수의 문서-용어 행렬의 출력값을 입력값으로 사용한다. weightTfIdf() 함수에는 normalize 인자가 있으며 기본값은 TRUE다. 만약 이 인자가 FALSE로 설정되면 용어 빈도 tf(w, d)는 문서 d의 총용어 수로 나뉘지 않는다.

```
dtm.tfidf <- weightTfIdf(dtm) # tf-idf 계산
```

아래에는 tf-idf 값을 활용해 「연방주의자」 12번과 24번 논문에서 가장 중요한 열 가지 용어가 나열돼 있다. sort() 함수는 가장 큰 tf-idf 값의 용어를 유용하게 식별한다. 내림차순 인자를 TRUE(FALSE)로 지정해 벡터를 내림차순(오름차순)으로 정렬한다. dtm.tfidf의 클래스는 여전히 DocumentTermMatrix이므로 sort() 함수를 적용하기 이전에 행렬로 변환시켜야 한다.

```
dtm.tfidf.mat <- as.matrix(dtm.tfidf)  # 행렬로 변환
## 논문 제12편에서 가장 중요한 용어 10개
head(sort(dtm.tfidf.mat[12, ], decreasing = TRUE), n = 10)

##     revenu contraband     patrol      excis      coast
## 0.01905877 0.01886965 0.01886965 0.01876560 0.01592559
##      trade        per        tax       cent     gallon
## 0.01473504 0.01420342 0.01295466 0.01257977 0.01257977

## 논문 제24편에서 가장 중요한 용어 10개
head(sort(dtm.tfidf.mat[24, ], decreasing = TRUE), n = 10)

##   garrison   dockyard settlement      spain       armi
## 0.02965511 0.01962294 0.01962294 0.01649040 0.01544256
##   frontier    arsenal    western       post     nearer
## 0.01482756 0.01308196 0.01306664 0.01236780 0.01166730
```

분석 결과, 「연방주의자」 12번 논문에서 가장 중요한 용어는 경제에 관한 것인 반면에 24

번 논문의 가장 중요한 용어는 안보 정책과 관련이 있음을 명백히 보여 준다. 하지만 이처럼 단어에서 의미 부여는 연구자에 의해 행해졌다.

> 용어빈도에 기반한 텍스트 분석은 어순은 고려하지 않는 **단어 주머니**[bag-of-words] 가정에 기초한다. 문서 내 용어의 상대적 중요성을 측정하고자 **용어빈도－역문서빈도**(tf-idf)를 계산할 수 있는데, 이는 한 용어가 등장한 문서의 수(문서빈도)의 역수로 가중치가 부여된 경우의 상대적 빈도를 나타낸다.

마지막으로 tf-idf 측정값을 기반으로 유사한 논문의 클러스터를 식별해 토픽 발견에 대안적인 접근법을 고려한다. 여기서는 해밀턴이 쓴 논문들에 집중한다. 3.7절에 따라, $k-$평균 알고리즘을 가중 문서-용어 행렬에 적용한다. 몇 번의 실험 후 클러스터 수를 4개로 설정한다. 다소 임의적이지만 생성된 클러스터는 타당해 보인다. 수렴까지 걸린 반복 횟수를 확인해 디폴트 최대값인 10을 초과하지 않는지 확인한다.

```
k <- 4  # 클러스터의 수
## 해밀턴이 쓴 연방주의자 논문 부분 선택
hamilton <- c(1, 6:9, 11:13, 15:17, 21:36, 59:61, 65:85)
dtm.tfidf.hamilton <- dtm.tfidf.mat[hamilton, ]
## k 평균 실행
km.out <- kmeans(dtm.tfidf.hamilton, centers = k)
km.out$iter # 수렴 여부를 체크; 반복 횟수는 다른 경우도 있음

## [1] 2
```

다음으로 각 결과 클러스터의 중심에 가장 중요한 10개의 용어를 인쇄해 결과들을 요약한다. 또한 「연방주의자」의 어떤 논문들이 각 클러스터에 속하는지 보여 준다. 각 클러스터에 대해 반드시 동일한 작업을 수행해야 하기 때문에 루프[loop]를 사용한다(4.1.1절 참고).

```
## 각 중심점에 대응하는 용어에 라벨링
colnames(km.out$centers) <- colnames(dtm.tfidf.hamilton)
for (i in 1:k) { # 각 클러스터에 대한 루프
    cat("CLUSTER", i, "\n")
    cat("Top 10 words:\n") # 중심점에서 가장 중요한 10개 용어
```

```
      print(head(sort(km.out$centers[i, ], decreasing = TRUE), n = 10))
      cat("\n")
      cat("Federalist Papers classified:\n") # 분류된 논문을 추출
      print(rownames(dtm.tfidf.hamilton)[km.out$cluster == i])
      cat("\n")
}

## CLUSTER 1
## Top 10 words:
##     vacanc     recess      claus      senat    session
## 0.06953047 0.04437713 0.04082617 0.03408008 0.03313305
##       fill    appoint     presid       expir    unfound
## 0.03101140 0.02211662 0.01852025 0.01738262 0.01684465
##
## Federalist Papers classified:
## [1] "fp67.txt"
##
## CLUSTER 2
## Top 10 words:
##        armi        upon     militia      revenu        land
## 0.004557667 0.003878185 0.003680496 0.003523467 0.003410589
##    militari         war confederaci       taxat      esourc
## 0.003378875 0.003035943 0.003021217 0.002835844 0.002699460
##
## Federalist Papers classified:
##  [1] "fp01.txt" "fp06.txt" "fp07.txt" "fp08.txt" "fp09.txt"
##  [6] "fp11.txt" "fp12.txt" "fp13.txt" "fp15.txt" "fp16.txt"
## [11] "fp17.txt" "fp21.txt" "fp22.txt" "fp23.txt" "fp24.txt"
## [16] "fp25.txt" "fp26.txt" "fp27.txt" "fp28.txt" "fp29.txt"
## [21] "fp30.txt" "fp31.txt" "fp34.txt" "fp35.txt" "fp36.txt"
## [26] "fp60.txt" "fp80.txt" "fp85.txt"
##
## CLUSTER 3
## Top 10 words:
##       senat      presid       claus       offic     impeach
## 0.008267389 0.007114606 0.005340963 0.005134467 0.005124293
##       nomin    governor     appoint        upon      magistr
## 0.004568173 0.004490385 0.003965382 0.003748606 0.003667998
##
## Federalist Papers classified:
##  [1] "fp32.txt" "fp33.txt" "fp59.txt" "fp61.txt" "fp65.txt"
##  [6] "fp66.txt" "fp68.txt" "fp69.txt" "fp70.txt" "fp71.txt"
## [11] "fp72.txt" "fp73.txt" "fp74.txt" "fp75.txt" "fp76.txt"
## [16] "fp77.txt" "fp78.txt" "fp79.txt" "fp84.txt"
##
```

```
## CLUSTER 4
## Top 10 words:
##     court     juri    appel jurisdict    suprem
## 0.05119100 0.03715999 0.01948060 0.01865612 0.01474737
##    tribun    trial   cogniz  inferior    appeal
## 0.01448872 0.01383180 0.01343695 0.01155172 0.01139125
##
## Federalist Papers classified:
## [1] "fp81.txt" "fp82.txt" "fp83.txt"
```

각 클러스터의 중심에서 가장 중요한 열 가지 용어를 살펴보면 클러스터 2는 armi, taxat, war 같은 용어로 표시된 것처럼 전쟁 및 조세와 관련이 있는 반면, 클러스터 1은 하나의 문서만 다룬다. 클러스터 3은 제도의 설계를 논하고 있고, 클러스터 4는 사법제도와 관련된 것으로 보인다. 이러한 토픽들을 「연방주의자」의 실제 내용과 비교해 보면 k-평균 클러스터링(군집화) 알고리즘의 결과가 적절한 정도의 타당성을 가진다는 것을 보여 준다.

「연방주의자」 논문들을 사용해 텍스트 분석이 토픽을 드러내는 방법을 설명했다. 물론 「연방주의자」의 모든 논문을 쉽게 읽을 수 있기 때문에 이 경우에는 자동화된 텍스트 분석이 필요하지 않을 수도 있다. 하지만 인간이 짧은 시간 동안 전체를 읽는 데 어려움을 겪는 훨씬 더 큰 코퍼스에 이와 유사하며 더 고급 분석 테크닉을 적용할 수 있다. 이러한 상황에서 자동화된 텍스트 분석은 연구자들이 텍스트 데이터에서 의미 있는 정보를 추출하는 데 주요한 역할을 할 수 있을 것이다.

5.1.4 저자 예측

앞에서 언급했듯이 일부 「연방주의자」 논문들의 저자는 알려져 있지 않다. 여기서는 해밀턴 또는 매디슨이 쓴 66개의 논문들을 사용해 논란이 되는 11개 논문의 저자를 예측할 것이다. 각 「연방주의자」 논문들은 다른 토픽을 다루기 때문에 관사, 전치사, 접속사 사용에 중점을 둔다. 특히 although, always, commonly, consequently, considerable, enough, there, upon, while, whilst와 같은 10개 단어의 빈도를 분석한다. 이러한 단어는 5.1.4절에서 참고하고 있는 학술논문에서 제시된 분석에 기반한다(각주 1 참고). 결과적으로 어간화되지 않은 코퍼스 corpus.prep를 사용해야 한다는 것이다. 먼저 각 용어와 문서에 대해 개별적으로 용어빈도(1000단어당)를 계산한 후 얻은 용어-빈도 행렬을 부분 선택해 앞서 언급한 10개의 단어들만 포함시키도록 한다.

```
## 조작을 위한 행렬로 변환된 문서-용어 행렬
dtm1 <- as.matrix(DocumentTermMatrix(corpus.prep))
tfm <- dtm1 / rowSums(dtm1) * 1000 # 1000 단어당 용어빈도

## 관심 용어
words <- c("although", "always", "commonly", "consequently",
           "considerable", "enough", "there", "upon", "while", "whilst")

## 이 용어들만 선택
tfm <- tfm[, words]
```

그런 다음 각각 해밀턴과 매디슨의 전체 문서에서 평균 용어빈도를 개별적으로 계산한다.

```
## 매디슨에 의해 쓰여진 논문; "hamilton"은 이전에 정의됨
madison <- c(10, 14, 37:48, 58)

## 해밀턴/매디슨 논문들의 평균
tfm.ave <- rbind(colSums(tfm[hamilton, ]) / length(hamilton),
                 colSums(tfm[madison, ]) / length(madison))

tfm.ave

##         although     always  commonly consequently
## [1,] 0.01756975 0.7527744 0.2630876   0.02600857
## [2,] 0.27058809 0.2006710 0.0000000   0.44878468

##       considerable    enough      there      upon     while
## [1,]    0.5435127 0.3955031 4.417750 4.3986828 0.3700484
## [2,]    0.1601669 0.0000000 1.113252 0.2000269 0.0000000
##             whilst
## [1,] 0.007055719
## [2,] 0.380113114
```

결과를 살펴보면 해밀턴은 there와 upon 같은 단어를 사용하는 것을 선호하지만, 매디슨은 이러한 단어들을 거의 사용하지 않고 consequently나 whilst 같은 단어를 선호한다는 것을 알 수 있다. 이 4개 단어의 빈도를 선형회귀모형의 예측변수로 사용한다. 여기서 결과변수는 논문의 저자다. 먼저 선형회귀모형의 계수를 추정하고자 저자가 알려진 66개의 논문들에 선형회귀모형을 적합[fitting]한다. 그런 다음 적합된 모델을 사용해 4개 단어의

빈도를 기반으로 한 11개 논문들의 알려지지 않은 저자를 예측할 수 있다. 선형회귀모형은 먼저 해밀턴이 작성한 논문을 1로 코딩하고, 매디슨이 작성한 논문을 -1로 코딩해 결과변수를 생성한다. 그런 다음 저자가 알려진 모든 논문에 대해 이 저자변수와 용어빈도행렬 tfm을 포함하는 데이터프레임 객체를 구성한다.

```
author <- rep(NA, nrow(dtm1)) # 결측값을 갖는 벡터
author[hamilton] <- 1  # 해밀턴인 경우 1
author[madison] <- -1  # 매디슨인 경우 -1
## 회귀분석을 위한 데이터프레임
author.data <- data.frame(author = author[c(hamilton,madison)],
                          tfm[c(hamilton, madison), ])
```

예비분석을 기초로 선택한 4개 단어의 용어빈도를 사용해서 저자를 예측하고자 한다(예: upon, there, consequently, whilst). 위에서 만든 데이터프레임 객체에는 이 4개의 단어를 포함하는 10개 단어의 용어빈도가 있다. 저자가 알려진 66개의 논문들을 사용해 계수를 추정한다.

```
hm.fit <- lm(author ~ upon + there + consequently + whilst,
             data = author.data)
hm.fit

##
## Call:
## lm(formula = author ~ upon + there + consequently + whilst, data = author.data)
##
## Coefficients:
## (Intercept)        upon         there  consequently
##    -0.26288     0.16678       0.09494      -0.44012
##      whilst
##    -0.65875
```

결과는 위에서 행한 예비분석과 일치한다. upon과 there의 추정계수는 정(+)인 반면에 consequently와 whilst의 추정계수는 음(-)이며, 이는 처음 두 단어는 해밀턴의 저작과, 뒤의 두 단어는 매디슨과 관련돼 있음을 의미한다. 흥미롭게도 whilst의 추정계수가 가장 컸다. 다른 3개 단어의 용어빈도를 일정하게 유지하면서 논문에서 whilst를 (1000단어당) 1회만큼 더 사용하면 추정 저자 스코어가 0.66만큼 감소한다. 이 숫자를 해석하고자 fitted() 함수와 sd() 함수를 사용해 적합값의 표준편차를 계산한다.

```
hm.fitted <- fitted(hm.fit) # 적합값
sd(hm.fitted)
```

```
## [1] 0.7180769
```

계수의 값이 크고 적합값의 1 표준편차에 가까운 것을 알 수 있다. 즉 whilst를 (1000단어 당) 1회 더 많이 사용할지 그렇지 않을지로 추정 저자 스코어의 약 1 표준편차 분의 변동 이 설명된다.

5.1.5 교차검증

이 모델이 데이터에 얼마나 적합한가? 적합값을 사용해 각 논문들을 분류하고 분류오차 classification error를 계산한다. 이를 위해 해밀턴이 저술한 논문 중에서 양의 적합값 비율을 계 산한다. 이와 유사하게 매디슨이 저술한 논문들 중에서 음의 적합값 비율을 계산한다. 결 과는 분류 성공률을 나타낸다(4.1.3절 참고).

```
## 올바르게 분류된 해밀턴이 쓴 논문의 비율
mean(hm.fitted[author.data$author == 1] > 0)
```

```
## [1] 1
```

```
## 올바르게 분류된 매디슨이 쓴 논문의 비율
mean(hm.fitted[author.data$author == -1] < 0)
```

```
## [1] 1
```

결과는 모형이 이 논문들의 저자를 완벽하게 분류한다는 것을 보여 준다. 그러나 4장에 서 소개한 결정계수처럼 예측 정확도의 측정은 표본내예측in-sample prediction을 기반으로 한다. 즉 모형을 피팅하고자 사용했던 것과 같은 데이터가 예측 정확도를 평가하는 데 다시 사 용된다. 이는 모형을 수중에 있는 데이터에 과대적합overfit할 수 있기 때문에 반드시 좋은 생각은 아니다. 과대적합은 모형이 갖는 특정 표본의 독특한 특징의 영향을 받을 때 발생 하며, 이것이 발생할 때 다양한 표본에 존재하는 체계적인 패턴을 알 수 없게 돼 버린다.

대신 표본외예측out-of-sample prediction을 살펴보자. 이는 새로운 관찰을 할 때 모형의 예측 퍼포 먼스를 평가하기 위한 것이다. 4장에서는 사전 여론조사를 사용해 선거결과를 예측해 표 본외예측을 수행했다. 이와 비슷하게 여기서는 1제외교차검증LOOCV, Leave-One-Out Cross Validation이라

는 절차를 사용한다. 구체적으로는 관측값 중 하나를 표본에서 제외시켜 남은 관측값으로 모형을 적합시킨 후 제외해 됐던 관측값의 결과변수 값을 예측하는 것이다. 표본의 각 관측값에 대해 이 절차를 반복하고 분류오차를 계산한다. 이러한 교차검증^{cross validation}을 통해 모형예측의 정확도를 표본내예측에 의존하지 않고도 평가할 수 있게 한다.

교차검증은 종종 과대적합으로 이어지는 표본내예측에 의존하지 않고 모형 예측의 정확성을 평가하는 방법이다. n개 관측값의 표본이 있다고 가정한다. 그런 다음 1제외교차검증^{LOOCV}의 과정에서 $i = 1, ..., n$의 관측값에 대해 다음과 같은 과정을 반복한다.

1. i번째 관측값을 제외하고 분석에 포함시키지 않는다.
2. 남은 $n - 1$개 관측값을 사용해 모형을 적합한다.
3. 적합된 모형을 사용해 i번째 관측값의 결과를 예측하고 예측오차를 계산한다.

마지막으로 n개의 관측값에 대한 예측오차의 평균을 계산한다. 이는 예측정확도를 측정하기 위함이다.

R에서는 루프^{loop}를 사용해 교차검증을 할 수 있다. 루프에서 각 반복은 하나의 관측값을 제외한 후 모형을 데이터에 적합시킨 후 관측값의 결과변수 값을 예측한다. i번째 관측값을 제외하고자 마이너스(−) 기호, 즉 -i를 사용해 데이터프레임의 특정 행을 제거하는 것이다. 4.3.4절에서 봤듯이 predict() 함수는 예측값 $\hat{Y}$을 계산할 수 있다. 이 함수에서 newdata 인자는 관심 관측값의 행만을 포함한 데이터프레임을 지정한다.

```
n <- nrow(author.data)
hm.classify <- rep(NA, n) # 결측값을 보관할 벡터
for (i in 1:n) {
    ## i번째 관측값 제외 후 모델을 데이터에 적합
    sub.fit <- lm(author ~ upon + there + consequently + whilst,
                data = author.data[-i, ]) # i번째 행 제외
    ## i번째 관측값에서 저자 예측
    hm.classify[i] <- predict(sub.fit, newdata = author.data[i, ])
}
```

아래 결과는 교차검증이 사용되더라도 모형이 각 논문의 저자를 계속해서 완벽히 분류한다는 것을 보여 준다.

```
## 올바르게 분류된 해밀턴이 쓴 논문의 비율
mean(hm.classify[author.data$author == 1] > 0)

## [1] 1

## 올바르게 분류된 매디슨이 쓴 논문의 비율
mean(hm.classify[author.data$author == -1] < 0)

## [1] 1
```

마지막으로 이 적합된 모형을 사용해 11개 논문의 숨겨진 저자를 예측한다. predict() 함수를 예측에 사용할 때 as.data.frame() 함수를 통해 용어-빈도 행렬을 데이터프레임으로 강제 변환하는 것을 잊지 않아야 한다. 이 함수는 데이터프레임을 생성하는 data.frame() 함수와는 다르다는 점도 주의하자.

```
disputed <- c(49, 50:57, 62, 63) # 저자를 둘러싼 논쟁 있는 11편의 논문
tf.disputed <- as.data.frame(tfm[disputed, ])
## 논쟁 중인 저자의 예측
pred <- predict(hm.fit, newdata = tf.disputed)
pred # 예측값

##     fp49.txt     fp50.txt     fp51.txt     fp52.txt     fp53.txt
## -0.99831799  -0.06759254  -1.53243206  -0.26288400  -0.54584900
##     fp54.txt     fp55.txt     fp56.txt     fp57.txt     fp62.txt
##  -0.56566555   0.04376632  -0.57115610  -1.22289415  -1.00675456
##     fp63.txt
##  -0.21939646
```

결과를 보기 좋게 하고자 다른 색을 사용해 예측값을 그렸다. 빨간색 사각형은 해밀턴이 쓴 것으로 알려진 논문을 나타내고, 파란색 원은 매디슨이 쓴 논문을 나타낸다. 검은색 삼각형은 저자가 불분명한 논문을 나타낸다. 0을 나타내는 수평 파선 위(아래)는 해밀턴(매디슨)이 작성한 논문에 해당한다.

```
## 해밀턴에 의해 쓰여진 논문의 적합값은 빨간색 사각형
plot(hamilton, hm.fitted[author.data$author == 1], pch = 15,
     xlim = c(1, 85), ylim  = c(-2, 2), col = "red",
     xlab = "연방주의자 논문", ylab = "예측값")
```

```
abline(h = 0, lty = "dashed")
## 매디슨에 의해 쓰여진 논문; 파란색 원
points(madison, hm.fitted[author.data$author == -1],
       pch = 16, col = "blue")
## 저자가 불분명한 논문; 검은색 삼각형
points(disputed, pred, pch = 17)
```

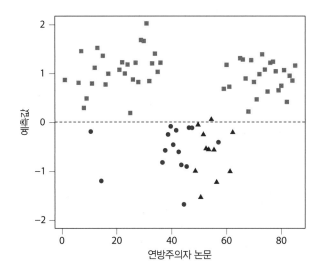

위의 그림은 해밀턴이 작성한 논문을 빨간색 사각형 대신에 회색 사각형을 사용한다. 풀컬러 버전은 504쪽을 참고하기 바란다. 그림에서 볼 수 있듯이 모형은 매디슨이 하나를 제외한 11개의 논문 모두를 작성했다고 예측한다. 해밀턴이 작성한 것으로 가까스로 분류된 그 하나의 논문 또한 예측값은 거의 0에 가깝다.

5.2 네트워크 데이터

다음으로 유닛을 개별적으로 보는 것이 아닌, 유닛 간의 관계를 설명하는 네트워크 데이터 ^{network data}를 살펴본다. 그 예로 친구관계, 학술논문의 인용 네트워크, 국가 간의 무역 또는 동맹 네트워크 등을 든다. 네트워크 데이터의 분석은 분석 단위가 관계이기 때문에 지금까지 다룬 데이터와는 다르다.

5.2.1 르네상스 시대 피렌체의 결혼 네트워크

르네상스 시대 피렌체의 결혼 네트워크로 잘 알려진 데이터셋을 분석해 네트워크 데이터의 기본 개념과 방법을 소개한다.[7] CSV 데이터 파일인 florentine.csv에는 항목이 두 유닛 간 관계의 존재를 나타내는 인접행렬$^{adjacency matrix}$이 포함돼 있다(한 유닛은 행으로 표시되고, 다른 유닛은 열로 표시됨). 구체적으로 데이터에는 피렌체의 16개 명문 가문이 포함돼 있으며 이는 16 × 16 인접행렬로 구성한다. 만약 이 인접행렬의 (i, j) 항목이 1이면 i번째 및 j번째 피렌체 가문이 인척관계를 가졌음을 의미한다. 반대로 0의 값은 인척이 없음을 나타낸다. 표 5.3는 이 데이터셋의 일부를 표시한다. 아래에서 처음 4개 가문에 대응하는 인접행렬의 일부를 출력한다.

표 5.3 피렌체 결혼 네트워크 데이터

FAMILY	ACCIAIUOL	ALBIZZI	...	LAMBERTES	MEDICI	...	STROZZI	TORNABUON
ACCIAIUOL	0	0	...	0	1	...	0	0
ALBIZZI	0	0	...	0	1	...	0	0
⋮			⋮			⋮		
LAMBERTES	0	0	...	0	0	...	0	0
MEDICI	1	1	...	0	0	...	0	1
⋮			⋮			⋮		
STROZZI	0	0	...	0	0	...	0	0
TORNABUON	0	0	...	0	1	...	0	0

Note: 해당 데이터는 인접행렬의 형태로 제시돼 있으며, 이 각 항목은 행에 위치한 가문이 열에 위치한 다른 가문과 인척관계를 맺었는지의 여부를 나타낸다.

```
## CSV 파일의 첫 번째 열인 "FAMILY"는 행 이름을 표시
florence <- read.csv("florentine.csv", row.names = "FAMILY")
florence <- as.matrix(florence) # 행렬로 강제변환
## 최초의 5개 가문에 대한 인접(부분)행렬 출력
florence[1:5, 1:5]
```

---

7 5.2.1절은 다음의 논문에 바탕을 둔다. John F. Padgett and Christopher K. Ansell (1993) "Robust action and the rise of the Medici, 1400–1434." *American Journal of Sociology*, vol. 98, no. 6, pp. 1259–1319.

```
##            ACCIAIUOL ALBIZZI BARBADORI BISCHERI CASTELLAN
## ACCIAIUOL       0       0         0         0         0
## ALBIZZI         0       0         0         0         0
## BARBADORI       0       0         0         0         1
## BISCHERI        0       0         0         0         0
## CASTELLAN       0       0         1         0         0
```

부분행렬은 이 다섯 가문 사이에 결혼 관계가 하나뿐임을 보여 준다. 혼인은 바르바도리
Barbadori와 카스텔란Castellan 가문 사이에서 이뤄졌다. 이 인접행렬은 행렬에 방향성이 포함
돼 있지 않기 때문에 무방향 네트워크undirected network를 나타낸다. 결혼을 제안한 가문의 정보
가 있는 경우에는 방향성을 추가할 수 있다. 대조적으로 나중에 분석할 트위터Twitter 데이
터는 유닛 간의 어떠한 관계도 발신자sender와 수신자receiver로 표현할 수 있기 때문에 유방향
네트워크directed network의 예다. 무방향 네트워크의 경우 인접행렬은 대칭이다. 즉 (i, j)의 요
소는 (j, i)의 요소와 동일한 값을 가진다. 마지막으로 rowSums() 또는 colSums() 함수를
사용해 가장 많은 인척관계를 가진 가문을 확인할 수 있다.

rowSums(florence)

```
## ACCIAIUOL    ALBIZZI BARBADORI  BISCHERI CASTELLAN    GINORI
##         1          3         2         3         3         1
## GUADAGNI LAMBERTES    MEDICI     PAZZI   PERUZZI     PUCCI
##         4          1         6         1         3         0
##  RIDOLFI   SALVIATI   STROZZI TORNABUON
##         3          2         4         3
```

결과에 의하면 메디치Medici 가문이 6개의 가문과 인척관계가 있음을 보여 준다. 이 인척
네트워크로 메디치 가문은 르네상스 시대 피렌체에서 가장 강력한 세력이 됐고, 결국은
한 나라를 지배할 수 있었다.

> 네트워크 데이터는 유닛 간의 관계에 관한 정보를 담고 있다. **유방향 네트워크**는 발
> 신자와 수신자가 있는 방향성을 지니고 있지만 **무방향 네트워크**는 그렇지 않다. **인접
> 행렬**adjacency matrix은 네트워크 데이터를 나타내는 한 방법으로, 두 유닛 간 관계의 존
> 재 여부를 나타낸다. 무방향 네트워크는 대칭의 인접행렬을 생성하지만 유방향 네
> 트워크는 그렇지 않다.

5.2.2 무방향 그래프와 중심성 척도

네트워크 데이터를 시각화하는 가장 일반적인 도구인 동시에 수학적 객체는 그래프^{graph}
다. 그래프 $\mathcal{G}$는 노드(node 또는 vertice)의 집합 V와 에지(edge 또는 tie)의 집합 E, 즉 $\mathcal{G} = (V, E)$로 구성된다. 노드는 개별 유닛을 나타내거나, 현재 예에서는 하나의 가문을 나타낸다.
그리고 일반적으로 단색 원으로 표시된다. 반면에 에지는 그 노드를 선으로 연결하는 것
으로 노드 페어(쌍)의 관계가 있음을(예: 두 가문의 인척관계) 표시한다.

igraph 패키지를 사용하면 네트워크 데이터를 그래프로 쉽게 시각화할 수 있다. 아직 설
치하지 않았다면 패키지를 설치하자. 먼저 graph.adjacency() 함수를 사용해 인접행렬을
igraph 객체로 변환한다. 즉 **igraph** 패키지가 사용할 수 있는 객체를 말한다. 무방향 네
트워크를 분석하고 있으므로 mode 인자를 "undirected"로 설정하라. 또한 가문 내 혼인
이 없다는 가정을 나타내고자 diag = FALSE를 지정해서 인접행렬의 대각선상의 모든 요
소의 값이 0이 되게 한다. 마지막으로 igraph 객체에 plot() 함수를 적용해 인척 네트워
크 데이터를 시각화할 수 있다.

```
library("igraph")  # 패키지 로드

florence <- graph.adjacency(florence, mode = "undirected", diag = FALSE)
plot(florence) # 그래프를 플롯
```

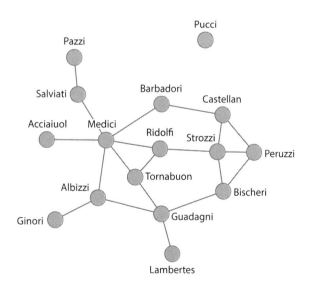

메디치 가문은 그래프상에 다양한 부분과 연결돼 있으며, 피렌체 인척 네트워크의 중심을 차지하는 것으로 보인다. 여기서 중심성^{centrality}, 즉 각 노드와 다른 노드와의 연결 또는 그래프의 중심에 위치하고 있는 정도를 수량화할 수 있는 다양한 그래프 기반의 측정값을 소개하고자 한다. 에지의 수 또는 차수/연결 정도^{degree}는 노드가 그래프 내의 다른 노드와 어느 정도 잘 연결돼 있는지를 표시하는 가장 조악한 척도일 것이다. 그림 5.2a는 간단한 무방향 네트워크 예를 사용해 이 척도를 보여 준다. 여기서 차수는 각 노드 내에서 정수값으로 표현된다. 위에서 메디치 가문이 가장 많은 인척관계가 있다는 것을 발견했다. igraph 객체에 degree() 함수를 적용해 모든 노드의 차수를 계산할 수 있다.

```
degree(florence)

##  ACCIAIUOL    ALBIZZI  BARBADORI    BISCHERI  CASTELLAN     GINORI
##          1          3          2          3          3          1
##   GUADAGNI  LAMBERTES     MEDICI      PAZZI    PERUZZI      PUCCI
##          4          1          6          1          3          0
##    RIDOLFI   SALVIATI    STROZZI  TORNABUON
##          3          2          4          3
```

차수는 단순히 주어진 노드에서 나오는 에지의 수를 계산하기 때문에 문제가 있는 국소적인 척도다. 그 결과, 인접 이웃을 넘어서는 그래프의 구조를 고려하지 못한다. 차수 대신에 직접적으로 연결되지 않은 노드를 포함하는 주어진 노드에서 그래프 내의 다른 모든 노드까지 에지의 총 합을 계산할 수 있다. 이심성^{farness}이라 불리는 이 척도는 주어진 노드가 그래프 내의 다른 모든 노드와 얼마나 떨어져 있는지를 나타낸다. 이 척도는 연결된 노드의 수를 계산하는 차수와는 대조된다. 이심성의 역수인 근접성^{closeness}은 중심성의 또 다른 척도다. 노드 v의 근접성은 다음과 같이 정의된다.

$$근접성(v) = \frac{1}{이심성(v)}$$

$$= \frac{1}{\sum_{u \in V, u \neq v} v와\ u\ 사이의\ 거리}$$

위 식에서는 v를 제외한 모든 노드의 (v와의 거리의) 총합이 계산된다. 두 노드 사이의 거리는 둘을 잇는 최단 에지 수이며, 두 개의 관심 노드 간의 최단 경로의 노드 연결 수이

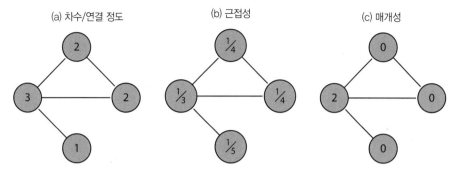

그림 5.2 무방향 네트워크에서 차수, 근접성, 매개성. 이 간단한 무방향 네트워크의 예는 차수, 근접성, 매개
성이라는 세 가지 다른 중심성 척도를 보여 준다.

다. 그림 5.2b는 무방향 네트워크의 간단한 예에서 각 노드의 측정값을 보여 준다. R에서
closeness() 함수를 사용해서 이 척도를 계산할 수 있다.

```
closeness(florence)

##    ACCIAIUOL    ALBIZZI   BARBADORI    BISCHERI   CASTELLAN
## 0.018518519 0.022222222 0.020833333 0.019607843 0.019230769
##      GINORI   GUADAGNI   LAMBERTES      MEDICI       PAZZI
## 0.017241379 0.021739130 0.016949153 0.024390244 0.015384615
##     PERUZZI      PUCCI     RIDOLFI    SALVIATI     STROZZI
## 0.018518519 0.004166667 0.022727273 0.019230769 0.020833333
##    TORNABUON
## 0.022222222
```

차수와 마찬가지로 메디치 가문의 근접성이 가장 큰 값을 갖고 있음을 발견했다. 이 척도
를 쉽게 해석할 수 있도록 주어진 노드에서 또 다른 노드까지 평균 에지 수를 계산할 수
있다. 이는 이심성을 그래프의 다른 노드 수로 나눠서 수행된다. 현재 예에서 총 16개의
노드가 있으므로 이심성을 15로 나눈다. 아래의 결과는 이 네트워크에서 메디치 가문과
또 다른 가문 간에 평균적으로 2.7의 에지가 있음을 알 수 있다. 이 값은 이 네트워크 데
이터에서 분석되는 모든 가문 중에서 가장 낮다.

```
1 / (closeness(florence) * 15)

## ACCIAIUOL   ALBIZZI BARBADORI  BISCHERI CASTELLAN    GINORI
##  3.600000  3.000000  3.200000  3.400000  3.466667  3.866667
##  GUADAGNI LAMBERTES    MEDICI     PAZZI   PERUZZI     PUCCI
```

```
##  3.066667  3.933333  2.733333  4.333333  3.600000 16.000000
##   RIDOLFI  SALVIATI   STROZZI TORNABUON
##  2.933333  3.466667  3.200000  3.000000
```

다른 종류의 중심성 척도^{centrality measure} 로 매개성^{betweenness}이 있다. 이 척도는 어떤 노드가 다른 노드를 연결하는 역할을 담당하면 중심적이라고 간주된다. 구체적으로 한 쌍의 노드 사이 커뮤니케이션이 최단 경로를 통해서 발생한다고 가정한다면 최단 경로에 있는 노드는 네트워크 내에서 특별한 영향력을 갖고 있을 수 있다. 주어진 노드 v의 매개성은 세 단계로 계산한다. 첫째, v를 포함하는 다른 2개의 노드 t와 u 사이의 최단 경로의 비율을 계산한다. 예를 들어, 알비치^{Albizzi} 가문과 토르나부온^{Tornabuon} 가문 사이에 2개의 최단 경로가 발생하지만 v를 포함하는 비율만 원한다. 둘째, 그래프에서 v를 제외한 모든 고유한 노드 쌍 t 및 u에 대해 그 비율을 계산한다. 셋째, 모든 비율을 합한다. 매개성은 다음의 식으로 정의된다.

$$\text{매개성}(v) = \sum_{(t,u) \in V,\ t \neq v,\ u \neq v} \frac{\text{노드 } v \text{를 포함하는 최단 경로의 수}}{\text{노드 } t \text{와 } u \text{ 사이의 최단 경로의 수}}$$

그림 5.2c는 다른 두 척도에 사용된 동일한 무방향 네트워크 예를 사용했을 때의 매개성의 척도를 보여 준다.

betweenness() 함수를 사용해 이 측정값을 계산할 수 있다. 지금까지 메디치 가문이 가장 높은 매개성의 값을 갖고 있는 것을 알 수 있다. 실제로 어떠한 주어진 노드는 다른 105개의 노드들과 고유하게 쌍을 이룰 수 있기 때문에 메디치 가문은 가능한 모든 다른 노드 쌍의 45% 이상의 최단 경로를 매개하고 있다.

```
betweenness(florence)

##  ACCIAIUOL   ALBIZZI BARBADORI  BISCHERI CASTELLAN    GINORI
##   0.000000 19.333333  8.500000  9.500000  5.000000  0.000000
##   GUADAGNI LAMBERTES    MEDICI     PAZZI   PERUZZI     PUCCI
## 23.166667  0.000000 47.500000  0.000000  2.000000  0.000000
##    RIDOLFI  SALVIATI   STROZZI TORNABUON
## 10.333333 13.000000  9.333333  8.333333
```

> **그래프**는 노드(node 또는 vertex)가 단위를 나타내고 두 노드 간의 에지(edge 또는 tie)
> 는 둘 간의 관계성이 있는지를 나타내는 네트워크 데이터의 또 다른 방법이다. 차
> 수^{degree}, 근접성^{closeness}, 매개성^{betweenness}과 같이 다양한 **중심성** 척도가 있다. 이러한
> 척도들은 각 노드가 그래프에서 중심적인 역할을 하는 정도를 평가한다.

각 노드의 크기를 2개의 중심성 척도인 근접성과 매개성에 비례하도록 피렌체 인척 네트
워크 데이터를 시각화했다. 근접성 값은 상대적으로 작기 때문에 그래프상의 노드를 확
대하고자 1000을 곱한다.

```
plot(florence, vertex.size = closeness(florence) * 1000,
     main = "Closeness")
plot(florence, vertex.size = betweenness(florence),
     main = "Betweenness")
```

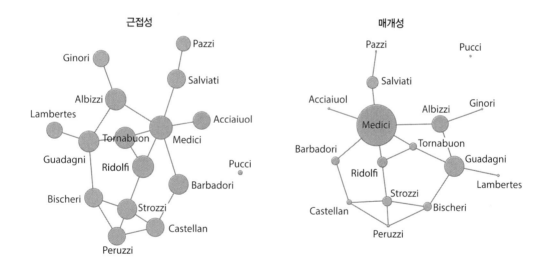

그래프는 메디치 가문이 특히 매개성 측면에서 두드러지는 것을 보여 주며, 근접성 값은
그들이 잘 연결된 여러 가문 중 하나임을 시사한다. 요컨대 세 가지 중심성 척도인 차수,
근접성, 매개성을 사용해 메디치 가문이 피렌체 인척관계 네트워크에서 가장 많이 연결
되고 중심적이라는 것을 발견했다. 르네상스 시대 피렌체에서 메디치 가문은 가장 많은

수의 인척관계를 갖고 있었으며, 다른 가문들과 밀접하게 연결돼 있었으며, 다른 가문 간의 결혼에서 중요한 위치를 차지했다.

5.2.3 트위터-팔로잉 네트워크

피렌체 인척 네트워크 데이터는 각 에지에 방향성이 없는 무방향 네트워크^{undirected network}를 보여 준다. 다음으로 미국 상원의원들의 트위터-팔로잉^{Twitter-following} 데이터를 유방향 네트워크^{directed network} 데이터로 분석한다. 이 데이터셋에서 에지는 어떤 상원의원의 트위터 계정을 팔로잉하는 또 다른 상원의원을 나타낸다.[8] 데이터는 두 파일로 구성된다. 하나는 상원의원을 팔로잉하는 그리고 팔로우된 상원의원의 쌍을 나열하고(twitter-following.csv), 다른 하나는 각 정치인의 정보를 담고 있다(twitter-senator.csv). 표 5.4에는 두 데이터 파일의 변수명과 설명이 리스트돼 있다.

표 5.4 트위터 팔로잉 데이터

변수	설명
트위터-팔로잉 데이터(twitter-following.csv)	
Following	팔로잉하는 상원의원의 트위터상 스크린명
Followed	팔로우된 상원의원의 트위터상 스크린명
트위터 상원의원 데이터(twitter senator.csv)	
screen_name	트위터상 스크린명
name	상원의원 이름
party	정당(D=민주당, R=공화당, I=무소속)
state	주의 약칭

Note: 해당 데이터는 2개의 파일로 구성돼 있으며, 하나는 팔로잉하는 상원의원을, 그리고 팔로우된 상원의원의 쌍을 리스트한 것이고, 다른 하나의 데이터는 각 상원의원의 정보를 담고 있다.

```
twitter <- read.csv("twitter-following.csv")
senator <- read.csv("twitter-senator.csv")
```

---

8 이 데이터는 파블로 바베라(Pablo Barberá)가 너그럽게 제공했다.

이 두 데이터셋으로 인접행렬을 만드는 것으로 시작한다. 유방향 네트워크 데이터의 경우 에지가 노드 i를 노드 j에 연결하면 인접행렬의 (i, j)번째 요소는 1이다. 0 값은 관계가 없음을 나타낸다. 결과적으로 무방향 네트워크 데이터와는 달리 인접행렬은 비대칭이다. 즉 이 매트릭스의 (i, j)번째 요소는 (j, i)번째 요소와 같지 않을 수 있다. 0으로 구성된 매트릭스로 초기화한 다음 i번째 정치인이 j번째 정치인을 팔로잉하는 경우 (i, j)번째 요소의 값을 0에서 1로 변경해 이 인접행렬을 생성한다.

```
n <- nrow(senator) # 상원의원 수
## 인접행렬 초기화
twitter.adj <- matrix(0, nrow = n, ncol = n)
## 행과 열에 스크린명을 할당
colnames(twitter.adj) <- rownames(twitter.adj) <- senator$screen_name
## 에지가 노드 "i"에서 노드 "j"로 갈 때 "0"에서 "1"로 변환
for (i in 1:nrow(twitter)) {
    twitter.adj[twitter$following[i], twitter$followed[i]] <- 1
}
```

마지막으로 이전과 마찬가지로 graph.adjacency() 함수를 사용해 인접행렬을 igraph 객체로 변환한다. 그러나 이번에는 입력이 유방향 네트워크 데이터셋임을 나타내고자 mode 인자를 "directed"로 지정해야 한다.

```
twitter.adj <- graph.adjacency(twitter.adj, mode = "directed", diag = FALSE)
```

5.2.4 유방향 그래프와 중심성

앞서 논의한 세 가지의 중심성 척도들은 유방향 네트워크에 대해 정의할 수 있다. 이제 두 가지 유형의 차수^{degree} 척도가 있다. 노드에 들어오는 에지의 합(예: 정치인의 트위터 계정이 다른 정치인에 의해 팔로우된 횟수)을 입차수^{indegree}라고 부르는 한편, 노드에서 나오는 에지의 합(예: 정치인이 다른 정치인 트위터 계정을 팔로잉하는 횟수)은 출차수^{outdegree}라고 한다. 그림 5.3a와 그림 5.3b는 단순 유방향 네트워크를 사용한 두 가지 차수 척도를 보여 준다. degree() 함수는 세 가지 옵션이 있는 인자 mode를 허용한다. "in"은 입차수를, "out"은 출차수를, (mode가 지정되지 않은 경우의 기본값) "total"은 입차수와 출차수의 합인 전차수$^{total degree}$를 표시한다. senator 데이터프레임에 추가 변수로 입차수와 출차수를 계산해 저

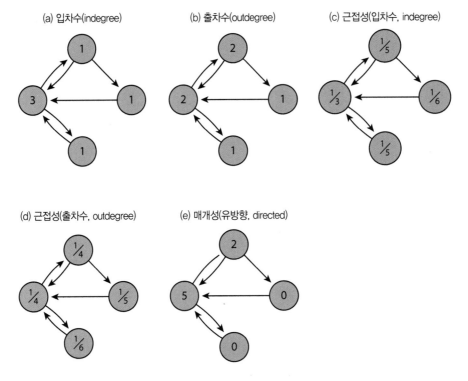

(a) 입차수(indegree)
(b) 출차수(outdegree)
(c) 근접성(입차수, indegree)
(d) 근접성(출차수, outdegree)
(e) 매개성(유방향, directed)

그림 5.3 유방향 네트워크의 차수, 근접성, 매개성. 이 간단한 예는 중심성의 세 가지 다른 척도들인 차수, 근접성, 매개성을 보여 준다.

장한다. 행렬 구조상, `twitter.adj` 행렬에 `senator` 데이터프레임과 동일한 상원의원 순서를 갖는다. 그 결과 `degree()` 함수의 출력을 정렬하지 않고 삽입할 수 있다.

```
senator$indegree <- degree(twitter.adj, mode = "in")
senator$outdegree <- degree(twitter.adj, mode = "out")
```

다음으로 입차수와 출차수의 값 중에서 가장 큰 값을 가진 3개의 케이스를 추출한다. 이를 위해 정렬 인덱스 벡터를 반환하는 `order()` 함수를 사용한다. `sort()` 함수와 마찬가지로 `order()` 함수는 감소하는 인자를 각각 TRUE 또는 FALSE로 지정해 내림차순 또는 오름차순으로 정렬할 수 있다. 두 함수의 결정적인 차이는 `order()` 함수는 정렬 인덱스 벡터를 반환하는 반면에 `sort()` 함수는 정렬된 벡터 그 자체를 반환한다는 점이다. 이 정렬 인덱스는 관심 케이스들의 세부 내용들을 추출하는 데 사용할 수 있다. 3.7.2절에서 $ 연산자가 리스트에서 요소를 추출한다는 점을 상기하라. 아래에서는 입차수의 최대값을 갖는 3명의 정치인과, 출차수의 최대값을 갖는 3명의 정치인을 특정한다.

```
in.order <- order(senator$indegree, decreasing = TRUE)
out.order <- order(senator$outdegree, decreasing = TRUE)
## 입차수가 가장 큰 상위 3명
senator[in.order[1:3], ]

##         screen_name            name party state indegree
## 68    SenPatRoberts     Pat Roberts     R    KS       63
## 8  SenJohnBarrasso   John Barrasso     R    WY       60
## 75       SenStabenow Debbie Stabenow     D    MI       58
##    outdegree
## 68        68
## 8         87
## 75        43

## 출차수가 가장 큰 상위 3명
senator[out.order[1:3], ]

##         screen_name            name party state indegree
## 57   lisamurkowski Lisa Murkowski     R    AK       55
## 8  SenJohnBarrasso   John Barrasso     R    WY       60
## 43   SenatorIsakson Johnny Isakson     R    GA       22
##     outdegree
## 57        88
## 8         87
## 43        87
```

위에서 소개한 다른 두 가지의 중심성 척도인 근접성closeness과 매개성betweenness은 유방향 네트워크 데이터에서도 똑같이 정의할 수 있다. 한 노드에서 또 다른 노드로의 경로를 정의하는 세 가지 방법이 있다. 무방향 네트워크는 방향성을 무시할 수 있으며, 경로의 방향을 따르는 외향경로를 따라가거나 경로의 역방향으로 가는 내향경로를 따르는 것으로 방향성을 끼워 넣는 것도 가능하다. 내향경로의 근접성은 입차수에 대응하고, 외향경로의 근접성은 출차수에 대응한다. 그림 5.3c와 그림 5.3d는 내향경로와 외향경로를 기반으로 한 근접성 척도를 보여 준다.

따라서 R에서 근접성을 계산하는 데 closeness() 함수에는 "in"(내향경로), "out"(외향경로), 또는 "total"(방향성 무시) 중 하나를 취할 수 있는 mode 인자가 있다. 그러나 매개성은 두 가지 옵션(direct = TRUE 또는 FALSE)만 볼 수 있다. 왜냐하면 내향경로와 외향경로 간의 구분이 다른 두 노드 사이의 경로에 있는 노드의 관점은 의미가 없기 때문이다(그림 5.3e 참고). 특히 betweenness() 함수는 방향성의 고려 여부를 나타내는 directed 인자의 논리값을 취한다. 아래에서는 먼저 2개의 근접성 척도(내향경로와 외향경로)를 시각적으로 비교한 다음 다른 플롯으로 유방향 매개성과 무방향 매개성을 비교한다. 특히 민주당원에게는 파란색 삼각형, 공화당원에게는 빨간색 원, 무소속 의원에게는 검은색 십자가를 사용한다.

```
n <- nrow(senator)
## 색: 민주당 = 파랑, 공화당 = 빨강, 무소속 = 검정
col <- rep("red", n)
col[senator$party == "D"] <- "blue"
col[senator$party == "I"] <- "black"

## 형태: 민주당 = 삼각형, 공화당 = 원, 무소속 = 십자
pch <- rep(16, n)
pch[senator$party == "D"] <- 17
pch[senator$party == "I"] <- 4
```

이제 색깔 및 기호 파라미터들을 사용해 플롯을 만들 준비가 됐다.

```
## 2종류의 근접성 척도 (내향 vs 외향) 비교 플롯
plot(closeness(twitter.adj, mode = "in"),
     closeness(twitter.adj, mode = "out"), pch = pch,  col = col,
     main = "근접성", xlab = "내향경로", ylab = "외향경로")
## 유방향과 무방향 매개성 비교 플롯
plot(betweenness(twitter.adj, directed = TRUE),
     betweenness(twitter.adj, directed = FALSE), pch = pch, col = col,
     main = "매개성", xlab = "유방향", ylab = "무방향")
```

다음 플롯은 공화당원에 대해 빨간색 원 대신에 회색 원을 사용한다. 풀컬러 버전은 504쪽을 참고하기 바란다.

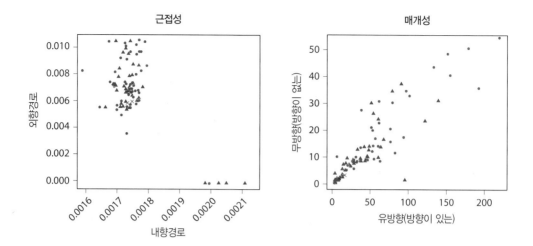

내향경로와 외향경로를 기반으로 하는 두 가지 근접성 척도 간에는 거의 관련성이 없다. 이는 트위터 네트워크에서 한 상원의원이 다른 의원에게서 팔로우된 것에 기반한 접근성은 그 상원의원이 다른 의원을 팔로잉하는 것에 기반한 접근성과는 거의 관계가 없다는 것을 의미한다. 그러나 흥미롭게도 매개성 척도는 방향성을 합하는지 여부에 관계없이 매우 유사하다. 이 2개의 매개성 척도는 여러 공화당 상원의원이 네트워크의 중심에 잘 연결돼 있음을 나타낸다(오른쪽 그림의 상단 모서리 참고).

마지막으로, 중심성 척도의 하나인 **페이지랭크**^{PageRank}를 소개한다. **페이지랭크**는 구글의 공동창업자인 세르게이 브린과 래리 페이지에 의해 개발된 것으로, 검색엔진의 결과인 웹사이트 순위를 최적화한다. **페이지랭크**는 반복 알고리즘을 사용해 계산된다. 3.7절에서 반복 알고리즘의 예로 k-평균 클러스터링을 살펴봤다. 페이지랭크는 더 많은 내향에지를 갖는 노드가 더 중요하다는 생각을 기반으로 한다. 직관적으로 말하자면 내향에지는 지지표라고 생각할 수 있다. 트위터의 예에서 팔로워가 많은 상원의원은 더 중요한 것으로 간주된다. 만약 노드가 더 많은 내향에지를 가지는 또 다른 노드로부터 내향에지를 가질 때는, 적은 내향에지밖에 못 갖는 또 다른 노드로부터 내향에지를 가질 경우보다 큰 **페이지랭크** 값을 얻는다. 다시 말해 만약 한 정치인의 트위터 어카운트가 많은 팔로워를 가진 또 다른 정치인에 의해 팔로우된다면 그 정치인은 적은 팔로워밖에 없는 정치인에 의해 팔로우된 경우보다 큰 **페이지랭크** 값을 얻는다. 마지막으로 **페이지랭크** 값의 모든 노드의 합계는 1이 된다는 것을 주의하자.

알고리즘에서는 먼저 초기 **페이지랭크** 값의 모든 것을 노드에 부여한다. 각각의 반복에서 노드 j의 **페이지랭크** 값은 다음을 사용해 업데이트한다.

$$페이지랭크_j = \frac{1-d}{n} + d \times \sum_{i=1}^{n} \underbrace{\frac{A_{ij} \times 페이지랭크_i}{출차수_i}}_{노드\ i에서\ j로의\ '표'} \tag{5.2}$$

식 (5.2)에서 A_{ij}는 에지가 노드 i와 노드 j를 연결하는지 여부를 나타내는 인접행렬의 (i, j)번째 요소이고, d는 (통상 0.85로 설정) 정수, n은 노드의 수다. 식은 주어진 노드 j의 **페이지랭크**가 노드 j로의 내향에지가 있는 다른 노드로 부터의 '표'의 합과 같다는 것을 보여 준다. 만약 노드 i부터 노드 j로 향하는 에지가 없는 경우에는 $A_{ij} = 0$이 되고, 노드 i부터 노드 j로의 표는 부여되지 않는다. 그러나 만약 $A_{ij} = 1$이면 노드 i부터 노드 j로의 표는 노드 i의 **페이지랭크** 값을 노드 i의 출차수로 나눈 것과 같다. 각 노드는 외향에지가 있는 다른 노드에서 **페이지랭크** 값을 동일하게 할당해야 한다. 예를 들어, 만약 한 노드가 0.1 이라는 **페이지랭크** 값을 갖고, 2개의 외향에지가 있는 경우에는 각 수신자는 이 노드에서 0.05를 얻는다. 이 반복 알고리즘은 모든 노드의 페이지랭크 값이 더 이상 변하지 않을 때 중지된다.

> **유방향 네트워크**에는 몇 개의 중심성 척도가 존재하며, 이들은 입차수indegree, 출차수outdegree, (내향에지에 기반한 것, 외향에지에 기반한 것이나 양방향에 기반한 것 세 종류의) 접근성, (방향성을 고려한 것, 고려하지 않은 것 두 종류의) 매개성이 있다. **페이지랭크**는 반복 알고리즘의 한 종류로 각 노드가 각자의 '표'를 연결된 다른 노드에 동일한 배분을 해 중심성 척도를 생성한다.

R에서는 page.rank() 함수로 **페이지랭크**를 계산할 수 있다. 이 함수는 directed 인자를 FALSE로 설정해 무방향 네트워크에도 적용할 수 있다(기본값은 TRUE). 출력 객체는 vector 라는 요소로 **페이지랭크**의 숫자형 벡터를 포함하는 리스트다.

```
senator$pagerank <- page.rank(twitter.adj)$vector
```

아래에서는 미국 상원의원 간의 트위터 네트워크의 사용 상황을 노드의 크기가 페이지랭크에 비례하도록 설정하고 시각화한다. 인접행렬의 plot() 함수는 몇 가지의 인자를 취하며, vertex.size(각 노드의 크기를 조절), vertex.color(각 노드의 색을 조절), vertex.label(각 노드의 라벨을 지정), edge.arrow.size(각 에지의 화살표 크기를 조절), edge.width(각 에지의 폭을 조절) 등이 있다. 자세한 내용은 ?igraph.plotting을 참고하라.

```
## "col" 파라미터는 이전에 정의됐다.
plot(twitter.adj, vertex.size = senator$pagerank * 1000,
     vertex.color = col, vertex.label = NA,
     edge.arrow.size = 0.1, edge.width = 0.5)
```

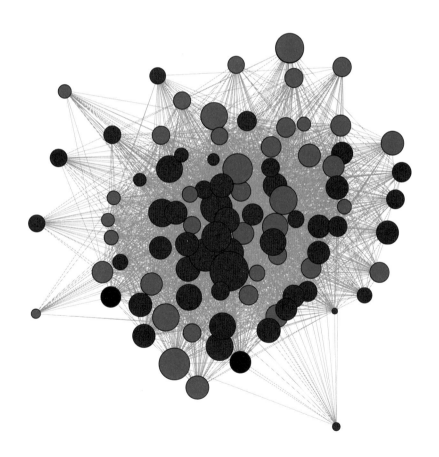

위 그림에서 공화당원은 빨간색 원 대신에 회색 원을 사용한다. 풀컬러 버전은 505쪽을

참고하기 바란다. 그림에서 트위터 네트워크는 매우 밀집돼 있고, 상원의원은 많은 에지에 의해 접속되는 것을 알 수 있다. 공화당 상원의원은 민주당 상원의원보다 살짝 더 큰 **페이지랭크** 값을 얻고 있지만, 그 차이는 미미하다.

알고리즘을 더 잘 이해하고자 식 (5.2)에 따라 각 반복에서 페이지랭크를 업데이트하는 함수를 고려한다. n은 그래프의 노드 수, A는 n × n 인접행렬, d는 상수, pr는 이전 반복의 페이지랭크 값으로 구성된 벡터다. 그러면 이 함수는 다음과 같이 정의할 수 있다.

```
PageRank <- function(n, A, d, pr) { # 함수는 4개의 입력을 취한다.
    deg <- degree(A, mode = "out") # 출차수 계산
    for (j in 1:n) {
        pr[j] <- (1 - d) / n +  d * sum(A[ ,j] * pr / deg)
    }
    return(pr)
}
```

이 함수를 그림 5.3에서 사용된 단순 네트워크에 적용한다. while() 루프를 사용해 두 연속하는 반복들 간의 **페이지랭크** 값의 차이를 무시할 수 있을 때 알고리즘이 중지되도록 한다. 이 while 루프는 다음의 구문을 사용한다.

```
while (condition) {

    LOOP CONTENTS HERE

}
```

여기서 루프의 내용은 condition에 적힌 조건문이 TRUE이면 평가되기까지 반복 실행된다. 이 응용 예에서는 2개의 연속하는 반복 사이의 페이지랭크 값 차이의 절대값의 최대값을 계산한다. 그리고 이 값이 미리 지정된 임계값보다 작아지면 알고리즘을 중지한다. 이 스크립트를 테스트하고자 먼저 임의의 값으로 인접행렬을 생성한다.

```
nodes <- 4
## 임의의 값을 가지는 인접행렬
adj <- matrix(c(0, 1, 0, 1, 1, 0, 1, 0, 0, 1, 0, 0, 0, 1, 0, 0),
              ncol = nodes, nrow = nodes, byrow = TRUE)
adj
```

```
##      [,1] [,2] [,3] [,4]
##[1,]    0    1    0    1
##[2,]    1    0    1    0
##[3,]    0    1    0    0
##[4,]    0    1    0    0

adj <- graph.adjacency(adj)  # igraph 객체로 변환
```

페이지랭크 알고리즘을 구현하고자 시작값을 설정하고 알고리즘에서 상수 d를 지정한다
(0.85 선택). 그런 다음 while() 루프를 사용해 수렴 기준이 충족될 때까지 알고리즘을 반
복 실행한다. 수렴 기준으로 2개의 연속하는 반복 간의 **페이지랭크** 값 차이의 절대값의 최
대값으로 0.001을 사용한다. **페이지랭크** 값의 초기값으로 노드 전체에 동일한 정수를 사용
한다.

```
d <- 0.85  # 정수에 일반적으로 사용되는 수치
pr <- rep(1 / nodes, nodes) # 초기값
## 최대 절대값의 차; 기준치보다 높은 값을 사용
diff <- 100
## 0.001을 기준점으로 한 while 루프
while (diff > 0.001) {
    pr.pre <- pr # 이전 반복을 저장
    pr <- PageRank(n = nodes, A = adj, d = d, pr = pr)
    diff <- max(abs(pr - pr.pre))
}

pr

## [1] 0.2213090 0.4316623 0.2209565 0.1315563
```

결과는 두 번째 관측값의 **페이지랭크** 값이 가장 크다는 것을 보여 준다. 이 관측값은 인접
행렬의 두 번째 열로 표시되는 것처럼 가장 많은 내향에지를 가지고 있기 때문에 이 결
과는 타당하다.

5.3 공간 데이터

텍스트와 네트워크 외에도 다른 유형의 데이터인 공간 데이터$^{spatial\ data}$를 소개한다. 공간 데
이터는 지도를 통한 시각화로 가장 잘 분석된다. 5장에서는 두 가지 유형의 공간 데이터

를 다룬다. 하나는 공간 포인트 데이터$^{spatial\ point\ data}$로 지도에 점들로 그릴 수 있다. 다른 하나는 공간 폴리곤 데이터$^{spatial\ polygon\ data}$로 군, 구, 도와 같은 특정 영역의 경계에 해당하는 지도에서 일련의 연결된 지점을 나타낸다. 또한 시간에 따라 기록된 공간 포인트 또는 폴리곤(다각형) 데이터들로 시공간 데이터$^{spatial-temporal\ data}$를 고려해 시간에 따른 공간 패턴의 변화를 보여 준다.

5.3.1 1854년 런던의 콜레라 대유행

영국의 의사인 존 스노$^{John\ Snow}$는 그의 저서인 『Mode of Communication of Cholera$^{콜레라\ 전염\ 형태}$』에서 콜레라 전염에 의한 사망 사례의 공간적 분포를 시각화해 지도의 효과적인 사용 예를 보여 줬다. 존 스노는 1854년 콜레라 발병 당시 런던 소호^{Soho} 지역에서 감염으로 사망한 사례의 공간 포인트 데이터를 수집해 이 정보를 지도에 표시하기 시작했다. 그림 5.4는 원 그림을 재현한 것이다. 검은색 사각형 영역은 지도 중앙에 위치하는 브로드 스트리트$^{Broad\ Street}$ 수도 펌프의 주변에 밀집된 콜레라 사망 사례를 나타낸다. 모든 수도 펌프는 지도상에 'PUMP'라는 라벨을 붙여서 단색 원으로 표시된다.

이 지도에서 존 스노는 콜레라 감염에 의한 사망이 브로드 스트리트 위와 그 주변으로 군집화돼 있음을 발견했다. 그는 콜레라의 발병이 하수에 오염된 물에 의해 퍼져 나갔다고 추측하지만, 당국이나 수도회사는 그 가설을 믿으려 하지 않았다. 수도에 대한 면밀한 조사와 지역 주민들과의 인터뷰를 포함한 대규모 조사 이후, 존 스노는 브로드 스트리트와 캠브리지 스트리트$^{Cambridge\ Street}$의 교차점에 있는 수도 펌프가 콜레라 발생 원인이라고 결론지었다. 그의 보고는 다음과 같이 결론 내렸다.

> 그 당시 조사 결과, 런던의 이 지역에서 위에서 언급한 펌프 우물의 물을 마시는 습관을 가진 사람들을 제외하고는 콜레라의 창궐 혹은 증가는 없었다. (p. 40)

또한 존 스노는 서더크 앤드 복스홀 사$^{Southwark\ and\ Vauxhall\ Company}$의 수도 공급이 런던의 콜레라 확산에 책임이 있음을 보여 주고자 '대자연 실험$^{grand\ natural\ experiment}$'을 사용했다. 그림 5.5는 존 스노가 자연 실험$^{natural\ experiment}$의 지역을 시각화하려고 사용한 공간 폴리곤 지도를 재현한다. 즉 연구자들의 개입 없이 실험과 유사한 현실 세계의 상황을 의미한다. 지도는 램버스 사$^{Lambeth\ Company}$가 템즈 강(파란색 지역으로 표시)을 따라 인근 지역에 깨끗한 물을 공급한 반면, 서더크 앤드 복스홀 사는 더 남쪽 지역(빨간색 지역으로 표시)에 오염된 물을 공

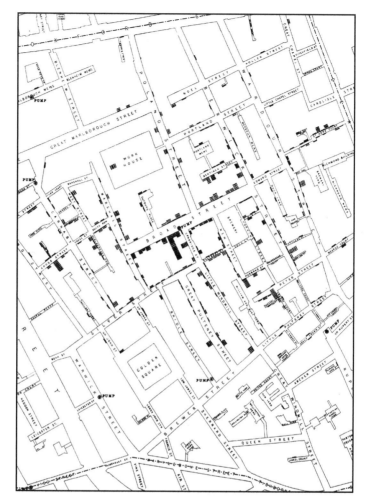

그림 5.4 존 스노의 영국 내 콜레라 사망 사례 지도. 검은색 직사각형 구역은 브로드 스트리트의 양수기 주변 클러스터에 나타난 치명적인 콜레라 사례들을 나타낸다. 모든 양수기도 지도에 표시돼 있다. (출처: John Snow (1855) *Mode of Communication of Cholera*. London: John Churchill, New Burlington Street.)

급했음을 보여 준다. 풀컬러 버전은 506쪽을 참고하기 바란다. 존 스노는 수도 공급이 중복하는 지역은 두 회사가 고객을 위해 경쟁하는 자연 실험을 나타낸다고 주장했다. 어떤 사람들은 한 회사에서 수도를 공급받았고, 다른 이웃들은 다른 회사에서 수도를 공급받았다. 두 그룹의 고객들이 다른 모든 측면에서는 유사하다고 가정할 때 콜레라 감염율의 차이는 회사 선택에 따른 결과다.

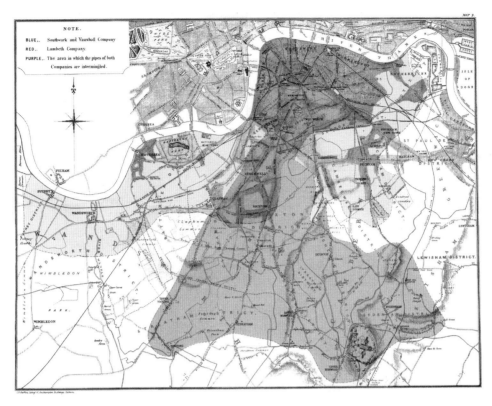

그림 5.5 존 스노의 자연 실험 지도. 지도는 2개의 수도회사(램버스 사와 서더크 앤드 복스홀 사)가 고객을 두고 경쟁하는 자연 실험 지역을 보여 준다. 이 지역은 파란색(램버스)과 빨간색(서더크 앤드 복스홀)이 중첩되는 지역이며, 풀버전 그림은 506쪽에서 볼 수 있다.

많은 연구 끝에 존 스노는 이 자연 실험$^{natural\ experiment}$에 영향을 미칠 교란 효과가 없다고 결론지었다. 2.5.2절의 논의를 기반으로 이 맥락에서 교란 요인^{confounder}은 인근 지역의 수도회사 및 콜레라 감염률과 관련된 변수들을 나타낸다. 그는 이 실험을 다음과 같이 간결하게 설명한다.

수도 공급망의 혼재는 가장 흔하다. 각 수도회사의 파이프는 모든 거리와 거의 모든 법원과 골목으로 연결된다. 수도회사들이 활발한 경쟁을 벌인 당시에는 소유자 또는 거주자들의 결정에 따라 한 회사에서 몇 집을 공급하고 다른 회사에서 몇 집을 공급한다. 양 옆의 집과는 다른 수도회사에서 공급을 받는 경우도 많았다. 각 수도회사는 부자와 가난한 자, 큰 집과 작은 집 모두에게 공급했다. 다른 회사의 수도를 공급받는 사람의 상태나 직업에 차이가 없다. ⋯

이 실험은 또 굉장히 대규모였다. 30만 명 이상의 남녀노소, 직업, 계급과 지위에 상관없이 신사부터 극빈자까지 모든 사회계층의 사람들이 선택의 여지 없이 대부분 두 그룹으로 나뉘었다. 한 그룹은 런던의 하수(그중에는 콜레라 환자에게서 나왔을지도 모르는)가 섞인 물을 공급받았고, 다른 그룹은 불순물이 없는 물을 공급받았다. (pp. 74~75)

콜레라로 죽어가는 사람들의 주소를 그들에게 수도를 공급한 회사와 일치시킴으로써 존 스노는 서더크 앤드 복스홀 사에서 공급한 물을 공급받은 가정에서 압도적인 사망자가 발생했음을 보여 줄 수 있었다.

존 스노의 책은 공간 데이터 분석의 힘을 보여 준다. 특히 지도를 통한 공간 데이터의 시각화는 연구자들이 이전에 알려지지 않은 패턴을 발견하고 그 결과를 설득력 있는 방식으로 제시할 수 있게 했다.

5.3.2 R에서 공간 데이터

4장에서 2008년 미국 대통령 선거를 분석했다. 그림 4.1은 선거 결과를 효율적으로 시각화한 선거인단 지도를 보여 준다. 이는 공간 폴리곤 데이터$^{spatial\ polygon\ data}$의 예다. 각 주는 일련의 점을 연결해 경계를 구성할 수 있는 다각형을 나타낸다. 그런 다음 버락 오바마(존 매케인)가 해당 주에서 다수의 표를 얻은 경우 각 다각형 또는 주를 파란색(빨간색)으로 채색할 수 있다.

R에서 **maps** 패키지는 다양한 매핑 도구와 많은 공간 데이터베이스를 제공한다. 패키지에는 세계 여러 도시의 공간 데이터베이스가 포함돼 있다. 예를 들어, us.cities라는 미국 도시들의 데이터프레임이 포함된다. data() 함수를 사용해 내장 데이터프레임을 불러들일 수 있다. 아래에는 이 데이터셋의 처음 몇 가지 관측값이 나와 있다. 여기에는 이름(name 변수), 주(country.etc), 인구(pop), 위도(lat), 경도(long) 및 국가의 수도(capital = 1), 주도(capital = 2) 또는 둘 다 아닌 경우(capital = 0)가 있다.

```
library(maps)
data(us.cities)
```

```
head(us.cities)
```

```
##            name country.etc   pop   lat    long capital
## 1 Abilene TX      TX 113888 32.45  -99.74       0
## 2    Akron OH     OH 206634 41.08  -81.52       0
## 3 Alameda CA      CA  70069 37.77 -122.26       0
## 4  Albany GA      GA  75510 31.58  -84.18       0
## 5  Albany NY      NY  93576 42.67  -73.80       2
## 6  Albany OR      OR  45535 44.62 -123.09       0
```

이제 미국 지도에 주도를 추가할 수 있다. map() 함수를 사용해 하나의 공간 데이터베이스에 액세스하고 그 안의 데이터를 시각화할 수 있다. 예를 들어, 미국을 플로팅하고자 데이터베이스 인자를 "usa"로 설정한다. x, y 좌표를 입력해서 경도, 위도 정보를 제공하는 points() 함수를 사용해 지도에 공간 포인트를 쉽게 추가할 수 있다. 각 주도는 인구에 비례하는 크기의 단색 원으로 표시된다. 지도를 그린 다음 title() 함수를 사용해 제목을 추가할 수 있다.

```
map(database = "usa")
capitals <- subset(us.cities, capital == 2) # 주도 부분 선택
## 위도와 경도를 사용해서 인구에 비례하는 점을 추가
points(x = capitals$long, y = capitals$lat, col = "blue",
       cex = capitals$pop / 500000, pch = 19)
title("US state capitals") # 타이틀 추가
```

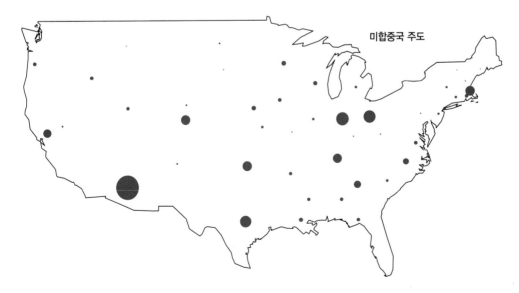

또 다른 예로 캘리포니아 주를 그려 본다. 미국 주의 공간 폴리곤 데이터가 포함된 "state" 데이터베이스를 사용하고, regions 인자로 "California"를 지정한다.

```
map(database = "state", regions = "California")
```

인구가 가장 많은 7개의 도시를 캘리포니아 지도에 추가한다. 이 도시들을 데이터에서 추출하고자 이전과 같이 order() 함수를 사용한다(5.2.4절 참고).

```
cal.cities <- subset(us.cities, subset = (country.etc == "CA"))
sind <- order(cal.cities$pop, decreasing = TRUE) # 인구수로 내림차순 정렬
top7 <- sind[1:7] # 인구수가 가장 많은 7개 도시
```

이제 points() 함수를 사용해 인구수가 가장 많은 7개 도시를 지도에 추가하고, text() 함수를 사용해 도시 이름을 추가한다.

```
map(database = "state", regions = "California")
points(x = cal.cities$long[top7], y = cal.cities$lat[top7], pch = 19)
## 원과 중첩하는 것을 피하고자 경도에 정수를 추가
text(x = cal.cities$long[top7] + 2.25, y = cal.cities$lat[top7],
    label = cal.cities$name[top7])
title("Largest cities of California")
```

R에서 공간 폴리곤 데이터가 어떻게 보이는지 살펴보는 것이 유익하다. 이를 위해 map() 함수의 plot 인자를 FALSE로 설정해 플로팅을 억제한다. 그런 다음, 함수는 x(x좌표 또는 경도) 및 y(y좌표 또는 위도)로 저장된 일련의 좌표가 있는 리스트 객체를 반환한다. 리스트 내에서 NA는 이름이 names로 저장된 다른 폴리곤을 구분한다. 미합중국 지도를 사용해 이를 살펴보자.

```
usa <- map(database = "usa", plot = FALSE) # 지도 저장
names(usa)   # 요소 리스트

## [1] "x"       "y"       "range" "names"
```

이제 벡터 x의 길이를 계산해 미국 지도를 만드는 데 사용된 좌표의 수를 확인할 수 있다. 또한 cbind() 함수를 사용해 x 및 y 좌표를 행렬로 결합한 후 처음 몇 개의 관측값을 표시한다.

```
length(usa$x)

## [1] 7252

head(cbind(usa$x, usa$y)) # 폴리곤의 최초 6개 좌표

##              [,1]     [,2]
## [1,] -101.4078 29.74224
## [2,] -101.3906 29.74224
## [3,] -101.3620 29.65056
## [4,] -101.3505 29.63911
## [5,] -101.3219 29.63338
## [6,] -101.3047 29.64484
```

미국 지도는 7,252쌍의 좌표로 구성돼 있다. map() 함수는 이러한 포인트들을 연결해 지도를 구성한다.

> 공간 데이터는 공간상의 패턴에 대한 정보를 포함하며, 지도를 통해서 시각화할 수 있다. **공간 포인트 데이터**는 사건(이벤트)의 위치를 지도에 점으로 나타내지만, **공간 폴리곤 데이터**는 지도 위에 점들을 연결해 지리적 영역을 나타낸다.

5.3.3 R에서 색상

다음으로 지도에 색을 칠하는 방법을 배운다. 일반적인 색은 단순히 지도를 위해서라기보다는 시각화에 매우 중요하다. 지금까지 "red" 또는 "blue"와 같은 이름을 사용해 색상을 지정했다. 유일한 예외는 3.7.3절에서 palette() 함수로 다른 색상에 해당하는 정수 세트를 사용한 것이다. R에는 657가지 색상이 있다. 모두 보려면 colors() 함수의 출력을 확인하라.

```
allcolors <- colors()
head(allcolors) # 몇 개의 색상

## [1] "white"         "aliceblue"      "antiquewhite"
## [4] "antiquewhite1" "antiquewhite2"  "antiquewhite3"

length(allcolors) # 색 이름의 수

## [1] 657
```

그러나 R은 이보다 더 많은 색상을 생성할 수 있다. 가능한 전체 색상 범위에서 색상을 참고하고자 16진수 컬러 코드^{hexadecimal color code}를 사용할 수 있다. 16진수는 밑 수가 16이고 정수 0 ~ 9 및 문자 A ~ F는 0 ~ 15의 값을 나타내는 숫자 체계다. 16진수 컬러 코드는 해시 기호(#)로 시작하는 6개의 문자 시퀀스다. 각 두 자리 세트는 빨강, 초록, 파랑 또는 RGB와 같은 세 가지 주요 색상의 강도(채도)를 나타내며, 각각 0에서 255(또는 2^8 레벨 중 하나)의 값을 가진다. 예를 들어, 절반 강도의 빨간색과 파란색에 의해 보라색을 생성한다. 이는 RGB = (127, 0, 127)로 표현될 수 있다. 16진수 체계에서 127이 7F와 같음을 인식하면 16진수 컬러 코드 #7F007F에 도달한다.

R에서 rgb() 함수는 숫자 값에서 16진수 컬러 코드를 만드는 데 도움이 된다. red, green, blue의 세 가지 인자는 0에서 1까지의 각 색상의 채도를 취하며, 0에서 255 사이의 정수 값으로 변환된 다음 16진수로 표시된다. 또한 rgb()에서 한 번에 둘 이상의 컬러 코드를 만들 수 있다. 인자는 1보다 긴 길이의 벡터를 사용할 수 있다. 다음은 16진수 컬러 코드의 몇 가지 예다. 컬러의 16진수 표현을 찾는 데 도움이 되는 온라인 소스도 많이 있다. 여기서는 원색으로 시작한다.

```
red <- rgb(red = 1, green = 0, blue = 0) # 빨강
```

```
green <- rgb(red = 0, green = 1, blue = 0) # 초록
blue <- rgb(red = 0, green = 0, blue = 1) # 파랑
c(red, green, blue) # 결과

## [1] "#FF0000" "#00FF00" "#0000FF"
```

흰색과 검은색은 원색에 대해 각각 0% 또는 100%로 표현할 수 있다.

```
black <- rgb(red = 0, green = 0, blue = 0) # 검은색
white <- rgb(red = 1, green = 1, blue = 1) # 흰색
c(black, white) # 결과

## [1] "#000000" "#FFFFFF"
```

마지막으로 보라색(빨간색 50%, 파란색 50%)과 노란색(빨간색 100%, 녹색 100%)을 만들 수 있다. rgb() 함수는 이 예에서 설명한 대로 입력 벡터를 사용할 수 있다.

```
rgb(red = c(0.5, 1), green = c(0, 1), blue = c(0.5, 0))

## [1] "#800080" "#FFFF00"
```

16진수 컬러 코드 사용의 또 다른 장점은 16진수 컬러 코드 끝에 00에서 FF까지 두 자리를 더 추가해 색상을 부분적으로 투명하게 만들 수 있다는 것이다. 이를 통해 투명도 수준을 컨트롤할 수 있다. 다시 말하지만 0에서 1까지 채도의 척도를 사용해 생각하고, rgb() 함수를 사용해 척도를 16진수 컬러 코드로 변환하는 것이 더 편하다. 이 함수는 네 번째 인자인 alpha를 사용해 투명도를 컨트롤하는 데 사용할 수 있다. 다음의 예를 살펴보자.

```
## 반투명 파랑
blue.trans <- rgb(red = 0, green = 0, blue = 1, alpha = 0.5)
## 반투명 검정
black.trans <- rgb(red = 0, green = 0, blue = 0, alpha = 0.5)
```

16진수 색상을 알고 나면 "red" 및 "blue"와 같은 이름이 지정된 색상을 사용했던 것과 같은 방식으로 플롯에서 (문자 객체로) 사용할 수 있다. 다음 그림에서 보면 반투명 원은 중첩돼도 쉽게 구분할 수 있지만, 불투명 원은 구분하기 더 어렵다는 것을 알 수 있다. 이

이 그림에서는 산만함을 피하고자 plot() 함수에서 ann 인자를 FALSE로 설정해 기본축 라벨을 억제한다.

```
## 불투명 원: 구분하기 어려움
plot(x = c(1, 1), y = c(1, 1.2), xlim = c(0.5, 4.5), ylim = c(0.5, 4.5),
     pch = 16, cex = 5, ann = FALSE, col = black)
points(x = c(3, 3), y = c(3, 3.2), pch = 16, cex = 5, col = blue)
## 반투명: 구분하기 어려움
points(x = c(2, 2), y = c(2, 2.2), pch = 16, cex = 5, col = black.trans)
points(x = c(4, 4), y = c(4, 4.2), pch = 16, cex = 5, col = blue.trans)
```

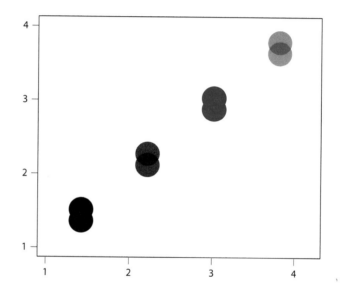

5.3.4 미국 대통령 선거

이제 R에서 색상이 어떻게 표현되는지 이해했으므로 지도에 색상을 지정할 수 있다. 여기에서는 2008년 미국 대선 결과를 사용해 지도를 채색한다. 선거 데이터는 4장에서 소개됐다. 데이터 파일 pres08.csv에 있는 변수들의 이름과 설명은 표 4.1에 나와 있다.

두 가지 방법으로 각 주를 채색한다. 첫째, 오바마가 이긴 주는 파란색을 사용하고, 매케인이 이긴 주는 빨간색을 사용한다. 그러면 그림 4.1과 같은 '파란색 주 및 빨간색 주'가 있는 그림이 생성된다. 둘째, RGB 색 구성표에서 파란색과 빨간색의 혼합으로 다양한 보라색 음영을 생성할 수 있다는 사실을 활용한다. 구체적으로 양 정당의 득표율을 계산해 파란색 채도를 민주당의 양당 득표율로 설정하고, 빨간색 채도를 공화당의 양당 득표율로 설정한다. 이러한 방식으로 주의 색은 민주당 및 공화당 후보의 지원 정도를 반영한다. 다음 코드 더미는 데이터셋을 불러들이고, 양당 득표율을 계산하고, 양당 득표율을 기반으로 캘리포니아의 RGB 색 구성표를 설정한다.

```
pres08 <- read.csv("pres08.csv")
## 양 정당 득표율
pres08$Dem <- pres08$Obama / (pres08$Obama + pres08$McCain)
pres08$Rep <- pres08$McCain / (pres08$Obama + pres08$McCain)
## 캘리포니아주 색깔
cal.color <- rgb(red = pres08$Rep[pres08$state == "CA"],
                 blue = pres08$Dem[pres08$state == "CA"],
                 green = 0)
```

이제 캘리포니아 지도를 두 가지 방법으로 채색한다. 첫째, 오바마가 2008년 캘리포니아에서 승리했기 때문에 파란색으로 채색한다. 둘째, 양당 득표율을 기반으로 RGB 색상 구성표를 사용해 색상을 지정한다. 지도에 색상을 추가하려면 col 인자를 지정해야 한다. 또한 지정된 색상으로 각 주를 채우고자 fill 인자를 TRUE로 설정한다.

```
## 캘리포니아를 파란색 주로 채색
map(database = "state", regions = "California", col = "blue",
    fill = TRUE)
## 캘리포니아를 보라색 주로 채색
map(database = "state", regions = "California", col = cal.color,
    fill = TRUE)
```

다음 오른쪽 그림은 보라색 대신 회색을 사용한다. 풀컬러 버전은 506쪽을 참고하기 바란다.

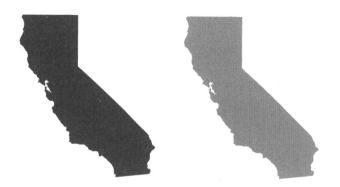

루프^{loop}를 사용해 모든 주에 이 과정을 반복한다. 지도에는 하와이, 알래스카, 워싱턴 DC가 포함돼 있지 않으므로 해당 주들은 건너뛴다. 각 주에 색상을 추가하려면 add 인자를 TRUE로 설정한다. 한 번에 하나의 주를 채색하기 때문에 루프가 사용된다. 먼저 오바마가 승리한 주는 파란색으로 표시되고, 매케인이 승리한 주는 빨간색으로 표시되는 이 분화된 색 구성표를 사용한다. 두 번째 지도에서는 각 주의 양당 득표율을 기반으로 RGB 색 구성표를 사용한다. 이 두 지도에 사용된 코드 더미는 거의 동일하다. 유일한 차이점은 각 주에 대해 색상이 선택되는 방식이다.

```
## 빨간색 주와 파란색 주로서 USA
map(database = "state") # 지도 생성
for (i in 1:nrow(pres08)) {
    if ((pres08$state[i] != "HI") & (pres08$state[i] != "AK") &
        (pres08$state[i] != "DC")) {
        map(database = "state", regions = pres08$state.name[i],
          col = ifelse(pres08$Rep[i] > pres08$Dem[i], "red", "blue"),
            fill = TRUE, add = TRUE)
    }
}
## 보라색 주로서 USA
map(database = "state") # 지도 생성
for (i in 1:nrow(pres08)) {
    if ((pres08$state[i] != "HI") & (pres08$state[i] != "AK") &
        (pres08$state[i] != "DC")) {
        map(database = "state", regions = pres08$state.name[i],
            col = rgb(red = pres08$Rep[i], blue = pres08$Dem[i],
                green = 0), fill = TRUE, add = TRUE)
    }
}
```

아래의 그림들은 흑백을 사용한다. 풀컬러 버전은 507쪽을 참고하기 바란다.

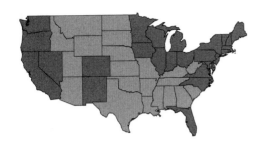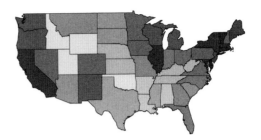

왼쪽 지도에서는 오바마가 서부와 동부 해안의 많은 주에서 승리한 반면, 매케인은 중서부에서 특히 강세였음을 보여 준다. 그러나 오른쪽 지도에서는 어떤 주도 완전히 민주당이나 공화당에게만 우세한 곳은 없음을 보여 준다. 각 주에는 두 가지 유형의 유권자가 있으며, 승자독식의 선거 시스템의 영향으로 각 주는 민주당을 지지하는 주 또는 공화당을 지지하는 주라는 식으로 특성화한다.

표 5.5 월마트 점포 신규 개점일 데이터

변수	설명
opendate	점포 개점일
st.address	점포 소재지 주소
city	점포 소재지 도시
state	점포 소재지 주
type	점포 유형(Wal-MartStore, SuperCenter, DistributionCenter)
long	점포 소재지 경도
lat	점포 소재지 위도

Note: 해당 데이터는 월마트 1호점 개시일인 1962년 3월 1일부터 2006년 8월 1일까지의 월마트 점포 시공간 정보를 담고 있다.

5.3.5 월마트의 확장

정치에서 경영으로 주제를 전환해 보자. 다음으로 성공적인 미국의 다국적 소매 물류 체인인 월마트^{Walmart}의 확장을 살펴보자.[9] 월마트는 1962년 아칸소^{Arkansas} 주 벤톤빌^{Bentonville}에 첫 매장을 열었다. 그 후 수십 년 동안 미국뿐만 아니라 전 세계에서 많은 매장을 열었다. 월마트는 세계에서 가장 큰 다국적 소매기업이 됐다. 표 5.5는 월마트 점포 개점일 데이터인 walmart.csv에 있는 변수들의 이름과 설명을 보여 준다. 이 데이터셋에는 월마트 1호점 개시일인 1962년 3월 1일부터 2006년 8월 1일까지의 월마트 점포 시공간 정보를 담고 있다.

지도에 모든 점포 위치를 표시하는 것으로 시작한다. 데이터셋에는 변수 type으로 표시되는 세 가지 유형의 점포가 포함된다. Wal-MartStore는 통상의 월마트 점포를 나타내는 반면, SuperCenter는 통상의 점포에 풀사이즈 슈퍼마켓이 병설된 것이다. 월마트 슈퍼센터$^{Walmart\ Supercenter}$에는 종종 약국, 원예점, 자동차 서비스 센터, 기타 전문 센터가 포함된다. 또한 통상의 월마트 점포 및 슈퍼센터에 식품과 상품들을 유통하는 곳을 나타내는 DistributionCenter 데이터도 표시한다. 세 가지 유형의 점포를 구별하고자 통상의 월마트는 빨간색, 슈퍼센터는 녹색, 물류 센터는 파란색을 사용한다. 다른 점포를 나타내는 원이 서로 중첩되도록 색상을 투명하게 만든다. 다른 두 유형보다 적은 물류센터는 더 큰 원으로 표시해 쉽게 눈에 띄게 한다. 다음의 코드 더미는 이러한 파라미터들을 정의한다.

```
walmart <- read.csv("walmart.csv")
## 빨강 = 월마트, 초록 = 슈퍼센터, 파랑 = 물류센터
walmart$storecolors <- NA # create an empty vector
walmart$storecolors[walmart$type == "Wal-MartStore"] <-
    rgb(red = 1, green = 0, blue = 0, alpha = 1/3)
walmart$storecolors[walmart$type == "SuperCenter"] <-
    rgb(red = 0, green = 1, blue = 0, alpha = 1/3)
walmart$storecolors[walmart$type == "DistributionCenter"] <-
    rgb(red = 0, green = 0, blue = 1, alpha = 1/3)
## 물류센터를 위한 큰 원
walmart$storesize <- ifelse(walmart$type == "DistributionCenter", 1, 0.5)
```

---

9 5.3.5절은 다음의 논문에 바탕을 둔다. Thomas J. Holmes (2011) "The diffusion of Wal-Mart and economies of density." *Econometrica*, vol. 79, no. 1, pp. 253-302.

마지막으로 지도를 만들고 여기에 월마트 매장 위치를 추가한다. 또한 legend() 함수를 사용해 범례를 포함한다. 이 함수를 사용하고자 x 및 y 좌표를 설정해 범례의 위치를 지정하고 범례 텍스트 벡터를 범례 인자로 제공한다. bty 인자를 설정하지 않는 기본값 상태에서 범례는 테두리선으로 둘러싸이지만, 인자를 "n"으로 설정하면 테두리선이 제거된다. 이전과 마찬가지로 pch 인자를 사용해 플로팅할 객체 유형을 지정할 수 있다. pt.cex 인자로 크기를 제어할 수 있는 단색 원을 선택한다.

```
## 범례가 있는 지도
map(database = "state")
points(walmart$long, walmart$lat, col = walmart$storecolors,
       pch = 19, cex = walmart$storesize)
legend(x = -120, y = 32, bty = "n",
       legend = c("월마트", "슈퍼센터", "물류센터"),
       col = c("red", "green", "blue"), pch = 19, # 실선 원
       pt.cex = c(0.5, 0.5, 1)) # 원의 크기
```

아래의 그림에서는 빨간색과 녹색 원 대신에 진하고 엷은 회색 원을 사용한다. 풀컬러 버전은 507쪽을 참고하기 바란다.

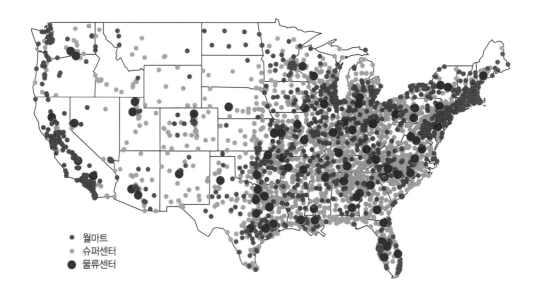

지도는 월마트의 비즈니스 전략을 명확하게 보여 준다. 슈퍼센터는 중서부와 남부 전역에 널리 퍼져 있는 것에 비해, 북동부, 서부 해안, 도심부에서는 그 정도로 널리 퍼져 있

지는 않다. 이러한 지역들에서 월마트는 통상의 할인 매장 형식을 넘는 확장을 하지는 않았다.

5.3.6 R에서 애니메이션

월마트 점포 개장에 대한 이전 분석에서는 데이터셋에 개장일이 포함돼 있어도 시간 차원은 무시했다. 공간적 패턴만이 아닌 시공간적 패턴을 조사하면서 월마트가 어떻게 시간이 지남에 따라 매장을 확장할 수 있었는지 더 잘 이해할 수 있다. 이 목표를 달성하려면 어떤 시각화 전략을 사용해야 할까? 여기서는 다양한 시점에서의 모든 매장을 표시하는 일련의 지도를 작성해 보자.

이렇게 하려면 특정 날짜가 지정된 데이터를 부분 선택하고 이전에 수행한 것처럼 월마트 점포의 지도를 작성하는 함수를 정의하는 것이 유용하다(1.3.4절 참고). 이전에 만든 일련의 코드를 함수의 형태로 포함하는 것만으로 충분하다. 아래에서 walmart.map()이라는 함수를 만든다. 이 함수는 2개의 입력값을 취한다. 첫 번째 인자인 data는 데이터프레임을 사용해 점포의 개장일을 표시하는 opendate이라는 이름의 변수를 포함한다. 이 변수는 Date 클래스가 아니면 안 된다. 두 번째 인자인 date는 지도가 작성된 시점을 정의하는 또 다른 Date 객체를 사용한다. 이 함수는 지정한 날짜 이전에 개장한 모든 점포를 부분집합화하고 그들의 위치를 지도상에 표시한다.

```
walmart.map <- function(data, date) {
    walmart <- subset(data, subset = (opendate <= date))
    map(database = "state")
    points(walmart$long, walmart$lat, col = walmart$storecolors,
        pch = 19, cex = walmart$storesize)
}
```

이 기능을 사용하면 주어진 시간에 지도를 만드는 것이 간단하다. 여기서는 10년을 주기로 지도를 만든다.

```
walmart$opendate <- as.Date(walmart$opendate)
walmart.map(walmart, as.Date("1974-12-31"))
title("1975")
walmart.map(walmart, as.Date("1984-12-31"))
title("1985")
```

```
walmart.map(walmart, as.Date("1994-12-31"))
title("1995")
walmart.map(walmart, as.Date("2004-12-31"))
title("2005")
```

다음 지도는 빨간색과 녹색 원 대신에 진하고 옅은 회색 원을 사용한다. 풀컬러 버전은
508쪽을 참고하기 바란다.

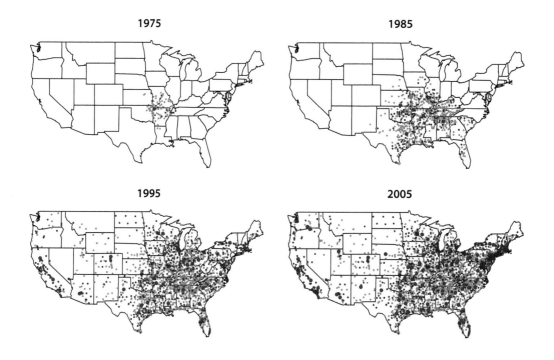

위와 같이 시공간 데이터를 시각화하는 또 다른 방법은 애니메이션[animation]이다. 이는 시간
에 따라 지리적 패턴이 어떻게 동적으로 변하는지 보여 준다. **animation** 패키지는 다양
한 장소와 다양한 시간에 월마트가 어떻게 점포를 확대해 갔는지 표시할 수 있다. 먼저
애니메이션화할 지도 수를 설정한 다음 데이터셋의 최초부터 최후까지 동일한 간격의
날짜로 구성된 벡터를 작성한다.

```
n <- 25 # 애니메이션화하는 그림의 수
dates <- seq(from = min(walmart$opendate),
            to = max(walmart$opendate), length.out = n)
```

이것으로 애니메이션의 준비가 됐다. 기본적으로 **애니메이션** 패키지를 사용하는 것과 시간이 지남에 따라 일련의 지도를 만드는 루프를 작성하는 것 사이에 아주 큰 차이는 없다. 실제로 saveHTML() 함수 하나만 추가해 루프 전체를 이 함수로 감싸면 된다. 이 함수는 중괄호 { }로 묶인 **R** 코드 더미를 기본 입력으로 사용한 다음 루프로 생성된 모든 플롯을 HTML 파일에 삽입한다. 결과 HTML 파일은 웹 브라우저에 애니메이션을 표시할 수 있다. saveHTML() 함수의 유용한 인자에는 HTML 파일 이름을 지정하는 htmlfile, 애니메이션 제목을 지정하는 title, 결과 파일이 저장될 디렉터리 이름을 지정하는 outdir, 출력이 브라우저에 자동으로 표시되는지의 여부를 나타내는 autobrowse가 포함된다. HTML 외에도 사용 가능한 형식에는 LaTeX 파일용의 saveLatex() 함수 및 비디오 파일용의 saveVideo() 함수가 있다.

다음 코드 더미는 애니메이션을 만들고 walmart.html이라는 이름의 HTML 파일과 다른 모든 파일을 작업 디렉터리에 보존한다. saveHTML() 함수는 이전에 작성한 walmart.map() 함수를 루프에 반복적으로 호출한다. getwd() 함수는 작업 디렉터리의 경로를 반환한다. 그리고 이 함수를 인자 outdir의 입력으로 지정하면 모든 출력 파일이 해당 디렉터리에 저장된다.

```
library("animation")
saveHTML({
    for (i in 1:length(dates)) {
        walmart.map(walmart, dates[i])
        title(dates[i])
    }
}, title = "Expansion of Walmart", htmlfile = "walmart.html",
        outdir = getwd(), autobrowse = FALSE)
```

웹 브라우저를 열고 메뉴에서 File > Open file...를 클릭해 애니메이션을 재생할 수 있다. 애니메이션을 보면 중서부에 기원을 둔 월마트 프랜차이즈가 1970년대와 1980년대에 지도 전체로 점진적으로 퍼져 가는 것을 분명히 볼 수 있다. 특히 인상적인 것은 1990년대 중반부터 미국 내 미진출 지역으로의 확장 속도이며, 그 지역적 확장을 예상해 새로운 물류센터의 설립 타이밍과 장소다.

5.4 요약

5장에서는 이전의 장에서 분석한 것과는 다른 데이터 유형을 소개했다. 다양한 데이터에서 체계적인 패턴을 발견하는 방법에 집중했다. 단어의 순서를 무시하는 **단어 주머니 가정**bag-of-words assumption 아래 **텍스트 데이터**textual data를 분석하는 것으로 시작했다. 문서 내, 문서 간에 사용되는 서로 다른 용어의 빈도에 초점을 맞춰서 문서의 집합인 코퍼스corpus의 밑바탕에 있는 토픽을 발견할 수 있다. 특정 문서에서 각 용어의 중요성을 측정하는 통계량으로 **용어빈도-역문서빈도**를 소개했다. 「연방주의자」 논문들을 예로 사용해 선형회귀모형 분석에서 단어의 빈도가 논문의 저자를 예측할 수 있는지도 보여 줬다. 과적합을 방지하면서 예측 정확성을 평가하고자 **교차검증**cross validation(특히 1제외교차검증)을 사용했다.

5장에서 다룬 두 번째 데이터 유형은 네트워크 데이터였다. 노드(node 또는 vertex)가 단위를 나타내고, 노드 사이의 에지(edge 또는 tie)가 그들 사이의 관계를 나타내는 그래프를 사용해 **유방향** 및 **무방향 네트워크 데이터**directed-, undirected-network data를 시각화했다. 주어진 네트워크 내에서 영향력 있는 노드를 식별하고자 다양한 중심성 척도를 계산하는 방법을 보여 줬다. 이러한 척도에는 차수, 근접성, 매개성이 포함된다. 또 다른 중심성을 측정하는 방법으로 구글 웹사이트 랭킹 알고리즘의 기반을 형성하는 **페이지랭크**라는 인기 있는 반복 알고리즘을 소개했다. 이 방법들은 고전적 예인 르네상스 시대 피렌체 인척 네트워크와 최신의 예인 미국 정치인들 사이의 트위터-팔로잉 네트워크를 통해 설명됐다.

마지막으로 **공간** 및 **시공간 데이터**를 고려했다. 공간 차원은 공간 포인트 및 공간 폴리곤 데이터의 두 가지 유형으로 나뉜다. 19세기 런던에서 창궐한 콜레라에 대한 존 스노의 유명한 연구를 사용해 어떻게 지도가 공간 패턴을 효과적으로 시각화하는지 보여 줬다. 존 스노는 자연 실험으로 콜레라 발병의 주요 원인을 밝혀 냈다. 또한 지도를 사용해 미 대선 결과와 시간에 따른 월마트 점포의 확산을 시각화했다. 텍스트 및 네트워크 분석과 마찬가지로 시각화는 공간 데이터 분석에서 핵심적인 역할을 한다. 시간이 지남에 따라 공간 패턴이 어떻게 변하는지 조사하고자 일련의 지도들을 순차적으로 표시하는 **애니메이션**을 만들었다. 이 시각화는 지난 수십 년 동안 미국에서 월마트 점포의 확장을 효과적으로 보여 준다.

표 5.6 헌법 전문 데이터

변수	설명
country	국가명(밑줄 표시 "_"로 단어 사이 구분)
year	헌법이 제정된 연도
preamble	헌법 전문의 미가공 텍스트

Note: 해당 데이터셋에는 전 세계의 헌법 전문에 대한 미가공 텍스트 정보가 포함돼 있다.

5.5 연습문제

5.5.1 헌법 전문의 분석

지난 몇 세기 동안 일부 학자들은 미국 헌법이 실제로는 전 세계 국가들의 건국 기록에서 단어나 문장으로 나타났다고 주장한다.[10] 이러한 경향은 계속될 것인가? 그리고 애초에 헌법적 영향력을 어떻게 측정할 수 있을까? 한 가지 방법은 다른 국가들의 건국 기록에서 어떤 헌법적 권리(예: 언론의 자유)가 공유되는지 확인하고 이러한 공통성이 시간이 지남에 따라 어떻게 변하는지 관찰하는 것이다. 이 연습문제에서 다룰 다른 접근 방식은 헌법들 간의 단어나 문장 유사성을 조사하는 것이다. 일반적으로 그 헌법을 이해하는 데 지침이 되는 목적과 원칙을 기술하는 각 헌법의 전문에 중점을 둔다. 표 5.6은 constitution.csv에 포함돼 있는 헌법 전문의 변수의 이름과 설명을 나타낸다.

1. 먼저 헌법 문서가 어떻게 다른지 더 잘 이해하고자 데이터를 시각화해 보자. 헌법 전문 데이터를 데이터프레임으로 가져온 다음 텍스트를 전처리한다. 전처리 하기 전에 Corpus() 함수 내에서 VectorSource() 함수를 사용한다. 정규 문서-용어빈도와 **tf-idf** 가중 용어빈도 모두에 대해 2개의 데이터 행렬을 만든다. 두 경우 모두 워드 클라우드를 사용해서 미국 헌법 전문을 시각화한다. 두 방법의 결과는 어떻게 다른

---

10 이 연습문제는 다음의 참고문헌에 바탕을 둔다. David S. Law and Mila Versteeg (2012) "The declining influence of the United States Constitution." *New York University Law Review*, vol. 87, no. 3, pp. 762–858 and Zachary Elkins, Tom Ginsburg, and James Melton (2012) "Comments on law and Versteeg's the declining influence of the United States Constitution." *New York University Law Review*, vol. 87, no. 6, pp. 2088–2101.

가? 길이가 긴 구성을 가진 헌법 전문이 더 큰 가중치를 받지 않도록 문서 크기별로 **tf–idf** 가중치를 정규화해야 한다.

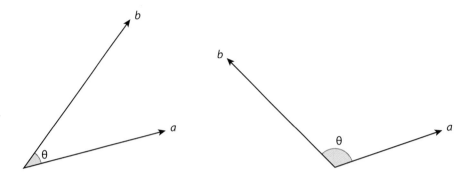

그림 5.6 두 벡터 간 코사인 유사성. 2개의 2차원 벡터 a와 b는 왼쪽(오른쪽) 그림에서 양(음)의 값 코사인 유사성을 가진다.

2. 다음으로 k 평균 알고리즘을 **tf–idf** 행렬의 행에 적용하고, 유사한 구성을 가진 헌법 전문 클러스터들을 식별한다. 클러스터 수를 5로 설정하고 결과들을 설명한다. 각 행을 비교할 수 있게 하고자 각 행이 단위 길이의 벡터를 나타내도록 상수로 나눈다. 벡터 $a = (a_1, a_2, ..., a_n)$의 길이는 $\|a\| = \sqrt{a_1^2 + a_2^2 + \cdots + a_n^2}$로 표현된다.

3. 다음으로 새로운 외국 헌법들이 기존 것들보다 미국 헌법 전문과 더 유사한지 살펴볼 것이다. 문서-용어 매트릭스에서 각 문서는 용어빈도 벡터로 표현된다. 두 문서를 비교하고자 해당하는 두 n차원 벡터 $a = (a_1, a_2, ..., a_n)$ 및 $b = (b_1, b_2, ..., b_n)$ 사이 각도 θ의 코사인으로 코사인 유사성^{cosine similarity}을 정의한다. 공식적으로 측정값은 다음과 같이 정의된다.

$$\text{코사인 유사도} = \cos\theta = \frac{a \cdot b}{\|a\| \times \|b\|} = \frac{\sum_{i=1}^n a_i b_i}{\sqrt{\sum_{i=1}^n a_i^2}\sqrt{\sum_{i=1}^n b_i^2}}$$

분자는 이른바 a와 b의 내적^{dot product}을 나타내며 분모는 두 벡터의 길이의 곱이다. 측정 범위는 −1(두 벡터가 정반대 방향으로 갈 때)에서 1(완전히 겹칠 때)까지다. 그림 5.6에서 볼 수 있듯이 두 벡터는 유사한(다른) 방향을 가리킬 때 양(음) 값의 코사인 유사성을 갖는다. 두 벡터가 서로 수직이면 측정값은 0이다.

아래는 벡터의 모음, 즉 행렬 b와 함께 벡터 a를 취하는 함수이며, a와 b의 각 행 사이의 코사인 유사성을 계산하는 함수다.

```
cosine <- function(a, b) {
    ## t() 함수는 행렬을 전치시키고,
    ## 벡터 "a"가 행렬 "b"의 각 행에 의해 곱해지게 한다.
    numer <- apply(a * t(b), 2, sum)
    denom <- sqrt(sum(a^2)) * sqrt(apply(b^2, 1, sum))
    return(numer / denom)
}
```

미국 헌법과 가장 비슷한 전문을 가진 5개의 헌법들을 식별하고자 이 함수를 적용하라.

4. 시간에 따라 미국 헌법이 다른 헌법들에 미치는 영향을 조사한다. 특히 전후 기간[postwar period]에 중점을 둔다. 헌법을 연대순으로 정렬시키고 1960년부터 2010년까지 10년마다 미국 헌법과 지난 10년 동안 만들어진 다른 헌법들 간의 평균 코사인 유사성을 계산하라. 결과를 플로팅하라. 시간에 따라 계산 된 이러한 각 평균들을 **이동평균**[MA, moving average]이라고 한다. 유사성은 시간이 지남에 따라 증가, 감소 또는 동일하게 유지되는 경향이 있는가? 관찰한 패턴을 설명하라.

5. 다음으로 헌법들의 코사인 유사성에 기반한 가중 유방향 네트워크 데이터를 만든다. 특히 (i, j)번째 항목이 i번째와 j번째 헌법 전문 사이의 코사인 유사성을 나타내는 인접행렬을 생성한다. 여기서 i번째 헌법은 같은 해 또는 j번째 헌법 이후에 생성됐다. 만약 i번째 헌법이 j번째 헌법 이전에 생성된 경우에는 이 항목은 0이다. 이 인접행렬에 **페이지랭크** 알고리즘을 적용하라. 결과를 간략히 설명하라.

5.5.2 국제 무역 네트워크

국제 무역 흐름의 규모와 구조는 시간이 지남에 따라 크게 달라진다.[11] 기술 발전으로 운송 비용이 낮아지고 국가들이 보다 자유로운 무역 정책을 채택함에 따라 국가 간 상품 거래량은 지난 한 세기 동안 빠르게 늘었다. 하지만 때때로 주요 전쟁과 보호주의 무역

---

11 이 문제의 일부는 다음의 논문에 바탕을 둔다. Luca De Benedictis and Lucia Tajoli (2011) "The world trade network." *The World Economy*, vol. 34, no. 8, pp. 1417–1454. 무역 데이터의 출처는 다음과 같다. Katherine Barbieri and Omar Keshk (2012) *Correlates of War Project Trade Data Set*, version 3.0. Available at http://correlatesofwar.org.

표 5.7 국제 무역 데이터

변수	설명
country1	수출국명
country2	수입국명
year	연도
exports	총수출액(단위: 100만 달러)

Note: 해당 데이터는 1900, 1980, 2000, 2009년의 자료를 포함한다.

정책의 채택과 같은 파괴적인 사건들로 인해 무역 흐름이 감소했다. 이 연습문제에서는 여러 기간에 걸친 국제 무역 네트워크를 조사해 이러한 변화 중 일부를 살펴볼 것이다. 데이터 파일 trade.csv에는 특정 연도의 한 국가에서 다른 국가로의 수출액 포함된다. 표 5.7에는 이 데이터셋의 변수들 이름과 설명이 나와 있다.

1. 먼저 국제 무역을 가중치 없는 유방향 네트워크로 분석한다. 데이터셋의 매해에 대해 국가 i가 국가 j로 수출하는 경우 항목 (i, j)가 1인 인접행렬을 만든다. 만약 수출이 0이면 항목은 0이다. NA로 표시된 결측 자료는 무역량이 0이라고 가정한다. 시간에 따라 다음과 같이 정의되는 네트워크 밀도$^{\text{network density}}$를 플로팅한다.

$$\text{네트워크 밀도} = \frac{\text{에지의 수}}{\text{잠재적 에지의 수}}$$

graph.density() 함수는 인접행렬이 주어지면 이 척도를 계산할 수 있다. 결과를 해석하라.

2. 1900년, 1955년, 2009년 각 연도의 차수, 매개성, 근접성(전체 차수 기준)을 기반으로 한 중심성 척도들을 계산하라.

3. 이제 국제 무역 네트워크를 각 에지가 대응하는 무역량에 비례하는 음이 아닌 가중치를 갖는 가중 유방향 네트워크로 분석한다. 이러한 네트워크 데이터에 대한 인접행렬을 작성하자. 1900년, 1955년, 2009년 동안 가중 무역 네트워크에 대해 위에서 살펴본 중심성 척도들을 계산한다. 하지만 차수 대신에 그래프 강도$^{\text{graph strength}}$를 계산한다.이 경우에는 모든 인접 노드가 있는 수입 및 수출의 합계와 같다. graph.strength() 함수를 사용해 이 가중 버전의 차수를 계산할 수 있다. 매개성과 근접성

은 이전과 동일한 함수(예: closeness() 및 betweenness()는 가중치 그래프를 적절히 처리 가능)를 사용한다. 결과가 비가중 네트워크의 결과와 다른가? 상위 5개 국가를 살펴보라. 이 네트워크의 중심성을 계산하고자 각 국가의 수출액을 고려하는 또 다른 방법은 있는가? 간단히 논의하라.

4. 페이지랭크 알고리즘을 가중 무역 네트워크에 매년 별도로 적용한다. 매년이 알고리즘에 따라 가장 영향력 있는 5개 국가를 식별한다. 또한 다음 5개 국가(미국, 영국, 러시아, 일본, 중국)에서 시간에 따라 페이지랭크 값의 순위가 어떻게 변했는지 조사한다. 관찰한 데이터의 패턴을 간단히 설명하라.

5.5.3 미국 대선 결과 시계열 매핑

미국의 많은 주에서 당파적 정체성은 장기적으로 안정적이다. 예를 들어, 매사추세츠는 지난 10번의 대선 중 8번의 선거인 투표에서 민주당 후보에게 투표를 약속한 강고한 '파란색' 주다. 반면에 애리조나의 선거인단은 같은 10개의 선거 중 9개에서 공화당 후보에게 투표했다. 그럼에도 불구하고 지리적 요소는 때때로 대선 예측에 불충분할 수 있다. 예를 들어, 2008년에는 노스캐롤라이나, 인디애나, 버지니아를 포함한 통상적으로 '빨간색' 주가 버락 오바마를 대통령으로 선출하는 데 도움을 줬다.

이 연습문제에서는 48개 주의 미국 대통령 선거 결과를 다시 매핑한다. 그러나 데이터는 두 가지 측면에서 더 자세히 설명된다. 첫째, 1960년부터 2012년까지 14회의 대선 데이터를 분석한다. 이것으로 시간의 경과와 함께 어떤 지역이 어떤 정당을 선택해 왔는지 그 변화를 시각화할 수 있다. 둘째, 카운티 수준에서 선거 결과를 검토해 주 내 민주당 및 공화당 유권자의 공간 분포를 살펴볼 수 있다. 데이터 파일은 CSV 형식의 selections.csv를 사용할 수 있다. 데이터셋의 각 행은 해당 연도의 대통령 선거에서 미국 각 카운티의 투표 분포를 나타낸다. 표 5.8은 이 데이터셋에 있는 변수들의 이름과 설명을 나타낸다.

1. 2008년 미국 대선 결과를 카운티 수준에서 시각화하는 것으로 시작한다. 매사추세츠와 애리조나에서 시작해 5.3.4절에서 수행한 양당 투표 점유율을 기반으로 카운티를 색칠해 카운티 수준의 결과를 시각화한다. 색상은 RGB 색 구성표를 사용하는 순수한 파란색(100% 민주당)에서 순수한 빨간색(100% 공화당)까지 다양해야 한다. **maps** 패키지의 county 데이터베이스를 사용한다. map() 함수의 regions 인자

표 5.8 카운티 수준의 미국 대통령 선거 데이터

변수	설명
state	48개 주 정식 명칭(알래스카, 하와이, 워싱턴 D.C. 제외)
county	카운티 이름
year	선거 연도
rep	공화당 후보의 일반 득표수
dem	민주당 후보의 일반 득표수
other	기타 후보의 일반 득표수

를 사용하면 주와 카운티를 지정할 수 있다. 이 인자는 문자 벡터를 받고, 각 항목은 state, county라는 구문을 가진다. 간략한 설명을 제공하라.

2. 다음으로 루프를 사용해서 2008년 전미 카운티 수준 선거 결과를 시각화한다. 관찰한 내용을 간략하게 설명한다.

3. 이제 카운티 수준에서 시간에 따라 미국 대선 결과의 지리적 분포가 어떻게 변했는지 살펴본다. 민주당 후보인 존 F. 케네디[John F. Kennedy]가 공화당 후보인 리처드 닉슨[Richard Nixon]에게 승리한 1960년 대통령 선거부터 시작해서 2012년까지의 각 대선의 카운티 수준의 선거 결과를 시각화했다. 이전 질문에 답하고자 프로그래밍한 것을 기반으로 코드를 작성하라.

4. 이 문제에서 각 주의 당파적 분리 정도를 정량화한다. 만약 민주당 지지자와 공화당 지지자가 다른 카운티에 사는 경향이 있으면 그 주는 정치적으로 분단돼 있다고 본다. 주거 분리 정도를 정량화하는 일반적인 방법은 다음과 같이 주어진 비유사성 인덱스[dissimilarity index]를 사용한다.

$$\text{비유사성 인덱스} = \frac{1}{2} \sum_{i=1}^{N} \left| \frac{d_i}{D} - \frac{r_i}{R} \right|$$

식에서 $d_i(r_i)$는 i번째 카운티의 민주당(공화당) 투표수이고, $D(R)$는 해당 주의 총 민주당(공화당) 투표수다. N은 카운티 수를 나타낸다. 이 지수는 민주당과 공화당 투표수가 주 내에서 균등하게 분포되는 정도를 측정한다. 분포가 다른 그룹의 분포와 일치하도록 이동해야 하는 그룹의 백분율로 해석될 수 있다. 2008년 대선의 민주당

및 공화당에의 투표 데이터를 사용해 각 주의 비유사성 인덱스를 계산한다. 이 척도에 의하면 가장 많이(적게) 분단된 주는 어디인가? 지도를 사용해서 결과를 시각화하라. 관찰한 것을 간략하게 설명하라.

5. 주 사이의 정치적 분리를 비교하는 또 다른 방법은, 한 주 내의 카운티가 얼마나 많은 민주당 지지자 또는 공화당 지지자를 보유하는 측면에서 매우 불평등한지를 평가하는 것이다. 예를 들어, 민주당 지지자만 있는 카운티와 민주당 지지자가 전혀 없는 카운티가 함께 많이 있는 경우, 그 주는 정치적으로 분리됐다고 볼 수 있다. 3장에서 불평등의 척도로 지니계수를 살펴봤다(3.6.2절 참고). 각 카운티의 민주당 투표 비율을 기반으로 각 주의 지니계수를 계산한다. 인구 규모에 관계없이 각 카운티에 동일한 가중치를 부여한다. 가장 큰(가장 낮은) 지수 값이 있는 주는 어디인가? 지도를 사용해 결과를 시각화하라. 지니계수와 위에서 계산한 비유사성 지수 사이의 상관관계는 무엇인가? 이 두 척도는 개념적으로나 실증적으로 어떻게 다른가? 관찰한 내용을 간단히 설명하고, 두 지수의 차이점을 설명하라. 지니계수를 계산하려면 인자 유형을 "Gini"로 설정해 **ineq** 패키지의 ineq() 함수를 사용하라.

6. 마지막으로 시간에 따라 각 주에서 정치적 분리 정도가 어떻게 변했는지 살펴본다. 애니메이션을 사용해 이러한 변화를 시각화하라. 관찰한 패턴을 간략히 설명하라.

06

—

확률

확률이야말로 인생의 지침이다.

— 키케로^{Cicero}, 『키케로의 신들의 본성에 관하여^{De Natura}』

지금까지는 데이터에서 어떻게 패턴을 식별하는지 배웠다. 어떤 패턴은 명백하게 파악할 수 있지만, 많은 경우 체계적인 패턴과 노이즈^{noise}를 구별하는 방법을 찾아야 한다. 랜덤 오차^{random error}라고도 불리는 노이즈는 실제 모든 데이터셋에서 발생하는 패턴과는 관련 없는 변동이다. 경험적 결과의 통계적 불확실성 정도를 정량화하는 것이 7장의 주제이지만, 이를 위해서는 확률을 이해해야 한다. 확률은 세상의 임의성을 측정하고 모델링하는 수학적 도구다. 따라서 6장에서는 확률의 기본 규칙들을 수학적 표기법을 사용해 도출하는 방법을 소개한다. 사회과학에서는 확률을 사용해 다양한 현실 세계 사건의 무작위로 결정된 일들, 심지어 인간의 행동과 믿음까지도 모델링한다. 무작위성이 반드시 완벽한 예측이 불가능함을 의미하지는 않는다. 오히려 6장에서 우리의 과제는 노이즈가 많은 데이터에서 체계적인 패턴을 식별하는 것이다.

6.1 확률

확률^{probability}은 불확실성의 척도로 사용된다. 확률은 세 가지 단순한 공리의 집합에 기반한다. 거기에서 셀 수 없이 많고 유용한 정리가 도출된다. 6.1절에서는 확률의 정의, 해석, 계산 방법을 다룰 예정이다.

6.1.1 빈도론자 vs 베이지안

일상생활에서 "동전 던지기에서 이길 확률은 50%", "2008년 미국 대선에서 오바마가 이길 확률은 80%" 같은 말을 자주 듣는다. '확률'이란 무엇을 의미할까? 적어도 두 가지로 해석할 수 있다. 빈도론자[frequentist]들이 말한 바로는 확률은 동일한 조건으로 반복되는 시행에서 사건이 발생한 횟수와 시행 횟수 사이의 비율로 정의되는 상대적 빈도의 한계[limit]를 의미한다. 예를 들어, 동전 던지기에 대한 위의 설명은 다음과 같이 해석될 수 있다. 동전 던지기가 동일한 조건에서 반복적으로 수행되면 동전 던지기 횟수가 늘어나면서 동전이 앞면으로 떨어지는 비율이 0.5에 가까워진다. 여기에서 수학적 용어 '한계'는 (가설적으로) 반복된 실험의 수가 무한대에 가까워짐에 따라 일련의 상대 빈도가 수렴하는 값을 의미한다.

확률의 빈도주의적 해석에는 몇 가지 어려움이 존재한다. 첫째, '동일한 조건'이 의미하는 바가 명확하지 않다. 동전 던지기의 경우에는 이러한 조건에는 동전의 초기 각도 및 속도, 기압 및 온도가 포함될 수 있다. 그러나 모든 조건이 동일하다면 물리학 법칙에 따라 동전 던지기가 항상 동일한 결과를 만들어 낼 것이다. 둘째, 실제로 아주 똑같은 조건에서 동전 던지기와 같은 실험을 무한히 여러 번 수행할 수 없다. 이것은 확률이 현실 세계에서 많은 사건의 무작위성을 설명할 수 없음을 의미한다. 사실, 동전 던지기는 거의 동일한 조건에서 반복하기 가장 쉬운 실험 중 하나일 것이다. 이 책에서 다루는 다른 많은 사건은 끊임없이 변화하는 역동적인 사회 환경에서 발생한다.

오바마가 2008년 미국 대선에서 승리할 확률을 빈도주의 관점에서 어떻게 생각해야 할까? 2008년 미국 대선은 단 한 번만 실시됐기 때문에 이 특정 선거가 동일한 조건에서 반복되는 가상 시나리오를 고려하는 것은 이상하다. 또한 오바마가 선거에서 승리하든 아니든 승리할 확률은 0 또는 1이 돼야 한다. 여기서 임의인 것은 (샘플링 변동성 등으로 인한) 실제 선거 결과가 아닌 선거 예측이다.

그림 6.1 토머스 베이즈 목사(1701–1761)

이에 대안적인 패러다임 방식은 18세기 영국인 수학자이자 목사인 토머스 베이즈^{Thomas Bayes}의 이름을 딴 베이지안^{Bayesian} 해석이다(그림 6.1 참고). 이 패러다임에 따르면 확률은 사건이 발생할 가능성에 대한 주관적인 믿음의 척도다. 확률 0은 개인이 사건이 불가능하다고 생각한다는 것을 의미하고, 확률 1은 개인이 사건이 일어날 것이 확실하다고 생각한다는 것을 의미한다. 0과 1 사이의 확률 값은 개인이 사건 발생에 대해 불확실하다고 느끼는 정도를 나타낸다. 빈도주의적 관점과 달리 베이지안 해석 방식은 "2008년 미국 대선에서 오바마가 승리할 확률은 x%"라는 진술을 해석하기 쉽게 만들어 준다. x는 단순히 오바마의 승리 가능성에 대한 개인의 주관적인 믿음을 반영하기 때문이다.

베이지안 해석에 대한 비평가들은 만약 과학자들이 동일한 실증적 증거의 집합을 가진다면 동일한 사건에 대해 서로 다른 확률을 보고하기보다는 동일한 결론에 도달해야 한다고 주장한다. 베이지안의 틀에서 확률은 단순히 자신의 믿음 체계를 설명하는 도구가 되기 때문에 이러한 주관성은 과학적 진보를 방해할 수 있다. 이와 대조적으로 베이지안 학파는 과학자를 포함한 인간은 본질적으로 주관적이므로 과학적 연구에서 주관적 믿음의 역할을 명시적으로 인식해야 한다고 주장한다.

이러한 해석의 논란이 계속되고 있음에도 확률론은 20세기 초 소련의 수학자 안드레이 콜모고로프Andrey Kolmogorov에 의해 수학적 이론으로 확립됐다. 빈도주의자와 베이지안 모두 수학적 이론을 사용하기 때문에 불일치는 해석에 관한 것이지 수학적인 것이 아니다.

> 확률을 해석하는 두 가지 주요한 방법이 있다. **빈도론자의 틀**frequentist framework에 따르면 확률은 동일한 조건에서 반복 수행된 실험의 수가 무한대에 가까워질 때 관심 사건이 발생할 상대 빈도의 한계를 나타낸다. 반면 **베이지안의 틀**Bayesian framework은 확률을 사건이 발생할 가능성에 대한 주관적인 믿음으로 해석한다.

6.1.2 정의와 공리

실험experiment, 표본공간sample space, 사건event의 세 가지 개념을 사용해 확률을 정의한다.

> 확률을 정의하려면 다음과 같은 개념이 필요하다.
>
> 1. **실험**: 관심 확률 사건을 생성하는 하나의 행위 또는 행위의 집합
> 2. **표본공간**: 가능한 모든 실험결과의 집합. 일반적으로 Ω로 표시된다.
> 3. **사건**: 표본공간의 부분집합

앞서 언급한 두 가지 예를 이용해 각 개념을 간략하게 설명할 수 있다. 동전을 던지거나 선거를 개최하는 것이 '실험'이 될 수 있으며, '표본공간'은 {앞면으로 떨어짐, 뒷면으로 떨어짐} 또는 {오바마 승리, 매케인 승리, 제3후보 승리}로 주어진다. 수학적 용어 집합set은 별개의 개체 모음을 의미한다. 사건event은 표본공간의 어떠한any 하위 집합을 나타내므로 여러 결과를 포함할 수 있다. 모든 결과를 포함하는 전체 표본공간 또한 사건이라고 할 수 있다. 또한 사건을 정의하는 집합이 실험의 실제 결과를 포함하면 사건이 발생occur한다고 말한다. 선거 예시에서 사건으로 {오바마 승리, 매케인 승리}를 포함하는데 이는 두 가지 결과 '오바마 또는 매케인 승리'로 이해할 수 있겠다. 실제 오바마가 선거에서 승

리했기 때문에 이 사건은 2008년에 일어났다고 말할 수 있다.

또 다른 예로 2008년 미국 대선에서 한 유권자의 결정을 실험으로 생각해 보자. 유권자의 결정은 결정론적^{deterministic} 사건이 아닌 확률적^{stochastic} 사건으로 모델링할 수 있다고 생각하는 것이다. 가능한 네 가지 결과를 모두 고려해 이 실험의 표본공간을 다음과 같이 정의할 수 있다. Ω = {기권, 오바마에 투표, 매케인에게 투표, 제3자 후보에 투표}. 이 표본공간 내에서 {오바마에 투표, 매케인에게 투표, 제3자 후보에게 투표}(예: "기권하지 마십시오") 및 {기권, 매케인에게 투표, 제3자 후보에게 투표}(예: "오바마에게 투표하지 마십시오") 같은 다양한 사건 발생을 고려할 수 있다.

이제 결과가 발생할 가능성이 모두 동일한 가장 간단한 경우부터 시작해 확률을 계산하는 방법을 알아보겠다. 이 경우 사건 A가 발생할 확률($P(A)$로 표시됨)은 해당 집합 A의 요소 수와 전체 표본공간의 요소 수 비율로 계산할 수 있다.

$$P(A) = \frac{A\text{에 포함된 요소 수}}{\Omega\text{에 속한 요소 수}} \tag{6.1}$$

이를 설명하고자 공정하게 동전을 세 번 던지는 실험을 생각해 보자. 이 실험에서 {앞면}과 {뒷면}을 각각 H와 T로 표시하면 표본공간은 8개 결과의 집합과 같다. Ω = {HHH, HHT, HTH, HTT, THH, THT, TTH, TTT}. 예를 들어, 관련 집합의 요소 수 A = {HHH, HHT, HTH, THH}를 세어 두 번 이상 앞면으로 떨어질 확률을 계산할 수 있다. 따라서 이 경우 위의 공식을 사용해 $P(A)$ = 4/8 = 0.5를 얻게 된다.

확률을 정의한 다음에는 기본 규칙 또는 공리^{axiom}를 고려한다. 현대 확률 이론은 다음 세 가지 간단한 공리에 기반한다. 놀랍게도 이러한 공리에서 기존의 모든 규칙과 정리를 포함한 전체 확률의 이론을 도출할 수 있다.

확률의 공리^{probability axiom}는 다음의 세 가지 규칙을 따른다.

1. 어떤 사건 A의 확률은 음이 될 수 없다.

$$P(A) \geq 0$$

2. 표본공간에서 결과 중 하나가 발생할 확률은 1이다.

$$P(\Omega) = 1$$

3. (덧셈법칙) 만약 사건 A와 B가 상호배타적이라면 다음과 같다.

$$P(A \text{ 또는 } B) = P(A) + P(B) \tag{6.2}$$

처음 두 공리를 통해 확률이 0에서 1 사이임을 알 수 있다. 마지막 세 번째 공리를 이해하고자 2008년 미국 대통령 선거가 실험으로 간주되는 이전 예를 생각해 보자. 마지막 공리에서 '상호배타적^{mutually exclusive}'이란 두 사건 A와 B가 결과를 공유하지 않음을 의미한다. 그림 6.2a의 벤 다이어그램^{Venn diagram}(영국 철학자 존 벤^{John Venn}의 이름을 따서 명명됨)에서 알 수 있듯이 상호배타적인 사건은 2개의 분리된 집합을 의미하며, 이는 요소를 공유하지 않음을 의미한다. A = 오바마 승리, B = 매케인 승리, 두 가지 사건을 고려해 보자. 분명히 이두 사건은 오바마와 매케인이 동시에 이길 수 없다는 점에서 상호배타적이다. 따라서 추가 규칙을 적용해 $P(\{오바마 승리\} \text{ 또는 } \{매케인 승리\}) = P(오바마 승리) + P(매케인 승리)라는 결론을 내릴 수 있다.

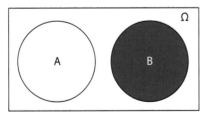
(a) 상호배타적 사건

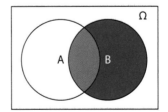
(b) 상호배타적이지 않은 사건

그림 6.2 벤 다이어그램. 2개의 사건, A와 B는 2개의 서로 겹치지 않는 집합을 갖는 상호배타적 관계일 수도 있으며(왼쪽 그림), 일정 부분의 결과를 공유하는 상호배타적이지 않은 관계일 수도 있다(오른쪽 그림). 사각형 박스는 표본 공간 Ω을 나타낸다.

이제 서로 결과를 공유하기 때문에 상호배타적이지 않은 A = 오바마 패, B = 매케인 패, 두 가지 사건을 고려해 보자. 이는 A와 B 모두 동일한 결과를 포함하므로 추가 규칙이 적용되지 않는 제3의 후보가 승리하는 경우다. 상호배타적이지 않은 사건의 경우 다음과 같은 일반 추가 규칙을 적용할 수 있다.

주어진 어떤 사건 A와 B에 대해 **덧셈 법칙**은 다음과 같다.

$$P(A \text{ 또는 } B) = P(A) + P(B) - P(A \text{ 그리고 } B) \tag{6.3}$$

이를 현재 예제에 적용하면 $P(\{오바마 패\} \text{ 또는 } \{매케인 패\}) = P(오바마 패) + P(매케인 패) - P(\{오바마 패\} \text{ 그리고 } \{매케인 패\})$.

이 결과는 그림 6.2b에 표시된 벤 다이어그램에서 확인할 수 있다. 다이어그램에서 사건 {A 또는 B}는 상호배타적인 세 가지 사건, {A 그리고 B^c} (흰색 영역), {B 그리고 A^c} (진한 파란색 영역), {A 그리고 B}로 분해될 수 있음을 알 수 있다. (겹친 하늘색 영역) 위첨자 c는 여집합^{complement}을 나타내며 집합의 요소를 제외한 표본공간의 모든 요소로 구성된다. 예를 들어, A^c는 A에 속하지 않는 표본공간의 모든 결과 모음을 나타낸다. {A 그리고 B^c} 표기법은 'B에 속하지 않는 A의 모든 결과'로 해석할 수 있다. 표본공간의 결과는 일반적으로 A 또는 A^c에 속하고, 다음과 같다.

$$P(A^c) = 1 - P(A) \tag{6.4}$$

사건 A와 A^c는 상호배타적이며 함께 전체 표본 공간을 구성하기 때문에 식은 확률 공리를 직접 따른다.

식 (6.2)에 주어진 세 번째 확률 공리를 이용하면 다음과 같다.

$$P(A \text{ 또는 } B) = P(A \text{ 그리고 } B^c) + P(B \text{ 그리고 } A^c) + P(A \text{ 그리고 } B) \tag{6.5}$$

A와 B가 상호배타적일 때 $P(A \text{ 그리고 } B^c)$와 $P(B \text{ 그리고 } A^c)$는 각각 $P(A)$와 $P(B)$로 간단히 나타낼 수 있다(그림 6.2a 참고). 또한 상호배타적인 경우에는 $P(A \text{ 그리고 } B) = 0$이다.

끝으로 사건 A는 2개의 상호배타적인 사건, {A 그리고 B}(겹친 하늘색 영역) 그리고 {A 그리고 B^c}(겹치지 않은 흰색 영역)로 분리될 수 있다. 이것을 전체 확률의 법칙^{law of total probability}이라고 한다.

> 주어진 어떤 사건 A와 B에 대해 **전체 확률의 법칙**^{law of total probability}은 다음과 같다.
>
> $$P(A) = P(A \text{ 그리고 } B) + P(A \text{ 그리고 } B^c) \tag{6.6}$$

전체 확률의 법칙에 따르면 식 (6.6)의 양변에서 $P(A$ 그리고 $B)$를 빼서 $P(A$ 그리고 $B^c)$ $= P(A) - P(A$ 그리고 $B)$로 쓸 수 있다. 마찬가지로 전체 확률의 법칙을 사건 B에 적용해 $P(B$ 그리고 $A^c) = P(B) - P(A$ 그리고 $B)$를 산출할 수 있다. 이 결과를 식 (6.5)에 대입하고 식을 단순화하면 식 (6.3)에 주어진 일반 덧셈 법칙이 나온다. 이 결과는 확률 공리만을 사용해 얻은 것임을 강조한다. 또한 독자는 그림 6.2의 벤 다이어그램을 사용해 식 (6.3) – (6.6)에 표시된 결과를 확인하는 것이 좋다.

6.1.3 순열

각 결과가 동일할 때 사건 A가 일어날 확률을 계산하고자 사건 A의 요소 수와 표본공간 Ω의 총 요소 수(식 (6.1) 참고)를 세어 봐야 한다. 순열^{permutation}이라는 유용한 계산 기술을 소개한다. 순열은 대상을 정렬할 수 있는 다양한 방법을 나타낸다. 예를 들어, 3개의 고유한 대상 A, B, C를 고려해 보자. 이를 정렬하는 여섯 가지 고유한 방법, 즉 {$ABC, ACB, BAC, BCA, CAB, CBA$}가 있다.

특히 대상 수가 많은 경우 모든 배열을 열거해 보지 않고 어떻게 순열 수를 계산할 수 있을까? 이 작업을 수행하는 쉬운 방법이 있다. 위의 세 가지 대상 A, B, C를 배열하는 예를 생각해 보자. 우선, 첫 번째 대상을 선택하는 방법에는 A, B 또는 C 세 가지가 있다. 첫 번째 대상이 선택되면, 두 번째 대상을 선택할 수 있는 방법은 두 가지다. 마지막으로 세 번째 대상이 남아 있으므로 이 마지막 대상을 선택하는 한 가지 방법만 남는다. 이 프로세스를 그림 6.3에 표시된 수형도로 개념화할 수 있다. 여기서 총 잎의 수는 순열 수와 같다. 따라서 잎의 수를 계산하려면 각 수준에서 가지 수를 순차적으로 곱하기만 하면 된다 (예: $3 \times 2 \times 1$).

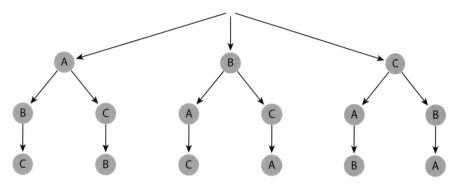

그림 6.3 순열의 수형도. 3개 대상의 배열에 따라 여섯 가지 경우의 수가 생긴다.
(출처: Madit의 예제를 각색, http://texample.net)

이 아이디어를 일반화하면 다음의 공식을 사용해 n개의 고유한 대상 집합에서 k개의 대상을 배열할 때의 순열 수를 계산할 수 있고, $_nP_k$(여기서 $k \leq n$)로 표시할 수 있다.

n개의 고유한 대상 중 k개의 개체를 배열할 때의 **순열**의 수는 다음과 같다.

$$_nP_k = n \times (n-1) \times \cdots \times (n-k+2) \times (n-k+1) = \frac{n!}{(n-k)!} \quad (6.7)$$

이 식에서 !는 팩토리얼(factorial, 계승/차례곱) 연산자를 나타낸다. n이 음이 아닌 정수일 때 $n! = n \times (n-1) \times \cdots \times 2 \times 1$이다. 0!은 1로 정의된다.

이전 예시에서 $n = 3$ 및 $k = 3$이다. 따라서 다음과 같다.

$$_3P_3 = \frac{3!}{0!} = \frac{3 \times 2 \times 1}{1} = 6$$

또 다른 예로 13개의 독특한 카드 중에 4장의 카드를 배열할 수 있는 방법의 수를 계산해보자. 이것은 식 (6.7)에서 $n = 13$ 및 $k = 4$로 설정해 계산할 수 있다.

$$_{13}P_4 = \frac{13!}{(13-4)!} = 13 \times 12 \times 11 \times 10 = 17160$$

생일문제^{birthday problem}는 잘 알려진 직관에 반하는 순열의 예다. 이 문제에서는 각 생일이 비슷하게 발생하기 쉬울 때 최소 2명이 같은 생일일 확률이 0.5를 초과하는 데 필요한 사람의 수를 묻는다. 이 문제의 놀라운 점은 답이 23명으로 대부분의 사람들이 추측하는 것보다 훨씬 낮다는 것이다. 순열을 사용해 이 문제를 해결하려면 먼저 다음의 관계를 확인해 보자.

$$P(\text{최소한 2명의 생일이 같음}) = 1 - P(\text{아무도 생일이 같지 않음}) \qquad (6.8)$$

위 양쪽 확률이 동일한 것은 사건 {아무도 같은 생일을 갖지 않음}이 사건 {적어도 2명이 같은 생일을 가짐}(식 (6.4) 참고)의 여집합이기 때문에 유지된다. 이는 아무도 같은 생일이 없을 확률만 계산하면 된다는 것을 의미한다.

k를 사람의 수라고 하자. 아무도 같은 생일을 갖지 않을 확률을 계산하고자 k명이 다른 생일을 가질 수 있는 경우의 수를 계산해 보자. 각 생일의 가능성이 똑같다고 가정하므로 순열을 사용해 365일 동안 k개의 고유한 생일 날짜를 정렬할 수 있는 방법의 수를 계산할 수 있다. 이는 $_{365}P_k = 365!/(365 - k)!$로 표현된다. 다음은 식 (6.1)을 적용해 이 숫자를 표본공간의 총 요소의 수로 나눈다. 후자는 365일 중 고유하지 않은 생일 k개를 선택하는 총 방법 수와 같다. 첫 번째 사람은 자신의 생일이 365일 중 아무 날짜나 가능하며 다른 사람도 마찬가지다. 분모는 $365 \times 365 \times \cdots \times 365 = 365^k$이다. 다음을 얻을 수 있다.

$$
\begin{aligned}
&P(\text{아무도 생일이 같지 않음}) \\
&= \frac{k\text{개의 고유한 생일을 배열하는 방법의 수}}{k\text{개의 고유하지 않은 생일을 배열하는 방법의 수}} \\
&= \frac{_{365}P_k}{365^k} = \frac{365!}{365^k(365 - k)!}
\end{aligned}
\qquad (6.9)
$$

식 (6.8)과 함께 생일문제의 정답은 $1 - 365!/\{365^k(365 - k)!\}$이다.

식 (6.9)를 계산하는 것은 적당한 k 값이라도 분모와 분자가 모두 매우 큰 값을 가질 수 있기 때문에 쉽지 않다. 이러한 경우 자연로그변환^{logarithmic transformation}을 사용하는 것이 편리하다(3.4.1절 참고). 자연로그의 경우 $e^A = B$는 $A = \log B$를 의미한다. 또한 여기에서 사용하는 로그의 기본 규칙은 다음과 같다.

$$\log AB = \log A + \log B, \quad \log \frac{A}{B} = \log A - \log B, \quad \log A^B = B \log A$$

이 규칙을 적용해 보면 다음과 같다.

$$\log P(\text{아무도 생일이 같지 않음}) = \log 365! - k \log 365 - \log(365 - k)!$$

원하는 확률을 얻으려면 이를 로그척도$^{\text{logarithmic scale}}$로 계산한 후 지수변환을 수행한다. R에서는 로그변환 없이 팩토리얼을 계산하는 factorial() 함수 대신 lfactorial() 함수를 사용해 팩토리얼의 로그를 계산한다. 이제 birthday라는 새로운 함수를 생성해 보자. 이 함수는 k가 주어지면 적어도 두 사람이 같은 생일을 가질 확률을 계산한다. 이 함수는 k 값의 벡터를 취하도록 작성한다. 결과를 그래프로 나타내 보자.

```
birthday <- function(k) {
    logdenom <- k * log(365) + lfactorial(365 - k) # 분모 로그
    lognumer <- lfactorial(365) # 분자 로그
    ## P(적어도 두 사람은 생일이 동일) = 1 - P(아무도 생일이 같지 않음)
    pr <- 1 - exp(lognumer - logdenom) # transform back
    return(pr)
}
k <- 1:50
bday <- birthday(k) # 함수를 호출
names(bday) <- k # 라벨 추가
plot(k, bday, xlab = "Number of people", xlim = c(0, 50), ylim = c(0, 1),
    ylab = "적어도 두 사람이 생일이 동일한 경우")
abline(h = 0.5) # 0.5를 표시한 수평선
bday[20:25]

##        20        21        22        23        24        25
## 0.4114384 0.4436883 0.4756953 0.5072972 0.5383443 0.5686997
```

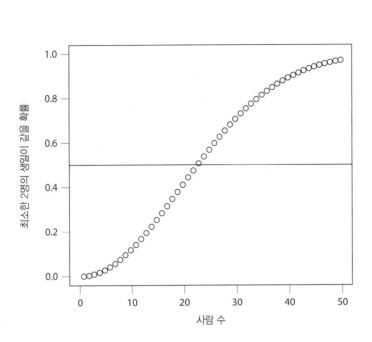

사람의 수가 23일 때 적어도 두 사람이 같은 생일을 가질 확률이 0.5를 초과한다는 것을 관찰할 수 있다. 사람 수가 50명 이상이면 이 확률은 1에 가깝게 된다.

6.1.4 복원추출 및 비복원추출

위의 생일문제에 대한 정확한 분석 솔루션을 도출했지만 몬테카를로 시뮬레이션 방법^{Monte} $^{Carlo\ simulation\ method}$을 사용해 대략적인 솔루션을 생성할 수도 있다. 이 이름은 모나코의 몬테카를로 카지노에서 유래됐지만 단순히 시뮬레이션^{simulation} 방법이라고 부를 수도 있다. 몬테카를로 시뮬레이션 방법은 관심 수량을 무작위로 생성해 분석 문제를 대략적으로 해결하는 데 사용할 수 있는 일반적인 확률적 방법(결정론과 반대)을 나타낸다.

생일문제의 경우 365일 중 고유하지 않은 k개의 생일을 추출하고 추출된 k개의 생일이 모두 다른지 확인한다. k개의 드로우 각각에 대해 이전에 샘플링된 날짜에 관계없이 365일마다 추출될 가능성이 똑같기 때문에 복원추출$^{sampling\ with\ replacement}$을 사용한다. 즉 한 사람이 한 해의 특정한 날에 태어났다는 사실이 다른 사람이 같은 날에 태어나지 않도록 배제해서는 안 된다. 이 샘플링 절차를 여러 번 반복한 후 최소 두 생일이 동일한 시뮬레이션 시도의 비율을 계산하고, 이 비율은 해당 확률의 추정값으로 사용된다. 이 시뮬레이션 절차는 생일문제에서 설명된 대로 데이터 생성 프로세스 또는 데이터가 생성되는 실제 프로세스를 모방하므로 직관적이다.

R에서 sample() 함수를 사용해 replace 인자를 TRUE 또는 FALSE로 설정해 대체 여부에 관계없이 샘플링을 구현할 수 있다. 생일문제에서는 사용되지 않지만 교체 없이 샘플링한다는 것은 요소가 샘플링된 후에는 후속 추첨에 사용할 수 없음을 의미한다. 예를 들어, 3.4.1절의 표본조사에 대한 논의에서 모집단에서 응답자의 대표표본을 무작위로 선택하는 방법으로 단순무작위 **표본추출**^{SRS, Simple Random Sampling}을 도입했다. SRS는 일반적으로 동일한 개인을 여러 번 인터뷰하지 않기 때문에 비복원추출의 예다. 복원추출의 경우 기본 구문은 sample(x, size = k, replace = TRUE)이다. 여기서 x는 샘플링할 요소의 벡터이고 size는 선택할 요소의 수다. 또한 각 요소를 샘플링하는 데 동일하지 않은 확률을 사용해야 하는 경우 확률 가중치 벡터를 prob 인자에 제공할 수 있다.

```
k <- 23 # 사람 수
sims <- 1000 # 시뮬레이션 횟수
event <- 0 # 카운터
for (i in 1:sims) {
    days <- sample(1:365, k, replace = TRUE)
    days.unique <- unique(days) # 고유 생일
    ##  만약 생일의 중복이 있다면 고유한 생일의 수는 "k"로 표시돼 생일의 수보다 적어짐
    if (length(days.unique) < k) {
        event <- event + 1
    }
}
## 적어도 2개의 생일이 같을 시행의 비율
answer <- event / sims
answer

## [1] 0.509
```

시뮬레이션 추정값은 분석해인 0.507에 가깝지만 동일하지는 않다. 이 차이를 몬테카를로 오차라고 하지만 시뮬레이션 접근 방식의 불가피한 결과다. 몬테카를로 오차의 크기는 문제의 특성에 따라 다르며 시뮬레이션마다 다르다. 이러한 오차를 제거하는 것은 어렵지만 줄일 수 있다. 보다 정확한 추정값을 얻고자 시뮬레이션 수를 늘린다. 위 코드에서는 시뮬레이션 수를 1,000개로 설정했다. 다음으로 시뮬레이션 수를 100만 개로 설정한 상태에서 동일한 코드를 실행해 실제 답에 가까운 0.508의 추정값을 얻는다.

> **몬테카를로 시뮬레이션 방법론**은 분석 문제를 근사적으로 해결하는 데 사용되는 일반적인 반복 무작위 추출 과정의 일반적인 방법이다. 일반적으로 사용되는 절차에는 동일한 개체를 반복적으로 추출할 수 있는 **복원추출**^sampling with replacement 과 각 개체를 최대 한 번까지 추출할 수 있는 **비복원추출**^sampling without replacement 이 포함된다.

6.1.5 조합

또 다른 편리한 계산 방법인 조합^combination 을 소개한다. 조합은 순열과 유사하다. 하지만 조합은 순서를 무시하고 순열은 그렇지 않다. 즉 조합은 순서에 관계없이 n개의 요소 중 k개의 고유한 요소를 선택하는 방법이다. 즉 두 요소를 선택할 때 2개의 다른 순열 AB 및 BA가 하나의 동일한 조합을 나타낸다. 요소가 배열되는 순서는 중요하지 않기 때문에 조합의 수는 순열의 수보다 크지 않다. 예를 들어, A, B, C의 3개 요소 중 2개의 별개 요소를 선택하면 순열의 수는 $_3P_2 = 6(AB, BA, AC, CA, BC, CB)$인 반면 조합의 수는 $3(AB, AC, BC)$이다.

실제로 조합을 계산하려면 먼저 순열 $_nP_k$를 계산한 다음 $k!$로 나눈다. 이는 k개의 추출된 요소가 주어지면 $k!$개의 다른 순서로 배열하는 방법이 있으며 이러한 모든 배열은 단일 조합으로 계산된다. 위의 예에서 어떠한 2개의 추출된 표본집합(예: A 및 B)에 대해서도 $2!(= 2 \times 1 = 2)$개의 배열 방법(즉 AB 및 BA)이 있지만, 이 두 순열은 하나의 조합으로 계산된다. 여기서 조합의 수는 $_3P_2$를 $2!$로 나누는 것으로 얻을 수 있다. 일반적으로 조합의 공식은 다음과 같다.

> n개의 요소에서 k개의 개별 요소를 뽑을 때 **조합**의 수는 $_nC_k$ 또는 $\binom{n}{k}$로 표시되며 다음과 같이 계산된다.
>
> $$_nC_k = \binom{n}{k} = \frac{_nP_k}{k!} = \frac{n!}{k!(n-k)!} \tag{6.10}$$

20명(남성 10명, 여성 10명) 중 5명으로 구성된 위원회를 만든다고 가정해 보자. 각 사람들은 위원회에 동등하게 배정될 가능성이 있다고 가정한다. 최소 2명의 여성이 위원회에 있을 확률은 얼마인가? 이 확률을 계산하려면 먼저 다음과 같은 등식을 살펴보자.

$$P(\text{적어도 2명의 여성이 위원회에 속함})$$
$$= 1 - P(\text{위원회에 여성이 아무도 없음})$$
$$- P(\text{여성 중 1명만 위원회에 속함})$$

이 등식의 우변에 있는 두 가지 확률을 계산하려면 성별에 관계없이 20명 중 5명을 위원회에 할당할 수 있는 총 가짓수를 계산한다. 이는 $_{20}C_5 = 15{,}504$로 주어진다. 마찬가지로 여성이 위원회에 1명도 포함되지 않을 가짓수는 여성을 위원으로 선택하지 않는 $_{10}C_0$개의 방법이 있고, 남성 10명 중에 5명을 선택하는 $_{10}C_5$개의 방법이 있기 때문에 $_{10}C_0 \times$ $_{10}C_5 = 252$로 주어진다. 따라서 여성이 아무도 없을 확률은 0.016이다. 위원회에 정확히 1명의 여성이 포함될 가지의 수는 $_{10}C_1 \times _{10}C_4 = 2100$이며 확률은 0.135다. 전체적으로 위원회에 여성이 2명 이상 포함될 확률은 0.84 = 1 − 0.016 − 0.135다.

보다 복잡한 조합의 예로 캘리포니아 주지사 아놀드 슈왈츠제네거$^{\text{Arnold Schwarzenegger}}$가 2009년 주 의회 법안 1176에 대한 거부권 메시지를 썼을 때 발생한 사건을 논의한다.[1] 이 메시지는 그림 6.4에 표시된다. 메시지가 공개됐을 때 많은 사람들이 본문에서 각 줄의 첫

To the Members of the California State Assembly:

I am returning Assembly Bill 1176 without my signature.

For some time now I have lamented the fact that major issues are overlooked while many unnecessary bills come to me for consideration. Water reform, prison reform, and health care are major issues my Administration has brought to the table, but the Legislature just kicks the can down the alley.

Yet another legislative year has come and gone with out the major reforms Californians overwhelmingly deserve. In light of this, and after careful consideration, I believe it is unnecessary to sign this measure at this time.

Sincerely,

Arnold Schwarzenegger

그림 6.4 캘리포니아 주지사 아놀드 슈왈츠제네거의 거부권 통보 메시지(2009)

---

1 6.1.5절은 다음의 논문에 바탕을 둔다. Philip B. Stark (2009) "Null and vetoed: Chance coincidence?" *Chance*, vol. 23, no. 4, pp. 43–46.

글자가 'F'로 시작하고 'u'로 끝나 욕설의 문장을 구성한다는 사실을 관찰했다. 이것이 의도적인 것인지 묻는 질문에 슈왈츠제네거의 대변인은 "세상에 이런 우연이. 거부권을 너무 많이 행사하면 이와 같은 일이 일어날 수 있다고 생각합니다"라고 대답했다. 아래에서는 이와 같은 아크로스틱^{acrostic}[2]이 우연히 일어날 확률을 고려한다.

간단히 하고자 주지사가 자신의 비서에게 거부권 메시지를 준 다음 그 비서가 메시지를 컴퓨터에 입력했지만 무작위로 리턴 키를 눌렀다고 가정한다. 즉 85개의 단어('For'에서 'time'까지)는 (무작위) 줄 바꿈으로 7줄로 나뉘었으며, 각 줄에는 적어도 하나의 단어가 있다. 또한 끊어진 단어가 없고 줄을 끊는 모든 방법이 동일하게 할 수 있으며 총 줄의 수는 7개로 고정돼 있다고 가정한다. 이 시나리오에서 우연이 일어날 확률은 얼마인가?

식 (6.1)을 사용해 이 확률을 계산하려면 먼저 85개의 단어를 7행로 나눌 수 있는 가짓수를 고려한다. 7행의 문장으로 끝나려면 6번의 줄 바꿈을 삽입해야 한다. 두 번째 단어 앞, 세 번째 단어 앞, … 또는 85번째 단어 앞에 줄 바꿈을 삽입할 수 있다. 따라서 6개의 줄 바꿈을 삽입해야 하는 84개의 장소가 있다. 이 84곳 중 6곳에 줄 바꿈을 하는 몇 가지 방법이 있는가? 이 숫자를 계산하려면 6개의 줄 바꿈이 삽입되는 순서가 중요하지 않기 때문에 순열보다는 조합을 사용한다(물론 욕설인 아크로스틱을 생성하려면 특별한 방식으로 정렬돼야 한다). 따라서 조합을 적용하면 $_{84}C_6 = 84!/(6!78!)$개의 동일하게 발생 가능한 분할이 된다. R에서 조합을 계산하려면 choose() 함수를 사용한다. 숫자가 크면 lchoose() 함수를 사용해 조합이 로그 스케일로 계산되도록 할 수 있다.

```
choose(84, 6)
## [1] 406481544
```

따라서 6개의 줄 바꿈을 삽입하는 방법은 4억 개가 넘는다. 그러나 이 특정 아크로스틱을 만드는 방법은 12가지뿐이다. 두 번째 줄의 시작 부분에서 'u'를 생성하는 줄 바꿈 위치는 한 곳('unnecessary')밖에 없다. 세 번째 줄의 시작 부분에서 'c'를 생성하는 줄 바꿈 위치는 세 곳('come', 'consideration', 'care') 중 어느 곳에서나 발생할 수 있다. 'k'의 줄 바꿈 위치는 한 곳('kicks')에서만 가능하다. 'y'의 줄 바꿈 위치는 두 곳('Yet', 'year') 중 하나일 수 있다. 'o'의 줄 바꿈 위치는 두 곳('overwhelmingly', 'of') 중 하나일 수 있

---

2 각 문장의 첫 글자로 이뤄진 단어 퍼즐 - 옮긴이

다. 'u'의 줄 바꿈 위치는 한 곳('unnecessary')에서만 가능하다. 이 시나리오는 12 = 1 × 3 × 1 × 2 × 2 × 1로 이어진다. 따라서 이 무작위화 방식이 아크로스틱을 생성할 확률은 $12/_{84}C_6$ 또는 약 3,400만 분의 1이다. 이 확률모델에 따르면 '우연'의 가능성이 거의 없는 사건이라는 분석이 가능하다.

6.2 조건부 확률

다음으로 조건부 확률$^{conditional\ probability}$을 소개한다. 이는 한 사건의 확률이 다른 사건을 관찰한 후에 어느 정도 변화하는지를 다룬다. 조건부 확률은 6.1절에서 설명된 확률 규칙을 따른다. 차이점은 조건부 확률로 관찰된 증거를 고려할 수 있다는 점이다.

6.2.1 조건부 확률, 주변확률, 결합확률

먼저 사건 B가 발생한 경우에 사건 A의 조건부 확률을 정의하는 것에서 시작해 보자. 이 조건부 확률은 $P(A \mid B)$로 표시되며 다음과 같이 정의된다.

사건 B가 발생했을 때 사건 A가 발생할 **조건부 확률**$^{conditional\ probability}$은 다음과 같이 정의된다.

$$P(A \mid B) = \frac{P(A \text{ 그리고 } B)}{P(B)} \tag{6.11}$$

이 식에서 $P(A \text{ 및 } B)$는 두 사건이 동시에 발생하는 **결합확률**$^{joint\ probability}$이며 반면에 $P(B)$는 사건 B가 일어날 **주변확률**$^{marginal\ probability}$이다. 이를 재배열하면 **곱의 법칙**$^{multiplication\ rule}$을 알 수 있다.

$$P(A \text{ 그리고 } B) = P(A \mid B)P(B) = P(B \mid A)P(A) \tag{6.12}$$

이 법칙을 활용해 식 (6.6)에 도입된 **전체 확률의 법칙**$^{law\ of\ total\ probability}$의 또 다른 형태를 유도할 수 있다.

$$P(A) = P(A \mid B)P(B) + P(A \mid B^c)P(B^c) \tag{6.13}$$

확률에서 조건의 중요성을 보려면 쌍둥이를 출산한 두 부부를 생각해 보자. 한쪽 부부는 초음파 검사를 받았으며, 초음파 기사는 쌍둥이 중 하나만 남자아이라고 판별할 수 있었다. 다른 부부는 초음파 검사를 받지 않고 분만할 때 처음으로 나온 아이가 남자라는 것을 알았다. 쌍둥이 모두가 다 남자 아이일 확률은 얼마인가? 이 두 쌍의 부부에서 그 결과는 서로 다른가? 먼저 표본공간에 4개의 결과가 있다는 것에 주의하고 시작하자. 아기의 성별이 여자일 경우 'G', 남자일 경우 'B'라고 각각 표시하면, 표본공간은 $\Omega = \{GG, GB, BG, BB\}$다. 예를 들어, GB는 누나와 남동생을 의미한다.

그러면 최초의 부부에 대해 관심 확률은 다음과 같다.

$$P(BB \mid \text{적어도 1명은 남자아이인 경우}) = \frac{P(BB \text{ 그리고 }\{\text{적어도 1명은 남자아이인 경우}\})}{P(\text{적어도 1명은 남자아이인 경우})}$$

$$= \frac{P(BB \text{ 그리고 }\{BB \text{ 또는 } BG \text{ 또는 } GB\})}{P(BB \text{ 또는 } BG \text{ 또는 } GB)}$$

$$= \frac{P(BB)}{P(BB \text{ 또는 } BG \text{ 또는 } GB)} = \frac{1/4}{3/4} = \frac{1}{3}$$

세 번째 등식은 사건 BB가 사건 $\{$적어도 하나는 남자아이$\}$ (예: BB 또는 BG 또는 GB)의 부분집합이라는 사실에서 비롯된다.

반대로 두 번째 부부는 다음과 같다.

$$P(BB \mid \text{손윗쌍둥이가 남자아이인 경우}) = \frac{P(BB \text{ 그리고 }\{\text{손윗쌍둥이가 남자아이인 경우}\})}{P(\text{손윗쌍둥이가 남자아이인 경우})}$$

$$= \frac{P(BB \text{ 그리고 }\{BB \text{ 또는 } BG\})}{P(BB \text{ 또는 } BG)}$$

$$= \frac{P(BB)}{P(BB \text{ 또는 } BG)} = \frac{1/4}{1/2} = \frac{1}{2}$$

따라서 이 예는 어떤 것을 조건하는지에 대한 정보가 중요하다는 것을 보여 준다. 첫 번째가 남자아이라는 것을 아는 것과, 적어도 하나가 남자아이라는 것을 아는 것과는 대조적으로 동일한 사건에 대해 다른 조건부 확률을 제공한다.

확률과 조건부 확률은 모집단의 특성을 설명하는 데도 사용할 수 있다. 예를 들어, 유권자 인구의 10%가 흑인이면 P(흑인) = 0.1이라고 쓸 수 있다. 이 확률은 다음과 같이 해석할 수 있다. 이 모집단에서 무작위로 유권자를 추출하면 그 유권자가 흑인일 확률은 10%다. 마찬가지로 P(흑인 | 히스패닉 또는 흑인)는 소수민족(즉 흑인 및 히스패닉) 유권자 중 흑인의 인구 비율을 나타낸다.

실제 예로 FLVoters.csv라는 CSV 파일에 포함된 플로리다 주의 유권자 10,000명의 무작위 표본을 사용한다. 표 6.1은 플로리다의 등록 유권자 리스트 표본에 있는 변수의 이름과 설명을 보여 준다. 먼저 데이터를 불러들이고 na.omit() 함수를 사용해 결측값을 포함하는 유권자를 제거한다.

표 6.1 플로리다 주 등록 유권자 리스트의 표본

변수	설명
surname	유권자의 성
county	유권자 거주지의 카운티 ID
VTD	유권자 거주지의 선거구 ID
Age	연령
gender	성별(m = 남성, f = 여성)
race	인종(자기보고된)

```
FLVoters <- read.csv("FLVoters.csv")
dim(FLVoters) # 결측값을 제거하기 이전
```

```
## [1] 10000     6
```

```
FLVoters <- na.omit(FLVoters)
dim(FLVoters) # 결측값 제거 이후
```

```
## [1] 9113     6
```

설명의 편의상 9,113명의 유권자 샘플을 관심 모집단으로 취급한다. 각 인종 범주의 주변 확률을 계산하고자 table() 및 prop.table() 함수(2.5.2절 참고)를 사용하고 이 모집단의 각 인종 그룹에 속하는 유권자의 비율을 계산할 수 있다.

```
margin.race <- prop.table(table(FLVoters$race))
margin.race

##
##      asian       black    hispanic      native       other
## 0.019203336 0.131021617 0.130802151 0.003182267 0.034017338
##      white
## 0.681773291
```

예를 들어, P(흑인) = 0.13 그리고 P(백인) = 0.68이라는 결과를 나타낸다. 마찬가지로 성별의 주변확률$^{marginal\ probability}$도 다음과 같이 얻을 수 있다.

```
margin.gender <- prop.table(table(FLVoters$gender))
margin.gender

##
##         f         m
## 0.5358279 0.4641721
```

따라서 P(여성) = 0.54 그리고 P(남성) = 0.46이다. 다음으로 성별이 주어진 인종의 조건부 확률을 계산하고자 여성 유권자 및 남성 유권자 중 각 인종 그룹의 비율을 개별적으로 볼 수 있다.

```
prop.table(table(FLVoters$race[FLVoters$gender == "f"]))
##
##      asian       black    hispanic      native       other
## 0.016997747 0.138849068 0.136391563 0.003481466 0.032357157
##      white
## 0.671922998
```

예를 들어, P(흑인 | 여성) = 0.14 그리고 P(백인 | 여성) = 0.67인 결과를 나타낸다. 마지막으로 특정 인종 및 성별 그룹에 속하는 유권자의 비율을 계산해 인종과 성별의 결합확률$^{joint\ probability}$을 계산할 수 있다.

```
joint.p <- prop.table(table(race = FLVoters$race, gender = FLVoters$gender))
joint.p
```

```
##          gender
## race            f            m
##    asian   0.009107868 0.010095468
##    black   0.074399210 0.056622408
##    hispanic 0.073082410 0.057719741
##    native  0.001865467 0.001316800
##    other   0.017337869 0.016679469
##    white   0.360035115 0.321738176
```

이 결합확률 표에서 예를 들어 $P(흑인 그리고 여성) = 0.07$ 및 $P(백인 그리고 남성) = 0.32$로 돼 있다. 이 결합확률에서 주변확률 및 조건부 확률을 계산할 수 있다. 먼저 주변확률을 얻고자 식 (6.6)에 주어진 전체 확률의 법칙을 적용한다. 예를 들어, 흑인 유권자가 될 확률을 다음과 같이 계산할 수 있다.

$$P(흑인) = P(흑인 그리고 여성) + P(흑인 그리고 남성)$$

따라서 각 행의 열을 합하면 주변확률이 된다. 이 작업은 위에서 얻은 것과 동일한 결과를 산출한다.

```
rowSums(joint.p)
##      asian       black    hispanic      native       other
## 0.019203336 0.131021617 0.130802151 0.003182267 0.034017338
##      white
## 0.681773291
```

유사하게 인종 범주를 합해 결합확률 표에서 성별의 주변확률을 얻을 수 있다. 총 6개의 인종 범주가 있으므로 식 (6.6)에 주어진 전체 확률의 법칙을 다음과 같이 확장한다.

$$P(A) = \sum_{i=1}^{N} P(A \text{ 그리고 } B_i) \tag{6.14}$$

여기서 $B_1, \ldots, B_N$는 전체에서 전표본공간이 되는 상호배타적인 사건의 집합이다. 예를 들어, 인종 범주는 상호배타적이기 때문에 성별의 주변확률은 다음과 같이 구할 수 있다.

$$P(\text{여성}) = P(\text{여성 그리고 아시안}) + P(\text{여성 그리고 흑인})$$
$$+ P(\text{여성 그리고 히스패닉}) + P(\text{여성 그리고 아메리카 원주민})$$
$$+ P(\text{여성 그리고 기타}) + P(\text{여성 그리고 백인})$$

따라서 성별의 주변확률은 결합확률 표의 각 열에서 행의 값을 합산하는 것으로 얻을 수 있다.

```
colSums(joint.p)
##         f         m
## 0.5358279 0.4641721
```

마지막으로 조건부 확률은 주변확률에 대한 결합확률의 비율로 얻을 수 있다(식 (6.11) 참고). 예를 들어, 여성 유권자 중 흑인일 조건부 확률은 다음과 같이 계산된다.

$$P(\text{흑인} \mid \text{여성}) = \frac{P(\text{흑인 그리고 여성})}{P(\text{여성})} \approx \frac{0.074}{0.536} \approx 0.139$$

예상한 대로 이는 이전에 계산한 것과 동일한 값이다.

이 예의 결과는 표 6.2에 요약돼 있다. 결합확률에서 주변확률 및 조건부 확률을 모두 얻을 수 있다. 주변확률을 계산하고자 행 또는 열을 합산한다. 이런 식으로 주변확률을 구하면 결합확률을 주변확률로 나누는 것으로 원하는 조건부 확률을 계산할 수 있다.

표 6.2 결합확률 표의 예

인종 그룹	성별		
	여성	남성	주변확률
아시안	0.009	0.010	0.019
흑인	0.074	0.057	0.131
히스패닉	0.073	0.058	0.131
아메리카 원주민	0.002	0.001	0.003
백인	0.360	0.322	0.682
주변확률	0.536	0.64	1

Note: 표는 플로리다 주의 유권자 등록 데이터를 기초로 만들어졌다. 성별의 주변확률(좌단의 열)과 인종의 주변확률(하단의 행)은 각각의 행과 열의 결합확률을 더한 값으로 얻을 수 있다.

조건부 확률의 정의를 두 가지 이상의 사건 유형이 있는 설정으로 확장할 수 있다. 사건 A, B, C의 경우 결합확률은 $P(A$ 그리고 B 그리고 $C)$로 정의되는 반면 세 가지 주변확률로는 $P(A)$, $P(B)$, $P(C)$가 있다. 이 경우 두 종류의 조건부 확률이 있다. 하나는 2개의 사건의 결합확률을 나머지 사건의 조건으로 하는 (예: $P(A$ 그리고 $B \mid C)$, 또 다른 하나는 한 사건의 나머지 두 사건이 일어날 때의 조건부 확률 (예: $P(A \mid B$ 그리고 $C)$이다. 이러한 조건부 확률은 2개 사건의 경우와 동일하게 정의할 수 있다.

$$P(A \text{ 그리고 } B \mid C) = \frac{P(A \text{ 그리고 } B \text{ 그리고 } C)}{P(C)} \tag{6.15}$$

$$P(A \mid B \text{ 그리고 } C) = \frac{P(A \text{ 그리고 } B \text{ 그리고 } C)}{P(B \text{ 그리고 } C)} = \frac{P(A \text{ 그리고 } B \mid C)}{P(B \mid C)} \tag{6.16}$$

식 (6.16)의 두 번째 등식은 등식 $P(A$ 그리고 B 그리고 $C) = P(A$ 그리고 $B \mid C)P(C)$에서 유래하며, 식 (6.15)의 항을 재배열해 얻는다.

위의 조건부 확률을 설명하고자 20세 이하, 21~40세, 41~60세, 60세 이상 등 4개의 연령 그룹을 나타내는 새로운 age.group 변수를 만든다.

```
FLVoters$age.group <- NA # 변수 초기화
FLVoters$age.group[FLVoters$age <= 20] <- 1
FLVoters$age.group[FLVoters$age > 20 & FLVoters$age <= 40] <- 2
FLVoters$age.group[FLVoters$age > 40 & FLVoters$age <= 60] <- 3
FLVoters$age.group[FLVoters$age > 60] <- 4
```

연령그룹, 인종, 성별의 결합확률은 3원 분할표$^{three-way\ table}$로 계산할 수 있다. 아래에서 이 3원 분할표는 2개의 분리된 2원 분할표로 표시된다. 하나는 여성 유권자 2원 분할표(인종 및 연령그룹)이고 다른 하나는 남성 유권자 2원 분할표다.

```
joint3 <-
    prop.table(table(race = FLVoters$race, age.group = FLVoters$age.group,
                     gender = FLVoters$gender))

joint3

## , , gender = f
##
##          age.group
```

```
## race                    1            2            3
##    asian     0.0001097333 0.0026336004 0.0041698672
##    black     0.0016460002 0.0280917371 0.0257873368
##    hispanic  0.0015362669 0.0260068035 0.0273236036
##    native    0.0001097333 0.0004389334 0.0006584001
##    other     0.0003292000 0.0062548008 0.0058158674
##    white     0.0059256008 0.0796664106 0.1260836168
##           age.group
## race                    4
##    asian     0.0021946670
##    black     0.0188741358
##    hispanic  0.0182157358
##    native    0.0006584001
##    other     0.0049380007
##    white     0.1483594864
##
## , , gender = m
##
##           age.group
## race                    1            2            3
##    asian     0.0002194667 0.0028530670 0.0051574674
##    black     0.0016460002 0.0228245364 0.0189838692
##    hispanic  0.0016460002 0.0197520026 0.0221661363
##    native    0.0000000000 0.0004389334 0.0003292000
##    other     0.0004389334 0.0069132009 0.0055964007
##    white     0.0040601339 0.0750576100 0.1184022825
##           age.group
## race                    4
##    asian     0.0018654669
##    black     0.0131680018
##    hispanic  0.0141556019
##    native    0.0005486667
##    other     0.0037309338
##    white     0.1242181499
```

예를 들어, 60세 이상 또는 P(흑인 그리고 60세 이상 그리고 여성)인 흑인 여성 유권자의 비율은 0.019이다. 유권자가 60세 이상이거나 P(흑인 그리고 여성 | 60세 이상)인 경우 흑인과 여성이 될 조건부 확률은 구한다고 가정한다. 식 (6.15)를 사용해 결합확률을 60세 이상 또는 P(60세 이상)의 주변확률로 나눔으로써 이 조건부 확률을 계산할 수 있다. 위의 3원 분할표에서 특정 결합확률을 추출하려면 인구 통계학적 특성에 해당하는 값을 지정한다.

```
## 연령 그룹의 주변확률
margin.age <- prop.table(table(FLVoters$age.group))
margin.age

##
##          1          2          3          4
## 0.01766707 0.27093164 0.36047405 0.35092725


## P(흑인 그리고 여성 | 60세 이상)
joint3["black", 4, "f"] / margin.age[4]

##          4
## 0.05378361
```

식 (6.16)에 따르면 유권자가 여성이고 60세 이상이거나 P(흑인 | 여성 그리고 60세 이상)인 경우 흑인이 될 조건부 확률은 3원 결합확률 P(흑인 그리고 60세 이상 그리고 여성)를 2원 결합확률 P(60세 이상 그리고 여성)로 나눠 계산할 수 있다. 이 2원 결합확률을 구하고자 다음과 같이 연령 그룹과 성별의 2원 결합확률표를 만들 수 있다.

```
## 연령 그룹 및 성별의 2원 결합확률표
joint2 <- prop.table(table(age.group = FLVoters$age.group,
                           gender = FLVoters$gender))
joint2

##          gender
## age.group          f          m
##         1 0.009656535 0.008010534
##         2 0.143092286 0.127839350
##         3 0.189838692 0.170635356
##         4 0.193240426 0.157686821

joint2[4, "f"] # P(60세 이상 그리고 여성)

## [1] 0.1932404

## P(흑인 | 여성 그리고 60세 이상)
joint3["black", 4, "f"] / joint2[4, "f"]

## [1] 0.09767178
```

6.2.2 독립성

조건부 확률을 정의했기 때문에 **독립성**independence의 개념에 대해 수식을 이용해서 논의할 수 있다. 직관적으로 두 사건의 독립성은 한 사건의 정보가 다른 사건의 발생에 대한 추가 정보를 제공하지 않음을 의미한다. 즉 사건 A와 B가 서로 독립적인 경우 B가 주어진 경우 A의 조건부 확률은 A의 주변확률과 다르지 않다. 마찬가지로 A가 주어진 B의 조건부 확률은 A에 의존하지 않는다.

$$P(A \mid B) = P(A) \ \text{ 그리고 } \ P(B \mid A) = P(B) \tag{6.17}$$

식 (6.12)과 함께 이 등식은 사건 A와 B 사이의 독립성에 대한 다음과 같은 공식적인 정의를 의미한다.

> 결합확률이 주변확률의 곱과 같은 경우, 오직 그 경우에 한해(iff) 사건 A와 B는 **독립적**independent이다.
>
> $$P(A \ \text{그리고} \ B) = P(A)P(B) \tag{6.18}$$

앞서 분석한 플로리다 주 등록 유권자 샘플에서 인종과 성별이 서로 독립적인지 살펴본다. 비록 둘 사이의 관계가 정확히 독립적일 것으로 기대하지 않지만, 예를 들어 여성 유원자 비율이 일부 인종 그룹에서 예상보다 큰지를 조사한다. 독립성이 성립한다면 P(흑인 그리고 여성) $= P$(흑인)P(여성), P(백인 그리고 남성) $= P$(백인)P(남성)이어야 한다. 인종과 여성에 대한 주변확률의 곱을 그들의 결합확률과 대응하도록 산점도를 사용해 비교한다. 입력을 벡터로 결합하는 c() 함수를 사용해 테이블 형식을 벡터로 강제 변환해 해당 요소를 plot() 함수에서 사용할 수 있다.

```
plot(c(margin.race * margin.gender["f"]), # 주변확률의 곱
     c(joint.p[, "f"]), # 결합확률
     xlim = c(0, 0.4), ylim = c(0, 0.4),
     xlab = "P(race) * P(female)", ylab = "P(race and female)")
abline(0, 1) # 45도 선
```

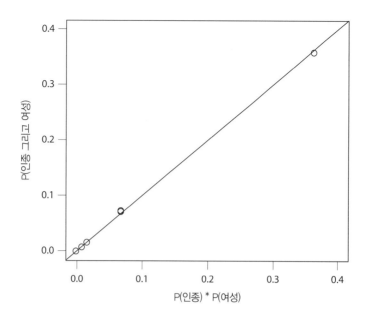

산점도는 점들이 45도 선을 따라서 깔끔하게 떨어지는 것을 보여 주며, 이는 P(인종)P(여성)(가로축)과 P(인종 그리고 여성)(세로축)이 거의 동일함을 의미한다. 이는 이 등록된 유권자 샘플에서 인종과 성별이 거의 독립적임을 의미한다. 즉 유권자 성별 정보는 인종을 예측하는 데 도움이 되지 않음을 말한다. 마찬가지로 인종도 성별을 예측하지 않는다.

독립성의 개념은 2개 이상의 사건이 있는 상황으로 확장된다. 예를 들어, 3개의 사건 A, B, C가 있는 경우에는 이러한 사건들 간의 상호독립성^{joint independence}은 결합확률을 주변확률의 곱으로 쓸 수 있음을 의미한다.

$$P(A \text{ 그리고 } B \text{ 그리고 } C) = P(A)P(B)P(C) \tag{6.19}$$

또한 다른 사건을 조건부로 하는 두 사건 간의 독립성을 정의할 수 있다. 사건 C가 주어진 경우의 사건 A와 B의 조건부 독립성^{conditional independence}은 C가 주어진 A와 B의 결합확률이 두 조건부 확률의 곱과 같다는 것을 의미한다.

$$P(A \text{ 그리고 } B \mid C) = P(A \mid C)P(B \mid C) \tag{6.20}$$

식 (6.19)에 주어진 상호독립성은 식 (6.18)의 두 사건 간의 독립성이 성립한다는 것도 의미한다. 이 결과는 전체 확률의 법칙을 적용하는 것으로 얻을 수 있다.

$$P(A \text{ 그리고 } B) = P(A \text{ 그리고 } B \text{ 그리고 } C) + P(A \text{ 그리고 } B \text{ 그리고 } C^c)$$
$$= P(A)P(B)P(C) + P(A)P(B)P(C^c)$$
$$= P(A)P(B)\big(P(C) + (C^c)\big) = P(A)P(B)$$

또한 상호독립성은 식 (6.20)에 정의된 조건부 독립성을 의미하지만 그 반대가 반드시 사실인 것은 아니다. 이 결과는 식 (6.15)에서 주어진 조건부 확률의 정의를 기반으로 한다.

$$P(A \text{ 그리고 } B \mid C) = \frac{P(A \text{ 그리고 } B \text{ 그리고 } C)}{P(C)} = \frac{P(A)P(B)P(C)}{P(C)} = P(A \mid C)P(B \mid C)$$

마지막 등식은 상호독립성이 두 사건 간의 독립성을 의미하므로 식 (6.17)이 A와 C뿐만 아니라 B와 C에도 적용된다는 사실을 따른다.

플로리다 주 등록 유권자 표본 간의 상호독립성을 조사하고자 3원 분할표 joint3의 요소를 주변확률 margin.race, margin.age, margin.gender의 곱과 비교한다. 예를 들어, 연령 그룹을 60세 이상 범주로 설정하고 여성 유권자를 조사한다. 또한 주어진 연령에 따라 인종과 성별 사이의 조건부 독립성을 조사한다. 이를 위해서 연령과 성별 그룹을 각각 60세 이상과 여성 범주로 설정했다. 결과는 작은 편차였지만 상호독립성(왼쪽 그림) 및 조건부 독립성(오른쪽 그림) 모두 근사적으로 성립한다는 것을 보여 준다.

```
## 상호독립성
plot(c(joint3[, 4, "f"]), # 결합확률
     margin.race * margin.age[4] * margin.gender["f"], # 주변확률의 곱
     xlim = c(0, 0.3), ylim = c(0, 0.3), main = "상호독립성",
     xlab = "P(인종 그리고 60세 이상 그리고 여성) ",
     ylab = "P(인종) * P(60세 이상) * P(여성)")
abline(0, 1)
## 여성일 때의 조건부 독립성
plot(c(joint3[, 4, "f"]) / margin.gender["f"], # 여성일 때의 결합확률
     ## 주변확률의 곱
     (joint.p[, "f"] / margin.gender["f"]) *
         (joint2[4, "f"] / margin.gender["f"]),
     xlim = c(0, 0.3), ylim = c(0, 0.3), main = "주변독립성",
     xlab = "P(인종 그리고 60세 이상 | 여성)",
     ylab = "P(인종 | 여성) * P(60세 이상 | 여성)")
abline(0, 1)
```

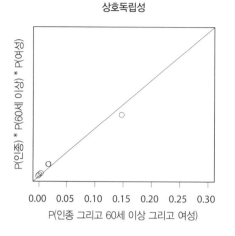

상호독립성

P(인종 그리고 60세 이상 그리고 여성)

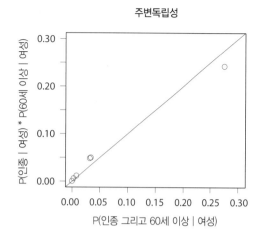

주변독립성

P(인종 그리고 60세 이상 | 여성)

마지막으로 잘 알려진 몬티 홀 문제[Monty Hall problem]는 조건부 확률과 독립성이 얼마나 까다로울 수 있는지를 보여 준다. 이 문제는 다음과 같다. TV 게임 쇼에 출연하는 당신은 3개의 문 중에서 하나를 선택해야 한다. 하나의 문 뒤에는 새 자동차가 숨겨져 있고, 나머지 2개의 문 뒤에는 염소가 숨겨져 있다. 문 하나를 무작위로 선택하면 게임 쇼 진행자인 몬티가 차를 숨겨 놓지 않은 다른 문을 연다. 그런 다음 몬티는 (열리지 않은) 세 번째 문으로 바꿀 것인지를 묻는다. 최종 선택한 문 뒤에 새 차가 있는 경우 그 차를 받게 된다. 당신이라면 문을 바꿀 것인가? 아니면 원래의 선택을 유지할 것인가? 문을 바꾸는 것이 차이를 만들어 낼 만큼 의미가 있는 것인가? 대부분의 사람들은 몬티가 염소가 있는 문 하나를 공개한 후 나머지 2개의 문에는 염소나 차가 있기 때문에 바꾸는 것에 아무런 차이가 없다고 생각할 수도 있다. 따라서 차를 얻을 확률은 50%다. 그러나 일견 현명해 보이는 이 판단은 실제로는 잘못된 것이다.

이 문제를 조금 더 신중히 생각해 보자. 문을 바꾸지 않는 전략을 고려하자. 이 경우 몬티가 하는 일에 상관없이 초기 선택에 따라 결과가 결정된다. 따라서 새 차를 획득할 확률은 1/3이다. 이제 문을 바꾸는 전략을 고려해 보자. 두 가지 시나리오가 있다. 먼저 처음 새 차가 있는 문을 선택했다고 가정한다. 이 사건의 확률은 1/3이다. 이 시나리오에서 문을 바꾸는 것은 새 차를 가질 수 없기 때문에 나쁜 선택이다. 다음으로 먼저 선택한 문에 염소가 있다고 가정한다. 처음에 염소가 있는 문을 선택할 확률은 2/3다. 그런 다음 몬티가 염소와 함께 다른 문을 열었기 때문에 문을 바꾸어 나머지 문에는 차가 있다. 이 시나리오에서 당신은 항상 새 차를 얻을 수 있다. 따라서 문을 바꾸는 것은 그렇지 않는 것보다 두 배 높은 확률로 새 차를 가질 수 있게 한다.

지금까지 배운 확률의 공식을 사용해서 이 논리를 수식화해 보자. 먼저 당신이 문을 바꾸는 경우에 새 차를 획득할 확률을 계산하면 식 (6.13)의 전체 확률의 법칙을 사용한다.

$$P(\text{차}) = P(\text{차} \mid \text{최초에 차를 선택})P(\text{최초에 차를 선택})$$
$$+ P(\text{차} \mid \text{최초에 염소를 선택})P(\text{최초에 염소를 선택})$$
$$= P(\text{최초에 염소를 선택}) = \frac{2}{3}$$

두 번째 등식이 성립하는 이유를 확인하고자 최초에 차가 있는 문을 선택한 다음 문을 바꾸면 차를 잃게 된다(예: $P(\text{차} \mid \text{최초에 차를 선택}) = 0$). 반대로 염소가 있는 문을 먼저 선택하면 문을 바꿔 차를 얻을 확률이 100%다(예: $P(\text{차} \mid \text{최초에 염소를 선택}) = 1$).

이 반직관적인 문제는 몬테카를로 시뮬레이션으로 해결할 수 있다. R에서 무작위 선택을 모방하고자 sample() 함수를 사용한다. 벡터에서 하나의 요소를 무작위로 선택하고자 size 인자를 1로 설정한다.

```
sims <- 1000
doors <- c("goat", "goat", "car") # 순서는 상관없다.
result.switch <- result.noswitch <- rep(NA, sims)
for (i in 1:sims) {
    ## 첫 번째 문은 무작위로 선택
    first <- sample(1:3, size = 1)
    result.noswitch[i] <- doors[first]
    remain <- doors[-first] # 남은 두 문
    ## 몬티가 염소가 있는 문을 선택
    monty <- sample((1:2)[remain == "goat"], size = 1)
    result.switch[i] <- remain[-monty]
}
mean(result.noswitch == "car")

## [1] 0.338

mean(result.switch == "car")

## [1] 0.662
```

338

6.2.3 베이즈 규칙

6장의 시작 부분에서 확률의 다양한 해석을 논의했다. 토머스 베이즈 목사^{Reverend Thomas} ^{Bayes}가 제안한 한 가지 해석은 확률이 사건 발생의 주관적인 믿음을 측정한다는 것이다. 베이지안의 관점에서 일부 데이터를 관찰한 후 우리의 믿음을 어떻게 업데이트해야 하는지 질문하는 것은 자연스러운 것이다. 베이즈 규칙^{Bayes' rule}은 믿음의 업데이트가 어떻게 수학적으로 일관된 방식으로 이뤄지는지 보여 준다.

> **베이즈 규칙**은 다음과 같다.
>
> $$P(A \mid B) = \frac{P(B \mid A)P(A)}{P(B)} = \frac{P(B \mid A)P(A)}{P(B \mid A)P(A) + P(B \mid A^c)P(A^c)} \tag{6.21}$$
>
> 이 등식에서 $P(A)$는 **사전확률**^{prior probability}이라고 하며 사건 A가 일어날 가능성에 대한 개인의 최초 믿음을 반영한다. 사건 B에서 표시된 데이터를 관찰한 후 믿음을 업데이트하고 **사후확률**^{posterior probability}이라고 하는 $P(A \mid B)$를 얻는다.

확률을 주관적 믿음으로 해석하는지 여부에 상관없이, 베이즈 규칙은 $P(A)$(사전확률: prior probability), $P(B \mid A)$ 및 $P(B \mid A^c)$에 대한 정보가 $P(A \mid B)$(사후확률: posterior probability)의 정보를 산출하는 방법을 수학적으로 보여 준다. 베이즈 규칙은 식 (6.13)에 표시된 전체 확률의 법칙을 사용해 식 (6.11)에 주어진 조건부 확률의 정의를 다시 작성한 결과다.

$$P(A \mid B) = \frac{P(A \text{ 그리고 } B)}{P(B)} = \frac{P(B \mid A)P(A)}{P(B)}$$

베이즈 규칙의 잘 알려진 응용 예로 의료검진 결과 해석이 있다. 검진 결과에는(4.1.3절에서 정의됨) 위양성 및 위음성이 있다. 임신 초기(임신 후 최초의 3개월)의 검진 문제를 고려해 보자. 35세 임산부에게 그녀 나이의 여성 378명 중 1명은 다운증후군^{DS, Down Syndrome}이 있는 아기를 낳을 것이라고 했다. 임신 초기 초음파 검사 절차는 그녀가 고위험군에 속함을 가리킨다. 100건의 다운증후군 중 86명의 산모는 고위험군이라는 결과를 받지만, 14건의 다운증후군은 놓치게 된다. 또한 정상적인 임신이 고위험군으로 진단될 확률은 20분의 1

이다. 선별 과정의 결과를 고려할 때 아기가 다운증후군에 걸릴 확률은 얼마인가? 결과가 음수일 확률은 얼마인가?

이 문제를 해결하고자 먼저 사전확률을 특정한다. 검사를 하지 않는 경우에는 아기가 다운증후군을 가질 확률 $P(DS)$는 1/378 또는 약 0.003이다. 초음파 검사 절차는 아기가 실제로 다운증후군을 갖고 있을 경우에 약 86%의 확률로 고위험군일 수 있다는 결과를 얻는다. 이는 그 검사의 진양성률$^{\text{TP, true positive rate}}$이라고 하며, HR$^{\text{high-risk result}}$이 고위험군일 때 $P(HR \mid DS) = 0.86$으로 표시된다. 하지만 이 스크리닝 검사에서 5%의 위양성도 발생하며 이를 수식으로 표현하면 $P(HR \mid DS \text{ 아님}) = 0.05$로 작성된다. 이 정보를 사용해 베이즈의 규칙을 적용해 여성이 고위험군이라는 진단 결과를 받았을 때 아기가 다운증후군인 사후확률, 즉 양성예측도$^{\text{positive predictive value}}$를 얻을 수 있다.

$$P(DS \mid HR) = \frac{P(HR \mid DS)P(DS)}{P(HR \mid DS)P(DS) + P(HR \mid DS \text{ 아님})P(DS \text{ 아님})}$$

$$= \frac{0.86 \times \frac{1}{378}}{0.86 \times \frac{1}{378} + 0.05 \times \frac{377}{378}} \approx 0.04$$

마찬가지로 만약 여성이 고위험군이 아니라는 결과를 얻는다면 사후확률은 다음과 같다.

$$P(DS \mid HR \text{ 아님}) = \frac{P(HR \text{ 아님} \mid DS)P(DS)}{P(HR \text{ 아님} \mid DS)P(DS) + P(HR \text{ 아님} \mid DS \text{ 아님})P(DS \text{ 아님})}$$

$$= \frac{0.14 \times \frac{1}{378}}{0.14 \times \frac{1}{378} + 0.95 \times \frac{377}{378}} \approx 0.0004$$

여성이 고위험 결과를 받았을 때도 다운증후군이 있는 아기를 가질 확률이 작다는 것을 알 수 있다. 다운증후군은 작은 사전확률로 반영되는 비교적 드문 질병이기 때문이다. 예상대로 만약 여성이 정상적인 임신 결과를 받으면 사후확률은 사전확률보다 훨씬 작아진다.

베이즈 규칙을 사용해서 6.2.2절에서 소개한 몬티 홀 문제를 해결할 수 있다. 사건 A는 첫 번째 문 뒤에 새 차가 있는 사건을 나타낸다. 비슷하게 사건 B와 C는 각각 두 번째 및 세 번째 문 뒤에 차가 있는 사건을 뜻한다. 각 문 뒤에 차가 있을 가능성은 똑같기 때문에 사전확률은 $P(A) = P(B) = P(C) = 1/3$이다. 첫 번째 문을 선택하고 몬티가 세 번째 문을 여는 사건을 MC라고 나타낸다. 여기서 우리의 관심은 두 번째 문을 다시 선택하면 차를 획득할 확률이 증가하는지의 여부다(예: $P(B \mid \mathrm{MC}) > P(A \mid \mathrm{MC})$). $P(\mathrm{MC} \mid A) = 1/2$(몬티는 같은 확률로 두 번째와 세 번째 문 사이에서 선택), $P(\mathrm{MC} \mid B) = 1$(세 번째 문 뒤에 염소가 있을 때 몬티에게 세 번째 문을 여는 선택지밖에 없음), $P(\mathrm{MC} \mid C) = 0$(세 번째 문 뒤에 차가 있는 경우 몬티는 세 번째 문을 열 수 없음)이라는 것을 주목한 후 베이즈 규칙을 적용한다.

$$P(A \mid \mathrm{MC}) = \frac{P(\mathrm{MC} \mid A)P(A)}{P(\mathrm{MC} \mid A)P(A) + P(\mathrm{MC} \mid B)P(B) + P(\mathrm{MC} \mid C)P(C)}$$

$$= \frac{\frac{1}{2} \times \frac{1}{3}}{\frac{1}{2} \times \frac{1}{3} + 1 \times \frac{1}{3} + 0 \times \frac{1}{3}} = \frac{1}{3}$$

$$P(B \mid \mathrm{MC}) = \frac{P(\mathrm{MC} \mid B)P(B)}{P(\mathrm{MC} \mid A)P(A) + P(\mathrm{MC} \mid B)P(B) + P(\mathrm{MC} \mid C)P(C)}$$

$$= \frac{1 \times \frac{1}{3}}{\frac{1}{2} \times \frac{1}{3} + 1 \times \frac{1}{3} + 0 \times \frac{1}{3}} = \frac{2}{3}$$

따라서 문을 바꾸면 최초의 선택을 유지하는 것보다 두 배 더 큰 확률로 새 차를 획득할 수 있다.

6.2.4 성과 거주지를 이용한 인종 예측

6.2.4절에서는 사회과학에서 조건부 확률과 베이즈 규칙의 고급 응용 예들이 포함돼 있다. 만약 독자가 6.2.4절을 건너뛰더라도 책의 나머지 부분 자료를 이해하는 데 영향을 주지는 않는다.

알려진 특성에서 알려지지 않은 개인의 속성을 추론하는 것은 종종 흥미롭다. 성[surname] 및 거주지 위치를 사용해 개별 인종을 예측하는 문제를 살펴보겠다.[3] 예를 들어, 인종그룹 간의 투표율을 연구할 때 개별 인종의 정확한 예측이 유용하다.

---

3 6.2.4절은 다음의 논문에 바탕을 둔다. Kosuke Imai and Kabir Khanna (2016) "Improving ecological inference by predicting individual ethnicity from voter registration records." *Political Analysis*, vol. 24, no. 2 (Spring), pp. 263–272.

미국 인구조사국은 일반적인 성의 리스트를 그 빈도와 함께 공개하고 있다. 예를 들어, 가장 일반적인 성은 'Smith'로 2,376,206건이며 'Johnson'과 'Williams'는 각각 1,857,160건과 1,534,043건으로 뒤따랐다. 이는 적어도 100건 이상 발생한 총 150,000건 이상의 성을 포함하는 매우 포괄적인 데이터셋이다. 또한 인구총조사에서 비히스패닉 백인, 비히스패닉 흑인, 비히스패닉 아시안 및 태평양 군도인, 히스패닉, 비히스패닉 아메리카 원주민 및 알래스카 원주민, 두 종류 이상의 비히스패닉계 인종 등 6개 범주의 자가보고 인종 분류 기준을 사용해 각 성 내의 상대적인 빈도를 제공한다. 마지막 두 범주를 히스패닉이 아닌 다른 범주의 단일 범주로 결합시켜 총 5개의 범주를 갖는다. 집계된 정보는 P(인종 | 성)으로 표시되며 주어진 개인의 성으로 인종을 예측하게 한다.

P(인종), P(인종 | 성), P(인종 그리고 성)은 각각 주변확률, 조건부 확률, 결합확률을 나타내는 일반적인 방법의 예다. 예를 들어, P(인종)은 주변확률의 모음을 나타낸다. 즉 P(백인), P(흑인), P(아시안), P(히스패닉), P(기타)다. 마찬가지로 P(인종 | 성)은 예를 들어 P(흑인 | 스미스)처럼 인종 그룹 및 성이 주어지더라도 평가할 수 있다. 이 일반적인 표기의 편리함을 설명하고자 식 (6.14)의 전체 확률의 법칙을 인종과 성의 결합확률에 적용한다.

$$P(\text{성}) = \sum_{\text{인종}} P(\text{인종 그리고 성})$$

이처럼 모든 인종 범주(예: 백인, 흑인, 아시안, 히스패닉, 기타)의 총합이 계산된다. 식 (6.14)에서 사용된 표기에 따라 설명하면 A는 성, B_i는 인종 범주다. 이 등식은 관심의 어느 성에 대해서도 성립하며 총합은 5개의 인종 범주에 대해 계산된다.

이 인구총조사 이름 리스트는 CSV 데이터 파일 names.csv에 포함돼 있다. 표 6.3에는 이 데이터셋에 포함돼 있는 변수의 이름과 설명을 나열한다.[4]

---

[4] 인구조사국은 익명성을 보호하고자 특정 성에 대한 작은 인종 비율은 공개하지 않는다. 편의상, 결측값인 인종 범주에 동일하게 할당될 것으로 가정해 결측값을 대처한다. 즉 각 성에 대해 100%에서 누락된 값이 없는 모든 인종의 백분율 합계를 빼고 결측값이 있는 인종 간에 나머지 백분율을 균등하게 나눈다.

표 6.3 미국 인구조사국 성 리스트 데이터

변수	설명
surname	성
count	특정 성을 가진 사람 수
pctwhite	특정 성을 가진 사람 중 비히스패닉계 백인의 백분율
pctblack	특정 성을 가진 사람 중 비히스패닉계 흑인의 백분율
pctapi	특정 성을 가진 사람 중 비히스패닉계 아시아 · 태평양 군도계의 백분율
pcthispanic	특정 성을 가진 사람 중 히스패닉계의 백분율
pctothers	특정 성을 가진 사람 중 기타 인종 그룹의 백분율

```
cnames <- read.csv("names.csv")
dim(cnames)
```

```
## [1] 151671      7
```

이 데이터셋에 포함된 성의 총 수는 151,671개다. 이러한 성에 대해 데이터셋은 유권자의 성이 주어진 경우 특정 인종 그룹에 속할 확률을 제공한다(예: P(인종 | 성)). 이 조건부 확률을 사용해 개별 유권자의 인종을 분류하는 것으로 시작한다. 개별 인종에 대한 예측의 정확성을 검증하고자 앞서 분석한 플로리다 주 등록 유권자 10,000명을 샘플로 사용한다(표 6.1 참고). 플로리다를 포함한 일부 미국 남부 주에서는 유권자 등록 시 자신의 인종을 직접 보고해야 한다. 이는 플로리다 데이터를 이상적인 검증 데이터셋으로 만들어준다. 예측 방법의 정확성이 플로리다에서 실증적으로 검증된 경우에 해당 정보를 사용할 수 없는 다른 주에서 개별 인종을 예측하는 방법으로 사용할 수 있다.

유권자 파일과 인구총조사 이름 데이터 간의 이름을 매칭시키고자 match() 함수를 사용한다. 이 함수는 match(x, y) 구문을 사용해 벡터 x의 각 요소에 매칭하는 벡터 y의 인덱스 벡터를 반환한다. x의 요소에 대해 y에서 일치하는 항목이 없으면 이 함수는 NA를 반환한다. 다음은 match() 함수의 사용을 보여 주는 간단한 예다.

```
x <- c("blue", "red", "yellow")
y <- c("orange", "blue")
## x를 y에 매칭
match(x, y) # "blue"가 y의 두 번째 요소에 있음
```

```
## [1] 2 NA NA
## y를 x에 매칭
match(y, x) # "blue"가 x의 최초 요소에 있음
## [1] NA 1
```

개별 인종 그룹을 예측하는 문제로 돌아가서 인구조사 성 리스트에 없는 유권자를 제거한다. 이를 위해 x에 대응하는 요소가 y의 어떤 요소와도 일치하지 않으면 구문 match(x, y)는 NA를 반환한다는 사실을 활용한다.

```
FLVoters <- FLVoters[!is.na(match(FLVoters$surname, cnames$surname)), ]
dim(FLVoters)
## [1] 8022      7
```

구문 !is.na()는 'not NA'를 나타낸다. 여기서 !는 부정을 의미하므로 일치하는 요소만 유지된다. 그러므로 처리 결과의 남은 80%의 표본에 집중한다. 먼저 각 인종 범주에서 인종이 올바르게 분류된 유권자의 비율을 계산한다. 여기서는 인종의 조건부 확률 P(인종 | 성)이 최대가 되는 인종 범주와 자가신고한 인종이 일치할 때 인종이 올바르게 분류된 것으로 간주된다. 이는 진양성$^{true\ positives}$을 의미한다(표 4.3 참고).

예를 들어, 백인으로 올바르게 예측된 백인 유권자의 비율을 나타내는 각 인종 그룹의 진양성 비율$^{true\ positive\ rate}$을 계산한다. 이를 계산하려면 먼저 플로리다 유권자 파일에서 백인 유권자를 부분 선택한 다음 인구조사국 성 데이터에서 각 유권자의 성을 동일한 성으로 일치시킨다.

```
whites <- subset(FLVoters, subset = (race == "white"))
w.indx <- match(whites$surname, cnames$surname)
head(w.indx)
## [1]  8610    237  4131  2244 27852  3495
```

출력된 행 인덱스 w.indx는 whites라는 이름의 데이터프레임 내의 각 관측값을 cnames라는 이름의 데이터프레임 내의 동일한 성을 가진 행의 번호를 포함한다. 예를 들어, whites 데이터프레임의 두 번째 관측값에는 Lynch라는 성이 있다. 이 성은 cnames 데이터셋의

237번째 행에 나타난다. 따라서 w.indx의 두 번째 값은 237이다. 보다 구체적으로 플로리다의 백인 유권자에 속한 각 성에 대해서 apply(cnames[w.indx, vars], 1, max)를 사용해 벡터 vars의 5개 인종 범주의 예측확률을 비교하고 가장 높은 예측확률을 추출한다. 그런 다음 그 유권자의 가장 높은 예측확률이 백인이 될 예측확률과 동일한지를 확인한다. 이 두 숫자가 동일하면 분류가 올바른 것이다. 마지막으로 결과 이진 벡터의 평균을 계산해 올바른 분류 비율인 진양성 비율을 얻는다.

```
## 관련 변수들
vars <- c("pctwhite", "pctblack", "pctapi", "pcthispanic", "pctothers")
mean(apply(cnames[w.indx, vars], 1, max) == cnames$pctwhite[w.indx])

## [1] 0.950218
```

결과는 백인 유권자의 95%가 백인으로 정확하게 예측됐음을 보여 준다. 흑인, 히스패닉, 아시안 유권자에 대해 동일한 분석을 반복한다.

```
## 흑인
blacks <- subset(FLVoters, subset = (race == "black"))
b.indx <- match(blacks$surname, cnames$surname)
mean(apply(cnames[b.indx, vars], 1, max) == cnames$pctblack[b.indx])

## [1] 0.1604824

## 히스패닉
hispanics <- subset(FLVoters, subset = (race == "hispanic"))
h.indx <- match(hispanics$surname, cnames$surname)
mean(apply(cnames[h.indx, vars], 1, max) == cnames$pcthispanic[h.indx])

## [1] 0.8465298

## 아시안
asians <- subset(FLVoters, subset = (race == "asian"))
a.indx <- match(asians$surname, cnames$surname)
mean(apply(cnames[a.indx, vars], 1, max) == cnames$pctapi[a.indx])

## [1] 0.5642857
```

성만으로 히스패닉 유권자의 85%를 히스패닉으로 올바르게 분류할 수 있음을 알 수 있다. 대조적으로 아시안과 흑인 유권자의 분류는 훨씬 더 열악하다. 특히 아프리카계 미국인의 16%만이 흑인으로 올바르게 분류됐다. 백인의 높은 진양성률은 단순히 다른 인종 범주의 유권자 수보다 훨씬 많다는 사실에서 발생하는 것일 수 있다.

다음으로 위양성^{false positves}에 대해서 살펴보자. 아래에서는 각 인종 그룹의 위발견율^{FDR, False Discovery Rate}을 계산한다. 이는 예를 들어, 백인으로 분류된 사람들 중 백인이 아닌 유권자의 비율을 나타낸다. 위와 동일한 인덱싱 트릭을 사용해 백인으로 분류된 사람들 중에서 백인 유권자의 비율을 계산한다. 1에서 결과값을 빼면 백인의 위발견율이 생성된다.

```
indx <- match(FLVoters$surname, cnames$surname)
## 백인 위발견율
1 - mean(FLVoters$race[apply(cnames[indx, vars], 1, max) ==
                        cnames$pctwhite[indx]] == "white")

## [1] 0.1973603
```

표 6.4 플로리다 주의 선거구 레벨 인구조사 데이터

변수	설명
county	선거구에 속하는 카운티의 인구조사 ID
VTD	선거구의 인구조사 ID(카운티 내 고유값)
total.pop	선거구의 총 인구
white	선거구의 비히스패닉계 백인 비율
black	선거구의 비히스패닉계 흑인 비율
api	선거구의 비히스패닉계 아시안 및 태평양 군도계 비율
hispanic	선거구의 히스패닉계 비율
others	선거구의 기타 인종 그룹 비율

```
## 흑인 위발견율
1 - mean(FLVoters$race[apply(cnames[indx, vars], 1, max) ==
                        cnames$pctblack[indx]] == "black")

## [1] 0.3294574

## 히스패닉 위발견율
1 - mean(FLVoters$race[apply(cnames[indx, vars], 1, max) ==
                        cnames$pcthispanic[indx]] == "hispanic")

## [1] 0.2274755
```

```
## 아시안 위발견율
1 - mean(FLVoters$race[apply(cnames[indx, vars], 1, max) ==
                        cnames$pctapi[indx]] == "asian")
```

```
## [1] 0.3416667
```

결과에 따르면 위발견율은 아시안과 흑인 유권자에서 가장 높고, 백인과 히스패닉계에서
는 훨씬 낮다.

다음으로 유권자들의 거주지를 고려해 위의 예측을 개선하고자 한다. 미국에서는 인종에
따른 주거 구분 또는 차별이 존재하기 때문에 이 접근 방식은 도움이 될 것이다. 미국에
서는 유권자 파일에 그들의 주소가 포함된다. 이 정보를 사용하면 각 유권자가 거주하는
선거구를 포함하는 데이터셋을 제공할 수 있다. 또한 각 선거구의 인종 구성이 포함된 플
로리다 인구총조사 데이터를 활용한다. 이 인구조사 데이터셋 FLCensusVTD.csv에 있는 변
수의 이름과 설명은 표 6.4에 나와 있다.

거주지 정보가 어떻게 개별 인종에 대한 예측을 개선할 수 있는가? 인구조사 성 데이터
셋에는 조건부 확률 P(인종 | 성)에 대한 정보가 포함돼 있는 반면 플로리다 인구조사 데
이터셋에는 P(인종 | 거주지), 특정 선거구의 거주자 중 각 인종 범주의 비율, P(거주지),
특정 선거구에 거주하는 거주자의 비율과 같은 추가 정보를 제공한다. 이들을 결합하고
원하는 조건부 확률 P(인종 | 성 그리고 거주지)를 계산하고자 한다. 이것이 주변확률, 조
건부 확률, 결합확률을 나타내는 일반적인 방법임을 상기하라. 각 표현식은 특정 인종 그
룹, 성, 거주지 위치를 사용해 평가할 수 있다.

P(인종 | 성 그리고 거주지)를 계산하려면 베이즈 규칙이 필요하다. 지금까지 사건 B에
대해 조건부로 하는 사건 A에 대해서 베이즈 규칙을 사용했지만, 이제는 B와 다른 사건
C 양쪽 모두에 조건부로 하는 경우에 대해 베이즈 규칙을 사용해야 한다.

$$P(A \mid B, C) = \frac{P(B \mid A \text{ 그리고 } C)P(A \mid C)}{P(B \mid C)}$$

우변의 모든 확률은 다른 사건 C에 대해 조건부로 정의된다(식 6.21 참고). 이 규칙을 적용
하면 다음을 얻는다.

$$P(\text{인종} \mid \text{성 그리고 거주지}) = \frac{P(\text{성} \mid \text{인종 그리고 거주지})P(\text{인종} \mid \text{거주지})}{P(\text{성} \mid \text{거주지})} \quad (6.22)$$

이 식에서 $P(\text{인종} \mid \text{거주지})$는 플로리다 인구총조사 데이터에서 사용할 수 있지만, 다른 두 조건부 확률인 $P(\text{성} \mid \text{인종 그리고 거주지})$와 $P(\text{성} \mid \text{거주지})$는 인구총조사 성 데이터 셋이나 플로리다 인구총조사 데이터셋에 직접적으로 제공되지는 않는다.

이러한 어려움을 극복하고자 인종이 주어졌을 때 유권자의 성과 거주지가 서로 독립적이라는 추가적인 가정을 한다. 이 조건부 독립 가정은 일단 유권자의 인종을 알게 되면 거주지가 성에 대한 추가적인 정보를 제공하지 않음을 의미한다. 인종 범주 내에서 플로리다의 특정 성이 지리적으로 집중되지 않는 한 이는 합리적인 가정이다. 예를 들어, 히스패닉계 쿠바인이 고유한 이름을 갖고 특정 지역에 집중돼 있는 경우 가정을 위반한 것이다. 안타깝게도 우리 데이터는 이 가정이 적절한지를 알려 주지는 않는다. 식 (6.20)을 적용하면 다음과 같은 가정을 할 수 있다.

$$\begin{aligned} P(\text{성} \mid \text{인종 그리고 거주지}) &= \frac{P(\text{성 그리고 인종} \mid \text{거주지})}{P(\text{인종} \mid \text{거주지})} \\[2mm] &= \frac{P(\text{성} \mid \text{거주지})P(\text{인종} \mid \text{거주지})}{P(\text{인종} \mid \text{거주지})} \\[2mm] &= P(\text{성} \mid \text{인종}) \end{aligned} \quad (6.23)$$

첫 번째 등식은 조건부 확률의 정의를 따르는 반면 두 번째 등식은 식 (6.20)을 적용하기 때문이다.

이 가정은 식 (6.22)를 다음과 같이 변환시킨다.

$$P(\text{인종} \mid \text{성 그리고 거주지}) = \frac{P(\text{성} \mid \text{인종})P(\text{인종} \mid \text{거주지})}{P(\text{성} \mid \text{거주지})}$$

이 기본 버전의 등식은 최종적으로 사용되기 때문에 확실히 기억해 두자.

식 (6.14)에서 정의된 전체 확률의 법칙을 적용한 다음 식 (6.23)에서 주어진 가정을 사용하는 것으로, 식 (6.22)의 분모는 모든 인종 범주에 대해 합산되는 다음 식을 작성할 수 있다.

$$P(\text{성} \mid \text{거주지}) = \sum_{\text{인종}} P(\text{성} \mid \text{인종 그리고 거주지})P(\text{인종} \mid \text{거주지})$$

$$= \sum_{\text{인종}} P(\text{성} \mid \text{인종})P(\text{인종} \mid \text{거주지}) \qquad (6.24)$$

위의 식에서 인종 변수의 모든 범주(예: 흑인, 백인, 아시안, 히스패닉 등)의 합계를 나타내고자 $\sum_{\text{인종}}$를 사용한다.

인구총조사 성 리스트는 $P(\text{인종} \mid \text{성})$을 제공하지만 식 (6.22)에 기반한 개별 인종에 대한 예측에는 분자와 분모 모두에 포함된 $P(\text{성} \mid \text{인종})$의 계산이 필요하다(식 (6.24) 참고). 다행히 베이즈 규칙을 사용해 다음의 식을 얻을 수 있다.

$$P(\text{성} \mid \text{인종}) = \frac{P(\text{인종} \mid \text{성})P(\text{성})}{P(\text{인종})} \qquad (6.25)$$

식 (6.25)의 분자에 있는 두 항은 인구총조사 성 리스트를 사용해 계산할 수 있다. 전체 확률의 법칙을 사용해 플로리다 인구총조사 데이터에서 해당 데이터에 포함되지 않는 $P(\text{인종})$을 계산한다.

$$P(\text{인종}) = \sum_{\text{거주지}} P(\text{인종} \mid \text{거주지})P(\text{거주지}) \qquad (6.26)$$

이 식에서 $\sum_{\text{거주지}}$는 거주지 변수의 모든 값의 합계를 나타낸다(예: 데이터의 모든 선거구).

R에서 이 예측 방법론을 실행하려면 먼저 식 (6.26)을 사용해 $P(\text{인종})$을 계산한다. 이는 $P(\text{거주지})$와 비교하는 각 선거구의 인구를 가중치로 선거구 전체에 대한 각 인종 범주의 비율의 가중평균$^{\text{weighted average}}$을 계산하는 것으로 행할 수 있다. weighted.mean() 함수는 weights 인자가 가중치 벡터를 취하는 가중평균을 계산하는 데 사용할 수 있다.

```
FLCensus <- read.csv("FLCensusVTD.csv")
## weighted.mean()을 각 열에 적용한 비율을 계산
race.prop <-
    apply(FLCensus[, c("white", "black", "api", "hispanic", "others")],
          2, weighted.mean, weights = FLCensus$total.pop)
race.prop # 플로리다 주의 인종 비율

##      white      black        api   hispanic     others
## 0.60451586 0.13941679 0.02186662 0.21279972 0.02140101
```

이제 식 (6.25)과 인구총조사 성 리스트를 사용해 P(성 | 인종)을 계산할 수 있다.

```
total.count <- sum(cnames$count)
## P(성 | 인종) = P(인종 | 성) * P(성) / P(인종)
cnames$name.white <- (cnames$pctwhite / 100) *
    (cnames$count / total.count) / race.prop["white"]
cnames$name.black <- (cnames$pctblack / 100) *
    (cnames$count / total.count) / race.prop["black"]
cnames$name.hispanic <- (cnames$pcthispanic / 100) *
    (cnames$count / total.count) / race.prop["hispanic"]
cnames$name.asian <- (cnames$pctapi / 100) *
    (cnames$count / total.count) / race.prop["api"]
cnames$name.others <- (cnames$pctothers / 100) *
    (cnames$count / total.count) / race.prop["others"]
```

다음으로 식 (6.24)를 사용해 식 (6.22) P(성 | 거주지)의 분모를 계산한다. 이를 위해 county 혹은 VTD 변수들을 사용해 인구총조사 데이터를 유권자 파일에 병합한다. merge() 함수에서 두 데이터셋에서 일치하지 않는 행이 삭제되도록 all 인자를 FALSE로 설정한다 (4.2.5절 참고). 인구총조사 데이터에는 각 인종 범주에 대한 변수로 P(인종 | 거주지)가 포함돼 있으므로 병합된 데이터셋도 이를 포함하고 있을 것이다.

```
FLVoters <- merge(x = FLVoters, y = FLCensus, by = c("county", "VTD"),
                  all = FALSE)
## P(성 | 거주지) = 인종의 총합 P(성 | 인종) P(인종 | 거주지)
indx <- match(FLVoters$surname, cnames$surname)
FLVoters$name.residence <- cnames$name.white[indx] * FLVoters$white +
    cnames$name.black[indx] * FLVoters$black +
    cnames$name.hispanic[indx] * FLVoters$hispanic +
    cnames$name.asian[indx] * FLVoters$api +
    cnames$name.others[indx] * FLVoters$others
```

이제 기본 버전인 식 (6.22)에 포함돼 있는 모든 값을 계산한다(예: P(성 | 인종), P(인종 | 거주지), P(성 | 거주지)). 마지막으로 이들 값을 식에 대입하면 특정 개인의 성과 거주지가 주어졌을 때 그 개인은 특정 인종에 속할 것으로 예상되는 예측확률을 계산할 수 있다.

```
## P(인종 | 성, 거주지) = P(성 | 인종) * P(인종 | 거주지)/P(성 | 거주지)
FLVoters$pre.white <- cnames$name.white[indx] * FLVoters$white /
    FLVoters$name.residence
```

```
FLVoters$pre.black <- cnames$name.black[indx] * FLVoters$black /
    FLVoters$name.residence
FLVoters$pre.hispanic <- cnames$name.hispanic[indx] * FLVoters$hispanic /
    FLVoters$name.residence
FLVoters$pre.asian <- cnames$name.asian[indx] * FLVoters$api /
    FLVoters$name.residence
FLVoters$pre.others <- 1 - FLVoters$pre.white - FLVoters$pre.black -
    FLVoters$pre.hispanic - FLVoters$pre.asian
```

이 예측 방법의 정밀함을 평가하고 유권자의 거주지 정보가 어느 정도 예측을 개선하는 지를 평가해 보자. 이전과 동일한 프로그래밍상의 트릭을 사용해서 각 인종의 진양성을 조사하는 것으로 시작한다.

```
## 관련 변수들
vars1 <- c("pre.white", "pre.black", "pre.hispanic", "pre.asian",
           "pre.others")
## 백인
whites <- subset(FLVoters, subset = (race == "white"))
mean(apply(whites[, vars1], 1, max) == whites$pre.white)

## [1] 0.9371366

## 흑인
blacks <- subset(FLVoters, subset = (race == "black"))
mean(apply(blacks[, vars1], 1, max) == blacks$pre.black)

## [1] 0.6474954

## 히스패닉
hispanics <- subset(FLVoters, subset = (race == "hispanic"))
mean(apply(hispanics[, vars1], 1, max) == hispanics$pre.hispanic)

## [1] 0.85826

## 아시안
asians <- subset(FLVoters, subset = (race == "asian"))
mean(apply(asians[, vars1], 1, max) == asians$pre.asian)

## [1] 0.6071429
```

흑인의 진양성률은 16%에서 65%로 급증했다. 히스패닉 및 아시안 유권자에서도 약간의 개선이 이뤄졌다. 아프리카계 미국인은 미국 내에서 서로 가깝게 사는 경향이 있으므로 유권자의 거주지 위치는 유익한 정보라고 할 수 있다. 예를 들어, 인구총조사 데이터에 따르면 성이 'White'인 사람들 중 27%가 흑인이다. 그러나 일단 거주지를 고려하면 성이 'White'인 사람이 흑인이라는 예측확률은 1%에서 98%까지 그 값이 다양해진다. 이는 일부 유권자는 흑인일 가능성이 높고 다른 유권자는 흑인이 아닐 가능성이 높다고 예측한다는 것을 의미한다.

```
## 성이 "White"인 흑인의 비율
cnames$pctblack[cnames$surname == "WHITE"]

## [1] 27.38

## 거주지가 부여됐을 때 흑인일 예측확률
summary(FLVoters$pre.black[FLVoters$surname == "WHITE"])

##    Min.  1st Qu.   Median     Mean  3rd Qu.     Max.
## 0.005207 0.081150 0.176300 0.264000 0.320000 0.983700
```

마지막으로 각 인종의 위양성률을 계산한다.

```
## 백인
1 - mean(FLVoters$race[apply(FLVoters[, vars1], 1, max)==
                        FLVoters$pre.white] == "white")

## [1] 0.1187425

## 흑인
1 - mean(FLVoters$race[apply(FLVoters[, vars1], 1, max)==
                        FLVoters$pre.black] == "black")

## [1] 0.2346491

## 히스패닉
1 - mean(FLVoters$race[apply(FLVoters[, vars1], 1, max) ==
                        FLVoters$pre.hispanic] == "hispanic")

## [1] 0.2153709

## 아시안
1 - mean(FLVoters$race[apply(FLVoters[, vars1], 1, max) ==
                        FLVoters$pre.asian] == "asian")

## [1] 0.3461538
```

백인의 위양성률이 현저하게 감소하는 것을 발견할 수 있다. 이는 성을 사용해 백인으로 잘못 분류된 많은 흑인 유권자가 이제는 흑인으로 예측됐기 때문이다. 또한 흑인의 위양성률도 비슷한 수준으로 낮아졌다. 이 예는 조건부 확률과 베이즈 규칙의 강력한 활용법임을 보여 준다.

6.3 확률변수와 확률분포

지금까지 동전이 앞면으로 떨어지고, 쌍둥이가 둘 다 남자이며, 유권자가 아프리카계 미국인일 다양한 사건을 살펴봤다. 6.3절에서는 **확률변수**^{random variable} 및 **확률분포**^{probability distribution}의 개념을 도입해 이 사건의 수학적 분석의 범위를 더욱 넓히고자 한다.

6.3.1 확률변수

확률변수는 각각의 사건에 수를 할당한다. 예를 들어, 동전 던지기의 두 가지 결과는 이진 확률변수로 나타낼 수 있다. 여기서 1은 앞면 착지를 나타내고, 0은 뒷면 착지를 나타낸다. 또 다른 예로는 달러로 측정한 소득이다. 확률변수의 값은 상호배타적이며 총망라하는^{mutually exclusive and exhaustive} 사건을 나타내야 한다. 즉 다른 값은 같은 사건을 나타낼 수 없으며 모든 사건은 일부 값으로 표시돼야 한다. 예를 들어, 흑인 = 1, 백인 = 2, 히스패닉계 = 3, 아시안 = 4, 기타 = 5의 고유한 5개의 정수를 사용해 인종 그룹을 나타내는 확률변수를 고려해 보자. 이 정의에 의하면 자신을 흑인과 백인으로 인식하는 사람은 1과 2의 값을 동시에 취하는 것이 아니라 5의 값이 할당된다.

사용하는 값의 유형에 따라 두 종류의 확률변수가 있다. 첫 번째는 유한한(또는 최대로 셀 수 있는 무한값) 수의 고유값을 취하는 **이산확률변수**^{discrete random variable}다. 예를 들어, 인종 그룹 및 교육 연수와 같은 범주변수 또는 요인변수가 있다. 두 번째 유형은 실수직선의 구간 내에서 값을 취하는 **연속확률변수**^{continuous random variable}가 있다. 즉 변수는 불가산적으로 많은 값을 가정할 수 있다. 연속확률변수의 예로는 키, 몸무게, 국내총생산^{GDP}이 있다. 사건 대신에 확률변수를 사용하면 확률변수는 수치 값을 취하기 때문에 확률의 수학적 규칙을 전개하기 쉽다. 확률변수를 정의하면 확률변수의 분포를 사용해 **확률모델**^{probability model}을 공식화할 수 있다.

> **확률변수**는 각 사건에 수치 값을 할당한다. 이 값은 상호배타적이며 총망라하는 사건을 나타내며, 이 값 전체 표본공간을 형성한다. **이산확률변수**는 유한한 수의 고유값을 취하는 한편 **연속확률변수**는 불가산적으로 무한한 값을 취하는 것을 가정한다.

6.3.2 베르누이 분포와 균등분포

먼저 이산확률변수^{discrete random variable}의 가장 단순한 예인 동전 던지기를 생각해 보자. 이 시행은 이진확률변수^{binary random variable} X를 정의한다. 확률변수는 동전이 앞면을 향하면 1과 같고, 뒷면이면 0이 된다. 일반적으로 2개의 고유한 값을 취하는 확률변수를 베르누이 확률변수^{Bernoulli random variable}라고 한다. 이 설정은 2개의 서로 다른 사건이 있는 모든 실험에 적용된다. 예를 들면, {투표, 기권}, {당선, 낙선}, {정분류, 오분류} 등이 있다. 따라서 유권자가 밝혀졌는지($X = 1$) 아닌지($X = 0$)는 베르누이 확률변수로 나타낼 수 있다. 일반적으로 사건 $X = 1$을 성공으로 간주하고 $X = 0$을 실패로 간주한다. p를 사용해 성공 확률을 나타낸다.

이산확률변수의 분포는 **확률질량함수**^{PMF, Probability Mass Function}로 특징화될 수 있다. 확률변수 X의 PMF $f(x)$는 확률변수가 특정값 x를 취할 확률로 정의된다(예: $f(x) = P(X = x)$). 이는 특정하게 선택된 값의 입력 x가 주어졌을 때 PMF $f(x)$는 확률변수 X가 x의 값을 취할 확률을 출력으로 반환한다. 베르누이 확률변수의 경우 PMF는 $x = 1$일 때 값을 취하고 $x = 0$일 때 $1 - p$를 취한다. 이 함수는 x의 다른 모든 값에서 0이다.

확률분포와 관련된 또 다른 중요한 함수는 **누적분포함수**^{CDF, Cumulative Distribution Function}다. CDF $F(x)$는 확률변수 X가 특정값 x와 같거나 작은 값을 가질 누적확률을 나타낸다(예: $F(x) = P(X \leq x)$). 따라서 이 CDF는 x까지의 모든 값에서 평가된 PMF $f(x)$의 합을 나타낸다. 이산확률변수의 PMF $f(x)$와 CDF $F(x)$의 관계는 다음과 같이 표시된다.

$$F(x) = P(X \leq x) = \sum_{k \leq x} f(k)$$

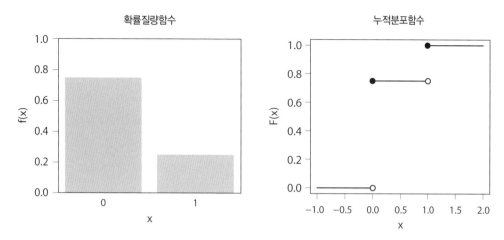

그림 6.5 베르누이 확률변수의 확률질량함수와 누적분포함수. 성공 확률은 0.25다. 열린 원과 닫힌 원은 각각 해당 값의 포함과 제외를 나타낸다.

여기서 k는 확률변수 X가 x이하의 모든 값을 나타낸다. 즉 CDF는 PMF의 합계와 같다. CDF는 연속적이든 이산적이든 확률변수에 대해서 0에서 1까지 값을 취한다. x가 증가할수록 더 많은 확률이 추가되기 때문에 CDF는 비감소 함수다.

베르누이 확률변수의 CDF $F(x)$는 간단하다. 이는 확률변수가 해당 값을 가정하지 않기 때문에 x의 모든 음수값에 대해 0이다. CDF는 $x = 0$일 때 $1 - p$의 값을 취하며 이는 X가 0과 같을 확률이다. 이 함수는 $0 \leq x < 1$일 때 $1 - p$에서 평평하게 유지된다. 왜냐하면 $0 < x < 1$의 어떠한 값도 나타나지 않기 때문이다. $x = 1$일 때 CDF는 1과 동일하다. 왜냐하면 확률변수는 0에서 1을 취하기 때문이다. $x \geq 1$일 때는 이 값을 유지한다. 왜냐하면 x는 1보다 큰 값을 취하지 않기 때문이다. 그림 6.5는 $p = 0.25$일 때 베르누이 확률변수의 PMF 및 CDF를 그림으로 시각화한다. 열린 원과 닫힌 원은 각각 해당하는 점들의 포함과 제외를 나타낸다.

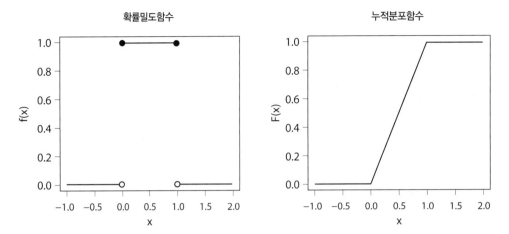

그림 6.6 균등확률변수의 확률밀도함수와 누적분포함수. 간격은 [0, 1]로 설정했다. 열린 원과 닫힌 원은 각각 해당 값의 포함과 제외를 나타낸다.

성공 확률이 p인 **베르누이 확률변수**의 **확률질량함수**는 다음과 같이 정의된다.

$$f(x) = \begin{cases} p & x = 1 \text{의 경우,} \\ 1 - p & x = 0 \text{의 경우} \\ 0 & \text{그 외의 경우} \end{cases}$$

여기서 $f(1)$과 $f(0)$이 각각 성공 확률, 실패확률을 나타낼 때 **누적분포함수**는 다음과 같이 정의된다.

$$F(x) = \begin{cases} 0 & x < 0 \text{의 경우,} \\ 1 - p & 0 \leq x < 1 \text{의 경우,} \\ 1 & x \geq 1 \text{의 경우} \end{cases}$$

여기서 연속확률변수의 간단한 예로 균등확률변수^{uniform random variable}를 논의해 보자. 균등확률변수는 동일한 가능성으로 주어진 구간 $[a, b]$ 내의 모든 값을 취한다. PMF는 연속확률변수로 정의되지 않는다. 왜냐하면 이 변수는 불가산 무한대의 값을 취하는 것으로 가정하기 때문이다. 대신에 확률밀도함수^{PDF, Probability Density Function} $f(x)$(또는 간단히 밀도함수)를 사

용해 연속확률변수 X가 특정값 x를 가질 가능성을 정량화한다. 히스토그램에서 빈의 높이를 측정하는 데 사용되는 밀도 개념을 이미 살펴봤다(3.3.2절 참고). PDF의 값은 음수가 아니고 1보다 클 수 있다. 더욱이 히스토그램의 밀도와 마찬가지로 PDF 아래 영역의 합은 1이어야 한다.

구간 내 각각의 값이 동일하게 실현될 가능성이 높기 때문에 균등분포의 PDF는 $1/(b - a)$로 정의되는 평평한 수평선이다. 다시 말해 PDF는 x에 의존하지 않고 항상 구간 내 $1/(b - a)$과 같다. 높이는 필요에 따라서 선보다 아래의 영역이 1이 되도록 결정된다. 그림 6.6의 왼쪽 그림은 구간이 [0, 1]로 설정된 균등분포의 PDF를 시각적으로 표시한다.

연속확률변수의 누적분포함수^{CDF}를 정의하는 것도 가능하다. CDF의 정의는 이산확률변수의 경우와 동일하다. 즉 CDF $F(x)$는 확률변수 X가 특정값 x 아래의 값을 취할 확률, $P(X \le x)$를 표시한다. 시각적으로 CDF는 (음의 무한대에서) 특정값 x까지의 확률밀도함수의 곡선 아래에 생기는 영역에 대응한다. 수학적으로 이 개념은 합산 대신에 적분을 사용해 표현할 수 있다.

$$F(x) = P(X \le x) = \int_{-\infty}^{x} f(t)\, dt$$

확률밀도 곡선 아래의 전체 영역의 합이 1이어야 하므로 $x = \infty$일 때 $F(x) = 1$이 된다. 균등분포의 CDF는 그림 6.6의 오른쪽 그림에 나와 있다. 이 경우 아래 영역이 일정한 비율로 증가하기 때문에 CDF는 그림의 오른쪽 그림에 표시된 것처럼 직선이다.

주어진 구간이 $[a, b]$인 **균등확률변수**^{uniform random variable}의 **확률밀도함수**^{PDF}는 다음과 같이 주어진다.

$$f(x) = \begin{cases} \frac{1}{b-a} & a \leq x \leq b \text{의 경우,} \\ 0 & \text{그 외의 경우} \end{cases}$$

누적분포함수^{CDF}는 다음과 같이 주어진다.

$$F(x) = \begin{cases} 0 & x < a \text{의 경우,} \\ \frac{x-a}{b-a} & a \leq x < b \text{의 경우,} \\ 1 & x \geq b \text{의 경우} \end{cases}$$

R에서는 균등분포의 PDF 및 CDF를 쉽게 계산할 수 있다. PDF $f(x)$의 경우 dunif() 함수를 사용한다. 주요한 인자는 함수가 평가되는 값 x이고 min 및 max 인자를 사용해 간격이 지정되는 dunif() 함수를 사용한다. punif() 함수를 사용해 유사한 방법으로 CDF를 계산할 수 있다. dunif()의 d는 밀도^{density}를 나타내는 한편 punif()의 p는 확률^{probability}을 나타낸다.

```
## 균등분포 PDF: x=0.5, 구간 = [0, 1]
dunif(0.5, min = 0, max = 1)
## [1] 1
## 균등분포 CDF: x=1, 구간 = [-2, 2]
punif(1, min = -2, max = 2)
## [1] 0.75
```

여기서 도입한 두 분포에는 유용한 편리한 연결을 공유한다. 베르누이 확률변수를 생성하는 데 균등확률변수를 사용하는 것이 가능하다. 이를 위해 단위 구간이 $[0, 1]$인 균등분포에서 CDF가 45도 선으로 제공된다(예: $F(x) = x$). 따라서 이 균등확률변수 X가 x보다 작거나 같은 값을 가질 확률은 $0 \leq x \leq 1$일 때 x와 같다. 그러므로 성공 확률 p의 베르누이 확률변수 Y를 생성하려면 먼저 균등확률변수 X의 표본을 추출한 다음 Y가 확률 p

로 1의 값을 취하는 것처럼 X가 p보다 작을 때 $Y = 1$로 설정한다(이와 비슷하게, $X \geq p$이면 $Y = 0$으로 설정). R에서 이 몬테카를로 시뮬레이션^{Monte Carlo simulation}을 수행하려면 runif() 함수를 사용해 min 및 max 인자를 각각 0과 1로 설정해 균등확률변수를 생성한다.

```
sims <- 1000
p <- 0.5 # 성공확률
x <- runif(sims, min = 0, max = 1) # 균등분포 [0, 1]
head(x)

## [1] 0.292614295 0.619951024 0.004618747 0.162426728
## [5] 0.001157040 0.655518809

y <- as.integer(x <= p) # 베르누이 분포; TRUE/FALSE를 1/0으로 바꿈
head(y)

## [1] 1 0 1 1 1 0

mean(y) # p의 성공확률, 1과 0의 개수의 비율에 가까움

## [1] 0.521
```

6.3.3 이항분포

이항분포^{binomial distribution}는 베르누이 분포의 일반화다. 1회의 동전 던지기가 아니라 동일한 동전을 독립적으로 여러 번 던지는 실험을 고려한다. 즉 이항확률변수는 독립된 동전 던지기의 여러 시도에서 동전이 앞면으로 떨어지는 횟수를 나타낼 수 있다.

보다 일반적으로 이항확률변수 X는 성공 확률이 p인 총 n개의 독립적이고 동일한 시행에서 성공 횟수를 기록한다. 즉 이항확률변수는 n개의 독립(적)이며 같은 분포를 따르는^{i.i.d.,} ^{independently and identically distributed} 베르누이 확률변수의 합이다. 베르누이 확률변수는 성공 확률이 p인 1 또는 0과 같다는 것을 상기하라. 그러므로 X는 0에서 n까지의 정수값을 가질 수 있다. 이항분포는 이산적이기 때문에 PMF는 특정값 x를 취하는 확률로 해석될 수 있다. CDF는 이항확률변수가 n번의 시행에서 성공한 횟수가 x회 이하일 누적확률을 나타낸다. 이항확률변수의 PMF 및 CDF는 조합(식 (6.10) 참고)을 포함하는 다음의 공식으로 주어진다. PMF의 합으로 표시되는 CDF의 간단한 식은 존재하지 않는다.

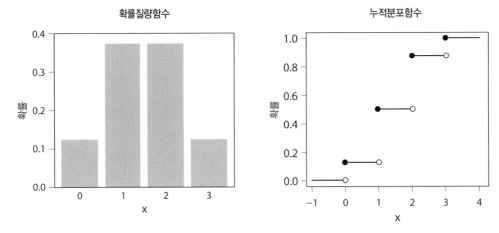

그림 6.7 이항확률변수의 확률질량함수와 누적분포함수. 성공 확률은 0.50이고, 전체 시도 횟수는 30이다. 열린 원과 닫힌 원은 각각 해당 값의 포함과 제외를 나타낸다.
(출처: Paul Gaborit의 예제를 각색, http://texample.net)

성공 확률이 p인 시행을 n회 실행할 때의 **이항확률변수**^{binomial random variable}의 확률질량함수^{PMF}는 다음과 같이 정의된다.

$$f(x) = P(X = x) = \binom{n}{x} p^x (1-p)^{n-x} \tag{6.27}$$

누적분포함수^{CDF}는 다음과 같이 쓰일 수 있다.

$$F(x) = P(X \le x) = \sum_{k=0}^{x} \binom{n}{k} p^k (1-p)^{n-k}$$

여기서 $x = 0, 1, \ldots, n$이다.

그림 6.7은 $p = 0.5$ 및 $n = 3$일 때 PMF와 CDF를 보여 준다. 예를 들어, 세 번의 시행에서 두 번 성공하는 확률을 계산할 수 있으며 이는 왼쪽의 그림에서 세 번째 막대의 높이와 같다.

$$f(2) = P(X = 2) = \binom{3}{2} \times 0.5^2 \times (1 - 0.5)^{3-2} = \frac{3!}{(3-2)!2!} \times 0.5^3 = 0.375$$

이항분포의 PMF를 계산하는 것은 간단하다. dbinom() 함수는 주요한 인자로써 성공 횟수를 취하고 size 및 prob 인자가 각각 시행의 횟수와 성공 확률을 지정한다.

```
## x = 2, n = 3, p = 0.5일 때의 PMF
dbinom(2, size = 3, prob = 0.5)

## [1] 0.375
```

오른쪽 그림에 표시된 CDF는 함수가 평평하고 음이 아닌 각 정수값에서 점프하는 계단함수^{step function}다. 각 점프의 크기는 해당 정수값에서 PMF의 높이와 같다. CDF를 사용해 세 번의 시행 중에서 최대 한 번만 성공할 누적확률을 계산할 수 있다.

$$F(1) = P(X \leq 1) = P(X = 0) + P(X = 1) = f(0) + f(1) = 0.125 + 0.375 = 0.5$$

pbinom() 함수를 사용해 R에서 이항분포의 CDF를 계산할 수 있다.

```
## x = 1, n = 3, p = 0.5일 때의 CDF
pbinom(1, size = 3, prob = 0.5)

## [1] 0.5
```

직관적인 설명에 의하면 이항분포의 PMF가 식 (6.27)처럼 되는 이유를 알 수 있다. 동전을 n번 던질 때 n개 결과의 각 고유한 순서는 똑같이 가능하다. 예를 들어, $n = 5$인 경우 최후의 2번만 뒷면이 나올 사건 {$HHHTT$}는 앞면과 뒷면이 번갈아 나오는 사건 {$HTHTHT$}와 동일하게 발생한다. 여기서 H와 T는 각각 앞면과 뒷면이 나온 것을 표시할 때 사용된다. 하지만 이항분포는 앞면 횟수만 중요하다. 결과적으로 이 두 사건은 동일한 결과를 나타낸다. 조합을 사용해 n번의 시도에서 x번 성공할 수 있는 경우의 수를 계산하며 이는 $_nC_x = \binom{n}{x}$과 같다. 이를 x번 성공하는 확률인 p^x(각 시행은 독립이기 때문)와 $n - x$번 실패하는 확률인 $(1 - p)^{n-x}$(이 역시 독립성 때문에)를 곱해 준다.

이항분포의 응용 예로 한 사람의 투표가 선거에서 결정적으로 중요할 확률을 생각해 보자. 당신이 투표하기 이전에 선거가 동률이면 당신의 투표는 매우 중요하다. 대규모의 모집단에서 정확히 50%의 유권자가 현직 후보를 지지하고, 나머지 절반은 도전자를 지지한다고 가정해 보자. 또한 유권자가 투표하는지 기권하는지는 그 유권자의 투표처의 선택과 무관하다고 가정한다. 이 시나리오에서 선거가 정확히 동률로 끝날 확률은 얼마인가? 유권자가 1,000명, 10,000명, 100,000명일 때 이 확률을 계산한다. 이 확률을 계산하고자 성공 확률을 50%로 설정하고 투표한 유권자의 총수로 사이즈를 설정하면 이항분포 PMF의 값을 구하는 것이 가능하다. 그런 다음 투표한 모든 유권자의 정확히 절반에서의 PMF의 값을 평가한다. 유권자의 모집단이 균등하게 나뉘어 있어도 같은 득표수의 확률은 매우 낮다는 것을 알 수 있다.

```
## 투표한 유권자 수
voters <- c(1000, 10000, 100000)
dbinom(voters / 2, size = voters, prob = 0.5)
## [1] 0.025225018 0.007978646 0.002523126
```

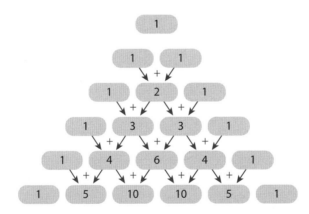

그림 6.8 파스칼의 삼각형. 이항계수는 파스칼의 삼각형으로 표현될 수 있다. n번째 행의 x번째 요소는 이항계수 $\binom{n-1}{x-1}$에 반환된다. (출처: Paul Gaborit의 예제를 각색, http://texample.net)

'이항분포'라는 이름은 어디에서 온 것인가? 이 분포의 이름은 다음의 이항정리[binomial theorem]를 기반으로 한다.

362

> **이항정리**는 이항식의 누승, 즉 $(a + b)^n$ 전개할 때 각 항의 계수를 어떻게 계산하는지 보여 준다. 이는 $(a + b)^n$ 전개할 때 $a^x b^{n-x}$의 각 항의 계수는 $\binom{n}{x}$과 동일하다.

예를 들어, 이항정리에 따르면 $n = 4$일 때 $(a + b)^4$를 전개할 경우 $a^2 b^2$항의 계수는 $\binom{4}{2} = 6$과 동일하다. 이 결과는 전개 전체를 작성해 확인할 수 있다.

$$(a + b)^4 = a^4 + 4a^3 b + 6a^2 b^2 + 4ab^3 + b^4 \tag{6.28}$$

이 이항계수는 그림 6.8과 같이 파스칼의 삼각형으로 구성할 수 있다. 예를 들어, 식 (6.28)에서 $(a + b)^4$의 전개로 인한 항들의 계수는 파스칼 삼각형의 다섯 번째 행에 표시된다. 보다 일반적으로 파스칼의 삼각형에서 n번째 행의 x번째 요소는 이항계수 $\binom{n-1}{x-1}$를 나타낸다. 또한 그림에서 볼 수 있듯이 각 요소는 바로 위에 있는 두 요소의 합과 동일하기 때문에 이항계수를 간단하게 순차적으로 계산할 수 있다. 이것이 말이 되는 것은 예를 들어, $(a + b)^4$는 $(a + b)^3$ 및 $(a + b)$의 곱으로 쓸 수 있기 때문이다.

$$(a + b)^4 = (a^3 + 3a^2 b + 3ab^2 + b^3)(a + b)$$

이 예에서 $a^2 b^2$의 계수는 두 적^{product}의 합과 같다(예: $3a^2 b \times b$ 및 $3ab^2 \times a$). 그러므로 이는 $6 = 3 + 3$과 같다. 일반적으로 n번의 시행 중 x개의 성공 조합을 얻으려면 두 가지 시나리오(성공으로 끝나는 마지막 시행 또는 실패로 끝나는 마지막 시행)를 고려하고 각 시나리오에서 총조합의 수를 추가한다.

$$\binom{n-1}{x} + \binom{n-1}{x-1} = \frac{(n-1)!}{x!(n-x-1)!} + \frac{(n-1)!}{(x-1)!(n-x)!}$$

$$= (n-1)! \times \frac{(n-x)+x}{x!(n-x)!} = \binom{n}{x}$$

첫 번째(두 번째) 항은 $(n - 1)$번의 시행 중에서 $x(x - 1)$번의 성공이 있고, 마지막 시도가 실패(성공)로 끝나는 시나리오에 해당한다.

6.3.4 정규분포

또 하나의 중요한 예로 연속확률변수의 **정규분포**^{normal distribution}를 소개한다. 이 분포는 독일의 수학자 카를 프리드리히 가우스^{Carl Friedrich Gauss}의 이름을 딴 가우시안 분포^{Gaussian distribution}라고도 한다. 그 이름에서도 알 수 있듯이 정규분포는 특별하다. 왜냐하면 6.4.2절에서도 살펴보겠지만 동일한 분포에 유래하는 많은 확률변수의 합계는 원 분포가 정규분포가 아닌 경우에도 정규분포를 따르는 경향이 있기 때문이다.

정규확률변수는 실제 선 (−∞, ∞)상의 어떠한 값을 취할 수 있다. 정규분포는 2개의 파라미터, 평균 μ와 표준편차 σ를 가진다. X가 정규확률변수일 때 $X \sim \mathcal{N}(\mu, \sigma^2)$를 쓸 수 있다. 여기서 σ^2는 분산(표준편차의 제곱)이다. 정규분포의 PDF 및 CDF는 다음의 공식으로 제공된다.

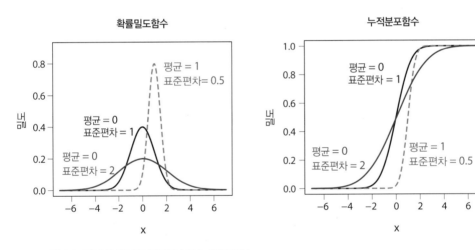

그림 6.9 정규분포의 확률밀도함수와 누적분포함수

정규확률변수^{normal random variable}의 확률밀도함수^{PDF}는 실제 선상의 임의의 x에 대해서

$$f(x) = \frac{1}{\sqrt{2\pi}\sigma} \exp\left\{-\frac{1}{2\sigma^2}(x-\mu)^2\right\}$$

로 주어진다. 누적확률분포^{CDF}는 분석적으로 다루기 쉬운 형식은 없으며 아래와 같이 주어진다.

$$F(x) = P(X \le x) = \int_{-\infty}^{x} f(t)\,dt = \int_{-\infty}^{x} \frac{1}{\sqrt{2\pi}\sigma} \exp\left\{-\frac{1}{2\sigma^2}(t-\mu)^2\right\} dt$$

$$(6.29)$$

여기서 $X \sim \mathcal{N}(\mu, \sigma^2)$이며, $\exp(\cdot)$는 지수함수(3.4.1절 참고)다. CDF는 음의 무한대에서 x까지의 PDF 아래의 영역을 표시한다.

그림 6.9는 세 가지 다른 조합의 평균과 표준편차를 갖는 정규분포의 PDF(왼쪽 그림)와 CDF(오른쪽 그림)를 표시한다. 정규분포의 PDF는 종 모양이고, 평균을 중심으로 하며 표준편차는 분포의 퍼짐을 조정한다. 평균이 0이고 표준편차가 1일 때 표준정규분포^{standard normal distribution}가 된다. PDF는 평균을 중심으로 대칭이다. 평균이 다르면 그 모양은 변하지 않고 PDF와 CDF의 위치가 변한다. 대조적으로 표준편차가 커질수록 변동성이 커져 더 평평한 PDF가 생성되고 CDF는 점차 더 증가한다.

정규분포는 2개의 중요한 속성을 가진다. 첫째, 정규확률변수에 정수를 추가(또는 빼기)하면 평균이 적절하게 이동된 정규확률변수가 생성된다. 둘째, 정규확률변수를 상수로 곱하거나 나누면 적절하게 척도화된 평균과 표준편차를 가진 또 다른 정규확률변수가 생성된다. 따라서 정규확률변수의 z 점수는 표준정규분포를 따른다. 아래에 이러한 속성을 명시한다.

X는 평균 μ와 표준편차 σ를 갖는 확률변수다(예: $X \sim \mathcal{N}(0, 1)$). c는 임의의 상수라고 하자. 그럼 다음과 같은 속성이 성립된다.

1. $Z = X + c$로 정의된 확률변수도 $Z \sim \mathcal{N}(\mu + c, \sigma^2)$인 정규분포를 따른다.
2. $Z = c\,X$로 정의된 확률변수도 $Z \sim \mathcal{N}(c\mu, (c\sigma)^2)$인 정규분포를 따른다.

이러한 속성은 정규확률변수의 z-**점수**가 평균이 0이고, 분산이 1인 표준정규분포를 따른다는 것을 의미한다.

$$z\text{-점수} = \frac{X - \mu}{\sigma} \sim \mathcal{N}(0, 1)$$

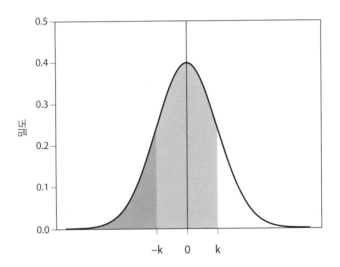

그림 6.10 정규분포의 확률밀도함수 곡선의 아래 면적. 파란색 부분의 면적은 k와 $-k$까지의 값인 누적분포함수(CDF)의 차로 계산 가능하다. 즉 회색과 파란색 부분의 면적을 합친 것에서 회색 부분을 뺀 것이다.

또한 만약 데이터가 정규분포를 따르는 분포인 경우에는 약 2/3가 평균에서 1 표준편차 내에 있고 약 95%가 평균에서 2 표준편차 내에 있음을 유의하는 것이 중요하다. 양의 상수 $k > 0$에 대해 평균 μ와 표준편차 σ를 갖는 정규확률변수는 평균에서 k 표준편차 내에 있는 확률을 계산해 보자. 계산을 단순화하고자 표준정규분포를 갖는 z 점수를 고려해 보자.

$$P(\mu - k\sigma \leq X \leq \mu + k\sigma) = P(-k\sigma \leq X - \mu \leq k\sigma)$$

$$= P\left(-k \leq \frac{X - \mu}{\sigma} \leq k\right)$$

$$= P(-k \leq Z \leq k)$$

여기서 Z는 표준정규확률변수다. 첫 번째 등식은 각 항에서 μ를 빼기 때문에 유지되는 반면 두 번째 등식은 각 항을 양의 상수 σ로 나누기 때문에 유지된다.

따라서 원하는 확률은 표준정규확률변수가 $-k$와 k 사이에 있을 확률과 같다. 그림 6.10 에서 볼 수 있듯이 이 확률은 k와 $-k$에서 평가된 CDF의 차이로 쓸 수 있다.

$$P(-k \leq Z \leq k) = P(Z \leq k) - P(Z \leq -k) = F(k) - F(-k)$$

여기서 $F(k)$는 그림에서 파란색과 회색 부분의 합을 나타내는 반면 $F(-k)$는 회색 부분 과 같다. 이러한 결과는 입력 값에서 CDF를 평가하는 pnorm() 함수를 사용해 R에서 확 인할 수 있다. 이 함수는 평균(mean)과 표준편차(sd)를 2개의 중요한 인자로 사용한다. 기 본값은 mean = 0 및 sd = 1인 표준정규분포다.

```
## 평균에서 플러스 마이너스 1 표준편차
pnorm(1) - pnorm(-1)

## [1] 0.6826895

## 평균에서 플러스 마이너스 2 표준편차
pnorm(2) - pnorm(-2)

## [1] 0.9544997
```

결과는 표준정규분포에서 약 2/3가 평균에서 1 표준편차 내에 있고 약 95%가 평균에서 2 표준편차 내에 있음을 나타낸다. 변수를 표준정규확률변수로 변환하지 않고 평균과 표 준편차를 직접 지정할 수도 있다. 원 분포의 평균이 5이고 표준편차가 2라고 가정한다(예: $\mu = 5, \sigma = 2$). 위와 같은 확률들을 다음과 같이 계산할 수 있다.

```
mu <- 5
sigma <- 2
## 평균에서 플러스 마이너스 1 표준편차
pnorm(mu + sigma, mean = mu, sd = sigma) - pnorm(mu - sigma, mean = mu, sd = sigma)

## [1] 0.6826895

## 평균에서 플러스 마이너스 2 표준편차
pnorm(mu + 2*sigma, mean = mu, sd = sigma) - pnorm(mu - 2*sigma, mean = mu, sd = sigma)

## [1] 0.9544997
```

정규분포의 응용 예로 4.2.4절에서 논의된 평균으로의 회귀 현상을 고찰해 보자. 4.2.4절에서는 오바마가 2008년에 큰 득표율을 얻은 주에서는 2012년에 더 적은 표를 받을 가능성이 있음을 보여 주는 미국 대통령 선거의 증거를 제시했다(4.2.5절 참고). 그때 회귀모형은 2008년 주별 득표율을 사용해 2012년의 같은 주의 득표율을 예측했던 것을 상기하라. 4.2.5절에서 생성된 회귀 객체 fit1을 사용한다.

```
## 앞 절 참고
## "Obama2012.z"는 오바마의 2012년 표준화 득표율
## "Obama2008.z"는 오바마의 2008년 표준화 득표율
fit1

##
## Call:
## lm(formula = Obama2012.z ~ -1 + Obama2008.z, data = pres)
##
## Coefficients:
## Obama2008.z
## 0.9834
```

잔차의 분포를 조사하고 이를 정규분포와 비교한다(잔차는 4.2.3절 참고). 먼저 히스토그램을 표시하고 dnorm() 함수를 사용해 정규분포의 PDF를 중첩시켜 표시한다. 그런 다음 분위수-분위수 플롯$^{Q-Q\ plot}$을 사용해 잔차의 분포를 정규분포와 직접 비교한다. qqnorm() 함수는 평균이 0이고 표준편차가 1인 표준정규분포$^{standard\ normal\ distribution}$를 사용해 Q-Q 플롯을 생성한다. 표준정규분포와 잔차의 분포를 비교할 수 있게 하고자 scale() 함수를 사용해 잔차의 z 점수 또는 평균이 0이고 표준편차가 1인 표준화잔차$^{standardized\ residuals}$를 계산한다(3.7.3절 참고). 잔차의 평균은 항상 0이기 때문에(4.2.3절 참고) 표준화잔차를 얻으려면 표준편차로 나누면 된다.

```
e <- resid(fit1)
## 잔차의 z점수
e.zscore <- scale(e)
## 다른 방법으로, 잔차를 그 표준편차로 나눌 수 있다.
e.zscore <- e / sd(e)
hist(e.zscore, freq = FALSE, ylim = c(0, 0.4),
     xlab = "표준화잔차",
     main = "표준화잔차의 분포")
x <- seq(from = -3, to = 3, by = 0.01)
lines(x, dnorm(x)) # 정규분포를 중첩
qqnorm(e.zscore, xlim = c(-3, 3), ylim = c(-3, 3)) # Q-Q 플롯
abline(0, 1) # 45도 선
```

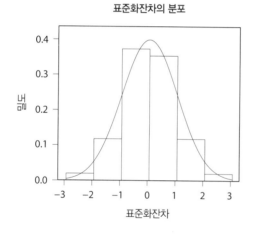

표준화잔차의 분포

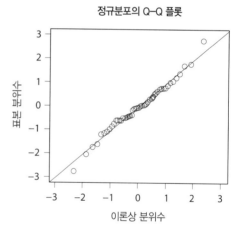

정규분포의 Q-Q 플롯

히스토그램과 Q-Q 플롯은 표준화된 잔차의 분포가 표준정규분포에 매우 가깝다는 것을 보여 준다. 다음으로 확률모델을 고려해 보자.

2012년 오바마의 표준화 득표율

$$= 0.983 \times 2008년\ 오바마의\ 표준화\ 득표율 + \epsilon \qquad (6.30)$$

여기서 0.983은 추정 기울기 계수이고 오차항 ϵ은 각각 평균 및 표준편차가 0 및 0.18인 정규분포를 따른다. 표준편차의 값은 다음과 같이 구한다.

```
e.sd <- sd(e)
e.sd
```

```
## [1] 0.1812239
```

따라서 이 확률모델은 이전 선거의 득표율 아래 오바마의 2012년 득표율의 잠재적인 데이터 생성 프로세스를 표시한다. 결과변수와 예측변수 모두가 표준화됐기 때문에 절편은 정확히 0으로 추정되므로 coef(fit1) 객체에 포함되지 않는다(회귀선은 항상 결과변수와 예측변수의 평균을 통과함을 상기하라).

먼저 2008년에 오바마가 61%의 득표율 또는 0.87의 표준화된 득표율을 얻은 캘리포니아 주를 분석한다. 위 모델에 따르면 오바마가 2012년 캘리포니아 투표에서 더 많은 득표율을 차지할 확률은 얼마인가? pnorm() 함수를 사용해 식 (6.30)의 확률모델에서 2012년 오바마의 득표에 대해 도출된 정규분포하에서 2008년의 득표율에 상당하는 면적을 계산할 수 있다. 오바마가 2012년에 2008년보다 큰 득표율을 획득할 확률을 계산하고자 pnorm() 함수의 lower.tail 인자를 FALSE로 설정한다.

```
CA.2008 <- pres$Obama2008.z[pres$state == "CA"]
CA.2008
```

```
## [1] 0.8720631
```

```
CA.mean2012 <- coef(fit1) * CA.2008
CA.mean2012
```

```
## Obama2008.z
## 0.8576233
```

```
## 오른쪽 면적; CA.2008보다 큼
pnorm(CA.2008, mean = CA.mean2012, sd = e.sd, lower.tail = FALSE)
```

```
## [1] 0.4682463
```

오바마는 2008년보다 2012년 캘리포니아 투표에서 더 많은 득표율을 차지할 가능성이 낮다. 사실 이 사건의 확률은 46.8%에 불과하다. 이제 텍사스 주를 살펴보자. 2008년 오바마는 득표율이 44%에 불과하거나 -0.67의 표준화된 득표율을 얻었다. 다시 식 (6.30)에서 명시된 확률모델에 따라 오바마가 이전 선거에서보다 2012년 선거에서 더 많은 득표율을 차지할 확률을 계산한다.

```
TX.2008 <- pres$Obama2008.z[pres$state == "TX"]
TX.mean2012 <- coef(fit1) * TX.2008
TX.mean2012

## Obama2008.z
## -0.6567543

pnorm(TX.2008, mean = TX.mean2012, sd = e.sd, lower.tail = FALSE)

## [1] 0.5243271
```

텍사스의 경우 이 확률은 52.4%로 캘리포니아의 확률보다 높다. 이는 정규분포오차를 갖는 선형회귀를 기반으로 한 확률모델에서 평균으로 회귀하는 현상을 보여 준다.

6.3.5 기대값과 분산

몇 가지 일반적으로 사용되는 확률변수를 그들의 PDF/PMF 및 CDF를 정의해 소개해 왔다. 이러한 함수는 확률변수의 분포를 완전하게 특징짓지만, 분포에 대한 보다 간략한 요약을 얻는 것이 도움이 되는 경우가 많다. 이전에는 분포의 중심과 퍼짐을 측정하고자 평균과 표준편차를 사용했다. 무작위 변수의 기대값^{expectation} 또는 평균을 조사하는 것으로 시작한다. 이를 이 책의 앞부분에서 설명한 표본평균$^{\text{sample mean}}$과 혼동해서는 안 된다. 표본평균은 특정 데이터셋에 있는 변수의 평균을 나타내며, 기대값 또는 모집단 평균$^{\text{population mean}}$은 확률분포 아래에서 평균값을 나타낸다. 표본평균은 표본에 따라 변동하지만, 확률변수의 기대값은 이론적인 성질이기 때문에 한 확률모델이 주어지면 일정하다.

기대값의 공식적인 정의를 검토하기 이전에 몇 가지의 예가 이해를 도와줄 것이다. 성공 확률이 p인 베르누이 확률변수를 고려하라(예: 앞면이 나올 확률이 p인 1회의 동전 던지기). 기대값은 얼마인가? 이 확률변수는 0(뒷면)과 1(앞면)의 두 값만 사용할 수 있기 때문에 각각 $(1-p)$와 p(즉 PMF)의 가중치를 갖는 두 값의 가중평균으로 기대값을 계산할 수 있다. $\mathbb{E}(X)$는 확률변수 X의 기대값을 나타낸다. 그런 다음 베르누이 확률변수의 기대값은 다음과 같이 계산될 수 있다.

$$\mathbb{E}(X) = 0 \times P(X=0) + 1 \times P(X=1) = 0 \times f(0) + 1 \times f(1) = 0 \times (1-p) + 1 \times p = p$$
$$(6.31)$$

이와 비슷하게 성공 확률이 p이고 크기가 n인 이항확률변수를 고려하자(예: n개의 독립적이고 동일한 동전 던지기 중에서 앞면의 수). 이 확률변수는 최대 n(즉 $0, 1 \ldots, n$)까지 음이 아닌 정수를 취할 수 있다. 이 이항확률변수의 기대값은 PMF의 해당 값으로 주어진 가중치를 갖는 값의 가중평균으로 정의된다.

$$\mathbb{E}(X) = 0 \times f(0) + 1 \times f(1) + \cdots + n \times f(n) = \sum_{x=0}^{n} x \times f(x) \qquad (6.32)$$

이산확률변수의 기대값을 정의하려면 가중평균을 사용하지만, 연속확률변수의 경우에는 기대값을 정의하는 다른 방법이 필요하다. 이 경우도 PDF에서 가중치가 부여되는 각 값의 가중평균을 계산한다. 하지만 차이점은 연속확률변수는 불가산 무한대의 다른 값을 취할 수 있다는 점이다. 이는 적분^{integration}이라고 불리는 수학적 연산을 통해 수행된다. 미적분에 익숙하지 않은 독자는 세부사항을 건너뛰어도 된다. 예를 들어, 구간 $[a, b]$의 균등확률변수의 기대값은 아래와 같이 계산될 수 있다.

$$\mathbb{E}(X) = \int_{a}^{b} x \times f(x) \, dx = \int_{a}^{b} \frac{x}{b-a} \, dx = \frac{x^2}{2(b-a)} \bigg|_{a}^{b} = \frac{a+b}{2} \qquad (6.33)$$

구간 내의 각 점이 동일할 가능성이 있으므로 균등확률변수의 기대값은 구간의 중간점과 같다.

여기서 이산확률변수 및 연속확률변수의 기대값의 일반적인 정의를 요약한다.

확률변수의 **기대값**은 $\mathbb{E}(X)$로 표시되며 다음과 같이 정의된다.

$$\mathbb{E}(X) = \begin{cases} \sum_{x} x \times f(x) & X\text{가 이산확률변수의 경우,} \\ \int x \times f(x) \, dx & X\text{가 연속확률변수의 경우} \end{cases} \qquad (6.34)$$

$f(x)$는 이산(연속)확률변수 X의 확률질량함수 또는 PMF(확률밀도함수 또는 PDF)다.

기대값의 정의에서 X의 가능한 모든 값과 관련한 합산과 적분을 취한다. X가 취하는 가능한 모든 값의 집합을 분포의 받침^{support}이라고 한다. 여기서 기대값 연산자 $\mathbb{E}$의 기본적인 규칙들을 소개한다.

> X와 Y를 확률변수로 하고 a와 b를 임의의 상수라고 하자. **기대값**은 아래의 등식을 만족하는 선형연산자다.
>
> 1. $\mathbb{E}(a) = a$
> 2. $\mathbb{E}(aX) = a\mathbb{E}(X)$
> 3. $\mathbb{E}(aX + b) = a\mathbb{E}(X) + b$
> 4. $\mathbb{E}(aX + bY) = a\mathbb{E}(X) + b\mathbb{E}(Y)$
> 5. 만약 X와 Y가 독립이면 $\mathbb{E}(XY) = \mathbb{E}(X)\mathbb{E}(Y)$이다. 하지만 일반적으로는 $\mathbb{E}(XY) \neq \mathbb{E}(X)\mathbb{E}(Y)$이다.

이제 이러한 규칙을 사용해 이항확률변수의 기대값을 쉽게 계산할 수 있다. 성공 확률이 p이고 크기가 n인 이항확률변수 X는 같은 성공 확률 p를 갖고 n개의 독립(적)이며 같은 분포를 따르는[i.i.d.] 베르누이 확률변수 $Y_1, \ldots, Y_n$의 합이다. 이는 이항확률변수의 기대값을 다음과 같이 얻을 수 있음을 시사한다.

$$\mathbb{E}(X) = \mathbb{E}\left(\sum_{i=1}^{n} Y_i\right) = \sum_{i=1}^{n} \mathbb{E}(Y_i) = np$$

이 도출은 식 (6.32)의 기대값 정의를 사용한 경우에 필요한 계산(즉 많은 값에서 평가된 이항분포 PMF의 합)보다 훨씬 간단하다.

또 다른 유용한 통계량은 확률변수의 **표준편차**[standard deviation]와 그 제곱인 분산[variance]이다. 두 개념 모두 2.6.2절에서 소개됐다. 기대값과 마찬가지로 특정 표본의 표준편차와 확률변수의 이론적인 표준편차를 구별하는 것이 중요하다. 이들의 해석은 표준편차는 평균에서 편차(2.6.2절 참고)의 평균제곱근[RMS, Root Mean Square]으로 정의된다는 점에서 일치한다. 그러나 현재의 맥락에서는 평균을 나타내고자 표본평균이 아닌 기대값을 사용한다.

> **확률변수** X의 분산은 다음과 같이 정의된다.
>
> $$\mathbb{V}(X) = \mathbb{E}[\{X - \mathbb{E}(X)\}^2]$$
>
> $\mathbb{V}(X)$의 제곱근을 **표준편차**라고 한다.

기대값의 기본 규칙을 사용하면 X^2의 기대값과 X의 기대값의 차이로 분산을 표현할 수 있다. X^2의 기대값은 2차 적률^second moment^이라 하고, X의 기대값 또는 평균을 1차 적률^first moment^이라고 한다.

$$
\begin{aligned}
\mathbb{V}(X) &= \mathbb{E}[\{X - \mathbb{E}(X)\}^2] \\
&= \mathbb{E}[X^2 - 2X\mathbb{E}(X) + \{\mathbb{E}(X)\}^2] \\
&= \mathbb{E}(X^2) - 2\mathbb{E}(X)\mathbb{E}(X) + \{\mathbb{E}(X)\}^2 \\
&= \mathbb{E}(X^2) - \{\mathbb{E}(X)\}^2 \qquad\qquad (6.35)
\end{aligned}
$$

이 분산을 대신하는 식은 유용하다. 예를 들어, 베르누이 확률변수의 분산은 X가 1 혹은 0과 동일한지에 관계없이 $X = X^2$인 것(왜냐하면 $1^2 = 1$ 및 $0^2 = 0$)에 유의해 도출할 수 있다.

$$\mathbb{V}(X) = \mathbb{E}(X) - \{\mathbb{E}(X)\}^2 = p(1 - p) \qquad\qquad (6.36)$$

이 분산은 $p = 0.5$일 때 가장 크다. 이는 직관적으로 납득할 수 있다. 왜냐하면 p가 작아지면 베르누이 확률변수는 0과 같아질 가능성이 더 높고, 따라서 분산이 더 작아지고 거기에 따라 변동성이 줄어들기 때문이다.

마찬가지로 식 (6.35)를 사용하고 구간 $[a, b]$를 사용해 균등확률변수의 분산을 계산할 수도 있지만, 적분에 익숙하지 않은 독자는 다음 유도의 세부사항을 무시해도 괜찮다.

$$
\begin{aligned}
\mathbb{V}(X) &= \mathbb{E}(X^2) - \{\mathbb{E}(X)\}^2 = \int_a^b \frac{x^2}{b-a}\,dx - \left(\frac{a+b}{2}\right)^2 \\
&= \left.\frac{x^3}{3(b-a)}\right|_a^b - \left(\frac{a+b}{2}\right)^2 = \frac{1}{12}(b-a)^2 \qquad (6.37)
\end{aligned}
$$

기대값과 마찬가지로 분산 또한 몬테카를로 시뮬레이션으로 근사화될 수 있다. 이전에 생성한 베르누이 추출의 집합을 사용해 표본분산을 계산하면 모집단 분산에 근접할 것이다.

```
## 이론적 분산: p는 이전에 0.5로 설정됨
p * (1 - p)
## [1] 0.25
## 이전에 생성된 "y"를 사용한 표본분산
var(y)
## [1] 0.2498088
```

분산에는 몇 가지 중요한 속성이 있다. 예를 들어, 분산은 평균에서 거리의 제곱의 기대값을 관여하기 때문에 확률변수에 상수를 추가하면 분산을 바꾸지 않고도 변수와 그 평균을 같은 양만큼 이동한다. 그러나 상수와 확률변수를 곱하면 분산은 변한다.

$$\mathbb{V}(aX) = \mathbb{E}[\{aX - a\mathbb{E}(X)\}^2] = a^2\mathbb{V}(X) \tag{6.38}$$

아래에 이러한 속성들을 요약한다.

X와 Y를 확률변수라고 하고, a와 b를 임의의 상수라고 하자. **분산** $\mathbb{V}$는 다음과 같은 속성을 가진다.

1. $\mathbb{V}(a) = 0$.
2. $\mathbb{V}(aX) = a^2\mathbb{V}(X)$.
3. $\mathbb{V}(X + b) = \mathbb{V}(X)$.
4. $\mathbb{V}(aX + b) = a^2\mathbb{V}(X)$.
5. 만약 X와 Y가 독립이라면 $\mathbb{V}(X + Y) = \mathbb{V}(X) + \mathbb{V}(Y)$

이항확률변수 X의 분산을 계산하려면 X가 성공 확률 p를 갖는 n개의 독립(적)이며 같은 분포를 따르는[i.i.d.] 베르누이 확률변수 $Y_1, Y_2, \ldots, Y_n$의 합이라는 조건을 사용한다.

$$\mathbb{V}(X) = \mathbb{V}\left(\sum_{i=1}^{n} Y_i\right) = \sum_{i=1}^{n} \mathbb{V}(Y_i) = np(1-p)$$

또 다른 예로 2개의 독립적인 정규확률변수 X와 Y를 고려하라. X의 평균은 μ_X이고, 분산은 σ_X^2이고, 평균은 μ_Y이고, 분산은 σ_Y^2이라고 가정한다. 이 설정은 간략하게 $X \sim \mathcal{N}(\mu_X, \sigma_X^2)$와 $Y \sim \mathcal{N}(\mu_Y, \sigma_Y^2)$로 작성한다. $Z = aX + bY + c$의 분포는 무엇인가? 6.3.4절의 논의는 Z도 정규확률변수라는 것을 의미한다. 이 기대값과 분산의 규칙을 사용해 평균과 분산을 다음과 같이 각기 도출할 수 있다.

$$\mathbb{E}(Z) = a\mathbb{E}(X) + b\mathbb{E}(Y) + c = a\mu_X + b\mu_Y + c$$

$$\mathbb{V}(Z) = \mathbb{V}(aX + bY + c) = a^2\mathbb{V}(X) + b^2\mathbb{V}(Y) = a^2\sigma_X^2 + b^2\sigma_Y^2$$

따라서 $Z \sim \mathcal{N}(a\mu_X + b\mu_Y + c, a^2\sigma_X^2 + b^2\sigma_Y^2)$를 얻는다.

6.3.6 불확실성을 동반하는 선거결과 예측하기

다음으로 사전선거 여론조사를 사용한 선거결과 예측을 다시 살펴본다. 4.1절의 주제 도입부에서 예측에는 불확실성의 측정을 포함하지 않는다. 그러나 설문조사는 대규모 모집단의 아주 일부만 인터뷰하기 때문에 **표집변동**^{sampling variability}이 존재한다. 사전선거 여론조사를 똑같은 조건에서 여러 번 실시한다고 가정해 보자. 매번 목표 모집단의 대표표본을 얻지만 표본은 다른 유권자들로 구성된다. 이는 후보자의 추정 지지율이 표본에 따라서 다를 수 있음을 의미한다.

이 표집변동을 파악하고자 아래의 확률모델을 고려해 보자. 선거 당일 결과는 각 주의 유권자 모집단의 오바마 및 매케인 지지자의 실제 비율을 나타낸다고 가정한다. 또한 제3정당의 후보자를 지지하는 유권자는 무시할 수 있다고 가정한다. 따라서 각 주 j 내에서 오바마의 양당 지지율 p_j, 매케인의 지지율 $1 - p_j$에 중점을 둔다. CSV 데이터 파일 **pres08.csv**에는 2008년 미국 대통령 선거 결과가 포함돼 있다(표 4.1 참고). 먼저 오바마의 양당 지지율을 계산한다.

```
pres08 <- read.csv("pres08.csv")
## 양당 지지율
pres08$p <- pres08$Obama / (pres08$Obama + pres08$McCain)
```

각 가상의 표본에 대해 모집단에서 무작위로 선택된 1,000명의 유권자를 인터뷰한다고 가정한다. 각 주에서 성공 확률이 p이고 크기가 1000인 이항분포는 사전선거 여론조사를 기반으로 한 오바마 지지율 추정량에 대한 모델이다. 몬테카를로 시뮬레이션을 사용해 각 주 내의 오바마 지지율을 추정한 다음 해당 주의 선거인단 표를 당선 후보자에게 할당한다. 표집변동으로 인한 사전선거 여론조사 추정값의 불확실성을 설명하고자 이 절차를 여러 번 반복한다.

R의 이항분포에서 샘플링하려면 rbinom() 함수를 사용한다. 이 함수의 prob 인자는 성공 확률의 벡터를 취할 수 있다. 각 성공 확률에 대해 이 함수는 이항확률변수의 실현값의 벡터를 반환한다. 즉 성공 확률 p_j와 $n = 1000$명의 투표자가 부여되면 R은 오바마의 투표수를 생성한다. 이 1,000명의 유권자 대다수가 오바마를 지지하는 경우 주 선거인단 표를 오바마에게 할당한다. 오바마에 대한 예측 선거인단 득표수의 히스토그램을 구성한다.

```
n.states <- nrow(pres08) # 주의 수
n <- 1000 # 응답자 수
sims <- 10000 # 시뮬레이션 횟수
## 오바마의 선거인단 득표수
Obama.ev <- rep(NA, sims)
for (i in 1:sims) {
    ## 각 주에서 오바마의 득표수를 추출
    draws <- rbinom(n.states, size = n, prob = pres08$p)
    ## 오바마가 과반수를 얻은 주의 선거인단 표를 합함
    Obama.ev[i] <- sum(pres08$EV[draws > n / 2])
}
hist(Obama.ev, freq = FALSE, main = "선거결과 예측",
     xlab = "오바마의 선거인단 득표수")
abline(v = 364, col = "blue") # 실제결과
```

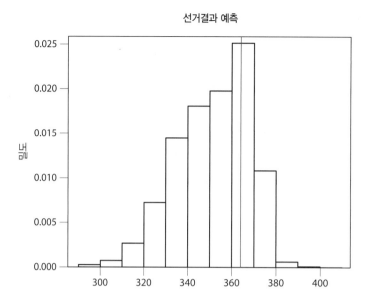

선거결과 예측

오바마의 선거인단 득표수

모든 예측이 당선 수준인 270표를 넘는 것을 알 수 있다. 히스토그램의 가장 높은 밀도는 대략적으로 오바마가 이긴 선거인단의 실제 득표수에 해당하지만 예측 분포는 치우쳐(비대칭) 있다. 그 결과 평균과 중앙값은 오바마의 실제 득표수보다 낮다.

```
summary(Obama.ev)

##    Min. 1st Qu.  Median   Mean 3rd Qu.   Max.
##   291.0   340.0   353.0  352.2   364.0  401.0
```

이 확률모델 아래에서 오바마의 선거인단 득표의 기대값을 분석적으로 계산할 수 있다. S_j는 j 주의 사전선거 여론조사에서 오바마에 대한 지지를 표명한 응답자 수(총 1,000명 중)를 나타낸다. v_j를 사용해 j 주의 선거인단 득표수를 나타낸다. 그렇다면 오바마의 선거인단 기대 득표수는 다음과 같다.

$$\mathbb{E}(오바마의\ 득표수) = \sum_{j=1}^{51} v_j \times P(오바마가\ 주\ j에서\ 승리) = \sum_{j=1}^{51} v_j \times P(S_j > 500)$$

(6.39)

R에서 이 기대값을 계산하고자 pbinom() 함수를 사용해 입력 값에서 이항분포의 CDF를

평가한다. dbinom()에서와 같이 함수는 인자로 size 및 prob를 취한다. 또한 lower.tail 인자를 FALSE로 설정해 함수가 $P(S_j \leq 500)$ 대신 $P(S_j > 500)$를 평가하는 데 사용될 수 있도록 한다. 임계값 500은 1,000명의 응답자 중 과반수가 오바마를 지지할 경우 오바마가 그 주의 승자가 되도록 예측하는 것을 기반으로 한다.

```
mean(Obama.ev)
```

```
## [1] 352.1646
```

```
## 이항확률변수가 n/2보다 많은 표수를 얻을 확률에 기반
sum(pres08$EV * pbinom(n / 2, size = n, prob = pres08$p, lower.tail = FALSE))
```

```
## [1] 352.1388
```

예상대로 분석적으로 도출된 기대값은 몬테카를로 시뮬레이션을 기반으로 한 근사치에 가깝다. 마찬가지로 오바마의 선거인단 득표수의 분산을 계산할 수 있다.

$$\mathbb{V}(\text{오바마의 예상득표율}) = \sum_{j=1}^{51} \mathbb{V}(v_j \mathbf{1}\{S_j > 500\})$$

$$= \sum_{j=1}^{51} v_j^2 P(S_j > 500)\big(1 - P(S_j > 500)\big)$$

이 도출에서 $\mathbf{1}\{\cdot\}$는 지표함수^{indicator function}를 나타낸다. 이는 중괄호 안의 명령문이 참(거짓)이면 1(0)을 반환하는 지표함수다. 또한 첫 번째 등식은 독립확률변수의 분산이 각 분산의 합과 동일하다는 사실에서 비롯된다. 또한 베르누이 확률변수 $\mathbf{1}\{S_j > 500\}$의 분산을 평가하기 때문에 식 (6.36)에서 주어진 베르누이 확률변수의 분산에 대한 표현식을 사용한다. 먼저 위의 이론식에서 분산을 계산한 다음 몬테카를로 시뮬레이션 추출을 이용해 분산을 계산한다.

```
## 몬테카를로 추출을 이용해 분산을 근사
var(Obama.ev)
```

```
## [1] 268.7592
```

```
## 이론상의 분산
pres08$pb <- pbinom(n / 2, size = n, prob = pres08$p, lower.tail = FALSE)
```

```
V <- sum(pres08$pb * (1 - pres08$pb) * pres08$EV^2)
V

## [1] 268.8008

## 몬테카를로 추출을 이용해 표준편차를 근사
sd(Obama.ev)

## [1] 16.39388

## 이론상의 표준편차
sqrt(V)

## [1] 16.39515
```

결과는 각 주에서 1,000명의 응답자가 있는 오바마 선거인단 득표수의 설문조사 기반 예측은 샘플(표본)마다 다르다는 것을 의미한다. 예측값의 표준편차는 약 16개의 선거인단 득표수다. 오바마가 꽤 큰 차이로 선거에서 승리했기 때문에 표본추출의 변동성은 사전 선거 여론조사의 승자를 예측하는 능력에 유의미한 영향을 끼치지는 않았다.

6.4 대표본 이론

6장의 마지막 주제로 대표본[large sample]에서 두 가지 중요한 확률적 규칙성을 소개한다. 폭넓은 확률모델에서 표본크기가 증가함에 따라 일정 패턴이 나타난다. 이러한 규칙성은 7장에서 다룰 데이터 분석의 불확실성을 정량화한다. 6.4절에서는 대수의 법칙과 중심극한정리라는 두 가지 대표본 이론(점근 정리)을 설명한다.

6.4.1 대수의 법칙

대수의 법칙[law of large numbers]은 표본크기가 증가함에 따라 표본평균이 기대값 또는 모집단의 평균에 수렴한다는 것을 나타낸다.

기대값이 $\mathbb{E}(X)$인 확률분포에서 n개의 독립(적)이며 같은 분포를 따르는[i.i.d.] 관측치 $X_1, X_2, \ldots, X_n$의 확률표본을 얻었다고 가정하자. **대수의 법칙**은 다음과 같이 나타낸다.

$$\overline{X}_n = \frac{1}{n} \sum_{i=1}^{n} X_i \rightarrow \mathbb{E}(X) \qquad (6.40)$$

위 식에서 →는 수렴의 약자 표기로 사용한다.

이 이론에서 첨자 i가 없는 X는 일반확률변수를 나타내는 반면 X_i는 i번째 관측값의 확률변수를 나타낸다. 수렴의 정확한 수학적 의미와 이 정리가 성립하는 정확한 조건은 이 책의 범위를 벗어나지만, 이 정리가 광범위한 확률분포에 적용될 수 있음을 강조한다. 직관적으로 이 법칙은 표본크기가 증가함에 따라 표본평균 $\overline{X}_n$이 기대값 $\mathbb{E}(X)$에 더 근접할 것이라고 말한다. 대수의 법칙은 기본 확률분포에 대한 지식 없이도 대부분의 설정에 적용될 수 있기 때문에 강력하다.

이미 다양한 맥락에서 대수의 법칙을 암묵적으로 사용했다. 대수의 법칙은 설문조사에서 무작위 추출을 사용하는 것을 정당화한다(3.4.1절 참고). 무작위로 추출한 표본의 응답자 수가 늘어나면서 이들 중에서 평균 응답은 모집단의 실제 평균에 가까워진다. 선거 전 여론조사에서 표본크기가 충분히 크면 오바마를 지지하는 사람들의 표본비율은 오바마 지지자인 유권자의 모집단 비율에 가까워진다. 대수의 법칙에 의하면 연구자들이 무작위로 추출된 일부 소수의 사람들과 대화하는 것으로 모집단 전체의 의견을 추론할 수 있다.

확률모델의 관점에서 선거 전 여론조사를 독립(적)이며 같은 분포를 따르는[i.i.d.] 베르누이 확률변수의 합으로 생각할 수 있다. 여기서 응답자는 오바마 지지자와 비지지자 집단에서 무작위로 추출된다. 유권자 i가 오바마 지지자라는 지표변수로 X_i를 정의한다. 즉 유권자 i가 오바마 지지자이면 $X_i = 1$이고 그렇지 않으면 $X_i = 0$이다. 모집단에서 오바마 지지자의 비율은 p다. 그러면 식 (6.40)에서 주어진 대수의 법칙을 직접 적용할 수 있다. 오바마 지지자의 표본비율은 기대값 또는 오바마 지지자의 모집단의 비율에 근접한다. 즉 $\mathbb{E}(X) = p$다.

이와 유사하게 평균처치효과를 추정하고자 (무작위로 나눈) 처치그룹과 통제그룹 사이의 평균 차이를 계산할 때 무작위 실험에서 대수의 법칙에 의존할 수 있다(2.4.1절 참고). 잠재적 결과의 모집단을 고려하면 처치그룹 및 통제그룹의 크기가 커짐에 따라 관찰된 결과의 표본평균이 예상되는 잠재적 결과에 더욱더 근사한다. 즉 처치그룹의 $Y(1)$과 통제그룹의 $Y(0)$에 설정하는 것으로 식 (6.40)에 표시된 대수의 법칙을 적용할 수 있다.

대수의 법칙은 몬테카를로 시뮬레이션의 사용도 정당화할 수 있다. 예를 들어, 6.1.4절에서 설명한 생일문제에서 이벤트가 발생할 실제 확률을 근사하고자 최소 2명의 생일이 동일한 시뮬레이션 시행의 비율을 계산했다. 식 (6.40)에 표시된 대수의 법칙을 적용할 때 이 확률은 적어도 2명 이상의 생일이 일치하면 1이고 그렇지 않으면 0인 베르누이 확률변수로 정의된 기대값으로 표시할 수 있다. 그러면 시뮬레이션 시행의 비율을 표본평균으로 생각할 수 있다. 이와 유사하게 도전자가 염소가 아닌 자동차를 획득한 시뮬레이션 시행의 비율을 계산해 몬티 홀$^{Monty\ Hall}$ 문제를 해결했다(6.2.2절 참고).

대수의 법칙을 예로 표시하려면 몬테카를로 시뮬레이션을 수행한다. 성공확률이 $p = 0.2$, 크기가 $n = 10$인 이항분포에서 무작위로 추출한다. 그런 다음 이항분포에서 추출된 회수가 늘어나면서 표본평균이 기대값(이 경우 $\mathbb{E}(X) = np = 2$)에 근접하는지를 조사한다. 1회 추출, 2회 추출에서 최대 1,000회까지의 표본평균을 계산하고자 cumsum() 함수를 적용한다. 이 함수는 누적합$^{cumulative\ sum}$을 계산하는 것으로 벡터의 각 위치에 대해 그 위치의 값까지 전체 값(그 위치의 값 포함)을 결합한다. 예를 들어, 길이가 3인 벡터 (5, 3, 4)에 대해 cumsum() 함수는 누적합 (5, 8, 12)를 포함하는 길이가 3인 다른 벡터를 반환한다. 합계에 사용된 요소의 수 (1, 2, 3)을 포함하는 벡터에서 그 누적합 벡터를 나누면 각 표본크기의 원하는 평균 (5, 4, 4)를 얻을 수 있다. 대수의 법칙에 따르면 추출하는 수가 많을수록 기대값에 가까운 표본평균을 생성한다.

```
sims <- 1000
## 각각에 대한 3개의 개별 시뮬레이션
x.binom <- rbinom(sims, p = 0.2, size = 10)
## 표본크기를 변화해서 표본평균을 계산
mean.binom <- cumsum(x.binom) / 1:sims
```

또한 연속 확률변수의 예로 균등한 연속 확률변수의 예로 균등분포를 사용한다. runif()

함수는 이 분포에서 무작위로 추출된 표본을 생성한다.

```
## runif() 함수의 디폴트는 균등분포(0, 1)
x.unif <- runif(sims)
mean.unif <- cumsum(x.unif) / 1:sims
```

마지막으로 결과를 플로팅한다. 표본크기가 증가함에 따라 표본평균은 기대값에 근접
한다.

```
## 이항분포 플롯
plot(1:sims, mean.binom, type = "l", ylim = c(1, 3),
     xlab = "표본크기", ylab = "표본 평균", main = "이항분포(10, 0.2)")
abline(h = 2, lty = "dashed") # 기대값
## 균등분포 플롯
plot(1:sims, mean.unif, type = "l", ylim = c(0, 1),
     xlab = "표본크기", ylab = "표본 평균", main = "균등분포(0, 1)")
abline(h = 0.5, lty = "dashed") # 기대값
```

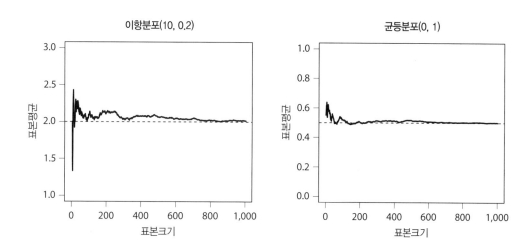

6.4.2 중심극한정리

대수의 법칙은 유용하지만 표본크기가 증가함에 따라 근사가 어느 정도로 좋은지 정량
화할 수 없다. 예를 들어, 위 그림에서 이항분포보다 균등분포가 수렴이 더 빨리 발생하
는 것으로 보인다. 그러나 실제로는 표본평균만 관찰할 수 있고 기대값은 알 수 없다. 전

자는 데이터에서 계산하는 것이지만 후자는 이론적인 개념이다. 따라서 표본평균이 기대값에 얼마나 근접하는지 알기 위해 다른 도구가 필요하다.

중심극한정리^{central limit theorem}는 표본크기가 증가함에 따라 표본평균의 분포가 정규분포^{normal distribution}에 근사함을 보여 준다. 이는 대수의 법칙과 같이 광범위한 분포에 적용되기 때문에 주목할 만한 결과다. 결과는 7장에서 볼 수 있듯이 추정값의 불확실성을 정량화할 때 유용하다.

중심극한정리를 보다 더 공식적으로 설명하기 전에 중심극한정리를 설명하는 기계로써 평균으로의 회귀 현상(4.2.4절)을 처음으로 입증한 프랜시스 골턴^{Francis Galton} 경이 발명한 골턴보드^{quincunx}를 논의한다. 그림 6.11은 필자가 소유한 골턴보드의 사진이다. 빨간공은 상단의 작은 구멍에서 한 번에 하나씩 떨어진다. 공이 떨어지면 각 핀(말뚝)에서 오른쪽 또는 왼쪽으로 튀어나와 기계 바닥의 슬롯 중 하나에 고정된다. 그림에서 볼 수 있듯이 공은 중앙에 모여 정규분포처럼 보이는 종 모양의 곡선을 형성한다.

골턴보드가 종 모양의 곡선을 그리는 이유는 무엇인가? 공이 핀을 치면 오른쪽 또는 왼쪽으로 튕길 확률은 50-50이다. 골턴보드의 상단에서 하단까지의 각 경로는 동일하지만 공은 측면 슬롯보다 중간 슬롯으로 떨어지는 경우가 더 많다. 공식적으로 공이 특정 슬롯에 도달하는 총 경우의 수는 그림 6.8과 같이 파스칼^{Pascal}의 삼각형을 사용해 계산할 수 있다. 예를 들어, 그림에서 볼 수 있듯이 골턴보드에 5줄의 핀이 있는 경우 공이 중간 두 슬롯에 떨어지는 방법은 20가지가 있다.

골턴보드를 성공확률 0.5와 크기 n을 갖는 독립(적)이며 같은 분포를 따르는^{i.i.d.} 이항확률변수 X의 수열을 생성하는 기계로 이해할 수 있다. 여기서 n은 핀의 라인 수다. 이항확률변수는 n개의 독립(적)이며 같은 분포를 따르는^{i.i.d.} 베르누이 확률변수의 합이라는 것을 상기하라. 즉 중심극한정리가 성립하면 표본크기 또는 이 경우에는 공의 수가 증가함에 따라 이항확률변수가 정규분포에 근접할 것으로 예상한다. 사실 이것은 관찰하는 것과 정확히 일치한다.

중심극한정리는 이항분포뿐만 아니라 다른 분포에도 적용된다. 대부분 실제로는 데이터를 생성하는 확률분포를 알지 못하기 때문에 매우 중요하다. 이제 중심극한정리를 보다 공식적으로 설명한다.

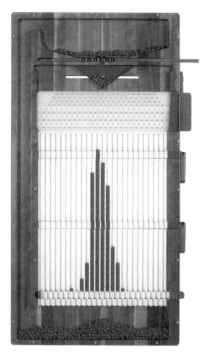

그림 6.11 중심극한정리를 시각적으로 보여 주는 이항분포 실험기(골턴보드)

평균 $\mathbb{E}(X)$와 분산이 $\mathbb{V}(X)$를 갖는 n개의 독립(적)이며 같은 분포를 따르는[i.i.d.] 관측 값 $X_1, X_2, \ldots, X_n$의 무작위추출표본을 얻는다고 가정하자. 표본평균은 $\overline{X}_n = \sum_{i=1}^{n} X_i/n$로 표시한다. **중심극한정리**는 다음과 같다.

$$\frac{\overline{X}_n - \mathbb{E}(X)}{\sqrt{\mathbb{V}(X)/n}} \rightsquigarrow \mathcal{N}(0, 1) \tag{6.41}$$

위 정리에서 $\rightsquigarrow$는 표본크기 n이 커질 때 '분포의 수렴'을 의미한다.

식 (6.41)은 언뜻 보기에는 복잡해 보이지만 간단히 해석된다. 중심극한정리는 표본평균 의 z 점수가 표본크기가 증가함에 따라 표준정규분포 또는 $\mathcal{N}(0, 1)$로 수렴한다고 말한 다. 식 (3.1)에서 주어진 z 점수의 정의를 상기하라. 확률변수를 표준화하고자 평균을 뺀 다음 표준편차로 나눈다. 결과적으로 모든 z 점수는 평균이 0이고 분산이 1이다.

식 (6.41)의 왼쪽이 표본평균의 z 점수를 나타내는 것을 보여 주고자 먼저 표본평균 $\overline{X}_n$의 기대값이 원 확률변수 X의 기대값이라는 점에 유의하라. 기대값 연산자의 법칙을 사용해 아래를 얻는다.

$$\mathbb{E}(\overline{X}_n) = \mathbb{E}\left(\frac{1}{n}\sum_{i=1}^{n}\right) = \frac{1}{n}\sum_{i=1}^{n}\mathbb{E}(X_i) = \mathbb{E}(X) \tag{6.42}$$

다음으로 2개의 독립인 확률변수의 분산이 각 분산의 합과 동일하다는 것을 이용한다.

$$\mathbb{V}(\overline{X}_n) = \mathbb{V}\left(\frac{1}{n}\sum_{i=1}^{n}X_i\right) = \frac{1}{n^2}\sum_{i=1}^{n}\mathbb{V}(X_i) = \frac{1}{n}\mathbb{V}(X) \tag{6.43}$$

이 식을 도출하고자 식 (6.38)도 사용했다. 이제부터는 식 (6.41) 좌변의 분모가 표본평균의 표준편차를 표시한다는 것을 알 수 있다. 따라서 식 (6.41) 좌변 전체의 양은 표본평균의 z 점수에 해당한다.

몬테카를로 시뮬레이션은 중심극한정리를 시각화하는 것이 가능하다. 예로 2개의 분포를 고려하자. 성공 확률이 $p = 0.2$ 및 크기가 $n = 10$인 이항분포와 범위 [0, 1]의 균등분포다. 이 이항분포의 평균과 분산은 각각 $np = 10 \times 0.2 = 2$ 및 $np(1 - p) = 10 \times 0.2 \times (1 - 0.2) = 1.6$이라는 것을 상기하라. 이 균등분포의 경우 평균과 분산은 각각 $(a + b)/2 = 1/2$ 및 $(b - a)^2/12 = 1/12$이다. 이 결과를 사용해 z 점수를 계산하고 해당 분포가 표준정규분포로 근사되는지 확인한다.

```
## sims = 시뮬레이션 횟수
n.samp <- 1000
z.binom <- z.unif <- rep(NA, sims)
for (i in 1:sims) {
    x <- rbinom(n.samp, p = 0.2, size = 10)
    z.binom[i] <- (mean(x) - 2) / sqrt(1.6 / n.samp)
    x <- runif(n.samp, min = 0, max = 1)
    z.unif[i] <- (mean(x) - 0.5) / sqrt(1 / (12 * n.samp))
}
## 히스토그램; nclass는 빈의 수를 지정
```

```
hist(z.binom, freq = FALSE, nclass = 40, xlim = c(-4, 4), ylim = c(0, 0.6),
    xlab = "z 점수", main = "이항(0.2, 10)")
x <- seq(from = -3, to = 3, by = 0.01)
lines(x, dnorm(x)) # 표준정규 PDF 중첩
hist(z.unif, freq = FALSE, nclass = 40, xlim = c(-4, 4), ylim = c(0, 0.6),
    xlab = "z 점수", main = "균등(0, 1)")
lines(x, dnorm(x))
```

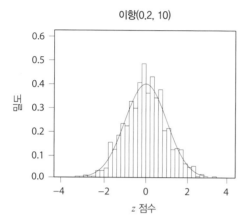

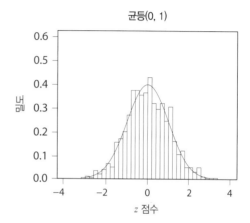

위의 시뮬레이션은 표본크기 1000을 기반으로 한다. 표준정규분포가 z 점수의 분포에 아주 근사한다는 것을 알 수 있다. 더 작은 표본크기는 어떠한가? 아래에서는 표본크기 100을 사용해 동일한 시뮬레이션을 수행한다(코드는 표본크기 변경을 제외하고 위 코드와 동일하므로 생략됨).

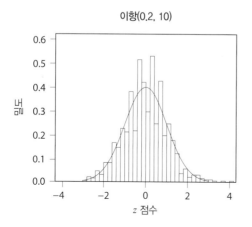

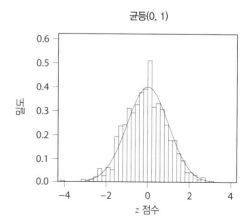

이항분포는 근사가 이전보다 좋지 않은 반면 균등분포의 중심극한정리는 잘 성립하고 있음을 볼 수 있다. 이 정리는 좋은 근사를 얻으려면 표본크기가 얼마나 커야 하는지를 알려 주지는 않는다. 여기에 표시된 것처럼 이 질문의 답은 원래 확률변수의 분포에 달려 있다. 그럼에도 중심극한정리의 놀라운 점은 표본평균의 z 점수가 원래 확률변수의 분포에 상관없이 표준정규분포로 수렴된다는 것이다.

6.5 요약

6장에서는 확률을 배웠다. 먼저 확률에 대한 두 가지 해석, **빈도론자**와 **베이지안**을 다뤘다. 두 학파의 경쟁적 해석이 존재하지만 확률은 기본 정의와 **공리**로 통합된 수학적 토대를 만들었다. 그런 다음 **전체 확률의 법칙**, **조건부 확률**의 정의, **독립성**의 개념, **베이즈 규칙**을 포함한 기본 확률 규칙들을 다뤘다. 이 규칙들을 성 및 거주지를 바탕으로 개인의 인종을 예측하는 것 등의 다양한 문제에 적용했다.

다음으로 **확률변수**의 개념과 **확률분포**를 다뤘다. **균일**uniform, **이항**binomial, **정규**normal 분포와 같은 기본 분포를 도입했다. 이러한 분포는 연속확률변수 및 이산확률변수에 대해 각각 **확률밀도함수**와 **확률질량함수**로 나타낼 수 있다. **누적분포함수**는 확률변수가 지정된 값보다 작거나 같은 값을 가질 누적확률을 나타낸다. 또한 확률질량함수 및 밀도함수를 사용해 확률변수의 기대값과 분산을 계산하는 방법을 다뤘다. 이러한 방법을 이용해 선거 결과의 투표 예측과 관련된 추출의 불확실성을 정량화했다.

마지막으로 두 가지 근본적인 **대표본근사**large sample approximation 이론을 논의했다. 이 정리의 강력함은 충분한 표본크기가 주어지면 거의 모든 무작위 변수의 표본평균에 적용될 수 있다는 것이다. **대수의 법칙**은 표본크기가 증가함에 따라 표본평균이 기대치 또는 모집단 평균에 근접함을 의미한다. 이는 설문조사 추출 및 무작위 실험에서 모집단 평균의 추정값으로써 표본평균을 사용하는 것을 정당화할 수 있다. **중심극한정리**는 표본평균의 z 점수가 표준정규분포에 따라 대략적으로 분포돼 있음을 나타낸다. 7장에서는 이 대표본 정리를 데이터 분석에서 도출된 실증적 결론의 불확실성 정도를 정량화하는 데 사용할 것이다.

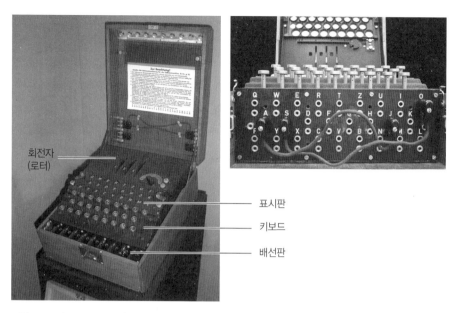

그림 6.12 암호기 에니그마(Enigma) 기계와 배선판. (사진: Karsten Sperling, http://spiff.de/photo)

회전자
(로터)

표시판
키보드
배선판

6.6 연습문제

6.6.1 에니그마의 수학

에니그마[Enigma]는 역사상 가장 유명한 암호기계다. 나치 독일은 제2차 세계대전 중에 적들이 메시지를 이해할 수 없도록 메시지를 암호화하는 데 이를 사용했다. 에니그마를 성공적으로 해독한 영국의 암호 분석가의 이야기가 여러 영화의 주제가 됐다(Enigma 2001, The Imitation Game 2014). 이 연습문제에서는 '리틀 에니그마[Little Enigma]'라는 이름의 에니그마 암호기의 단순화된 버전에 초점을 맞출 것이다. 그림 6.12의 왼쪽 패널에 표시된 실제 에니그마 암호기와 마찬가지로 이 기계는 두 가지 주요 구성 요소로 구성된다. 첫째, '리틀 에니그마' 기계에는 5개의 서로 다른 로터가 있으며, 각 로터에는 0에서 9까지의 숫자를 가진 10개의 핀이 있다. 둘째, 그림 6.12의 오른쪽 패널에 표시된 것처럼 배선판에는 26개의 알파벳 문자에 해당하는 26개의 구멍이 있다. 또한 13개의 케이블이 가능한 모든 문자 쌍을 연결한다. 케이블에는 2개의 끝이 있으므로 예를 들어 하나는 문자 A를 배선판에 있는 다른 25개의 문자와 연결할 수 있다.

통신문을 암호화(인코딩)하거나 암호화된 통신문을 해독(디코딩)하려면 리틀 에니그마 암호기에 로터 정렬을 위한 올바른 5자리 암호와 배선판을 올바르게 구성해야 한다. 로터는 많은 콤비네이션 자물쇠처럼 설정된다. 예를 들어, 패스코드 9 – 4 – 2 – 4 – 9는 5개의 로터에 9, 4, 2, 4, 9가 순서대로 표시됨을 의미한다. 또한 배선판의 문자를 연결하는 13개의 케이블을 적절하게 구성해야 한다. 따라서 배선판의 목적은 문자를 뒤섞는 것이다. 예를 들어, B가 W에 연결되면 리틀 에니그마 암호기는 B를 W로, W를 B로 교환해 통신문을 암호화하거나 암호화된 메시지를 해독한다. 따라서 발신자는 키보드에 통신문을 입력하고 배선판은 문자를 뒤섞고 통신문은 암호화된 형식으로 전송된다. 수신자는 동일한 암호 및 배선판 구성을 가진 페어링된 리틀 에니그마 시스템에서 다시 입력해 암호화된 메시지를 해독한다.

1. 5개의 로터에 몇 개의 5자리 패스코드를 설정할 수 있는가?

2. 배선판은 총 몇 가지 가능한 구성을 제공하는가? 즉 26개의 문자를 13쌍으로 나눌 수 있는 방법은?

3. 앞의 두 질문을 바탕으로 리틀 에니그마 암호기에서 가능한 총 설정 수는 얼마인가?

4. 리틀 에니그마 암호기로 암호화된 1,500개의 통신문을 해독하고자 5개의 암호기가 개발됐다. 아래 표는 각 암호기에 할당된 통신문의 수와 암호기의 실패율에 대한 정보를 제공한다. 즉 암호기가 해독할 수 없는 통신문의 비율을 말한다. 이 정보를 제외하고는 각 통신문을 암호기에 할당했는지 또는 암호기가 통신문을 올바르게 해독할 수 있었는지 알 수 없다.

분석기	통신문의 수	실패 확률
Banburismus	300	10%
Bombe	400	5%
Herivel tip	250	15%
Crib	340	17%
Hut 6	210	20%

1,500개의 모든 통신문 풀^{pool}에서 무작위로 하나의 통신문을 선택했지만, 이 통신문이 제대로 해독되지 않았음을 확인했다고 가정한다. 이 실수의 원인이 될 가능성이 가장 높은 기계는 무엇인가?

5. 배전판을 임의로 구성하는 **R** 함수를 작성한다. 이 기능은 입력은 없지만 13쌍의 문자 세트를 무작위로 선택한다. 출력 개체는 각 열이 문자쌍을 나타내는 2 × 13 행렬이어야 한다. 이 객체에 문자 벡터로 26개의 알파벳 문자를 포함시킨다. 함수 plugboard라는 이름을 지정한다.

6. 이전의 plugboard() 함수로 설정된 배전판 구성이 주어진 통신문을 암호화하고 해석하는 **R** 함수를 작성한다. 이 함수는 암호화(해독)할 통신문뿐만 아니라 plugboard() 함수의 출력을 입력으로 취하고 암호화(해독)할 통신문을 반환해야 한다. 문자열의 패턴을 다른 특정 패턴으로 대체하는 gsub() 함수를 사용할 수 있다. 문자형 벡터의 문자를 소문자로 만드는 tolower() 함수와 문자형 벡터의 문자를 대문자로 바꾸는 toupper() 함수도 도움이 될 수 있다.

6.6.2 도박시장의 선거 예측을 위한 확률모델

6장의 앞부분에서 2008년의 미국 대선에서 오바마의 선거 득표율을 예측하고자 확률모델과 함께 선거 전 여론조사를 이용했다. 이 연습문제에서는 유사한 절차를 4장의 연습문제에서 분석한 Intrade 도박시장 데이터에 적용한다(4.5.1절 참고).[5] 2008년 Intrade 데이터는 intrade08.csv로 제공된다. 이 데이터셋의 변수 이름과 설명은 표 4.9에서 확인할 수 있다. 특정 주에서 민주당 후보와 공화당 후보의 승리에 대한 계약의 일일 거래 정보를 나타낸다. 2008년 선거결과 데이터는 pres08.csv로 제공되며 변수 이름과 설명은 표 4.1에 나와 있다.

1. 민주당 후보자가 있는 주 j에서 승리하는 계약을 분석한다. 4.5.1절에서 본 것과 같이 데이터셋에는 선거에 이르기까지 매일 i에 대한 각 주의 시장의 계약가격을 포함한다는 점을 상기하라. 변수 PriceD를 선거일 i에 치러졌다면 민주당 후보가 j 주에서 승리할 확률 p_{ij}로 해석한다. PriceD를 확률로 처리하려면 범위가 0에서 1까지 되도록 100으로 나눠야 한다. 이 확률은 얼마나 정확한가? 각 주에서 선거일 전날(2008년 11월 4일)의

---

5 이 연습문제는 다음의 논문에 바탕을 둔다. David Rothschild (2009) "Forecasting elections: Comparing prediction markets, polls, and their biases." *Public Opinion Quarterly*, vol. 73, no. 5, pp. 895–916.

데이터만 사용해 오바마가 승리할 것으로 예측되는 선거인단의 예상수를 계산하고 이를 선거인단의 실제 투표수와 비교한다. 결과를 간단히 해석하라. 오바마의 실제 선거 총 득표수는 결과 데이터를 기반으로 한 오바마 득표수의 합인 364가 아니라 365다. 총 365개에는 오바마가 네브래스카 주의 제2구에서 얻은 1표가 포함된다. 매케인은 네브래스카 전체에서 승리했기 때문에 주의 다른 4개 구의 선거인단 표를 얻었다.

2. 다음으로 이전 질문에서 사용한 것과 동일한 확률을 사용해 오바마가 획득할 것으로 예상되는 선거인표의 총수를 시뮬레이션한다. 각주의 선거는 성공(오바마 승리) 확률 p_{ij}의 베르누이 시행이라고 가정한다. 히스토그램을 사용해 결과를 표시하자. 실선으로 오바마가 얻은 실제 선거인표 수를 추가하자. 결과를 간단히 해석하라.

3. 예측시장에서 후행 또는 '이길 가능성이 없는' 후보를 과대평가하는 경향이 있다. 이는 낮은(높은) p_{ij}의 후보가 예측된 p_{ij}보다 낮은 (높은) 실제 확률을 가짐을 의미한다. 이러한 불일치는 예측에 편향을 유발할 수 있으므로 이를 고려해서 확률을 조정하고자 한다. 이길 가능성이 0.5 미만인 후보자의 확률을 줄이고 0.5보다 큰 후보의 확률을 늘림으로써 이를 행한다. 새로운 확률 p_{ij}^*를 계산하고자 한 연구자가 제안한 식 $p_{ij}^* = \Phi(1.64 \times \Phi^{-1}(p_{ij}))$을 사용한다. 여기서 $\Phi(\cdot)$는 표준정규 확률변수의 CDF이고, $\Phi^{-1}(\cdot)$는 그 역함수인 분위함수다. R 함수 pnorm() 및 qnorm()을 사용해 $\Phi(\cdot)$ 및 $\Phi^{-1}(\cdot)$을 각각 계산할 수 있다. 이전 질문에서 사용된 p_{ij}를 p_{ij}^*에 대해 플로팅한다. 또한 이 함수 자체를 선으로 플로팅한다. 이 변형의 성질을 설명하라.

4. 새로운 확률 p_{ij}^*를 사용해 질문 1과 2를 반복한다. 새로운 확률은 예측 성능을 향상시키는가?

5. 선거캠페인 기간 마지막 120일 각각에 대해 새로운 확률 p_{ij}^*를 사용해 오바마의 예상 선거인 투표수를 계산한다. 시계열 플롯으로 결과를 표시하자. 플롯을 간단히 해석하라.

6. 캠페인의 마지막 120일 동안 새 확률 p_{ij}^*를 사용해 질문 2에서와 같이 시뮬레이션을 수행한다. 매일 2.5% 및 97.5%로 오바마 선거인단의 분위수를 계산하라. 루프를 사용해 매일 2.5%에서 97.5%까지의 범위를 수직선으로 나타낸다. 또한 시뮬레이션으로 추정 오바마 선거 총투표수를 더한다. 결과를 간단히 해석하라.

그림 6.13 2011년 러시아 하원의원 선거 후에 시위하는 사람들. 포스터에는 "우리는 Chrouv를 믿지 않는다! Gauss를 믿는다!"라고 쓰여 있다. Chrouv는 중앙선거관리위원회 위원장이고, Gauss는 18세기 독일인 수학자, 카를 프리드리히 가우스(Carl Friedrich Gauss)를 가리킨다. 이 이름은 가우스(정규)분포의 이름은 그에게서 따왔다. (출처: Maxim Borisov, trv-science.ru)

표 6.5 러시아와 캐나다의 선거 데이터

변수	설명
N	선거구의 총 유권자수
Turnout	선거구의 총 투표수
votes	선거구의 승자의 총 득표수

Note: 각 선거의 결과는 데이터프레임에 저장된다. R 파일 fraud.RData에는 4개의 선거결과를 포함한다. 각각 2003년과 2011년 러시아 하원의원(두마) 선거, 2012년 러시아 대통령 선거, 2011년 캐나다 선거다.

6.6.3 러시아의 선거부정

이 연습문제에서는 2011년 러시아 하원의원 선거의 투표 패턴을 검토해 선거부정을 발견하고자 확률 법칙을 사용한다. 국가원^{State Duma}은 러시아의 연방하원이다.[6] 집권당인 통일러시아^{United Russia}는 이 선거에서 승리했지만 많은 선거부정의 고발이 잇따랐다. 크렘린, 즉 러시아 정부는 선거부정을 부인했다. 그림 6.13에서 볼 수 있듯이 일부 시위자들은 선거부정의 증거로 불규칙한 투표 패턴을 강조했다. 특히 시위자들은 공식투표 득표율의 1/4, 1/3, 1/2과 같은 공통 분수가 비교적 높은 빈도로 보이는 것을 지적했다.

RData 파일 fraud.RData의 russia2011 데이터프레임에 포함된 공식 선거 결과를 분석해 선거부정의 증거가 있는지 조사한다. RData 파일은 load() 함수를 사용해 불러들일 수 있다. russia2011 외에도 RData 파일에는 2003년 러시아 하원의원(두마) 선거, 2012년 러시아 대통령 선거, 2011년 캐나다 선거도 다른 데이터프레임에 포함돼 있다. 표 6.5는 각 데이터프레임에서 사용되는 변수의 이름과 설명을 나타낸다. 참고: 이 연습의 일부에는 계산의 부하가 걸리는 코드가 필요할 수 있다.

1. 2011년 러시아 선거 결과를 분석하려면 통일러시아^{United Russia}의 득표율을 먼저 투표한 유권자의 비율로 계산한다. 득표율로 가장 빈번히 출현하는 10개의 분수를 특정해 보자. 1/2 및 51/100과 같은 유사한 분수를 구분하고자 빈^{bin}의 수를 고유의 분수의 수로 설정하고 하나의 막대가 관찰된 각 유사 분수에 대해 생성되는 히스토그램을 만든다. hist() 함수에서 breaks 인자를 사용해 수행할 수 있다. 이 히스토그램은 1/2 및 2/3과 같이 분자와 분모가 낮은 분수에서 어떻게 생겼는가?

2. 저분수에서 고빈도가 발견된다고 해서 이것이 선거부정을 의미하지는 않는다. 실제 더 많은 숫자는 22, 23, 24와 같은 큰 정수보다 2, 3, 4와 같은 작은 정수로 나눌 수 있다. 저분수가 우연히 발생할 가능성을 조사하려면 다음 확률모델을 가정하라. 선거구의 투표수는 이항분포를 가지며 분포의 크기는 유권자의 수와 같으며 성공 확률은 그 선거구의 투표율과 같다. 이 선거구의 통일 러시아의 득표율은 이항분포를 따르는 것으로 가정한다. 이 분포는 투표수를 조건으로 그 크기는 투표한 유권자의 수와 같고 성공 확률은 선거구의 관찰된 득표율과 동일하다. 이 또 다른 가정하에서 몬테카를로 시뮬레

---

6 이 연습문제는 다음의 논문에 바탕을 둔다. Arturas Rozenas (2016) "Inferring election fraud from distributions of vote-proportions." Working paper.

이션을 수행한다(1,000개의 시뮬레이션으로 충분). 가장 빈번한 10개의 득표율의 값은 무엇인가? 이전 문제와 유사한 히스토그램을 만든다. 얻은 결과를 간단하게 설명하라. 참고: 이 문제는 계산상 부하가 걸리는 코드가 필요하다. 먼저 적은 회수의 시뮬레이션의 코드를 작성한 다음 1,000회의 시뮬레이션을 수행하는 최종적인 코드를 실행한다.

3. 몬테카를로 시뮬레이션의 결과를 2011년 러시아 선거의 실제 결과와 비교하려면 특정 크기의 빈 내에서 관찰된 관측 부분을 시뮬레이션된 부분과 비교해야 한다. 이를 위해 문제 2에서 가장 자주 발생하는 4개의 분수(예: 1/2, 1/3, 3/5, 2/3)의 분포를 보여 주는 히스토그램을 만들고 실제 선거에서 해당 분수의 비율과 비교한다. 결과를 간략히 해석하라.

4. 다음으로 관찰된 분수의 상대적인 빈도를 이전 문제에서 조사한 네 가지 분수 이상의 시뮬레이션된 분수와 비교한다. 이를 위해 빈 크기를 0.01으로 선택하고 각 빈에 속하는 관측값의 비율을 계산한다. 그런 다음 관측된 비율이 해당 시뮬레이션 비율의 2.5 및 97.5 백분위수 내에 속하는지 여부를 조사한다. 가로축을 득표율로, 세로축을 추정비율로 사용해 결과를 플로팅한다. 이 그림은 시위대가 내걸고 있던 것을 재현하고자 한다(그림 6.13 참고). 또한 관측된 비율이 시뮬레이션된 비율의 해당 범위 밖으로 벗어나는 횟수를 계산한다. 결과를 해석하라.

5. 이전 문제의 결과를 객관적으로 이해하려면 2011년 캐나다 선거와 2003년의 러시아 선거에 대한 이전 문제에서 전개한 절차를 적용해 보자. 이 두 선거에서는 중대한 선거부정은 보고돼 있지 않다. 또한 이 절차를 선거부정 혐의가 보고됐던 2012년 러시아 대통령 선거에 적용해 보자. 플롯을 생성할 필요는 없다. 얻은 결과를 간단히 설명하라. 참고: 이 문제에는 계산상 부하가 걸리는 코드가 필요하다. 먼저 적은 회수의 시뮬레이션으로 코드를 작성한 다음 1,000회의 시뮬레이션으로 최종 코드를 실행한다.

CHAPTER

07

—

불확실성

수학 법칙이 현실을 진술하는 한 이는 확실한 것이 아니다. 그리고 수학 법칙이 확실하다고 하는 한 이는 더 이상 현실을 진술하고 있지 않다.

—알버트 아인슈타인^{Albert Einstein}, 『Geometry and Experience^{기하학과 경험}』

지금까지 데이터에서 유용한 정보를 추출할 수 있는 다양한 데이터 분석 기법을 연구했다. 이러한 방법들을 사용해 인과 추론을 도출하고 관심 수량을 측정하며 예측하며 데이터에서 패턴을 발견했다. 그러나 한 가지 남은 중요한 질문은 이 실증적 결과들을 얼마나 확신할 수 있는가 하는 점이다. 예를 들어, 무작위 대조시험에서 처치그룹과 통제그룹 간의 평균 결과가 다를 경우 이 차이가 평균적으로 관심의 처치가 결과에 영향을 미친다는 결론을 내릴 수 있을 만큼 충분히 클 때는 언제인가? 관찰된 차이가 우연의 결과인가? 7장에서는 불확실성의 정도를 정량화해 데이터의 노이즈에서 시그널을 분리하는 방법을 고려한다. 6장에서 소개한 확률 법칙을 적용해 살펴본다. 불확실성의 레벨을 공식적으로 정량화하고자 몇 가지 개념과 방법론을 다룬다. 여기에는 편향, 표준오차, 신뢰구간, 가설검정이 포함된다. 마지막으로 불확실성을 측정해 선형회귀모형에서 추론하는 방법을 설명한다.

7.1 추정

이전의 장에서는 설문조사 샘플링(3장)으로 모집단의 여론을 추론하는 방법과 무작위 대조시험(2장)으로 인과효과를 추정하는 방법을 보여 줬다. 이 예에서 연구자들은 관찰된 데이터를 사용해 관심 수량의 미지의 값을 추정하려고 한다. 관심 수량을 파라미터parameter로 부르고, 그 추정값을 계산하는 함수를 추정량estimator이라고 부른다. 예를 들어, 3장에서 제시된 설문조사 데이터 분석에서는 상대적으로 적은 수의 설문조사 응답자(데이터)를 기반으로 미국 유권자 인구(파라미터)에서 오바마 지지자의 비율을 추정하는 데 관심이 있다. 오바마 지지자의 표본비율을 추정량으로 사용한다. 유사하게 무작위 대조시험에서 처치그룹과 통제그룹 간의 평균적 결과 차이는 평균 인과효과(파라미터)의 추정량을 나타낸다.

파라미터의 추정은 얼마나 우수할까? 이는 우리가 파라미터의 실제값을 모르기 때문에 대답하기 어려운 질문이다. 하지만 가상적으로 추출을 반복하고 있을 때 추정량이 얼마나 잘 수행하는지 특성화할 수 있음이 밝혀졌다. 7.1절에서는 통계 이론이 책의 앞부분에서 사용한 추정량의 성능을 조사하는 데 어떤 도움이 되는지 보여 준다.

7.1.1 불편성과 일치성

단순 무작위 표본추출 절차를 사용해 모집단에서 특정수의 응답자를 선택하는 설문조사를 고려해 보자. 단순 무작위 추출은 모집단 내의 어떤 개인도 표본으로 선택될 가능성이 똑같음을 의미한다. 3장에서 논의된 바와 같이 이러한 무작위 추출은 대상 모집단에서 대표(적)표본을 생성할 수 있다는 이점이 있다(3.4.1절 참고).

이러한 아이디어를 이용하는 상황을 더욱더 구체적으로 보고자 2008년 미국 대통령 선거의 사전선거 여론조사의 사례를 상기하라(4.1.3절 참고). 이 예에서 파라미터는 미국 유권자 모집단에서 오바마를 지지하는 유권자 비율이다. 모집단에서 n명의 유권자 대표표본을 얻고자 단순 무작위 표본추출을 사용했다. 설문조사에서는 각 응답자가 오바마를 지지하는지 여부를 물었다. 오바마를 지지하는 사람들의 표본 내 비율을 사용해 오바마 지지자의 모집단 내 비율의 추정값으로 사용했다.

이전 단락의 내용을 공식화하고자 모집단 내 오바마 지지자의 비율을 p로 표시한다. 확률변수 X를 사용해 질문에 대한 응답을 나타낸다. 유권자 i가 오바마를 지지하면(지지하지 않으면) 이 관찰을 $X_i = 1(X_i = 0)$로 표시한다. 각 응답자는 동일한 모집단에서 독립적으로 추출됐으므로 $\{X_1, X_2, \ldots, X_n\}$는 성공확률이 p인 독립(적)이며 같은 분포를 따르는 i.i.d. 베르누이 확률변수로 가정할 수 있다(6.3.2절 참고). 추정량은 표본비율 $\overline{X}_n = \sum_{i=1}^{n} X_i/n$

이며, 이를 미지의 파라미터 p를 추정하고자 사용한다. 표본에서 얻은 이 추정량의 특정 값은 p의 추정값으로 표현한다.

이 추정값은 어느 정도로 좋은가? 이상적으로 추정값과 실제값의 차이로 정의되는 추정오차estimation error 를 계산한다.

$$\text{추정오차} = \text{추정값} - \text{실제값} = \overline{X}_n = p$$

그러나 추정오차는 p를 모르기 때문에 계산할 수 없다. 사실 실제값을 안다면 애초에 파라미터를 추정할 필요가 없기 때문이다.

표본 고유의 추정오차의 크기는 절대 알 수 없지만 추정오차의 평균적인 크기를 계산하는 것은 가능한 경우가 종종 있다. 이를 위해 완전히 동일한 방법으로 무한히 여러 번 동일한 사전선거 여론조사를 실시한다는 가상의 시나리오를 생각해 보자. 이 시나리오는 순수하게 가상의 것이다. 왜냐하면 현실에서는 하나의 표본밖에 얻을 수 없기 때문에 동일한 방법으로 복수 추출을 수행하는 것은 불가능하다. 이 시나리오에서 각 가상의 여론조사는 표본 모집단에서 n명의 유권자를 다른 집합에서 추출하며 오바마를 지지한다고 표명하는 표본 유권자를 다른 비율로 생성한다. 즉 확률변수 $\overline{X}_n$으로 표시되는 표본의 비율은 각 여론조사에 대해 다른 값을 사용한다. 결과적으로 추정오차는 설문조사마다 다르므로 확률변수가 된다.

더 구체적으로 말하자면 표본비율은 단순 무작위 추출을 반복해서 사용할 때 독자적 분포를 갖는 확률변수라고 간주할 수 있다. 이 분포를 추정량의 **표집분포**sampling distribution라고 한다. 이 특정 예에서 각 가상의 샘플은 동일한 모집단에서 독립적으로 추출된다. 따라서 표본비율 $\overline{X}_n$는 크기 n으로 나누고 성공확률 p인 이항확률변수다. 여기서 n은 여론조사의 응답자 수를 나타낸다(독립적이며 같은 분포를 따르는i.i.d. 베르누이 확률변수의 합은 이항확률변수라는 6.3.3절을 상기하라).

이제 **기대값**expectation의 개념을 사용해 반복되는 단순 무작위 추출 절차의 평균 추정오차 또는 **편향**bias을 계산한다(6.3.5절 참고). 이항모형에서 성공확률은 p와 같다. 따라서 표본평균의 편향 또는 평균 추정오차가 0임을 보여 줄 수 있다.

$$\text{편향} = \mathbb{E}(\text{추정오차}) = \mathbb{E}(\text{추정값} - \text{실제값}) = \mathbb{E}(\overline{X}_n) - p = p - p = 0$$

이 결과는 단순 무작위 추출 아래 표본비율은 모집단 비율의 불편^{unbiased}추정량이라는 의미를 가진다. 즉 특정 표본을 기반으로 한 표본비율이 모집단 비율에서 벗어날 수 있지만 평균적으로 정답을 제공한다. 보다 정확하게는 동일한 조건에서 동일한 사전선거 여론조사를 무한히 여러 번 실시한다면 오바마 지지자의 표본비율의 평균은 정확히 모집단 비율과 같을 것이다. 따라서 불편성은 관찰된 데이터를 기반으로 한 추정값의 정확성보다 반복된 추출에 대한 평균 추정값의 정확성을 나타낸다. 유사한 논리는 비이진변수에도 적용할 수 있다. 각 설문조사 응답자가 큰 모집단에서 무작위로 추출되는 한, 표본평균의 기대값은 모집단 평균과 동일하다는 것을 보여 줄 수 있다. 비독립적 표본추출 절차의 예로 한 응답자가 또 다른 응답자를 설문조사자에게 소개하는 응답자 주도의 표본추출이 있다. 기대값이 선형연산자임을 이용해(6.3.5절 참고), 표본평균에 대한 다음과 같은 일반적인 결과를 얻을 수 있다.

$$\mathbb{E}(\overline{X}_n) = \frac{1}{n}\sum_{i=1}^{n}\mathbb{E}(X_i) = \mathbb{E}(X) \tag{7.1}$$

최후의 등식은 n개의 관측값이 평균이 $\mathbb{E}(X)$로 표시되는 동일한 모집단에서 무작위로 추출되는 것에서 성립한다. 따라서 변수의 분포에 관계없이 무작위 표본추출은 표본평균을 모집단 평균의 불편추정량으로 사용하는 방법을 제공한다. 즉 식 (7.1)은 무작위 추출이 편향을 제거함을 보여 준다.

일반적으로 무작위 추출은 불편추정값을 얻는 데 주요한 역할을 한다. 무작위 추출이나 대표표본을 얻는 다른 방법이 없으면 편향 없이 모집단의 특성을 추정하기 어렵다. 예를 들어, 3.4.2절에서 논의된 항목 및 단위 무응답^{nonresponse}은 편향된 추정값을 생성할 수 있다.

6.4.1절에서 표본의 크기가 증가함에 따라 표본평균이 모집단 평균으로 수렴한다는 대수의 법칙$^{\text{law of large numbers}}$을 도입했다. 현재 맥락에서 이는 표본평균과 모집단 평균의 차이인 추정오차가 표본의 크기가 증가할수록 작아진다는 것을 의미한다. 표본크기가 무한대에 가까워짐에 따라 추정량이 파라미터에 수렴할 때 그 추정량은 일치성^{consistent}이 있다고 한다. 따라서 지금까지 논의된 내용은 표본평균이 모집단 평균에 대한 좋은 추정량임을 암시한다. 왜냐하면 표본평균이 모집단 평균에 불편하고 일치성이 있는 추정량이기 때문이

다. 즉 표본평균은 평균적으로 모집단 평균을 올바르게 추정하고 표본의 크기가 증가하면 추정오차가 감소한다.

> 만약 추정량의 기대값이 파라미터와 같으면 그 추정량은 **불편성**^{unbiased}이 있다고 말한다. 표본크기가 증가함에 따라 추정량이 파라미터에 수렴한다면 **일치성**^{consistent}이 있다고 한다. 예를 들어, 표본평균 $\overline{X}_n = \sum_{i=1}^{n} X_i/n$은 단순 무작위 표본추출에서 모집단 평균 $\mathbb{E}(X)$에 대해 불편성과 일치성을 가진다.
>
> $$\mathbb{E}(\overline{X}_n) = \mathbb{E}(X) \quad \text{및} \quad \overline{X}_n \rightarrow \mathbb{E}(X)$$

다음으로 무작위 대조시험^{randomized controlled trials}(2.4절 참조)을 분석하는 데 사용된 차분추정량^{difference-in-means estimator}이 평균처치효과에 대해 편향되지 않음을 보여 준다. 무작위 실험의 실시 대상인 n개 단위의 표본이 있다고 가정한다. 이 실험은 단일이항처치 T_i를 특징으로 한다. 이는 단위 i가 처치를 받으면 1이 되고 단위가 대조군에 할당되면 0이다. 이 표본에서 n_1개 단위를 무작위로 선택해 처치그룹에 할당하고, 나머지 $n - n_1$ 단위는 통제그룹에 속하게 한다. 이 처치할당 절차를 완전무작위화^{complete randomization}라고 하며, 처치를 받는 총단위 수를 사전에 결정한다. 대조적으로 단순무작위화^{simple randomization}는 각 단위에 독립인 처치를 할당하고자 처치를 받는 단위의 총수는 무작위화마다 다르다. 따라서 완전무작위화 하에서 처치그룹에 n_1개의 단위를 할당하고 나머지 단위를 통제그룹 n_1에 할당하는 총 $\binom{n}{n_1}$개의 방법이 있다(조합의 정의에 대해서는 6.1.5절 참고). 이러한 처치할당의 각 조합의 가능성은 동일하지만 그중에서 하나만 실현된다.

첫 번째로 고려할 파라미터인 **표본평균처치효과**^{SATE, Sample Average Treatment Effect}는 식 (2.1)에 정의돼 있다. 아래에 다시 게시했다.

$$\text{SATE} = \frac{1}{n} \sum_{i=1}^{n} \{Y_i(1) - Y_i(0)\}$$

이 식에서 $Y_i(1)$ 및 $Y_i(0)$는 각각 단위 i에 대한 처치조건과 통제조건 아래의 잠재적 결과다. 2.3절에서 살펴본 것과 같이 $Y_i(1)(Y_i(0))$는 단위 i가 처치(통제)조건에 할당된 경우 단위 i에 관찰된 결과를 나타낸다. $Y_i(1) - Y_i(0)$는 단위 i에 대한 처치효과를 나타내므로 SATE는 표본의 모든 단위에 대한 이 처치효과의 평균이다. 그러나 각 단위에 대해 하나의 잠재적 결과밖에 관찰할 수 없기 때문에, 어떠한 단위에 관해서도 처치효과는 관찰할 수 없다. 그렇기 때문에 SATE는 미지의 것이다.

2.4절에서 처치할당의 무작위화가 처치그룹과 통제그룹을 평균적으로 동일하게 만든다는 것을 배웠다.

결과적으로 차분추정량^{difference-in-means estimator}을 사용해 평균처치효과를 추정할 수 있다. 여기서 이 주장을 공식화해 보자. 차분추정량 $\widehat{\text{SATE}}$는 다음과 같이 작성될 수 있다.

$$\widehat{\text{SATE}} = \text{처치군의 평균} - \text{비처치군의 평균}$$

$$= \frac{1}{n_1} \sum_{i=1}^{n} T_i Y_i - \frac{1}{n - n_1} \sum_{i=1}^{n} (1 - T_i) Y_i \tag{7.2}$$

n_1은 처치그룹의 단위 수를 나타내므로 $n - n_1$은 대조군의 크기다. 예를 들어, 식 $\sum_{i=1}^{n} T_i Y_i$는 처치된 모든 단위에서 관찰된 결과변수의 합을 제공한다. 왜냐하면 처치변수 T_i는 단위 i가 처치될 때는 1이고, 단위 i가 통제그룹에 속하면 0이기 때문이다. 이는 관측값 i가 처치그룹에 있을 때 $T_i Y_i = Y_i$ 및 $(1 - T_i) Y_i = 0$이고 통제그룹에 있을 때 $T_i Y_i = 0$ 및 $(1 - T_i) Y_i = Y_i$를 의미한다.

이제 차분추정량이 SATE에 대해 편향되지 않음을 보여 준다. 앞서 논의한 바와 같이 설문조사 샘플링에서 추정량의 편향이 없다는 것은 반복된 추출에서 추정량의 평균값이 알려지지 않은 파라미터의 실제값과 동일함을 의미한다. 무작위 대조시험에서 처치할당의 반복된 무작위화를 하면 추정량이 어떻게 행동하는지 살펴보자. 즉 동일한 n개의 단위 표본을 사용해, 처치할당을 무작위화하는 것을 (무한대로) 여러 번 무작위 대조시험을 수행한다고 가정해 보자. 특정 단위는 몇 번의 시행에서 처치를 받고 다른 시행에서는 통제그룹에 할당된다. 각 회에서 처치할당을 무작위화하며 결과를 관찰한 후에 차분추정량을 계산한다. 가상반복실험에서 잠재적 결과는 일정하며 처치할당만 변화한다. 따라서 불편성은 반복된 시행에 대한 차분추정량의 평균값이 SATE의 실제값과 동일함을 의미한다.

불편성을 보다 공식화하고자 이 프레임워크에서 무작위 처치할당 T_i는 단지 하나의 확률변수이기 때문에 T_i에 대한 차분추정량의 기대값을 취하면 된다. T_i는 베르누이 확률변수이므로 그 기대값은 $P(T_i = 1)$과 같다. 이는 처치를 받은 피험자의 비율, 즉 이 경우는 n_1/n과 같다.

$$
\begin{aligned}
\mathbb{E}(\widehat{\mathsf{SATE}}) &= \mathbb{E}\left(\frac{1}{n_1}\sum_{i=1}^{n}T_i Y_i(1) - \frac{1}{n-n_1}\sum_{i=1}^{n}(1-T_i)Y_i(0)\right) \\
&= \frac{1}{n_1}\sum_{i=1}^{n}\mathbb{E}(T_i)Y_i(1) - \frac{1}{n-n_1}\sum_{i=1}^{n}\mathbb{E}(1-T_i)Y_i(0) \\
&= \frac{1}{n_1}\sum_{i=1}^{n}\frac{n_1}{n}Y_i(1) - \frac{1}{n-n_1}\sum_{i=1}^{n}\left(1-\frac{n_1}{n}\right)Y_i(0) \\
&= \frac{1}{n}\sum_{i=1}^{n}\{Y_i(1) - Y_i(0)\} = \mathsf{SATE}
\end{aligned}
\tag{7.3}
$$

최초의 등식이 성립함에는 처치를 받은 단위에 대해 처치조건하에서 잠재적 결과가 관찰되는(예: $Y_i = Y_i(1)$) 한편, 통제그룹의 단위는 다른 잠재적인 결과를 나타내기(예: $Y_i = Y_i(0)$) 때문이다. 두 번째 등식은 기대값이 선형연산자이고 처치할당에 대해 기대값을 취하기 때문에 성립된다. 즉 잠재적 결과는 고정 상수로 다뤄진다. 위 식의 유도는 차분추정량이 SATE에 대해 편향되지 않음을 보여 준다.

위의 무작위 처치할당의 이점과 무작위 추출의 이점을 합할 수 있다. 먼저 관심이 큰 모집단에서 n명의 개인을 무작위로 추출한다고 가정한다. 이 샘플 내에서 n_1명의 개인에게 처치를 무작위로 할당하고 각각의 결과를 측정한다. 실험의 표본은 모집단을 대표하기 때문에 이 2단계 절차를 통해서 실험의 결과는 모집단을 일반화할 수 있다. 이를 공식적으로 확인하려면 **모집단 평균처치효과**[PATE, Population Average Treatment Effect]를 고려하라. 이는 모집단의 모든 개인 간의 평균처치효과를 나타낸다. 여기서는 모집단 평균을 나타내고자 기대값을 사용한다.

$$
\mathsf{PATE} = \mathbb{E}(Y(1) - Y(0))
\tag{7.4}
$$

무작위 추출로 인해 표본이 모집단을 대표한다는 사실을 상기하라. 즉 SATE는 관찰할 수 없지만 기대값은 PATE와 같다. 차분추정량은 SATE에 대해 편향되지 않기 때문에 추정량은 PATE에 대해서도 편향되지 않는다. 또한 식 (7.3)에 의하면 PATE에 대한 차분추정량은 일치성이 분명히 있음을 알 수 있다. 이 결과는 처치그룹과 통제그룹의 표본평균에 개별적으로 대수의 법칙^{law of large numbers}을 적용하면서 나타난다. 요컨대 무작위 추출과 무작위 할당의 조합을 통해서 대상 모집단의 인과 추론을 할 수 있다.

> 무작위 대조시험에서 처치그룹과 통제그룹 간의 평균 결과 차이는 **표본평균처치효과**^{SATE}의 불편추정량이다. 또한 추정량은 **모집단 평균처치효과**^{PATE}에 대해 편향되지 않으며 일치성이 있다.

몬테카를로 시뮬레이션은 불편성 개념을 설명할 수 있다. 통제조건하에서 잠재적 결과가 모집단의 표준정규분포(예: 평균이 0이고 단위 분산이 있는 정규 분포)에 따라 분포한다고 가정한다. 또한 모집단에서 개인 수준의 처치효과가 평균과 분산이 모두 1인 또 다른 정규분포를 따른다고 가정한다. 식으로 이 가상 데이터 생성과정^{data-generating process}을 다음과 같이 작성할 수 있다.

$$Y_i(0) \sim \mathcal{N}(0, 1) \quad \text{및} \quad Y_i(1) \sim \mathcal{N}(1, 1) \tag{7.5}$$

처치할당은 무작위화되며 무작위로 선택된 표본의 절반은 처치를 받고 나머지 절반은 처치되지 않는다. 마지막으로 단위 i의 처치효과를 $\tau_i = Y_i(1) - Y_i(0)$로 정의할 수 있으며 각 단위에 대해 실현된 처치조건하에서 잠재적 결과를 관찰한다. 이 모형에서 PATE를 다음과 같이 해석적으로 계산할 수 있다.

$$\mathbb{E}(\tau_i) = \mathbb{E}(Y_i(1)) - \mathbb{E}(Y_i(0)) = 1 - 0 = 1 \tag{7.6}$$

반대로 SATE의 값은 추출되는 단위에 따라 다르다.

이제 이 시뮬레이션을 R에서 구현한다. 위의 식들을 따라 모집단에서 잠재적인 결과를 얻을 수 있는 단위 샘플 하나를 생성한다. 이 프로세스에는 지정된 평균 및 표준편차를 갖는 정규분포에서 첫 번째 인자에 지정된 크기의 샘플을 무작위로 추출하는 rnorm() 함수가 필요하다. 다음으로 해당 샘플에 대한 SATE의 실제값을 계산한다. 물론 이는 가상의 시뮬레이션에서만 가능하다. 현실 세계에서는 주어진 관찰에 대해 두 가지 잠재적 결과를 동시에 관찰할 수 없으므로 SATE의 실제값은 알려져 있지 않다.

```
## 시뮬레이션 파라미터
n <- 100 # 표본크기
mu0 <- 0 # Y_i(0)의 평균
sd0 <- 1 # Y_i(0)의 표준편차
mu1 <- 1 # Y_i(1)의 평균
sd1 <- 1 # Y_i(1)의 표준편차
## 표본생성
Y0 <- rnorm(n, mean = mu0, sd = sd0)
Y1 <- rnorm(n, mean = mu1, sd = sd1)
tau <- Y1 - Y0 # 개별 처치효과
## 표본평균처치효과의 실제값
SATE <- mean(tau)
SATE
```

```
## [1] 1.046216
```

그런 다음 루프^{loop}를 사용해 샘플 단위에 처치를 무작위 할당하고 실현된 처치조건에 따라 잠재적 결과 중 하나를 선택해 다수의 가상 무작위 대조시험을 시뮬레이션한다. 무작위 대조시험 각 회의 재현에 대해 차분추정량을 계산하고 그 평균 성능을 살펴본다. 처치를 무작위화하고자 sample() 함수를 사용해 동일한 비율로 0과 1을 포함하는 벡터에서 요소의 절반을 무작위로 추출한다. 표본크기를 임의의 값인 100으로 설정해 몬테카를로 시뮬레이션을 수행한다. 따라서 전체 절차는 50개의 관측값을 처치그룹에, 다른 50개는 통제그룹에 무작위로 할당하는 것과 같다. 그리고 처치그룹에 대해서는 $Y_i(1)$이 관측되며 통제그룹에 대해서는 $Y_i(0)$이 관측된다.

```
## 무작위대조시험(RCT)를 반복적으로 시행
sims <- 5000 # 5000번 반복, 이 이상도 가능
diff.means <- rep(NA, sims)  # 컨테이너
for (i in 1:sims) {
    ## 0과 1로 된 벡터에서의 표본추출에 의한 처치 무작위화
    treat <- sample(c(rep(1, n / 2), rep(0, n / 2)), size = n, replace = FALSE)

    ## 차분(difference-in-means)
```

```
    diff.means[i] <- mean(Y1[treat == 1]) - mean(Y0[treat == 0])
}
## SATE 추정오차
est.error <- diff.means - SATE
summary(est.error)

##       Min.    1st Qu.     Median       Mean    3rd Qu.
## -0.4414000 -0.0891500 -0.0004482  0.0010830  0.0908500
##       Max.
##  0.5029000
```

추정오차의 평균인 편향이 0에 가까운 0.001임을 관찰된다. 이론이 함의하는 것처럼 완전히 0은 아니지만 이는 몬테카를로 시뮬레이션 고유의 고르지 못함에 따라 약간의 노이즈를 추가하기 때문이다. 이 이론값과의 편차를 몬테카를로 오차^{Monte Carlo error}라고 한다. 만약 이 시뮬레이션을 무한히 여러 번 수행한다면 몬테카를로 오차를 제거할 수 있다. 이 시뮬레이션에서 차분추정량의 추정오차 범위는 −0.441에서 0.503까지다. 따라서 추정량은 평균적으로 SATE의 실제값에 매우 가깝지만 무작위 대조시험에서는 멀리 떨어져 있을 수 있다.

PATE 추정의 편향을 고려하고자 위 시뮬레이션 절차를 수정해야 한다. 특히 잠재적 결과를 추출하는 절차를 루프에 추가한다. 이는 연구자가 모집단에서 개인을 표본추출한 다음 무작위 실험을 수행하는 과정을 시뮬레이션한다. 그런 다음 이 2단계 절차를 여러 번 반복한다. 이러한 절차는 동일한 샘플에 대해 무작위 실험을 수행한 위의 시뮬레이션 설정과 대조된다. 새로운 편향을 계산하고자 반복 시뮬레이션에 대한 차분추정량의 평균값을 현재 예제에서 1과 같은 PATE의 실제값과 비교한다. 이 PATE 시뮬레이션의 R 코드는 다음과 같다.

```
## PATE 시뮬레이션
PATE <- mu1 - mu0
diff.means <- rep(NA, sims)
for (i in 1:sims) {
    ## 각 시뮬레이션별 하나의 표본을 생성. 이는 이전에는 루프 바깥쪽에 있었음
    Y0 <- rnorm(n, mean = mu0, sd = sd0)
    Y1 <- rnorm(n, mean = mu1, sd = sd1)
    treat <- sample(c(rep(1, n / 2), rep(0, n / 2)), size = n, replace = FALSE)
    diff.means[i] <- mean(Y1[treat == 1]) - mean(Y0[treat == 0])
}
```

```
## PATE 추정오차
est.error <- diff.means - PATE
## 불편
summary(est.error)

##      Min.  1st Qu.   Median     Mean  3rd Qu.     Max.
## -0.757900 -0.140900 -0.003669 -0.002793  0.134400  0.650100
```

평균 추정오차는 불편성을 반영해 0에 가깝다. 무작위 추출법이 더 많은 노이즈를 추가하기 때문에 변동성은 SATE보다 큰 경우가 있다.

7.1.2 표준오차

추정오차의 평균에 초점을 맞췄지만 큰 변동성을 가진 불편추정량은 실제로 거의 사용되지 않는다. 위 시뮬레이션의 예에서 차분추정량은 편향되지 않았지만 추정오차가 때때로 컸다. 차분추정량의 표집분포를 플로팅할 수 있다. 히스토그램은 추정량이 평균적으로는 정확하지만 무작위 처치할당마다 크게 다르다는 것을 보여 준다.

```
hist(diff.means, freq = FALSE,xlab = "차분추정량",
     main = "표집분포")
abline(v = SATE, col = "blue") # SATE의 실제값
```

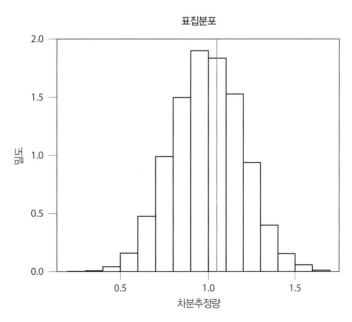

가상으로 반복되는 데이터 생성과정에서 추정량은 얼마나 달라질까? 책의 앞부분에서 표준편차를 사용해 분포의 퍼짐을 특징지었으며 여기서도 동일한 작업을 수행할 수 있다. 위의 시뮬레이션 예에서 이는 차분추정량 표집분포의 표준편차를 계산하는 것과 같다.

```
sd(diff.means)
## [1] 0.2003772
```

이 결과가 의미하는 것은 이 예에서 차분추정량은 평균에서 0.2포인트 떨어져 있다는 것이다. 차분추정량이 SATE에 대해 편향되지 않기 때문에 이 평균값은 SATE의 실제값과 동일하다. 따라서 표집분포의 평균은 SATE의 실제값과 동일하며, 이것은 곧 표집분포의 표준오차(즉 평균에서의 편차)는 이 경우 평균제곱근오차(RMSE, Root-Mean-Squared Error, 실제값과의 편차, RSME의 정의는 4.1.3절 참조)와 동일하다는 것을 의미한다. 시뮬레이션 예제에서 RMSE를 다음과 같이 계산할 수 있다.

```
sqrt(mean((diff.means - SATE)^2))
## [1] 0.2062641
```

이 결과는 추정량이 SATE 실제값에서 평균 0.206포인트 떨어져 있음을 의미한다. 표준오차와 RMSE의 작은 차이는 표본평균이 그 기대값에서 약간 차이가 나는 몬테카를로 오차를 반영한다.

그러나 추정량이 편향된 경우에는 표집분포의 표준편차는 RMSE와 다르다. 공식화하면 RMSE의 제곱인 평균제곱오차$^{\text{MSE, Mean-Squared Error}}$가 분산 및 편향의 제곱 합과 같다는 것을 보여 줄 수 있다. θ를 파라미터라고 하고 $\hat{\theta}$을 그 추정량이라고 하자. 이러한 분해는 아래와 같이 유도할 수 있다.

$$
\begin{aligned}
\text{MSE} &= \mathbb{E}\{(\hat{\theta} - \theta)^2\} \\
&= \mathbb{E}[\{(\hat{\theta} - \mathbb{E}(\hat{\theta})) + (\mathbb{E}(\hat{\theta}) - \theta)\}^2] \\
&= \mathbb{E}[\{\hat{\theta} - \mathbb{E}(\hat{\theta})\}^2] + \{\mathbb{E}(\hat{\theta}) - \theta\}^2 \\
&= 분산 + 편향^2
\end{aligned}
$$

두 번째 등식은 단순히 $\mathbb{E}(\hat{\theta})$을 더하고 뺀 것이기 때문에 성립한다. 세 번째 등식은 이 제곱 부분을 전개해서 얻은 외적항, $2\mathbb{E}\{(\hat{\theta} - \mathbb{E}(\hat{\theta}))(\mathbb{E}(\hat{\theta})-\theta)\}$이 0으로 표시될 수 있다는 사실에 기반한다.[1]

이 분해는 추정량의 정확성을 평가할 때 분산과 편향에 관심이 있음을 의미한다. 불편추정량은 편향된 추정량보다 더 큰 MSE를 가질 수 있다. 이 경우 전자의 분산이 후자의 분산보다 충분히 크다.

위의 논의는 **표집분포**^{sampling distribution}의 표준편차를 계산해 추정량의 변동성을 특성화할 수 있음을 시사한다. 안타깝게도 이 표준편차는 가상의 반복된 무작위 샘플링 및/또는 무작위 처치할당을 통해서 정의되기 때문에 데이터에서 직접 얻을 수 없다. 위의 시뮬레이션에서는 가정된 데이터 생성과정에서 여러 데이터셋을 생성했기 때문에 이를 계산할 수 있었다. 실제로 우리는 알려지지 않은 데이터 생성과정에서 하나의 샘플만 얻는다. 그러나 관측된 데이터에서 추정량의 표집분포의 표준편차를 추정할 수 있음이 밝혀졌다. 이렇게 얻은 표집분포의 추정 표준편차는 **표준오차**^{standard error}라고 불리며, 추정량이 기대값에서 벗어나는 정도의 (추정) 평균을 나타낸다.

> 추정량의 변동성을 특징하고자 표집분포의 추정 표준편차인 **표준오차**를 사용할 수 있다. 정확도의 한 척도는 실제 파라미터 값 θ에서 추정량 $\hat{\theta}$의 평균 편차를 측정하는 **평균제곱근오차**^{RMSE}다. 모든 추정량의 평균제곱오차^{MSE}는 분산 및 제곱 편향의 합과 같다.
>
> $$\mathbb{E}\{(\hat{\theta} - \theta)^2\} = \mathbb{V}(\hat{\theta}) + \{\mathbb{E}(\hat{\theta} - \theta)\}^2$$

예를 들어, 7장의 앞부분에서 설명한 사전선거 투표를 고려하라. p로 표시되는 파라미터는 오바마를 지지하는 유권자의 모집단 비율이다. 이 모집단에서 단순 무작위 추출된 n명의 유권자로 구성된 표본이 있다. 각 응답은 성공확률 p의 서로 독립(적)이며 같은 분

---

1 구체적으로 기대값의 법칙(6.3.5 참고)을 사용하면 다음을 갖는다.

$$\mathbb{E}\{(\hat{\theta} - \mathbb{E}(\hat{\theta}))(\mathbb{E}(\hat{\theta}) - \theta)\} = \mathbb{E}[\hat{\theta}\mathbb{E}(\hat{\theta}) - \hat{\theta}\theta - \{\mathbb{E}(\hat{\theta})\}^2 + \mathbb{E}(\hat{\theta})\theta] = \{\mathbb{E}(\hat{\theta})\}^2 - \mathbb{E}(\hat{\theta})\theta - \{\mathbb{E}(\hat{\theta})\}^2 + \mathbb{E}(\hat{\theta})\theta = 0$$

포를 따르는[i.i.d.] 베르누이 확률변수 X_i로 표시될 수 있으며 응답자 i가 오바마를 지지하는 지($X_i = 1$) 그렇지 않은지($X_i = 0$)를 나타낸다. 표본비율 $\overline{X}_n = \sum_{i=1}^{n} X_i/n$를 추정량으로 사용한다. 따라서 분산의 법칙(6.3.5절 참고)을 사용해 이 추정량의 분산을 다음과 같이 계산할 수 있다.

$$\mathbb{V}(\overline{X}_n) = \frac{1}{n^2}\mathbb{V}\left(\sum_{i=1}^{n} X_i\right) = \frac{1}{n^2}\sum_{i=1}^{n}\mathbb{V}(X_i) = \frac{\mathbb{V}(X)}{n} = \frac{p(1-p)}{n} \qquad (7.7)$$

이 도출에서 두 번째와 세 번째 등식은 각 관측값이 독립(적)이며 같은 분포를 따르는[i.i.d.] 확률변수라는 사실이다. 마지막 등식은 베르누이 확률변수의 분산이 $p(1-p)$라는 사실에서 따른다. p가 0.5인 경우(예: 모집단이 2개의 정확한 절반으로 분할됨) 표집분포의 표준편차가 가장 크다. 따라서 추정량의 분산은 미지의 파라미터 p의 함수다. p는 미지이지만 관측된 데이터에서 추정할 수 있다. 앞서 살펴본 것처럼 표본비율 $\overline{X}_n$은 p의 편향되지 않고 일치성 있는 추정량이므로 이를 사용해 다음과 같은 표준오차를 생성할 수 있다.

$$\text{표본비율의 표준오차} = \sqrt{\frac{\overline{X}_n(1-\overline{X}_n)}{n}} \qquad (7.8)$$

예를 들어, 표본크기가 1,000명이고 600명이 오바마를 지지한다고 말한 경우는 모집단에서 오바마의 지지율 추정값은 0.6이고 표준오차는 $0.015 \approx \sqrt{0.6(1-0.6)/100}$이다. 이는 추정값이 오바마 지지자의 실제 모집단 비율에서 평균 1.5% 포인트 차이가 있음을 의미한다.

일반적으로 각 통계량은 고유한 표집분포를 갖기 때문에 각 통계에 대해 표준오차를 도출해야 한다. 예를 들어, 식 (7.8)에 주어진 표준오차 공식은 n개의 독립(적)이며 같은 분포를 따르는[i.i.d.] 베르누이 확률변수의 표본비율에만 적용된다. 식 (7.7)의 유도를 보면 X가 비이진일 때 표본평균의 표준오차의 보다 일반적인 공식이 다음의 공식으로 주어짐을 보여 준다.

> n개의 독립(적)이며 같은 분포를 따르는$^{\text{i.i.d.}}$ 확률변수 $\{X_1, X_2, \ldots, X_n\}$의 표본이 있
> 다고 가정해 보자. 표본평균의 **표준오차** $\overline{X}_n = \sum_{i=1}^{n} X_i/n$는 다음과 같이 정의된다.
>
> $$\text{표본평균의 표준오차} = \sqrt{\widehat{\mathbb{V}(\overline{X}_n)}} = \sqrt{\frac{\widehat{\mathbb{V}(X)}}{n}} \qquad (7.9)$$
>
> X가 베르누이 확률변수일 때 식 (7.8)은 $\widehat{\mathbb{V}(X)} = \overline{X}_n(1 - \overline{X}_n)$로 정의하면 단순
> 화될 수 있다.

따라서 모집단의 분산 $\mathbb{V}(X)$를 표본의 분산 $\sum_{i=1}^{n} (X_i - \overline{X}_n)^2/(n-1)$으로 추정하는 것으
로 표준오차를 계산할 수 있다. 여기서 분모는 n이 아니라 $n-1$이다. 왜냐하면 분산의
추정에는 평균의 추정이 필요하기 때문이며 그 결과 자유도$^{\text{degree of freedom}}$의 1만큼 손실이
발생한다(4.3.2절 참고).

마지막으로 무작위 대조시험에 사용된 차분추정량의 표준오차도 얻을 수 있다. 이를 위
해 차분추정량의 분산은 처치그룹과 통제그룹에 대한 표본평균 분산의 합이라는 점에
유의하라. 여기서는 후자의 두 분산을 추정한다. 그리고 두 표본평균이 서로 다른 관측
그룹을 기반하기 때문에 통계적 독립성을 가정할 수 있다. 이러한 계산에 의하면 하나의
표본평균이 다른 표본평균과 비교될 때 차분추정량의 표준오차를 산출한다.

> n개의 독립(적)이며 같은 분포를 따르는 확률변수 $\{X_1, X_2, \ldots, X_n\}$의 표본이 있
> 다고 가정해 보자. 또한 m개의 독립(적)이며 같은 분포를 따르는 또 다른 확률변
> 수 $\{Y_1, Y_2, \ldots, Y_n\}$의 표본이 있다고 가정해 보자. 그러면 차분추정량의 **표준오차**
> $\sum_{i=1}^{n} X_i/n - \sum_{i=1}^{m} Y_i/m$는 다음과 같다.
>
> $$\text{차분추정량의 표준오차} = \sqrt{\frac{\widehat{\mathbb{V}(X)}}{n} + \frac{\widehat{\mathbb{V}(Y)}}{m}} \qquad (7.10)$$

이제 7.1.1절의 끝에서 수행된 시뮬레이션을 다시 살펴보자. 이 시뮬레이션에서 관심 수량은 특정 표본을 기반으로 하는 SATE가 아닌 PATE다. 각 시뮬레이션에 표준오차 계산을 추가하고 5,000개의 표준오차를 얻는다. 이러한 표준오차는 차분추정량의 표집분포의 표준편차를 평균적으로 추정해야 한다.

```
## 표준오차를 동반한 PATE 시뮬레이션
sims <- 5000
diff.means <- se <- rep(NA, sims)   # 추가된 표준오차의 컨테이너
for (i in 1:sims) {
    ## 표본생성
    Y0 <- rnorm(n, mean = mu0, sd = sd0)
    Y1 <- rnorm(n, mean = mu1, sd = sd1)

    ## 0과 1로 된 벡터의 표본추출에 의한 처치 무작위화
    treat <- sample(c(rep(1, n / 2), rep(0, n / 2)), size = n, replace = FALSE)
    diff.means[i] <- mean(Y1[treat == 1]) - mean(Y0[treat == 0])

    ## 표준오차
    se[i] <- sqrt(var(Y1[treat == 1]) / (n / 2) + var(Y0[treat == 0]) / (n / 2))
}
## 차분 표준편차
sd(diff.means)

## [1] 0.1966406

## 표준편차 평균
mean(se)

## [1] 0.1992668
```

표준오차의 정의에서 예상한 대로 표준오차의 평균은 차분추정량의 표집분포의 표준편차에 가깝다. 이 케이스는 실제 데이터 생성과정을 알고 있으므로 이 추정량의 표집분포에 대한 정확한 표준편차를 분석적으로 도출할 수 있다. 식 (7.5)에서 $Y(1)$과 $Y(0)$의 분포를 사용해 다음과 같이 계산한다.

$$\sqrt{\frac{\mathbb{V}(Y(1))}{n_1} + \frac{\mathbb{V}(Y(0))}{n - n_1}} = \sqrt{\frac{1}{50} + \frac{1}{50}} = \frac{1}{5} \tag{7.11}$$

시뮬레이션 절차가 이 실제값에 매우 근접한 것을 알 수 있다.

7.1.3 신뢰구간

추정량의 특성을 연구하고자 표집분포의 평균과 표준편차를 사용했다. 다음으로 평균 및 표준편차가 아닌 전체 표집분포를 특성화하는 것을 살펴보자. 몇몇의 특별한 경우에는 이를 간단히 할 수 있다. 예를 들어, $\{X_1, X_2, \ldots, X_n\}$이 평균이 μ이고 분산이 σ^2인 정규분포에 따라 독립적으로 동일하게 분포한다고 가정한다. 정규확률변수의 합이 다른 정규분포를 따르기 때문에 표본평균 $\overline{X}_n = \sum_{i=1}^{n} X_i / n$의 표집분포도 정규분포이며, 평균 $\mathbb{E}(\overline{X}_n) = \mathbb{E}(X) = \mu$ 및 분산 $\mathbb{V}(\overline{X}_n) = \sigma^2/n$이다.

정규분포는 도출이 잘 되는 한편 다른 경우에 추정량의 표집분포를 특성화하는 방법은 불명확하다. 실제로는 실제 데이터 생성과정을 알지 못하기 때문에 이는 성가신 일이다. 다행히 실제로 관심이 있는 많은 경우에 추정량의 표집분포를 근사화^{approximate}하는 방법이 있다. 특히 6.4.2절에서 소개한 **중심극한정리**^{central limit theorem}를 사용한다. 이 중심극한정리는 표본평균의 표집분포가 대략적으로 정규분포를 따른다는 것을 의미한다.

$$\overline{X}_n \overset{\text{근사}}{\sim} \mathcal{N}\left(\mathbb{E}(X), \frac{\mathbb{V}(X)}{n}\right) \tag{7.12}$$

이 결과는 6.4.2절의 식 (6.41)에서 양쪽에 표준편차, 즉 $\sqrt{\mathbb{V}(X)/n}$(분산을 1에서 $\mathbb{V}(X)/n$으로 변경)를 곱하고 평균값, 즉 $\mathbb{E}(X)$(평균을 0에서 $\mathbb{E}(X)$로 변경됨)를 추가해 도출할 수 있다. 확률변수가 이진변수라면 $\overline{X}_n$는 표본비율을 나타내므로 $\mathbb{E}(X) = p$ 및 $\mathbb{V}(X) = p(1-p)$가 된다. 충분히 큰 표본은 이 결과를 통해서 정규분포를 사용해 표본평균의 표집분포를 특성화할 수 있다. 식 (7.12)는 원 확률변수 X의 분포에 관계없이 성립하기 때문에 유용하다.

이 결과를 사용해 **신뢰구간**^{confidence interval}이라 불리는 불확실성의 또 다른 척도를 구성할 수 있다. 신뢰구간은 파라미터의 실제값을 포함할 가능성이 높은 값의 범위를 제공한다. **신뢰역**^{confidence bands} 또는 **오차역**^{error bands}이라고도 한다. 신뢰구간을 계산하고자 연구원들은 신뢰수준 또는 구간에 실제값이 실제로 포함돼 있는지 확인하려는 정도를 결정한다. 보다 정확하게는 가상으로 반복되는 데이터 생성과정에서 신뢰구간에는 신뢰수준으로 지정된 확률을 가진 파라미터의 실제값이 포함된다. 많은 응용 연구자들은 관례상 95% 신뢰수준을 선택하지만 90% 및 99%와 같은 다른 선택도 사용할 수 있다. 신뢰수준은 종종

$(1 - \alpha) \times 100\%$로 작성되며 여기서 α는 0과 1 사이의 값을 가질 수 있다. 예를 들어, $\alpha = 0.05$는 95% 신뢰수준에 해당한다.

수식화하면 표본평균에 대한 $(1 - \alpha) \times 100\%$의 점근적인(즉 큰 표본) 신뢰구간 $\mathrm{CI}(\alpha)$는 다음과 같이 정의된다.

$$\mathrm{CI}(\alpha) = \left[\ \overline{X}_n - z_{\alpha/2} \times \text{표준오차}, \ \ \overline{X}_n + z_{\alpha/2} \times \text{표준오차} \ \right] \tag{7.13}$$

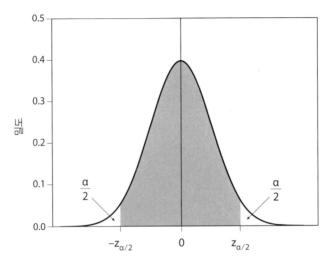

그림 7.1 표준정규분포에 기반한 임계값(기각값). 하한 및 상한 임계값은 각각 $-z_{\alpha/2}$와 $z_{\alpha/2}$이며 가로축에 표시된다. 이러한 임계값 사이의 밀도곡선 아랫부분의 면적(파란색 부분)은 $1 - \alpha$와 동일하다. 이 임계값들은 대칭을 이룬다.

표 7.1 신뢰구간에서 정규분포에 의해 일반적으로 사용되는 임계값

α	신뢰수준	임계값 $z_{\alpha/2}$	R 표현
0.01	99%	2.58	qnorm(0.995)
0.05	95%	1.96	qnorm(0.975)
0.1	90%	1.64	qnorm(0.95)

이 정의에서 $z_{\alpha/2}$는 임계값$^{\text{critical value}}$이며, $P(Z > \alpha/2) = 1 - P(Z \leq \alpha/2) = 1 - \alpha/2$($Z$는 표

준정규확률변수)와 같은 표준정규분포의 $(1 - \alpha/2)$ 분위수와 같다. 여기서 표준정규확률변수는 그 임계값보다 더 클 확률은 $\alpha/2$과 같다. 그림 7.1은 시각적으로 이러한 임계값을 보여 주며 여기서 파란색으로 강조 표시된 하한 및 상한 임계값 사이의 밀도곡선 아래 면적은 $1 - \alpha$과 같다.

일반적으로 선택된 신뢰수준에 해당하는 임계값은 표 7.1의 R 표현식과 함께 표시된다. 따라서 신뢰수준이 감소하면 임계값이 감소하고 결과적으로 신뢰구간의 폭이 좁아진다. 이는 신뢰구간의 너비가 $2 \times$ 표준오차 $\times z_{\alpha/2}$이기 때문이다(식 (7.13) 참고). 동일한 관측 데이터에 대해 신뢰구간이 짧을수록 구간에 실제값이 포함돼 있는 신뢰도가 낮아지기 때문에 추세가 의미가 있다. 표 7.1에서 볼 수 있듯이 신뢰수준은 qnorm() 함수의 인자에 해당한다. 수학적으로 이 함수는 표준정규확률변수 X의 CDF의 역수를 계산한다. qnorm() 함수를 사용하고자 확률 p를 입력하고 함수는 $p = P(X \geq q)$가 되는 분위수 q를 반환한다.

설문조사 샘플링 예로 돌아가서 1,000명의 응답자 중 600명이 오바마를 지지한다면 오바마를 지지하는 유권자의 모집단비율 또는 점 추정값은 $\overline{X}_n = 0.6$이고, 표준오차는 $0.02 = \sqrt{0.6 \times (1 - 0.6)/1000}$이다. 따라서 99%, 95%, 90% 신뢰구간은 다음과 같이 계산할 수 있다.

```
n <- 1000 # 표본크기
x.bar <- 0.6 # 점 추정
s.e. <- sqrt(x.bar * (1 - x.bar) / n) # 표준오차
## 99% 신뢰구간
c(x.bar - qnorm(0.995) * s.e., x.bar + qnorm(0.995) * s.e.)

## [1] 0.5600954 0.6399046

## 95% 신뢰구간
c(x.bar - qnorm(0.975) * s.e., x.bar + qnorm(0.975) * s.e.)

## [1] 0.5696364 0.6303636

## 90% 신뢰구간
c(x.bar - qnorm(0.95) * s.e., x.bar + qnorm(0.95) * s.e.)

## [1] 0.574518 0.625482
```

신뢰수준이 높을수록 신뢰구간이 더 넓어진다.

신뢰구간을 어떻게 해석해야 할까? 예를 들어, 관찰된 데이터를 기반으로 계산된 특정 95% 신뢰구간에 파라미터의 실제값이 포함될 확률이 0.95라고 생각하고 싶을 수 있다. 그러나 이 해석은 올바르지 않다. 그 이유는 파라미터의 실제값은 미지이고 고정돼 있기 때문에 특정 신뢰구간에 이 값이 포함될 확률은 1(실제로 포함된 경우) 또는 0(포함되지 않은 경우)이다. 신뢰구간은 관측된 데이터의 함수이므로 임의적이며 하나의 (가상의) 무작위 표본에서 다른 표본에 따라 다르다. 따라서 신뢰구간의 올바른 해석은 95% 신뢰구간은 가상으로 반복되는 데이터 생성과정 동안 95% 횟수 파라미터의 실제값이 포함된다는 것이다. 즉 무한한 수의 무작위 샘플이 있는 경우가 있다면 그중에 95%는 실제값을 포함하는 95% 신뢰구간을 생성한다. (무작위) 신뢰구간에 실제값이 포함될 확률을 **포함확률**(coverage probability 또는 coverage rate)이라고 한다. 신뢰구간은 명목값과 동일한 표함확률이 있을 때 유효하다(예: 현재 예에서는 95%).

이제 식 (7.13)에 주어진 신뢰구간이 적절한 범위 비율을 갖는 이유를 설명한다. $(1 - \alpha/2) \times 100\%$ 신뢰구간에 실제 모수값 $\mathbb{E}(X)$(또는 X가 베르누이 확률변수인 경우 p)가 포함될 확률을 고려하라. 즉 실제 파라미터가 신뢰구간의 하한과 상한 사이에 있을 확률을 말한다. 이 확률은 각 항에서 표본평균 $\overline{X}_n$를 빼고 표준오차로 나눠도 바뀌지 않는다.

$$P\left(\overline{X}_n - z_{\alpha/2} \times \text{표준오차} \leq \mathbb{E}(X) \leq \overline{X}_n + z_{\alpha/2} \times \text{표준오차}\right)$$

$$= P\left(-z_{\alpha/2} \leq \frac{\mathbb{E}(X) - \overline{X}_n}{\text{표준오차}} \leq z_{\alpha/2}\right)$$

$$= P\left(-z_{\alpha/2} \leq \frac{\overline{X}_n - \mathbb{E}(X)}{\text{표준오차}} \leq z_{\alpha/2}\right)$$

$$= 1 - \alpha \tag{7.14}$$

중간 확률 항 '$\{\mathbb{E}(X - \overline{X}_n)\}/\text{표준오차}$'는 대칭 때문에 z 점수와 동일한 표집분포를 갖는 표본평균의 음의 z 점수와 같다. 중심극한정리는 표본크기가 충분히 클 때 표본평균의 z 점수가 표본정규분포를 따른다는 것을 의미한다.

$$\frac{\overline{X}_n - \mathbb{E}(X)}{\sqrt{\mathbb{V}(X)/n}} \approx \frac{\overline{X}_n - \mathbb{E}(X)}{\text{표준오차}} \sim \mathcal{N}(0, 1) \tag{7.15}$$

따라서 식 (7.14)의 확률은 그림 7.1의 파란색 영역과 같다.

이제 중심극한정리를 기반으로 점근적 신뢰구간을 구성하는 표준적인 절차를 요약한다. 이 절차는 점근적인 표집분포가 정규분포에 근사하는 한 모든 추정량에 적용할 수 있다. 이러한 정규 근사치는 이 책에 나오는 거의 모든 예제를 포함해 흥미 있는 많은 사례에 적용된다.

추정값 $\hat{\theta}$의 **신뢰구간**은 다음과 같은 절차에 따라 얻을 수 있다.

1. 0과 1 사이의 α값을 지정해 원하는 신뢰수준 $(1 - \alpha) \times 100\%$를 선택한다. 가장 일반적인 선택은 95%의 신뢰수준인 $\alpha = 0.05$다.
2. 평균과 분산을 계산해서 추정량의 표집분포를 도출한다. 표본평균의 경우 식 (7.12)에 제공된다.
3. 표집분포에 기반한 표준오차를 계산한다.
4. 임계값 $z_{\alpha/2}$를 표준정규분포의 $(1 - \alpha) \times 100$백분위수 값으로 계산한다(표 7.1 참고).
5. 신뢰구간의 하한과 상한을 각각 $\hat{\theta} - z_{\alpha/2} \times$ 표준오차와 $\hat{\theta} + z_{\alpha/2} \times$ 표준오차로 계산한다.

이렇게 얻은 신뢰구간은 가상의 반복된 데이터 생성과정의 $(1 - \alpha) \times 100\%$로 실제 파라미터의 값 θ를 포함한다.

7.1.3절 전체에서 이러한 절차의 몇 가지 응용들이 제공된다. 여기서는 몬테카를로 시뮬레이션을 수행해 신뢰구간의 개념을 더 자세히 설명한다. 먼저 7.1.2절에 표시된 PATE 시뮬레이션을 다시 살펴보자. 계산한 추정값과 표준오차가 있을 때 5,000회의 시뮬레이션 각 회에 대해 90% 및 95% 신뢰구간을 얻을 수 있다.

```
## 2세트의 신뢰구간을 위한 빈 컨테이너 행렬
ci95 <- ci90 <- matrix(NA, ncol = 2, nrow = sims)
## 95% 신뢰구간
ci95[, 1] <- diff.means - qnorm(0.975) * se # lower limit
```

```
ci95[, 2] <- diff.means + qnorm(0.975) * se # upper limit
## 90% 신뢰구간
ci90[, 1] <- diff.means - qnorm(0.95) * se # lower limit
ci90[, 2] <- diff.means + qnorm(0.95) * se # upper limit
```

이러한 신뢰구간이 타당하다면 PATE의 실제값(이 시뮬레이션에서는 1과 같다)을 각각 약 95% 및 약 90%의 횟수로 포함해야만 한다. 바로 아래에서 찾은 대로다.

```
## 95% 신뢰구간에 대한 포함확률
mean(ci95[, 1] <= 1 & ci95[, 2] >= 1)

## [1] 0.9482

## 90% 신뢰구간에 대한 포함확률
mean(ci90[, 1] <= 1 & ci90[, 2] >= 1)

## [1] 0.9038
```

또 다른 예로 앞서 설명한 여론조사 예제를 사용한다. 다시 말하지만 반복무작위표집에서 95% 신뢰구간의 95%는 실제 파라미터 값을 포함해야 한다. 표본크기가 증가함에 따라 포함확률이 명목비율에 근접할 때 근사가 향상됨을 관찰해야 한다. 아래 코드 더미에서는 이중루프double loop를 사용한다. 외측루프는 다른 표본크기에 대해 정의되고, 내측루프는 시뮬레이션을 수행하고 각 시뮬레이션에서 신뢰구간이 실제값을 포함하는지 검토한다.

```
p <- 0.6 # 실제 파라미터 값
n <- c(10, 100, 1000) # 검토할 3개의 표본크기
alpha <- 0.05
sims <- 5000 # 시뮬레이션 횟수
results <- rep(NA, length(n)) # 결과를 넣을 컨테이너
## 다른 표본크기에 대한 루프
for (i in 1:length(n)) {
    ci.results <- rep(NA, sims) # 신뢰구간이 실제값을 포함하는지 여부를 넣을 컨테이너
    ## 반복될 가상의 표본추출 루프
    for (j in 1:sims) {
        data <- rbinom(n[i], size = 1, prob = p) # 단순 무작위 추출
        x.bar <- mean(data) # 추정값으로서의 표본 비율
        s.e. <- sqrt(x.bar * (1 - x.bar) / n[i]) # 표준오차
        ci.lower <- x.bar - qnorm(1 - alpha / 2) * s.e.
        ci.upper <- x.bar + qnorm(1 - alpha / 2) * s.e.
```

```
        ci.results[j] <- (p >= ci.lower) & (p <= ci.upper)
    }
    ## 실제값을 포함하는 신뢰구간의 비율
    results[i] <- mean(ci.results)
}
results
## [1] 0.8980 0.9552 0.9486
```

표본크기가 증가함에 따라 실제 모집단 비율을 포함하는 95% 신뢰구간의 비율은 명목값인 95%에 근접한다.

7.1.4 오차범위와 여론조사에서 표본크기 계산

여론조사 세계에서 오차범위$^{margin\ of\ error}$라는 문구는 일반적으로 95% 신뢰구간의 절반 너비를 나타낸다. 즉 오바마의 지지율이 60%이고 오차범위가 3% 포인트인 경우 95% 신뢰구간은 [57, 63]이다. 일반적으로 여론조사의 오차범위를 다음과 같이 정의할 수 있다.

$$\text{오차범위} = \pm z_{0.025} \times \text{표준오차} \approx \pm 1.96 \times \sqrt{\frac{\overline{X}_n(1 - \overline{X}_n)}{n}} \tag{7.16}$$

이제 표집분포의 표준편차, 즉 $\sqrt{p(1-p)}$가 최대인 경우를 고려해 보자. 이는 정확히 절반의 유권자가 오바마를 지지하고 다른 유권자는 그렇지 않는, 즉 $p = 0.5$일 때 발생한다. 그런 다음 $\overline{X} \approx p$가 보장될 정도로 표본이 충분하다고 가정하면 오차범위는 근사적으로 $\pm 1/\sqrt{n} \approx \pm 1.96 \times \sqrt{0.5 \times (1 - 0.5)/n}$이 된다. 이 결과로부터 연구자들이 인터뷰 응답자 수를 결정할 때 일반적으로 적용되는 경험법칙$^{rule\ of\ thumb}$을 도출할 수 있다. 이 경험법칙에 따르면 오차범위의 제곱의 역수를 계산하면 지정한 정밀도의 수준, 즉 '$n \approx 1/$표본오차^2'를 달성하는 데 필요한 표본크기가 제공된다. 예를 들어, 오차범위에 3% 포인트를 더하거나 뺀 추정값을 얻으려면 약 $1/0.03^2 \approx 1111$의 관측값이 필요하다. 보다 일반적으로 식 (7.16)의 항을 다시 정렬하면 오차범위와 표본크기 간의 근사관계를 다음과 같이 작성할 수 있다.

여론조사 $\overline{X}_n$에서 추정비율의 **오차범위**는 95% 신뢰구간의 절반 너비, 즉 $z_{0.025} \times$ 표준오차 $= 1.96 \times \sqrt{\overline{X}_n(1 - \overline{X}_n)/n}$을 말한다. 표본크기 n과 오차범위의 근사관계는 다음과 같다.

$$n \approx \frac{1.96^2 \, p(1 - p)}{\text{오차범위}^2} \tag{7.17}$$

여기서 p는 모집단 비율이다. 위의 공식은 설문조사의 표본크기 n을 결정할 때 사용할 수 있다.

이 공식을 사용해 원하는 정밀도 수준 또는 오차범위와 모집단 비율 p의 사전 정보를 고려해 설문조사의 표본크기를 결정할 수 있다. 설문조사 수행 전에 행해지는 이 계산은 표본크기 계산^sample size calculation이라고 부르며 설문조사 추출 계획의 중요한 요소다. 아래에서는 모집단 비율(가로축)과 오차범위(다른 선 종류)의 함수로 표본크기를 플로팅한다. 아래 그림에서 특히 모집단 비율이 0.5에 가까울 때 1% 포인트의 오차범위를 얻으려면 큰 표본크기가 필요하다는 것을 알 수 있다. 대조적으로 원하는 오차범위가 ±3% 포인트 이상이면 적당한 표본크기로 충분하다.

```
MoE <- c(0.01, 0.03, 0.05)  # 희망 오차범위
p <- seq(from = 0.01, to = 0.99, by = 0.01)
n <- 1.96^2 * p * (1 - p) / MoE[1]^2
plot(p, n, ylim = c(-1000, 11000),  xlab = "모집단 비율",
     ylab = "표본크기", type = "l")
lines(p, 1.96^2 * p * (1 - p) / MoE[2]^2, lty = "dashed")
lines(p, 1.96^2 * p * (1 - p) / MoE[3]^2, lty = "dotted")
text(0.5, 10000, "margin of error = 0.01")
text(0.5, 1800, "margin of error = 0.03")
text(0.5, -200, "margin of error = 0.05")
```

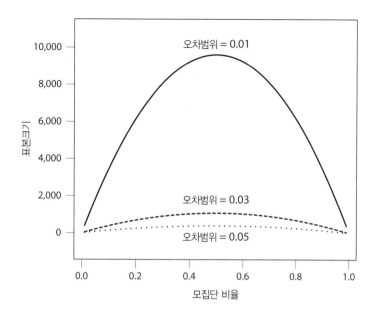

마지막으로 4장에서 분석한 주 전체 사전선거 여론조사를 다시 살펴보자. 2008년 대통령 선거의 여론조사 데이터셋 `polls08.csv`를 분석한다. 변수 이름과 설명은 표 4.2에 나와 있다. 4.1.3절에서 각 주의 오바마 추정 승리 마진을 계산하고, 선거 당일의 승리 마진에 대해 플로팅했다. 여기서도 유사한 분석을 수행하지만, 각 추정값에 대해 95% 신뢰구간을 포함하고 이를 수직선으로 그린다. 공식 선거결과는 데이터 파일 `pres08.csv`에 포함돼 있으며, 변수 이름과 설명은 표 4.1에 나와 있다. 4.1.3절에 나타난 코드 더미를 수정해 오바마의 득표율에 초점을 맞추고 95% 신뢰구간을 추가한다. 각 설문조사의 표본크기는 1000이라고 가정한다.

```
## 주별 선거 및 여론조사 결과
pres08 <- read.csv("pres08.csv")
polls08 <- read.csv("polls08.csv")
##   날짜 객체로 변환
polls08$middate <- as.Date(polls08$middate)
##   선거일까지의 일수
polls08$DaysToElection <- as.Date("2008-11-04") - polls08$middate
## 값을 기록할 행렬 생성
poll.pred <- matrix(NA, nrow = 51, ncol = 3)
## 루프를 반복할 주 이름
st.names <- unique(pres08$state)
## 후에 해석을 쉽게 하기 위해 라벨 추가
```

```
row.names(poll.pred) <- as.character(st.names)
## 50개 주와 DC 루프
for (i in 1:51){
    ## i번째 주 부분 선택
    state.data <- subset(polls08, subset = (state == st.names[i]))
    ## 주 내 최신 여론조사를 부분 선택
    latest <- state.data$DaysToElection == min(state.data$DaysToElection)
    ## 최신 여론조사의 평균을 계산하고 보존
    poll.pred[i, 1] <- mean(state.data$Obama[latest]) / 100
}
## 신뢰한계의 상한과 하한
n <- 1000 # 표본크기
alpha <- 0.05
s.e. <- sqrt(poll.pred[, 1] * (1 - poll.pred[, 1]) / n) # 표준오차
poll.pred[, 2] <- poll.pred[, 1] - qnorm(1 - alpha / 2) * s.e.
poll.pred[, 3] <- poll.pred[, 1] + qnorm(1 - alpha / 2) * s.e.
```

이제 오바마의 지지율(세로축)에 대한 여론조사 예측을 선거일의 오바마 득표율(가로축)과 비교한다. 후자는 각 주의 실제 파라미터 값을 나타내는 아이디어다. 만약 95% 신뢰구간이 적절하다면 95%에 해당하는 약 48개 주가 실제 선거일 결과를 포함하고 있어야 한다. lines() 함수를 반복 사용해 각 구간의 끝을 표시하는 신뢰한계를 따라 각 주의 신뢰구간을 그려 보자.

```
alpha <- 0.05
plot(pres08$Obama / 100, poll.pred[, 1], xlim = c(0, 1),  ylim = c(0, 1),
     xlab = "오바마 득표율", ylab = "여론조사 예측")
abline(0, 1)
## 각 주에 95% 신뢰구간 추가
for (i in 1:51) {
    lines(rep(pres08$Obama[i] / 100, 2), c(poll.pred[i, 2], poll.pred[i, 3]))
}
## 선거일 결과를 포함하는 신뢰구간 비율
mean((poll.pred[, 2] <= pres08$Obama / 100) &
        (poll.pred[, 3] >= pres08$Obama / 100))

## [1] 0.5882353
```

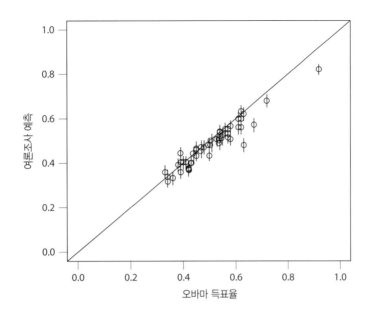

결과는 포함률이 명목수준보다 훨씬 낮은 58.8%임을 시사한다. 포함률이 낮을 수 있는 한 가지 이유는 오바마에 대한 지지율의 여론조사 추정값이 편향돼 있다는 것이다. 신뢰구간이 실제 파라미터 값을 중심으로 하지 않으면 신뢰구간의 폭이 적절하더라도 포함률이 낮다. 이 가능성을 조사하고자 먼저 편향을 계산한 다음 원 추정값에서 이 편향을 빼서 점 추정값point estimates을 수정한다.

```
## 편향
bias <- mean(poll.pred[, 1] - pres08$Obama / 100)
bias
```

```
## [1] -0.02679739
```

```
## 편향보정 추정값
poll.bias <- poll.pred[, 1] - bias
```

수정 편향 추정값을 사용해 표준오차 및 95%의 '수정 편향' 신뢰구간을 소급 계산할 수 있다. 이 소급적 절차는 실제 파라미터 값(즉 이 예에서는 선거 당일의 결과)을 관찰하지 않고 편향의 크기를 추정하며, 예측적인 편향 보정과는 다르다. 마지막으로 편향 보정된 신뢰구간의 포함률을 살펴보자.

```
## 편향보정 표준오차
s.e.bias <- sqrt(poll.bias * (1 - poll.bias) / n)
## 편향보정 95% 신뢰구간
ci.bias.lower <- poll.bias - qnorm(1 - alpha / 2) * s.e.bias
ci.bias.upper <- poll.bias + qnorm(1 - alpha / 2) * s.e.bias
## 선거일 결과를 포함하는 편향보정 신뢰구간 비율
mean((ci.bias.lower <= pres08$Obama / 100) &
        (ci.bias.upper >= pres08$Obama / 100))
## [1] 0.7647059
```

편향 보정으로 포함률은 거의 20% 포인트 가깝게 극적으로 개선된다. 그럼에도 여전히 95%의 명목상 포함률과는 거리가 멀다.

표준오차 및 신뢰구간은 불확실성의 유용한 척도이지만 무작위 추출로 기인하는 불확실성만 설명한다. 실제로 다른 불확실성의 요인은 표준오차의 계산으로는 설명되지 않는다. 예를 들어, 단위 무응답[unit nonresponse] 때문에 체계적인 편향이 존재할 수 있다. 이 책에서 다루는 범위를 벗어나지만 이러한 편향과 불확실성의 과소평가를 조정하는 통계적 방법이 개발돼 있다.

7.1.5 무작위 대조시험 분석

다음으로 인과효과의 추정값에 관한 불확실성의 정량화를 고찰한다. 2.8.1절에서 소개한 STAR[Student-Teacher Achievement Ratio] 프로젝트의 데이터 분석을 다시 살펴본다. STAR 프로젝트는 1980년대에 무작위 대조시험을 수행했다. 이 실험에서 학생들은 소규모 학급, 표준규모 학급, 보조교원이 있는 표준규모 학급 등으로 무작위 배정된다. 이 실험에서는 소규모 학급이 학생들의 시험 성적을 향상시키는지 알고 싶다. STAR.csv 파일의 데이터에는 표 2.6에 제공된 변수 이름과 설명이 있다. 결과변수, 즉 4학년의 표준화된 독해 시험의 점수를 표준규모 학급에 할당된 학생과 별도로 히스토그램을 만드는 것부터 시작한다. 결측값이 있는 관측값을 삭제한 수, 각 그룹의 평균점수를 추정하고 각 그래프에 파란색 선을 추가한다.

```
## 데이터 불러들이기
STAR <- read.csv("STAR.csv", head = TRUE)
hist(STAR$g4reading[STAR$classtype == 1], freq = FALSE, xlim = c(500, 900),
```

```
      ylim = c(0, 0.01), main = "소규모 수업",
      xlab = "4학년 독해 점수")
abline(v = mean(STAR$g4reading[STAR$classtype == 1], na.rm = TRUE),
       col = "blue")
hist(STAR$g4reading[STAR$classtype == 2], freq = FALSE, xlim = c(500, 900),
      ylim = c(0, 0.01), main = "정규 수업",
      xlab = "4학년 독해 점수")
abline(v = mean(STAR$g4reading[STAR$classtype == 2], na.rm = TRUE),
       col = "blue")
```

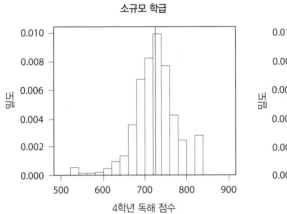

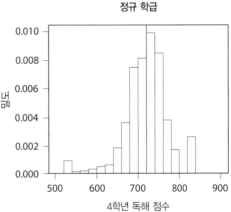

먼저 표본평균을 취해 각 처치그룹의 추정 평균 시험점수를 계산한다. 이 평균 시험 점수는 파란색 선을 사용해 위의 그림에 표시된다. 또한 각 추정량의 표준오차를 계산한다. 표준오차는 표집분포의 추정된 표준편차이기 때문에 4학년 독해 시험 점수는 $\sqrt{\widehat{\mathbb{V}(\overline{X_n})}} = \sqrt{\hat{\sigma}^2/n}$로 주어진다. 분산의 파라미터 σ^2의 추정값으로 표본분산을 사용하는 것이 가능하다. 표본크기를 계산할 때 독해 점수를 누락한 관측값은 계산하지 않도록 주의해야 한다.

```
## 소규모 학급의 추정값과 표준오차
n.small <-
sum(STAR$classtype == 1 & !is.na(STAR$g4reading))
est.small <- mean(STAR$g4reading[STAR$classtype == 1], na.rm = TRUE)
se.small <- sd(STAR$g4reading[STAR$classtype == 1], na.rm = TRUE) /
    sqrt(n.small)
est.small
```

```
## [1] 723.3912

se.small

## [1] 1.913012

## 정규 학급의 추정값과 표준오차
n.regular <- sum(STAR$classtype == 2 & !is.na(STAR$classtype) &
                    !is.na(STAR$g4reading))
est.regular <- mean(STAR$g4reading[STAR$classtype == 2], na.rm = TRUE)
se.regular <- sd(STAR$g4reading[STAR$classtype == 2], na.rm = TRUE) /
    sqrt(n.regular)
est.regular

## [1] 719.89

se.regular

## [1] 1.83885
```

각 추정값의 신뢰구간은 어떻게 구성해야 하나? 이전과 마찬가지로 중심극한정리에 의존해 각 추정값의 대략적인 신뢰구간을 얻을 수 있다.

```
alpha <- 0.05
## 소규모 학급의 95% 신뢰구간
ci.small <- c(est.small - qnorm(1 - alpha / 2) * se.small,
              est.small + qnorm(1 - alpha / 2) * se.small)

ci.small

## [1] 719.6417 727.1406

## 정규 학급의 95% 신뢰구간
ci.regular <- c(est.regular - qnorm(1 - alpha / 2) * se.regular,
                est.regular + qnorm(1 - alpha / 2) * se.regular)

ci.regular

## [1] 716.2859 723.4940
```

이러한 신뢰구간은 서로 겹친다. 이는 두 그룹 간의 추정 평균의 차이 또는 소규모 학급의 추정 PATE가 통계적으로 유의하지 않음을 의미하는 것일까? 추정된 효과는 단순한 우연이 아니라 모집단의 실제 패턴을 반영하는 경우 통계적으로 유의하다. 이 질문에 대한 답을 찾으려면 추정된 평균의 차이에 대한 신뢰구간을 직접 계산하는 것이 가장 좋다. 식 (7.10)에서 주어진 차분추정량의 표준오차를 상기해 보자. 표준오차 공식을 사용해 추정 PATE의 95% 신뢰구간을 계산할 수 있다.

```
## 차분 추정량
ate.est <- est.small - est.regular
ate.est

## [1] 3.501232

## 표준오차와 95% 신뢰구간
ate.se <- sqrt(se.small^2 + se.regular^2)
ate.se

## [1] 2.653485

ate.ci <- c(ate.est - qnorm(1 - alpha / 2) * ate.se,
            ate.est + qnorm(1 - alpha / 2) * ate.se)
ate.ci

## [1] -1.699503  8.701968
```

4학년 읽기 점수에 대한 소규모 학급의 평균처치효과는 3.50으로 추정되며 표준오차는 2.65다. 95% 신뢰구간은 0을 포함하는 [−1.70, 8.70]이다. 이 결과는 추정된 평균처치효과가 긍정적임을 시사하지만, 다른 한편으로는 상당한 정도의 불확실성을 동반함이 두드러진다.

7.1.6 스튜던트 t 분포에 기반한 분석

지금까지 신뢰구간 계산은 중심극한정리에 의존했다. 이것이 중심극한정리를 사용할 수 있을 정도로 충분한 크기의 표본이 있다고 가정하고, 신뢰구간을 계산할 때 표준정규분포의 분위수를 사용하는 이유다. 중심극한정리는 다양한 분포에 적용할 수 있기 때문에 이 가정은 유용하다. 결과변수의 분포를 알 수 없는 경우가 많으므로 앞에서 설명한 신뢰구간을 구성하는 절차는 매우 일반적이다.

여기서는 결과변수(표본평균이 아닌)가 정규분포에서 생성된다는 대체 가정을 고려한다. 예를 들어, 7.1.5절에서 방금 분석한 STAR 실험에 이 가정을 적용한다. 각 그룹의 검정 점수는 정규분포를 따르며 그 평균과 분산이 다를 수 있다고 가정한다. 이전에 표시된 히스토그램은 각 그룹의 시험점수 분포가 이 가정을 충족하지 못할 가능성이 있음을 시사하지만, 이 가정에서 얻은 추론은 중심극한정리를 기반으로 사용했던 점근적 추론보다 더 보수적이라는 것을 알 수 있다. 많은 연구자는 보수적 추론을 선호하기 때문에 가정이 타당하지 않더라도 결과가 정규분포라는 가정하에서 신뢰구간을 사용한다.

확률변수가 정규분포를 따르는 경우 간단히 t 분포$^{t\text{-distribution}}$라고도 하는 스튜던트의 t 분포 $^{Student's\ t\ distribution}$를 사용해 표본평균의 정확한 신뢰구간을 얻을 수 있다. 이 분포의 이름 은 맥주회사 기네스의 연구자이기도 한 영국인 고안자 윌리엄 고셋$^{William\ Gossett}$이 '스튜던 트^{Student}'라는 가명으로 이 분포를 소개하는 논문을 발표한 것에서 유래된다. t_v를 사용해 v의 자유도를 갖는 t 분포를 나타낸다. 특히 표본평균의 z 점수를 t 통계량이라고 하며 $n-1$ 자유도$^{degree\ of\ freedom}$를 갖는 t 분포에 따라 분포된다. 대략 자유도는 추정에 사용된 독 립 관측수에서 추정할 파라미터의 수를 뺀 값을 나타낸다(4.3.2절 참고). 지금의 예에서 추 정하는 파라미터는 하나다. 즉 표집분포의 표준편차를 추정하고자 표준오차를 사용한다. 이 결과는 엄밀하게 성립하기 때문에 접근적인 근사에 의존하지 않는다.

> $\{X_1, X_2, \ldots, X_n\}$이 평균이 μ이고, 분산이 σ^2인 정규분포에서 n개의 독립(적)이며 같은 분포를 따르는 확률변수라고 가정하자. 그런 다음 t **통계량**$^{t\text{-statistic}}$이라고 불리 는 표본평균 X_n의 z 점수는 자유도가 $n-1$인 **스튜던트의 t 분포**를 따른다.
>
> $$\text{표본평균의 } t \text{ 통계량} = \frac{\overline{X}_n - \text{평균}}{\text{표준오차}} = \frac{\overline{X}_n - \mu}{\hat{\sigma}} \sim t_{n-1}$$

t 분포는 표준정규분포와 매우 유사하지만 꼬리가 더 두껍다. 다음 왼쪽 그림은 세 가지 자유도(점선)를 가진 t 분포의 밀도함수와 표준정규분포를 비교한 그림이다. 자유도가 v 인 t 분포의 평균은 0이다. 분산은 자유도가 2보다 클 때 $v/(v-2)$로 지정된다. v가 2보다 작거나 같을 때 분산이 존재하지 않는다는 것이 밝혀졌다.

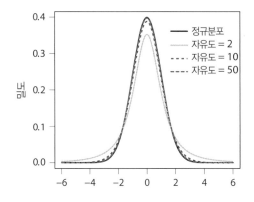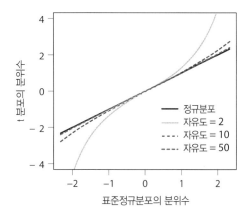

표준정규분포(검은색 실선)와 마찬가지로 t 분포의 밀도함수는 좌우 대칭이며 0을 중심으로 한다. 그러나 t 분포는 특히 자유도가 작은 경우 표준정규분포보다 꼬리의 면적이 더 많다. 그러나 자유도가 증가함에 따라 t 분포는 표준정규분포에 근접한다. 중심극한정리 central limit theorem에 따르면 표본평균의 z 점수는 원래 확률변수의 분포에 상관없이 표준정규분포를 따르기 때문에 의미가 있다. 따라서 표준정규분포는 충분히 큰 표본크기에 대해 t 통계량의 표집분포를 근사해야 한다.

이 설정에서 신뢰구간을 구성하는 것은, 임계값critical value을 계산할 때 $n - 1$ 자유도의 t 분포를 사용한다는 점을 제외하고는 표본평균과 동일하다. 즉 $z_{\alpha/2}$가 여기서는 t 분포의 $1 - \alpha/2$ 분위수와 같다는 점을 제외하고, 표본평균의 $(1 - \alpha) \times 100\%$ 신뢰구간은 식 (7.13)에 의해 제공된다. 이는 좀 더 넓고 더 보수적인 신뢰구간을 가져온다. 왜냐하면 t 분포에 기반한 임계값이 표준정규분포에 기반한 것보다 크기 때문이다(오른쪽의 분위수-분위수 플롯 또는 Q-Q 플롯 참고). 예를 들어, $\alpha = 0.05$이고 $n = 50$일 때 t 분포를 기반으로 한 임계값은 2.01과 같으며 이는 표준정규분포를 기반으로 하는 1.96보다 약간 크다.

이제 STAR 데이터 분석으로 돌아가서 각 처치조건에서 추정된 평균 독해 점수에 대한 95% 신뢰구간을 계산한다. R에서 t 통계량의 임계값을 계산하려면 정규 근사를 사용한 qnorm() 함수 대신에 자유도를 지정하는 df 인자와 함께 qt() 함수를 사용할 수 있다.

```
## 소규모 학급의 95% 신뢰구간
c(est.small - qt(0.975, df = n.small - 1) * se.small,
  est.small + qt(0.975, df = n.small - 1) * se.small)
```

```
## [1] 719.6355 727.1469

## 중심극한정리에 기반한 95% 신뢰구간
ci.small

## [1] 719.6417 727.1406

## 정규 학급의 95% 신뢰구간
c(est.regular - qt(0.975, df = n.regular - 1) * se.regular,
  est.regular + qt(0.975, df = n.regular - 1) * se.regular)

## [1] 716.2806 723.4993

## 중심극한정리에 기반한 95% 신뢰구간
ci.regular

## [1] 716.2859 723.4940
```

이러한 신뢰구간은 중심극한정리를 사용해 얻은 신뢰구간보다 약간 더 넓다. 표본 크기가 상대적으로 크기 때문에 차이가 작다. 차분추정량의 신뢰구간을 계산하려면 $\{X_1, X_2, \ldots, X_n\}$이 평균 μ_X 및 분산이 σ_X^2인 독립(적)이며 같은 분포를 따르는$^{i.i.d}$ 정규확률변수 n이고 $\{Y_1, Y_2, \ldots, Y_n\}$는 평균이 μ_Y이고 분산이 σ_Y^2인 독립(적)이며 같은 분포를 따르는$^{i.i.d}$ 정규확률변수 m라고 가정해 보자. 그러면 t 통계량은 다음과 같다.

$$\text{차분의 } t \text{ 통계량} = \frac{(\overline{X}_n - \overline{Y}_m) - (\mu_X - \mu_Y)}{\sqrt{\hat{\sigma}_X^2/n + \hat{\sigma}_Y^2/m}} \tag{7.18}$$

이 t 통계량도 스튜던트의 t 분포를 따르지만 자유도의 계산이 복잡하다. 이 계산의 상세한 설명은 이 책의 범위를 벗어나지만 스튜던트의 t 분포를 기반으로 신뢰구간을 구성할 수 있다. t.test() 함수를 사용한다. 이는 나중에 가설검정을 수행할 때도 사용한다. 여기서는 신뢰구간을 표시하는 결과의 부분에 중점을 둔다.

```
t.ci <- t.test(STAR$g4reading[STAR$classtype == 1],
               STAR$g4reading[STAR$classtype == 2])

t.ci

##
##  Welch Two Sample t-test
##
## data:STAR$g4reading[STAR$classtype==1] and STAR$g4reading[STAR$classtype == 2]
## t = 1.3195, df = 1541.2, p-value = 0.1872
```

```
## alternative hypothesis: true difference in means is not equal to 0
## 95 percent confidence interval:
##  -1.703591  8.706055
## sample estimates:
## mean of x mean of y
##  723.3912  719.8900
```

자유도는 1541.2로 계산된다. 표본크기가 너무 작지 않기 때문에 결과로 나온 신뢰구간은 위에서 상술한 정규근사치에 기반한 것보다 약간 더 넓은 것에 불과하다.

7.2 가설검정

6.1.5절에서 2009년의 캘리포니아 주 의회에 대해 아놀드 슈왈츠제네거의 거부권 메시지를 분석한 결과, 메시지의 득점 단어 순서가 우연의 결과일 가능성이 거의 없음을 보여줬다. 이는 특정 확률모델에서 실제로 발생한 사건(이벤트)을 관찰할 가능성을 조사해 수행됐다. 6.6.3절에서 유사한 방법을 사용해 러시아의 선거부정을 발견하는 데 사용했다. 여기서는 가상의 선거결과를 생성하고 실제 선거결과와 비교해 후자가 이례적인지를 조사했다. 7.2절에서는 이 논리를 공식화하고 분석의 기초가 되는 통계적 가설검정의 일반원리를 소개한다. 관찰된 사건의 발생이 우연에 의한 것인지를 이 원리를 통해서 결정할 수 있다.

7.2.1 차-시음 실험

로날드 피셔^{Ronald Fisher}는 저서 『The Design of Experiments』에서 통계적 가설검정의 아이디어를 소개했다. 케임브리지 대학교의 어느 날 오후 티파티에서 한 부인은 홍차를 우유에 넣거나 우유를 홍차에 넣는 것에 따라 홍차의 맛이 다르다고 단언했다. 피셔는 이 주장을 검정하고자 9개의 동일한 컵을 사용하고 홍차에 우유를 넣은 4개를 임의로 선택해 무작위화 실험을 했다. 남은 4개의 컵에는 우유를 먼저 부었다. 그런 다음 부인은 각 컵에 대해 차 또는 우유를 먼저 부었는지 감정하도록 요청받았다. 놀랍게도 부인은 모든 컵을 정확하게 분류했다. 이는 순전히 운인가? 아니면 그녀가 주장한 대로 부인이 실제로 주문을 탐지하는 능력을 갖고 있었는가?

표 7.2 차–시음 실험

컵	부인의 추측	실제 순서	시나리오			...
1	M	M	T	T	T	
2	T	T	T	T	M	
3	T	T	T	T	M	
4	M	M	T	M	M	
5	M	M	M	M	T	
6	T	T	M	M	T	
7	T	T	M	T	M	
8	M	M	M	M	T	
올바르게 추측한 횟수		8	4	6	2	...

Note: 'M'과 'T'는 각각 '우유를 먼저 붓는다'와 '홍차를 먼저 붓는다'라는 두 가지 시나리오를 나타낸다. 부인
이 각 컵에 우유와 홍차를 붓는 순서를 구별할 수 없다는 가설하에서 그녀의 추측은 우유/홍차를 먼저
붓는 컵에 상관없이 동일할 것이다.

이 무작위 실험을 분석하고자 2장에서 설명된 잠재적인 결과를 도출한다. 각각 8개의 컵에 대해 부인이 제공한 두 가지 잠재적인 추측을 고려한다. 이는 우유 또는 홍차가 실제로 컵에 먼저 부어졌는지 여부에 따라 달라질 수 있다. 부인이 먼저 우유 또는 홍차를 컵에 부었는지를 구별할 능력이 없다고 가정한다면 그녀의 추측은 우유와 차를 부은 실제 순서에 의존해서는 안 된다. 즉 이 가설 아래에서 두 가지 잠재적 결과는 동일해야만 한다. 두 가지 잠재적 결과 중 하나만 관찰 가능하다는 인과 추론의 근본적인 문제fundamental problem of causal inference를 상기하라. 여기서 부인이 우유를 넣은 두 종류의 홍차를 구별하는 능력이 없다는 가설에 의해 반사실의 시나리오에서 그녀의 반응이 옳은지가 분명해진다.

피셔의 분석은 이 가설 아래에서 진행되며 가능한 모든 할당 조합에서 올바르게 추측된 컵 수를 계산한다. 7.1.1절에서 논의한 바와 같이 이 실험은 각 조건에 할당된 관측값의 수가 사전에 결정되는 완전무작위화complete randomization의 예다. 대조적으로 단순무작위화는 이러한 제약 없이 각 컵을 독립적으로 무작위화한다. 표 7.2는 피셔의 방법을 보여 준다. 표의 두 번째 열은 각 컵에 대한 부인의 실제 추측을 보여 준다. 이는 우유와 홍차를 컵에 부은 실제 순서(세 번째 열)와 동일하다. 나머지 열에서는 4개의 컵을 '우유 먼저'에 할당하고, 나머지 4개의 컵에는 '홍차 먼저'에 할당하는 임의로 선택된 조합 3개를 보여 준다. 이러한 반사실적 할당 조합은 실제 실험에서는 발생하지 않음에도 부인이 올바르게

추측된 컵의 수를 앞에서 언급한 가설을 사용해 각 시나리오에서 계산할 수 있다. 앞에서 언급한 가설이란 부인이 우유를 넣은 두 종류의 홍차를 구별하는 능력이 없고 그렇기 때문에 부인의 추측에 영향을 미치지 않는 서로 다른 할당을 한다는 것이다. 이는 불변하는 것으로 간주되는 부인의 추측(두 번째 열)을 각 반사실 할당과 비교해 수행된다. 예를 들어, 컵이 테이블의 다섯 번째 열에 있는 할당을 받았다면 올바르게 분류된 컵의 수는 6개가 될 것이다.

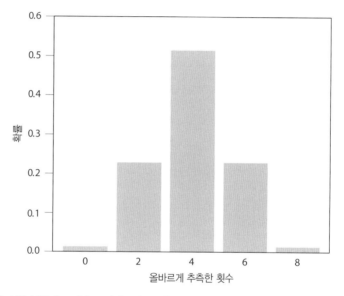

그림 7.2 차–시음 실험의 표집분포. 막대그래프는 올바르게 분류한 컵의 수의 분포를 나타낸다.

이 설정에서 중요한 질문은 부인이 맛 차이를 구별할 능력이 없었다면 8개의 컵을 모두 올바르게 분류했을지에 대한 가능성과 관련이 있다. 이 무작위 실험에서 각 할당 조합의 가능성이 동일하기 때문에 4개의 컵을 '우유 먼저' 조건에 할당하고 나머지 4개의 컵을 '홍차 먼저' 조건에 할당하는 방법의 수를 세어 완전 분류 확률을 계산할 수 있다(식 (6.1) 참고). 조합의 수는 $_8C_4$ = 8!/(4! × (8 − 4)!) = 70으로 주어진다. 8개 중에서 4개의 컵이 먼저 차를 따르도록 선택됐기 때문이다. 따라서 부인이 맛의 차이를 구별할 능력이 없다는 가정하에서 모든 컵을 올바르게 추측할 확률은 1/70 또는 약 0.01로 매우 작다. 이 분석에서 부인의 완벽한 분류가 우연히 발생했을 가능성이 낮다는 결론을 내린다.

또한 그림 7.2에서 볼 수 있듯이 가능한 모든 할당 조합에 대해 정확하게 지정된 컵 수의 정확한 분포를 특성화할 수 있다. 이 분포는 어떻게 도출되는가? 첫째, 표의 세번째 열에 실제 순서로 표시됐고, 부인의 추측이 완벽한 분류가 되는 할당 조합이 하나뿐이다. 마찬가지로 그녀의 모든 추측을 틀리게 만드는 하나의 할당 조합이 있다. 이 실험에서 부인이 2개의 컵을 올바르게 추측하는 방법의 수는 부인이 4개의 '우유 먼저' 조건 중 하나를 올바르게 분류하는 방법의 수와 그녀가 그들 중 3개를 잘못 분류하는 방법의 수다. 이것을 $_4C_1 \times {}_4C_3 = 16$로 계산할 수 있다. 동일한 계산이 6개의 컵을 올바르게 분류하는 할당 조합의 수에도 적용된다. 유사하게 $_4C_2 \times {}_4C_2 = 36$로 주어진 4개의 올바르게 분류된 컵으로 이어지는 조합의 수를 계산할 수 있다. 마지막으로 각 조건으로 할당된 컵의 수는 실험 디자인상 동일하기 때문에 올바르게 분류된 컵의 수가 홀수인 경우가 없다. 아래에서는 조합의 수를 계산할 수 있는 choose() 함수를 사용해 각 사건(이벤트)의 확률을 계산한다.

```
## 실제값: 할당 조합의 수를 열거
true <- c(choose(4, 0) * choose(4, 4),
          choose(4, 1) * choose(4, 3),
          choose(4, 2) * choose(4, 2),
          choose(4, 3) * choose(4, 1),
          choose(4, 4) * choose(4, 0))

true

##[1] 1 16 36 16 1

## 확률을 계산: 사건의 총 수로 나눔
true <- true / sum(true)
## 올바르게 분류된 컵의 수를 라벨로
names(true) <- c(0, 2, 4, 6, 8)
true

##          0          2          4          6          8
## 0.01428571 0.22857143 0.51428571 0.22857143 0.01428571
```

6장에서 수행한 것처럼 몬테카를로 시뮬레이션을 사용해 이 분포를 근사할 수 있다. 올바르게 분류된 컵 수의 표집분포를 근사하고자 100개의 가상실험을 생성한다. 이를 위해 sample() 함수를 사용하고 4M's과 4T's의 벡터에서 8개 요소를 대체하지 않고 추출한다. 이는 '우유 먼저' 조건에서 4개의 컵을 무작위로 할당하고, 나머지 4개는 '홍차 먼저'

조건에 할당하는 것과 동일하다. 그런 다음 올바르게 지정된 특정 컵 수를 산출하는 시행 비율을 계산한다. 아래의 코드 더미에서는 이 시뮬레이션 접근 방식을 보여 준다. 시뮬레이션 결과와 분석적 답의 차이는 매우 작다.

```
## 시뮬레이션
sims <- 1000

## 부인의 추측: M은 "우유 먼저", T는 "홍차 먼저"를 나타낸다.
guess <- c("M", "T", "T", "M", "M", "T", "T", "M")
correct <- rep(NA, sims) # 올바른 추측의 수를 기록할 컨테이너
for (i in 1:sims) {
    ## 어느 컵에 우유/홍차를 먼저가 될지 무작위화
    cups <- sample(c(rep("T", 4), rep("M", 4)), replace = FALSE)
    correct[i] <- sum(guess == cups) # 올바르게 추측된 수
}
## 각각 올바르게 추측된 수의 추정확률
prop.table(table(correct))

## correct
##     0     2     4     6     8
## 0.015 0.227 0.500 0.248 0.010

## 분석적 답과 비교: 차이는 적음
prop.table(table(correct)) - true

## correct
##              0               2               4               6
##   0.0007142857  -0.0015714286  -0.0142857143   0.0194285714
##              8
## -0.0042857143
```

피셔의 분석에서 주요한 이점은 추론이 무작위 처치 할당에만 기반한다는 것이다. 이러한 추론을 랜덤화 추론randomization inference이라고 한다. 랜덤화 추론에 기반한 방법은 일반적으로 데이터 생성과정에 대한 강력한 가정이 필요하지 않다. 왜냐하면 연구자들은 추론의 기초 역할을 하는 처치할당의 무작위화를 제어하기 때문이다.

7.2.2 가설검정의 일반적 구조

위에서 설명한 차–시음 실험은 통계적 가설검정이라는 일반적인 구조를 보여 준다. 통계적 가설검정은 확률적인 모순에 의한 증명(proof by contradiction: 귀류법/배리법)을 기반으로 한다. 모순에 의한 증명은 우리가 증명하고 싶은 것과 반대되는 가정이 논리적 모순으로

이어진다는 것을 증명하는 일반적인 수학적 증명의 전략이다. 예를 들어, 가장 작은 양의 유리수$^{rational number}$가 없다는 명제를 생각해 보자. 이 명제를 증명하고자 이 결론이 거짓이라고 가정한다. 즉 가장 작은 양의 유리수 a가 존재한다고 가정한다. 유리수는 두 정수의 분수로 표현할 수 있음을 생각해 보자. $a = p/q > 0$ 여기서 분자 p와 0이 아닌 분모 q는 모두 양의 정수다. 그러나 예를 들어, $b = a/2$는 a보다 작지만 b도 유리수다. 이는 a가 가장 작은 양의 유리수라는 가설과 모순된다.

통계적 가설검정은 100% 확실성을 갖고 가설을 기각할 수 없다. 결과적으로 모순에 의한 증명의 확률적 버전을 사용한다. 결국 반박하고 싶은 가설을 가정해 시작한다. 이 가설을 귀무가설$^{null hypothesis}$이라고 하며 종종 H_0로 표시된다. 현재 응용 예에서 귀무가설은 부인이 우유 또는 홍차가 컵에 먼저 부어졌는지 알 수 없다는 것이다. 이는 각 관측에 대한 모든 잠재적 결과가 결정되고 따라서 이 가설하에서 알려지기 때문에 **명확한 귀무가설**^{sharp} $^{null\ hypothesis}$의 예다. 대조적으로 나중에 모든 잠재적 결과가 아닌 **평균적인**^{average} 잠재적 결과를 수정하는 불명확한 귀무가설을 고려할 것이다.

두 번째 단계로서 관측된 데이터의 일부 기능인 검정통계량$^{test statistic}$을 선택한다. 차-시음 실험의 경우 검정통계량은 올바르게 지정된 컵의 수다. 다음으로 귀무가설하에서 검정통계량의 **표집분포**$^{sampling distribution}$를 도출한다. 이는 그림 7.2에 예로 나와 있다. 이 분포는 기준분포$^{reference distribution}$라고도 한다. 마지막으로 검정통계량의 관측된 값이 기준분포에서 발생할 가능성이 있다. 현재 실험에서 올바르게 분류된 컵의 수는 8개로 관찰됐다. 8이 기준분포 아래에 있을 가능성이 있는 경우 귀무가설을 유지한다. 이 가능성이 낮다면 귀무가설을 기각한다.

이 책에서는 '귀무가설을 채택' 대신 '귀무가설을 기각하지 않음' 및 '귀무가설 유지'와 같은 문구의 사용을 선호한다. 이 문제에 대한 철학적 견해는 다르지만 귀무가설을 기각하지 않는 것이 데이터와 가설 사이의 어느 정도 일관성에 대한 증거이지만, 반드시 귀무가설의 옳음을 나타내는 것은 아니라는 관점을 채택한다. 그러나 다른 사람들은 귀무가설을 기각하지 않으면 가설을 채택하는 것을 의미한다고 주장한다. 이 쟁점의 입장에 관계없이 통계적 가설검정은 과학적 이론들에 실증적인 지원을 한다.

귀무가설 아래에서 검정통계량의 관측값이 발생할 가능성이 거의 없는 정도를 어떻게 정량화해야 할까? 이를 위해 p 값$^{p-value}$을 사용한다. p 값은 귀무가설 아래에서 실제로 관찰된 값 혹은 적어도 극단적인 검정통계량 값을 관찰할 확률로 이해할 수 있다. p 값이 작을수록 귀무가설에 대한 더 강력한 증거를 제공한다. 중요한 것은 s 값이 귀무가설이 참일 확률을 나타내지 않는다는 것이다. 이 확률은 실제로 1 또는 0이다. 왜냐하면 귀무가설이 참이거나 거짓이기 때문이며 연구자들은 어느 것이 참인지 거짓인지 알 수 없다.

귀무가설을 기각할지 여부를 결정하려면 유의수준 $\alpha^{\text{level of test }\alpha}$를 지정해야 한다(나중에 설명된 것처럼 이 α는 앞에서 논의된 신뢰구간에 대한 신뢰수준 α와 동일함). p 값이 α보다 작거나 같으면 귀무가설을 기각한다. 유의수준은 귀무가설이 참인 경우 오거부율을 나타낸다. 이 오류를 제1종 오류$^{\text{type I error}}$라고 하며, 대체로 유의수준이 낮기를 원한다. 일반적으로 사용되는 α값은 0.05와 0.01이다.

표 7.3 가설검정의 제1종 오류와 제2종 오류

	H_0 기각	H_0 유지
H_0 참	제1종 오류	옳은 결정
H_0 거짓	옳은 결정	제2종 오류

Note: H_0은 귀무가설을 의미함.

표 7.3은 가설검정에서 두 가지 유형의 오류를 보여 준다. 연구자들은 유의수준 α를 선택해 제1종 오류의 정도를 지정할 수 있지만, 제2종 오류$^{\text{type II error}}$를 직접 제어하는 것은 불가능하며 이는 연구자가 거짓인 귀무가설을 유지할 때 발생한다. 특히 제1종 오류를 최소화하면 일반적으로 제2종 오류의 위험이 높아졌다는 점에서 제1종 오류와 제2종 오류 간에 명확한 균형 관계가 있다. 극단적인 예로 귀무가설을 절대로 기각하지 않는다고 가정한다. 이 시나리오에서 귀무가설이 참이면 제1종 오류의 확률은 0이지만 귀무가설이 거짓이면 제2종 오류의 확률은 1이다.

차-시음 실험의 경우 검정통계량은 올바르게 분류된 컵의 수다. 이 검정통계량의 관측값이 가장 극단적인 값인 8이므로 p 값은 올바른 추측 횟수가 8 또는 $1/70 \approx 0.014$일 확률과 같다. 부인이 8개가 아닌 6개의 컵을 올바르게 분류했다면 두 값(6과 8)은 관측값과 적어도 비슷한 정도로 극단적이다. 따라서 이 경우 p 값은 $({}_4C_0 \times {}_4C_4 + {}_4C_1 \times {}_4C_3)/70 = (1 + 16)/70 \approx 0.243$이다.

이러한 p 값은 관측값보다 크거나 같은 검정통계량 값만을 고려하기 때문에 단측 p 값 (one-sided p-values 또는 one-tailed p-values)이다. 귀무가설을 보완하는 이 단측 대립가설alternative hypothesis하에서 8개의 컵을 모두 잘못 분류하는 것과 같은 다른 쪽의 극단적인 반응을 무시한다. 반대로 양측 대립가설을 지정하면 양측 p 값(two-sided p-values 또는 two-tailed p-values)을 계산하려면 양쪽의 극단 값을 고려해야 한다. 기준분포가 대칭인 경우 양측 p 값은 단측 값보다 두 배 더 크다. 차-시음 실험에서 양측 p 값은 $2/70 \approx 0.029$다. 부인이 6개의 컵을 올바르게 추측했다면 양측 p 값은 $2 \times (1 + 16)/70 \approx 0.486$이다.

여기서 설명한 프레임워크는 모든 통계적 가설검정에 적용할 수 있지만 차-시음 실험에 사용되는 특정한 가설검정 절차를 피셔의 정확검정Fisher's exact test이라고 한다. 앞서 설명했듯이 이 검정법은 무작위추론의 예이며 검정의 유효성은 처치할당의 무작위화를 기반으로 정당화될 수 있다.

피셔의 정확검정은 fisher.test() 함수를 사용해 R에서 구현할 수 있다. 이 함수의 주 입력값은 2 × 2 행렬 형식의 분할표이며 행과 열은 각각 이진 처치할당 변수와 이진 결과 변수를 나타낸다. 예를 들어, 여기에서 차-시음 실험을 위한 테이블(표)을 만든다. 8개의 컵이 모두 올바르게 분류된 경우와 8개 중 6개의 컵이 올바르게 분류된 경우가 있다. 각 테이블에서 행은 실제 할당을 나타내고 열은 올바른 추측에 해당하는 대각 요소와 함께 보고된 추측을 제공한다.

```
## 모두가 바른 경우
x <- matrix(c(4, 0, 0, 4), byrow = TRUE, ncol = 2, nrow = 2)
## 6개가 바른 경우
y <- matrix(c(3, 1, 1, 3), byrow = TRUE, ncol = 2, nrow = 2)
## "M" 우유 먼저, "T" 홍차 먼저
rownames(x) <- colnames(x) <- rownames(y)<- colnames(y) <- c("M", "T")
x

##   M T
## M 4 0
## T 0 4

y

##   M T
## M 3 1
## T 1 3
```

alternative 인자를 "two.sided"(기본값), "greater" 또는 "less"로 설정해 대립가설을 지정할 수 있다. 다음 코드 더미에서 단측 및 양측 대립가설을 사용해 피셔의 정확검정을 수행한다. fisher.test() 함수에서 얻은 p 값이 이전에 계산한 것과 동일함을 확인할 수 있다.

```
## 올바른 추측이 8개인 경우의 단측 검정
fisher.test(x, alternative = "greater")

##
##  Fisher's Exact Test for Count Data
##
## data:  x
## p-value = 0.01429
## alternative hypothesis: true odds ratio is greater than 1
## 95 percent confidence interval:
##  2.003768      Inf
## sample estimates:
## odds ratio
##        Inf

## 올바른 추측이 6개인 경우의 양측 검정
fisher.test(y)

##
##  Fisher's Exact Test for Count Data
##
## data:  y
## p-value = 0.4857
## alternative hypothesis: true odds ratio is not equal to 1
## 95 percent confidence interval:
##    0.2117329 621.9337505
## sample estimates:
## odds ratio
##   6.408309
```

이제 통계 가설검정의 일반적인 절차를 요약한다.

일반적으로 **통계적 가설검정**^{statistical hypothesis testing}은 다음과 같은 5단계로 구성된다.

1. **귀무가설**과 대립가설을 설정한다.

2. 검정통계량과 **유의수준** α을 정한다.

3. 귀무가설하에서 검정통계량의 표집분포를 나타내는 **기준분포**를 도출한다.

4. 대립가설에 따른 단측 혹은 양측 검정을 위한 p **값**을 계산한다.

5. 만약 p 값이 유의수준 α보다 작거나 같다면 귀무가설을 기각하고 그렇지 않으면 귀무가설을 유지한다(예: 귀무가설 기각 못함).

통계적 가설검정은 불확실성을 정량화하는 원칙적인 방법이지만 이 방법론은 중요한 단점이 있다. 특히 연구자들이 귀무가설을 기각할지에 대해 이분법적 결정을 내리도록 강요한다. 그러나 많은 상황에서 귀무가설 자체에 관심이 없다. 실제로 귀무가설이 엄밀히 적용하는 경우가 결코 없다고 생각할 가능성도 있다. 대신에 관찰된 데이터가 귀무가설에서 벗어난 정도를 정량화하는 것이 더 유익할 수 있다. 차–시음 실험에서는 단순히 부인이 이와 관련해 어떤 능력을 갖고 있는지보다 그녀가 맛의 차이를 볼 수 있는 정도를 측정하고자 할 수 있다. p 값은 실증적 증거가 귀무가설을 반박하는 정도를 나타내지만 실질적인 관심 수량과 직접적으로 일치하지는 않는다. 즉 가설검정은 **통계적 유의성**^{statistical significance}을 결정할 수 있지만, 과학적 유의성^{scientific significance}을 직접 측정하지 못하는 경우가 많다.

7.2.3 일표본검정

소개한 통계적 가설검정의 일반 원칙을 사용해 다양한 가설검정을 개발할 수 있다. 가장 일반적으로 사용되는 검정 중 하나인 일표본검정 및 이표본검정을 살펴보자. 평균의 일**표본검정**^{one-sample test}은 모집단 평균이 특정값과 같다는 귀무가설을 조사하는 데 사용된다. 반면에 **이표본검정**^{two-sample test}은 두 모집단의 평균이 서로 같다는 귀무가설을 기반으로 한다. 이표본검정은 처치그룹과 통제그룹 간의 무작위 결과를 분석할 때 우연히 발생할 가능성이 높은 경우 특히 유용하다. 이러한 검정들은 이전에 설명한 피셔의 정확검정보다 더 자주 사용된다. 왜냐하면 어떠한 유닛도 처치의 영향을 받지 않는다는 명확한 귀무가설에 의존하지 않기 때문이다. 대신에 이표본검정은 처치가 결과에 평균적인 영향을 미치는지를 고려한다.

일표본검정의 예로 7.1.4절에서 제공된 표본 설문조사를 재분석한다. 귀무가설은 인구에서 유권자의 절반이 오바마를 지지하고 나머지 절반은 그렇지 않다는 것이다(예: $H_0 : p = 0.5$). 오바마의 지지율이 0.5가 아니라는 대립가설을 가정해 보자(예: $H_1 : p \neq 0.5$). 이제 간단한 무작위 표본을 수행하고, 선택된 1018명의 개인을 인터뷰한다고 가정한다($n = 1018$). 이 표본에서 550명은 오바마에 대한 지지를 표명하는 반면 다른 개인은 그렇지 않는다. 이는 오바마 지지자의 표본비율이 54%임을 의미한다(예: $\overline{X}_n = 550$). 분명히 표본비율은 가정된 비율인 0.5와 다르지만 이 차이가 통계적으로 유의한가? 표본오차 내에 차이는 있는가? 통계적 가설검정은 이 질문에 답할 수 있다.

7.2.2절에서 제시된 가설검정의 일반적인 절차를 따른다. 귀무 및 대립가설이 위에 정의됐으므로 다음으로 검정통계량과 검정수준을 선택한다. 표본비율 $\overline{X}_n$을 검정통계량으로 사용하고 $\alpha = 0.05$로 설정한다. 그런 다음 귀무가설하에서 이 검정통계량의 표집분포를 도출한다. 7.1.3절에서 논의하고 식 (7.12)를 활용해 $\overline{X}_n$의 기준분포를 $\mathcal{N}(0.5, 0.5(1 - 0.5)/1018$로 근사하고자 중심극한정리를 사용한다. 여기서 분산은 다음의 공식($\mathbb{V}(X)/n = p(1 - p)/n$)을 사용해 계산된다. 기준분포의 분산은 귀무가설($p = 0.5$)하에서 오바마의 지지율을 사용해 구성된다.

이 설정에서 귀무가설 및 대립가설에 해당하는 양측 p 값$^{\text{two-sided } p\text{-value}}$은 귀무가설하에서 관측값보다 더 극단적인 값을 관찰할 확률(즉 $\overline{X}_n = 550/1018$)로 계산할 수 있다. 그림 7.3은 관측값 위(약 0.54의 실선) 또는 대칭값 아래(약 0.46의 점선)의 값으로 더 극단적인 값이 표시되는 것을 시각적으로 보여 준다. 따라서 양측 p 값은 밀도곡선 아래의 두 파란색 음영 영역의 합과 같다. pnorm() 함수를 사용해 각 영역을 계산하지만 그림에서 위쪽 파란색 영역을 계산하고자 lower.tail 인자를 FALSE로 설정해야 한다.

```
n <- 1018
x.bar <- 550 / n
se <- sqrt(0.5 * 0.5 / n) # 표집분포의 표준편차
## 그림 오른쪽 파란색 영역
upper <- pnorm(x.bar, mean = 0.5, sd = se, lower.tail = FALSE)
```

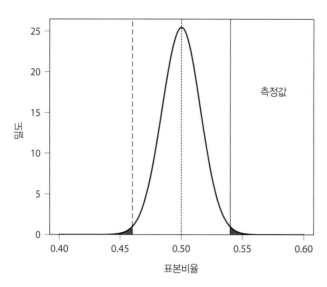

그림 7.3 단측 및 양측 *p* 값. 밀도곡선은 모집단 비율이 0.5라는 귀무가설하에서 기준분포를 나타낸다. 관측치는 수직 실선으로 나타낸다. 양측 *p* 값은 곡선 아래 두 파란색 음영 영역의 합과 같고 단측 *p* 값은 곡선 아래 두 파란색 영역 중 하나와 같다(대립가설에 따라 다름).

```
## 그림 왼쪽 파란색 영역, 오른쪽 영역과 똑같다.
lower <- pnorm(0.5 - (x.bar - 0.5), mean = 0.5, sd = se)
## 양측 p 값
upper + lower

## [1] 0.01016866
```

이 특별한 경우 위쪽 및 아래쪽 음영 영역 모두 동일한 면적을 갖기 때문에(정규분포는 평균을 중심으로 대칭) 영역 중 하나에 2를 곱하면 간단히 양측 *p* 값을 얻을 수 있다. 분포가 대칭이 아닌 경우에는 이 방법이 올바르지 않을 수 있다.

```
2 * upper

## [1] 0.01016866
```

반면에 대립가설이 *p* ≠ 0.5가 아니라 *p* > 0.5이면 단측 *p* 값을 계산해야 한다. 이 경우 대립가설은 *p*가 null(영) 값보다 크도록 지정하므로 매우 작은 값의 가능성을 고려할 필요 없다. 따라서 단측 *p* 값은 그림에서 관찰된 값 위의 곡선 아래 파란색 영역으로 제공된다.

```
## 단측 p 값
Upper
## [1] 0.005084332
```

단측 p 값을 사용하든 양측 p 값을 사용하든 상관없이 모집단에서 오바마에 대한 지지가 정확히 50% 라는 귀무가설을 기각한다. 관찰한 4% 포인트 차이는 우연히 발생하지 않았을 것이라고 결론지었다.

정규분포를 기준분포로 사용할 때 검정통계량을 표준화하고자 평균을 빼고 표준편차로 나눈 z 점수를 사용하는 경우가 많다. 이 변환이 이뤄지면 기준분포가 표준정규분포가 된다. 즉 귀무가설하에서 가정된 평균을 나타내고자 μ_0를 사용할 경우 표본크기가 충분히 크면(중심극한정리로 인해) 다음과 같은 결과를 얻을 수 있다.

$$\frac{\overline{X}_n - \mu_0}{\overline{X}_n\text{의 표준오차}} \sim \mathcal{N}(0, 1) \tag{7.19}$$

이 변환은 위에서 수행한 가설검정의 결과를 바꾸지 않는다. 실제로 p 값은 이 변환의 유무와 상관없이 동일하다. 그러나 p 값을 계산하지 않고 귀무가설을 기각할지를 결정하고자 z 점수를 표 7.1에 표시된 임계값과 쉽게 비교할 수 있다. 예를 들어, 양측 대립가설에서 z 점수가 1.96보다 크면 귀무가설을 기각한다. 이제 현 예제를 사용해 위와 동일한 p 값을 얻었음을 보여 준다.

```
z.score <- (x.bar - 0.5) / se
z.score
## [1] 2.57004
pnorm(z.score, lower.tail = FALSE) # 단측 p 값
## [1] 0.005084332
2 * pnorm(z.score, lower.tail = FALSE) # 양측 p 값
## [1] 0.01016866
```

표본평균의 z 점수를 기반으로 하는 이 검정을 단일표본 z 검정$^{\text{one-sample z-test}}$이라고 한다.

이 예에서는 베르누이 확률변수에 이 검정을 사용했지만 표본크기가 충분히 크고 중심극한정리를 적용할 수 있는 한 광범위한 비이진 확률변수에 검정을 적용할 수도 있다. 비이진 확률변수는 표본분산을 사용해 표준오차를 추정한다. 확률변수 X가 정규분포에 따라 분포된 경우 동일한 검정통계량을 가진다(예: 표본평균의 z 점수가 표준정규분포 대신 자유도를 갖는 t 분포를 따름). 단일표본 t 검정$^{\text{one-sample } t\text{-test}}$은 단일표본 z 검정보다 더 보수적이다. 즉 전자가 후자보다 더 큰 p 값을 제공함을 의미한다. 일부 연구자들은 보수적 추론을 선호하므로 단일표본 z 검정보다는 단일표본 t 검정을 사용한다.

$\{X_1, X_2, \ldots, X_n\}$의 평균이 μ이고, 분산이 n개의 독립(적)이며 같은 분포를 따르는 확률변수라고 가정하자. **단일표본 z 검정**은 다음과 같은 구성요소들을 포함한다.

1. 모집단의 평균이 μ인 귀무가설은 사전에 명시된 값 μ_0와 같다.

   $H_0 : \mu = \mu_0$

2. 대립가설: $H_1 : \mu \neq \mu_0$(양측), $H_1 : \mu > \mu_0$(단측) 또는 $H_1 : \mu < \mu_0$(단측)

3. 검정통계량(z 통계량): $Z_n = (\overline{X}_n - \mu_0)/\sqrt{\hat{\sigma}^2/n}$, $\overline{X}_n = \frac{1}{n}\sum_{i=1}^{n} X_i$ (표본평균)

4. 기준분포: n이 충분히 클 때 $Z_n \sim \mathcal{N}(0, 1)$

5. 분산: X가 베르누이 확률변수일 때 $\hat{\sigma}^2 = \frac{1}{n-1}\sum_{i=1}^{n}(X_i - \overline{X}_n)^2$ (표본분산) 또는 $\hat{\sigma}^2 = \mu_0(1 - \mu_0)$

6. p 값: $\Phi(-|Z_n|)$(단측) 그리고 $2\Phi(-|Z_n|)$(양측). $\Phi(\cdot)$는 표준정규분포의 누적분포함수^{CDF}다.

만약 X가 정규분포이면 동일한 검정통계량 Z_n은 t 통계량이라고 하며, 자유도가 $n-1$인 t 분포를 따른다. p 값은 이 t 분포의 누적분포를 기반으로 한다. 이를 **단일표본 t 검정**이라고 하며 단일표본 z 검정보다 더 보수적이다.

신뢰구간과 가설검정 간에는 일반적으로 일대일 관계가 존재한다. 식 (7.19)와 식 (7.15)를 비교하자. 차이점은 전자의 미지의 모집단 평균 $\mathbb{E}(X)$이 후자의 가상의 모집단 평균 μ_0로 대체된다는 것이다. 귀무가설에서 가상의 평균 μ_0는 실제 모집단의 평균을 나타낸다. 이는 $(1 - \alpha) \times 100\%$ 신뢰구간에 μ_0이 포함되지 않은 경우에만 α 수준 양측 검정을

사용해 귀무가설 $H_0 : \mu = \mu_0$을 기각함을 시사한다. 이 결과는 99% 신뢰구간(α = 1일 때 귀무가설을 기각하기 때문)에 0.5가 포함돼 있지만 95% 신뢰구간에는 포함되지 않았음을 확인할 수 있다(α = 0.05일 때 귀무가설을 기각할 수 없음).

```
## 0.5를 포함하는 99% 신뢰구간
c(x.bar - qnorm(0.995) * se, x.bar + qnorm(0.995) * se)

## [1] 0.4999093 0.5806408

## 0.5를 포함하지 않는 95% 신뢰구간
c(x.bar - qnorm(0.975) * se, x.bar + qnorm(0.975) * se)

## [1] 0.5095605 0.5709896
```

신뢰구간과 가설검정 간의 이러한 일대일 관계는 일반적으로 유지된다. 그러나 많은 연구자들은 p 값보다 신뢰구간을 보고하는 것을 선호한다. 왜냐하면 신뢰구간은 효과의 크기에 대한 정보도 포함돼 있어서 과학적 유의성scientific significance과 통계적 유의성statistical significance을 정량화하기 때문이다.

기본 아이디어를 설명하고자 위의 표본비율에 대한 단일표본 z 검정을 '수작업'으로 수행했다. 그러나 R에는 prop.test() 함수가 있어서 한 줄의 R 코드로 이 검정을 수행할 수 있다. 위와 같은 표본비율의 일표본검정의 경우 함수는 성공 횟수를 주 인자 x로, 시행 횟수를 인자 n으로 사용한다. 또한 귀무가설하에서 성공확률을 p로 지정할 수 있으며 대립가설을 지정할 수 있다(양측 대립가설의 경우 "two.sided", 단측 대립가설의 경우 "less" 또는 "greater"). 신뢰수준의 기본값은 95%이며 conf.level 인자로 변경할 수 있다.

마지막으로 correct 인자는 근사치를 개선하고자 연속성 수정continuity correction을 적용해야 하는지를 결정한다(기본값은 TRUE). 이 보정은 일반적으로 권장되며 특히 이산분포인 이항분포가 연속분포, 즉 정규분포로 근사되기 때문에 표본크기가 작은 경우에 권장된다. 먼저 연속성 수정 없이 prop.test()가 이전에 얻은 결과와 동일한 결과를 제공함을 보여 준다. 그런 다음 연속성 수정을 기반으로 결과를 표시한다.

```
## 연속성 수정 없이 위와 같은 p값 얻기
prop.test(550, n = n, p = 0.5, correct = FALSE)

##
## 	1-sample proportions test without continuity
```

```
##   correction
##
## data:  550 out of n, null probability 0.5
## X-squared = 6.6051, df = 1, p-value = 0.01017
## alternative hypothesis: true p is not equal to 0.5
## 95 percent confidence interval:
##  0.5095661 0.5706812
## sample estimates:
##        p
## 0.540275

## 연속성 수정
prop.test(550, n = n, p = 0.5)

##
##  1-sample proportions test with continuity correction
##
## data:  550 out of n, null probability 0.5
## X-squared = 6.445, df = 1, p-value = 0.01113
## alternative hypothesis: true p is not equal to 0.5
## 95 percent confidence interval:
##  0.5090744 0.5711680
## sample estimates:
##        p
## 0.540275
```

또한 prop.test() 함수는 편리하게 신뢰구간을 생성한다. 신뢰구간에 사용되는 표준오차는 가설검정에 사용되는 표준오차와 다르다. 가설검정에 사용되는 표준오차는 귀무가설 $\sqrt{p(1-p)/n}$하에서 도출되는 반면에 신뢰구간의 표준오차는 추정비율 $\sqrt{\overline{X}_n(1-\overline{X}_n)/n}$을 사용해서 계산되기 때문이다. 신뢰구간의 다른 수준의 예를 표시하고자 conf.level 인자를 사용해 99% 신뢰구간을 계산할 수 있다.

```
prop.test(550, n = n, p = 0.5, conf.level = 0.99)

##
##  1-sample proportions test with continuity correction
##
## data:  550 out of n, null probability 0.5
## X-squared = 6.445, df = 1, p-value = 0.01113
## alternative hypothesis: true p is not equal to 0.5
## 99 percent confidence interval:
##  0.4994182 0.5806040
## sample estimates:
```

```
##        p
## 0.540275
```

또 다른 예로 7.1.5절에서 제공된 STAR 프로젝트의 분석을 다시 살펴보자. 먼저 예시를 위해 일표본 t 검정을 수행한다. 모집단의 평균 시험점수가 710(예: $H_0 : \mu = 710$)이라는 귀무가설을 검정한다고 가정한다.

mu 인자를 사용해 null 값인 μ_0을 지정하는 t.test() 함수를 사용한다. alternative 및 conf.level과 같은 다른 인자는 prop.test() 함수와 정확히 동일한 방식으로 작동한다. 분석을 위해 독해 시험점수를 사용하고 양측 단일표본 t 검정을 수행한다. 아래 결과에서 알 수 있듯이 0.05 수준에서 시험점수의 모집단 평균이 710이라는 귀무가설을 유지한다. 결과 p 값이 작아서 귀무가설을 기각한다.

```
## 양측 일표본 t 검정
t.test(STAR$g4reading, mu = 710)

##
##  One Sample t-test
##
## data:  STAR$g4reading
## t = 10.407, df = 2352, p-value < 2.2e-16
## alternative hypothesis: true mean is not equal to 710
## 95 percent confidence interval:
##  719.1284 723.3671
## sample estimates:
## mean of x
##  721.2478
```

7.2.4 이표본검정

이제 STAR 프로젝트에 대한 보다 실천적인 분석으로 이동하자. 이와 같은 무작위 대조시험을 분석할 때 연구자들은 모집단의 평균처치효과^{PATE}가 0이라는 귀무가설로 통계적 가설검정을 수행하는 경우가 많다(예: 양측 대립가설 $H_1 : \mathbb{E}(Y_i(1) - Y_i(0)) \neq 0$ 동반하는 귀무가설 $H_1 : \mathbb{E}(Y_i(1) - Y_i(0)) \neq 0$). PATE가 음수가 될 수 없다고 가정하면 단측 대립가설 $H_1 : \mathbb{E}(Y_i(1) - Y_i(0)) > 0$을 사용한다. 반대로 PATE가 양수일 수 없다고 가정하면 $H_1 : \mathbb{E}(Y_i(1) - Y_i(0)) < 0$으로 설정한다. 이 예에서는 4학년의 독해 점수(표준 학급 사이즈 대비)

에서 소규모 학급의 PATE가 0 인지를 테스트하고자 한다.

이 귀무가설을 검정하고자 차분추정량을 검정통계량으로 사용한다. 보다 일반적으로 무작위 대조시험을 넘어 차분추정량을 기반으로 한 이표본검정을 사용해 이 두 모집단 간의 평균이 같다는 귀무가설을 조사할 수 있다. 이 검정통계량의 기준분포는 무엇인가? 7.1.5절에서와 같이 중심극한정리를 사용하는 것으로 기준분포를 근사할 수 있다. 중심극한정리는 처치그룹과 통제그룹의 표본평균이 정규분포를 갖는다는 것을 의미한다. 따라서 두 모집단 간의 평균이 같다는 귀무가설 아래에서 이 두 표본평균의 차이도 평균이 0인 정규분포를 따른다. 또한 표본평균 차이의 z 점수도 표준정규 분포를 따른다. 이 사실을 사용해 이표본 z 검정$^{\text{two-sample } z\text{-test}}$을 수행할 수 있다(검정통계량의 분모 역할을 하는 표준오차의 표현식에 대해서는 식 (7.18) 참고). 일표본검정에서와 같이 결과가 정규분포를 따른다고 가정하면 이표본 t 검정$^{\text{two-sample } t\text{-test}}$을 사용해 보다 보수적인 추론을 얻을 수 있다.

$\{X_1, X_2, \ldots, X_n\}$의 평균이 μ_0이고, 분산이 σ_0^2인 n_0개의 독립(적)이며 같은 분포를 따르는 확률변수라고 가정하자. 비슷하게 $\{Y_1, Y_2, \ldots, Y_n\}$은 평균이 μ_1이고, 분산이 σ_1^2인 n_1개의 독립적이고 동일하게 분포하는 확률변수라고 가정하자. **이표본 z 검정**은 다음과 같은 구성요소를 포함한다.

1. 귀무가설은 두 집단의 평균이 같다고 한다. $H_0 : \mu_0 = \mu_1$

2. 대립가설: $H_1 : \mu_0 \neq \mu_1$(양측), $H_1 : \mu_0 > \mu_1$(단측) 또는 $H_1 : \mu_0 < \mu_1$(단측)

3. 검정통계량(z 통계량): $Z_n = (\overline{Y}_{n_1} - \overline{X}_{n_0})/\sqrt{\frac{1}{n_1}\hat{\sigma}_1^2 + \frac{1}{n_0}\hat{\sigma}_0^2}$

4. 기준분포: n_0과 n_1이 충분히 클 때 $Z_n \sim \mathcal{N}(0, 1)$

5. 분산: X와 Y가 베르누이 확률변수일 때 $\hat{\sigma}_0^2 = \frac{1}{n_0-1}\sum_{i=1}^{n_0}(X_i - \overline{X}_{n_0})^2$과 $\hat{\sigma}_1^2 = \frac{1}{n_1-1}\sum_{i=1}^{n_1}(Y_i - \overline{Y}_{n_1})^2$(표본분산) 또는 $\hat{\sigma}_0^2 = \hat{\sigma}_1^2 = \hat{p}(1 - \hat{p})$.
   $\hat{p} = \frac{n_0}{n_0+n_1}\overline{X}_{n_0} + \frac{n_0}{n_0+n_1}\overline{Y}_{n_1}$

6. p 값: $\Phi(-|Z_n|)$(단측) 그리고 $2\Phi(-|Z_n|)$(양측). $\Phi(\cdot)$는 표준정규분포의 누적분포함수^{CDF}다.

만약 X와 Y가 정규분포라면 동일한 통계량 Z_n은 t 통계량이라고 하며, t 분포를 따른다. p 값은 이 t 분포의 누적분포를 기반으로 한다. 이를 **이표본 t 검정**이라고 하며 단일표본 z 검정보다 더 보수적이다.

7.1.5절에서 추정된 PATE는 R 객체 ate.est로 저장되는 반면에 표준오차는 R 객체 ate. se에 의해 주어진다는 점을 상기하라. 이러한 객체를 사용해 다음과 같이 단측 및 양측 p 값을 계산한다.

```
## 단측 p 값
pnorm(-abs(ate.est), mean = 0, sd = ate.se)

## [1] 0.09350361

## 양측 p 값
2 * pnorm(-abs(ate.est), mean = 0, sd = ate.se)

## [1] 0.1870072
```

이 p 값은 전형적인 임계값인 5%보다 훨씬 크기 때문에 4학년 독해 시험 점수에 대한 소규모 학급의 평균처치효과가 0이라는 가설을 기각할 수 없다.

기준분포를 도출하고자 중심극한정리에 의존했기 때문에 위에서 수행한 가설검정은 대표본근사를 기반으로 한다. 7.1.5절의 논의와 유사하게 결과변수가 정규분포를 따른다고 가정하면 정규분포 대신 t 분포를 사용해 가설검정을 수행할 수 있다. 검정통계량으로써 차분추정량에 대해 z 점수를 사용한다. 이는 이표본 t 검정의 경우 t 통계량이라고 한다. 그러나 7.1.5절에서 논의된 단일표본 예제와는 달리 자유도는 이표본 t 검정에 대해 근사돼야 한다. t 분포는 일반적으로 정규분포보다 꼬리가 더 무겁기 때문에 t 검정이 더 보수적이므로 결과변수가 정규분포를 따르지 않을 때에도 선호되는 경우가 많다.

R에서는 일표본 t 검정에서 했던 것처럼 t.test() 함수를 사용해 이표본 t 검정을 수행할 수 있다. 이표본 t 검정의 경우 함수는 2개의 벡터를 취하며 각 벡터에는 두 그룹 중 하나의 데이터가 포함된다. mu 인자를 통해 귀무가설 아래에서 두 그룹의 평균 또는 이 응용예의 PATE 간의 차이를 지정할 수 있다. 이 인자의 기본값은 0이며 현재 예제에서 사용하려는 값이다.

```
## 평균처치효과 0의 귀무가설을 검정
t.test(STAR$g4reading[STAR$classtype == 1],
       STAR$g4reading[STAR$classtype == 2])

##
## Welch Two Sample t-test
##
```

```
## data:STAR$g4reading[STAR$classtype==1] and STAR$g4reading[STAR$classtype == 2]
## t = 1.3195, df = 1541.2, p-value = 0.1872
## alternative hypothesis: true difference in means is not equal to 0
## 95 percent confidence interval:
##  -1.703591  8.706055
## sample estimates:
## mean of x mean of y
##   723.3912  719.8900
```

출력결과는 t 통계량의 값, p 값, 검정에 사용된 스튜던트 t 분포의 자유도가 표시된다. p 값은 $\alpha = 0.05$이라는 표준 임계값보다 크기 때문에 4학년 독해 점수에 대한 소규모 학급의 평균처치효과는 0이라는 귀무가설을 기각하지 못한다. prop.test() 함수와 마찬가지로 t.test() 함수 출력에는 대응하는 수준의 신뢰구간을 포함한다. t 분포 사용에서 예상한 대로 이 신뢰구간은 7.1.5절에서 얻은 정규근사를 기반으로 하는 신뢰구간보다 약간 더 넓다. 신뢰구간 또한 0을 포함하는데 이는 평균처치효과가 0이라는 귀무가설을 기각하지 못한다는 사실과 일치한다.

가설검정의 또 다른 응용 예로 2.1절에 설명된 노동시장에서의 차별 실험을 재분석한다. 이 실험에서 가공된 지원자의 이력서는 잠재 고용주에게 보내졌다. 연구자들은 흑인 또는 백인의 전형적인 이름을 각각의 이력서에 무작위로 할당했으며, 서류심사 통과확률은 지원자의 인종에 따라 달라지는지 조사했다. 분석하는 데이터셋은 CSV 파일 resume.csv에 포함돼 있다. 이 데이터셋에 있는 변수의 이름과 설명은 표 2.1에 나와 있다. 관심 있는 결과변수는 각 이력서가 콜백을 받았는지를 나타내는 call이다. 처치변수는 지원자의 인종인 race이며, 흑인처럼 혹은 백인처럼 들리는 이름을 비교하는 데 중점을 둔다.

콜백을 받을 확률이 흑인처럼 들리는 이름의 이력서와 백인처럼 들리는 이름의 이력서 간에 동일하다는 귀무가설을 검정한다. 이표본 z 검정을 실시하고자 prop.test() 함수를 사용한다. 입력값은 열이 성공 및 실패 횟수를 나타내고, 행이 비교되는 두 그룹을 표시하는 테이블(표)이다. 흑인 이름처럼 들리는 이력서는 더 적은 콜백을 받는다고 가정하기 때문에 단측검정을 사용한다.

```
resume <- read.csv("resume.csv")
## 데이터를 표의 형태로 정리
x <- table(resume$race, resume$call)
```

```
x
##
##            0    1
##   black 2278 157
##   white 2200 235

## 단측 검정
prop.test(x, alternative = "greater")

##
##  2-sample test for equality of proportions with
##  continuity correction
##
## data:  x
## X-squared = 16.449, df = 1, p-value = 2.499e-05
## alternative hypothesis: greater
## 95 percent confidence interval:
##  0.01881967 1.00000000
## sample estimates:
##    prop 1    prop 2
## 0.9355236 0.9034908
```

따라서 결과는 백인처럼 들리는 이름의 이력서가 흑인처럼 들리는 이름의 이력서보다
콜백을 받을 가능성이 더 높다는 대립가설을 지지한다. prop.test() 함수를 사용하지 않
고 이 p 값을 직접 계산하는 것이 좋다. 두 그룹 간의 동일한 비율에 대한 귀무가설, 즉
$H_0 : \mu_0 = \mu_1$하에 차분(더 정확하게는 비율의 차이)추정량의 표준오차는 아래와 같이 계산할
수 있다.

$$\sqrt{\frac{\widehat{\mathbb{V}(X)}}{n_0} + \frac{\widehat{\mathbb{V}(Y)}}{n_1}} = \sqrt{\frac{\hat{p}(1-\hat{p})}{n_0} + \frac{\hat{p}(1-\hat{p})}{n_1}} = \sqrt{\hat{p}(1-\hat{p})\left(\frac{1}{n_0} + \frac{1}{n_1}\right)} \quad (7.20)$$

여기서 X와 Y는 각각 흑인처럼 들리는 이름과 백인처럼 들리는 이름의 이력서에 대한
결과변수, n_0, n_1은 표본크기이고, $\hat{p} = \frac{n_0}{n_0+n_1}(\sum_{i=1}^{n_0} X_i + \sum_{i=1}^{n_1} Y_i)$은 전체 표본비율이다. X와
Y의 분산에 대해 동일한 추정값 $\hat{p}(1-\hat{p})$를 사용한다. 왜냐하면 동일한 비율의 귀무가설
아래에서 비율에 기반한 분산도 동일하기 때문이다.

```
## 표본크기
n0 <- sum(resume$race == "black")
```

```
n1 <- sum(resume$race == "white")
## 표본 비율
p <- mean(resume$call) # 전체
p0 <- mean(resume$call[resume$race == "black"]) # 흑인
p1 <- mean(resume$call[resume$race == "white"]) # 백인
## 점 추정
est <- p1 - p0
est

## [1] 0.03203285

## 표준오차
se <- sqrt(p * (1 - p) * (1 / n0 + 1 / n1))
se

## [1] 0.007796894

## z 통계량
zstat <- est / se
zstat

## [1] 4.108412

## 단측 p 값
pnorm(-abs(zstat))

## [1] 1.991943e-05
```

연속성 수정$^{continuity\ correction}$ 없이 prop.test() 함수를 사용해 정확히 동일한 p 값을 얻을 수 있다.

```
prop.test(x, alternative = "greater", correct = FALSE)

##
##  2-sample test for equality of proportions without
##  continuity correction
##
## data:  x
## X-squared = 16.879, df = 1, p-value = 1.992e-05
## alternative hypothesis: greater
## 95 percent confidence interval:
##  0.01923035 1.00000000
## sample estimates:
##    prop 1    prop 2
## 0.9355236 0.9034908
```

7.2.5 가설검정의 함정

피셔의 차-시음 실험 이후 과학계에서 가설검정은 실증적 결과가 통계적으로 유의한지를 결정하고자 광범위하게 사용됐다. 통계적 가설검정은 불확실성이 존재할 때 결론을 도출하기 위한 엄밀한 방법론의 전형이다. 그러나 가설검정의 보편적인 사용은 통계적으로 유의미한 결과, 특히 과학계에 놀라운 결과만 게시되는 경향이 있기 때문에 출판 편향 publication bias 으로 이어진다. 많은 사회과학 학술지에서 5%의 α 수준은 경험적/실증적 결과가 통계적으로 유의한지를 결정하는 기준으로 간주된다. 결과적으로 연구자들은 경험적 결과가 이 5% 임계값보다 작은 p 값을 가질 때만 논문을 학술지에 제출하는 경향이 있다. 게다가 학술지는 중요하지 않은 결과보다 통계적으로 유의미한 결과를 게시할 가능성이 더 높을 수 있다. 귀무가설이 사실이더라도 연구자들은 5% 미만의 p 값을 얻을 확률이 5%이기 때문에 문제가 된다.

한 연구에서 두 명의 연구자들이 10여 년 동안 두 저명 정치학 학술지에 게재된 100개 이상의 논문을 조사했다.[2] 연구자들은 해당 논문들에서 검정한 가설의 p 값을 수집했다. 그림 7.4는 보고된 결과의 대부분이 파란색 수직선으로 표시되는 5%의 임계값보다 작거

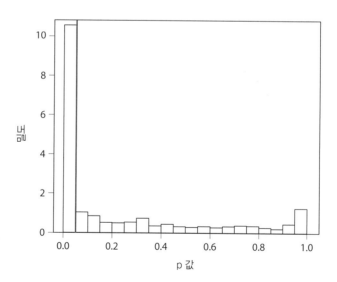

그림 7.4 두 저명 정치학 학술지에 발표된 가설검정의 p 값 분포

2 Alan Gerber and Neil Malhotra (2008) "Do statistical reporting standards affect what is published? Publication bias in two leading political science journals." *Quarterly Journal of Political Science*, vol. 3, no. 3, pp. 313–326.

나 같은 p 값을 갖고 있음을 보여 준다. 또한 임계값에서 불연속적으로 점프하는 것이 명백하며, 학술지가 임계값 바로 위의 결과보다 임계값 바로 아래에 있는 경험적/실증적 결과들을 더 많은 게재하고 있음을 나타낸다.

가설검정과 관련된 또 다른 중요한 함정은 다중검정$^{\text{multiple testing}}$이다. 통계적 가설검정은 확률적이라는 것을 상기하라. 귀무가설이 참인지 아닌지 100% 확실하게는 알 수 없다. 대신 앞에서 설명한 것처럼 일반적으로 가설검정을 수행할 때 제1종 및 제2종 오류가 발생한다(표 7.3 참고). 다중검정 문제는 복수의 가설을 검정할 때 위(거짓)발견$^{\text{false discoveries}}$의 가능성을 나타낸다.

이를 확인하고자 한 연구자가 10개의 가설을 검정한다고 가정하자. 이때 연구자에게 알려지지 않았던 것이지만, 모든 가설은 실제로 거짓이다. 연구자가 5%를 임계값으로 사용해 하나 이상의 귀무가설을 기각할 확률은 얼마인가? 이 가설검정들 간의 독립성을 가정한다면 이 확률을 다음과 같이 계산할 수 있다.

$$P(\text{적어도 하나의 가설을 기각한다}) = 1 - P(\text{가설을 기각하지 않는다})$$
$$= 1 - 0.95^{10} \approx 0.40$$

두 번째 등식이 성립하려면 귀무가설이 참일 때 귀무가설을 기각하지 않을 확률이 $1 - \alpha$ = 0.95이고, 이 10개의 가설검정이 서로 독립이라고 가정해야 한다. 따라서 연구자는 적어도 한 번의 잘못된 발견을 할 가능성은 40%다. 여기서 교훈은 많은 가설검정을 수행하면 통계적으로 유의한 결과를 위발견할 가능성이 높다고 할 수 있다.

다중검정 문제를 설명하고자 그림 7.5a에 표시된 '문어 파울'을 살펴보자. 독일의 수족관에 있는 이 문어는 2010년 축구 월드컵 토너먼트에서 독일과 관련된 7개의 시합 모두와 네덜란드와 스페인 간의 결승전 결과를 정확하게 예측해 언론의 주목을 받았다. 파울은 사진에서처럼 국기가 있는 2개의 컨테이너 중 하나에 들어가는 것으로 경기 결과를 예측했다. 이 데이터를 사용해서 파울이 축구 경기를 예측할 능력이 없다는 귀무가설로 가설검정을 수행할 수 있다. 이 귀무가설 아래에서 파울은 문제의 두 국가 중 우승자를 무작위로 추측한다. 파울이 8개 경기의 결과를 모두 정확하게 예측할 확률은 얼마인가? 파울은 각 시합을 올바르게 예측할 확률이 50%이므로 이 단측 p 값은 $1/2^{8} \approx 0.004$와 같다. 이 값은 통상의 5% 임계값보다 훨씬 낮으므로 통계적으로 유의한 것으로 간주될 수 있다.

(a) 문어 파울

(b) 앵무새 마니

그림 7.5 축구 경기의 결과를 정확하게 예측한 두 마리의 예언동물.
(출처: (a) Reuters/Wolfgang Rattay, (b) AP Images/Joan Leong)

그러나 다중검정의 문제는 많은 동물들이 축구 경기를 예측할 경우 예언하는 것처럼 보이는 동물을 찾을 가능성이 있음을 시사한다. 같은 월드컵 기간 동안 그림 7.5b에 표시된 또 다른 동물인 '앵무새 마니'는 비슷한 신탁 능력을 갖고 있는 것으로 보고됐다. 앵무새는 8경기 중 6경기만 정확하게 예측했다. 매번 앵무새는 부리를 이용해서 두 장의 종이 중 하나를 골라서 파울처럼 국기를 보지 않고 그것을 뒤집어 승자를 표시했다. 동물이 이러한 예측 능력을 가질 수 있다는 과학적 이론은 없기 때문에 파울과 마니는 다중검정 문제로 인해 위발견을 나타낸다고 결론을 내릴 수 있다. 이 책의 범위를 벗어나지만 통계학자들은 다중검정을 적절하게 조정하는 다양한 방법을 개발했다.

> **다중검정 문제**multiple testing problem는 많은 가설검정을 시행할 때 위발견을 할 수 있다.
> 예: 귀무가설을 잘못 기각.

7.2.6 검정력 분석

가설검정의 또 다른 문제는 귀무가설이 종종 흥미롭지 않다는 것이다. 예를 들어, STAR 연구의 소규모 학급이 귀무가설에서 가정한 대로 학생의 시험 점수에 대한 평균 인과효과가 정확히 0이라고 누가 믿겠는가? 효과의 크기는 작을 수 있지만 정확히 0이라고 상상하기 어렵다. 이와 관련된 문제는 귀무가설을 기각하지 못한다고 해서 반드시 귀무가설이 참임을 의미하지는 않는다는 것이다. 데이터에 귀무가설의 정보가 없기 때문에 귀무가설 기각의 실패가 발생하기도 한다.

예를 들어, 표본크기가 너무 작으면 실제 평균처치효과가 0이 아니더라도 표준오차가 너무 크기 때문에 연구자들은 평균효과가 0이라는 귀무가설을 기각하지 못할 수 있다.

가설검정에서 데이터의 정보성 정도를 공식화하고자 검정력 분석^{power analysis}을 사용한다. 통계적 가설검정의 검정력은 1에서 제2종 오류^{type II error} 확률을 뺀 값으로 정의된다.

$$검정력 = 1 - P(제2종\ 오류)$$

7.2.2절의 논의에서 연구자가 틀린 귀무가설을 유지할 때 제2종 오류가 발생한다는 것을 상기해 보자. 따라서 가능한 한 귀무가설에서 이탈을 감지할 수 있도록 통계적 가설검정의 검정력을 최대화하고자 한다.

검정력 분석은 관측값이 귀무가설에서 가정된 파라미터 값과 구별될 수 있을 만큼 충분히 정확해서 파라미터를 추정하는 데 필요한 최소 표본크기를 결정하는 데 자주 사용된다. 이는 일반적으로 데이터 수집을 알리고자 연구 계획의 일부분으로 수행된다. 예를 들어, 표본조사에서 연구자들은 한 후보가 사전에 지정된 정도보다 앞서 있을 때 지지율이 정확히 동률이라는 귀무가설을 기각하고자 인터뷰해야 하는 사람들의 수를 알고 싶어한다(7.1.4절의 토론 참고). 더욱이 실험을 하는 사람들은 효과가 실제로 0이 아닐 때 평균처치효과가 0이라는 귀무가설을 기각하는 데 필요한 관측수를 계산하고자 검정력 분석을 사용한다. 결과적으로 연구자들이 요구하는 예산을 정당화하고자 연구비 신청에 검정력 분석이 종종 필요하다.

다시 한번 설문조사 샘플링을 예로 사용해 보자. 진짜 지지율이 정확히 동률인 것에서 적어도 2% 포인트 떨어진, 즉 48% 이하 또는 52% 이상일 때 p로 표시되는 오바마에 대한 지지율이 정확히 50%라는 귀무가설을 기각할 수 있도록 인터뷰해야 하는 응답자가 몇 명인지 알아내려 한다고 가정해 보자. 즉 2% 포인트는 높은 확률로 검출하려는 귀무가설에서 가장 작은 편차다. 또한 표본비율을 검정통계량으로 사용하고 양측 대립가설을 사용해 유의수준이 $\alpha = 0.05$로 설정돼 있다고 가정한다.

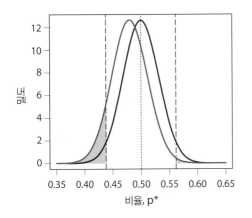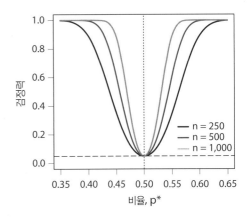

그림 7.6 검정력 분석 그림. 왼쪽 그림에서 검정색 실선은 귀무가설의 $p = 0.5$(수직 점선)에서 표본비율의 표집분포를 나타낸다. 파란색 실선은 평균이 0.48인 가상의 데이터 생성과정에서 검정통계량의 표집분포를 나타내며 두 파란색 부분의 합은 유의수준이 $\alpha = 0.05$일 때 통계적 테스트의 검정력과 같다. 수직 파선은 귀무가설이 기각되는 임계값 위 또는 아래를 나타낸다. 오른쪽 그림은 동일한 설정에서 세 가지 다른 표본크기의 검정력 함수를 표시한다.

검정력을 계산하려면 검정통계량의 두 개의 표집분포를 고려해야 한다. 첫 번째는 귀무가설 분포 아래에서의 표집분포다. 이전에 이 표집분포의 큰 표본근사값을 이미 도출했다. 즉 $\mathcal{N}(p, p(1-p)/n)$이고 여기서 p는 모집단 비율의 귀무가설의 값이다. 이 응용 예에서 $p = 0.5$다. 두 번째는 가상의 데이터 생성과정에서의 표집분포다. 현재의 경우 이 분포는 중심극한정리^{central limit theorem}를 통해 $\mathcal{N}(p^*, p^*(1-p^*)/n)$에 의해 근사된다. 여기서 p^*은 0.48보다 작거나 같고 또는 0.52보다 크거나 같다.

그림 7.6의 왼쪽 플롯은 검정력 분석의 메커니즘을 시각적으로 보여 준다. 그림에서 하나는 귀무가설(검은색 실선)에서 0.5를 중심으로 하고, 다른 하나는 가상의 데이터 생성과정(파란색 실선)에서 0.48을 중심으로 하는 표본비율의 표집분포 2개가 표시된다. 가상의 데이터 생성 과정 아래에서 0.48을 평균값으로 선택한다. 왜냐하면 이 값보다 작은 평균을 갖는 분포는 더 큰 통계적 검정력(참인 귀무가설을 기각할 확률)을 야기한다. 이 때문에 더 작은 표본크기가 필요하다. 당장은 표본크기 n을 250으로 설정했다.

이 설정에서 귀무가설을 기각할 확률인 통계적 가설검정의 검정력을 계산한다. 이를 위해 먼저 기각 영역을 결정하는 임계값을 도출한다. 7.2.3절에서 볼 수 있듯이 임계값은 귀무가설 값 p_0에 표준오차와 임계값 $z_{\alpha/2}$의 곱을 더하거나 뺀 것과 같다. 즉 '$p_0 \pm z_{\alpha/2} \times$

표준오차'다. 여기서 현재 설정은 $p_0 = 0.5$ 및 $z_{\alpha/2} \approx 1.96$이다. 그림의 왼쪽 플롯에서 이러한 임계값은 검은색 점선으로 표시되며 관측값이 실제값보다 더 극단적인 경우 귀무가설을 기각한다.

가상의 데이터 생성과정에서 기각의 확률을 계산할 때 그림에서 파란색 실선으로 표시된 확률분포를 사용한다. 즉 검정력은 그림에서 2개의 파란색 음영 영역의 합과 같다. 하나는 하한 임계값 아래의 큰 면적이고, 다른 하나는 상한 임계값 위의 작은 면적의 합과 같다. 수식으로 표현하면 다음과 같다.

$$\text{검정력} = P(\overline{X}_n < p - z_{\alpha/2} \times \text{표준오차}) + P(\overline{X}_n > p + z_{\alpha/2} \times \text{표준오차})$$

이 식에서 표본비율 $\overline{X}_n$은 $\mathcal{N}(p^*, p^*(1 - p^*)/n)$에 따라 근사적으로 분포한다고 가정한다. 현재 응용 예에서는 p^*가 0.48로 설정된다. R에서 검정력을 다음과 같이 계산할 수 있다.

```
## 파라미터 설정
n <- 250
p.star <- 0.48 # 데이터 생성 과정
p <- 0.5 # 영 값
alpha <- 0.05
## 임계값
cr.value <- qnorm(1 - alpha / 2)
## 가상의 데이터 생성과정하의 표준오차
se.star <- sqrt(p.star * (1 - p.star) / n)
## 귀무가설하의 표준오차
se <- sqrt(p * (1 - p) / n)
## 검정력
pnorm(p - cr.value * se, mean = p.star, sd = se.star) +
    pnorm(p + cr.value * se, mean = p.star, sd = se.star, lower.tail = FALSE)

## [1] 0.09673114
```

이러한 조건에서 검정력은 10%에 불과하다. 이 검정력이 표본크기 및 가상의 데이터 생성과정의 함수로 어떻게 변하는지 조사할 수 있다. 그림 7.6의 오른쪽 그림은 검정력 함수를 보여 준다. 여기서 가로축은 가상의 데이터 생성과정에서 모집단의 비율을 나타내며 각 선은 다른 표본크기를 나타낸다. 표본크기가 커지고 실제 모집단 비율 p^*이 귀무가설 값 $p = 0.5$에서 멀어짐에 따라 통계적 검정력이 증가하는 것을 관찰한다.

위의 구체적인 예는 검정력 분석의 주요 원리를 보여 준다. 아래에 일반적인 절차를 요약한다.

> **검정력**은 귀무가설이 거짓일 때 귀무가설을 기각할 확률로 정의된다. 이는 1에서 제2종 오류 확률을 빼는 것과 같다. **검정력 분석**은 다음과 같은 단계들로 구성돼 있다.
>
> 1. 사용할 통계적 가설검증을 설정한다. 이는 검정통계량, 귀무가설 및 대립가설, 유의수준 등의 사양들이 포함된다.
> 2. 가상의 데이터 생성과정에서 모집단의 파라미터 값을 선택한다.
> 3. 주어진 표본크기의 데이터 생성과정 아래에서 귀무가설을 기각할 확률을 계산한다.
>
> 그런 다음 표본크기를 바꿈에 따라 테스트 검정력이 어떻게 변하는지 조사해 봄으로써 원하는 검정력 수준에 필요한 **표본크기**$^{\text{sample size}}$를 결정할 수 있다.

검정력 분석은 이표본검정과 유사한 방식으로 수행할 수 있다. 이진 결과변수로 무작위화 실험을 분석하는 데 사용할 수 있는 비율의 이표본검정을 생각해 보자. 검정통계량은 처치그룹과 통제그룹 간의 표본비율 차이($\overline{Y}_{n_1} - \overline{X}_{n_0}$)다. 모집단의 차이 또는 모집단 평균처치효과^{PATE}가 0이라는 귀무가설 아래에서 검정통계량의 표집분포는 $\mathcal{N}(0, p(1-p)/(1/n_1 + 1/n_0))$이며 여기서 p는 전체 모집단 비율(식 (7.20) 참고)이며 두 그룹의 비율에 대한 가중평균($p = (n_0 p_0 + n_1 p_1)(n_0 + n_1)$)과 같다. 이 경우 통계적 검정의 검정력을 계산하려면 가상의 데이터 생성과정에서 처치그룹(p_1^*)과 통제그룹(p_0^*)에 대해 모집단의 비율을 별도로 지정해야 한다. 그런 다음, 이 데이터 생성과정에서 검정통계량의 표집분포는 $\mathcal{N}(p_1^* - p_0^*, p_1^*(1-p_1^*)/n_1 + p_0^*(1-p_0^*)/n_0)$이다. 이 정보를 사용해 귀무가설을 기각할 확률을 계산할 수 있다.

예로 2.1절에서 분석한 이력서 실험을 고려하라. 흑인처럼 들리는 이름의 이력서 500개와 백인처럼 들리는 이름의 이력서 500개를 보낼 계획이라고 가정해 보자. 또한 콜백 비율이 흑인 이름은 약 5%이고 백인 이름은 10%라고 가정한다.

```
## 파라미터
n1 <- 500
n0 <- 500
p1.star <- 0.05
p0.star <- 0.1
```

이 통계적 검정의 검정력을 계산하고자 먼저 전체 콜백 비율을 두 그룹의 콜백 비율의 가중평균으로 계산한다. 여기서 가중치는 표본크기다. 그런 다음 귀무가설 (예: 표준오차 $= \sqrt{p(1-p)(1/n_0 + 1/n_1)}$) 및 가상의 데이터생성 프로세스(예: 표준오차* $= \sqrt{p_1^*(1-p_1^*)/n_1 + p_0^*(1-p_0^*/n_0)}$)하에서 표준오차를 계산한다.

```
## 가중평균의 전체 콜백 비율
p <- (n1 * p1.star + n0 * p0.star) / (n1 + n0)
## 귀무가설 아래의 표준오차
se <- sqrt(p * (1 - p) * (1 / n1 + 1 / n0))
## 가상의 데이터 생성과정 아래의 표준오차
se.star <- sqrt(p1.star * (1 - p1.star) / n1 + p0.star * (1 - p0.star) / n0)
```

이제 두 비율의 차이($\overline{Y}_n - \overline{X}_n$)가 가상적 데이터 생성과정하에서 $-z_{\alpha/2} \times$ 표준오차보다 작거나 혹은 $-z_{\alpha/2} \times$ 표준오차*보다 큰 값을 취할 확률을 계산해 검정력을 계산할 수 있다.

```
pnorm(-cr.value * se, mean = p1.star - p0.star, sd = se.star) +
    pnorm(cr.value * se, mean = p1.star - p0.star,
          sd = se.star, lower.tail = FALSE)
## [1] 0.85228
```

설명을 위해 검정력을 직접 계산했지만 R에서 사용 가능한 power.prop.test() 함수를 사용할 수 있다. 비율에 대한 이표본검정에 적용할 수 있는 이 함수는 파라미터들의 집합이 주어진 경우 검정력을 계산하거나 목표 검정력 수준이 주어진 경우 파라미터 값을 결정할 수 있다. 이 함수의 인자에는 그룹당 표본크기(n), 두 그룹의 모집단 비율(p1.star 및 p2.star), 유의수준(sig.level) 및 검정력(power)이 포함된다. 이 함수는 두 그룹의 표본크기가 동일하다고 가정한다(예: $n_0 = n_1$). 검정력을 계산하고자 power = NULL (기본값)을 설정한다. 다음 구문은 위에서 계산한 것과 동일한 결과를 제공한다.

```
power.prop.test(n = 500, p1 = 0.05, p2 = 0.1, sig.level = 0.05)

##
##      Two-sample comparison of proportions power calculation
##
##              n = 500
##             p1 = 0.05
##             p2 = 0.1
##      sig.level = 0.05
##          power = 0.8522797
##    alternative = two.sided
##
## NOTE: n is number in *each* group
```

또한 power.prop.test() 함수는 단순히 power 인자를 원하는 수준으로 설정하고 n을 NULL (기본값)로 설정하면서 표본크기 계산을 활성화할 수 있다. 예를 들어, 위와 동일한 조건에서 90% 수준의 검정력을 얻는 데 필요한 최소 표본크기를 알고 싶다면 다음의 R 구문을 사용한다. 아래 결과는 이 검정력을 얻으려면 그룹당 최소 582개의 관측값이 필요함을 의미한다.

```
power.prop.test(p1 = 0.05, p2 = 0.1, sig.level = 0.05, power = 0.9)

##
##      Two-sample comparison of proportions power calculation
##
##              n = 581.0821
##             p1 = 0.05
##             p2 = 0.1
##      sig.level = 0.05
##          power = 0.9
##    alternative = two.sided
##
## NOTE: n is number in *each* group
```

연속변수는 7.2.4절에 소개된 스튜던트의 t 검정을 기반으로 검정력 분석을 수행할 수 있다. 이 논리는 비율들의 일표본 및 이표본검정에 대해 위에서 설명한 것과 정확히 동일하다. power.t.test() 함수는 type 인자가 이표본("two.sample") 또는 일표본("one.sample") 검정을 지정하는 검정력 분석을 수행할 수 있다. 일표본 t 검정은 가상의 데이터 생성과정에서 정규확률변수의 평균 delta 및 표준편차 sd를 지정해야 한다. 이표본 t 검정은 이 함수는 표준편차와 표본크기가 두 그룹에 대해 동일하다고 가정한다. 따라서 가상의 데이터 생성과정에서 실제 평균의 차이 delta와 표준편차 sd를 지정한다. 마지막으로 함수는 일표본검정의 경우 평균이 0이고, 이표본검정의 경우 평균 차이가 0이라는 귀무가설을 가정한다. 귀무가설[null] 값이 0이 아닌 경우 실제 평균(또는 평균 차이)에서 해당 값을 빼서 가상의 데이터 생성과정을 조정하면 된다.

아래에서는 power.t.test() 함수를 사용하는 두 가지 예를 제시한다. 첫 번째는 실제 평균이 0.25이고 표준편차가 1인 일표본검정에 대한 검정력 계산이다. 표본크기는 100이다. 귀무가설에서 가정된 평균값이 0이라는 것을 상기하라.

```
power.t.test(n = 100, delta = 0.25, sd = 1, type = "one.sample")

##
##        One-sample t test power calculation
##
##             n = 100
##         delta = 0.25
##            sd = 1
##     sig.level = 0.05
##         power = 0.6969757
##   alternative = two.sided
```

이 설정에서 검정력은 70%로 계산된다. 동일한 설정에서 0.9의 검정력을 갖는 데 필요한 표본크기는 얼마인가? n 인자를 지정하지 않고 power.t.test() 함수에 power 인자를 지정해 이 질문에 답할 수 있다.

```
power.t.test(power = 0.9, delta = 0.25, sd = 1, type = "one.sample")

##
##        One-sample t test power calculation
##
##             n = 170.0511
##         delta = 0.25
##            sd = 1
##     sig.level = 0.05
##         power = 0.9
##   alternative = two.sided
```

0.9 이상의 검정력을 얻기 위한 최소 표본크기는 171이다. 두 번째 예는 실제 평균의 차이가 0.25이고 표준편차가 1인 단측 이표본검정에 대한 표본크기 계산이다. 원하는 검정력을 90%로 설정했다.

```
power.t.test(delta = 0.25, sd = 1, type = "two.sample",
             alternative = "one.sided", power = 0.9)
##
##      Two-sample t test power calculation
##
##               n = 274.7222
##           delta = 0.25
##              sd = 1
##       sig.level = 0.05
##           power = 0.9
##     alternative = one.sided
##
## NOTE: n is number in *each* group
```

이 설정으로 90%의 검정력을 달성하려면 그룹당 최소 275개의 관측값이 필요하다는 것을 알 수 있다.

7.3 불확실성을 동반하는 선형회귀모형

이 책의 마지막 주제로 4장에서 소개한 선형회귀모형을 기반으로 추정값의 불확실성을 다룬다. 4장에서는 주로 예측을 하는 도구로써 선형회귀모형을 사용했다. 또한 이진 처리를 해 무작위 대조시험에 적용할 때 선형회귀모형이 평균처치효과의 불편추정량을 산출할 수 있음을 보여 줬다. 7.3절에서는 선형회귀모형을 실제 데이터 생성과정^{data-generating} ^{process}의 근사치로 묘사하는 또 다른 관점을 소개한다. 이 프레임워크 아래에서는 지정된 생성 모델에서 반복된 가상의 추출에 대한 추정값의 불확실성을 정량화할 수 있다. 선형회귀모형을 생성 모델로 보고 나면 관심 수량의 표준오차 및 신뢰구간을 계산할 수 있으며 가설검정을 수행할 수 있다.

7.3.1 생성 모델로서의 선형회귀

p개의 예측변수(설명 혹은 독립변수)가 있는 선형회귀모형^{linear regression model}은 다음과 같이 정의된다.

$$Y_i = \alpha + \beta_1 X_{i1} + \beta_2 X_{i2} + \cdots + \beta_p X_{ip} + \epsilon_i \tag{7.21}$$

이 모델에서 Y는 결과 또는 반응변수를 나타내며 X_{ij}는 j번째$(j = 1, 2, \ldots, p)$ 예측변수다. ϵ_i는 i번째 관측의 관측되지 않은 오차항을 나타낸다. 이 모델에는 총 $(p + 1)$개의 추정할 계수가 있다. 여기서 α는 절편을 나타내고 β_j는 j번째 설명변수$(j = 1, 2, \ldots, p)$의 계수를 나타낸다.

이 모델에 의하면 결과변수는 설명변수와 오차항의 선형함수로 생성된다. 예를 들어, 4.2절에서 선형회귀를 사용해 얼굴 외모와 선거결과 간의 관계를 모델링했다. 해당 응용 예에서 선거결과는 얼굴 외모와 오차항의 선형함수였다. 오차항에는 선거캠페인 자원, 이름 인식, 유권자 동원 노력 등과 같이 관찰되지 않는 선거결과의 모든 결정 요소가 포함된다.

이 모델에서 직접 관찰하지 않은 유일한 변수는 오차항이다. 따라서 모델의 주요 가정은 이 확률변수 ϵ_i의 분포에 관한 것이다. 특히 선형회귀모형은 다음의 외생성^{exogeneity} 가정을 기반으로 한다.

선형회귀모형의 외생성 가정은 다음과 같이 정의된다.

$$\mathbb{E}(\epsilon_i \mid \boldsymbol{X}_1, \boldsymbol{X}_2, \ldots, \boldsymbol{X}_p) = \mathbb{E}(\epsilon_i) = 0 \tag{7.22}$$

이 가정은 오차항 ϵ_i에 포함된 결과변수의 미관측 결정요인이, 관찰된 모든 예측변수 $X_{ij}(i = 1, 2, \ldots, n, j = 1, 2, \ldots, p)$와 관련이 없음을 의미한다. 이 식에서 X_j는 모든 관측값의 j번째 공변량을 포함하는 $n \times 1$ 벡터다.

이 가정은(식 (7.22)의 첫 번째 항) 설명변수가 주어진 오차항의 조건부 기대값^{conditional expectation}이 확률 또는 무조건 기대값(식의 두 번째 항인 주변확률이 0과 동일하다)과 동일한 것을 말한

다. 절편 α가 모형에 포함돼 있는 한, 선형회귀모형에서 항상 0으로 가정할 수 있다. 외생성 가정은 오차항의 평균이 모형에 포함된 모든 예측변수 또는 설명변수에 의존하지 않는다는 것을 의미한다. 즉 오차항에 포함된 결과변수의 미관측 결정요인들은 관측된 모든 예측변수와 관련이 없어야^{uncorrelated} 한다. 선거 예에서 이는 다른 선거결과 미관측 결정요인들이 후보자의 얼굴 외모과 관련이 없어야 함을 의미한다.

일반적으로 $\mathbb{E}(Y \mid X)$로 표시되는 또 다른 확률변수 X가 주어진 확률변수 Y의 조건부 기대값은 X의 특정값이 지정된 Y의 기대값이다. 따라서 이 조건부 기대값은 X의 함수다. 즉 $\mathbb{E}(Y \mid X) = g(X)$, 여기서 $g(X)$는 조건부 기대함수라고 한다. 6.3.5절에 소개된 모든 정의와 기대 규칙은 조건부 기대값을 유지한다. 단, 조건부 기대값은 조건부 변수를 고정된 것으로 취급하고 X가 주어진 Y의 조건부 분포와 관련해 기대치를 계산한다. 따라서 외생성 가정하에서 선형회귀모형은 예측변수 집합이 주어진 결과변수의 조건부 기대함수가 선형이라고 가정한다.

$$\mathbb{E}(Y_i \mid \boldsymbol{X}_1, \ldots, \boldsymbol{X}_p) = \alpha + \beta_1 X_{i1} + \cdots + \beta_p X_{ip}$$

이 결과를 도출할 때 외생성 가정뿐만 아니라 $X_1, \ldots, X_p$ 아래에서의 $\beta_j X_{ij}$의 조건부 기대값이 그 자체와 동일하다는 사실을 이용했다.

또 다른 확률변수 X가 주어진 확률변수 Y의 **조건부 기대값**$^{conditional\ expectation}$은 $\mathbb{E}(Y \mid X)$로 표시되며 다음과 같이 정의된다.

$$\mathbb{E}(Y \mid X) = \begin{cases} \sum_y y \times f(y \mid X) & Y\text{가 이산일 때} \\ \int y \times f(y \mid X) dy & Y\text{가 연속일 때} \end{cases}$$

여기서 $f(Y \mid X)$는 이산(연속)확률변수 Y가 주어진 X의 조건부 확률질량함수(조건부 확률밀도함수)다.

무작위 대조시험$^{randomized\ controlled\ trial}$에서는 처치할당이 무작위화되기 때문에 외생성 위반이 발생하지 않는다. 선형회귀모형의 틀에서 이는 X로 표시되는 처치변수가 ϵ에 포함된 모

든 관측된/관측되지 않은 처치 전의 특성과 통계적으로 독립적임을 의미한다. 따라서 외생성 가정이 자동으로 충족된다. 4.3.1절에서 설명된 정책입안자로서 여성에 대한 무작위 대조시험을 고려하라. 이 실험에서 관심 설명변수인 X는 지방정부의 의석인 그람 판차야트$^{GP, Gram\ Panchayat}$가 여성 리더를 위해 할당됐는지 여부다. 이 변수는 무작위화돼 있으므로 정책 결과의 다른 모든 잠재 결정요인과 통계적으로 독립적이다. 예를 들어, 마을의 신규 또는 수리된 식수 시설의 수는 여성 지도자의 존재뿐만 아니라 인구 규모 및 소득 수준과 같은 다른 여러 요인에 의해 결정될 가능성이 높다. 다행스럽게도 무작위 처치 할당이 처치변수를 여러 요인에게서 독립적으로 만들기 때문에 잠재적인 미관측 교란요인 unobserved confounders을 걱정할 필요가 없다.

그러나 관찰연구$^{observational\ study}$에서는 외생성 가정이 위반될 수 있다. 일부의 GP에서 여성 리더에 대한 의장 자리의 할당이 무작위화되지 않았다고 가정한다. 그러면 높은 교육 수준과 진보적 이념을 가진 마을이 GP로 여성 리더를 선출할 가능성이 있다. 이 시나리오에서는 마을 간의 신규 또는 수리된 식수 시설 수의 차이를 정치인의 성별에서만 기인한다고 할 수 없다. 고도로 교육을 받은 마을 사람들은 더 나은 식수 시설을 원하고 정치인은 단순히 선거구의 요구에 응답할 수 있기 때문이다. 즉 여성 정치인과 남성 정치인 모두 선거구에 대응하고 있지만 성별이 다르기보다는 선거구가 다르기 때문에 정책 결과가 다른 것이다. 관찰연구에서 미관측 교란요인은 오차항(예: 마을의 교육 수준)에 포함될 수 있으며 관측된 설명변수(예: 정치인의 성별)와 상관관계가 있는 경우에는 외생성 가정이 위반된다.

관찰연구에서 미관측 교란의 문제를 어떻게 해결할 수 있을까? 하나의 전략으로 2장에서는 처치받은 유닛을 유사한 통제 유닛과 비교하는 것을 배웠다. 이상적으로는, 처치를 받지 않았지만 관측된 많은 특성들의 관점에서 처치된 유닛과 유사한 유닛을 찾고 싶어한다. 2.5절에 설명된 최저임금 및 고용에 관한 연구에서 연구자들은 최저임금이 인상되지 않은 펜실베이니아의 패스트푸드 식당(최저임금이 인상되지 않음)을 뉴저지에 있는 패스트푸드 식당(최저임금이 인상됨)의 통제그룹으로 선택했다. 여기서 중요한 아이디어는 이러한 식당들이 고용, 제품, 판매 패턴이 매우 유사하기 때문에 펜실베이니아의 식당을 사용해 최저임금이 인상되지 않았을 경우 초래될 뉴저지 식당의 고용 수준을 추론할 수 있다는 것이다. 뉴저지에서 처치 외에 미관측 요인(뉴저지 패스트푸드 식당에서의 고용에 영향을 미치는)이 존재하지 않는다면(예: 미관측 교란요인 없음) 뉴저지의 식당과 펜실베이니아의 식당 간의 평균 고용 차이는 뉴저지의 최저임금 인상에서 기인한다고 할 수 있다. 미관측 교란요인이 없다는 가정에는 비중첩^{unconfoundedness}, 관측가능 변수 선택^{selection on observables}, 누락변수 없음^{no omitted variables} 등 여러 가지 이름이 있지만 모두 동일한 의미다.

따라서 2장에서 연구된 미관측 교란요인이 없다는 가정은 선형회귀모형의 외생성 가정과 직접적인 관련이 있다. 실제로 미관측 교란요인들이 존재할 때마다 외생성 가정은 위반된다. 선형회귀모형 프레임워크에서 이러한 교란요인들을 측정하고 처치그룹과 통제그룹 간의 차이를 조정하고자 모형에 추가 예측변수를 포함해 이 문제를 해결할 수 있다. 이 전략은 결과변수와 교란변수 사이의 선형관계를 가정하지만, 개념적으로는 유사한 특성을 가진 처치 단위와 통제 단위를 비교하는 것과 동일하다. 모든 교란변수가 모형에 포함돼 있는 한(결과변수와 모든 설명변수 간의 선형관계 유지) 처치변수의 추정계수는 평균처치효과의 불편 추정값임을 나타낸다.

최저임금 예에서 뉴저지의 패스트푸드 식당과 펜실베이니아에 있는 패스트푸드 식당 사이의 유일한 교란요인은 각 음식점이 속한 패스트푸드 식당, 임금, 그리고 뉴저지에서 최저임금이 인상되기 이전의 정규직 비율뿐이라고 가정한다. 따라서 선형모형에서 이 세 변수들을 조정한다. 여기서 결과변수는 뉴저지에서 최저임금이 인상된 후 정규직 비율이고 처치변수는 식당이 뉴저지에 있는지의 여부다. 표 2.5에 설명된 데이터셋을 사용하고 lm() 함수를 사용해 결과변수와 3개의 교란변수를 회귀분석한다. 선형회귀분석을 적합하기 전에 뉴저지에서 최저임금 인상 전후의 정규직 비율을 계산한다. 또한 식당이 뉴저지에 있는 경우는 1, 펜실베이니아에 있는 경우에는 0인 지표변수 또는 더미변수를 만든다.

```
minwage <- read.csv("minwage.csv")
## 최저임금 인상 전 정규직 비율 계산
minwage$fullPropBefore <- minwage$fullBefore /
    (minwage$fullBefore + minwage$partBefore)
## 같은 계산을 최저임금 인상 이후에도 한다.
minwage$fullPropAfter <- minwage$fullAfter /
    (minwage$fullAfter + minwage$partAfter)
## NJ 지표변수: NJ에 위치하면 1, PA에 위치하면 0
minwage$NJ <- ifelse(minwage$location == "PA", 0, 1)
```

이제 처치변수(예: 식당이 뉴저지에 있는지의 여부)에 대한 최저임금 인상 후의 정직원 고용비율과 다른 3개의 잠재적 교란변수에 대해 회귀한다. chain은 4개의 다른 패스트푸드 체인에 관한 요인변수다. 4.3.2절에서 본 것처럼 lm() 함수에서 요인변수를 사용하면 함수는 각 범주에 대해 적절한 수의 지표변수를 자동으로 생성한다. 이 경우 절편이 있고 요인에 4개의 범주가 있으므로 함수는 3개의 지표변수를 생성한다. lm() 함수에는 기본값으로 절편이 포함된다. -1 구문을 사용해 절편을 제거하면 네 가지 범주 각각에 대해 하나씩의 지표변수가 생성된다. 4.3.2절에서 설명했듯이 이 두 모델은 같으며 동일한 값이 설명변수에 주어지면 동일한 예측값을 생성하는 동시에 다른 계수 추정값을 생성한다.

```
fit.minwage <- lm(fullPropAfter ~ -1 + NJ + fullPropBefore +
                  wageBefore + chain, data = minwage)

## 회귀분석 결과값
fit.minwage

##
## Call:
## lm(formula = fullPropAfter ~ -1 + NJ + fullPropBefore + wageBefore +
##
##     chain, data = minwage)
##
## Coefficients:
##             NJ     fullPropBefore      wageBefore
##        0.05422          0.16879         0.08133
## chainburgerking         chainkfc        chainroys
##       -0.11563         -0.15080         -0.20639
##     chainwendys
##       -0.22013
```

이 결과가 보여 주는 것은 뉴저지의 최저임금 인상이 5.4% 포인트(NJ 변수에 대한 추정계수로 표현됨) 정직원 고용비율을 상승시켰다는 것이다. 절편을 제외하면 모든 패스트푸드 체인의 추정계수를 직접 비교할 수 있다. 버거킹[Burger King]은 모형의 다른 요인들을 조정한 후 정직원 고용비율이 가장 높을 것으로 예측된다. 절편을 포함하는 경우 추정된 계수는 회귀모형에서 누락되는 기본 범주[base category]와 관련해 해석돼야 한다.

```
fit.minwage1 <- lm(fullPropAfter ~ NJ + fullPropBefore +
                   wageBefore + chain, data = minwage)
```

```
fit.minwage1

##
## Call:
## lm(formula = fullPropAfter ~ NJ + fullPropBefore + wageBefore +
##     chain, data = minwage)
##
## Coefficients:
##    (Intercept)              NJ   fullPropBefore
##       -0.11563         0.05422          0.16879
##      wageBefore         chainkfc         chainroys
##        0.08133        -0.03517         -0.09076
##     chainwendys
##       -0.10451
```

lm() 함수는 회귀분석에서 버거킹의 지표변수를 제외했다. 이는 다른 모든 패스트푸드 식당 체인의 추정계수를 버거킹과 비교해야 함을 의미한다. 이전 결과와 일관되게, 다른 모든 추정계수들은 음수임을 알 수 있다. 이는 버거킹이 모델의 다른 요인들을 조정한 후 정규직 고용비율이 가장 높을 것으로 예측됨을 나타낸다. 이 두 모델이 똑같으며 동일한 예측값을 산출한다는 점을 강조한다. 예를 들어, 두 회귀모형의 결과를 사용해 동일한 예측치를 생성하는 데이터의 첫 번째 관측 결과를 예측한다.

```
predict(fit.minwage, newdata = minwage[1, ])

##         1
## 0.2709367

predict(fit.minwage1, newdata = minwage[1, ])

##         1
## 0.2709367
```

선형모형에서 유효한 추론은 식 (7.22)에 주어진 **외생성 가정**exogeneity assumption을 가정한다. **미관측 교란요인**unobserved confounders들이 있는 경우에는 이 가정에서 위반된다. 외생성 가정을 보다 타당하게 만들고자 연구자들은 교란변수들을 측정하고 선형회귀모형에 추가 설명변수로 포함시킬 수 있다.

7.3.2 불편추정계수

선형회귀모형의 계수를 얼마나 정확하게 추정할 수 있는가? 선형회귀모형이 실제 데이터 생성과정을 설명한다는 가정 아래에서 추정계수들과 관련된 불확실성을 정량화하는 방법에 대한 질문을 생각해 본다. 7.3.2절에서 제시된 결과는 둘 이상의 예측변수가 있는 선형회귀모형으로 일반화될 수 있지만 간단하게 예측변수가 하나인 모형을 고려해 보자.

$$Y_i = \alpha + \beta X_i + \epsilon_i \tag{7.23}$$

4.2.3절의 검토를 생각해 보면 선형회귀모형에 절편과 하나의 예측변수만 포함된 경우 최소제곱추정값은 다음과 같다.

$$\hat{\alpha} = \overline{Y} - \hat{\beta}\overline{X} \tag{7.24}$$

$$\hat{\beta} = \frac{\sum_{i=1}^{n}(Y_i - \overline{Y})(X_i - \overline{X})}{\sum_{i=1}^{n}(X_i - \overline{X})^2} \tag{7.25}$$

이 식에서 $\overline{X}$와 $\overline{Y}$는 각각 예측변수 X_i 및 결과변수 Y_i의 표본평균을 나타낸다.

외생성 가정하에서 이러한 최소제곱 계수들인 $\hat{\alpha}$ 및 $\hat{\beta}$는 각각 해당하는 실제값 α 및 β에 대해 편향되지 않음이 밝혀졌다. 수식으로는 $\mathbb{E}(\hat{\alpha}) = \alpha$ 및 $\mathbb{E}(\hat{\beta}) = \beta$라고 쓰면 된다. 이 선형모형에 따라 데이터를 생성하면 계수들의 최소제곱추정값이 가상적으로 반복되는 데이터셋에서 평균적으로 실제값과 동일하다. 따라서 최소제곱법은 잔차의 제곱 합을 최소화하면서 편향되지 않은 추정값을 생성한다.

수학에 자신 있는 사람들을 위해 이 중요한 결과를 해석적으로 보여 준다. 선형회귀모형이 실제 데이터 생성과정이라고 가정하기 때문에 식 (7.23)에 주어진 선형모델 표현식을 식 (7.24)으로 대입한다. 평균적 결과가 $\overline{Y} = \alpha + \beta\overline{X} + \bar{\epsilon}$에 의해 제공된다는 점에 주목해 추정 절편에 대해 다음 식을 얻는다.

$$\hat{\alpha} = \alpha + \beta\overline{X} + \bar{\epsilon} - \hat{\beta}\overline{X} = \alpha + (\beta - \hat{\beta})\overline{X} + \bar{\epsilon}$$

이 식은 추정오차 $\hat{\alpha} - \alpha$가 $(\beta - \hat{\beta})\overline{X} + \bar{\epsilon}$에 의해 주어짐을 보여 준다. 마찬가지로 실제값 β와 추정오차 $\hat{\beta} - \beta$의 합으로 식 (7.25)에서 주어진 추정 기울기 계수를 다시 작성하고

자 식 (7.23)을 사용한다.

$$\hat{\beta} = \frac{\sum_{i=1}^{n}(\beta X_i + \epsilon_i - \beta\overline{X} - \bar{\epsilon})(X_i - \overline{X})}{\sum_{i=1}^{n}(X_i - \overline{X})^2} = \beta + \underbrace{\frac{\sum_{i=1}^{n}(\epsilon_i - \bar{\epsilon})(X_i - \overline{X})}{\sum_{i=1}^{n}(X_i - \overline{X})^2}}_{\text{추정오차}}$$

여기서 $\sum_{i=1}^{n}\beta X_i = \sum_{i=1}^{n}\beta\overline{X}$라는 사실을 사용했다.

이 추정오차의 분자, 즉 이 식의 두 번째 항을 더 단순화할 수 있다.

$$\begin{aligned}\sum_{i=1}^{n}(\epsilon_i - \bar{\epsilon})(X_i - \overline{X}) &= \sum_{i=1}^{n}\epsilon_i(X_i - \overline{X}) - \sum_{i=1}^{n}\bar{\epsilon}(X_i - \overline{X}) \\ &= \sum_{i=1}^{n}\epsilon_i(X_i - \overline{X}) - \bar{\epsilon}\underbrace{\left(\sum_{i=1}^{n}X_i - n\overline{X}\right)}_{=0} \\ &= \sum_{i=1}^{n}\epsilon_i(X_i - \overline{X})\end{aligned}$$

따라서 기울기 계수의 추정오차에 대해 다음과 같은 최종 표현식을 얻는다.

$$\hat{\beta} - \beta = \frac{\sum_{i=1}^{n}\epsilon_i(X_i - \overline{X})}{\sum_{i=1}^{n}(X_i - \overline{X})^2} \tag{7.26}$$

7.1.1절에서 논의된 바와 같이 $\hat{\beta}$의 불편성을 증명하고자 평균적으로 $\hat{\beta}$이 반복 (가상의) 데이터 생성과정의 실제값 β와 같다는 것을 보여야 한다. 수학적으로 $\hat{\beta}$의 기대값을 계산하고 β와 같다는 것을 보여 준다(예: $\mathbb{E}(\hat{\beta}) = \beta$). 이 경우 먼저 식 (7.22)에서 주어진 외생성 가정하에서 설명변수 벡터 X가 주어지면 $\hat{\beta}$의 조건부 기대값을 계산한 다음 $\mathbb{E}(\hat{\beta} \mid X) = \beta$를 표시한다. 즉 주어진 값 X에 대해 X와 무관한 오차항 ϵ를 추출해 결과변수 Y를 반복적으로 생성하는 가상의 프로세스를 고려한 다음 최소제곱추정값 $\hat{\alpha}$ 및 $\hat{\beta}$을 계산한다. 이러한 추정값은 매번 다르지만 평균적으로는 각각 실제값 α 및 β와 같아야 한다.

먼저 추정된 기울기 계수의 조건부 기대값을 계산한다. 예측변수 벡터 $\boldsymbol{X}$가 주어지면 기대값이 계산되기 때문에 유일한 확률변수는 오차항 ϵ이다. 이는 다른 항목들이 상수로 간주되고 기대값에서 벗어날 수 있음을 의미한다.

$$\mathbb{E}(\hat{\beta} - \beta \mid \boldsymbol{X}) = \frac{1}{\sum_{i=1}^{n}(X_i - \overline{X})^2} \sum_{i=1}^{n} \mathbb{E}(\epsilon_i \mid \boldsymbol{X})(X_i - \overline{X}) = 0$$

두 번째 등식은 외생성 가정 $\mathbb{E}(\epsilon \mid \boldsymbol{X}) = 0$에 의해 함축된다. 따라서 X_i의 추정된 기울기 계수는 예측변수에 대해 편향되지 않는다. 이 결과를 사용해 추정 절편이 예측변수 벡터 $\boldsymbol{X}$에 대해 조건부로 불편함을 보여 준다.

$$\mathbb{E}(\hat{\alpha} - \alpha \mid \boldsymbol{X}) = \mathbb{E}(\hat{\beta} - \beta \mid \boldsymbol{X})\overline{X} + \mathbb{E}(\bar{\epsilon} \mid \boldsymbol{X}) = 0$$

결과는 $\mathbb{E}(\hat{\beta} - \beta \mid \boldsymbol{X}) = 0$(편향되지 않은 $\hat{\beta}$) 및 $\mathbb{E}(\bar{\epsilon} \mid \boldsymbol{X}) = \frac{1}{n}\sum_{i=1}^{n}\mathbb{E}(\epsilon_i \mid \boldsymbol{X}) = 0$(외생성)을 따른다. 이는 예측변수 벡터 $\boldsymbol{X}$의 값이 주어지면 추정된 계수 $\hat{\alpha}$ 및 $\hat{\beta}$이 편향되지 않음을 의미하므로 조건부 불편성은, 즉 무조건의 불편성을 의미한다(예: $\mathbb{E}(\hat{\alpha}) = \alpha$ 및 $\mathbb{E}(\hat{\beta}) = \beta$).

> 외생성 가정하에서 선형회귀모형의 계수의 최소제곱추정값은 편향되지 않는다.

추정계수의 조건부 불편성은 (무조건의) 불편성을 의미하며 방금 언급한 논의는 보다 더 일반적으로 만들 수 있으며 반복 기대값 법칙^{law of iterated expectation}이라고 한다.

> **반복 기대값 법칙**은 두 확률변수 X와 Y에 대해 다음과 같은 등식이 성립한다.
>
> $$\mathbb{E}(Y) = \mathbb{E}\{\mathbb{E}(Y \mid X)\}$$
>
> 내측기대값^{inner expectation}은 X가 주어지면 Y에 대한 평균으로 X의 함수를 산출한다. 외측기대값^{outer expectation}은 X에 대한 이 결과의 조건부 기대함수를 평균한다.

예를 들어, Y는 개인의 소득이고, X는 개인이 속한 인종 그룹이다. 그런 다음 모집단의 평균 소득을 얻고자 모든 사람의 소득 평균 $\mathbb{E}(Y)$를 단순하게 계산하거나 먼저 각 인종 범주의 평균 소득 $\mathbb{E}(Y \mid X) = g(X)$를 계산한 다음 인종별 평균의 가중평균을 계산하는 것으로 전체의 평균 소득을 구한다. 여기서 가중치는 인종 그룹 $\mathbb{E}(g(X))$의 크기에 비례한다. 반복 기대값 법칙을 적용하면 추정계수가 편향되지 않는다고 공식적으로 결론 내릴 수 있다.

$$\mathbb{E}(\hat{\alpha}) = \mathbb{E}\{\mathbb{E}(\hat{\alpha} \mid \boldsymbol{X})\} = \mathbb{E}(\alpha) = \alpha$$
$$\mathbb{E}(\hat{\beta}) = \mathbb{E}\{\mathbb{E}(\hat{\beta} \mid \boldsymbol{X})\} = \mathbb{E}(\beta) = \beta$$

7.3.3 추정계수의 표준오차

추정계수의 불편성을 설명했기 때문에 다음으로 그 표준오차를 생각해 보자. 각 추정계수의 표준오차는 표집분포의 (추정) 표준편차를 나타낸다(7.1.2절 참고). 표집분포는 가상적 반복 추출과정으로 생성됐으며, 표본별로 다른 추정계수를 제공한다. 표준오차는 이 반복 추출과정에서 추정계수의 평균적인 변동성을 정량화한다.

불편성의 경우와 마찬가지로 단순화를 위한 예측변수가 하나인 선형회귀모형을 생각해 보자. 추정 기울기 계수 $\hat{\beta}$의 표집분포의 분산을 도출하고 여기서 그 제곱근을 취해서 표준오차를 얻는다. 편향의 경우도 똑같이 먼저 예측변수 $\boldsymbol{X}$를 제공할 때 조건부 분산을 계산한다. 확률변수의 분산은 그것에 상수를 추가해도 변하지 않는 6.3.5절의 논의를 생각해 보자. 따라서 β는 (비록 미지이지만) 일정하기 때문에 추정계수 $\hat{\beta}$의 분산은 그 추정오차 $\hat{\beta} - \beta$의 분산과 동일하다. 식 (7.26)을 사용해 다음을 구한다.

$$\mathbb{V}(\hat{\beta} \mid \boldsymbol{X}) = \mathbb{V}(\hat{\beta} - \beta \mid \boldsymbol{X})$$
$$= \mathbb{V}\left(\frac{\sum_{i=1}^{n} \epsilon_i (X_i - \overline{X})}{\sum_{i=1}^{n} (X_i - \overline{X})^2} \,\middle|\, \boldsymbol{X}\right)$$
$$= \frac{1}{\{\sum_{i=1}^{n} (X_i - \overline{X})^2\}^2} \mathbb{V}\left(\sum_{i=1}^{n} \epsilon_i (X_i - \overline{X}) \,\middle|\, \boldsymbol{X}\right) \qquad (7.27)$$

세 번째 등식은 식 (6.38)과 다음의 사실에서 도출된다. 즉 분모는 예측변수 X만의 함수이고, 주어진 $\boldsymbol{X}$의 조건부 분산을 계산할 때에 상수로 취급한다.

식 (7.27)을 더욱 간단히 하고자 오차항의 등분산성^{homoskedasticity}을 가정한다. 즉 예측변수 X의 조건에 대해 관측값 i의 오차항은 또 다른 관측값으로부터 독립이며, 오차항의 분산은 예측변수 X에 의존하지 않음을 가정한다.

등분산오차^{homoskedastic error}의 가정은 아래의 두 가지 요소로 구성된다.

1. ϵ_i는 모든 $i \neq j$에 대해 X를 조건으로 ϵ_j와는 독립적이다.
2. 오차의 분산은 예측변수에 의존하지 않는다. 즉 $\mathbb{V}(\epsilon_i \mid X) = \mathbb{V}(\epsilon_i)$이다.

이 등분산 가정하에서 식 (7.27)의 분자를 더욱 간단히 할 수 있다.

$$\mathbb{V}\left(\sum_{i=1}^{n} \epsilon_i (X_i - \overline{X}) \,\middle|\, X\right) = \sum_{i=1}^{n} \mathbb{V}(\epsilon_i \mid X)(X_i - \overline{X})^2 = \mathbb{V}(\epsilon_i) \sum_{i=1}^{n} (X_i - \overline{X})^2 \quad (7.28)$$

이것과 식 (7.27)을 같이하는 것으로 등분산성과 외생성의 가정하에서 아래의 추정기울기 계수 $\hat{\beta}$의 분산을 최종적으로 얻을 수 있다.

$$\mathbb{V}(\hat{\beta} \mid X) = \frac{\mathbb{V}(\epsilon_i)}{\sum_{i=1}^{n}(X_i - \overline{X})^2} \quad (7.29)$$

위의 식은 예측변수 X가 주어졌을 때 $\hat{\beta}$의 조건부 분산을 나타내지만 $\hat{\beta}$의 무조건 분산도 계산할 수 있다. 전자는 각 관측값에 대해 X_i가 주어졌을 때 Y_i(또는 Y_i가 X_i와 ϵ_i의 함수이기 때문에 X_i가 주어진 ϵ_i로서도 같음)의 가상의 반복추출 시나리오에서 $\hat{\beta}$의 변동성을 기반으로 한다. 여기서 X_i는 전체적으로 일정하다. 대조적으로 후자는 조금 더 자연스러운 데이터 생성과정에서 $\hat{\beta}$의 불확실성을 나타낸다. 이 데이터 생성과정에서 Y_i와 X_i(또는 ϵ_i 및 X_i로 해도 같음)가 각 가설 위의 데이터를 실현하는 모집단에서 공동으로 추출된다. $\hat{\beta}$의 무조건 분산을 유도하고자 아래의 총분산 법칙^{law of total variance}을 사용한다.

> **총분산 법칙**에 따르면 임의의 두 확률변수 X와 Y에 대해 다음과 같은 등식이 성립한다.
>
> $$\mathbb{V}(Y) = \mathbb{V}\{\mathbb{E}(Y \mid X)\} + \mathbb{E}\{\mathbb{V}(Y \mid X)\}$$
>
> 첫 번째 항은 조건부 기대값의 분산을 나타내며 두 번째 항은 조건부 분산의 기대값을 나타낸다.

말하자면 이 법칙은 확률변수 Y의 무조건 분산이 X가 주어진 Y의 조건부 기대값의 분산과 X가 주어진 경우 Y의 조건부 분산의 기대값 합과 같다는 것을 의미한다. 총분산법칙을 적용하면 $\hat{\beta}$의 무조건 분산이 다음과 같이 도출할 수 있음을 보여 준다.

$$
\begin{aligned}
\mathbb{V}(\hat{\beta}) &= \mathbb{V}(\mathbb{E}(\hat{\beta} \mid \boldsymbol{X})) + \mathbb{E}\{\mathbb{V}(\hat{\beta} \mid \boldsymbol{X})\} \\
&= \underbrace{\mathbb{V}(\beta)}_{=0} + \mathbb{E}\left(\frac{\mathbb{V}(\epsilon_i)}{\sum_{i=1}^{n}(x_i - \overline{X})^2}\right) \\
&= \mathbb{V}(\epsilon_i)\mathbb{E}\left[\frac{1}{\sum_{i=1}^{n}(X_i - \overline{X})^2}\right]
\end{aligned}
\tag{7.30}
$$

식 (7.30)에서 β는 상수이기 때문에 $\mathbb{V}(\beta) = 0$이다. 이는 $\hat{\beta}$의 무조건 분산이 $\hat{\beta}$의 조건부 분산의 기대값과 동일함을 의미한다(예: $\mathbb{V}(\hat{\beta}) = \mathbb{E}\{\mathbb{V}(\hat{\beta} \mid X)\}$). 따라서 조건부 분산의 좋은 추정값은 무조건 분산의 좋은 추정값이기도 하다.

주어진 결과에서 등분산오차의 가정하에 식 (7.30)에서 주어진 무조건 분산의 추정값으로 $\hat{\beta}$의 표준오차를 계산할 수 있다. 이를 위해 먼저 $\hat{\epsilon}_i = Y_i - \hat{\alpha} - \hat{\beta}X_i$를 사용해서 잔차의 표본분산을 사용해 $\mathbb{V}(\epsilon_i)$를 추정한 다음 제곱근을 취해 수행한다. 즉 추정된 조건부 분산을 $\widehat{\mathbb{V}(\hat{\beta})}$로 표시하면 $\hat{\beta}$의 표준오차는 다음과 같다.

$$\hat{\beta}\text{의 표준오차} = \sqrt{\widehat{\mathbb{V}(\hat{\beta})}} = \sqrt{\frac{\frac{1}{n}\sum_{i=1}^{n}\hat{\epsilon}_i^2}{\sum_{i=1}^{n}(X_i - \overline{X})^2}} \tag{7.31}$$

$\mathbb{V}(\epsilon_i)$를 추정할 때 잔차의 표본평균은 항상 0이라는 사실을 사용한다(예: $\frac{1}{n}\sum_{i=1}^{n}(\hat{\epsilon}_i - \bar{\hat{\epsilon}})^2$ $= \frac{1}{n}\sum_{i=1}^{n}\hat{\epsilon}_i^2$).[3]

마지막으로 위에서 도출된 표준오차는 등분산오차의 가정을 기반으로 한다. 이 가정을 위반하는 경우에는 표준오차의 계산을 조정해야 한다. 예를 들어, 무작위 대조시험에서는 처치그룹과 통제그룹에 따라 분산이 다를 수 있다. 실제로 차분추정량의 표준오차를 계산할 때 각 그룹의 분산을 별도로 계산했다(식 (7.18) 참고). 오차분산이 예측변수에 의존하는 경우 이 오차는 이분산성^{heteroskedastic}이라고 말한다. 이 책의 범위를 벗어나지만 이분산 오차를 고려하는 표준오차를 계산하는 다양한 방법이 있다. 이를 이분산 로버스트(강건) 표준오차^{heteroskedasticity-robust standard errors}라고 한다.

7.3.4 계수에 관한 추론

위에서 도출된 표준오차가 주어지면 7.1.3절에서 설명된 절차에 따라 신뢰구간을 계산할 수 있다. 특히 중심극한정리^{central limit theorem}를 사용하면 표본크기가 증가함에 따라 $\hat{\beta}$의 표집분포가 평균을 중심으로 하는 정규분포에 근접한다는 것을 보여 줄 수 있다.

$$\hat{\beta}의\ z\ 점수 = \frac{\hat{\beta} - \beta}{\hat{\beta}의\ 표준오차} \overset{\text{근사}}{\sim} \mathcal{N}(0, 1) \tag{7.32}$$

따라서 표준정규분포를 기반으로 한 임계값을 사용해 아래의 $(1 - \alpha) \times 100\%$ 수준의 신뢰구간을 구성할 수 있다.

$$\text{CI}(\alpha) = [\hat{\beta} - z_{\alpha/2} \times 표준오차,\ \hat{\beta} + z_{\alpha/2} \times 표준오차] \tag{7.33}$$

기울기 계수의 가설검정을 수행할 수도 있다. 예를 들어, 기울기 계수가 특정값 β_0과 같다는 귀무가설을 테스트할 수 있다. 대부분의 경우 연구자들은 귀무가설하에서 0을 실제값으로 사용하고 예측변수의 실제 계수가 0인지, 즉 $\beta_0 = 0$인지 묻는다. 7.2절에서 전개한 일반가설검정 구조에서 귀무가설은 $H_0 : \beta = \beta_0$이다. 검정통계량은 z 점수(예: $z^* = (\hat{\beta} - \beta_0)/표준오차$)이며 귀무가설 아래에서 이 검정통계량 z^*의 표집분포는 표준정규분

---

3 오차항의 기대값도 0이므로 추정할 필요가 없다. 표본분산 계산에 자주 사용되는 $n - 1$ 대신 잔차제곱합을 n으로 나눈다 (2.6.2절의 설명 참고).

포다. 따라서 표준정규분포의 CDF를 사용해 p 값을 계산할 수 있다. 예를 들어, 양측 p 값은 $2 \times P(Z \leq z^*)$로 제공되며 여기서 Z는 표준정규확률변수다.

무작위 실험의 분석과 마찬가지로 연구자들은 종종 스튜던트의 t 분포를 기반으로 좀 더 보수적인 신뢰구간을 사용한다(7.1.5절 참고). 기술적으로 오차항의 평균이 0이며 등분산성 분산$^{homoskedastic\ variance}$으로 정규분포된다고 추가로 가정하면 이 설정에서 t 통계량이라고 불리는 z^*의 표집분포는 근사 없이 다음과 같이 주어진다(자유도가 $n - 2$인 스튜던트의 t 분포). 이는 오차항에 대한 특정 분포를 가정하지 않고 표준정규분포를 기반으로 하는 점근적 근사와 대조된다. 두 파라미터 α와 β가 데이터에서 추정되기 때문에 자유도는 $n - 2$다. 스튜던트의 t 분포는 표준정규분포보다 꼬리가 더 두꺼우므로 임계값이 더 커지고 결과적으로 더 넓은 신뢰구간과 더 큰 p 값을 얻을 수 있다.

위에서 설명한 결과의 첫 번째 예로 인도에서 정책입안자로서 여성의 영향을 조사하는 4장의 무작위 실험을 다시 살펴본다(4.3.1절 참고). 분석한 데이터셋은 women.csv에 포함돼 있으며 변수 이름과 설명은 표 4.7에 나와 있다. 이 연구의 데이터셋을 women 데이터프레임으로 불러들인 후 각 GP가 여성을 위해 할당됐는지를 나타내는 이진변수에 대해 마을의 식수 시설 수를 회귀했다. 편리하게도 R에서는 선형회귀모형에 맞는 lm() 함수의 출력에 summary() 함수를 적용해 필요한 모든 정보를 얻을 수 있다.

```
women <- read.csv("women.csv")
fit.women <- lm(water ~ reserved, data = women)
summary(fit.women)

##
## Call:
## lm(formula = water ~ reserved, data = women)
##
## Residuals:
##     Min      1Q  Median      3Q     Max
## -23.991 -14.738  -7.865   2.262 316.009
##
## Coefficients:
##             Estimate Std. Error t value Pr(>|t|)
## (Intercept)   14.738      2.286   6.446 4.22e-10 ***
## reserved       9.252      3.948   2.344   0.0197 *
## ---
## Signif. codes:
## 0 '***' 0.001 '**' 0.01 '*' 0.05 '.' 0.1 ' ' 1
```

```
##
## Residual standard error: 33.45 on 320 degrees of freedom
## Multiple R-squared:  0.01688,Adjusted R-squared:  0.0138
## F-statistic: 5.493 on 1 and 320 DF,  p-value: 0.0197
```

기울기 계수의 점 추정값은 9.252이고 표준오차는 3.948이다. 이 결과는 스튜던트의 t 분포를 기반으로 하는 보수적 신뢰구간을 사용한다. 따라서 추정 기울기 계수의 t 통계량은 2.344다. 귀무가설이 기울기 계수가 0이라면 표본크기가 322이므로 자유도가 320인 스튜던트의 t 분포를 사용해 양측 p 값을 계산할 수 있다. 요약출력에서 이 p 값은 0.0197로 표시된다. 따라서 α = 0.05의 통계적 유의수준을 사용해 기울기 계수가 0이라는 귀무가설을 기각한다. 요약출력에서 별표는 통계적 유의수준을 나타낸다. confint() 함수를 사용해 신뢰구간을 계산할 수 있다. 여기서 기본 유의수준은 0.05다. 통계적 유의수준은 level 인자로 변경할 수 있다.

```
confint(fit.women) # 95% 신뢰구간

##                  2.5 %    97.5 %
## (Intercept) 10.240240 19.23640
## reserved     1.485608 17.01924
```

그 결과 여성을 위한 GP를 할당하면 [1.49, 17.02]의 95% 신뢰구간으로 9.25개 시설의 식수시설이 증가할 것으로 추정된다. 예상대로 95% 신뢰구간에는 0이 포함되지 않는다.

수학적 도출은 이 책의 범위를 벗어나지만 여러 예측변수를 사용해 보다 일반적인 설정에서 추정계수의 표준오차 및 신뢰구간을 계산할 수도 있다. summary() 함수는 여러 예측변수가 있는 경우에도 lm() 함수의 출력에 적용할 수 있다. 예를 들어, 7.3.1절의 이전 최저임금 데이터에 맞춘 선형회귀모형의 결과를 요약할 수 있다.

```
summary(fit.minwage)

##
## Call:
## lm(formula = fullPropAfter ~ -1 + NJ + fullPropBefore + wageBefore +
##   chain, data = minwage)
## Residuals:
##     Min      1Q   Median      3Q      Max
## -0.48617 -0.18135 -0.02809  0.15127  0.75091
```

```
##
## Coefficients:
##                  Estimate Std. Error t value Pr(>|t|)
## NJ                0.05422    0.03321   1.633  0.10343
## fullPropBefore    0.16879    0.05662   2.981  0.00307 **
## wageBefore        0.08133    0.03892   2.090  0.03737 *
## chainburgerking  -0.11563    0.17888  -0.646  0.51844
## chainkfc         -0.15080    0.18310  -0.824  0.41074
## chainroys        -0.20639    0.18671  -1.105  0.26974
## chainwendys      -0.22013    0.18840  -1.168  0.24343
## ---
## Signif. codes:
## 0 '***' 0.001 '**' 0.01 '*' 0.05 '.' 0.1 ' ' 1
##
## Residual standard error: 0.2438 on 351 degrees of freedom
## Multiple R-squared:  0.6349,Adjusted R-squared:  0.6277
## F-statistic: 87.21 on 7 and 351 DF,  p-value: < 2.2e-16
```

요약출력에는 각 추정계수에 대한 관련 정보가 포함된다. 이 관찰연구에서 NJ 변수의 계수에 해당하는 뉴저지 최저임금 인상의 평균효과에 관심이 있다. 따라서 뉴저지의 정규직 직원 비율에 대한 최저임금 인상의 평균효과는 5.4% 포인트이고 표준오차는 3.3% 포인트로 추정된다. 결과에 따르면 최저임금 인상의 평균효과가 0이라는 귀무가설을 기각하지 못했다. 즉 최저임금 인상이 평균적으로 정규직 비율을 변화시키지 않는다는 시나리오하에서 0이 아닌 추정값이 표본오차 때문일 가능성을 배제할 수 없다. 이 경우 p 값은 총 358개의 관측값과 7개의 파라미터가 추정되므로 자유도가 351인 스튜던트의 t 분포를 기반으로 한다. 이 추정값에 대한 95% 신뢰구간을 얻으려면 이전처럼 confint() 함수를 사용할 수 있다.

```
## "NJ" 변수 만의 신뢰구간
confint(fit.minwage)["NJ", ]

##       2.5 %      97.5 %
## -0.01109295  0.11953297
```

예상대로 신뢰구간에는 가설검정의 결과와 일치하는 0이 포함된다. 그러나 신뢰구간의 상당 부분에는 양의 값이 포함돼 있어 뉴저지의 최저임금 인상이 정규직 고용 비율을 감소시키지 않았을 수 있다는 증거를 제공한다.

위의 요약출력은 다양한 다른 통계량들을 제공한다. 여기에는 잔차의 표본표준편차인 잔차의 **표준오차**^residual standard error 가 포함된다. 추정할 $(p + 1)$ 파라미터가 있기 때문에 자유도의 수는 평균을 계산할 때 사용되는 일반적인 $(n - 1)$ 대신 $(n - p - 1)$과 같다. 잔차의 표준오차는 적합된 모델에서 잔차의 평균크기를 나타낸다. 출력에는 R^2 또는 **결정계수**^coefficient of determination 도 포함되며 이는 결과에서 적합된 모델로 설명이 되는 변동이 차지하는 비율을 나타낸다(4.2.6절 참고). 4.3.2절에서 설명한 대로 **수정된**^adjusted R^2에는 자유도 수로 인한 조정이 포함돼 예측변수가 많은 모형에 페널티를 준다.

7.3.5 예측에 관한 추론

4장에서 볼 수 있듯이 회귀분석의 주요 장점 중 하나는 관심 있는 결과를 예측하는 능력이다. 선형회귀모형의 경우, 한 번 계수들을 추정하면 주어진 모형의 예측변수 값으로 결과변수를 예측하기 위해 모형을 사용하는 것이 가능하다. 아래에서는 선형회귀모형을 기반으로 예측의 표준오차를 계산하고 신뢰구간을 구성하는 방법을 보여 준다.

단순화를 위해 단일 예측변수가 있는 선형회귀모형(예: $Y_i = \alpha + \beta X_i + \epsilon_i$)을 생각해 보자. 예측변수 X가 특정값 x를 취할 때 이 모델에서 예측값의 표준오차를 구하는 데 관심이 있다.

$$\hat{Y} = \hat{\alpha} + \hat{\beta}x$$

예측값 $\hat{Y}$의 분산을 도출하려면 $\hat{\alpha}$과 $\hat{\beta}$이 서로 상관관계가 있을 가능성이 있다는 사실을 인식해야 한다. 두 확률변수 X와 Y가 상관될 때 해당 합계의 분산은 분산의 합과 같지 않다. 대신에 합계의 분산에는 다음과 같이 정의되는 공분산을 포함한다.

X와 Y를 확률변수라고 할 때 그 **공분산**[covariance]은 다음과 같이 정의된다.

$$\text{Cov}(X, Y) = \mathbb{E}\{(X - \mathbb{E}(X))(Y - \mathbb{E}(Y))\}$$
$$= \mathbb{E}(XY) - \mathbb{E}(X)\mathbb{E}(Y)$$

상관관계[correlation], 즉 공분산의 표준화 버전은 다음과 같다.

$$\text{Cor}(X, Y) = \frac{\text{Cov}(X, Y)}{\sqrt{\mathbb{V}(X)\mathbb{V}(Y)}}$$

표본 상관관계[sample correlation]는 3장에서 소개됐다(3.6.2절 참고). 만약 2개의 확률변수가 서로 독립이면 그 공분산과 상관관계는 0이다. 그리고 두(독립이 아닐 수도 있는) 확률변수 합의 분산에 대한 일반적 공식은 아래와 같다.

$$\mathbb{V}(X + Y) = \mathbb{V}(X) + \mathbb{V}(Y) + 2\,\text{Cov}(X, Y)$$

더 일반적으로는

$$\mathbb{V}(aX + bY + c) = a^2\mathbb{V}(X) + b^2\mathbb{V}(Y) + 2ab\,\text{Cov}(X, Y)$$

a, b, c는 상수다.

$\hat{\alpha}$과 $\hat{\beta}$은 서로 독립되지 않을 수 있으므로 위에서 도입한 일반적인 공식을 사용하면 예측변수 X가 특정값 x와 같을 때 아래와 같은 예측값 $\widehat{Y}$의 분산을 얻는다.

$$\mathbb{V}(\widehat{Y}) = \mathbb{V}(\hat{\alpha} + \hat{\beta}x) = \mathbb{V}(\hat{\alpha}) + \mathbb{V}(\hat{\beta})x^2 + 2x\,\text{Cov}(\hat{\alpha}, \hat{\beta})$$

이 분산의 각 요소를 추정한 다음 추정된 $\widehat{Y}$의 분산의 제곱근을 취하는 것으로 표준오차를 계산할 수 있다.

$$\widehat{Y}의\ 표준오차 = \sqrt{\widehat{\mathbb{V}(\hat{\alpha})} + \widehat{\mathbb{V}(\hat{\beta})}x^2 + 2x\,\widehat{\text{Cov}(\hat{\alpha}, \hat{\beta})}}$$

일단 표준오차가 계산되면 중심극한정리[central limit theorem]를 적용하고 표준정규분포를 사용해 예측값 $\widehat{Y}$에 대한 z 점수의 표집분포를 근사할 수 있다.

$$\widehat{Y}\text{의 } z \text{ 점수} = \frac{\widehat{Y} - (\alpha + \beta x)}{\widehat{Y} \text{ 의 표준오차}} \overset{\text{approx.}}{\sim} \mathcal{N}(0,\ 1) \tag{7.34}$$

이 결과에서 신뢰구간을 얻고, 선택된 수준의 통계적 유의수준에 대한 가설검정을 수행할 수 있다.

예측을 통한 추론의 예로 4.3.4절에서 소개한 회귀단절모형을 다시 살펴본다. 이 연구에서는 영국에서 선거 당선이 후보자의 자산에 미치는 평균효과를 추정했다. 선거에서 당선한 의원^{MP, Members of Parliament}과 낙선한 사람을 비교하는 대신에 연구자들은 선거에서 가까스로 당선한 의원 혹은 아깝게 진 낙선자에 집중했다. 이러한 아이디어는 선거에서 당선하는 것이 그 사람의 자산에 큰 영향을 미친다면 당선 임계값(예: 승리 마진이 0)에서 평균자산의 실질적인 격차가 예상된다. 2개의 선형회귀모형을 사용해 이 임계값에서 평균자산을 예측했으며, 하나는 가까스로 당선한 의원, 다른 하나는 아깝게 진 낙선자에 모형을 적합했다. 여기서 4.3.4절에서 노동당과 보수당(토리당)에 대해 개별적으로 수행된 회귀분석을 재현한다.

```
## 데이터 로드하고 이를 두 정당으로 부분 선택
MPs <- read.csv("MPs.csv")
MPs.labour <- subset(MPs, subset = (party == "labour"))
MPs.tory <- subset(MPs, subset = (party == "tory"))
## 노동당의 2개의 회귀분석: 부정 및 긍정 마진
labour.fit1 <- lm(ln.net ~ margin,
            data = MPs.labour[MPs.labour$margin < 0, ])
labour.fit2 <- lm(ln.net ~ margin,
            data = MPs.labour[MPs.labour$margin > 0, ])
## 보수당의 2개의 회귀분석: 부정 및 긍정 마진
tory.fit1 <- lm(ln.net ~ margin, data = MPs.tory[MPs.tory$margin < 0, ])
tory.fit2 <- lm(ln.net ~ margin, data = MPs.tory[MPs.tory$margin > 0, ])
```

당선의 평균처치효과는 당선 임계값(예: 승리 마진이 0)에서 평균자산의 예측 결과다. 각 회귀분석에 의한 예측값의 신뢰구간은 predict() 함수의 interval 인자를 기본값으로 하는 "none"이 아닌 "confidence"로 설정해 얻을 수 있다. confint() 함수에서와 같이 통계적 유의수준은 level 인자를 희망하는 값(기본값은 0.95)으로 설정해 선택한다. 여기서는 보수당인 토리당에 집중한다.

```
## 보수당: 임계값에서의 예측
tory.y0 <- predict(tory.fit1, interval = "confidence",
                   newdata = data.frame(margin = 0))
tory.y0

##        fit      lwr      upr
## 1 12.53812 12.11402 12.96221

tory.y1 <- predict(tory.fit2, interval = "confidence",
                   newdata = data.frame(margin = 0))
tory.y1

##       fit      lwr      upr
## 1 13.1878 12.80691 13.56869
```

이 출력에서 예측값은 fit으로 제공되고 하한 및 상한 신뢰역은 각각 lwr 및 upr로 표시된다. 예를 들어, 임계값에서 비의원의 평균순자산은 [12.11, 12.96]의 95% 신뢰구간을 가지며 12.54 로그순자산으로 추정된다. 마찬가지로 임계값에 있는 의원의 평균순자산은 [12.81, 13.57]의 95% 신뢰구간을 가지며 13.19 로그순자산으로 추정된다. 다음의 코드 더미는 예측변수 x의 범위를 사용해 95% 신뢰구간(점선)으로 두 회귀선(실선)을 플로팅한다. 이를 위해 먼저 승리 마진의 두 범위를 정의한 다음 각 범위에 대해 95% 신뢰구간을 갖는 예측값을 계산한다.

```
## 예측변수의 범위, 최소값에서 0까지 그리고 0에서 최대값까지
y1.range <- seq(from = 0, to = min(MPs.tory$margin), by = -0.01)
y2.range <- seq(from = 0, to = max(MPs.tory$margin),by = 0.01)
## 모든 변수를 이용해 예측
tory.y0 <- predict(tory.fit1, interval = "confidence",
                   newdata = data.frame(margin = y1.range))
tory.y1 <- predict(tory.fit2, interval = "confidence",
                   newdata = data.frame(margin = y2.range))
```

마지막으로 결과를 플로팅한다. 실선은 예측값을 표시하며 점선은 신뢰구간을 표시한다.

```
## 먼저 낙선자의 회귀분석을 플로팅
plot(y1.range, tory.y0[, "fit"], type = "l", xlim = c(-0.5, 0.5),
     ylim = c(10, 15), xlab = "Margin of victory", ylab = "log net wealth")
abline(v = 0, lty = "dotted")
lines(y1.range, tory.y0[, "lwr"], lty = "dashed") # lower CI
lines(y1.range, tory.y0[, "upr"], lty = "dashed") # upper CI
```

```
## 다음으로 당선자의 회귀분석을 플로팅
lines(y2.range, tory.y1[, "fit"], lty = "solid")  # point estimates
lines(y2.range, tory.y1[, "lwr"], lty = "dashed") # lower CI
lines(y2.range, tory.y1[, "upr"], lty = "dashed") # upper CI
```

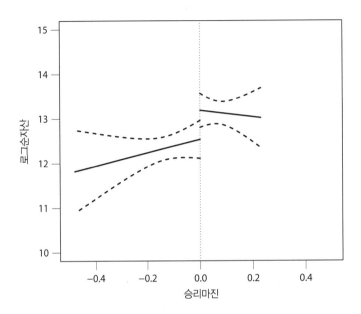

그림에서는 예측변수의 평균값에서 멀어짐에 따라 신뢰구간의 폭이 넓어지는 것을 관찰한다. 이 두 신뢰구간이 서로 겹치고 있지만, 실제로 하고 싶은 것은 이 두 예측값 간의차이에 대한 신뢰구간을 계산하는 것이다. 왜냐하면 회귀단절모형에서 두 예측값의 차이는 임계값에서의 추정 평균처치효과를 나타내기 때문이다. 또한 이 두 예측값은 독립적인 것으로 간주된다. 왜냐하면 2개의 개별 관측값 집합에 적합된 2개의 회귀모형을 기반으로 하기 때문이다. 이는 차의 분산이 두 분산의 합임을 의미한다. 예측값 차이의 표준오차를 계산하고자 적합된 각 회귀에서 표준오차를 구한다. 그런 뒤 다음의 공식을 사용해 추정된 차이의 표준오차를 계산한다.

$$(\widehat{Y}_1 - \widehat{Y}_0)\text{의 표준오차} = \sqrt{(\widehat{Y}_1\text{의 표준오차})^2 + (\widehat{Y}_0\text{의 표준오차})^2}$$

R에서는 se.fit 인자를 TRUE로 설정해 예측값의 표준오차를 얻는다. 이 표준오차 옵션을 사용할 때 predict() 함수의 출력 리스트에는 복수의 요소가 있다. 각각의 요소는 기호 $

를 사용해 이 리스트에서 추출될 수 있다.

```
## 예측값을 재계산하고 표준오차를 반환
tory.y0 <- predict(tory.fit1, interval = "confidence",  se.fit = TRUE,
                   newdata = data.frame(margin = 0))
tory.y0

## $fit
##        fit      lwr      upr
## 1 12.53812 12.11402 12.96221
##
## $se.fit
## [1] 0.2141793
##
## $df
## [1] 119
##
## $residual.scale
## [1] 1.434283

tory.y1 <- predict(tory.fit2, interval = "confidence", se.fit = TRUE,
                   newdata = data.frame(margin = 0))
```

이 경우 예측값은 추정절편과 같으므로 predict() 함수를 사용해서 얻은 표준오차는 요
약출력에서 절편의 표준오차와 같다.

```
## 절편의 표준오차는 예측값의 표준오차와 같다.
summary(tory.fit1)

##
## Call:
## lm(formula = ln.net ~ margin, data = MPs.tory[MPs.tory$margin <
##     0,])
##
## Residuals:
##     Min      1Q  Median      3Q     Max
## -5.3195 -0.4721 -0.0349  0.6629  3.5798
##
## Coefficients:
##             Estimate Std. Error t value Pr(>|t|)
## (Intercept)  12.5381     0.2142  58.540   <2e-16 ***
## margin        1.4911     1.2914   1.155    0.251
## ---
## Signif. codes:
```

```
## 0 '***' 0.001 '**' 0.01 '*' 0.05 '.' 0.1 ' ' 1
##
## Residual standard error: 1.434 on 119 degrees of freedom
## Multiple R-squared: 0.01108, Adjusted R-squared: 0.002769
## F-statistic: 1.333 on 1 and 119 DF, p-value: 0.2506
```

이것으로 당락선상의 의원과 비의원의 평균 로그순자산에 대해 추정된 차이의 표준오차를 계산할 수 있다. 이 표준오차를 사용해 신뢰구간을 계산하고, 선거에서 당선이 후보자의 로그순자산에 미치는 평균효과가 0이라는 귀무가설의 가설검정을 행한다.

```
## 표준오차
se.diff <- sqrt(tory.y0$se.fit^2 + tory.y1$se.fit^2)
se.diff

## [1] 0.2876281

## 점 추정
diff.est <- tory.y1$fit[1, "fit"] - tory.y0$fit[1, "fit"]
diff.est

## [1] 0.6496861

## 신뢰구간
CI <- c(diff.est - se.diff * qnorm(0.975), diff.est + se.diff * qnorm(0.975))
CI

## [1] 0.0859455 1.2134268

## 가설검정
z.score <- diff.est / se.diff
p.value <- 2 * pnorm(abs(z.score), lower.tail = FALSE) # 양측 p 값
p.value

## [1] 0.02389759
```

두 추정값의 신뢰구간이 서로 겹치더라도 이 두 추정값의 차이는 통계적으로 유의하게 0과 다른 것을 알 수 있다. 실제로 당선의 평균효과는 [0.09, 1.21]의 95% 신뢰구간을 포함하는 0.65의 로그순자산으로 추정되며 신뢰구간은 0을 포함하지 않는다. 결과적으로 양측 p 값은 기존의 통계적 유의수준인 0.05보다 작으므로 평균효과가 0이라는 귀무가설을 기각할 수 있다. 따라서 분석에 따르면 당선되는 것이 후보자의 순자산 형성에 긍정적인 영향을 미쳤다. 두 추정값의 신뢰구간이 겹친다고 해서 반드시 두 추정값 차이의 신뢰구간에 0이 포함돼 있다는 것을 의미하지는 않는다.

7.4 요약

7장에서는 추정값의 불확실성 정도를 정량화할 수 있는 통계적 추론 방법의 프레임워크(구조/틀)를 소개했다. 추정값이 미지의 실제값에 얼마나 가까운지는 알 수 없지만 가상의 반복 처치할당의 무작위화 및/또는 반복 무작위 추출을 사용해 추정량의 성능을 평가할 수 있다. 그리고 **불편성**unbiasedness의 개념을 도입했다. 불편추정량은 가상적으로 반복되는 데이터 생성과정에서 관심 파라미터를 평균해서 정확하게 추정한다. 대수의 법칙을 사용해 **일치성**consistency이라는 속성을 갖는 추정량이 있다는 것도 보여 줄 수 있다. 일치성이란 표본크기가 증가함에 따라 추정량이 실제의 파라미터 값에 수렴하는 것을 의미한다.

불편성은 매력적인 속성이지만 추정량의 실현값은 한 번만 얻을 수 없다는 것을 감안할 때 추정량의 정밀도를 이해해야 한다. 반복하는 데이터 생성과정에서 추정량이 평균적으로 실제의 파라미터 값에서 얼마나 떨어져 있는지를 정량화하고자 표준오차를 사용한다. 표준오차는 추정량 표집분포의 표본편차 추정값이다. 표준오차를 기반으로 **신뢰구간**confidence intervals을 구성하는 것도 가능하다. 신뢰구간은 이 경우도 반복되는 데이터 생성과정을 통해서 사전에 지정한 확률로 실제 파라미터 값을 포함한다. 통계적 **가설검정**hypothesis test을 어떻게 수행할지도 표시했다. 가설검정은 귀무가설을 특정하고 관측 데이터가 이 가설과 일치하는지 검토하는 것을 수행한다. 이러한 추론방법을 이 책 전반부의 무작위 실험 및 표본조사 분석에 적용했다.

마지막으로 **모델에 기반한 추론**model-based inference을 도입했다. 선형회귀모형을 확률론적 생성 모델로써 사용했다. 데이터는 그 생성 모델에서 추출됐다고 가정한다. 이 설정에서 추정 계수 및 예측값의 불확실성을 정량화할 수 있다. 계수의 최소제곱 추정값은 편향되지 않았음을 나타내며 표준오차를 도출했다. 이 결과를 사용해 신뢰구간을 구성하고 가설검정을 수행하는 방법도 설명했다. 마찬가지로 예측값의 불확실성을 정량화하는 방법을 보여 줬으며 6장에서 소개한 회귀단절모형에 이 방법론을 적용했다. 이러한 통계적 방법들은 시그널에서 노이즈를 분리하고 데이터에서 체계적인 패턴을 추출할 수 있기 때문에 추론에 필수적인 역할을 한다.

7.5 연습문제

7.5.1 중국에서 남녀 성비와 농작물 가격

이 연습문제에서는 생산과 재배가 남성 또는 여성에 의해 지배되는 농작물의 가격변화 영향을 알아본다.[4] 데이터는 중국의 것으로, 중국 마오쩌둥 시대에는 중앙집권적으로 계획된 생산목표로 인해 주요 작물의 가격변경이 초래됐다. 여기서는 생산과 재배에 많은 여성 노동력이 필요한 차와 남성 노동력이 압도적으로 필요한 과수원 과일에 중점을 둔다. 1979년 정부의 정책 전환으로 일어난 가격인상을 성별 소득 증가의 대리[proxy]변수로 사용하고 다음과 같은 질문을 한다. 성별 소득 변화가 중국의 가정들이 일방적인 성별의 자녀를 갖는 동기를 변화시키는가? CSV 데이터 파일 chinawomen.csv에는 표 7.4에 표시된 변수들이 포함돼 있으며 각 관측값은 해당 연도의 특정한 중국의 성(省)을 나타낸다. post는 정책 전환 후의 연[year]으로 값 1을 취하며, 정책 전환 전의 연으로 값 0을 취하는 지표변수다.

표 7.4 중국인의 출생과 농작물 데이터

변수	설명
admin	주의 고유 식별자
birpop	주어진 연도의 출생자 수
biryr	코호트 연도(출생연도)
cashcrop	주별 환금작물 수량
orch	주별 과수작물 수량
teasown	주별 경작된 차 수량
sex	출생 코호트에서 남성 비율
post	가격개혁 도입에서 지표변수

---

4 이 연습문제는 다음의 논문에 바탕을 둔다. Nancy Qian (2008) "Missing women and the price of tea in China: The effect of sex-specific earnings on sex imbalance." *Quarterly Journal of Economics*, vol. 123, no. 3, pp. 1251–1285.

1. 그 지역에 차가 파종됐는지 여부에 따라 개혁 후 시기(1979년 이후)의 성비를 조사하는 것으로 시작한다. 차를 생산하는 지역과 차를 생산하지 않는 지역에 대해 각각 남아 출생 비율로 정의한 1985년의 평균 성비를 추정한다. 1년 이내에 여러 주 간의 독립성을 가정해 각 추정값의 95% 신뢰구간을 계산한다. 이 연습문제에서는 이 가정을 유지한다는 것에 주의하자. 또한 두 지역 간의 차분difference-in-means과 95% 신뢰구간을 계산한다. 이 지역들에서 성비가 다른가? 이 차이를 인과효과로 해석하려면 어떤 가정이 필요한가?

2. 이전 문제의 분석을 다음 해에 대해서도 반복한다(예: 1980, 1981, 1982, ..., 1990). 차분 추정값과 연도의 95% 신뢰구간을 나타내는 그래프를 만든다. 그래프에 대한 실질적인 해석을 제공하라.

3. 다음으로 정책집행 전의 차 생산지역과 과수원 생산지역을 비교한다. 구체적으로 1978년의 남녀 성비와 한족의 비율을 검토한다. 두 지역 각각의 지표에 대해 평균 차이, 표준오차, 95% 신뢰구간 등의 척도들을 추정한다. 질문 1에서 구한 결과의 해석에 대해 그 결과는 무엇을 의미하는가?

4. 개혁 이전, 즉 1962년부터 1978년까지 매해 이전 문제의 남녀 성비에 대한 분석을 반복한다. 두 지역 간의 차분추정값과 연도의 95% 신뢰구간을 나타내는 그래프를 만든다. 그래프에 대한 실질적인 해석을 제공하라.

5. 1978년(개혁 직전)과 1980년(개혁 직후)의 남녀 성비를 비교하고자 이중차분법 디자인을 채용한다. 이 2년 동안 누락된 관측값이 없는 주들의 부분집합에 집중한다. 이중차분 추정값 및 95% 신뢰구간을 계산한다. 주 전체의 독립성을 가정하지만 각 주 내에서 연year끼리 있을 수 있는 의존성을 고려하는 것에 주의하자. 그러면 이중차분 추정값의 분산은 아래와 같다.

$$\mathbb{V}\{(\overline{Y}_{\bar{\chi}(\bar{x}),\,\bar{\varphi}(\bar{\mathcal{B}})} - \overline{Y}_{\bar{\chi}(\bar{x}),\,\bar{\chi}(\bar{m})}) - (\overline{Y}_{\bar{x}\bar{y},\,\bar{\varphi}(\bar{\mathcal{B}})} - \overline{Y}_{\bar{x}\bar{y},\,\bar{\chi}(\bar{m})})\}$$
$$= \mathbb{V}(\overline{Y}_{\bar{\chi}(\bar{x}),\,\bar{\varphi}(\bar{\mathcal{B}})} - \overline{Y}_{\bar{\chi}(\bar{x}),\,\bar{\chi}(\bar{m})}) + \mathbb{V}(\overline{Y}_{\bar{x}\bar{y},\,\bar{\varphi}(\bar{\mathcal{B}})} - \overline{Y}_{\bar{x}\bar{y},\,\bar{\chi}(\bar{m})})$$

여기서 연year끼리의 의존관계는 아래와 같이 주어진다.

$$\mathbb{V}(\overline{Y}_{\bar{\chi}(\bar{x}),\,\bar{\varphi}(\bar{\mathcal{B}})} - \overline{Y}_{\bar{\chi}(\bar{x}),\,\bar{\chi}(\bar{m})})$$
$$= \mathbb{V}(\overline{Y}_{\bar{\chi}(\bar{x}),\,\bar{\varphi}(\bar{\mathcal{B}})}) - 2\,\mathrm{Cov}(\overline{Y}_{\bar{\chi}(\bar{x}),\,\bar{\varphi}(\bar{\mathcal{B}})},\,\overline{Y}_{\bar{\chi}(\bar{x}),\,\bar{\chi}(\bar{m})}) + \mathbb{V}(\overline{Y}_{\bar{\chi}(\bar{x}),\,\bar{\chi}(\bar{m})})$$

$$= \frac{1}{n} \{ \mathbb{V}(\overline{Y}_{\text{차}(\text{茶}), \text{후}(\text{後})}) - 2\,\text{Cov}(\overline{Y}_{\text{차}(\text{茶}), \text{후}(\text{後})}, \overline{Y}_{\text{차}(\text{茶}), \text{전}(\text{前})}) + \mathbb{V}(\overline{Y}_{\text{차}(\text{茶}), \text{전}(\text{前})}) \}$$

비슷한 공식이 과일을 생산하는 지역들에 대해서도 주어질 수 있다. 이중차분 디자인에 필요한 실질적인 가정은 무엇인가? 결과를 실질적으로 해석하라.

7.5.2 학술 연구에서 파일 서랍과 출판 편향

동료 평가 프로세스는 과학 커뮤니티가 연구 논문의 학술지 게재 여부를 결정하는 주요 메커니즘이다.[5] 다른 연구자들이 학술 논문의 결과를 평가하는 것을 통해 학술지는 게재되는 논문의 질이 유지되기를 기대한다. 그러나 일부의 사람들은 동료 평가 프로세스가 바람직하지 않은 결과를 초래할 수 있다고 경고했다. 특히 이 과정은 통계적으로 유의미한 연구 논문만이 출판될 가능성이 높은 출판 편향[publication bias]을 초래할 수 있다. 설상가상으로 게재 과정에서 이러한 편견을 인식하면서 연구자들은 통계적으로 유의미한 결과들을 보고하고 다른 통계적으로 유의미하지 못한 결과들은 무시할 가능성이 높다. 이것을 파일 서랍 편향[file drawer bias or publication bias]이라고 한다.

이 연습문제에서는 TESS[Time-Sharing Experiments in the Social Sciences] 프로그램에서 자금을 제공받은 실험연구의 일부 데이터를 사용했으며 이러한 잠재적인 문제를 살펴본다. TESS 프로그램은 전미과학재단[NSF, National Science Foundation]에서 후원한다. 이 연습에 필요한 데이터셋은 CSV 파일 `filedrawer.csv` 및 `published.csv`에서 찾을 수 있다. `filedrawer.csv` 파일에는 TESS 프로그램이 지원하는 221개의 연구 프로젝트에 대한 정보를 담고 있다. 그러나 모든 프로젝트가 게재된 논문으로 이어지지는 않았다. `published.csv` 파일에는 TESS 프로젝트를 기반으로 게재된 53개의 학술지 논문 정보를 담고 있다. 이 데이터셋은 실험 조건의 수 및 실험결과의 수와 게재된 논문에 실제로 보고된 결과의 수를 기록한다. 표 7.5 및 표 7.6에는 이러한 데이터셋의 변수 이름과 설명이 나와 있다.

---

5 이 연습문제는 다음 논문들에 바탕을 둔다. Annie Franco, Neil Malhotra, and Gabor Simonovits (2014) "Publication bias in the social sciences: Unlocking the file drawer." Science, vol. 345, no. 6203, pp. 1502–1505. Annie Franco, Neil Malhotra, and Gabor Simonovits (2015) "Underreporting in political science survey experiments: Comparing questionnaires to published results." *Political Analysis*, vol. 23, pp. 206–312.

표 7.5 서랍과 출판 편향 데이터 I

변수	설명
id	연구 식별자
DV	출판 상태
IV	주요 발견의 통계적 유의성
max.h	H-지표(저자들 중 최고)
journal	출판된 논문의 학술지 학문 영역

표 7.6 서랍과 출판 편향 데이터 II

변수	설명
id.p	논문 식별자
cond.s	연구의 조건 수
cond.p	논문에 게시된 조건 수
out.s	연구의 결과변수 수
out.p	논문에 사용된 결과변수 수

1. 먼저 filedrawer.csv 파일에 포함된 데이터를 분석한다. 논문들의 게재 여부와 주요 결과의 통계적 유의성에 대한 분할표를 생성하라. 강한 결과를 게재하는 뚜렷한 경향이 관찰되는가? 실질적으로 검토하라.

2. 다음으로 프로젝트의 좋은 결과에 비해 약한 결과, 혹은 좋은 결과에 비해 유의하지 않은 결과 사이에 게재율에 차이가 있는지를 검토하라. 이를 위해 먼저 논문이 게재된 경우 1, 게재되지 않은 경우 0의 값을 사용하는 변수를 만든다. 그런 다음 95% 유의수준을 사용해 앞서 언급한 그룹 간을 비교해 게재율의 차이에 대한 양측 검정을 수행한다. 발견한 결과를 간략하게 설명하라.

3. 몬테카를로 시뮬레이션을 사용해 이전 문제에서 수행한 두 비교의 각각에 대해 차이가 없다는 귀무가설 아래에서 검정통계량의 분포를 도출하라. 이전 문제에서 얻은 것과 유사한 (양측 검정) p 값을 얻었는가?

4. 결과가 좋은 연구와 결과가 나쁜 연구 간에 게재율의 차이가 없다는 귀무가설인 단측 가설검정에 대해 다음과 같은 검정력 분석을 수행한다. 대체가설은 결과가 좋은

연구가 결과가 약한 연구보다 게재될 가능성이 적다는 것이다. 95%를 유의수준으로 사용해 결과가 약한 연구의 게재율이 데이터를 해당 연구들이 실제로 관찰된 게재율과 동일하다고 가정한다. 게재율에서 5% 포인트 차이를 감지하고, 테스트에서 95%의 검정력을 얻으려면 몇 개의 연구들이 필요한가? 데이터에 있는 관측수에 대해서 게재율 차이의 검정력은 무엇인가?

5. H 지수는 학술 출판물 관점에서 각 연구자들의 생산성 및 인용 영향력을 측정한 척도다. 유능한 연구자들은 더 좋은 결과를 생성할 수 있다. 이 문제에 대해 보다 더 집중하고자 평균 H 지수는 결과가 약한 프로젝트보다 좋은 결과가 나온 프로젝트의 경우가 더 낮거나 같다는 귀무가설에 대한 단측 검정을 수행하라. 좋은 결과와 약한 결과를 비교하면 어떤가? 당신의 발견은 문제 2에서 제시된 결과를 위협하는가? 간단히 설명하라.

6. 다음으로 파일 서랍 편향(출판 편향)의 가능성을 조사한다. 이를 위해 논문에 포함된 총조건 수(세로축)에 대한 연구에 있는 총조건 수(가로축)를 나타내는 2개의 산점도를 사용한다. cex 인자를 통해 대응하는 연구의 수에 각각의 원 크기를 비례하도록 한다. 두 번째 산점도는 연구에 있는 결과의 수(가로축)와 게재된 논문에 제시된 결과의 수(세로축)에 초점을 맞춘다. 이전 그림에서와 같이 각 원에 각 범주의 케이스 수에 따라 가중치가 적용되는지 확인한다. 이러한 플롯들을 기반으로 과소보고의 문제가 관찰되는가?

7. 설문지에 제시된 조건 및 결과 총 수를 곱해 논문에서 검정할 수 있는 총가설 수를 나타내는 변수를 만든다. 이러한 조건들이 결과의 차이를 초래하지 않는다고 가정한다. 95% 유의수준에서 하나 이상의 귀무가설을 기각할 논문당 평균 확률은 얼마인가? 적어도 2 ~ 3개의 귀무가설을 기각할 논문당 평균 확률은 얼마인가? 결과를 간략하게 설명하라.

7.5.3 1932년 바이마르 공화정 시기의 독일 선거

누가 나치[Nazi]에 투표했는가? 바이마르 공화정 시기의 1932년 독일 선거의 총선 데이터를 분석하는 것으로 이 문제에 답하려고 했던 연구자가 있다.[6] 단순화된 버전의 선거결과 데이터를 분석해 각 선거구마다 유권자 수와 나치 정당에 대한 투표 수를 기록한다. 또한 데이터셋에는 각 선거구별로 집계된 직업 통계가 포함된다. 표 7.7은 CSV 데이터 파일 nazis.csv의 변수 이름과 설명을 나타낸다. 각 관측값은 독일의 선거구를 나타낸다.

표 7.7 1932년 독일 선거 데이터

변수	설명
shareself	자영업 잠재적 유권자 비율
shareblue	블루칼라 잠재적 유권자 비율
sharewhite	화이트칼라 잠재적 유권자 비율
sharedomestic	국내 고용 잠재적 유권자 비율
shareunemployed	실업 중인 잠재적 유권자 비율
nvoter	유권자 수
nazivote	나치의 득표수

분석의 목표는 1932년 나치 정당에 투표한 유권자 유형(직업 범주에 따라)을 조사하는 것이다. 한 가설은 나치가 생산직(블루칼라) 노동자에게서 많은 지원을 받았다고 한다. 이 데이터는 얼마나 많은 블루칼라 근로자가 나치에 투표했는지 직접 알려 주지는 않기 때문에 일정한 가정을 가진 통계적 분석을 사용해 이 정보를 추론해야 한다. 연구자들이 집계 데이터에서 개별 행동을 추론하려는 분석을 생태학적 추론[ecological inference]이라고 한다.

이 맥락에서 더 신중하게 생태학적 추론을 생각하려면 각 선거구 i에 대한 다음의 단순화된 표를 살펴보자.

---

6 이 연습문제는 다음의 논문에 바탕을 둔다. G. King, O. Rosen, M. Tanner, A.F. Wagner (2008) "Ordinary economic voting behavior in the extraordinary election of Adolf Hitler," *Journal of Economic History*, vol. 68, pp. 951–996.

	직업		
	블루칼라	블루칼라가 아님	
투표 선택			
나치	W_{i1}	W_{i2}	Y_i
타 정당 혹은 기권	$1 - W_{i1}$	$1 - W_{i2}$	$1 - Y_i$
	X_i	$1 - X_i$	

손 안에 있는 데이터에서는 각 선거구에서 블루칼라 유권자의 비율 X_i와 나치의 득표율 Y_i밖에 모르지만 블루칼라 유권자의 나치 득표율 W_{i1}과 비생산직 유권자의 나치 득표율 W_{i2}를 알고 싶다. X, Y 및 $\{W_1, W_2\}$ 간에는 결정론적 관계가 있다. 실제로 각 선거구 i에 대해 나치의 전체 득표율은 각 직업의 나치 득표율의 가중평균으로 표현된다.

$$Y_i = X_i W_{i1} + (1 - X_i) W_{i2} \tag{7.35}$$

1. 나치 득표율 Y_i와 식 (7.35)에 주어진 블루칼라 유권자 X_i 사이의 선형관계를 후자에 대해 회귀해 활용한다. 즉 다음 선형회귀 모형에 적합한다.

$$\mathbb{E}(Y_i \mid X_i) = \alpha + \beta X_i \tag{7.36}$$

    추정 기울기 계수, 표준오차, 95% 신뢰구간을 계산하라. 각각의 수량을 실질적으로 해석하라.

2. 이전 질문의 적합된 회귀모형을 기반으로 다양한 비율의 생산직 유권자 X_i를 고려해 평균 나치 득표율 Y_i를 예측한다. 특히 관측된 범위 (가로축) 내에서 다양한 X_i 값에 대해 Y_i(세로축)의 예측값을 실선으로 플로팅한다. 95% 신뢰구간을 파선으로 추가하라. 그림을 실질적으로 해석하라.

3. 다음 대체 선형회귀모형을 적합한다.

$$\mathbb{E}(Y_i \mid X_i) = \alpha^* X_i + (1 - X_i) \beta^* \tag{7.37}$$

    이 모델에는 절편이 없다는 점에 주의하라. α^*와 β^*를 어떻게 해석해야 할까? 이러한 파라미터들은 식 (7.36)에서 주어진 선형회귀모형과 어떤 관련이 있는가?

4. 전체 나치 득표율이 각 직업의 비율로 회귀하는 선형회귀모형을 적합한다. 이 모델

에는 절편이 없고 각각 특정 직업 유형의 비율을 나타내는 5개의 예측변수가 포함 돼야 한다. 각 계수의 추정값 및 95% 신뢰구간을 해석하라. 그 해석을 가능케 하는 데 필요한 가정은 무엇인가?

5. 마지막으로 생태학적 추론에 대한 모델 없는 접근방식을 고려한다. 즉 추가 모델링 가정을 하지 않고 데이터만으로 얼마나 많은 것을 배울 수 있는지 묻는다. 식 (7.35) 의 관계를 고려할 때 각 선거구에 대해 선거구 i의 모든 비블루칼라 유권자가 나치 에 투표하는 시나리오를 고려해, W_{i1}에 대해 논리적으로 가능한 최소값을 얻는다. 이 값을 X_i와 Y_i의 함수로 표현하라. 마찬가지로 W_{i1}에 대해 가능한 최대값은 무엇인 가? W_{i1}의 값은 음수이거나 1보다 클 수 없음을 염두에 두고 이의 하한, 상한을 계산 한다. 마지막으로 나치에 투표한 블루칼라 유권자의 전국 비율에 대한 하한, 상한을 계산한다(즉 블루칼라 유권자 수를 기준으로 가중평균을 계산해 모든 선거구의 블루칼라 유권자 를 합산). 결과를 간략하고 실질적으로 해석하라.

CHAPTER
08

그다음으로

통계는 판단을 대체할 수 없다.

— 헨리 클레이|Henry Clay

이 다음엔 무엇이 있을까? 데이터 분석 스킬을 더 향상시킬 수 있는 몇 가지 방법이 있다. 이 책은 응용 데이터 분석의 첫 번째 과정이고 유용한 데이터 분석 방법 중 극히 일부만을 소개했다. 앞으로 배울 것이 훨씬 많이 있다. 제일 먼저, 데이터 분석 및 통계학을 자세히 알아보는 것이다. 예를 들어, 계량 사회과학의 필수 도구인 회귀분석 테크닉을 다루는 데이터 분석 및 통계학 수업을 수강하는 (혹은 관련된 교과서 읽기) 방법이 있다. 또 다른 방법은 인과 추론, 소셜 네트워크 분석, 설문조사 방법론과 같은 특정 관심 주제에 대한 과정을 수강하는 것이다.

이 책은 계량 사회과학 입문서로서 데이터 분석을 수학적으로 접근하지 않는다. 대신에 독자들에게 기본적인 개념과 방법을 가르치면서 계량 사회과학 연구에서 데이터 분석이 어떻게 사용되는지 그 느낌을 알려주고자 했다. 하지만 모든 데이터 분석과 통계적 방법은 기본적으로 수학을 기반으로 하기 때문에 더 깊이 이해하려면 수학 공부는 필수적이다. 방법론의 이해가 깊어지면 결과적으로 응용 연구에서 다양한 방법론의 장점과 한계를 비판적으로 평가할 수 있는 보다 정교한 통계학 및 데이터 분석가가 될 수 있다. 더 나아가 새로운 방법론을 개발하는 방법론자가 되고 싶다면 탄탄한 수학적 토대는 정말 중요하다. 특히 다변량 미적분과 선형대수를 익힌 후, 확률이론을 배우는 것이 필수다. 이러한 토대 위에 학생들은 통계 이론과 다양한 모델링 전략을 배울 수 있다.

이 책의 핵심은 데이터 분석이므로 데이터를 어떻게 수집할 것인지는 다루지 않는다. 하지만 데이터를 수집하지 않으면 데이터 분석은 불가능하다. 이 책에서 무작위 대조실험의 데이터를 분석했지만 실험 설계에는 주의를 기울이지 않았다. 실험을 수행할 때 실험 대상자를 어떻게 모집해야 할까? 정확한 인과효과 추정값을 얻는 데는 어떤 실험 설계 전략이 있는가? 이러한 질문들은 실험실과 현장에서 실험 설계를 할 때 발생한다. 선도적인 통계학자 로날드 피셔[Ronald A. Fisher]는 다음과 같이 말한 적이 있다. "실험이 완료된 후 통계학자를 찾아오는 것은 사후 검진을 해달라는 것과 다름이 없다. 통계학자는 아마도 실험이 무엇 때문에 죽었는지 말할 수 있을 것이다."[1] 인과 추론을 위한 강력한 도구인 무작위 실험 설계 방법을 반드시 배워야 한다. 관찰 연구에서도 연구자들이 신뢰할 수 있는 방식으로 인과 추론을 도출할 수 있는 사례를 식별하려면 신중한 사전 계획이 필요하다. 연구설계는 계량 사회과학 연구의 가장 기본적인 구성 요소가 된다.

마찬가지로 이 책에서 설문조사 데이터를 분석하면서도 설문지 표본추출 전략 및 설문 항목 설계를 살펴보지 않았다. 많은 경우, 간편 무작위 샘플링은 실현 가능하지 않을 수 있다. 왜냐하면 목표 모집단의 모든 개인을 포함하는 표본추출의 틀을 갖고 있지 않기 때문이다. 예를 들어, 도달하기 힘든 집단의 인구(예: 노숙자, 계절 이민자)를 연구할 때 응답자 중심의 샘플링과 같이 다른 전략을 사용한다. 또 다른 중요한 질문은 설문조사 데이터의 대표성이 부족한 문제를 어떻게 해결하는가 하는 것이다. 특히 인터넷 설문조사들은 현재 일반적으로 사용되지만 온라인 패널은 대부분 대표 표본과는 거리가 멀다. 설문항목 설계 또한 정확한 측정값들을 얻는 데 필수적인 역할을 한다. 3장에서는 민감한 질문에 대한 진실된 답변을 이끌어 내는 특별한 기술의 예를 살펴봤다. 3.9.2절의 연습문제에서는 응답자가 동일한 질문을 다르게 해석할 수 있는 가능성으로 인한 측정 오류를 줄이는 설문 방법을 소개했다. 이 예들은 다양한 데이터 수집 전략을 살펴보는 것이 계량 사회과학자들에게 데이터 분석을 배우는 것만큼 중요하다는 것을 시사한다.

이 책을 마친 후 다른 관심들이 다양한 방향으로 사람들을 이끌 수 있지만, 모든 사람은 데이터 분석을 끊임없이 계속해야 한다. 존 튜키[John W. Tukey]의 말을 빌리자면 "데이터 분석이 유익하고 유용해지려면 실천해야 한다."[2] 여러분은 데이터 분석에 필요한 기본 방법

---

1 Ronald A. Fisher (1938) "Presidential address: The first session of the Indian Statistical Conference, Calcutta, 1938." *Sankhya*, vol. 4, pp. 14–17.

2 John W. Tukey (1962) "The future of data analysis." *Annals of Mathematical Statistics*, vol. 33, no. 1, pp. 1–67.

론과 필수 프로그래밍을 배웠으므로 각자가 선택한 데이터셋을 분석해 계량 사회과학 연구를 수행해야 한다. 데이터 분석과 마찬가지로 다른 사람의 연구를 읽는 것에서 그치는 것이 아니라 오로지 직접 해볼 때만 연구를 어떻게 하는지 배울 수 있다. 온라인에서 방대한 양의 데이터에 접근할 수 있기 때문에 학부생에서 대학원생, 실무자부터 학계 연구자에 이르기까지 누구나 자신만의 데이터에 기반한 발견들을 시작할 수 있다.

이 책은 데이터 분석의 힘을 강조한다. 그러나 데이터를 분석할 때의 근본적인 한계를 인지해야 한다. 특히 데이터 분석은 객관적인 것과는 거리가 멀다. 올바른 데이터 분석은 반드시 개인이 갖고 있는 지식과 경험을 바탕으로 하는 올바른 판단이 수반돼야 한다. 무엇보다 **실질적인 이론 없이**는 데이터 분석이 잘못된 길로 빠지기 쉽다. 계량 사회과학 연구에서는 사회와 인간의 행동을 더 잘 이해하고자 데이터 분석을 한다. 이는 사회과학 이론들을 사용해 데이터 분석 방법을 정하지 않으면 이루지 못하는 목표다. 빅데이터를 분석하려면 강력한 이론적 지침이 반드시 필요하다. 왜냐하면 이론적 지침 없이는 어디에서 흥미로운 패턴을 찾을 수 있는지 알 수 없기 때문이다.

통계적 이론과 방법론의 기초가 되는 수학을 확실히 이해하는 것이 중요하지만 분석할 데이터셋에 대한 맥락적 지식의 가치를 절대 과소평가해서는 안 된다. 예를 들어, 3장에서 소개된 아프가니스탄 민간인들에 대한 설문조사를 능숙하게 설계하고 분석하고자 연구자들은 응답자들이 살고 있는 지역 사회의 문화, 정치, 경제 환경을 두루 이해하고 있어야 했다. 내전 중에 교육을 받지 못한 개인들을 인터뷰하는 것은 아주 어려운 작업이다. 연구자들은 지역 지도자들과 무장세력들과의 협상을 통해서만 지역 조사기관과 함께 농촌 마을에 접근할 수 있었다. 문화적인 이유로 여성 응답자들과는 인터뷰를 할 수 없었고 마을 장로들이 설문 문항들과 답변을 들을 수 있는 공공장소에서 인터뷰를 해야만 했다. 무작위 응답 방법론은 개인의 답변을 비밀로 하면서도 민감한 질문을 할 수 있는 전형적인 조사 방법이다. 그러나 동전이나 주사위를 사용하는 이 필수적인 무작위 프로세스는 이슬람 법에 위배되는 것으로 간주됐기 때문에 적절하지 않았다. 이 연구의 다른 난제들은 다음과 같은 것들이 있었다. 응답자의 소속 부족을 묻는 것, 경제(수지)가 대부분 비공식적일 때 부의 수준을 어떻게 측정할 것인가, 마지막으로 응답자들의 정치적 이데올로기를 측정할 때 어떤 정책 질문들이 필요한지 등이다.

이 예들은 계량 사회과학 연구를 설계하고 실행하는 데 있어 필요한 맥락적 지식의 중요성을 보여 준다. 그러므로 데이터 분석가들은 데이터 분석을 시작하기 훨씬 전부터 자체적으로 혹은 전문가들과 협업해 연구와 관련된 본질과 배경을 배워야만 한다. 또한 통계적 방법론의 기계적인 적용은 자칫하면 신뢰할 수 없는 실증적 연구결과로 이어질 수 있는 위험성을 인지해야만 한다. 실제로 응용통계학이 자연과학과 사회과학의 다양한 분야와는 별개로 발전된 이유이기도 하다. 통계학적 방법론들은 보편적인 수학적 이론에 근거하고 광범위하게 적용할 수 있지만 그 적용을 위해서는 특정한 실질 지식을 요구한다. 이 책의 목적은 일반적인 방법론을 사용해 흥미로운 사회과학 문제들을 어떻게 답할 수 있는지 설명함으로써 데이터 분석 및 통계의 독특한 특징을 보여 주고자 한 것이다.

기술과 데이터 가용성의 급속한 발전으로 학계에서 저널리즘에 이르기까지 모든 분야의 실질적인 지식을 데이터 분석 스킬을 갖고 창의적으로 접목시킬 수 있는 사람들이 필요하다. 이 책은 흥미로운 데이터 분석의 세계로 향하는 문을 열어 준다.

컬러 이미지

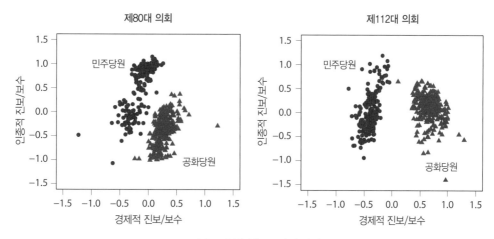

제80대 의회

제112대 의회

▲ 3.6.1절의 139쪽에 있는 풀컬러 버전 플롯

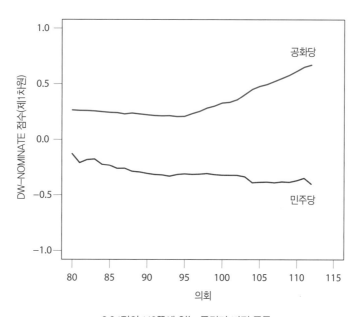

▲ 3.6.1절의 140쪽에 있는 풀컬러 버전 플롯

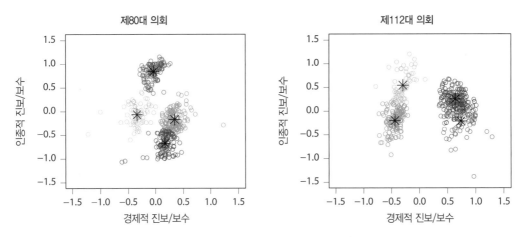

▲ 3.7.3절의 157쪽에 있는 풀컬러 버전 플롯

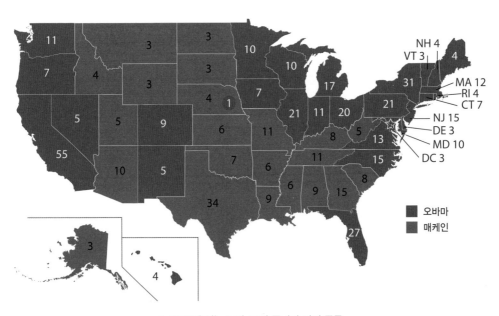

▲ 168쪽에 있는 그림 4.1의 풀컬러 버전 플롯

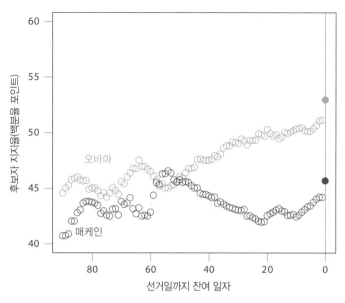

▲ 4.1.3절의 185쪽에 있는 풀컬러 버전 플롯

얼굴 생김새 능력과 득표율

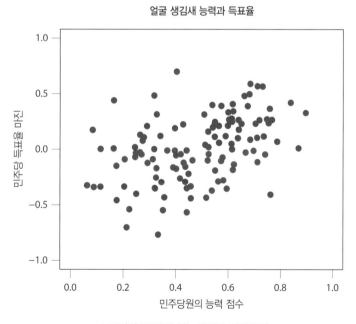

▲ 4.2.1절의 188쪽에 있는 풀컬러 버전 플롯

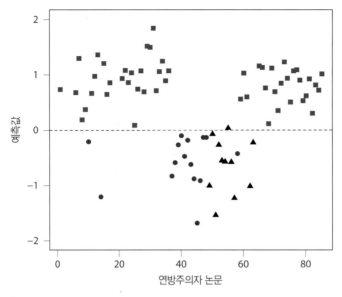

▲ 5.1.5절의 264쪽에 있는 풀컬러 버전 플롯

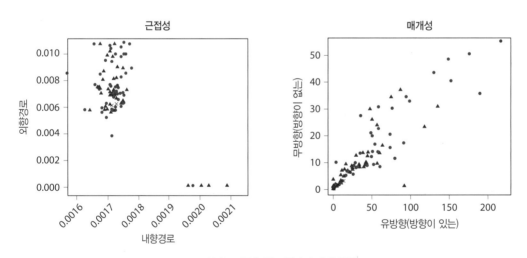

▲ 5.2.4절의 277쪽에 있는 풀컬러 버전 플롯

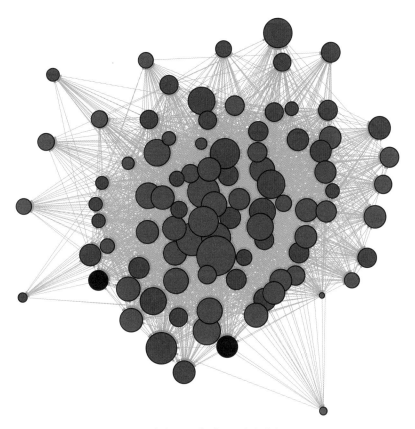

▲ 5.2.4절의 279쪽에 있는 풀컬러 버전 플롯

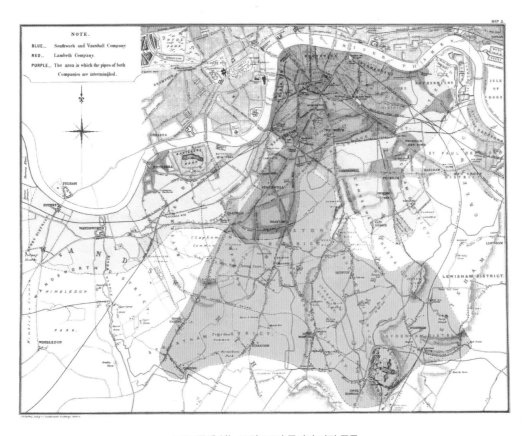

▲ 284쪽에 있는 그림 5.5의 풀컬러 버전 플롯

▲ 5.3.4절의 293쪽에 있는 풀컬러 버전 플롯

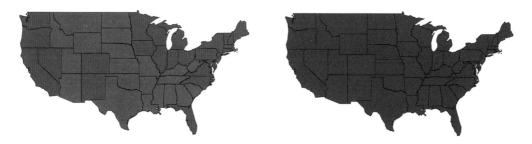

▲ 5.3.4절의 294쪽에 있는 풀컬러 버전 플롯

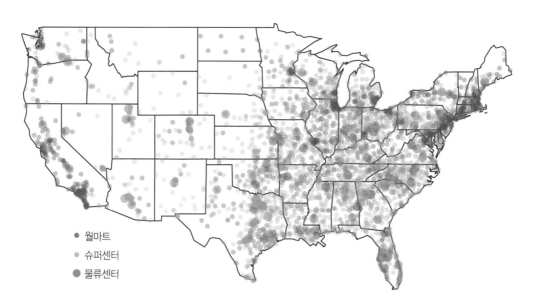

● 월마트
● 슈퍼센터
● 물류센터

▲ 5.3.5절의 296쪽에 있는 풀컬러 버전 플롯

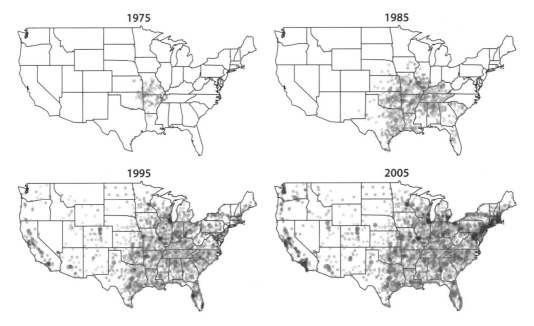

▲ 5.3.6절의 298쪽에 있는 풀컬러 버전 플롯

찾아보기

계량 사회과학 입문

R을 활용한 데이터 분석

발 행 | 2021년 7월 9일

지은이 | 이마이 코우스케
옮긴이 | 윤 원 주

펴낸이 | 권 성 준
편집장 | 황 영 주
편 집 | 조 유 나
디자인 | 송 서 연

에이콘출판주식회사
서울특별시 양천구 국회대로 287 (목동)
전화 02-2653-7600, 팩스 02-2653-0433
www.acornpub.co.kr / editor@acornpub.co.kr

책값은 뒤표지에 있습니다.